本書是國家社科基金冷門「絶學」和國别史等研究專項資助項目「甲骨文與殷禮研究」（項目編號：19VJX114）、古文字與中華文明傳承發展工程資助項目「商代禮制研究」（項目編號：G3615）的階段性成果。

求古錄禮說

〔清〕金鶚◎撰
黃益飛◎點校

中国社会科学出版社

圖書在版編目（CIP）數據

求古録禮説／（清）金鶚撰；黄益飛點校. -- 北京：中國社會科學出版社，2025. 4. -- ISBN 978-7-5227-4873-3

Ⅰ. K892. 9

中國國家版本館 CIP 數據核字第 2025S6W638 號

出 版 人　趙劍英
責任編輯　王沛姬
責任校對　劉江濤
責任印製　李寡寡

出　　版　中国社会科学出版社
社　　址　北京鼓樓西大街甲 158 號
郵　　編　100720
網　　址　http://www.csspw.cn
發 行 部　010-84083685
門 市 部　010-84029450
經　　銷　新華書店及其他書店

印　　刷　北京君昇印刷有限公司
裝　　訂　廊坊市廣陽區廣增裝訂廠
版　　次　2025 年 4 月第 1 版
印　　次　2025 年 4 月第 1 次印刷

開　　本　710×1000　1/16
印　　張　50. 75
字　　數　521 千字
定　　價　268. 00 元

求古録禮説版本説明

金鶚是浙江臨海人，生於乾隆三十六年（一七七一），卒於嘉慶二十四年（一八一九），是乾嘉時期著名學者，尤精於三禮之學，其著作求古録禮説以論述之精、學術價值之高，廣爲學者所稱道。可惜的是，求古録禮説是金氏未竟之作，金氏生前也没有完整的校定本，目前所見的諸種刻本版本情況複雜[一]，又皆非足本，且各有訛謬脱奪，因此學術界亟需一部内容完整的求古録禮説點校整理本。有鑒於此，筆者主持點校了求古録禮説，經過幾年的辛苦工作，書稿將由中國社會科學出版社出版。在點校的過程中，筆者反復比對了諸刻本，對諸本的成書、特點、優長有了一些淺顯的認識，現根據點校整理工作的實際情況，對求古録禮説的版本及相關問題略作説明。

[一] 柳向春：金鶚求古録禮説刊刻源流述略，中國典籍與文化二〇〇五年第一期，第三五—三九頁。

一　求古録禮説成書及卷次

金鶚在就讀詁經精舍期間，已有著作入選詁經精舍文集。需要説明的是，嘉慶六年（一八〇一）刊刻的八卷本詁經精舍文集未收金鶚的作品，嘉慶七年（一八〇二）刊刻的十四卷增補本詁經精舍文集（即文選樓叢書本）收録了金鶚的十一篇論作，包括史記太初元年歲名辨、禹都考、千乘之國出車考、招揺在上解、釋咎、釋庸、釋貫、釋祇、釋葵、漢唐以來書籍制度考、緯候不起於哀平辨等篇，這十一篇皆見於陳奐整理、陸建瀛刊刻的求古録禮説（本書稱作陸刻本）中。除收入詁經精舍文集諸篇之外，在金鶚生前其著作未見結集刊行。

金鶚於嘉慶二十四年去世之後，其子金城於道光十六年（一八三六）曾「就行篋中檢存十數卷，僅加次録，擬付剞劂」。金城於道光十六年檢存的「十數卷」應即持送陳奐的十二卷本書稿（詳後）。

金鶚去世之後，以陳奐爲代表的學者尋訪其遺稿的工作就未曾停歇。據陸刻本陳奐跋文，金鶚去世之時，稿本留藏在時任禮部尚書汪廷珍（字瑟菴）處。汪廷珍去世之後，陳奐曾致書王引之（字伯升）詢問金鶚遺稿，王引之在回信中説，金氏遺稿被阮元之子阮福（字小芸）「攜至粤東經解局」。陳奐核查皇清經解目録發現皇清經解並未收録求古録禮説。其後阮福和王引之相繼去世，被阮福帶到經解局的遺稿亦不知所踪。同時，陳奐還托臨海鄰縣黄巖縣任知縣的堂弟陳煇尋覓金氏遺稿，未果。

求古録禮説雖未刊行，但屢見時人引用。胡承珙的毛詩後箋即引用了部分求古録禮説的稿本，胡承珙還抄録了其中的兩卷和鄉黨一篇。道光二十三年（一八四三），陳奐訪得金鶚子金城，得知求古録禮説全稿藏在其家〔一〕。後金城持求古録禮説書稿送至杭州陳奐處，並于致陳奐的信中言道：「兹呈求古録禮説一函，計七本，前五本先人所手訂，二本在都時日著呈政瑟菴先生者。餘約六卷，尚存舍間，並未謄清，俟回台後録呈。此十二卷並無别本，幸勿遺失。」這是當時學術界第一次瞭解到金鶚求古録禮説全書的詳情。

〔一〕柳向春：陳奐交遊研究附録一陳奐交遊年譜，華東師範大學出版社二〇一〇年版，第三九六頁。

由金城致陳奂信可知，金城所存書稿包括三個部分：第一部分是前五本金鶚手訂本，這一部分應該是十卷（也即陸刻本卷一至卷十）。第二部分是兩本没有謄清的稿本，這兩本是在汪廷珍府邸寓居之時所作，是與汪廷珍析問疑難、往復辯論的未定本。這一部分金城分爲兩卷，前兩部分一共是十二卷。第三部分是未謄清的約六卷本。下面我們對金城自存稿本略作討論。

（一）金城自存稿本的情况

前五本

前十卷應是金鶚赴京之前所作、親自改定的稿本。陳奂於求古録禮説目次卷十下注云：「子完書中云：前五本先人所手訂者也。」金城所存的稿本應係金鶚的最終改定稿。王士駿後來從盧鴻年處購得的何氏抄本（王士駿稱爲盧本）前十卷，兩本相比，盧本不僅異文甚多，而且篇目較金城自存本多，如卷四多出齊必變食説一篇，目次亦與金城自存本有所不同，如卷一宗廟祭祀時月考、天子四廟辨、釋谷三篇盧本在卷二。前十卷在成稿之前，其稿七八易，王士駿認爲盧本乃「未定之稿也」，當屬可信。

總體而言，金城自存的前十卷是相對完整，應是金鶚精選之作。

後兩本

金城在信中說：「二本在都時日著呈政瑟菴先生者。」陳奂於求古録禮説目次卷十四下注云：「子完書云：二本在都時著，餘六卷未謄清者也。六卷未及見，二本又爲友人借遺一本，孰爲可恨。依涇胡墨莊承珙録本補編。」兩相對照，知最初金鶚求古録禮説成稿有一函七本共十二卷，前五本共十卷。後兩本係金氏寓居京師汪廷珍府邸期間所著，兩本似各爲一卷。後兩本被王捷南借走之後，又丢失了一本，此即陳奂在求古録禮説目次自注中所說的「二本又爲友人借遺一本，殊爲可恨」。此一函七本十二卷，實餘十一卷。

王捷南是福建人，據趙之謙求古録禮説補遺跋，趙之謙居閩期間曾尋訪王氏藏本，云「毁久矣」。所幸這兩本胡承珙曾録有副本，陳奂又從胡承珙處抄録。金鶚在京師期間的著作，應較金城所輯後兩本未定稿的内容要多，陳奂編定的求古録禮説第十五卷即從胡承珙抄本中輯録了四篇不見於金城目録的論作，即是其證。

除了上述十二卷之外，金城在致陳奂的信中説：「餘約六卷，尚存舍閒，並未謄清，俟回台後録呈。」金城將十二卷本持送陳奂之後就返回台州臨海家鄉，不久金城去世了，因此録呈六卷未謄清本給陳奂的願望未能實現，陳奂在求古録禮説目次的自注中也説「六卷未及見」。這六卷篇目見於陳奂整理的目次附缺部分，這一部分一共三十三篇，這裏可能還包括被王捷南遺失但不見於胡承珙抄本的部分篇目。

此外陳奂在整理之時，還將散見於各篇注文中的有篇名但不見於金城目録的十六篇以附佚目的形式附在目次的最末，方便讀者瞭解求古録禮説的全部篇目。

（二）金城目録的分卷

根據陸刻本目次，金城所編定的求古録禮説目録一共二十卷。由金城致陳奂的信和陳奂跋文可知，金城呈給陳奂的一函七本爲十二卷，前五本爲十卷，後兩本則每本一卷。陳奂整理的前十卷是按金城目録分卷，應無疑問。後兩本可能被陳奂分成了四卷，陳奂在求古録禮説目次中自注：「卷十一之十四，子完書云：二本在都時著，餘六卷並未謄清者也。」大概是由於後兩本體量過大，因此陳奐將其分成四卷。從陸刻本前十卷與十一至十四卷的體量看，十一至十四卷各卷平均頁碼較前十卷多，因此，陳奐將金城的後兩本分成了四卷，一共十四卷。再加上未謄清的六卷，一共是二十卷，與陳奐所述「子完目録共二十卷」相合。也就是説，陳奐所謂的「子完目録共二十卷」，應該是陳奐分完篇之後的卷數，金城的原目或是十八卷，即金鶚手定十卷，在京師所著兩卷未定稿，還有未謄清的六卷稿本。

二　前十六卷的版本

求古録禮説前十六卷有刻本和抄本兩種。目前所知的刻本有三個：第一個刻本是陸刻本。目前所見陸刻本有兩種印本：一爲王棻所藏的十六卷本，王士駿求古録禮説校勘記稱之爲「元本」。據王士駿求古録禮説校勘記後記，該本無陸建瀛、廖鴻荃序和陳奐跋。一爲道光三十年（一八五〇）嘉平木犀香館所刻求古録禮説十六卷本，該本前有陸建瀛、廖鴻荃序，後有陳奐跋。陸刻本是目前所見最早的刊本，晚清時期書版已毁，但有刊本傳世。第二個刻本是光緒二年孫憙以王荃藏十六卷本並潘祖蔭所刻求古録禮説補遺合爲十七卷，題爲求古録禮説十五卷、鄉黨正義一卷、補遺一卷（下文簡稱孫刻本）。第三個刻本是南菁書院所刻皇清經解續編本求古録禮説，該本將前十五卷稱爲求古録禮説，其後附求古録禮説補遺，將鄉黨正義一卷獨立成編（下文簡稱續經解本）。

求古録禮説的抄本爲數不少。趙之謙在求古録禮説補遺跋中説「子莊言君書稿凡七八易，未知孰爲定本」。王士駿在校勘求古録禮説的後記中説「聞先生此書稿凡數易」。此外還有不少傳抄本，因此求古録禮説的抄本不在少數。王士駿即參考了兩個抄本：一是，盧本。盧本第十一卷之後文不備，而且異文較多，因此既非足本，也非定稿。一是，從王荃處借得的卷十三和卷十四兩卷的殘本（王士駿稱之爲王本）。王士駿言：「審其字同出一手，疑即金氏原稿，未可定也。」這是金鶚在修訂書稿過程中産生的兩個手抄本。這兩個手抄本不僅異文甚多，而且目次也與陸刻本不同。王士駿在校勘記中悉數録出了盧本和王本這兩個手抄本的全部異文。

此處，我們重點討論求古録禮説三個刻本。

（一）陸刻本

根據陳奐的跋，陸刻本是根據陳奐整理本刻印的，因此十六卷本的求古録禮説是陳奐所編定，尤其是第十五卷從篇目到内容皆超出了金城所存稿。在此之前並無十六卷本的求古録禮説。因此王棻所藏的十六卷本也應是陳奐的整理校定本。從王士駿後記來看，王棻所藏十六卷本即是陸刻本。王士駿言：「子莊別藏殘本，二卷爲一册其卷爲十三、十四，編次與陸刻殊。郊乘大路諸篇即潘氏補遺所本，餘七篇中多點竄，有始義與陸刻同而改從它説者，有初用它義而改與陸刻同者。」後又言：「爰據舊刻，參以二本，異文悉録出，間亦斷以己意。舊刻訛謬，二本可據者，依以更正。」是王士駿所謂的舊刻即陸刻本，亦即校勘記中所説的元本，二本即盧本和王本。王士駿校勘記中多言「元本」，偶言「陸刻本」，如卷四王日一舉解篇校勘記中有云：「駿案：盧本增多大小一百三字，説更曉暢。陸刻本節去者，以『注』有『詳齊必變食説』」句，此篇陸刻所無，佚目亦不載，故節去以完其例，不知無此一段，下文云云有似武斷，非確解也。」此條校記所指的陸刻應該都是王棻所藏十六卷本（即元本）。

但從王士駿校勘記所録元本和今所見陸刻本來看，二者還有差别。

其一，前文已述，元本無陸建瀛、廖鴻荃序和陳奂跋。刻本則有陸、廖二序及陳奂跋。

其二，有元本訛誤而陸刻本不誤者，如卷一釋谷篇，「古文閒與幹通」元本「閒」誤作「澗」，陸刻本則作「閒」；卷三屋漏解一篇，「曾子問」元本誤「問」作「門」，陸刻本則不誤；卷六釋貫篇，「遺从辵，習於足也」元本「足」誤作「反」，陸刻本不誤；卷六禜祭考篇，「設綿绝爲營」元本誤「綿」爲「錦」，陸刻本不誤；卷九孔子弟子考篇，「子里之」元本誤作「之里」，陸刻本不誤。

其三，有元本不誤而陸刻本誤者。如卷五「四郊小學」，陸刻本誤作「西郊小學」，而元本不誤。

雖然有上述差别，但整體上看二者還是非常接近的，二者只有序跋的有無和個別文字的差别，具體來説元本的訛誤明顯比陸刻本多一些。因此，筆者推測元本雖亦爲陳奂校定、陸建瀛刊刻本，但成書應較陸刻本早，陸刻本的書版似是在元本書版的基礎上修訂而成，因而陸刻本改正了一部分元本的錯誤，但是也有部分誤改的内容。整體上看，陸刻本較元本完善一些。

（二）孫刻本

該本是光緒二年孫熹重新刊刻本，後被收入續修四庫全書中。

從形式上看，孫刻本和陸刻本版式一致，皆爲十行本，行二十一字。其中孫刻本的陳奐跋是王蚬補録，版式亦與陸刻本不同。陸刻本的陳奐跋是十行本行二十一字，孫刻本則是十行本行二十字。

從内容上看，孫刻本較陸刻本增多了孫熹序、郭協寅金誠齋先生傳；在附缺諸篇中，凡見於補遺者皆注出，又將金城目録不載而篇名見於書中各篇注者以附佚目的形式附在附缺之後；還增補了潘祖蔭求古録禮説補遺，内容較陸刻本完整。孫刻本還校正了不少陸刻本的錯誤，堪稱善本。

但孫刻本亦有不足之處，如孫刻本的陸建瀛序與陸刻本雖然皆爲十行本，但仍稍有差別。孫刻本的陸建瀛序與陸刻本的序文末所署日期格式不同，陸刻本作「庚戌冬十有二月」，孫刻本作「時庚戌冬十有二月」，孫刻本較陸刻本多一「時」字。孫刻本的陸序是王蜆補録，而陸刻本的陸序則是陸建瀛親作，陸序自應以陸刻本爲是。

（三）續經解本

續經解本較陸刻本和孫刻本晚出，但與二者相比，卻並非善本。

首先，續經解本爲保持全編體例統一，删去了所有序跋、目次，只取正文，而且改用十一行本行二十四字。

其次，陸刻本、孫刻本卷十四、十五有五篇論作續經解本未收。這五篇是卷十四的史記太初元年歲名辨、段先生説文注質疑二篇，卷十五的漢唐以來書籍制度考、緯候不起於哀平辨、封禪辨三篇。續經解本所删汰者，如史記太初元年歲名辨、漢唐以來書籍制度考、緯候不起於哀平辨三篇，所釋論者皆漢唐以後制度，而非先秦古禮，故續經解本未收。段先生說文注質疑一篇主旨是辨析當朝著名學者段玉裁的說文解字注的作品，段氏居說文四家之首，金氏所疑者亦未必盡爲確解，故續經解本亦未收入。封禪辨一篇說先秦封禪之禮似應收入，而續經解本未收者，未知何故。

再次，續經解本校改正文之處頗多。續經解本充分吸收了王士駿的校勘成果，對正文的訛誤進行了訂正。王士駿的校勘記抄録了盧本和王本的異文，有些異文學術價值較高，王士駿也給予了肯定。續經解本即根據王士駿的校勘意見，對正文進行了較多的校定删改。如第一卷廟在中門内説篇，金鶚爲駁漢儒所謂的宗廟在中門之外的認識，列舉了五條證據佐證其說。陸刻本和孫刻本前曰「請列五證以申明之」，後舉證五條，前後呼應。未定抄本盧本前曰「請列六證以申明之」，其後所列證據卻衹有五條，在「其證三也」之後即爲第五條證據「其證五也」。换句話説，盧本前文説有六證，實則只舉了第一、二、三、五、六等五條證據，第四條證據則未列出，這充分説明盧本是未定稿本。與陸刻本的五條證據相比，盧本所列五條證據中第一、二、三、六條與陸刻本相同，而陸刻本第四條證據和盧本第五條證據又不相同，但陸刻本所列五條證據和盧本所列五條證據除去相同的四條，二者相加恰爲六條證據。王士駿反復校讀了陸刻本和盧本的異同，認爲陸刻本的「五證」應爲「六證」之誤，將陸刻本的第四條證據補入盧本，即是完整的六條證據。王士駿的説法是有道理的，但是否符合作者的原意則未可知。由於陸刻本是金鶚生前手訂本，而且論證前後呼應，而盧本則是未定稿，校勘、翻刻皆應以陸刻本爲准。然而續經解本則依據王士駿的校勘成果改動了正文，將前面改爲「六證」，中間補充了盧本的第五條證據。雖然所改正文有王士駿之説作爲依據，但畢竟有代作者著述之嫌。

事實上，王士駿校勘記雖然參照了盧本、王本等未定稿本，並録出了諸本的異文，但於改動正文卻慎之又慎，凡改動之處皆於校勘記中標明。正如其在所説「凡舊刻訛謬、文義顯然及有它書可據者，徑行改正。字有衍奪，則於記中標出，於正文不加補削，有疑義者亦如之」。續經解本根據王士駿的校勘意見對正文進行了大量的删改，但囿於全編的體例，並未對所改正文進行説明。因此，續經解本雖然晚出，但不能算作善本，也没有太多版本價值。

三　求古録禮説補遺的版本

目前所見求古録禮説補遺有三個刻本，一是同治六年（一八六七）潘祖蔭刻本（下文簡稱潘刻本），該本經修訂又收入滂喜齋叢書（下文簡稱滂喜齋叢書本）；一是孫刻本，據孫熹序，孫刻本是據潘祖蔭刻本翻刻而成；一是續經解本，續經解本則是以孫刻本爲底本翻刻而成。

（一）潘刻本與滂喜齋叢書本

據潘祖蔭序和趙之謙跋，潘刻本所據底本是從王棻所藏第十三、十四卷殘本（即王本）中所得的七篇佚文。潘刻本雖是求古録禮説補遺最早的刻本，但並非善本，訛誤較多。有些訛誤或因王本有誤而潘本從之而誤，如郊乘大路解篇引禮記禮器文「大路而越席」，「禮器」王本誤作「祭器」，潘刻本因之而誤。或有王本不誤，而潘刻本訛誤者，如郊乘大路解引書顧命文「大路在賓階西面」，王本不誤，而潘刻本奪「西」字。

在收入滂喜齋叢書之時，潘氏對部分訛誤進行了挖補修改。如祊繹辨篇之「但以酒酌奠」，潘刻本奪「酌」字，滂喜齋叢書本挖補了「酌」字，致使該行多出一字。祊繹辨篇之「則绝不類矣」，潘刻本「不」字與「類」字中閒衍「相」字，滂喜齋叢書本即挖去了「相」字。祊繹辨篇「而謂正祭之祊假繹祭而名」，潘刻本「謂」訛作「爲」，滂喜齋叢書本改「爲」作「謂」。亦有挖而未及改者，如郊乘大路解引書顧命文「大路在賓階西面」，潘刻本奪「西」字，滂喜齋叢書本在「階」字與「面」字之閒挖出一字空白，但挖而未補。這些挖改可能是參考了孫刻本和王士駿的校勘成果。但滂喜齋叢書本亦有因潘刻本之誤而未及改者，如上引郊乘大路解篇引禮記禮器文「大路而越席」，「禮器」潘刻本誤作「祭器」，滂喜齋叢書本亦沿潘刻本而誤。

總體而言，滂喜齋叢書本較潘刻本減少了一些訛誤，但亦非最理想的本子。需要説明的是，滂喜齋叢書本還補充了求古録禮説補遺續，其中收録了由管禮耕搜獲的鄉射用獸侯説、天子營國之制考、周南召南名義解、齊必變食説四篇佚文，這四篇佚文雖不見於潘刻本和孫刻本，卻在金城二十卷目録之中（陳奐亦列入附缺），是金書的重要補充。

（二）孫刻本

孫刻本是以潘刻本爲底本翻刻，並經王士駿等人的仔細校勘。校勘之時，王士駿等不僅參考了潘刻本所據的底本——王棨所藏殘本，還做了大量細緻的考證工作，因此改正了不少潘刻本的錯誤，如上揭禮記禮器篇，潘刻本誤作「祭器」，孫刻本已改正。祊繹辨「而謂正祭之祊假繹祭而名」，潘刻本「謂」誤作「爲」，孫刻本已改正。祊繹辨「但以酒酌奠」，潘刻本奪「酌」字，孫刻本已補正。祊繹辨「則绝不類矣」，孫刻本亦皆不誤。孫刻本畢竟是根據潘刻本翻刻的，因此也沿襲了潘刻本的部分錯誤。有王本不誤，潘刻本訛誤，孫刻本亦沿潘刻本而誤，如郊乘大路解引書顧命文「大路在賓階西面」，王本不誤，潘刻本奪「西」字，孫刻本亦沿潘本而誤。總體而言，孫刻本是較爲理想的本子。此前影印出版的國家圖書館藏陸刻本之後即附上了孫刻本的求古録禮説補遺〔二〕。

〔二〕金鶚：求古録禮説，山東友誼出版社一九九二年版。

孫刻本的趙之謙跋和篇目亦較潘刻本完善。孫刻本的趙之謙跋與潘刻本的趙之謙跋從格式到内容都有區别。從形式上看，潘刻本的趙跋附於日祭月祀辨一篇之後，每行都上空一字以示與正文的區别。孫刻本的趙之謙跋雖然也是每行之上都空一字，但不附於補遺正文之後，而是另起一頁，並加標題「趙跋」。從内容上看，潘刻本的趙跋認爲辛酉之變時，金鶚孫已去世。然而趙氏的訊息並不準確，因此孫刻本的趙跋中王士駿以按語的形式加以糾正，王士駿云：「駿案：辛酉之變，先生孫不死。亂後，江浣秋茂才猶見之。」是二者之别。因此，孫刻本無論從形式上還是内容上均優於潘刻本。

潘刻本求古録禮説補遺無齊必變食説一篇，孫刻本求古録禮説補遺的齊必變食説篇系據盧本補入，唯齊必變食説篇盧本在卷四，而孫刻本附入補遺。滂喜齋叢書求古録禮説補遺續中則收録了齊必變食説一篇，比較孫刻本齊必變食説篇與求古録禮説補遺續的齊必變食説，後者没有小字注文，而且正文有訛誤，亦不如孫刻本完善。

（三）續經解本

從内容上看，續經解本應是以孫刻本爲底本翻刻，凡孫刻本改正潘刻本處亦皆改正，凡孫刻本誤者亦多沿之而誤。亦有孫刻本誤，而續經解本改正者，如八音次序説篇「且始西而終東者」一句，孫刻本誤「東」爲「朿」，續經解本即不誤。亦有孫刻本不誤而續經解本訛誤者，如八音次序説「朔鼙祭棘」句金氏自注「本陳氏禮書、律吕正義」，續經解本誤「陳氏」爲「鄭氏」。

續經解本充分吸收了王士駿兩次校勘成果，改正了個別孫刻本誤改之處。如祊繹解引説文示部：「鬃，門内祭先祖，所彷徨。」王本、潘刻本「所」下皆無「以」字，王士駿求古録禮説校勘記據桂馥本説文以爲「所」後奪「以」字，孫刻本即據王氏的校勘意見補充了「以」字。後來王士駿發現金鶚所據可能爲段玉裁本説文，而非桂馥本。因此，王士駿在求古録禮説續校勘記即糾正了之前的誤校，王氏云：「潘本、王本無『以』字，前據桂氏本説文補。案：段本説文無此字，蓋金氏所據。深悔前補失考，附見於此，以志吾過。」續經解本即據王士駿求古録禮説續校勘記删「以」字。

續經解本校勘較爲精詳，但續經解本求古録禮説補遺按照全編的體例删去了潘祖蔭的序和趙之謙的跋，所以並非完本。

根據上文的討論可知，陸刻本是最早的刻本，也是孫刻本和續經解本的祖本，更是求古録禮説得以傳世的關鍵，具有重要的學術史意義。孫刻本是根據陸刻本翻刻的，不僅增加了金誠齋先生傳，并對陸刻本的目次進行了補充完善，還對陸刻本的錯誤進行了改正，同時收録了潘刻本的補遺部分，增補了從盧本中輯出的齊必變食説一篇，因此無論從内容完整性，還是校勘品質均優於陸刻本和潘刻本，因此本次點校我們就以孫刻本爲底本。續經解本最晚出，是根據孫刻本翻刻，同時充分吸收了王士駿的校勘成果，但是續經解本删去了孫刻本所有的序跋，而且校動原文之處甚多，因此續經解本雖然後出，卻不是最理想的版本。滂喜齋叢書本的求古録禮説補遺續補充了四篇佚文，其中三篇不見於孫刻本，使求古録禮説的内容更加完備。

點校説明

一、根據前文版本情況的討論，我們點校之時選擇孫刻本作爲底本，並與陸刻本進行互校，兩個刻本的異文出校記。同時參考潘刻本、滂喜齋叢書本以及孫詒讓周禮正義等書所引求古録禮説，並補充了滂喜齋叢書本求古録禮説補遺續的四篇佚文，力求使内容更爲完整。

二、鑒於王士駿求古録禮説校勘記和續校勘記所抄録的盧本和王本的異文對於深入研究金鶚求古録禮説的成書過程和金氏的學術發展歷程有重要的學術價值，因此，本次點校將王士駿的校勘記以注釋的形式抄録於相關正文之下，並對其校勘記的訛誤進行了校改。

三、本次點校對原書所引用的文獻一一進行了核校，凡原書所引與經典原文出入不大或節引原文者，皆視作直引，不再出校記。誤引之處，依經典原文改正，並出校記。

四、由於求古録禮説是金鶚未竟遺作，這在最早的刻本陸刻本中也有跡可循，其中最爲明顯的就是全書用字不統一。王士駿在校勘記中已經指出了天子迎賓考一篇「贄」、「摯」兩字用字不統一的問題，而且提出了相應的規範方案。事實上，不止「贄」和「摯」兩字，書中「於」和「于」、「并」和「併」、「第」和「弟」、「齊」和「齋」、「庋」和「庪」等錯見者比比皆是，甚至汪廷珍的字也有「瑟庵」、「瑟闇」和「瑟菴」錯見的情況，凡此皆因金書爲未定稿之故。孫熹重刻求古録禮説除個別吸收王士駿的校勘意見外，基本未對陸刻本的用字進行過多的改動，這樣或可比較全面地反映金書的原貌。我們認爲這是比較客觀、科學的做法。此次點校整理，也遵循孫熹的校勘思想，即既選用了孫刻本爲底本，用字上基本一仍孫刻本之舊，除個別訛誤改動了原文並出校記之外，其他一仍其舊，不做較大的改動。

最後需要説明的是，這是我負責點校的第一本古籍，點校過程中遇到的困難超出我的預期。古籍點校在目前的評價體系中不算正經的成果，但耗費的精力一點也不比寫幾篇好文章、出一本專著少，甚至更多，尤其是像求古録禮説這樣專業性很强的古籍。再加上我還是個古籍點校的新手，花費的時間自然更多一些。同時自身的編輯、科研的壓力也很大，中途不止一次産生過放棄的想法，也無數次地給自己打氣，金鶚的書學術價值很高，值得花心血，對於學者們的研究應該會有所裨益，而且一旦中途放棄，可以説是前功盡棄，不但我自己前期花費的時間都付諸東流了，也白白耗費了爲這本書付出辛苦的各位同仁們的時間和心血，最後咬牙堅持下來。

責任編輯王沛姬女史爲書稿的編校付出了不懈的努力，學生方璐瑜、同事李朵、莘東霞、同門劉佳佳、劉婧妍、李昕憶、李青青等或幫忙録入文字，或通校全部或部分章節（提供幫助的同仁還有很多，名單恕不一一開列），在此一併致謝。

由於本人經驗缺乏、學識不足、時間零碎、精力有限，點校本難免有不足甚至錯誤之處，懇請廣大讀者不吝賜教，以便修訂本能再完善一些。

黄益飛

二〇二四年十一月

目録

求古録禮説卷二……四四

求古録禮説卷三……九一

求古録禮説卷五……一六〇

求古録禮説卷六……一九八

求古録禮説卷七……二三五

求古録禮説卷八……二八二

求古録禮説卷九……三二二

求古録禮説卷十……三七五

求古録禮説卷十一……四二五

求古録禮説卷十五

孫熹序

臨海金誠齋先生求古録禮説，舊有刻本，版燬於火，黄巖王子莊孝廉以臧本見遺，書十六卷，并吾鄉潘侍郎所刻補遺爲十七卷，屬王生士駿校定重梓，凡八閱月而刻成。先生説禮融會貫通，不拘拘于一家之言，蓋病夫專門墨守，名通經而反以汩之者也。或者之論乃以先生爲無師法，未可謂知言矣。夫考据之學，固不以隨聲是非爲貴也。昔者婺源江氏竺信朱子，而所爲鄉黨圖考多辯正集注之失。今觀先生所著述實事求是，于儒先之言，意不稍存假借，必折衷于至當而後已。即鄉黨正義一卷自足與江書竝傳。學者誠由是録以求之經傳，不相率爲耳學臆斷，以至於幽冥而莫知其源，則先生之書方將旣來裔於靡窮，固非獨其鄉之後進所當竺守而弗失也。子莊孝廉留意鄉邦文獻，熹前刻杜清獻、車玉峰、方正學諸集，皆其所校本也，采輯之勤有足多者，因序是書而竝及之。

光緒二年丙子閏五月吴縣孫熹

金城原書

城字子完

碩甫先生師座：

前在杭省備聆誨言，先人所作本有回署寄杭之説，尋覓無妥，故爾遲遲。茲呈求古録一函，計七本，前五本先人所手訂，二本在都時日著呈政瑟菴先生者。餘約六卷，尚存舍間，竝未謄清，俟回台後録呈。此十二卷竝無別本，幸勿遺失。以先人一生心血著此一書，冀出以问世，城實不肖，無力付梓，然十餘年來，魂夢难安。今得先生校正，欲代爲設法付劂，倘能鼎力成全此事，則生死均感盛德於無暨矣。至所呈廖學使鈔好副本目次、廖學使撰叙文，一并寄覽城所鈔副本，擬於同鄉友进京專稟，向請諒亦不能執而存之也。

世教姪金城謹顿首

金誠齋先生傳

臨海郭協寅，字滄洲，號石齋庠生

先生諱鶚，字風薦，誠齋其號也。世居安徽歙縣十一都。高祖名以德者，國初順治十年，始占籍臨海，以經紀起家。曾祖起純，克承先業。祖正發，貲授登仕佐郎。父鎔，邑庠生，世偁澤亭先生是也。誠齋行三，最爲澤亭先生鍾愛，幼承庭訓，端重如成人，不苟言笑，跬步必飭，日著功過格，稍有不檢，即自懲曰：「吾過矣！吾過矣！」必痛改而後快。恣性敏捷，于書無不讀，旁及形家等言，尤精天文、算法，詞章乃其餘事。年十七受知於朱相國文正公，補弟子員，已而食餼。前後試居第一者五，餘亦俱列高等。

阮中丞芸臺先生撫浙，首以作人爲己任，建詁經精舍，延孫淵如先生主講席，檄徵全省知名士肄業其中。時臨海赴召者三人，洪筠軒頤煊暨弟檆堂震煊，其一則誠齋也。日省月試，目染耳濡，由是業益進，名益噪，考据之學卓然一子，經生奉爲圭臬。旋里後，人争聘爲弟子師，誠齋亦樂爲啟迪，口講指授，分瓣香者，不可殫述。

嘉慶丙子，汪尚書瑟闇先生選充優貢生，需次抵都，尚書命館于家，待以上賓，質疑問難。都人士識與不識，聞誠齋名，咸避三舍。甫及二載，遽厄龍蛇，尚書失聲大慟，親爲斂具，遣价持櫬南歸，并醵金佽助嗣君讀書之費。噫，惜哉！夫以誠齋之才，不難掇魏科取青紫，乃窮而在下，以明經貢入成均，旋即溘逝，豈文名、禄位二者不可得兼歟？抑誠齋享有令名，於所難者既厚，而所易者不妨薄乎？要非天道無意於其閒也。

生于乾隆辛卯三月初三日巳時，卒于嘉慶己卯正月初一日巳時，年四十有九。配蔡氏，郡庠生晉錫公女。子一，同占業儒。媳姚氏，濟川公女，待年未婚。女一，適庠生董如春。所著求古録八卷，王棻案：今所傳求古録禮説十六卷尚非足本，此云八卷，豈石齋所見乃其初稿歟？四書正義□卷，黄瑞案：四書正義今存魯論六卷。臧於家。今歲秋，遇其伯子敬齋先生，曰：「家弟亡已有年，子與弟交最久，生平行事知之甚悉，盍爲我紀之？」余愧不文，辭不獲，縷書梗概以質吾黨之知誠齋者。

陸建瀛序

余刊棲霞郝氏懿行爾雅義疏爲家塾課本，義疏中往往采臨海金氏鶚之言，屬陳君奂校讎義疏，因而向陳君得讀金氏遺書。其發明三禮，不拘墨守，但味白文，偶有未純，須歸至要，可與金殿撰禮箋共傳。又輯鄉黨一卷，每釐舊説，頗得意解，可與江處士圖考竝行。此真説禮家爲必讀書，而亦有益乎家塾之課者也。爰授梓人，以餉學者。金君在京師時嘗館我師汪文端公第，師甚器重之，多析語載説中。

庚戌冬十有二月〔二〕沔陽陸建瀛序

〔二〕案：孫刻本句首有「時」字，陸刻本無。陸建瀛序應以陸刻本爲正，今据陸刻本删。

廖鴻荃序

嘗讀烝民詩云：「古訓是式。」毛傳以古爲故。鄭箋：「故訓，先王之遺典也。」弟汉書藝文志所載六經章句、解故已什不存一，是在善學者網羅散失，潛心求之而已。漢許叔重、鄭康成解字詮句，有義必通。宋程、朱諸子因六經之遺文，得不傳之絶業，師承有自，經學集其大成。至宋史分儒林、道學爲二傳，漢學崇訓詁，宋學尚義理，一得其大，一得其精，各有淵原，觀其通焉可矣。臨海金明經誠齋著有求古録，推闡漢宋先儒諸説，輔翼羣經，發前人所未發，無别户分門之見，無矜奇標異之情，條辨詳明，以求其是，洵爲窮經者所不可缺之書。兹哲嗣秀才城，乞序於余，余察是編業經汪瑟菴、阮芸臺兩相國鑒賞、王伯申宗伯評衡，竊喜明經之書得傳，又嘉其子之能讀父書也。

督學使者廖鴻荃拜序

求古録者，先君考据之學，積數十年精力而類次成書者也。今相国阮芸臺先生撫浙時，曾録取數篇刻入詁經精舍文集中〔一〕。举優贡後入都，師相汪文端公置榻相延，朝夕問難，互有發明，而篇帙愈富。不幸未二年卒於邸第，遺稿散佚頗多，不肖時甫幼學，茫無知識，就行篋中檢存十數卷，謹加次録，擬付剞劂。非敢謂是書之必傳也，竊念先人手澤所貽，并諸公賞識所及，不忍聽其湮歿云爾。

道光丙申年冬杪〔二〕不肖城謹識

〔一〕詁經精舍文集收録史記太初元年歲名辨、禹都考、千乘之國出車考、招摇在上解、釋咎、釋庸、釋貫、釋祇、釋葵、漢唐以來書籍制度考、緯候不起於哀平辨等數篇。

〔二〕王士駿校勘記：「元『杪』譌作『鈔』，菜正。」案：陸刻本亦誤作「鈔」。

求古録禮説目次

卷一

卷二

〔一〕案：孫刻本、陸刻本目録皆廟寢宮室制度考在明堂考之前，正文則明堂考在前。

卷六

卷七

卷八

〔二〕案：孫刻本、陸刻本目録皆作合樂三終考，正文篇名皆作合樂三終解。

卷十二

卷十三

〔二〕案：孫刻本、陸刻本目録皆作「古樂節次差等考」，正文篇名、附佚目注文皆作「古樂節次等差考」。應以正文篇名爲正，今據改。

〔三〕王士駿校勘記：「元『闈』譌作『閨』，蜺正。」按：陸刻本、孫刻本亦作「閨」，今據王校改。

卷十四

卷十一之卷十四，子完書云：二本在都時著，餘六卷竝未謄清者也。六卷未及見，二本又爲友人借遺一本，殊爲可恨。依涇胡墨莊承珙録本補編

井田考　燔柴瘞埋考　狐青裘服考　黄衣狐裘考　爵弁韋弁異同解　三公服毳冕辨

史記太初元年歲名辨　古經典標題説　告朔餼羊對　首陽山考　釋葵　段先生説文注質疑

卷十五

前五篇從詁經精舍文録出，後四篇從胡録本鈔出，俱子完目録所不載

漢唐以來書籍制度考　緯候不起於哀平辨　釋庸　釋祇　釋咎〔一〕　封禪辨　蜡臘辨

麻冕黼裳蟻裳彤裳解　軍制車乘士卒考

〔一〕正文中釋庸三篇補遺的順序爲釋咎、釋庸、釋祇。

卷十六 胡録本，子完目録亦所不載

鄉黨正義

附缺 子完目録共二十卷，今以所遺及未謄清者三十三篇類敘於後，以竢采入

鄉射用獸侯説見補遺續〔一〕 祊繹辨見補遺 天子營國之制考見補遺續 周縣鼓兼用楹鼓考 郊乘大路解見補遺 犆礿辨 柷敔考見補遺 敦考見補遺 對朝玄端夕深衣問 周南召南名義解見補遺續 周禮五節二正解 月令四時食説 過位解 釋追蠡 鞞飾琫珌考 鴟鴞考 八音次序説見補遺 禹合諸侯於塗山考 儀禮喪服經傳一篇對 北辰解 射耦考見補遺 鄉飲酒合樂考 三傳異同得失解 易消息解 堯典放勳解 百姓考 九族考 象以典刑説 壺口梁岐

〔一〕案：見於補遺續、補遺諸篇注文係校者依陳奂自注體例擬補。

考　對古韻策　海運考　孟蜀石經考　儒與二氏出入論　日祭月祀辨見補遺。此篇子完目録所不載，趙撝叔從王子莊所藏殘本采入補遺　齋必變食説見補遺。此篇子完目録所不載，今从盧蘋洲所售何氏鈔本采入〔一〕

附佚目　此十六篇皆子完目録所不載，而見于本書各篇注中者，今别標出，以竢後人采入

中庭解見碑考注　食嘗無樂辨〔二〕見古樂節次等差注　魯郊考見宗廟祭祀時月考注　啟蟄而郊解見龍見而雩解注　王宫内外九室考見朝位考注　禡祭考見盧本禘祭考注　饗禮考兩見天子迎賓考注　鞶考見襲衣斂衣考注　特鍾考見特磬考注　四方之祭解見五帝五祀考注　溝洫考兩見井田考注　筆考見周代書籍〔三〕制度考注　田獵建旗考見郊乘大路解注　樂節考見柷敔考注　朝享考見日祭月祀辨〔四〕注　祔考見日祭月祀辨〔五〕注

〔一〕案：此篇亦見於補遺續，兩本不同，今亦收入。

〔二〕「辨」，孫刻本、陸刻本、此處皆作「辯」，正文皆作「辨」，今據正文改。

〔三〕「籍」，正文作「册」。

〔四〕「辨」，孫刻本、陸刻本、此處皆作「辯」，正文皆作「辨」，今據正文改。

〔五〕「辨」，孫刻本、陸刻本、此處皆作「辯」，正文皆作「辨」，今據正文改。

求古録禮説卷一

臨海誠齋金　鶚

天子城方九里考

天子城方九里，考工記匠人有明文。而或以爲方十二里。鄭君本自兩解不定也。周官典命云：公九命，「其國家、宮室、車旗、衣服、禮儀皆以九爲節」。鄭注：「公城蓋方九里，侯伯七里，子男五里。」以此推之，天子之城宜方十二里矣。坊記注云：「子男城方五里。」論語注云：「公之大都城方三里。」竝同此説。尚書大傳云：「百里之國，九里之城。」鄭注匠人「營國方九里」謂：「天子之城，大國不當與之同，是以天子九里爲正也。」其駁異義亦云：「天子城方九里，公七里，侯伯五里，子男三里。」蓋以典命、匠人俱有正文，故兩解不定如此。

鶚詳考之，而知九里之説爲確。请列五證以明之。左氏隱公元年傳云：「都城過百雉，國之害也。先王之制，大都不過參國之一。」夫鄭，伯爵也，侯伯城方三百雉，雉長三丈。杜注：「方丈曰堵，三堵曰雉，雉長三丈。」説本賈逵、馬融、鄭康成輩，最爲確當。許叔重五經異義及韓詩説：「雉長四丈。」則鄭伯城方六里又一百二十步，何以城方而有奇零乎？何休公羊注謂：「雉，二百尺。」則鄭伯之城方三十三里有奇，其大如是，必不然矣。三百雉得九百丈，適足五里。六尺爲步，三百步爲里，一里計一百八十丈，九百丈爲五里。推而上之，天子當九里矣。其證一也。

孟子言：「三里之城。」此國城之小者，當是子男之城。下文云：「固國不以山谿之險。」則三里之城以國言之，子男方可謂國，班爵禄章言：「小國地方五十里。」是子男稱國也。若周官「五命賜則」，子男猶不成國矣。附庸則不成國矣。孟子附庸不言里數，以其不成國也。春秋繁露謂：「附庸，字者三十里者，名者二十里，人者十[一]里。」二三十里不成國矣。子男城方三里，可知天子城有九里。其證二也。

[一] 案：金氏所引「春秋繁露」似有奪字，「人者十」與「里」之間奪「五」字，應據補。

逸周書作雒解云：「乃作大邑成周于土中，城方千七百二十丈，郛方七十里。」「七十里」當從前編作「十七里」，蓋傳寫之譌也。孟子言：「三里之城，七里之郭。」「七」爲「五」之譌〔二〕，則郭大於城不及一倍。今郛方七十里，大于城九〔三〕倍，與孟子不合〔三〕。且郭爲外城，當與近郊相遠，與城相近。天子近郊五十里，郛方七十里，則近於近郊矣。七百，「七」字當爲「六」字之譌。沈本作「六」，是也。盧學士文弨謂：沈改「七」爲「六」，不知何據。蓋未之思耳。蓋建城必合里之整數，而無奇零。若城方千七百二十丈，計十里則不足，計九里則有餘，餘百丈，是爲一百六十六步有奇。殊非法制。月令解：周書第五十三篇，與禮記月令同。「命僕及七騶咸駕。」蔡邕云：「七當爲六。」周官，「天子馬六種，種則〔四〕有騶。」左傳亦言「六騶」，無言「七騶」者。正與此同，千六百二十丈是爲九里。此周天子之制，灼然可據。其證三也。射人：「三公執璧，與子男同。」五經異義、古周禮説都城之高皆如子男之城，指三

〔一〕王士駿校勘記：「盧氏本無此五字。」

〔二〕王士駿續校勘記：「許幼幾茂才云：『「九倍」之「九」當爲「七」字之譌。蓋郛方七十里大於九里之城七倍又九分城之七，今言「七」者舉成數也。』駿案：凡經傳舉成數，皆舉其所近者。今七十里之郛，大于九里之城七倍又十分城之八有奇，則舉成數當云『大于城八倍』，不當云『七倍』。鄙意『九』當作『八』，未知是否。」

〔三〕王士駿校勘記：「盧本作『則郭大于城，約一倍有餘。』駿案：是依七里計之，故與元本文異。」案：孫刻本、陸刻本皆與盧本異。

〔四〕周禮作「別」，孫刻本、陸刻本皆作「則」。

公大都言。然則大都城方亦當如子男。作雒解言「大縣，城方王城三之一」，大縣，即大都也。與左傳「大都參國之一」合。天子城方九里，則大都方三里，適與子男同。若城方十二里，則大都方四里，與子男五里不同。苟亦方五里，非參國之一矣。其證四也。匠人言：「王城隅高九雉，諸侯七雉。」古周禮説：「公七雉，侯伯五雉。」賈疏謂子男亦五雉。蓋隅高五雉，城三雉。若復降殺，則城高一雉，不成城矣。禮器言：「天子堂高九尺，諸侯七尺。」皆九降爲七，其例相合。五也。有此五證，又何疑於九里之説哉。

典命「國家」固是言城，春秋孔疏謂：「典命自言國家所爲之法、禮儀之度。」不知『國家』、『宮室』連文，則不得指法度、禮儀，泥〔一〕下有「禮儀」字乎。然不必謂城方也。匠人言「旁三門」，是天子城十二門也。月令：季春之月，「田獵罝罘、羅網、畢翳，餧獸之藥，毋出九門」。鄭注謂：「路門、應門、雉門、庫門、皋門、城門、近郊門、遠郊門、關門。」楚辭九辯：「君之門以九重。」注：「天子

〔一〕王士駿校勘記云：「盧本『泥』作『以』。」案：陸刻本作「況」，孫刻本作「泥」。當以「泥」爲是，盧本作「以」亦通。

九門，闕門、遠郊門、近郊門、城門、皋門、「庫門」、雉門、應門、路門（寢門。亦曰庫門）。」〔二〕與此略同。案：楚辭多寓言，君門九重即天問所謂「圜則九重」，比君門於天也。不知王宮實三門，無五門，戴東原辨之詳矣。皋、應等門亦非羅網等物所出也。高誘注淮南時則訓云：「東方三門，王氣所在。餧獸之毒藥所不得出。嫌餘九門得出，故特解之。」然月令全書禁戒之詞皆不如此。其説亦非。

竊謂月令雖周書，而爲呂氏所修，或襍入秦制，秦本伯爵而僭擬上公，故城設九門。太平寰宇記：「古魯城凡有七門。」魯，侯爵，其城門七，餘可知矣。凡天子十二，公必九，侯伯七，子男五，城門亦宜然。然則典命「國家」以城門言也。大雅：「築城伊洫〔三〕。」鄭箋謂文王之城大於諸侯，而小於天子。以洫爲成溝，成方十里，故爲此説。説者以爲天子城方十二里之證。然此特謂城倣乎洫以爲池。凡城外必有池。池廣深與洫等，以見聖人不恃溝池以爲固，非謂城有十里也。文王方爲諸侯，其城安得獨大哉。即其後受命爲伯，猶當守諸侯

〔二〕案：洪興祖補注引月令云：「天子有九門，謂闕門、遠郊門、近郊門、城門、皋門、庫門、雉門、應門、路門。」朱熹楚辭章句集注云：「天子九門，闕門、遠郊門、近郊門、城門、皋門、庫門、雉門、應門、路門。」二注皆有庫門，無寢門。此九門之中闕門至城門爲外四門，自皋門至路門爲王宮五門，王宮五門無寢門，故此處應作「天子九門，闕門、遠郊門、近郊門、城門、皋門、庫門、雉門、應門、路門。」元本、孫刻本同，盧本亦無異文，「皋門」下應補「庫門」，「寢門亦曰庫門」六字應是衍文。

〔三〕案：毛詩作「淢」，韓詩作「洫」。

之制，豈於遷豐之始，即有僭分之事。賈公彦謂匠人「九里」，或是夏殷之制。以下文有「夏后氏世室」、「殷人重屋」也。然考工一書皆言周制，惟「世室」、「重屋」明標夏殷，以見其與周之明堂同中有異，非匠人所言皆夏、殷制也。下云「内有九室，九嬪居之」，「外有九室，九卿朝焉」，夏殷皆五官，詳五官考。不得有九卿、九嬪之名。見於周禮，則知匠人所言皆周制矣，故曰九里之説確也。

大夫三門考

古者，天子、諸侯、大夫皆三門，其高卑廣狹不同。案：考工記，天子門阿高五雉，則諸侯當三雉，大夫、士當二雉。天子應門廣二丈四尺，路門丈六尺五寸。諸侯無考。而爲三門則一也。漢唐諸儒皆謂天子五門、諸侯三門、大夫二門，近戴東原宗劉原父之説，謂天子亦三門，足正諸謬，而大夫之門猶未之考正也。

鶚案：曲禮云：「凡與客入者，每門讓於客，客至於寢門，則主人請入，爲席，然後出迎客。」孔疏：「凡者，通貴賤而言也。」經先言「每門」，後言「至於寢門」，即路門，一曰畢門。則「每門」在「寢門」之外，可知「每門」非一門，合之寢門是有三門矣。若只二門，則未入寢門之先，何得言「每門」乎？聘禮云：「賓朝服問卿，卿受于祖廟，擯者出請事，大夫朝服迎于外門外，再拜。賓不答拜，揖。大夫先入，每門、每曲揖，及廟門，大夫揖入。」此亦有「每門」之説，揖以明讓，每門揖者，即每門讓於客也，及廟門而大夫揖入，則入外門亦必揖，當云：「大夫揖先入。」不言揖，省文。故即承云「每門、每曲揖」也。每曲之揖，詳廟在中門内説。

大夫之廟與天子、諸侯同在中門内，詳廟在中門内説。則聘賓之入，必歷外門、中門，故云「每門」。上文云「公迎賓，每門、每曲揖」，正與此同。則諸侯、大夫皆三門矣。鄭注以祖廟爲王父廟。賈疏謂大夫三廟，每廟兩旁皆有隔牆，牆有閤門；王父廟在東，故有「每門」。不知祖廟者，大祖之廟也。王制云：「大夫三廟，一昭一穆，與大祖之廟而三。」祭法謂：「大夫三廟，曰考廟，曰王考廟，曰皇考廟。」顯考、祖考無廟，與王制不同。祭法一篇多不足信，當以王制爲正。凡諸侯受朝聘必於祖廟者，所以自卑而尊先祖也。祖莫尊於大祖，故受朝聘必於此。天子亦宜於大祖之廟，賈疏謂在文王之廟，非也。推之大夫亦當然，安得受于王父之廟乎？宗廟之制，大祖居中在北，左昭右穆，以次而南，不與大祖竝列，非有隔牆也。詳廟在中門内説。賈謂三廟竝列，經三閤門，以至王父之廟，則越大祖而過，不亦藐視大祖乎？是「每門」非閤門，其爲外門、中門明矣。郊特牲云：「臺門旅樹，大夫之僭禮也。」逸周書有應門、庫臺。此謂臺設於應門，孔晁注謂門皆有臺，於庫門見之，其説非是。詳樓考。春秋書「雉門及兩觀災」，兩觀即臺門也。是天子、諸侯門臺必在中門，則大夫之僭而爲之，亦必在中門。無中門，則無以爲臺，又可見大夫有三門也。

蓋天子、諸侯、大夫皆有朝，天子、諸侯三朝，大夫二朝。然天子、諸侯中門外之朝不常御，其常御者惟二朝，與大夫同。魯語云：「天子諸侯合民事於外朝，合神事於内朝。自卿以下，合官職於外朝，合家事於内朝。」是大夫有二朝，同於天子、諸侯，故當有三門。内朝在寢門内，外朝在中門内，若止有二門，則外朝豈在大門内乎？天子、諸侯不常御之外朝，此「外朝」非魯語所言「外朝」，魯語「外朝」即中門外治朝也，對内朝，故稱「外」。所以致萬民而詢者，可在大門之内〔一〕。若每日常御之朝，自當在中門内也。韋昭注以大夫外

〔一〕王士駿校勘記：「盧本奪『可』字。」

朝爲君之朝。如其説，則當言公朝、私朝，安得以内、外言之。公朝而謂之外，毋乃不敬乎？且天子、諸侯以外朝與内朝對舉，大夫亦以外朝與内朝對舉，其文同，則其事亦同，明是大夫家自有外朝也。又上文云：「公父文伯之母如季氏，康子在其朝，與之言，弗應，從之，及寢門弗應而入。」夫朝者，外朝也。寢門者，内朝也。與之言而皆弗應，以非婦人所言之地也，故其下文又云：「外朝、内朝皆非吾所敢言也。」通上下文觀之，外朝爲大夫之朝明矣。先言「在其朝」，繼言「及寢門」，則外朝在中門之内亦明矣。又可見大夫有三門也。

士無臣，故無朝，無朝故止二門。士冠禮、昏禮、相見禮皆無「每門」之文，與大夫異矣。

宮室之制自天子以至于士，雖大小不同，而堂階、房室、户牖等皆不降殺，惟於門則大夫得同於天子、諸侯，而士不得同於大夫。于此見先王之重朝儀，雖在私家猶必崇其體統也。何也？大夫外朝以合官職，重私朝即所以重公朝也。

五官考

王者設官，所以代天工也，故其制必法乎天。三公以法三光，五官以法五行。白虎通云：「爵有三等以法三光，五等以法五行。」其義與此略同。禮運謂：「三公在朝，三老在學。」則三老與三公等，三老、五更取象三辰、五行。蔡邕謂：「三老，三人；五更，五人。」鄭謂：「老、更各一人。」則不象三辰、五行，其説非也。三公、五官亦象三辰、五行。董子春秋繁露云：「五行者，五官也。」又云：「諸侯爵五，法天地之數也。五官亦然。」然則五官之制，其義至精。自周以前皆五官也，六官之制實始於周。鄭康成謂唐虞三代皆六官，注夏書大傳云：「稷爲天官，司徒爲地官，秩宗爲春官，司馬爲夏官，士爲秋官，共工爲冬官。」鶡冠以爲不然，曲禮云：「天子之五官曰：司徒、司馬、司空、司士、司寇。」此與周官不同，當爲殷制。鄭注亦謂殷制。鄭志焦氏答崇精謂殷之五官并上大宰爲六官。是殷周官制不異。不知宗伯何以易爲司士，大宰何以與宗祝卜史等竝列，其説不可通矣。是殷時止有五官，無有〔一〕六官也。

昭十七年左傳云：「少皞氏鳥名官。祝鳩氏，司徒也；雎鳩氏，司馬也；鳲鳩氏，司空也；爽鳩氏，司寇也；鶻鳩氏，司事也。」此少皞時亦五官，與殷之五官名異而實同。雖司士、司事二者不一，然白虎通云：「士者，事也。」則司事即司士矣。傳又云：「黄帝氏以雲紀，炎帝氏以火紀，共工氏以水紀，大皞氏以龍紀。」服虔注：「黄帝以雲名官，蓋春官爲青雲氏，夏官爲縉雲氏，秋官爲白雲氏，冬官爲黑雲氏，中官爲黄雲氏。炎帝以火名官，春官爲大火，夏官爲鶉火，秋官爲西火，冬官爲北火，中官爲中火。」其注水名、龍名亦以五方五色言之，此在黄帝、炎帝、共工、大皞之世皆五官也。又二十九年傳云：「五行之官，是謂五官。木正曰句芒，火正曰祝融，金正曰蓐收，水正曰玄冥，土正曰后土。」又云：「少皞氏有四叔：曰重，曰該，曰脩，曰熙，重爲句芒，該爲蓐收，修〔二〕及熙爲玄〔三〕冥。顓頊氏有子曰黎，爲祝融，共工氏有子曰句龍，爲后土。」孔疏謂：

〔一〕王士駿校勘記：「盧本無『有』字。」
〔二〕案：阮刻十三經注疏春秋左傳正義作「脩」，陸刻本、孫刻本皆作「修」。
〔三〕王士駿校勘記：玄，「盧本以『元』恭代，餘同」。

「此五官在高陽之世。」是顓頊之時亦五官也。

夫上自大皞諸帝下至于殷皆五官，則唐虞與夏不當有異。竊意唐虞五官，以秩宗爲木官，司徒爲火官，士爲金官，司空爲水官，后稷爲土官。何以知之？吕刑云：「伯夷降典，折民惟刑。禹平水土，主名山川。稷降播种，農殖嘉穀。三后成功，惟殷于民。士制百姓于刑之中，以教祇德。」伯夷，秩宗也。禹，司空也。棄，后稷也。臯陶，士也。惟不及契爲司徒。而尧典言禹讓于稷、契暨臯陶，舜之命官以司徒繼稷，則司徒必在五官之中矣。秩宗即周之宗伯，宗伯爲春官。又楚语云：「颛顼命南正重司天以屬神。」韋昭注謂：「周禮則宗伯掌祭祀。」重爲木正，春爲木行，是秩宗木官也。木之性爲仁，禮以仁爲本，故禮官屬木。司徒掌教，教必以禮，禮於行爲火。又楚语云：「颛顼命火正黎司地以屬民。」鄭康成、韋昭皆謂火當爲北。然重爲南正，亦爲木正；黎爲北正，亦爲火正。此言重爲南正，黎爲火正，互文也。韋昭注謂：「周禮則司徒掌土地人民。」是司徒火官也。士即周之司寇，司寇爲秋官，秋爲金也。司空在周爲冬官，冬爲水也。后稷教民稼穡，洪範以稼穡屬土，是后稷土官也。此五官皆卿，爲朝廷大臣。不及司馬者，二帝尚德而不尚兵，以士兼攝之也。舜言「苗頑弗即功」，禹言皋陶「方施象刑，惟明則知」。舜之所以服有苗者，但動之以禮教，輔之以刑威，而無事乎征伐也。書傳多謂禹征有苗，不可信。此所以不立司馬，與少皞、夏、殷異也。夏之五官不可考，大略當與殷同。啟大戰于甘，則必有司馬矣。論語「舜有臣五人」，即此五人。是説者數伯益，而不及伯夷，失之矣。典樂爲秩宗之佐，禮樂本一事也。納言爲司徒之佐，禁讒説所以弼教也。虞爲后稷之佐，山澤之所出資民食用，與平地之植穀同也。共工爲司空之佐，司空平水土必有藉乎工。工之營造多在於冬也。此四官當爲中大夫，亞於五官，合之爲九官，以法九星。見逸周書。要之，以五行爲重也。鄭君增以司馬，列爲六，則經文明無此官。共工之官不尊，故少皞氏以五雉爲五工正，不列于五官。唐虞時何得以共工列五官之内。且經文明言伯禹作司空，是冬官爲司空，非共工也。鄭云：「初，堯冬官爲共工，舜举禹治水，堯知其有聖德必成功，故改命司空，以官名寵異之，非常官也。」其説無據。稷降播種爲地事，何以爲天官？此其説皆非也。

古之天官皆治天事，少皞氏有鳳鳥氏爲曆正，玄鳥氏司分，伯趙氏司至，青鳥氏司啟，丹鳥氏司閉，此治天事之官，其官亦有五。堯以羲和之伯分掌天地，其仲、叔分掌四時，此治天事之官有六，非周之六官也。古者，天與民近，故帝王皆以天事爲重，而多設官以掌之。猶殷人尚鬼，建官先六大，所掌皆鬼神之事也。羲和司天，唐虞所重，其官亦當爲卿。仲、叔四人，當爲大夫。此二卿不在五官之列，天事與人事別也。至于統百官者爲百揆，主諸侯者爲四岳，此二官最尊，當爲公。公羊傳謂「天子三公，天子之相也。自陝而東者，周公主之；自陝而西者，召公主之。一相處乎内。」是百揆、四岳即三公也，但周有東西二伯，而唐虞四岳止一人爲異耳。鄭君謂羲和仲叔四人分掌四岳，爲四伯，其說本尚書大傳。不知四岳爲神農之後，羲和爲重黎之後，不可混而爲一。全謝山辨之詳矣。羲和爲司天之官，不可兼掌四岳。且舜飭二十二人，謂四岳、九官、十二牧。此蔡氏說，甚確。鄭注及僞孔傳皆非。是四岳止一人，若有四人，則不止二十有二矣。故知四岳別爲一官，爲三公之任也。

百揆爲宰相之職，爵爲公，本不兼五官之事。但堯時舜宅百揆，百揆在五官之外，及舜即位，禹宅百揆，百揆在五官之中，以水土初平，司空之職猶重，在廷諸臣未得其人，故仍使禹兼之也。本蔡傳。鄭君謂司空非常官，禹宅百揆，遂廢司空。不知司空爲水官，歷代有之，何可廢也？則禹以百揆兼司空明矣。然百揆雖暫兼司空，而四官仍不得與百揆竝列，則與周之六官異矣。

甘誓：「大戰于甘，乃召六卿。」鄭謂即周之六卿。不知周官所云「軍將皆命卿」者，謂選將帥之才，命之以爲卿，非必使大宰、司徒等六卿將之也。六卿惟司馬掌兵，其餘或非所長。且大宰至尊，不得屬于司馬，又六軍竝行，則六卿悉出，國事其誰理乎？然則甘誓之六卿亦謂六軍之將，其爵如卿耳，不可據此而謂夏有六官也。逸周書大明武解云：「順天行五官，官候厥政。」孔晁注：「五官，舉大官言之。」此五官之證。楚語云：「古者，有天地神民〔一〕類物之官，謂之五官。」又一證也。

天子、諸侯每降殺以兩，故天子五官，諸侯則降爲三。立政言文王之官有司徒、司馬、司空。此在殷時，是殷諸侯三卿，與周同也。大戴禮云：「千乘之國，列其五官。」曾子問亦謂：「諸侯將出，命五官，而後行。」孔疏以五官爲五大夫，非也。國政掌于三卿，豈有命大夫而不命卿之理。蓋諸侯三卿爲司徒、司馬、司空，其宗伯、司寇亦掌大政，故雖爲大夫，而得與三卿竝舉，不與小司徒等三大夫同。三卿合二大夫爲五官。諸侯五官，可知天子亦五官矣。此又五官之一證也。

〔一〕王士駿校勘記：「盧本『神民』作『神明』，非。」

又按：董子五官之説以司農爲木官、司馬爲火官、司營爲土官、司徒爲金官、司寇爲水官，于義未安，不足取證。夫唐虞有百揆，殷有卿士，周有冢宰，皆宰相之職。但唐虞夏殷以宰相統五官，周則以宰相與五官竝列爲六。若去冢宰，則亦五官而已。此其監二代而損益之者也，然宰相與五官竝列，不見其特尊，未及古制之盡善。後世設宰相以統百官合乎古制，而六部尚書又沿周制而變其名，殆失之矣。

廟在中門内説

漢儒皆言廟在中門之外，近戴東原始辨其非，以爲在中門内，引禮記、左氏、穀梁諸書以證其説，見考工記補注。足正千古之繆，誠有功於聖經者也，世儒猶有疑者，鶚請列五證以申明之〔一〕。

周官司儀：「凡諸公相爲賓，及將幣，交擯，每門止一相。及廟，惟上相入。」又

〔一〕王士駿校勘記：「盧本『五證』作『六證』。」

云：「諸侯〔二〕之臣相爲國客，及將幣，旅擯，每門止一相。及廟，惟君相入〔三〕。」聘禮亦云：「公迎賓於大門内，每門、每曲揖。及廟門，公揖入。」夫惟廟在中門内，賓客之入必歷外門、中門而後及廟，故得有「每門」，若在中門外，則入大門大門即外門。即得及廟，何以有「每門」乎？賈公彦周官、儀禮疏皆謂諸侯五廟，大祖居中，二昭居東，二穆居西，廟皆別門，門外兩邊皆有隔牆，東行經三閤門，乃至大祖廟，每門皆有曲，有曲即相揖。江慎修極稱其說。鶚竊以爲不然。大祖之廟百世不遷，當特尊於羣廟，故禘祫之禮禘祫只是一祭，天子曰禘，諸侯曰祫，詳禘祭考。必合食於大祖，大祖東向，自如羣昭羣穆列於南北，則知大祖之廟，必不與羣廟竝列也。若與羣廟竝列，何以見大廟之尊乎？且左昭右穆，必分爲東西二列，其義乃明。若竝列一處，何以見其爲左右，何以見其爲昭穆？經典凡言左右，多不與居中者爲一列。贊幣自左，詔辭自右，贊、詔者不與君竝列也。食居人之左，羹居人之右，羹、食不與人竝列也。然則羣廟必不與大祖竝列矣。安得有隔牆與閤門乎？

〔二〕案：「侯」，陸刻本、孫刻本皆作「侯」，周禮作「公」，金氏認爲「公」亦是諸侯之偁，詳後文。

〔三〕王士駿校勘記：「『君相』，元本誤作『上相』。」續校勘記：「元本『君相』作『上相』，蓋涉上文而誤，今據盧本更正。」案：陸刻本、孫刻本亦誤作「上相」。今據王校改。

假有閤門，其門甚小，而賓客之入，必由三閤門而至大廟，毋乃不便乎？晉孫毓謂：大祖在北，左昭右穆，以次而南。朱子從之，其說固至當也。禮經「每門」之文承「大門」、「入門」而言，其非閤門可知。鄭注引玉藻「君入門，介拂闑，大夫中棖與闑之閒，士介拂棖」，注周官亦引之，鄭君初不以「每門」爲閤門也。哀十四年左傳：「攻闈與大門。」宣二年公羊傳：「入其大門，則無人，入其閨，則無人。」闈與閨即閤門也，爾雅：「宮中之門謂之闈，其小者謂之閨，小閨謂之閤。」必別之於門。是知經典所稱門者，皆指庫、雉、路諸門而言，闈、閤不得混稱門也。曲禮：「每門讓於客。」周官閽人：「王宮每門四人。」與此「每門」文同，其爲庫、雉二門甚明。廟在雉門内，經文先言「每門」，後言「及廟」，是「每門」爲庫、雉二門也。賈以爲閤門，誤矣。每曲者，謂入雉門之後折而向東，是爲一曲；直廟門，又折而北，是又一曲。曲不屬于門，賈以爲門皆有曲，抑亦誤矣。每門、每曲既非閤門，則廟在中門内可知，其證一也。

覲禮：「侯氏乘墨車，載龍旂弧韣，乃朝。」下即承言「天子負斧依，侯氏入門右，坐奠圭，再拜稽首。」夫朝者，路門外之治朝，所謂宁也。門者，廟門也，朝畢即入廟行覲。本萬充宗説。則廟在路門外、應門内可知。天子以應門爲中門，諸侯謂之雉門。其證二也。

周官閽人：「掌守王宮中門之禁。」鄭注以中門爲雉門。鄭謂天子五門，故以雉門爲中門。不知天子亦三門，中門爲應門。古者，天子縣法於象魏，使萬民觀之，則自中門以外，象魏即兩觀，在中門。萬民皆得至，故外門不設禁。外門，皋門也。諸侯爲庫門。宗廟、社稷，國所最重，豈可置於中門之外而不設禁乎？其證三也。〔一〕

顧命言康王即位于廟，當在既祔之後。上云「諸侯出廟門」，下云「王出在應門之内」，是廟在應門内可知。其證四也。

古者，女子十歲即不出中門。士冠禮：「適東壁，北面，見于母。」鄭注：「母在闈門外，婦人入廟由闈門。」夫婦女有助祭之禮，宗廟必時至，廟門尚不敢入，況可出中門

〔一〕王士駿校勘記：「盧本此下作『周語有日祭之文，韋注謂上食于祖考。蓋宗廟每日必祭，此事死如事生之禮，故廟必在寢傍以示親祖之意，若在中門外，則疏遠矣。其證五也。』無『顧命言康王即位于廟』至下『其證四也』四十三字。「駿案：盧本上言『請列六證』，下言『有此六證』。是顧命、周語二條皆初所有，元本之無。周語一条者，或金易稿時删去，或鐫時爲實甫先生所節，故前後『六證』字皆改作『五』。盧本之無顧命一条者，係傳寫偶脱，非原稿所無。觀『其證三也』下無四證一段，可以見矣。」案：陸刻本、孫刻本亦無周語一條，故前後皆作「五證」。

乎？其證五也。

有此五證，學者可以無疑矣。

宗廟祭祀時月考[一]

古者，宗廟四時之祭必以孟月，達於上下，通乎古今，未之或易也。蓋禮有五經，莫重於祭。見禮記祭統。祭之大者，莫如郊廟。鄭司農注周官肆師以天地爲大祀，後鄭謂大祀又有宗廟，是宗廟與天地竝重也。易説云：「三王之郊，一用夏正。」而宗廟之祭，亦行于孟月，所謂事親如事天也。孟春上辛郊天，郊後乃祭宗廟。春秋繁露云：「郊常以正月上辛者，所以先百神而最居前。禮，三年喪，不祭其先，而不敢廢郊，郊重于宗廟也。」故祭宗廟必後于郊，然與郊同月。而日、月、社稷之祭，皆在仲月。此事親如事天之義也。

逸周書云：「我周改正，巡狩、祭享猶自夏焉。」則自周以前，時祭皆必以寅、

[一] 王士駿校勘記：「此篇盧本在卷二。」

巳、申、亥之月，此古今所同也。事親之義自天子達于庶人，則時祭皆必以孟月，此上下所同也。晏子春秋云：「天子以下至士，皆祭以首時。」其説最確。鄭君注王制亦謂祭以首時，當矣，而諸儒猶有異論。服虔注左傳云：「魯祭天以孟月，祭宗廟以仲月。」或云：「祭以首時者，謂大夫士也，若得祭天者，祭宗廟以仲月。」王制疏載此説，謂南師解云。孔沖遠王制疏謂「未知孰是」，因兩存其説。近儒多據周官仲夏獻禽享礿、仲冬獻禽享烝，而以首時之説爲非。鶚詳考之，而知祭以首時，其説必不可易。請列八證以明之。

禮記明堂位云：「季夏六月，以禘禮祀周公於大廟。」鄭注：「季夏，建巳之月。」周六月，夏四月也。襍記云：「七月而禘，獻子爲之也。」是知禘祭當用夏正四月也。魯禘如是，周禘亦宜然。禘爲大祭，舉大祭則不行時祭，則時祭皆與大祭同孟月矣。其證一也。

左氏桓五年傳云：「凡祀，啟蟄而郊，龍見而雩，始殺而嘗，閉蟄而烝。」此魯之祀典也。周郊以寅月，此啟蟄而郊，則在卯月，故知爲魯之祀典。杜注以始殺爲建酉之月，閉蟄爲建亥之月。

然此傳四句，郊與雩對，嘗與烝對，郊、雩同用仲月。詳魯郊考、龍見而雩解。則嘗、烝必同用孟月矣。白虎通云：「秋祭曰嘗者，新穀熟而嘗之。」月令：孟秋之月，「農乃登穀，天子嘗新，先薦寢廟」。鄭注以爲黍稷之屬于是始熟。可知嘗祭必在孟秋矣。杜於釋例引詩「白露爲霜」以證始殺之爲酉月，不知孟秋「律中夷則」，夷則即始殺之義也。白虎通云：「夷，傷也；則，法也。言萬物始傷，被刑法也。」月令：孟秋之月，「鷹乃祭鳥，用始行戮」。又云：「戮有罪，嚴斷刑，天地始肅，不可以贏。」皆始殺之謂，故賈、服注竝以始殺爲孟秋，其證二也。

王制云：「諸侯礿則不禘，禘則不嘗，嘗則不烝，烝則不礿。」鄭注：「虞夏之制，諸侯歲朝，廢一時祭。」然周制侯服歲朝，周官小行人云：「侯服，歲一見。」亦必廢一時祭，不特虞夏也。王制本言周禮，鄭以爲虞夏之制，非也。周頌臣工序云：「諸侯助祭，遣于廟也。」其詩云：「嗟嗟保介，惟莫之春。亦又何求，如何新畬。」鄭注[二]：「周之季春，于夏爲孟春。」蓋以月令紀耕藉、勸農之政皆在正月，而諸侯朝王亦必在正月。堯典輯瑞覲后文承正月類帝

[二] 案：毛詩正義作「箋」。

之下，在二月東巡之前，周禮當不異是。諸侯因朝而助祭，因助祭而飭以耕藉勸農。朝王勸農皆在孟月，則祭亦在孟月可知，其證三也。

汲郡古文云：成王「九年〔二〕春正月，有事于大廟，初用勺」。「二十五年，冬十月，歸自東都，有事〔三〕于大廟」。此以夏正言之。此書固用周正，亦或用夏正，如成王「四年，夏四月初嘗麥」，「十三年，六月，魯大禘于周公廟」，是也。祠與烝皆在孟月，其證四也。

洛誥云：「王在新邑烝祭歲。」其下文云：「在十有二月」。周十二月，夏十月也〔三〕。月令〔四〕：孟冬之月，「大飲烝」。楚語云：「日月會于龍豵，羣神頻行，國于是乎烝嘗。」韋昭注：「豵，龍尾也。謂周十二月、夏十月也。烝，冬祭也。嘗，嘗百物也。」又魯語云：「烝而獻功。」韋注：「冬祭曰烝，烝而獻五穀、布帛之功。」豳風七月篇云：「九月授衣。」又云：「十月納禾稼。」是知獻功必在十月，烝在孟冬

〔二〕案：元本、陸刻本、孫刻本皆作「八年」，誤。金氏所謂汲郡古文即今本竹書紀年，此處今本竹書紀年作「九年」，今據今本竹書紀年原文改。

〔三〕案：「有事」今本竹書紀年作「大事」。

〔三〕王士駿校勘記：「盧本『夏』上有『正』字。」

〔四〕王士駿校勘記「盧本『月令』上有『又讀』二字。」

明矣。其證五也。

春秋繁露云：「祠者，以正月始食韭也。礿者，以四月食麥也。嘗者，以七月食黍稷也。烝者，以十月進初稻也。」正月、四月、七月、十月皆是孟月，其證六也。

王制云：「大夫、士有田則祭，無田則薦。」祭以首時，則薦亦宜然。鄭注謂：「薦以仲月。」非也。下文云：「庶人春薦韭，夏薦麥，秋薦黍，冬薦稻。」夫韭見于孟春，麥熟于孟夏，黍熟于孟秋，稻熟于孟冬。七月詩：「十月穫稻。」是稻之遲者熟於孟冬也。月令：季秋，天子嘗稻，先薦寢廟；庶人則至孟冬薦之。則薦以首時甚明，若薦以仲月，則皆失時，豈得謂薦其時物邪？薦猶在首時，況於祭乎？其證七也。

周官四仲之祭〔二〕，賈公彦、孔沖遠皆謂因田獵而獻禽，非正祭也。王制云：「天子、諸侯無事，則歲三田。一爲乾豆。」鄭注：「乾豆謂腊之以爲祭祀豆實也。」孔疏：「乾者，謂作醢及臡先乾其肉也。」周官醢人：「朝事之豆，有醓醢、麋臡、鹿臡、麇臡。」鄭注：「作醢及臡，必先膊乾其肉，乃莝之，襍以粱麴及鹽，漬以美酒，

〔二〕王士駿校勘記「案：『四仲』本經作『四中』。」

百日則成矣。」然則豆實非一時可辦，故必先時而田，春田以供夏，夏田以供秋，秋田以供冬，冬田以供春。自田至祭，約有七八十日，祭必卜日，上旬不吉，則用中旬。故或七十日或八十日。豆實乃具。鄭謂百日，舉大數言之耳。此與犧牲在滌三月同，一致敬之心。三田之中，所以乾豆爲第一也。夫豆而曰乾，則非方田之時，即獻禽以享宗廟也明甚。而獻禽以享之非正祭亦明矣。其曰享礿、享烝者，凡夏祭皆得謂之礿，冬祭皆得謂之烝，不必正祭也。況且四時之田皆爲祭祀，此獻禽若是正祭，何以四祭僅舉其二，而與祊、社竝列邪？祭祀必先齋戒十日，不得出外馳逐，而此經云「入獻禽，以享烝」，明是田獵之日即入獻禽以享。若是正祭，何以不齊戒乎？豈齊戒不妨田獵乎？獻禽於廟是小禮，故不先齊戒。其證八也。

有此八證又何疑於首時之説乎？至于春秋[二]所載祭祀之月多非首時，如桓八年正月己卯，烝。夏五月丁丑，烝。十四年八月，嘗。僖八年七月，禘。昭十五年二月，禘。是也。此亂世，不能如禮，不足據也。

[二] 王士駿校勘記：「盧本『春秋』下衍『傳』字。駿案：下文注中所引皆經語，非傳語也，盧本非是。」

天子四廟辨〔一〕

天子廟制，先儒紛如聚訟。荀卿、劉歆、班彪父子、王肅、孔晁、虞喜、干寶之徒皆謂天子七廟是定制，宗不在數中。韋玄成、馬融、盧植、鄭康成輩皆謂天子四廟，與大祖而五，周以文、武爲二祧，始有七廟。朱子兩存其説。近惠定宇專主四廟，力排七廟之非，以爲畔經離道。鶚詳考之，竊以四廟之説爲不然也。

王制、祭法、禮器、曾子問、穀梁傳僖十五年。皆言天子七廟、諸侯五廟。大戴禮三本篇亦云：「有天下者，事七世。有國者，事五世。積厚者，流澤光。積薄者，流澤卑。」此自上而下降殺以兩，百王不易之制也。若天子、諸侯皆親廟四，何尊卑之無別乎？諸侯與天子同，而大夫不得與諸侯同，此又何説也。惠氏引王制孔疏謂：「天子七廟，有其人則七，無其人則五。若諸侯，雖有其人，不得過五。」以此爲等殺。然凡禮之等殺，必有一

〔一〕王士駿校勘記：「此篇盧本在卷二。」

定之制，何獨於廟制而不然。設使天子無人可宗，竟無異於諸侯乎？且即有其人，亦必待親盡當祧，然後立廟以宗之。則四世之中，廟制皆與諸侯無別矣。聖人制禮而顧若是乎？

王制、祭法諸書明言七廟，此經文之確然可據者，惟喪服小記有云：「王者禘其祖之所自出，以其祖配之，而立四廟。」蓋天子三昭三穆，其二昭二穆爲四廟，一昭一穆爲二祧。祧不得爲廟，則止四廟而已。周官守祧：「掌守先王先公之廟祧。其廟，則有司脩除之。其祧，則守祧黝堊之。」先王爲廟，先公爲祧，先王親而先公疏，脩除重而黝堊輕。鄭注以有司爲宗伯，宗伯尊于奄人，則脩除必重于黝堊[一]。鄭以爲互文，非也。是四廟之視二祧親而且尊也。禘，以大祖配天。祖之所自出者，天也。詳禘祭考。則視四廟爲尤尊，故不言廟而特言祖也。韋玄成謂王者不爲始祖立廟，親盡也。失之。二祧不尊不親，故略而不言，非謂天子無七廟也。周官爲周公所作，在成王時則自武王至大王爲四親廟[二]，諸盩、即祖[三]紺。亞圉爲二祧。大王、王季、

[一] 王士駿校勘記：「盧本于『黝堊』之下衍『也』字。」案：陸刻本、孫刻本皆無「也」字。
[二] 王士駿校勘記：「陳奐毛詩清廟疏引此作『大王、王季、文王、武王爲四親廟』。」
[三] 「祖」，史記周本紀作「組」，後文亦作「組」，孫刻本、陸刻本似皆誤。

文王、武王皆先王也，亞圉、諸盩皆先公也，故守祧有先王、先公之説。雅、頌之作，亦在成王之時。天作序云：「祀先王先公也。」天保篇云：「禴祠烝嘗，于公先王。」中庸亦言：「周公上祀先公以天子之禮。」夫禴祠烝嘗，時祭也。時祭及先公，則廟不止於四矣。中庸言祀先公以天子之禮，天作序言祀先王先公，亦謂時祭、犆祀，若大禘、時祫，天子無大祫，大禘即大祫也，詳禘祭考。則先公與先王竝列，自必祀以天子之禮。天作序亦不必別言之，但言祫祭宗廟可矣。又司服云：「享先王，則衮冕。享先公，則鷩冕。」此亦謂時祭、犆祀先公之尸服鷩冕，故祭者亦服鷩冕，不以卑臨尊也。先公本尊，祭者若服衮冕，似以卑臨尊矣。若禘祫之祭，先王、先公同在一處，祭者只應服衮冕，何得殊服乎？由此觀之，成王之時，先王已有四廟，又有先公之廟，非七廟而何？天作孔疏謂周初只五廟，先公爲后稷，則諸書所言先公皆后稷矣。不知后稷爲周大祖，推以配天，雖不追王，亦得稱先王，商頌曰：「玄王桓撥。」是契稱王也。國語云：「我先王后稷。」是稷稱王也。必不以先公稱之。天保鄭箋：「先公，后稷至諸盩。」中庸注：「組紺至后稷。」非也。司服注及天作箋皆謂先公不窋至諸盩，近是。其尸必服衮冕，祭者豈得以鷩冕享之乎。思文頌后稷，則祭后稷之廟當歌思文，不歌天作也。若天作所祭有后稷，后稷爲周始祖，其功甚大，何無一言及之乎？序謂「祀先王先公」，而詩但言大王、文王者，以大王肇基王迹，文王始受天命，故特言之也。大王以上先公無可頌者，故略之也。詩不及先公，而祀先公得歌之者，以大王本先公也。大祖尊於羣廟，未有不祀以天子之禮者，何必特言之乎？則先公非后稷明矣。

周語祭公諫穆王曰：「日祭，月祀，時享，歲貢，終王，先王之訓也。」韋昭注：「日祭，于祖考；月祀，于高曾；時享，于二祧。」說本劉歆。是七廟也。在穆王之時，而稱先王之訓，又可知周初有七廟矣。禮器云：「周旅酬六尸。」鄭注謂：「后稷之尸，發爵不受旅也。」此言三代尸禮之異。「夏立尸，殷坐尸，周旅酬六尸」，監前代而彌趨於文，必是周公所制，又可知周初有七廟矣。馬昭引此文而云：「使文武不在七數，既不同祭，又不享嘗，豈禮也哉！」是以「旅酬六尸」之禮爲在共王之世也。蓋周初文武在四廟中，至共王時乃居二祧也。周至共王之時，政教已衰，豈能制此禮哉，必不然矣。

周官守祧：「奄八人。」鄭注云：「天子七廟，三昭三穆。」孔疏云：「通姜嫄爲八廟，大司樂享先妣在先祖之上，鄭注云：「先妣，姜嫄。」廟一人，故八人也。」此在周公制禮之時已有七廟之明證。鄭注謂祧爲文武之廟，遷主藏焉。其注「先王先公廟祧」云：「遷主所藏曰祧，先公之遷主藏于后稷之廟，先王之遷主藏于文武之廟。」不知祭法所謂二祧者，非以遷主所藏而名之也。説文云：「祧，遷廟也。」蓋祧之爲言超也，超，上去也。凡主居此廟，則將遷去，故名祧。祭法所謂「遠廟爲祧也。」祧所以有二者，以服制上殺終于高祖，故親廟只有四，其二廟爲祧，左昭右穆，取其相稱。且新主爲昭則祧昭，新主爲穆則祧穆，此二廟皆爲當祧，故二祧也。然對文則祧與廟别，散文則祧與廟通。聘禮：「不腆先君之祧。」左氏襄九年傳：「以先君之祧處之。」昭元年傳：「其敢愛豐氏之祧。」祧即廟也。鄭君謂諸侯遷主藏于始祖廟，故以始祖廟爲祧。注聘禮云：「祧，始祖廟也。」杜注襄九年傳亦然。大祖百世不遷，豈可以遷主所藏遂名爲祧乎？杜注昭元年傳又云：「祧，遠祖廟。」不知大夫無遠祖也。守祧職兼廟祧，而官以祧名，是廟、祧通稱爲祧也。天子有二祧，而通稱七廟，亦猶是也。

至于遷主所藏，必在大廟夾室，以大禘在大廟中，故毁廟之主皆藏于此。且六世以上之主不可入子孫之廟，是知二祧非遷主所藏也。成王之時，文武在四親廟中，安得以爲二祧乎？文武居二祧必在共王之世[一]，去周公制禮時甚遠，何可以解周官乎？

〔一〕王士駿校勘記：「陳氏詩清廟疏引作『在穆王、共王之時』。」案：下文亦言「然則文武爲二祧，不過在穆王、共王之時」，依金氏前文所論，穆王之世武王尚在四親廟中，故不得謂文武居二祧在穆王世。諸本皆不誤。陳奂所引及下文「文武爲二祧，不過穆王、共王之時」，意謂穆王時文王爲祧，共王時武王爲祧，文不相屬，意得兩通。

明堂位有「文武世室」之説，其制在懿王、孝王之時〔一〕，懿王時，文王當祧，乃立文世室。孝王時，武王當祧，乃立武世室。孝王爲懿王弟，其崩也當別立廟。周于是有九廟。并姜嫄廟、孝王廟爲十一廟。然則文武爲二祧不過在穆王、共王之時，未幾而爲世室矣，何得謂文武常爲二祧乎。賈疏謂：「文武雖未爲祧，已立其廟。」是廟有虛主也，曾子問何言七廟無虛主乎？無主而立廟，必不然矣。即如鄭説，以二祧爲遷主所藏，亦必至懿王以後。成王當祧，藏于文王之廟；康王當祧，藏于武王之廟。而前此數世二祧虛立，而無所藏，又何爲立之乎？賈疏又云：「鄭以二祧爲祖宗，祖其有德，宗其有功，其廟不毀，故云祧也。」不知祭法所謂「祖文王而宗武王」者，其祭在明堂以配上帝，詳禘祭考。不在七廟內也。七廟惟后稷稱大祖，其餘不得稱祖。殷有三宗，大宗、中宗、高宗。未聞有祖也。唐書禮儀志引白虎通謂文王爲大祖、武王爲大宗〔二〕。朱子廟圖亦然，皆非也。周文武之廟稱爲世室，不稱爲宗。世室者，世世不毀也，即以爲祖宗，亦是不毀之廟，而乃謂之祧，不亦悖乎？知文武不得爲二祧，

〔一〕王士駿校勘記：「陳氏詩清廟疏引此作『文武爲世室，又在懿王、孝王之時』。」
〔二〕案：語出舊唐書禮志五。

則知七廟爲天子之定制矣。

惠氏謂王制、祭法、穀梁傳皆晚周之書，不足爲據。然則周官、小雅、中庸、國語亦豈晚周之書乎？又謂鄭君之説本于緯書，禮緯稽命徵、孝經緯鉤命決皆云：「唐虞五廟、夏四廟，至子孫五；殷五廟，至子孫六；周六廟，至子孫七。」夫廟必有大祖，夏四廟是無大祖也。昭穆必相稱，周六廟其一爲大祖，是昭穆不相稱也，其謬妄亦甚矣。又謂呂覽言「五世之廟」在未焚書前，必得其實。然則禮記、穀梁、荀子諸書豈盡在焚書後乎？何其獨信呂覽也？又謂商書七世之廟是王肅撰僞古文改五爲七。然王肅變亂古文，好攻鄭氏，固爲聖經之罪人，而廟制之説實優於鄭，不可以人而廢言也。又稱述韋玄成毁廟之議，而歸罪於劉歆。不知元帝之時，文景廟實不當毁，而玄成欲毁之，幾使天子獲罪於祖宗，此真畔經離道者也。劉歆引王制、穀梁諸書，謂孝武廟不可毁，哀帝卒用其言，誠有功於經者。而惠氏反以爲畔經離道，學者惑之，鶚故不可以無辨。

五嶽考〔一〕

五嶽之名，諸儒皆以爲岱、衡、華、恒、嵩高。岱山，一名泰山，諸儒無異説。衡山，一名霍山，説者不一。案：爾雅釋山首云「江南，衡」，末云「霍山爲南嶽」，是霍山即衡山也。漢書地理志廬江郡灊下注云：「天柱山，在南。」孟堅作志在武帝移易衡山之後，而不以天柱爲霍山，亦可知霍山即衡山也。應劭風俗通云：「衡山，一名霍。」此定解也。邵二雲據「大山宫，小山霍」謂衡山中峰獨高，不得名之曰霍。不知南嶽名霍者，萬物盛長，霍然而大也。不可執一説以疑之也。

近邵二雲謂周之五嶽有嶽山，而無嵩高，其説自當。然以嶽山爲西嶽，華山爲中嶽，卻非確解。至謂爾雅釋山篇末五嶽爲漢人所附益，尤妄説也。竊謂岱、衡、華、恒、霍大，唐虞與夏之五嶽也。岱、衡、華、恒、嵩高，殷之五嶽也。岱、衡、華、恒、吴嶽，周之五嶽也。東遷以後，復用殷制，秦漢因之，至于今不易也。何以言之？王者之設四嶽，所以爲巡狩朝諸侯之地也。白虎通云：「嶽者，捔也。捔功德也。」言天子時巡至于

〔一〕王士駿續校勘記：「盧本此篇在卷二弟九。」

方嶽，揄考諸侯之功德而行賞罰也。然則方嶽所在，必各視諸侯之便，俾不勤於行，此王道所以爲大公也，東方諸侯會於岱，南方諸侯會於衡，西方諸侯會於華，北方諸侯會於恒。雖少有遠近之殊，而要不甚相遠，未有不便者也。此四嶽之名，唐虞夏殷周歷代所不變也。

至于中嶽，非巡狩、朝會之所，特爲帝都之鎮，以其在邦畿之中，謂之中嶽。中嶽之名歷代隨帝都而移焉，堯都平陽，舜都蒲阪，禹都晋陽，禹初都陽城，未幾即遷都晋陽。或以爲安邑，非也。論禹都者，當以晋陽爲主，故不言陽城。詳禹都考。皆在冀州之域，故立以霍大山爲中嶽也。霍大山，一名霍山，又名景霍，在平陽府霍州東三十里。殷湯都西亳，在河南府偃師縣，詳湯都考。在豫州之域，故以嵩高爲中嶽也。嵩山在河南府登封縣北。周武王都鎬，在西安府長安縣。在雍州之域，故以嶽山爲中嶽也。嶽山，在陝西隴州。爾雅九州與禹貢、職方不同，説者皆以爲殷制，可知釋山篇末所載五嶽有嵩高而無嶽山者，爲殷制矣。虞夏五嶽，胡朏明、邵二雲已詳論之，故不復論。漢書地理志扶風汧縣吴山在西，古文以爲汧山。説文有「汧」字，無「岍」字。禹貢岍山本作「汧」，馬本作「開」，音相轉也。是嶽山即禹貢岍山也。岍山一名吴山，亦曰吴嶽。史記封禪書析吴嶽、嶽山爲二，非也。以其爲中嶽，故專稱嶽。周禮職方氏：雍州「山鎮曰嶽山」。爾雅釋山曰：「河西嶽。」中庸曰：「載華嶽而不重。」皆專稱嶽不舉其名，見于周時書，可知爲周中嶽。猶霍大山爲中嶽，得專稱嶽也。禹貢曰「至于岳陽」，又曰「至于大岳」，皆謂霍太山也。

四嶽皆舉其名，不得專稱爲嶽，而中嶽獨得專稱，所以尊京師也。嶽山若是西嶽，何不舉其名曰岍，與岱、衡、恒一例，而獨專稱爲嶽乎？五嶽不以西嶽爲尊，安得異其稱乎？況此山逼近西戎，附近罕有諸侯，其與古西嶽華山相去幾及千里，苟以爲西嶽，使西方諸侯畢朝于此，毋乃不便乎？三方之嶽各得其便，而西嶽獨遠，豈王者大公之道乎？且汧縣在鎬京之西，苟諸侯往朝於彼，必越過京師，此必無之事也。若仍朝于華山而不至嶽山，是西嶽爲虛設也。堯典、王制皆言「西巡狩至于西嶽」，今汧縣爲巡狩所不至，何爲虛設西嶽乎？邵氏謂吴嶽爲西方諸侯朝覲之所，其亦未之思耳。以嶽山爲西嶽，其説本於鄭康成。襍問志云：「周都豐鎬，故以吴嶽爲西嶽。」果如此説，是西嶽必在帝都之西也。然舜都蒲阪，在華山之北，何得以華山爲西嶽乎？賈公彦謂周國在雍州，權立吴嶽爲西嶽，非常法。夫方嶽爲朝覲之所，有望秩之典，豈可權立乎？嶽山既不得爲西嶽，則華山不得爲中嶽矣。故知周之五嶽仍以華山爲西嶽，朝會諸侯特以嶽山爲中嶽，表明京都也。

爾雅釋山篇首云：「河南，華；河西，嶽；河東，岱；河北，恒；江南，衡。」此釋周之五嶽也。而殷之五嶽反載於篇末者，蓋此五嶽雖殷制，而東周以後亦因之，故始西周而終東周也。嵩高在虞夏時謂之外方，其不以爲中嶽甚明。今名嵩高者，風俗通曰：「嵩者，高也。詩曰：『嵩高惟嶽，峻極于天。』」是嵩高之名取義於尹吉甫之詩，其在東遷以後可知也。中嶽謂之嵩高見其特高且大。爾雅云：「山大而高，崧。」異於岱、衡、華、恒，猶霍山、吴山之專稱嶽也。嵩高，一名大室，疑殷時中嶽未名嵩高，而謂之大室。明堂五室，大室在中，正如天下五嶽，嵩高在中，故名之也。韋昭謂山有石室故名大室，恐非。胡朏明據左傳昭四年。司馬侯言「四嶽、三塗、陽城、大室」，别大室於四嶽，可知其不得爲中嶽，然堯典但言四嶽，不及霍大山，而霍大山不失爲中嶽。職方氏五嶽與四鎮竝列，爲九州之山鎮，而亦不失爲五嶽，豈可據此而謂大室非中嶽乎？司馬侯是東周時人，而以大室與四嶽竝數，可知東周之五嶽有嵩高而無吴嶽也。爾雅釋山首尾載東、西周之五嶽，其名不同，鄭君不得其說。故注大司樂引篇首五嶽，而注大宗伯又引篇末五嶽，兩解不定也。賈疏謂大司樂注主災異，殊爲曲説。邵氏已詳辨之。

郭璞第于衡、恒注曰「北嶽」、「南嶽」，而其餘不注，殆于華、嶽二山，疑而不決也。孫炎注以嶽爲雍州鎮，亦有疑於鄭君西嶽之説也。朱長孺謂商周之世以岍爲西嶽，故爾雅、職方皆名嶽山。是以爾雅釋山篇首五嶽爲殷制，而首尾不同不可解矣。若以篇末爲周制，何謂商周皆以岍爲西嶽乎？胡朏明譏鄭君大司樂注不以霍大山爲中嶽，謂五嶽自黄帝迄周秦悉不敢移，信如此説，是吴嶽本不在五嶽内也，何得謂之嶽乎？爾雅釋五嶽何得數之乎？周之五嶽既有嶽山，可知霍大山不得爲中嶽矣。周都鎬京，霍大山不在畿内，又非在四嶽之中，安得謂之中嶽乎？故曰：周之中嶽必以嶽山也。迨平王東遷雒邑，與殷都同在豫州，嵩高正在畿内，又在四嶽之中，而嶽山淪於戎狄，故因殷制以嵩高爲中嶽也。秦漢以後，古禮不明，特沿晚周之制，故五嶽之名不改。秦漢之都與西周同，宜以嶽山爲中嶽。

緯書起于周末，孝經緯鉤命決有云「中嶽，崧高」，語時制也。大史公封禪書及尚書大傳、白虎通、風俗通、説文皆無異説，蓋東周五嶽本如是，而先秦古書悉如是，不特爾雅有此文也。胡氏、邵氏謂自漢以後始有此五嶽之稱，而以爾雅之文爲後人附益，豈其然乎？惟史記、尚書大傳及公羊何注謂唐虞時即以嵩高爲中嶽，不數霍大山，其説殊謬。而後儒皆從之，則胡、邵二公所辨爲得其實耳。

釋谷[一]

谷，不必有水也。詳其形聲，稽之經典，谷之本義，當爲無水者也。谷之爲文，从𠔁从口。𠔁爲重八，八者，別也，兩山分別，故从𠔁。山分而開，如人開口，故从口。其形未嘗从水也。讀若穀者，谷之爲言空也，其中空空如也。谷聲近空，故有空義。容字从谷，空虛乃有容也。老子曰：「谷神不死。」言人之神如谷之空虛，可以不死也。説者以谷爲養，失之[二]。谷有空義，故知其無水也。易言「入于幽谷」，書言「暘谷」、「昧谷」，未見谷之有水也。

[一] 王士駿校勘記：「盧本此篇在卷二。」
[二] 王士駿校勘記：「盧本此下有：『淮南子曰：「川竭而谷虛。」注見説林訓。若有水則谷不空矣。』校元本增多大小二十一字。」

詩言「有空大谷」，谷大而空，不得有水也。高岸爲谷，深谷爲陵，谷爲地之陷，不得有水也。「鳥鳴嚶嚶，出自幽谷」，鳥不棲於水中也。「葛之覃兮，施于中谷」，葛非水草，不蔓延於水中也。「中谷有蓷，暵其乾矣」，謂蓷爲日所暴而乾燥也。若有水則蓷豈得「暵其乾」邪？「皎皎白駒，在彼空谷」，謂賢人去，隱於谷中也。若谷中有水，豈可得而居邪？左傳言鄭伯有爲窟室夜飲，「朝者曰公安在，其人曰：吾公在壑谷」。見襄公三十年。以谷稱窟室，窟室固非有水者也。此皆見於經而可據也。

再以他書考之。伶倫取嶰谷之竹，桓公田獵入愚公谷，鄒衍吹律而谷生黍，鬼谷子居于鬼谷，魏延欲兵出子午谷，李愿隱居盤谷，皆可見谷之無水也。又淮南子言：「谷氣多痺，丘氣多狂。」見墬形訓。丘與谷對舉，丘是土之高者，則谷但爲土之卑者，非有水也。蓋谷在兩山之閒，其地寬廣，可爲田園廬舍，所謂山農者，多居于此。豈爲水所湮没邪？即有泉水或瀦或流，不過以共爨汲、資灌溉，非必盈谷皆水沛然而下注也。至于谷之稍隘者，不可聚廬而居，其中空空然，是謂空谷，亦非有水瀰漫於其中也。但谷既在兩山之閒，一遇大雨驟集，山上之水皆由此而下注于谿，向之無水者于是有水矣。谷既有水，與澗相似，故澗得與谷通稱。禮記祭法曰「山林川谷」，公羊傳曰「無障谷」，僖三年。老子曰「江海能爲百谷王」，淮南子曰「雖谿谷」，見時則訓。爾雅曰「水注谿曰谷」，見釋水。此則以谷之有水者言之，而并以澗通言之也。然谷之有水者暫，無水者常，非如澗之常有水也。澗常有水，故其文从水从閒，以水在兩山之閒也。詩言：「于以采蘩，于澗之中。于以采蘋，南澗之濱。」蘩蘋固生於水者也[二]。左傳言：「澗谿沼沚之毛。」澗與谿、沼、沚竝列，可知其常有水也。谷之地廣，故水不聚。澗之地狹，故爲水所鍾。谷之水多無源，故雨止則水涸。澗之水皆有源，故其水長流不竭。谷無水，故可居。澗有水，則不可居。詩：「考槃在澗。」此「澗」字當作「閒」。古文「閒」與「干」通[三]，韓詩作「干」，云：「地下而黄曰干。」是谷與澗異也。而澗可謂谷者，散文通耳。谷可以統澗，澗不可以統谷。故諸書多言谷而不言澗也。谷有水時少，無水時多，故曰谷之本義當爲無水也。諸書以有水言者，非本義也。説文解字皆本

[二] 王士駿校勘記：「盧本『蘋』上有『蘩』字。駿案：上文竝引『采蘩』、『采蘋』，此不宜單言『蘋』，當以盧本爲是。」案：陸刻本、孫刻本皆無「蘩」字。今據王校補「蘩」字。

[三] 王士駿續校勘記：「元本『閒』作『澗』。駿案：『閒』與『干』音同，故古文互相假借。澗居晏切，考槃以外無作平讀者，不得與干通也。盧本作『閒』與『干』通，説是。今据之改正。」案：陸刻本、孫刻本皆不誤。

義，而於「谷」字乃云：「泉出通川爲谷。从水半見出于口。」則失之矣。谷若有水，與澗無異，谷从半水，澗何以不从半水乎。毛公釋詩多用爾雅，其解中谷有蓷篇云：「陸草生于谷中，傷于水。」蓋據爾雅「水注谿曰谷」，以谷爲必有水，故爲此解也。殊不思暵字从日，易言：「燥萬物者，莫暵乎火。」是蓷之乾傷于日，非傷于水也。詩人之意，歎歲之旱甚而草亦枯，若以爲傷于谷水，何足歎邪？毛以爲傷于水，失詩意矣。説文、爾雅固爲訓詁之宗，然亦有不可據者。世儒徒據説文、爾雅皆以谷爲必有水，而不知其非，余故考辨以正之。

釋億〔一〕

説文云：「億，安也。」此爲本義，从人从意，安者人之意也。雖是諧聲亦兼會意。左氏隱十一年傳「不能共億」，昭二十一年傳「心億則樂」，三十年傳「盍姑億吾鬼神」。

〔一〕王士駿續校勘記：「盧本此篇在卷二弟七。」

杜注竝云：「億，安也。」安有樂義，孟子「安樂」連文。大雅：「韓姞燕譽。」「燕譽」即安樂也。樂則氣盈，故又轉爲盈。小雅曰：「我倉既盈，我庾維億。」是億亦盈也。毛傳謂：「萬萬曰億。」則與盈字不對，失之。左氏襄二十五年傳：「不可億逞。」逞與盈古字通。左氏春秋沈子逞，穀梁作沈子盈。億、盈連文，億亦有盈滿之意，言其欲不可滿盈也。杜注以億爲度，失之。

億又作意，説文云：「意，滿也。」億又通臆。史記扁鵲傳：「唏嘘服臆。」即愊臆也。方言云：「臆，滿也。」滿與盈義同，數之盈者，莫多於億，億爲十萬，亦爲萬萬。詩伐檀篇鄭箋謂：「十萬曰億。」毛傳謂：「萬萬曰億。」蓋毛以大數言之，鄭以小數言之也。左氏云：「萬，盈數也。」萬爲盈數，則億之爲盈數不待言矣，故又轉爲萬億之億。億爲數之最大者，故又轉爲大。廣雅云：「萬，大也。」萬爲大，則億更爲大矣。易震：「六二，億喪貝。」「六五，億無喪，有事。」億字皆當訓爲大。象傳云：「大無喪也。」「大」字明釋「億」字，王弼注以億爲語辭，程傳以億爲度，皆非。是億爲大也。

億又通意。史記吳王濞傳：「億亦可乎。」漢書「億」作「意」。論語：「子絶四，毋意，毋必。」意在事先而逆料之，故億又爲料度。論語「不逆詐，不億不信。」是以億爲料度也。億又通抑，史記吳王濞傳：「億亦可乎。」「億亦」，即抑亦也。億从意聲，本當讀若意，然意从音聲，說文：「意，从心从音，音亦聲。」音从一聲。說文：「音，从言含一，一亦聲。」故億讀若抑。意、抑一音，侈讀爲意，斂讀即爲抑。詩以億與直、特爲韻，又與翼、食爲韻，从斂讀也。

卷一終

求古録禮説卷二

臨海誠齋金　鶚

諸侯四寢考

先儒皆言諸侯三寢：路寢一、小寢二。此其説非也。古人制度每降殺以兩，天子六寢、大夫二寢，則諸侯必四寢可知。若三寢，則失降殺以兩之例矣。春秋僖公二十年：「五月，西宮災。」公羊傳云：「西宮者何？小寢也。小寢則曷爲謂之西宮？有西宮，則有東宮矣。」左傳言：「子國、子耳劫鄭伯以如北宮。襄公十年。」又言：「衛侯薨于北宮。哀公十七年。」有北宮，則必有南宮矣，南宮即路寢也。東宮、西宮、北宮皆小寢也。然則諸侯有四寢矣。

以魯考之，有東宫、西宫。僖公三十三年，「公薨于小寢」。蓋即東、西宫也。又有高寢，高寢蓋在北，以居東、西宫之上，而又正中，三宫惟此爲尊，故名之曰高寢。定公十五年，「公薨于高寢」是也。然亦小寢，非路寢。莊公三十二年，「公薨于路寢」。宣公、成公亦皆書「薨于路寢」，死以路寢爲正，春秋十一公，惟三君死得其正耳。而定公不書路寢而書高寢，可知非路寢也。有三小寢，而又有路寢，是魯有四寢也。

又有楚宫，襄公作之，襄公三十一年傳：「公作楚宫。」杜注：「適楚，好其宫，歸而作之。」後即終焉。六月，公薨于楚宫。此四寢外别宫，非制也。晋有固宫，襄公二十三年左傳：「晋欒盈之亂，公如固宫。」杜注：「固宫，宫之有臺觀備守者。」孔疏：「晋語云：『范宣子以公入于襄公之宫。』蓋襄公有别宫牢固，故謂之固宫。」又有銅鞮〔一〕之宫數里，襄公三十一年左傳。皆别宫之過制者也。若四寢，則先王之制也。

〔一〕案：陸刻本、孫刻本皆作「鍉」，左傳作「鞮」。

説苑謂諸侯三寢，高寢居中，路寢居左右〔一〕。如其言，是當以高寢爲大寢，路寢爲小寢也。夫路之爲言大也，車曰路車，門曰路門，皆言其大也。玉藻謂君聽政于路寢，釋服于小寢。路寢之爲大寢明矣。高寢之名不見於三禮，是魯君自爲美名，非法制也。豈可以其名爲「高」，遂目之爲大寢，加於路寢之上哉。定公薨于高寢，左氏、公羊無傳，穀梁傳云：「高寢，非正也〔二〕。」其爲小寢明矣。説苑引春秋「公薨于高寢」，傳曰：「高寢者何？正寢也。」此劉向自爲之傳耳。又謂諸侯正寢三，高寢、路寢皆爲正寢，是諸侯無小寢也。若又有小寢，則太多矣。又謂高寢者，始封君之寢也；二路寢者，繼體君之寢也。子不居父之寢，故二寢；繼體君世世不可居高祖之寢，故有高寢。夫父子不同宮，禮有之矣。而謂易世之後子不可居父之寢，於禮未有也。高祖之廟子孫可以居之，何以高祖之寢子孫必不可居乎？惟大祖之廟非子孫所得居。然寢與廟不同，高祖與大祖不同，不可混而一之也。又謂天子亦三寢，是尊卑無別也。其繆不待辨而明矣。何休公羊注云：「莊

〔一〕王士駿校勘記：「盧本此下有『父居高寢，子居路寢』，校元本增多八字。」
〔二〕王士駿校勘記：「盧本『正』下有『寢』字。」案：引文見穀梁傳定公十二年，傳文「正」下無「寢」字。

公三十二年。天子、諸侯皆三寢：一曰高寢，二曰路寢，三曰小寢。」案：傳謂：「路寢者何？正寢也。」今以高寢先於路寢，是亦正寢也。正寢止有一，若二寢不得爲正矣。正寢二而小寢一，殊非制也。

賈公彦宮人疏云：「諸侯三寢，路寢一，燕寢一，燕寢即小寢。側室一。」不知側室在夫人小寢之旁，不在人君三小寢之内，故大夫、士之妻亦有側室。側室，見内則。大夫、士皆二寢，一正寢，一小寢。若側室得與其中，是大夫、士亦三寢矣。

此數説者，既不知諸侯有四寢，又不解正寢、小寢之制，則誤而又誤者也。鄭君謂王之小寢五隨四時而居之，此義最精。明堂爲施政之所，隨時而各居其方者，順天行以出令也。小寢爲燕息之地，隨時而各居其方者，順天時以養身也。諸侯降於天子，不得備五宮，然亦宜隨時以居之。蓋春夏居東宮，東爲陽方，春夏皆屬陽。秋冬居西宮，西爲陰方，秋冬皆屬陰。四季十八日居北宮，北宮居中，中爲土也，齊則居路寢。玉藻言大夫齊戒居外寢，可知諸侯之齊亦居外寢矣。路寢即外寢。

夫人亦有四寢：正寢一，小寢三。夫人居正中北宮，姪娣從之，左媵居東宮，右媵居西宮，其姪娣各從之。祭義言三宮夫人、世婦蠶繅，雖天子之禮，亦兼諸侯。詳天子世婦女御考〔二〕。此三宮必皆小寢，正寢非夫人蠶繅之所也。鄭注云：「諸侯夫人三宮，半王后也。」王后六宮，正寢在內。夫人半王后，是三宮并正寢在內。其説非也，蓋亦降殺以兩耳。穀梁傳桓公十四年。言：「甸粟而內之三宮，三宮米而藏之御廩。」此三宮亦指小寢。正寢非夫人親舂之所也，然則夫人有四寢矣。夫人亦四寢，而諸侯之有四寢無疑矣。

天子世婦女御考〔三〕

周官世婦、女御不言數，而昏義謂「天子二十七世婦、八十一御妻，御妻當作女御。合三夫人、九嬪共一百二十人，以聽天下之內治」。此説未可信也。古之聖王清心寡欲，以女色爲首戒，安有宮女如此之多。即曰「聽內治」，亦不必百

〔二〕王士駿校勘記：「『女御』，盧本誤作『御妻』。」
〔三〕王士駿續校勘記：「盧本此篇在卷二弟六。」

二十人也。曲禮云：「納女於天子，曰〔二〕備百姓。」鄭注云：「天子，皇后以下百二十人，廣子姓也。」姓之言生也。夫子孫之多謂之百姓，亦約舉其大數言之，猶云「則百斯男」耳，非必限定百人也。即曰百人而姓兼子孫，特牲饋食禮：「子姓兄弟，如主人之服。」鄭注：「所祭者之子孫。」漢書儒林傳云丁姓字子孫，是姓兼子孫也。亦不必百二十人以生之也，大夫一娶三女，諸侯一娶九女，則天子宜一娶十二女。公羊傳云：「諸侯娶一國，則二國往媵之，以姪娣從。」是一娶九女也。諸侯九女，則天子宜十二女。王度記謂天子、諸侯皆一娶九女。非也。白虎通既引王度記，又載天子娶十二女之説於後，當以後説爲正。此降殺之大例。而天子乃有百二十人，多於諸侯十三倍有餘，此何説邪？白虎通云：「一娶九女者何？法地有九州，承天之施，無所不生也。」一娶九女，亦足以承君之施也。九而無子，百亦無益也。「一娶十二女，法天有十二月，萬物必生也。」若百二十人，亦無所取法矣。

爲此説者，蓋以王制言「天子：三公，九卿，二十七大夫，八十一元士」。后之設官當與之準，故有百二十人之數。然王制所言亦未可信。周官六官之屬合三百六十，以法周天之度，其人數更不止此。豈止百二十人邪？鄭注以爲夏制，然自殷以前皆五官，詳五官

〔二〕王士駿校勘記：「盧本奪『曰』字。」

考。夏時無所謂九卿者，則此百二十人，本言周制矣。且百二十以人數言，非以官名言，即夏時亦不止此。皋陶謨言「百僚百工」，是唐虞時官已有百，夏當倍于虞，殷當倍于夏，尚書周官云，唐虞「建官惟百」。其説是也。又云「夏商官倍」，則商與夏同，非也。然此本僞古文，不足深辨。明堂位言：「有虞氏官五十，夏后氏官百，殷二百，周三百。」此蓋以官名言，約舉大數耳。鄭君疑記者之誤，孔沖遠書疏謂禮記後世之書不合經典[一]，皆非也。周當倍于殷，其官約有千數。此勢所必至者，而謂夏官人數僅百二十，殆不然矣。況昏義以「天子立六官、三公、九卿、二十七大夫、八十一元士」，與「后立六宮、三夫人、九嬪、二十七世婦、八十一御妻[二]」兩相比儗，其同爲周制可知。若以三公以下百二十[三]人爲夏制，三夫人以下百二十人爲周制，此昏義鄭注。則比儗不倫矣。然則王制所言官數指周制言明矣，所言周制顯與周官不合，彼蓋以三公參之爲九卿，故九卿參之爲二十七大夫，大夫參之爲八十一元士，不知三公、三孤有其官名，而人不必備。周公、召公皆以冢宰兼三公。三孤不見于經。周時實止六卿，顧命可考。安得三孤之下各有三大夫也？官必因事而設，無其事

[一] 案：此約孔穎達僞古文尚書周官正義爲言。

[二] 王士駿校勘記：「盧本『御妻』下旁注『御妻當作女御』六字。」

[三] 王士駿校勘記：「駿案：『百二』下當補『十』字。」案：陸刻本、孫刻本皆無「十」字，今據王校補。

則不可設其官，有其事則不可無其官，豈可限以定數哉！

三公以法三光，九卿以法九紀，見逸周書。合爲十二，以法十二辰。自此以下，惟以三百六十官名法周天之度，而人數固不必有所取法也，則何必限以百二十人乎？况百二十人又無所取法乎。夫然天子立官非有百二十人，后之立官不得以百二十人與之準矣。且天子之事最繁，故設官必多，后之事最簡，何必悉與天子相準？若王后必準天子，而諸侯三卿、五大夫、二十七上士，其夫人何不設三十五人以準之邪？后之婦官有世婦、女祝、女史等官，已如此其備，又何必有百二十人乎？此百二十人雖曰婦官而實爲天子之宫妾，非有夫之命婦也。人數既多，若不偏御則令其怨望，若必徧御則荒淫於色矣。鄭君謂「后一夕、三夫人一夕、九嬪一夕、世婦三夕、女御九夕，凡十五日而徧」。果如此，一夕而御九人，其荒淫不已甚乎？檀弓云：「舜葬于蒼梧之野，蓋三妃未之從也。」鄭注云：「帝嚳立四妃，象后妃四星。帝堯因焉，至舜不告而取，不立正妃，但三妃而已。夏后氏增以三三而九，合十二人。」春秋説：「天子取十二女，即夏制也；殷人又增以三九二十七，合三十九人；周人上法帝嚳，立正妃，又三二十七爲八十一人以增之，合百二十一人。」此皆鑿空無據之言。揆之以理，亦復不合。夫正妃猶天子也，不立正妃則無以配天子，亦無以統羣妾矣。而謂自舜至殷皆不立正妃，有是理乎？三代設官所以遞增者，人衆而事繁也。若宮人，何爲三倍遞加乎？古人不再娶，舜娶堯二女，則二妃耳。檀弓謂舜有三妃，原不可信，或「二」譌爲「三」亦未可知。而遂據此謂三代皆以三倍遞增，妄矣。

竊謂春秋説天子一娶十二女，必是周制。曲禮云：「公侯有夫人，有世婦，有妻，有妾。」諸侯娶九女，則以兩媵爲世婦，以夫人之姪娣及兩媵之姪娣爲女御，孔疏以姪娣爲世婦，兩媵及姪娣爲御妻。是謂姪娣尊于兩媵也。何休公羊注云：「禮，適夫人無子立右媵，右媵無子立左媵，左媵無子立嫡姪娣。」是以兩媵尊于嫡姪娣也。今以天子例之，知何説爲當。夫人爲妻，世婦、女御統謂之妾。孔疏謂御妻外又有妾，則其數多矣，其説非也。天子娶十二女，當有三國來媵，各以姪娣從，以三媵爲三夫人，一后、三夫人象后妃四星。其一明者爲正妃，餘爲次妃。以后之姪娣及三夫人之姪娣爲世婦，世婦共八人。此十二人一娶而得，有定數者也。然天子欲廣子姓，故又有九嬪、女御。周官九嬪職云：「掌婦學之法，以教九御。」是九嬪、九御各九人也，此十八人皆后妃，廣求有德者以充之，關雎詩所謂「后妃樂得淑女以配君子者也」，合之凡三十人，以法一月三十日之數。月者，陰象也，第嬪、御有其人則充，無其人則闕，則無定數者也。世婦、九嬪、女御皆天子之妃妾竝非婦官，故周官皆不言數以別之。夫人更尊與三公等，且不列其職矣。世婦在十二人之内，其位本尊於九嬪。曲禮云：「天子有后，有夫人，有世婦，有嬪，有妻，有妾。」妻謂后，妾統夫人以下言之。鄭謂百二十人之外又有妾，其數更多矣。是世婦在九嬪上，尊卑判矣。孔疏謂記者或襍夏殷言之，非也。祭義云：「卜三宮之夫人、世婦之吉者，使入蠶于蠶室。世婦卒蠶，獻繭于夫人，夫人副褘受之。及良日，夫人繅，三盆手，遂布于三宮夫人、世婦之吉者，使繅。」所謂夫人者，即王后通稱。考工記：「夫人以勞諸侯。」夫人亦謂王后也。本鄭注。三宮夫人則三夫人之分居三宮者也。副褘明是王后之服，鄭注以此章所言皆諸侯之事，故注「三宮」云：「諸侯夫人三宮，半王后也。」注「副褘」云：「記者容二王之後〔一〕與？」不知諸侯止有一夫人，安有三宮夫人？末又云：「君服以祀先王、先公。」諸侯豈有先王邪？然則君謂天子，夫人謂王后也。其首句云：「古者天子、諸侯。」是諸侯禮與天子同，故舉天子以例諸侯，非舉諸侯以例天子也。夫人、世婦連文，可知世婦

〔一〕案：禮記祭義鄭玄注作「後」，陸刻本、孫刻本皆引作「后」。今據原文改爲「後」。

之尊非九嬪所可及矣。世婦隨夫人分居三宫，而九嬪别有其居。考工記云：「内有九室，九嬪居之。」是九嬪不得居王后之宫也。内宰云：「王后率六宫之人，而生穜稑之種，而獻之于王。」六宫必不止三夫人居之，是世婦得居王后之宫也。又可知世婦尊于九嬪矣。春官有世婦，每宫二人，以卿爲之，凡十二人，與天子六卿及六少卿相準。以三夫人以下惟世婦最尊，故婦官之長亦以世婦名，又可知世婦尊于九嬪矣。昏義以九嬪尊于世婦，非也。后一、夫人三、世婦八、嬪九，尊者少而卑者多，自然之序也。女御不復增多者，以足法一月之數也。

其居宫之法，王后六宫，一宫爲正寢、五宫爲小寢。后居中宫，其南宫爲王后内朝，正寢爲外朝，亦猶天子之有内外朝也。北宫、東宫、西宫三夫人分居之，以北爲上，次東，次西。姪娣各隨其長，每宫夫人一、世婦二，夫人居正室，世婦居左右房。三宫合九人。后之姪娣與王后同宫，亦一宫三人。女御則各從九嬪而居九室也。鄭注内宰「六宫之人」云：「每宫九嬪一人，世婦三人，女御九人，其餘九嬪三人、世婦九人，女御二十七人，從后而燕息焉。」不知六宫兼正寢而言，正寢非居息之所也。王之五寢隨時而居，以王有巡狩四方之義，婦德主于貞一，宜恒居中，不可游居各宫也。九嬪分居六宫，考工記何言九嬪居九室乎？三夫人不分居宫，祭義何言「三宫夫人」乎？嬪、婦、女御或分居，或隨后，何所分别乎？一宫十三人已不能容，若王后至其宫又加四十人，何以容之乎？觀此愈可知世婦、女御不得有一百八人矣。夫人、世婦居者四宫耳，非有六宫也。而内宰言「六宫之人」，以其在六宫中也，猶一人亦可稱三公也。

至于進御之法，必以五日爲期，内則云：「故妾雖老，年未滿五十，必與五日之御。」此統貴賤而言，可知天子御女，亦五日而一御也。凡進御者，必沐浴。古人五日一浴，亦五日御女之一證也。節欲所以保身，故五日御女，雖以天子之貴，亦不得縱也。五者，天地之數，生育之本，男三十而娶，女二十而嫁，合大衍之數五十。五日一御女，亦其義也。王后、夫人、世婦、九嬪、女御以次進御，凡五月而一周，亦合天地之數也。鄭君以五日之御爲諸侯之制，謂夫人當一夕，兩媵一夕，姪娣兩兩而御，五日而徧也。然經文未嘗明言諸侯，何所據而指爲諸侯之制？每夕必御女，非節欲之道，兩兩而御亦不免於色荒矣。夫古人御女既以五日爲期，而又齊戒則不御，居喪則不御，天地有災則不御，邦有大故則不御，二至之月亦不御，其御女誠有節矣。此宫人之數所以不容或多也，後世帝王宫人不啻數千，無日不近女色，其視先王何如哉！儒者習聞其事，無怪乎其於百二十人之説恬然不以爲非也！

明堂考〔一〕

明堂之制，先儒紛如聚訟。大戴禮謂在近郊三十里。淳于登以爲在國南三里。韓嬰以爲在國南七里。宇文愷以爲在國内。劉向説苑亦謂明堂在國中，路寢、高寢承明堂之後。見修文篇。鄭康成以爲在國之陽。此其地之不同也。考工記以爲五室。大戴禮以爲九室十二堂。月令説者謂四堂十二室。公玉帶以爲一殿無壁，環以複道，上有樓。此其制之不同也。蔡邕、盧植、潁子容、高誘輩謂辟雍、靈臺、大廟、明堂同在一處。劉向别録謂明堂、辟雍、宗廟列王宫左右。鄭康成謂辟雍、靈臺在西郊，大廟在國中，與明堂各異。此

〔一〕王士駿續校勘記：「盧本此篇在卷二弟二。」

又其制之不同也。

案：玉藻云：「天子聽朔於南門之外。」鄭注以爲在明堂。夫諸侯受朔於天子，天子受朔於天，明堂祭天之所也。是知聽朔於南門外者，必明堂也。王者制度無不法天，路寢以法紫宮，明堂以法太微，孫淵如著明堂法天論，其説如此。太微在紫宮之南，下臨翼軫，與紫宮不相連，明堂所以不與路寢相近也。於辰爲巳，故淳于登謂在國南丙巳之地，本於孝經援神契，其説自確。明堂既在國外，則國中不得有明堂矣。孫淵如據説苑謂國中亦有明堂，非也。明堂以祀上帝，在國中則褻，故與泰壇同置於郊。玉藻言在「南門之外」，則去國不遠，當在國南三里。南爲陽方，三爲陽數也。泰壇以祀昊天，鄭君以爲祭感生帝，非也。詳禘祭考。其神爲太一，居天之中，太一亦曰天皇大帝，即論語「北辰」。則當爲一壇，漢郊壇皆五時以祭五帝，非也。設於正南午位，去國一里。明堂兼祀五帝，其神爲五帝座，在太微垣。居天之偏，則當爲五室，設于南左巳位，晏子有五帝之位在國南之説。去國三里，一、三皆天之生數，道始於一，成於三，三生萬物，本老子。昊天爲生物之始，易所謂：「大哉乾元，萬物資始也。」五帝爲生物之成，故泰壇一里、明堂三里，且以象紫宮在後、太微在前也。明堂五室皆居正中，以象五行。五帝者，五行之精也。又極陽數，陽數終于九。法龜文，倣井田，象九州，故復有四隅之室，合爲九室，堯謂之「衢室」，衢與逵通，九達爲逵，是亦九室。然尚書帝命驗謂「堯舜五府」，蓋略去四隅之室也。是考工之五室與大戴之九室一也。月令東爲青陽大廟，南爲明堂大廟，西爲總章大廟，北爲玄堂大廟，中爲大廟大室。稱大廟者，以其崇奉鬼神，又有前堂、後室，似宗廟之制也。萬充宗謂生人之居不可稱大廟，因斥爲吕不韋之書。不知古有王居明堂禮，而月令采其説謂之明堂月令。劉向別録屬明堂陰陽記，鄭君所謂今月令也。魯恭謂月令周世所造，蔡邕謂周公所制，其説最當。萬氏宗鄭注，以爲吕不韋之書，非也。孫淵如辨之詳矣。明堂本崇奉鬼神，惟每月聽朔之日暫居之耳，何得以爲生人之居與路寢同哉？

南北言堂則四面皆有堂可知，中央言室則四方皆有室可知，是爲四堂五室。四隅之室猶宗廟之東西廂，其制非堂非室，故謂之左右个。然東西廂亦稱東西堂，故大戴有十二堂之説。然則考工五室以堂室之室言之，別乎堂而言室也，大戴九室以宫室之室言之，爾雅云：「宫謂之室，室謂之宫。」合乎堂而言室也。月令四堂，堂之正稱也。大戴十二堂，堂之通稱也。説月令者謂有十二室，則不可通；以爲堂室之室，則其制與室不類；以爲宫室之室，則實爲九室無十二室也。朱子謂：「青陽右个即明堂左个，明堂右个即總章左个，總章右个即玄堂左个，玄堂右个即青陽左个。」周官大史賈疏謂：「四角各有二堂，隔之爲个堂。」此言以一室隔爲二堂，與朱子說合，是衹九室而已。考工記云：「周人明堂，度九尺之筵，東西九筵，南北七筵，堂崇一筵。凡室二筵。」九筵、七筵者，堂之廣也；二筵者，堂後之室深也。明堂、玄堂各廣九筵、深七筵，其後去二以爲室，則五筵也。青陽、總章各廣七筵、深九筵，其後去二以爲室，則七筵也。青陽左个亦廣七、深九，明堂左个亦廣九、深七，餘可類推。合而計之，九九八十一，以法黃鐘之數也。高九尺，設九階，亦合九九之數。室深必二筵，令堂深皆得奇數，堂屬陽故其數奇，而爲五筵、七筵。室屬陰故其數偶，而爲二筵，每室四户八窗，記云：「四旁兩夾窗。」鄭注：「窗，助户爲明，每室四户八窗。」五室，二十户四十窗合之得六十，以法六甲之數也。四户以應四時四方，八窗以應八節八風。户牖屬乎室故其數皆偶，室爲陰也。階屬乎堂，故九階，階九級，其數皆奇，堂爲陽也。中央不得爲堂，故但有室，且非聽朔、朝覲、宗祀之處，可不必有堂，惟作室以藏文王、武王之主，而以備五帝之座[一]而已。室而曰大，居乎中央，其制當殊于四旁之室。以夏制推之，當方二丈四尺，四旁有空閑處，所以取明。正合偶數，四面皆二十四以應二十四氣，土旺四時故也。記謂「凡室二筵」，文承「堂崇一筵」，

[一] 案：續經解本作「坐」，誤。

明是四旁堂後之室，非兼中央大室而言也。若大室止二筵，與諸室同，何得爲大廟、大室乎？

鄭君於此節不詳其制，而於上文「夏后氏世室，堂修二七，廣四修一。五室，三四步，四三尺」注云：「堂上爲五室，木室於東北，火室於東南，金室於西南，水室於西北，其方皆三步，其廣益之以三尺，土室於中央，方四步，其廣益之以四尺。此五室居堂南北六丈、東西七丈。」賈疏謂三代皆五室十二堂，中央大室有四堂，四角室皆有一堂，周五室皆方二筵，與夏異制，三室居堂六筵。審如此説，其不合者有四。五室以奉五帝之神，居于四隅不得其正，一也。四堂共一大室，其兩旁又皆有室，無兩楹、東西序，不類堂制，二也。四隅之室各有户牖、牆壁，不得以爲堂，三也。明堂爲大朝之所，必當寬大，乃堂基廣九筵、修七筵，其堂廣僅二筵、深二筵有半，即大夫、士之堂亦不狹隘至此。曾謂王者之明堂竟若是其小乎？其不合四也。

大戴禮謂明堂「宮方三百步」，例以「方里爲井」，及覲禮方明壇「宮方三百步」，其説自確。而謂明堂基址僅廣八丈一尺、修六丈三尺，而安九室於其上，必不然矣。御覽引逸周書謂「堂方百一十二尺」，隋書謂「堂方百四十四尺」，皆未可信。蔡邕獨斷云：「明堂廣二十四丈。」應劭云：東漢明堂博二十四丈，以應二十四氣。周制堂廣九筵，其左右个亦九筵，合之得二十七筵，亦爲二十四丈。漢制本乎周，可知周之明堂其基之廣不止九筵也。大戴禮云：明堂「九室，一室有四户八牖，三十六户七十二牖」。白虎通謂：「法三十六雨七十二風。」孝經疏引劉炫説，三十六户法六甲子之爻。後漢書注引禮圖謂七十二牖法一時之旺，其説亦非。孝經緯援神契云：「得陽氣明朗，謂之明堂。」故堂室皆具，而獨以堂名。則堂之左右个當倣乎堂之陽明，不當倣乎室之陰暗。況十二堂以法十二月，每月居之以聽朔，尤不當爲室制也。今謂左右个皆有户牖，有户牖則四面皆有壁，陰暗蔽塞，何以謂之明堂？又何以居此而聽朔乎？堂上必有東西序，爾雅：「東西牆謂之序。」乃于東西序而開户牖，豈堂制乎？廟寢尚有東西堂，即夾室前堂。洞然無蔽，而明堂左右个反蔽塞之乎？風雨本無定數，六卦亦無精義。明堂五行備具，何獨法一時之旺，其取象又不當矣。

高誘注淮南子明堂之制以个爲左右房，其説亦非。竊思左右个之制，當有兩柱，一柱倚于序，一柱立于堂隅，似堂之兩楹，以堂隅一柱隔爲二堂，每月隨其方向而居也。至于公玉帶之説以爲黄帝之制，然尸子謂黄帝名合宫，則不止一殿可知。史記謂黄帝接萬神於明庭，豈一殿所可容乎？其上有樓，更非古制矣。大戴禮謂「以茅蓋屋」，在黄帝堯舜時則有之，周人尚文，又明堂爲朝諸侯之宫，必不爲茅屋，弟于屋下少飾以茅，以存古制焉耳。又謂「蒿茂大以爲宫柱，名蒿宫」，則涉于怪誕，此皆説制度者之繆也。

王制云：「凡養老，六十養於國，七十養於學。」則學不在國中可知。又云：「小學在公宫南之左，大學在郊。鄭注以此爲殷制，非也。天子曰辟雍，諸侯曰頖宫。」辟雍爲大學，在郊明矣。詩詠靈臺竝及辟雍，三輔黄圖謂：「文王靈臺、辟雍皆在長安西北四十里。」則靈臺與辟雍同處可知。甘氏星經謂：「靈臺三星在明堂之西。」舜典「舜格于文祖」之下即云「在璿璣玉衡，以齊七政」，文祖即明堂，本鄭氏注。璣、衡在靈臺，三輔黄圖云：「長安宫南有靈臺，高十五仞，上有渾天儀。」蓋古之遺制也。則靈臺在明堂甚明。靈臺在明堂，則辟雍亦在明堂矣[一]。大戴禮云明堂外水爲辟雍。蓋明堂法天，故外周以水象天之轉運。明堂基址及宫垣皆四

[一] 王士駿校勘記：「盧本奪『亦』字。」

方，而外水則圜，圜内容方，以象天包地外也。説明堂者皆言上圜下方，而外圜内方則未之及也。辟雍義取乎璧，白虎通云：「辟者，璧也。象璧圜以法天也。」其外水亦必圜，又可知辟雍必在明堂内矣。

周立五學，東序在明堂東門之外，東序，即東膠夏學也。瞽宗在西門之外，瞽宗，殷學也。成均在南門之外，成均，五帝學也。本董子。上庠在北門之外，上庠，虞學也。辟雍居中，在明堂之左，此本陸佃説，但彼不謂在明堂也。皆爲大學。鄭君以虞庠爲小學，非也。小學在王宮南之左，當在皋門之内，若路門外之左有宗廟，則不得有學矣。師氏掌小學之教，兼主詔王，故當朝時居虎門之左。説者據此語，遂謂小學在王宮虎門之左，與諸侯異制，非也。明堂象王宮，故辟雍在明堂南之左也。大戴禮云：「大學，明堂之東序也。」〔二〕此專指辟雍而言，惠定宇不知此指，故以東序之説爲非。五者固皆大學，而辟雍爲當代之學，居四學之中，尤爲特大學。禮云：「帝入東學，上親而貴仁。」「帝入南學，上齒而貴信。」「帝入西學，上賢而貴德。」「帝入北學，上貴而尊爵。」「帝入大學，承師問道，而端於太傅。」大學即辟雍也。辟雍在明堂之左，故爲東序。韓詩説：「天子立明堂於辟雍之中。」則明堂正而辟雍偏亦可見矣。

〔二〕案：語出孔穎達毛詩正義所引大戴禮記政穆篇。今本大戴禮記無此語。

左有辟雍則右當有靈臺與之相稱。甘公周時人，親見其制，故著星經謂靈臺在明堂西也。靈臺所以觀天文，亦以觀鳥獸，故臺下有靈囿，囿中有靈沼，囿人掌其禁，見周官。鳥、獸、魚、鼈皆所不殺，觀其蕃息與否可以驗治化，非爲耳目之玩好也。靈臺即囿臺，天子謂之靈臺，諸侯謂之囿臺，天子靈臺有渾天儀，諸侯無之。蓋天子治曆，故有儀器以觀天象，諸侯受曆于天子故不觀天象也。天子、諸侯皆二臺，天子時臺在應門，以觀四時雲物，在兩觀上，亦曰觀臺，詳樓考。靈臺在明堂；諸侯時臺在雉門，囿臺在郊。公羊説天子三臺曰靈臺、時臺、囿臺，諸侯二臺，無靈臺。左氏説天子靈臺在大廟中，諸侯觀臺亦在廟中，非也。此漢儒説左氏者，非左氏本文也。鄭君謂辟雍、靈臺在西郊，不及蔡邕輩所説之確。近惠定宇明堂大道録宗蔡邕輩之説，孫觀察淵如亦言辟雍、靈臺在明堂中，皆足以匡鄭君之失，但皆不言周有五學，辟雍在四門之內、明堂之左。孫氏又謂庫樓星象靈臺，靈臺即臺門，在南庫門，其説皆未精。

夫五學見于大戴禮，賈子新書有東、南、西、北四學，則辟雍必在中，亦必在四門之內。何以知之？蔡邕、潁子容皆言四門之學曰大學，四學既在四門，辟雍當在四門內矣。

大戴禮謂「宮方三百步」，此以宮垣言之。四門在宮垣，猶國城之門也。所以方三百步者，以中有辟雍。辟雍爲射宮，見白虎通。天子大射，虎侯九十步并堂深及明堂基址之半二十步，約有百五十步，合兩面得三百步。天子田獵苑囿方百里，本靈臺毛傳。但傳以靈囿即田獵之囿，非也。鄭注周官「囿游」、「獸禁」以爲離宮小苑。是靈囿也曰小苑，則別有大苑可知矣。王伯厚謂靈囿即方七十里之囿，亦誤。靈囿準其制當有百步，靈臺周回百二十步。見三輔黃圖。則一面三十步，爾雅云：「四方而高曰臺。」并靈囿靈囿在前，靈臺在後。及明堂基址之半亦百五十步，合兩面亦得三百步。若辟雍、靈臺竝在南門外，則宮垣內方三百步，空闊無用矣。況辟雍圜水，象教化周流浹洽，或謂以節觀者，非也。必立于四門之中，使外水四面相等，方見教化之均。苟設于南門外，則不均矣。靈臺在南門外，亦與星象不合，天子有應門無庫門，戴東原論之詳矣。逸周書謂：「東應門，南庫門。」而明堂位別應門于四門，則其說不可信矣。

靈臺與門臺不同，爾雅云：「闍謂之臺。」此門臺也。又云：「四方而高曰臺。」此靈臺也。臺門即兩觀之制，詳樓考。未聞明堂有兩觀也。逸周書云：「應門，庫臺。」此言臺設于王宮應門，其上有樓可藏器物，故謂庫臺。孫氏引此語，故辨之，亦詳樓考。非謂設于庫門也。靈臺下有靈囿，亦不得設于門也。庫樓一名天庫，其下有柱，明是府庫之象，非靈臺之象也。臺門之制，臺在門兩旁，與門合爲一物。孫氏以亢南北兩大星南門爲明堂南庫門之象，而以軫南庫樓爲靈臺，臺與門相遠，亦非其象矣。孫氏又謂端門、掖門象四門。不知太微垣有屏，四星在端門内，天子屏設于應門，明堂亦有之。則端門當象應門，其南門、掖門則象四門也。

蔡邕輩及惠氏以辟雍、靈臺與明堂同處，固優于鄭君。至謂明堂即大廟，則其説頗繆，不及鄭君之確。夫左祖右社見于周官，宗廟何得在郊？廟制左昭右穆，而明堂四廟列於四旁何以爲昭穆？天子七廟又何止於五，與諸侯同制？其説不可通矣。逸周書云：「乃位五宫：大廟、宗宫、考宫、路寢、明堂。」此雒邑之制，不備七廟。大廟，后稷廟也；宗宫，文王廟；考宫，武王廟；并路寢、明堂爲五宫。孔晁注以五宫爲五官府。盧學士文弨因謂宫當爲官字之譌。不知周有六官，何止五官，且官府何得先于大廟、路寢？必不然矣。序大廟于上，而以路寢與明堂連文，則大廟非明堂可知也。袁準作正論以排之，當矣。而惠氏又駁袁説，謂天子大禘于明堂，引逸禮「王齊，禘于明堂」爲證。不知禘爲大祭之通稱，明堂之禘即宗祀也。豈大廟禘祫之禘乎？詳禘祭考。鄭君謂大廟、明堂異處，是矣。而謂大廟、路寢制如明堂，其説亦非。

成王崩時有東西房，見顧命。則路寢與明堂顯然不同，鄭乃謂成王尚因諸侯之制，豈其然乎？覲禮記：「几俟于東箱。」廟有東西箱，亦顯然與明堂不同。賈疏謂：「覲在文王廟，本鄭說。文王廟仍依諸侯之制。」不知覲禮當在大廟之中，何得在文王廟。天子之廟皆當爲天子之制，先公且然，況文王已追王乎？然則大廟、路寢必不與明堂同制也。江慎修曾辨之。鄭以爲同制，故注「夏后氏世室」以爲宗廟，「殷人重屋」以爲路寢〔二〕，不知其皆爲明堂也。

明堂所行之禮有三，曰宗祀，孝經：「宗祀文王于明堂，以配上帝。」此在武王時。至成王時則以文王、武王竝配上帝，祭法所謂「祖文王，而宗武王也」。詳禘祭考。曰告朔，告朔各於其方之中堂，如春三月告于青陽大廟，以特牛祭大昊青帝，配以文武。至聽朔則按十二月而居，不必在中堂也。曰朝覲，會同之禮必於明堂受朝〔三〕，是謂大朝覲。明堂位言：「周公朝諸侯于明堂，四方諸侯及四夷畢至。」是會同也。宗祀、朝覲皆在正南明堂大廟，告朔則隨時而行于四方大廟。至于辟雍、四學有尊師、養老、大射、視學、合樂、釋奠、擇士、講武、訊馘

〔二〕案：鄭玄説見周禮考工記匠人注。

〔三〕王士駿校勘記：「盧本于『明堂』上衍『先』字。」駿案：本書會同考駁賈公彦太宰『大朝覲』疏云：『會同亦有朝禮，弟不在會同之前而在其後，不在于朝而在明堂。朝事儀言：「天子帥諸侯而朝日，退而朝諸侯。」是朝在會同之後也。』據此則金不主先朝後會之説，盧本『先』字疑衍。」案：陸刻本、孫刻本皆無「先」字。又案：「賈公彦」，王校誤作「孔仲達」，今正。

之典，靈臺有望氣、治曆之事。總之皆明堂之禮。其目十有三[一]，明堂洵大教之宫也。

惠氏謂祀天、祭地、耕藉皆在明堂，孫氏謂縣象、詢萬民亦在明堂。夫孝經以郊祀與宗祀明堂對言，則郊壇不在明堂可知。漢書注謂耕藉在東郊，月令言耕藉反而飲酒于大寢，則耕藉不在明堂亦可知。縣象在象魏，詢萬民在外朝，周官有明文，而謂在明堂則無據也。

若夫明堂所有而先儒未詳者，則有澤宫，又有榭[二]。郊特牲言：「卜郊之日，王立于澤，親聽誓命。」澤宫當在明堂之中，以澤必近水，又義取于擇士。郊又主于祭天，與明堂相合也。射義言：「將祭擇士，先射于澤，而後射于射宫。」白虎通以辟雍爲射宫，則澤宫當與辟雍相近矣。澤宫兼習武射。尚書大傳謂：「蒐狩陳餘獲于澤宫，卿大夫射而取之，所謂主皮之射也。」周官司弓矢：「澤，共射椹質之弓矢。」則武射在澤宫明矣。孟子言：「序者，射也。」文王世子言：「學干戈，皆于東序。」是東序有習武之事，澤宫蓋在

[一] 王士駿續校勘記：「盧本作『十有四』。駿案：据上文所叙宗祀也、告朔也、朝覲也、尊師也、養老也、大射也、視學也、合樂也、释奠也、擇士也、講武也、訊馘也，皆二文爲一事，其禮統見于經，唯望氣、治曆似可合爲一事。然史記『望氣』載于天官書，『治曆』載于曆書，兩不相涉，當以盧本作『十四』爲是。」

[二] 王士駿校勘記：「盧本『榭』上衍『爲』字。」

東序之旁也。楚語云：「先王之爲臺榭也，榭不過講軍實，臺不過望氛祥。」臺榭連文對舉，則其地必相近，當在西門之外、靈臺之西。榭爲講武屋，其制有堂無室，爾雅所謂「無室曰榭」，春秋所謂「成周宣榭災」，是也。杜注以榭爲講武屋，是也。二傳以爲宣宮之榭，非是。

明堂始于神農，或謂始于黃帝，非也。名曰天府，見尚書帝命驗。淮南子云：「神農以時嘗穀，祀于明堂。明堂之制，有蓋而無四方。」是未有九室也。神農始教民播種五穀，故嘗穀于明堂以告天也。月令謂「天子嘗新，先薦寢廟」，則不祀明堂矣。逸周書謂「嘗麥于大祖」，大祖者，后稷之廟也。詩序云：「雝，禘大祖也。我將，祀文王于明堂也。」可知大祖非明堂。惠定宇牽合淮南、周書謂大祖即明堂，非也。黃帝畫野爲井田，制九州，明堂象之，乃有九室，故謂之合宮。堯舜曰文祖，堯又曰衢室，舜又曰總章，天有大文，爲天子大祖，荀子：「王者天大祖。」明堂祭天，故曰文祖，馬融以文祖爲天，亦此意。堯舜以天下相授受，皆奉天也。故舜受終于文祖，告於天也。僞孔傳、蔡傳皆以祖廟釋之，非也。尚書帝命驗云：「堯舜五府，蒼曰靈府，赤曰文祖，黃曰神斗，白曰顯紀，黑曰玄矩。」是文祖爲南方中堂，以文祖統五府之名，猶周以明堂統青陽、總章、玄堂、大廟也。易言聖人「向明而治」，蓋取諸離，故必以南方統四方也。夏曰世室，世室猶大室也。世子亦曰大子。古者宮室通稱大室，猶言大宮，以其祭天，故曰大以尊之也。鄭氏泥看「世」字，以爲世世不毀之義，如周之文武世室，故以宗廟釋之。殷曰重屋，重屋複笮也。詳樓考。周人宗廟亦爲此制，謂之複廟，見明堂位。而殷人惟明堂有之，故以此爲名。又名陽館，陽之爲言明也。此歷代明堂之名也。

周之明堂當始于武王，樂記言武王散軍、郊射，「祀乎明堂」，此武王已有明堂之證。鄭君謂西周無明堂，惟東都有之，注樂記以明堂爲文王之廟，沿大戴禮之誤。不知明堂與宗廟竝重，豈可無邪？周公營雒邑爲東都，以朝諸侯，故亦建明堂，又建宗廟、路寢，則明堂中當亦有辟雍、靈臺，與西京同。然宗廟止有三，則明堂亦宜少殺矣。至于四岳明堂，見孟子趙岐注。所以朝諸侯，亦祀天、地、日、月，當有祭天壇在南門外，祭地壇在北門外，祭日壇在東門外，祭月壇在西門外。蓋天子出巡，宗廟、社稷、五祀等祭可使大子、宗伯等官攝之，而天、地、日、月不可使人攝祭，因即于四岳明堂行之，本萬充宗說。且王者合萬國之歡以事先王，亦合萬國之歡以事天地，不言日月，統于天也。故率諸侯以祭之。覲禮言諸侯覲于天子，天子率以「拜日于東門外」[一]。又云：「禮日于南門外，禮月于北

[一] 王士駿校勘記：「盧本此下有『有拜日則必有拜月矣』，校元本增多九字。」

門外。」萬充宗以爲祭天地。祭天主日，祭地主月，故下文云，「祭天，燔柴；祭地，瘞」也，鄭注以此爲會同之禮，萬充宗以此爲四岳巡守之禮，指方明爲明堂，非也。詳會同考〔二〕。國外會同如此，則四岳朝會亦宜然矣。但在國既有正祭，則其禮宜殺，覲禮所謂拜日、祭天等禮，非二分二至正祭也〔三〕。巡守在明堂爲正祭，則其禮宜隆。巡守必以二月至東岳，五月至南岳，八月至西岳，十一月至北岳，正以祭天、地、日、月在二分二至也。至于初至之日，燔柴告天則四時皆行，不必在冬至，其禮亦殺于正祭也。望秩山川亦四時舉行，其壇隨方而設，亦在明堂四門之外，如東岳明堂，山川壇設于東門外，餘可類推，所謂方望也。在國祭岳、瀆亦然。覲禮謂：「禮四瀆于北門外。」此祭地配祭也。又云：「禮山川、丘陵于西門外。」此山川之小者，四方皆有，故總設祭于西，以山川屬地，地爲陰，西亦陰也。若辟雍、靈臺則無之。此皆可考而知也。

〔二〕王士駿校勘記：「盧本此下有『在春則率以祭日，在秋則率以祭月，在冬則率以祭天，在夏則率以祭地。所謂四門即方明宮之門也。鄭注謂朝日于東郊指國門言。非也。』校元本增多大小五十三字。」

〔三〕王士駿校勘記：「盧本作『非必二至二分正祭，或值其時則率以祭之』。與元本意同文異。」

廟寢宫室制度考〔一〕

古之宫室莫重於明堂，其次爲廟，其次爲寢，故明堂惟天子有之，廟則下達於士，寢則達於庶人。明堂深廣之度考工記著之，廟寢之度經無明文。先儒皆未詳，而要皆可考而知也。

明堂位云：「大廟，天子明堂。」此言魯之大廟，大如周之明堂也。鄭君謂大廟、路寢制度悉如明堂，非也。詳明堂考。可知天子大廟其廣深當與明堂等，考工記云：「周人明堂，度九尺之筵，東西九筵，南北七筵。」蓋言一堂之度，十二堂皆同。合而計之，東西二十七筵，南北二十一筵，天子大廟當如是矣。鄭君謂天子大廟、路寢制如明堂，其説固非，而三者廣深之度實未嘗不一，則天子路寢亦如明堂矣。蓋明堂、大廟、路寢皆爲諸侯、羣臣朝覲之地，又明堂以行宗祀、告朔，大廟以行禘祫、大饗，謂饗諸侯也。路寢以行燕飲、賓射。三者

〔一〕王士駿續校勘記：「盧本此篇在卷二第三。」

同其隆重，故其廣深之度皆相等也。

第大廟、路寢當以丈度之耳。廟、寢下達于士、庶人，必以丈度方得整齊也。尚書大傳云：「天子堂廣九雉，東房、西房、北堂各三雉，「三」當爲「二」字之譌，北堂指室言，以其在堂之北，故曰北堂，非東房後北堂也。三分其廣，以其二爲内。此内指堂言。爾雅云：「東西牆謂之序。」郭注云：「所以序别内外。」是序之内爲堂，故謂之内也。大雅：「洒埽庭内。」内亦謂堂，以其在庭之内也。東西廂夾居三分之一，故堂居三之二也。五分其内，以其一爲高。」禮器言「天子堂高九尺」，與考工記「明堂崇九尺」合，此言「五分其内，以其一爲高」，是堂高三丈六尺，蓋以檐宇言。又云：「東西九雉，南北七雉。」果爾〔二〕，則天子之室廣矣。鄭君注鄉射記云：「五架之屋，正中曰棟，次曰楣，前曰庪。」賈公彦少牢饋食禮疏云：「大夫士廟皆五架，以棟北一架爲室。」是室中南北之深爲四分堂之一也。天子之屋雖不必五架，而室爲四分堂之一，則未嘗不同也。其東西之廣三分去一，以爲東西夾室，又三分去二，以爲左右房。大傳謂東房、西房、北堂各二雉。北堂謂室，是室居房三之一也。鄉飲酒義言鄉人尊于房户之間，賓主共之也。古人室户偏東，房户閒爲賓主所共，可知房之廣矣。明堂之門堂居正堂三之二，室三之一，以室有左右房，故其廣三分堂之一也，是室廣與房

〔二〕王士駿校勘記：「盧本『又云』下奪此九字（校案：即自「東西」至「果爾」）。」案：王校「九字」當爲「十字」。

同，合左右房計之是三分室之二也。是室四分堂之一而稍强也。東西九雉計二十七丈，則室廣六丈；南北七雉計二十一丈，則室深五丈二尺五寸，其大如此。大禘行禮自無不可，但大廟、路寢不得大於明堂，明堂廣二十四丈三尺，深一十八丈九尺，而廟寢乃廣二十七丈、深二十一丈，恐未必然。伏生此傳多不可信，下云：「公、侯七雉，伯、子、男五雉，士三雉。」諸侯分二等，卻不及大夫，他書無此例。又謂士有室無房、堂，亦誤。若如考工記注疏謂明堂廣八丈一尺，深六丈三尺，而廟寢與明堂同其度，則大廟廣二丈弱，深一丈五尺强。大禘神主數十，几筵俎豆甚多，何以容之？

今考定明堂，由明堂推天子大廟、路寢堂廣二十四丈，以合四六之數，亦應二十四氣。深一十八丈以合二九之數。中堂廣十六丈，左右夾室各四丈，大廟可藏祧主數十，詳天子四廟辨。路寢可陳籩豆數十矣[一]。堂深十三丈五尺，其後房、室各深四丈五尺、廣五丈三尺有奇，大禘可以行禮矣。

又考廟寢之庭皆三堂之深，江慎修鄉黨圖考曾言之。天子堂深十八丈，則庭[二]深五十四丈。鄉

[一] 王士駿續校勘記：「盧本此下增多『見公食大夫禮』六字注。」
[二] 王士駿校勘記：「盧本『庭』上衍『堂』字。」

射記疏云：「賓射之侯，天子九十步，諸侯七十步。」今天子庭深五十四丈〔一〕，適得九十步，自無不足矣。以此降殺，諸侯堂廣二十丈、不降爲二十二丈者，以遞降至士，堂廣十八丈，大廣故也。深十五丈，大夫廣十六丈、深十二丈〔二〕，士廣十二丈、深九丈，廣皆降殺以四而深則殺以三，蓋深之于廣得四之三也。古人宮室皆東西廣而南北稍狹，所以法天地也。二十八宿環天爲橢圜形，南北狹于東西。九州地域亦東西長而南北短。宮室之制所以象之與？今人宮室南北最長東西反短，與天地之象不合，殊失古人之意矣。其室皆可行禮矣。諸侯賓射，麋侯七十步，大射，君侯九十步，以在郊外射宮，其地寬廣故也〔三〕。賈公彦謂畿内諸侯賓射，侯七十步；畿外諸侯九十步，非也。大射，天子亦九十步，以射不過百步故也。今庭深四十八丈爲八十步，其地且有餘矣。鄉射，侯五十步，大夫、士同之，則諸侯賓射亦可與天子同與大射等，而必七十步者，蓋亦以路寢庭止八十步，不足以容之也。天子、諸侯之堂最深，當各爲九架屋，鄭君謂：「大夫、士屋五架。」可知天子、諸侯不止五架矣。知其不爲七架者，以七架屋分爲堂、室，室不得四之一也。天子每架二丈、諸侯一丈八尺弱方易構接，且天子、諸侯九架，大夫、士五架，亦見降殺之義也。天子、諸侯之堂最廣，恐棟梁等材未易有如此之長者。

〔一〕王士駿校勘記：「盧本誤作『四十八丈』。」
〔二〕王士駿校勘記：「盧本誤作『十一丈』。」
〔三〕王士駿校勘記：「盧本『廣』作『曠』。」

蓋當兩楹之處，東西各有八柱，并兩楹爲九柱，合得十八柱。逸周書云：「大廟、路寢、明堂咸有旅楹。」孔晁注：「旅，列也。」可知不止兩楹矣〔二〕，而兩楹特大，故釋名云：「楹，亭也。亭亭然孤立，旁無所依也。」射禮以楹爲限，昏禮授雁于楹閒，聘禮賓覿大夫，受幣于楹閒。是楹所以節南北，以爲行禮之處，故須特大。大夫、士堂不廣，則兩楹而已。兩楹持楣，其前亦爲楣，鄉射禮：「堂則物當楣。」又云：「堂則由楹外。」可知楹前皆楣也。在大夫、士爲第二架，自外數之。在天子、諸侯爲第三架，東西當室之東西壁，則堂上均分爲三閒，左右當房，中閒當室。東西三而南北九，皆陽數也。

至于小寢爲燕息之地，不必寬廣，當減于路寢。經傳無明文，今由士、大夫上推之，擬天子小寢廣十六丈、深十二丈。論天子小寢，似可減路寢之半。然降至大夫廣八丈，深六丈，其室廣一丈八尺弱、深一丈五尺。士廣六丈、深四丈五尺，其室廣一丈三尺强、深一丈一尺强，太窄狹矣。

羣廟無禘祫之祭，可與小寢同。明堂位言：「大廟，天子明堂。」而不言羣廟，可知羣廟小于大廟矣。祭僕云：「復于小廟。」鄭注云：「小廟，高祖以下也。」又可知羣廟之小矣。明堂中央大室廣於四旁之室，所以稱大。可知大廟之稱大，亦以其大于羣廟也。

〔二〕王士駿校勘記：「盧本誤『止』作『出』。」

王制〔一〕言：「寢不踰廟。」路寢如大廟，小寢如羣廟，是不踰也。經言「不踰」，而未嘗言寢小於廟，可知寢與廟等也。堂廣十六丈，以五丈三尺强爲東西廂夾，中堂廣十丈六尺强，室與東西房各廣三丈五尺有奇；深十二丈，以九丈爲前堂，房室各深三丈，如此不促狹亦不大寬，小寢爲臥室，不宜大寬也。正可以居。而廟中行祭，亦無不可。以此降殺，諸侯廣十四丈、深十丈五尺，大夫廣十二丈、深九丈。大夫室廣三丈、深二丈二尺五寸，可以行祭，少牢饋食禮，室中西南隅東向設神席，自西而東設饌，凡五行。第一行：韭菹、醓醢二豆，羊胾、醢二瓦豆，自南而北陳之，韭菹南有羊鉶、豕鉶。第二行：嬴醢、葵菹二豆，醢、豕胾二瓦豆。第三行：稷、黍二敦，羊俎、豕俎，其南又有奠酒〔二〕。第四行：黍、稷二敦，魚俎、腊俎。第五行：膚俎、肵俎。五行皆自南而北。席廣三尺三寸有奇，俎廣尺二寸，豆徑亦尺有二寸，中間有空處。五行約共一丈，并席約一丈三尺，其東餘一丈七尺，可容主人拜、獻。席長八尺，其北餘八九尺，可容尸拜。室北近墉〔三〕，南面設獻祝席，前設一俎二豆，并席約七尺，其南餘一丈五尺，可容主人拜、獻。及執事者所立席亦長八尺，兩旁餘一丈有

〔一〕陸刻本、孫刻本皆作「曲禮」。案：禮記曲禮未見是説，「寢不踰廟」語出禮記王制。今改正。

〔二〕王士駿校勘記：「盧本『奠酒』下衍『在』字。」

〔三〕王士駿校勘記：「盧本作『室東北近墉』。」駿案：『室北近墉』，士二廟者奉祖禰于此。故設祝席于東北隅，禘祫之祭于此列羣昭之主，故祝席亦設于東北隅，非祝席之正也。此所云爲少牢饋食禮，神席當設于奥，北墉下無主，虚以設祝席，故云『室北近墉，南面設獻祝席也』。盧本作『東北隅』未合其制，當以元本爲是。」案：陸刻本、孫刻本皆作「室北近墉」。

奇，可容祝之升降、尸之出入也。天子室中陳九俎、八豆、八籩、八簋、六鉶，又有肵俎、庶羞豆，其室故當更大也。然不寬廣。故少牢饋食禮：「主人獻祝，祝拜于席上，坐受。」鄭注云：「室中迫狹也。」祝席之前其西無空餘，主人西北面獻爵，祝若降席拜受，則與主人相交，不成禮儀，故于席上拜受也。士無大祖〔二〕，或一廟或二廟，上士二，中士、下士一。其廟雖等于大夫之二廟，而其禮殺于大夫。一廟者，雖祭四代設四席，其空餘之地尚多，程子謂士亦得祭及高祖，至當不易。萬充宗論之詳矣。一廟者，室設四席，分列南北，近西壁。席前各設兩豆、三俎、兩敦、兩鉶及四加豆，肵俎、奠酒、大羹，并席約八尺，南北合得一丈六尺，中間空六尺。東西二席及空地約二丈，餘一丈有奇〔三〕。東北隅設獻祝席，餘二尺有奇。席前設一俎、二豆，約六七尺，餘一丈五尺。故特牲饋食禮主人獻祝，「祝拜受角」，不言「拜于席上，坐受」也。

其二廟者，一奉高祖及祖，一奉曾祖及禰。高祖室中西面，祖北墉下南面。居室正中。高祖之室中，則南北之中也，近西壁。曾祖及禰亦如之。凡禘祫之祭，大祖東向，自如羣昭列北墉下，羣穆列南牖下，故知尊者宜東向也。高、曾祖左右無昭穆對列，則以南向爲宜。故祖、禰皆奉于北墉下，俾子孫祭者，北面事之也。喪服小記云：「祔

〔二〕王士駿續校勘記：「盧本『大祖』下有『廟』字。駿案：此『廟』字似不可少，疑元本奪。」

〔三〕王士駿校勘記：「盧本作『餘一丈有奇』。」案：孫刻本與陸刻本皆無「有奇」二字，前文言大夫廟東西廣三丈，士與大夫等，是士之廟東西亦廣三丈，今東西二席及空地當不滿二丈，故餘應「一丈有奇」。今據王校改。

必以其昭穆。」故知祖與高祖同廟，禰與曾祖同廟也〔一〕。鄭君謂士惟祭祖禰。祖禰同廟，是祔不以昭穆，非也。一廟者，若以高祖東向，則左右昭穆不均，故知四主分居南北也〔二〕。若高祖世次爲昭，則高祖南向，祖祔于其東，曾祖北向，禰祔于其東。蓋南北向，以西方爲上也。若高祖世次爲穆，則反之。高祖及祖北向，曾祖及禰南向。觀少牢饋食禮設神席于奥，而特牲禮則筵于室中東面，可知廟止一主者，皆奉于奥，曲禮云：「人子居不主奥。」是尊者生時恒居奥而東面，故神位亦如之。其二主則尊者居室南北之中，而東面也。特牲饋食是上士祭禮，一廟二主，而筮日、筮尸但稱「皇祖」；設神席，但言「室中東面」，是祭曾祖也。祖禰同日祭，其禮皆同，故但舉尊者言之，非祭曾祖而不及禰也。其祭高祖及祖之廟亦猶是也〔三〕。大夫三廟，一爲禰廟，一爲祖廟，高祖、曾祖則居大祖廟。以鄭君言「室中迫狹」，而少牢禮言「筵于奥」，可知左右二廟止有一主，而高、曾祖則居大廟也。大夫大〔四〕廟深廣，斯可奉三主，而設三席也。少牢禮是大夫犆祭祖廟之禮，舉其一以例其餘，其禮同也，非但祭祖也。一廟而設二神席，更覺其寬矣。

士之小寢士亦二寢。士喪禮云：「死于適室。」注云：「正寢之室也。」有正寢，可知有小寢矣。廣十丈、深七丈五尺，室深一丈九尺弱、廣二丈二尺有奇，亦可以居也。室中北墉下設一牀，牀長八尺、廣約三尺四寸，

〔一〕王士駿校勘記：「楊云：當作『禰與曾祖同廟』，盧本誤與此同。」案：陸刻本、孫刻本亦皆作「禰與祖同廟」。今據王校改。
〔二〕王士駿校勘記：「盧本『分』下衍『列』字。」
〔三〕王士駿校勘記：「盧本誤『猶』作『無』。」
〔四〕「大」，孫刻本譌作「六」，陸刻本不誤。

則牀前餘一丈五尺强。設坐席于奧，東面，席長八尺，則其北餘一丈四尺，席廣三尺三寸，則其東餘一丈八尺强。牀設正中，則東西各餘七尺，西北隅有向以取明，其徑一尺矣。室中空餘之地不多，僅可行走，然不得布武。曲禮言：「室中不翔。」鄭注云：「爲其迫也。」爾雅：「室中謂之時。」時，一作跱，皆言其地之促狹也。食時設席于東北隅，席前列一豆、一鉶、一簋，朔月倍之，并席約五尺有奇。又除牀廣，前空一丈有奇，可容人之出入也。玉藻謂：「君子之居，恒當户。」謂食時恒居此，然曲禮言「請席何向」，則坐席亦無定處。欲静養則席于奧而東向，欲向明則席于宧而南向也。冬則必居於奧，避風亦然。要之，以居奧爲正也。

庶人止一寢，深四丈，不降爲三丈者，以三丈則室太狹不可居。廣四丈五尺，廣亦四丈，則室亦不可居矣。室廣、深各一丈。淮南子言：「環堵之室，茨之以生茅。」高誘注：「堵長一丈、高一丈，環一堵爲方一丈。」蓋庶人之室也。貧窶之士飲食、居處皆與庶人同。飯疏食，飲水，簞食，瓢飲，皆庶人飲食，可知淮南言聖人處環堵之室與庶人同也。堂深三丈，階上可以容殯。廣亦三丈〔二〕，四時之薦，東西可各列二席。庶人亦祭及高祖，昭列于東，穆列于西，凡四席。夾室深一丈、廣約七尺弱，除去東西牆，故止此。可奉神主，庶人薦于寢，知神主亦奉於寢。但庶人止一室，爲寢息之所，不可以奉神。鬼神尚幽，亦不可奉於堂上。天子、諸侯、大夫皆藏祧主於夾室，可知夾室可奉神主。左昭二主奉於東夾室，右穆二主奉於西夾室，尊者居北，卑者居南，各於西壁下東向。

〔二〕王士駿續校勘記：「盧本『三丈』下有『彊』字。駿案：上言『廣四丈五尺』，則視四丈之深增多五尺，除室廣深各一丈，是堂深三丈、廣三丈五尺矣。盧本『三丈』下增『彊』字較得，但二本『亦』字疑皆衍文。」案：續經解本從王校作「廣三丈强」。

古人廟主皆東向也。祧主亦藏之。藏於北墉下。昭藏東夾，穆藏西夾，皆以西爲上〔一〕。正室僅容寢食〔二〕，夜則設牀以寢，晝則設席以食〔三〕，食畢移於奧以坐，自無不可。父子同宮，則東西房各爲室制，古人房以行禮，房中半爲北堂〔四〕，非寢室也。俾其子婦居之可也。士夫婦異宮，庶人則夫婦同室。命士以上父子異宮，見内則。不命者，父子亦同宮。當于堂後左右别爲之室，以爲其子寢息之所，不得于左右房也。房爲行禮之地，不可爲寢室，且父子寢室相近，亦褻矣。

天子左右夾室各爲五閣以庋食，内則：「天子之閣，左達五，右達五。」鄭注：「達，夾室。五者，三牲之肉及魚腊也。」諸侯于西房中爲五閣，東房有北堂〔五〕，西房無之，故知在西房。大夫爲三閣，士爲坫一，皆當在東夾室，孔沖遠云：「大夫既卑無嫌，故亦于夾室。」食以養生，生氣發于東也。孔沖遠以閣爲庖廚。然鄭君謂閣以板爲之庋食物，則非庖廚可知。況君子遠庖廚，則庖廚不當在夾室與房矣。

〔一〕王士駿校勘記：「元誤『上』作『土』，今正。」案：陸刻本誤與元本同，孫刻本作「上」。

〔二〕王士駿校勘記：「盧本『寢食』誤作『寢室』。」

〔三〕王士駿校勘記：「盧本奪『晝』字。」

〔四〕王士駿校勘記：「盧本『北堂』誤作『北室』。」

〔五〕王士駿校勘記：「盧本亦作『北室』。駿案：儀禮士昏禮、伏生尚書大傳皆言『北堂』，無言『北室』者，盧本非是。」

饎爨室當在堂下東壁近南，庖廚在宮外東南〔二〕。天廚六星在紫微垣東南，外廚六星在午宮柳宿南，此其象也。特牲禮饎爨在西壁，蓋黍稷貴於馨香，牲既亨於門外東方，故饎爨在西壁。若宮中，饎爨當在東壁近南，一以法火之生，王於東南，一以順陽氣而養生也。

井當在西壁下，與饎爨對；竈爲陽，故在陽方；井爲陰，故在陰方。玉井四星在西方參宿旁，亦其象也。内則謂：「外内不共井。」則夫婦宮中各有井也。

浴室謂之湢，見内則注。當在北壁下，宮之四圍皆有牆謂之院，亦曰奐。説文：「奐，周垣也。」左氏襄三十一年傳：「繕完葺牆。」錢宮詹大昕謂完當爲院，是也。浴宜於隱處也。内則謂：「外内不共湢浴。」則夫婦宮中各有浴室也。

爾雅云：「連謂之簃。」其屋蓋以竹爲之，故字从竹。説文：「簃，閣邊小屋。」閣即夾室之閣。則夾室外堂下有小屋，東西皆有之。郭注以爲堂樓閣邊小屋，不知古無樓閣也。古之樓在門臺上，詳樓考。簃在東者，北連夾室，南連爨室〔三〕，食物不可沾雨，故由小屋以達爨室。故謂之連也。

〔二〕王士駿校勘記：「『東南』，盧本誤作『東向』。」
〔三〕王士駿校勘記：「盧本『南連』下有『于』字。」

簃以藏褋物積薪柴，廟中無簃，故薪在西北厞。安杵臼。其貴重之物，則藏于西房也。士、大夫以上又有府庫以藏財物，庶人惟房而已。

井、竈、湢、簃等制自天子達於庶人，其大小則不同也。大夫、士大廟正寢之庭雖不行射，鄉射記：「惟君有射于國中。」亦當三堂之深。士冠禮：「參分庭一在北，設洗。」士昏禮：納徵執皮，「參分庭一在南」。又凡賓主相見，皆三揖乃至于階，則其庭必三堂之深矣。禮不下庶人，則其庭不必三堂之深，當與堂等，堂後蓋半于庭，其宮蓋方十丈，計三百六十步〔二〕，是爲三畝半强。孟子「五畝之宅」以野之農民言，其宅外皆種桑麻，故必五畝。國中庶人之宅不種桑麻，故其宅三分去一也。儒行言：「儒有一畝之宮。」此以士之貧者言之。其庭甚隘，後無餘地。其垣牆不周，故每面十步也。士之正寢其宮蓋五十丈，大夫七十丈，諸侯九十丈，天子百二十丈，宮皆以垣言，堂後之地不拘整數，宮必合于整數，且合降殺之例也。大廟與路寢同。天子小寢宮方三十六丈，小寢非行禮之地，其庭不必三堂之深，蓋與堂等，堂後亦然，故三十六丈。諸侯二十八丈，大

〔二〕王士駿校勘記：「駿案：『十丈之方』與『三百六十步』不符，二句必有一誤，讀者詳之。」案：陸刻本、孫刻本皆同。又案：王校是。下文言「是爲三畝半强」，司馬法、漢書食貨志皆云：「六尺爲步，百步爲畝。」則三百六十步適爲三畝六，即三畝半强。說文夫部：「周制以八寸爲尺，十尺爲丈。」是周制一丈爲八尺，方十四丈强與三畝半强大率相同，故此處宮「方十丈」或爲約數。

夫二十丈，士十四丈，士若降殺以八，爲十二丈，則堂後止二丈，太促狹矣。羣廟與小寢同。

天子之門，其廣狹之度見於考工記：「廟門容大扃七个，闈門容小扃參个，路門不容乘車之五个，應門二徹參个。」鄭注云：「大扃，牛鼎之扃，長三尺；七个，二丈一尺。小扃，膷鼎之扃，長二尺；參个六尺。乘車，廣六尺六寸；五个三丈三尺。言不容者，是兩門乃容之；此門半之，丈六尺五寸。二徹之内八尺；三个二丈四尺。」夫路之爲言大也。爾雅釋詁：「路，大也。」路門，治朝在焉，當大於應門，不當小於應門三分之一也。且古人制度未有奇零若此者。記謂「不容乘車之五个」，則是四个有餘、五个不足之文。若是兩門乃容，當云容乘車五个之半矣。竊意路門廣三丈，蓋四个爲二丈六尺四寸；五个爲三丈三尺，折其一个之中，又足成整數而爲三丈。故曰：「不容乘車之五个也。」

天子路寢堂廣二十四丈，若門止一丈六尺五寸殊爲不稱，可知其必有三丈也。廟門二丈一尺是天子羣廟之門，若大廟之門當與路寢門同，小寢之門則與羣廟同。諸侯大廟、路寢門蓋二丈四尺，大夫一丈八尺，士則一丈二尺。以今尺折算，止九尺六寸，一扉止四尺八寸，故士昏禮：納徵執皮，「兼執足，左首隨入」。鄭注謂：「爲門中阨狹也。」諸侯羣廟、小寢門葢一丈七尺，大夫一丈三尺，士九尺，庶人則七尺。不降爲五尺者，以庶人止一門，是爲大門，五尺則太狹也。

諸侯闈門葢四尺，大夫、士皆三尺。二尺則太狹矣。爾雅云：「宮中之門謂之闈，其小者謂之閨，小閨謂之閤。」葢廣四尺者爲闈，三尺者爲閤也。闈門在廟東西北壁〔一〕。士冠禮：「冠者適東壁見母。」鄭注云：「時母在闈門外，婦人入廟，由闈門。」東壁有之，則西、北〔二〕壁亦宜有之也。小寢之門亦謂之閨。公羊傳云：「趙盾見『人荷畚，自閨而出』。是時宣子在路寢門外，見其自閨而出，當是從小寢門而出也。傳又云：「入其大門，則無人門焉者。入其閨，則無人閨焉者。俯而窺其户，方食魚飧。」大門者，外門也。閨則小寢〔三〕門也。又仲尼燕居言「閨門之内」，皆以閨門爲小寢門也〔四〕。左傳：「共仲使卜齮賊公于武闈。」是闈亦小寢門之稱也。葢其門小於路、應諸門，故亦稱爲闈、爲閨，非必旁通小門也。

皋門爲外門，亦曰大門。聘禮：「公迎賓于大門内。」大門爲庫門，在天子爲皋門。詩言：「皋門有伉。」則其廣大當與應門等。考工記不言皋門，以其與應門同也。然不舉皋門以例應門，而必舉應門以例皋門，以應門與路門連也。諸侯庫、雉門，葢廣二丈，大夫亦三門，詳大夫三門考。外門、中門廣一丈六尺，士

〔一〕王士駿校勘記：「盧本奪『北』字。」

〔二〕王士駿續校勘記：「盧本無『北』字。」

〔三〕王士駿續校勘記：「盧本『小寢』作『内寢』。」

〔四〕王士駿校勘記：「盧本此下有『周官保氏守王闈』，校元本增多七字。」案：陸刻本、孫刻本皆作「閨門」，王校引作「闈門」誤。

外門十二門。一丈二尺，士外門與正寢門同者，以其有大門之名，不可小也。庶人無外門。

逸周書謂天子明堂户「廣四尺」，則大廟、路寢之户亦然。諸侯、大夫皆三尺，此不降殺以兩者，以四尺已小也。如天子、諸侯、大夫三門，士二門，亦殺一也。士二尺。羣廟小寢之户，天子、諸侯皆三尺，大夫、士、庶人皆二尺。士與正寢同，以二尺最狹，不可復殺也。門側之堂謂之塾。聘禮：「賓立接西塾。」顧命有左塾、右塾。考工記云：「門堂三之二，室三之一。」鄭注：「門側之堂，取數於正堂。」周人明堂廣八丈一尺，指中一堂言之。則門堂五丈四尺。門堂無東西廂。室三之一，謂室居堂三分之一，鄭注：「兩室與門，各居一分。」非也。是室廣一丈八尺，左右房各一丈八尺。大廟、路寢門堂與明堂同，不取數於正堂三之二者，正堂太廣故也。正堂廣十六丈，則門堂約得正堂三之一。諸侯正堂十三丈二尺强，門堂當四丈四尺。大夫正堂十丈六尺强，門堂當三丈四尺。士正堂八丈，門堂當二丈四尺，此皆降殺以十尺者也。天子門堂居正堂三分之一有奇，故其下皆不正居三之一，但降殺以十尺耳。天子門堂深四丈二尺，明堂深六丈三尺，門堂三之二是四丈二尺也。諸侯蓋三丈八尺，大夫三丈二尺，士二丈六尺，皆降殺以六尺者也。天子堂深十八丈，門堂四丈二尺，約四分之一有奇，諸侯以下皆然，此深并室計之。以明堂南北七筵，亦并室言也。門堂所以爲賓客待事之處，惟明堂、大廟、路寢有之，羣廟、小寢則無有也。門堂内外皆有，凡四堂。

門兩旁有棖，中央有闑。賈公彦儀禮疏謂門中有兩闑，孔沖遠曲禮疏謂門中止一闑。夫樹闑所以表中門，故必有兩闑。闑之閒乃中門也，若止有一闑，則君出入於東扉之内，豈得爲中門乎？玉藻云：「介拂闑，大夫中棖與闑之閒，士介拂棖。」如孔說，則大夫出入與君同矣。朝門必洞啓兩扉，未有闔左扉而不啓者。閻百詩曾辨之，江慎修仍取其說，誤矣。說者據玉藻「閏月闔門左扉」，不知此明堂聽朔則然，明堂十二堂閏月無可居，故居門。非朝廷亦必如是也。然則兩闑之說當矣。君平時出入，正當兩闑之中。若迎賓，則君與賓皆由兩闑之閒，君由右，賓由左。上介由闑左，近闑故拂闑。以次而西，上擯由闑右，以次而東，則兩闑之閒容二人，棖闑之閒容三人。以席容四人推之，曲禮注：「席容四人。」則兩闑閒當四尺，席長八尺而容四人，則二人四尺矣。棖闑閒當六尺，然君當廣於臣，則兩闑閒亦當六尺。以全門均分爲三，以法三光，與堂上以兩楹分堂爲三相類。三六合爲一丈八尺，加棖闑廣二尺，是諸侯庫門廣二丈也。以此推之，天子皋門兩闑閒當七尺，大夫外門兩闑閒五尺，士三尺八寸。士門一丈二尺，若兩闑四尺，無以爲棖闑地矣。中門與外門同。路寢門及大廟門兩闑之閒，天子蓋九尺，諸侯七尺，大夫五尺，士三尺八寸。凡賓主入門，皆主人先入，而後客從之，故三尺八寸不爲隘也。羣廟、小寢門亦有之，天子蓋六尺，諸侯五尺，大夫四尺，士二尺八寸。士門止九尺故也。其長短之度，棖與門齊，闑則半於棖也。

至於宮室之高度，惟天子堂九尺，以堂之基言。諸侯七尺，大夫五尺，士三尺，見於禮器。天子門阿五雉，宮隅七雉，見於考工記。其餘無文。今依此推之，宮隅高七雉，宮隅爲門臺上之樓，詳樓考。王宮不宜卑於宮隅，亦當七雉。鄭注謂王宮與門阿同五雉，非也。諸侯五雉，大夫、士三雉，士正寢廣十二丈，若高止二丈，則不稱矣。士雖與大夫同，而堂階既殺，則宮亦因之而殺矣。大夫堂階五尺，連宮三丈五尺。士堂階三尺，連宮三丈三尺。此大廟、路寢之高也。羣廟小寢之高，天子蓋五雉，諸侯三雉，大夫、士二雉，士小寢廣五雉，若一雉則太卑矣。庶人則一雉，與環堵之説正合。庶人堂高一尺。天子門阿高五雉，諸侯高三雉，大夫、士二雉，此大廟、路寢之門也。羣廟、小寢門阿，天子蓋三雉，諸侯二雉，大夫、士一雉又二尺，一丈則太卑也。庶人一雉。

門有屏，江慎修謂天子設於應門外，諸侯設於雉門内。然應門外有外朝，不得有屏。朝士云：「面三槐，三公位焉。」若有屏，則三公不面王矣。屏所以塞門，若遠在三槐之外，非所以塞門矣。凡朝必在門外，皋門外非朝之所，故知在應門外也。覲禮：「侯氏出，自屏南，適門西。」是屏在廟門内也。廟如是，則朝亦如是矣。爾雅云：「門屏之閒謂之宁。」宁即治朝，在路門外。惟應門内有屏，故宁在門屏之閒。若屏在應門外，何得云「門屏之閒謂之宁」乎？天子、諸侯門有高卑廣狹，則屏亦然。自可以此爲等殺，何必以内外爲别乎？天子外屏，此言出於禮緯，未可信也。大微垣有屏四星在端門内，此天子内屏之象也[一]。

凡門皆有屏，惟皋門無之。屏一名蕭牆。釋名云：「蕭牆在門内。蕭，肅也。臣將入於此，自肅敬之處也。」應門内爲治朝，臣所肅敬，可知應門始有屏，皋門無之也。吴語云：「越王入命夫人，王背屏。」是寢門内有屏可知。門皆有屏矣，屏即小牆，爾雅：「屏謂之樹。」郭注：「小牆當門中。」而明堂位以「疏屏」爲天子之廟飾，似非牆制。蓋屏上有屋以蓋牆，刻畫疏通故謂之「疏屏」，此惟天子有之也。一名「罘罳」，詳樓考。門内有屏，庭中有碑[二]，詳碑

[一] 王士駿校勘記：「盧本『天子』下有『亦』字。」

[二] 王士駿校勘記：「盧本此下有『三分庭一在北設碑，凡設當碑』十二字小注。」

考。堂上有坫，坫在東楹南，詳坫考。三者皆以土石爲之，屏與碑皆常設，不可移動，則坫亦常設矣。阮諶謂坫以木爲之，高八寸，非也。坫字从土，其以土爲之明矣。天子、諸侯三者皆具，大夫、士則惟有碑也。大夫塞門以簾，士以帷。簾不見於經，而曲禮云：「帷薄之外，不趨。」薄即簾也。

天子六寢，正寢一，正寢即路寢，亦曰大寢。小寢五，王后亦如之。后之正寢當殺於天子，小寢不殺。諸侯正寢一，小寢三。鄭君謂小寢二，非也。詳諸侯四寢考。大夫、士正寢一，小寢一，妻各如其夫，正寢之制亦皆殺也。庶人一寢，夫婦同之。凡男寢皆在前，女寢在後。内則所謂「男子居外，女子居内。深宮、固門，閽、寺守之」也。婦人又有側室，將生子則居之，側室當在小寢之旁，制如小寢，但少殺耳。自天子至於士其妻皆有側室，庶人或有或無。内則云「庶人無側室」者，是或有或無也。若夫廟後之寢以藏衣冠、祭器，其制無東西廂，見爾雅。無東西廂則無夾室，或謂有夾室者，非也。天子惟二祧無寢，見夏官「五寢」注。大廟之寢曰大寢，羣廟曰小寢，當各殺於其廟。此皆可考而知者也。

卷二終

求古録禮説卷三

臨海誠齋金　鶚

四阿反坫考

逸周書作雒解云：「乃位五宫：大廟、宗宫、考宫、路寢、明堂，咸有四阿反坫。」孔晁注謂：「反坫，外向室也。」案：外向之室不見于經傳，惟門外塾之室可稱外向，然未聞名爲反坫。且大夫、士皆有塾，不獨天子有之也。況「反坫」文承「四阿」下，與「重亢、重郎、常累、復格」相承，皆言堂上楝宇之制，其非門外之室明矣。

黄東發日鈔引此以證論語、郊特牲「反坫」，謂立反坫於臺門之外，如今行在所之騏驥院。又謂兩君之好欲容其儀衛之衆，故爲外向之室，非反爵之坫也。然明堂位云：「反坫出尊，崇坫康圭。」是知論語、郊特牲「反坫」，實反爵之坫也。大門外有兩塾已足容儀衛之衆，何必又爲外向室乎？特是論語、郊特牲「反坫」可解爲反爵之坫，而逸周書「反坫」卻不可解爲反爵之坫，以文在「四阿」、「重亢」、「重郎」之閒，不宜於此言反爵之物。況反爵之坫，諸侯亦有之，而「四阿」、「重亢」、「重郎」等制，則天子所獨有，是此坫非以反爵明矣[一]。竊思堂之四隅有坫，屋之四隅曲而翻起爲阿。四阿反坫者，謂阿反于坫上也。

阿有在屋之前後者，取於「曲京曰阿」之義。廣雅云：「四起曰京，曲京曰阿。」檐宇屈曲，司馬彪注莊子云：「阿，屋檐也。」謂之阿閣，五架屋前爲庪，庪之爲言閣也。古詩「阿閣三重階」，言阿垂于階上也。此則自天子以至于士皆有之，士昏禮所謂「當阿」也。士昏禮「當阿」，今文「阿」爲「庪」，是阿在楣前。鄭注以阿爲棟，非也。阿有在屋之四隅者，取於偏高、阿丘之義。爾雅釋丘既言前後左右之高，又言「偏高阿丘」，是高在于隅者也。四隅檐宇曲而翻起，如阿丘之高聳，故曰四阿。此則惟天子有之。斯干詩言：

[一] 王士駿校勘記：「盧本『非』下衍『所』字。」

「宣王之宮，如翬斯飛。」以四隅之阿言也。「如鳥斯革」，言前後之檐阿也。「如翬斯飛」，以四隅之檐阿言之也。前後檐阿雖亦曲而稍起，但不若四隅之高，故前後如鳥之張其翼，四隅則如翬之飛起也。孔疏謂「斯革」、「斯飛」言檐阿似鳥飛，未確。考工記：「殷人重屋，四阿。」此天子之明堂也。然天子不特明堂有四阿，大廟、路寢皆有之。四注惟明堂有之，四阿則大廟、路寢皆有。鄭注以四阿爲四注，非也。詳天子諸侯屋有四注辨。四阿翻起于坫上，故曰「四阿反坫」，反之爲言翻也。諸侯、大夫、士四隅檐宇雖亦稍起而不高翻，故不謂之阿，而謂之榮。榮，一曰屋翼，但如翼之張而已。「四阿反坫」，當以四字爲句，與下「重亢」、「重郎」、「常累」、「復格」等以二字爲句者不同，故特首列之。「重亢」、「重郎」、「常累」、「復格」皆在内，「四阿」則在外，自外說向内也。

又天子之宮所以異于諸侯者，重屋也，四阿也，止此二事。「重亢」、「重郎」、「常累」、「復格」皆重屋之制。孔晁注：「重亢，累棟也。重郎，累屋也。常累，系也。復格，累芝栭也。」案：郎與廊通，前漢董仲舒傳：「游于巖郎之上。」郎，即廊也。上林賦：「高廊四注，重坐曲閣。」是廊爲檐宇也。巖廊，謂廊之高峻者，即上林賦所謂高廊也。晋灼注漢書以廊爲堂邊廡，非也。重廊，即明堂位「重檐」，孔晁以累屋解之，亦未的。復格，惠半農以爲即複笮，是也。凡覆于上者皆謂之屋，重屋非徒複笮也。重亢、重郎、常累、復格，皆重屋也。「四阿」止二字與下不稱，因加「反坫」二字以足之。且阿有在旁、在隅之别，曰「四阿反坫」，明其在四隅者。

見其爲天子之制也。孔晁不得其解〔一〕，亦以二字爲句，釋「四阿」爲四下，四下，猶四注也，失與考工記注同。「反坫」爲外向室，後儒莫能指其失，故特正之。

五穀考

五穀，自古無定論。鄭康成注疾醫「五穀」，謂麻、黍、稷、麥、豆，據月令爲説也。其注職方「五穀」，則以爲稻、黍、稷、麥、菽，有稻而無麻，與素問金匱真言論合。趙岐注孟子，高誘注淮南子，脩務訓：神農「播五穀，相土地宜」。漢書音義引韋昭説皆與此同。盧辯注大戴禮，楊倞注荀子，儒效篇：「相高下，視墝肥，序五種。」顔師古注漢書皆與疾醫注同。王逸注楚辭大招又以爲稻、稷、麥、豆、麻，則稻、麻竝舉而無黍。逸周書言五方之穀曰麥、黍、稻、粟、菽。粟即粱也。則無麻、稷而有粟。管子言五土所宜之穜曰黍、秫、菽、麥、稻，秫即稷之黏者。則無麻、粟而有秫。諸説不一，皆非確解。

〔一〕王士駿校勘記：「盧本『解』下衍『釋』字。」

近程氏瑶田通藝録九穀考極辨秦漢以來稷粱溷一之非，至詳且悉，而于五穀之名猶未考定也。鶚謂五穀者，以其爲飯者而言也。飯爲食之主，軀命攸關，故孟子謂「五穀熟而民人育也」。然則五穀可得而定矣。曰：黍、稷、稻、粱、麥。何以知之？周官膳夫：「王食用六穀。」食醫：「會膳食之宜，牛宜稌，羊宜黍，豖宜稷，犬宜粱，雁宜麥，魚宜苽。」可知六穀爲稌、黍、稷、粱、麥、苽也。内則言「飯黍、稷、稻、粱」，下又言「麥食、苽食」，可知六者皆可爲飯矣。六穀以稻、粱爲美，古人貴者老者食稻、粱，賤者少者食黍、稷。黍、稷、稻、粱爲常食，麥、苽則暫食之。秦風：「每食四簋。」毛傳云：「四簋，黍、稷、稻、粱。」玉藻注謂諸侯日食粱稻各一簋。内則疏謂：「諸侯朔食四簋，黍、稷、稻、粱。」天子則加以麥、苽。可知常食者，黍、稷、稻、粱也。觀内則言飯只列黍、稷、稻、粱，而于麥、苽則别舉于後，可見矣。

苽爲雕胡，其米所出頗少，惟天子、諸侯得暫食，內則注以「蝸醢苽食」以下十六物爲人君燕食，孔疏以爲諸侯之禮，則諸侯亦得食苽，不獨天子也。而麥則貴賤皆食之。職方氏青州宜麥，董子謂春秋麥禾不成則書之，可見聖人於五穀最重麥禾〔二〕。然則六穀去一，而爲五穀，當存麥而去菰矣。故知五穀爲黍、稷、稻、粱、麥也。

若菽與麻，古人用爲籩實以佐飯，不以爲飯也。惟極貧之家，大飢之歲，或以菽爲飯，檀弓所謂「啜菽」，漢書所謂民食半菽者也。麻飯不見經傳，惟仙家有胡麻飯，非常人所食。是則五穀不當數麻、菽矣。稻、粱爲最美之穀，日食所需，而諸家數五穀反或逸之，不亦謬乎。月令、素問、逸周書、管子或别有取義，皆不可以定五穀之名也。

星辰説

星者，五行之精，聚而爲五星也。水曰辰星，火曰熒惑，木曰歲星，金曰太白，土曰填星。辰者，天之十二次，即二十八宿也。辰爲日月所會，所會即在二十八宿，如孟春日在營室，是會于室宿也。五星爲緯〔三〕，二

〔二〕王士駿校勘記：「盧本奪『最』字。」
〔三〕王士駿校勘記：「盧本此下作『與日月右旋』，校元本增多五字。」

十八宿爲經〔二〕，故與日、月列而爲四。太陽爲日，太陰爲月，少陽爲星，少陰爲辰，本邵子皇極經世説。此天之四象也。

星屬日，故文从晶从生，見説文。晶省即爲日也。辰屬月，故辰有十二，月亦有十二也。淮南子云「日月之淫爲精者爲星辰」，見天文訓。逸周書云「星以紀日，宿以紀月」，今本作「辰以紀日」。案：此篇所言九紀，即左傳「六物」而析時爲四。又文選注引「九紀」作「九星」，以爲日、月、星、辰、四時、歲。今本以辰、宿、日、月、春、夏、秋、冬、歲爲九紀。宿即辰。則辰當爲星矣。辰蓋星之譌也。孔晁解辰爲日月所會，是在晋時已譌矣。與漢書律曆志「音以紀日，律以紀月」之理同。蓋星與音皆合五行，五行各有二，故以紀十日。如甲乙木，丙丁火是也。辰與律皆十有二，故以紀十二月。此皆星屬日、辰屬月之證也。左傳昭七年。以歲、時、日、月、星、辰爲「六物」，周語以歲、日、月、星、辰爲「五位」，鄭注虞書以星辰、司中、司命、飌師、雨師爲「六宗」，注小宗伯以日、月、星、辰爲「四類」。小宗伯云：「兆五帝于四郊，四望、四類亦如之。」先鄭云：「四類，日、月、星、海。」海在四望之中，不在四類，後鄭改爲辰，是也。但云「兆日于東郊，兆月與飌師于西郊，兆司中、司命于南郊，兆雨師于北郊」，則其説未當。大宗

〔二〕王士駿校勘記：「盧本此下作『隨天左旋』，校元本增多四字。」

伯言：「祀日、月、星辰、司中、司命、飌師、雨師。」星辰在司命、司中之上，與日、月竝列，何以無兆？當云：兆日于東郊，兆月于西郊，兆星于南郊，兆辰于北郊，所謂兆四類于四郊也。兆司中、司命于南郊，兆飌師、雨師于北郊，與星辰當別爲壇。蓋星辰祀以實柴，司中、司命等祀以槱燎也。

又曾子天圓篇以「星辰之行」與「日月之數」對，左傳「星辰之神」與「山川之神」對，祭法謂「日月星辰，民所瞻仰」與「山林川谷」對，淮南子謂「星辰，天之期」與「日月，天之使」對，「天受日月星辰」與「地受水潦塵埃」對，是辰與星別，不得以星辰爲一物也。虞書言「曆象日月星辰」，中庸言「日月星辰繫焉」，列子天瑞篇。言「日月星宿，宿即辰也。積氣之有光耀者」，淮南子言「星辰以之行」。原道訓。曰「象」，曰「繫」，曰「光」，曰「行」，明是有星，周禮凡兩言二十八星。不得以次舍爲無星也。益稷疏謂日月合宿之辰，非有形容可畫[二]。是以辰爲無星也。宋儒因有天無星處皆辰之説。諸書皆言「星辰」，而列子言「星宿」，又可爲辰即二十八宿之一證也。

虞書堯典僞孔傳云：「星，四方中星。辰，日月所會。」孔疏云：此「星辰共爲一

[二] 王士駿校勘記：「盧本『可畫』作『可盡』。」

物。」鄭注亦以星辰爲一。果爾，則左傳何以稱「六物」，周語何以稱「五位」乎？且五星爲在天最大之星，其行有遲留伏逆，曆象何獨遺此乎？四方中星，即二十八宿。是不及五星矣。堯首命羲和治曆，舜首察璣衡以齊七政，其事正同。鄭注以七政爲七緯，日、月、五星也。可知曆象必及五星矣。尚書大傳以七政爲七始，謂天、地、人、春、夏、秋、冬，其説非是。史記以七政爲北斗七星，七星亦主七緯，則仍不遺五星也。又月令云：「乃命大史，司天，日、月、星、辰之行，宿離不忒[一]，毋失經紀，以初爲常。」宿離，猶言躔離。鄭注：「離，讀如儷偶之儷。謂其屬馮相氏、保章氏，相與宿偶、審候。」非也。日、月、五星皆躔二十八宿，亦可知五星與日月竝重，治曆者所必及也。淮南子言：「星月之行，可以歷推。」其明證矣。孔疏乃謂敬授人時，無取五星，謬矣。蔡傳謂星兼經緯，亦非也。

周語云：「歲在鶉火，日在天駟，月在析木之津，辰在斗柄，星在天黿。即玄枵也。」韋昭注云：「斗柄，斗前也。星，辰星也。」斗指斗牛之斗，辰星謂水星。可知凡以日、月、星、辰類舉者，星必指五星，非二十八星也。周禮馮相氏：「掌十有二歲，十有二月，十

[一] 案：禮記月令作「貸」，呂氏春秋作「忒」。

有二辰，十日，二十有八星之位。」此十二辰指自子至亥十二支，左傳所謂「浹辰」。成九年傳：「浹辰之閒」。淮南子所謂十日、十二辰合而爲六十者也。辰非二十八宿，故星亦非五星。注、疏引周語「五位」解之，非也。

夫星之文从日，與日爲一類。禮運云：「天秉陽，垂日星。」惟其從日，故諸星惟五緯最大而明。鄭風云：「明星有爛。」爾雅以啟明釋之，郭注云太白星也。韓詩亦云：「太白晨見東方爲啟明。」鶡冠子云：「天者，明星其稽也。」此則統言五星。陸佃注以明星爲二十八宿，然二十八宿多有不明者，故知爲五星也。古文星从晶。晶，精光也。見説文。光精故明，然則星之本義當專指五星。説文云：「萬物之精，上爲列星。」釋名云：「星，散也。列位布散也。」非本義也。辰從月，月之光不大明，故二十八宿中有最小而暗者。如女、鬼之類。可知諸家以星爲二十八宿，非正義也[一]。

星辰之解，當以鄭君大宗伯注爲最確。大宗伯云：「以實柴祀日、月、星、辰。」注云：「星謂五緯，辰謂日月所會十二次。」賈疏云：「辰即二十八宿也。不當日月之會，

[一] 王士駿校勘記：「盧本『非』下衍『其』字。」

直謂之星。若日月所會，則謂之宿，謂之辰，謂之次。」此星辰正義也。然對文則别，五星非辰，二十八宿非星。散文則通，五星亦可言辰，二十八宿亦可言星。惟星、辰可互通，故閒有合爲一物者。

諸經惟益稷、洪範、孟子、保章氏星辰當合爲一，而所指又各不同。益稷「日月星辰」是繪於衣。穆天子傳天子葬盛姬，建日、月、七星。左傳云桓二年。「三辰旂旗」。律曆志以三辰爲日、月、北斗。詳招摇在上解。是所畫者，日、月、北斗也。畫於衣當與旗同，以星辰爲一章，可知此星辰爲北斗也。公羊傳云：昭十七年。「大火爲大辰，伐爲大辰，北辰亦爲大辰。」春秋繁露奉本篇。以北辰爲北斗。尚書大傳旋機謂之北極，亦即北斗，是北斗亦可稱辰矣。保章氏：「志日月星辰之變動。」注云：「五星有贏縮圜角。」故謂變動。二十八宿爲恒星不變，可知此星辰爲五星也。下文「星土」、「分星」是二十八宿。

皋陶謨：「撫于五辰。」五辰爲五行。周禮：「凡以神仕者，掌三辰之灋。」注以三辰爲日、月、星。此星字該得廣，五星亦在其中，是五星亦可稱辰矣。辰，時也。日、月、星皆示人以時，故稱三辰。洪範言：「五紀，三曰星辰。」二十八宿爲四時中星，可紀節次〔一〕，五星則不然。可知此星辰爲二十八宿也。孟子言：「星辰之遠，苟求其故，千歲之日，至可坐而致。」推日至用列宿，而不用五星。趙岐注云：「星辰，日月之會。」可知此星辰亦爲二十八宿也。周禮有二十八星，堯典鳥、火、虛〔二〕、昴皆言星，是二十八宿可稱星矣。

若五星得專辰之稱者惟水星，二十八宿得專辰之稱者惟心、房。淮南子云：「辰星正四時，常以春分効奎婁，注云：「効，見也。」夏至効井鬼，秋分効角亢，冬至効牽牛。出以辰戌，入以丑未，一時不出，其時不和。」故水星得專辰名也。左傳云：昭元年。「商丘主辰。」又云：昭十七年。「火出于夏爲三月。」三月爲建辰之月，故心星得專辰名也。辰爲大火。大火，心星也。初學記引夏小正：「八月，辰則伏。」注云：「辰，房星。」農字从辰，説文：「農，房星。爲民田時者也。」故房星得專辰名也。至于星之專指二十八宿者，洪範星有好風、好雨，箕好風，畢好雨。月令季冬「星回于天」，召南「嘒彼小星」，唐風「三星在天」，鄭

〔一〕王士駿校勘記：「盧本『可』上有『故』字。」
〔二〕王士駿校勘記：「元本、盧本『虛』皆譌『昏』，楊依經文改正。」案：陸刻本亦誤，孫刻本不誤。

箋以爲心也。此類是也。

祭法：「幽宗，祭星。」史記天官書：「星者，金之散氣。」注云：「衆星列布，在野象物，在朝象官，在人象事。」此星字泛説，指有名者而言。漢書天文志所謂中外官凡百七十八名，積數七百八十三，是也。祭法兼五星，史、漢不兼五星。論語衆星共北辰，春秋莊公七年。「星隕如雨」。此星亦泛説，并兼無名諸小星而言也。論語經緯星皆在内。春秋專指無名諸小星。此皆散文則通之例也。

推而廣之，日月亦可言星。馮相氏「掌天星」下言「日月星辰」。是天星内有日、月。逸周書日月列九星中。此日、月可言星也。日月與星同稱三光，故其義得通。要之皆非星辰本義也，豈可以通義而没其本義哉！二句總結「對文則別」以下。若夫邵子謂「天無星處皆辰」，朱子以辰爲天壤，漢儒初無此説，其謬可不待辨而明矣。

屋漏解

屋漏向無確解。爾雅釋宫云：「西北隅謂之屋漏。」郭注未詳其義。大雅云：「相在爾室，尚不愧于屋漏。」毛傳但引爾雅解之，鄭箋云：「屋，小帳也。漏，隱也。禮，祭于奥，既畢，改設饌于西北隅厞隱之處。」孔疏云：「室内，可以施小幄〔二〕而漏隱之處，正謂西北隅也。」按：詩以「屋漏」承「爾室」之下，爾雅載「屋漏」於釋宫，則屋當如字，不應破屋爲幄。釋言訓陋爲隱，本是陋字。堯典以「側陋」對「明」，是陋爲隱也。故其文从𠂤。屋漏之漏，説文作「屚」，云：「屋穿水下也。从雨在尸下。尸者，屋也。」是其義不得訓爲隱。釋言「陋」或作「漏」者，聲之誤也。凡向南爲明，向北爲暗，此陰陽之義。故室東南隅爲窔，西南隅爲奥，皆以幽隱言。東北隅爲宧，西北隅爲屋漏，皆不以幽隱言也。且祭畢改饌于西北隅，即是陽厭。曾子問〔三〕云：「有陰厭，有陽厭。」又云：「當室之白，是謂陽厭。」鄭注云：「祭成人，始設奠于奥，在未迎尸前謂之陰厭，尸謖之後，改饌于西北隅，謂之陽厭。」夫曰「當室之白」而以陽稱，豈得以西北隅爲隱闇之處乎？鄭説誤矣。特牲饋食禮云：「佐食徹尸

〔二〕幄，孔疏作「帳」。
〔三〕王士駿校勘記：「元誤『問』作『門』，今正。」案：陸刻本、孫刻本皆未見誤「曾子問」作「門」者。

薦俎，敦于西北隅，几在南扉，用筵。」鄭注云：「尸謖，而改饌于幽闇，庶其饗之，所以爲厭飫。」此謂陽厭扉隱也。不知陽厭本取其明，而以幽闇言之，是陰厭非陽厭也。此扉字當从少牢下篇古文作「茀」，少牢下篇「扉用席」，注云：「古文『扉』作『茀』。」訓爲藉。茀者，草盛帀地，行人履之，義與藉通。鄭據爾雅以扉爲隱。釋言云：「扉，隱也。」然曰「隱用筵」，文義其可通乎？或以「几在南扉」爲句，然少牢下篇「扉用席」承「右几」之下，豈可以「右几扉」爲句乎？其亦誤矣。惟解曾子問「當室之白」云：「西北隅，得户明者也。」明者曰陽，此乃合陽厭之義。弟户在室東南，西北隅去户頗遠，而謂得户之明，抑又誤矣。

太平御覽引舍人爾雅注云：「古者，徹屋西北扉以炊浴，故謂之屋漏。」劉熙釋名云：「西北隅曰屋漏。禮，每有親死者，輒取屋之西北隅薪，以爨竈煮沐，時若值雨則漏，遂以名之也。必取是隅者，禮，既祭，改設饌于西北隅，今撤毁之，示不復用也。」按：喪大記云：「甸人取所徹廟之西北扉薪，用爨之。」此謂廟後之西北扉，非謂室中之西北隅也。西北扉在廟之後，人所罕至，故爲隱陋之處，簷下可以積薪。廟有北墉，墉上有簷，垂于外約數尺。簷下可積薪，其東北隅有北堂，堂下有北階，非積薪之所也。其薪爲祭祀、爨饎，因藏之于此，不得褻用。喪禮取以炊浴，所以神之也。周官：「甸師掌耕耨王藉，以供粢盛」，又「帥其徒，以薪蒸役外内饔」。則饎爨之薪，亦必甸師納之，而西北屝所藏，亦必甸師掌之。故爨浴之薪必使甸師取之。甸師即甸人也。經文明言「徹其薪」，則非屋材可知。若撤毁屋材，則當使匠人，不當使甸人矣。而舊説或以屝爲門扉，或以屝爲屋簷，皆謂抽取屋材。熊氏謂屋外之薪，其説獨得。劉熙謂：「撤毁室之西北隅，以示不復用。」孔沖遠則以廟爲正寢，經文明言廟，何所據以爲正寢？此説亦非。謂主人已死，此堂無復用。夫以死者而毁廟寢之屋，實悖於理。廟室爲神主所藏，豈可毁壞使雨漏入？且凶喪，非常之事，而因此爲室之常名，其名亦不正也。孫炎注爾雅云：見詩疏。「屋漏者，當室之白，日光所漏入。」其説視諸家爲優。孔沖遠反以其説爲非。此疏家必宗傳注之失。然日光所由入者，尚未曉也。鶚竊思古人之室，東北隅得户之明，中間北墉下得牖之明，至西北隅則與户牖不相直，不可不穿壁以取明，于此蓋有向焉。豳風云：「塞向墐户。」冬月塞向以禦北風之寒。然未必盡塞，疑當用簾薄之類，仍可以取明也。毛傳云：「向，北出牖也。」韓詩云：「北向窗也。」向蓋小於牖，其制又與牖殊，故不名牖而名向。説文釋向與毛傳同，廣韻又以牖釋向，蓋以向爲牖之類。鄭注明堂位云「鄉，牖屬」，注士虞禮云「鄉、牖一名也」。故舉類以釋之，而以向爲北出牖，其實古人之室竝無北牖也。士虞禮云：「祝從啟牖、鄉。」牖、鄉竝舉，則鄉非牖可知。諸經無南牖之稱，則無北牖亦可知。若有北牖，則當言南牖以別之矣。喪大記：「寢東首于北牖下。」此「牖」字當爲「墉」字之譌。注云北牖或爲北墉。釋文云：「牖，舊音容。」可知此經本作「墉」。墉與牖相似，後人傳寫因譌爲「牖」。孔疏不能辨其誤，乃有遷于南牖之説。朱子采入論語集註，讀者鮮知其非矣。士喪禮下篇記云：「寢東首于北墉下。」可證也。郊特牲云：「亳[一]社北牖，使陰明也。」又可知寢室無北牖矣。寢屬于陰，又當避風，必不在牖下。

北墉下當室之中閒，此處無牖，故宜爲寢息之所。古人寢恒在此，不必疾病也。何以知之？東北隅當户，爲飲食之所，故謂之宧，宧與頤通。頤者，養也。玉藻云：「君子之居恒當户。」謂食時也。江慎修不知此義，引檀弓「當户而坐」以駁之，非也。非食時則常居西南隅，曲禮謂：「人子居不主奥。」可知爲尊者所常居也。曰居，則皆非寢所矣。「居」字本作「凥」，坐也。孝經：

[一] 案：陸刻本、孫刻本皆誤作「毫」。「亳」，禮記作「薄」。薄與亳通用不別。

「仲尼居，曾子侍。」論語：「居，吾語女。」是居爲坐，寢不得爲居也。東南隅近户，人所出入，牖下、向下又皆當風向明之處，非可寢息，故知寢必于北墉下也。喪大記、既夕記「寢東首于北墉下」，爲東首記之，非爲北墉記之也。平時寢雖東首，亦有隨意所適者。至疾病則必東首以受生氣，故特記之。至于北墉下，則平時、疾時皆然，不必特記。記者帶言之，亦以見飯于牖下，自北墉而外遷耳。北墉下既爲寢息之所，不得有牖，亦不得有向，則向在西北隅無疑矣。西北隅有此窗，則日光自窗中漏入，故名屋漏。所謂「當室之白」，亦以此也。中庸疏云：「以户漏明其處，故稱屋漏。」此沿禮記鄭注之誤，不知所謂漏者，其光必不廣長，户之光明何得謂之漏邪？

近邵二雲爾雅正義謂：「隱蔽之處，時見日光」。不知漏者必有隙而日光漏入，如屋下之漏雨，何得以隱見日光爲漏邪？總不知西北隅有向，故妄解耳。

屋漏可見天日，牖雖啟明，卻不見天日，惟向得見之。此乃天人相接之處，神之監臨莫顯于此。室中雖無人，而神已見之，故曰「相在爾室，尚不愧于屋漏」，又曰「無曰不顯，莫予云覯」也。鄭箋謂：「諸侯、卿、大夫助祭在女宗廟之室，尚無肅敬之心，不慚愧於屋漏。」此泥于祭祀陽厭之禮，與經意不合。經未嘗有祭祀之意。所謂室者，以寢言非以廟言也。

鬼神無乎不在，下文「神之格思」，亦不必在祭時也。毛公只引爾雅「西北隅謂之屋漏」，知其不以祭祀爲解矣。

廟與寢同制，則西北隅亦有向。明堂位以「達鄉」爲天子廟飾，疑向有大小，惟天子之向最大，光明洞達，故曰「達鄉」。鄭注云：鄉，「夾户窗。每室八窗，爲四達」。此本考工記「世室，四旁兩夾窗」之説，然夏世室即周明堂，明堂與宗廟異制，鄭以明堂釋廟制亦非也。此皆不可不辨正者也。

樓考

古之所謂樓者，非今之樓也。今人于堂室上作樓，或再重，或三重，皆謂重屋。考工記有重屋之名，其制則與今異。鄭注云：「重屋，複笮也。」説文云：「笮，迫也。在瓦之下，棼上。」釋名云：「笮，迫也。編竹相連，迫笮〔一〕也。」豈如今之樓哉。嘗疑古之樓，經傳皆未明言，今詳考之，

〔一〕案：「笮」，釋名作「迮」。

乃知古所謂樓者，即考工記宮隅、城隅是也。鄭注云：「宮隅、城隅，謂角浮思也。」浮思，一作桴思。賈疏云「按：漢時東闕浮思災。言災，則浮思者，小樓也。」禮器云：「天子、諸侯，臺門。」鄭注云：「闍者，謂之臺。」〔二〕孔疏謂兩邊起土爲基。郊特牲疏「基」作「臺」。基上起屋曰臺門，城門兩旁亦有臺。鄭風云：「出其闉闍。」毛傳云：「闉，曲城。闍，城臺也。」門臺、城臺皆曰闍。爾雅釋宮云：「闍謂之臺。」是也。若靈臺、囿臺不名爲闍，爾雅所謂「四方而高曰臺」。此則臺之正稱也。門臺、城臺本非臺，以其制似臺，亦通稱爲臺耳。又云：「陝而修曲曰樓」，文與「四方而高曰臺」相連，則樓在臺上可知。靈臺、囿臺其上起屋曰榭〔三〕，周書泰誓所謂「臺榭」指此也。門臺、城臺起屋則謂之樓。月令：仲夏之月，「可以居高明」。鄭注云：「高明，謂樓觀也。」兩觀有樓，謂之樓觀。此樓在門臺之確證。

諸侯門臺在雉門，春秋定二年：「雉門及兩觀災。」言災，則觀上有樓，又可知矣。爾雅云：「觀，謂之闕。」説文：「闕，門觀也。」釋名：「闕在門兩旁，中央闕然爲道也。」「觀，觀也。于上觀望也。」闕又名象

〔二〕此系禮記月令注。

〔三〕王士駿校勘記：「盧本此下有『周書泰誓』四字。駿案：下文所謂『臺榭』指此也，與上文所謂『四方而高曰臺』句文法相對，上引爾雅，此引大誓亦正相似。元本傳抄偶脱，當依盧本補入。」案：陸刻本、孫刻本亦無「周書泰誓」四字。今據王校補。

魏，鄭司農注周禮云：「象魏，闕也。」蓋門兩旁爲臺，中央闕然，故謂之闕。其上可觀望，又懸法象以示人，故又謂之觀。法象所懸，而其上又有樓，高巍巍然，故又名象魏。「雉門及兩觀災」，孔疏引「天子諸侯臺門」，是門臺即兩觀也。左氏僖五年傳，公登觀臺而望，書「雲物」。觀臺者，觀之臺也。孫炎注爾雅謂闍者，積土如水渚，可以望氛祲。是諸侯觀望雲物，即在門臺，其上故宜有樓。禮運謂孔子「出游於觀之上」，以有樓故可游。

先儒謂諸侯有二臺，一曰時臺，一曰囿臺。時臺亦曰觀臺，以觀臺爲臺名。五經異義及服虔左傳注皆云然。非也。天子門臺則設于應門，蓋諸侯以雉門爲正門，天子以應門爲正門。天子、諸侯皆三朝，三朝以治朝爲正，正門者對正朝之門也。屏設于此，觀亦設于此，入此門爲治朝，臣當審思其所闕，故屏一名桴思，觀樓亦名桴思。釋名作「罘罳」，謂：「罘，復也；罳，思也。」臣將入請事於此，復重思之也。屏上亦有屋以蓋屏牆。見考工記疏。與門臺上架屋略相似，又同在一處，故皆有桴思之名也。三輔黄圖云：「闕，觀也。」人臣將朝，至此則思其所闕，可知天子兩觀必在應門矣。逸周書作雒解「應門庫臺」，謂應門兩旁有臺，臺上有樓，可藏器物，故曰庫臺。觀樓，亦通稱榭。鄭注禮運云：「榭，器之所藏也。」靈臺、囿臺遠于王宮，不藏器物，而觀臺則迫近王宮，其外雉門有禁，周禮閽人：掌守王宮中門之禁。鄭以中門爲雉門。故其上可藏器物也。天文家謂庫樓十星，一名天庫，則樓以藏物可知。孔晁注謂門皆有臺，于庫門見之。誤矣。

樓之制本與榭不同。月令「臺榭」與「高明」對舉，高明是樓觀，則臺榭爲靈臺、囿臺之屋可知。而門臺、城臺之屋不得爲榭，亦可知矣。蓋靈臺、囿臺其形正方，爾雅所謂「四方而高也」。則臺上之屋亦必正方，故名爲榭，與「無室曰榭」同名。孫炎注爾雅云：「榭但有堂。」堂之形固正方也。榭爲射宮，故字从射。楚語云：「榭，不過講軍實。」宣十六年經：「成周宣榭災。」杜注：「宣榭，講武屋。」爾雅曰：「無室曰榭。」案：爾雅「有木者謂之榭」，與「無室曰榭」前後别出，其非同物可知。榭爲講武之宮，必非在臺上。孔疏謂榭是臺上之屋，居臺而臨觀講武，故無室。是誤合爲一也。榭無室，是無牖户。臺上之榭，亦無牖户可闔。此所以不藏物也。門與城皆陜而長，則兩旁之臺必不爲正方，而爲長方，故其臺上之屋亦長方，陜而修曲，别謂之樓，不名榭也。孟子「岑樓」，趙岐注：「山之鋭嶺者。」爾雅釋山云：「山小而高岑，其形如樓，故曰岑樓。」六韜軍略云：「視城中，則有飛樓。」左氏宣十五年傳：解揚「登諸樓車」。飛樓，即樓車也。車之形狹而長，飛車偵敵，其制最高，有似于樓，故曰樓車。以此二者證之，陝而修曲明矣。然門臺、城臺其形亦四方[二]。郭注「闍，謂之臺」云：「積土四方。」蓋長方亦可謂四方。算法方田、開方皆有長方，不必正方也。故得通名臺。樓在臺上，與榭大略相似，故得通名榭。爾雅有「木者謂之榭」，文承「闍謂之臺」之下，此樓、榭通稱也。樓有牖户。釋名云：「樓言牖户之閒，諸射孔婁婁然也。」有牖户可闔，則必有房，此所以得藏物，與榭異也。城門爲守禦要地，必有軍器，蓋藏于城樓也。

門臺、城臺既皆四方，臺上之屋亦皆四方，故又謂宫隅、城隅。考工記次「宫隅」于「門阿」之下，以臺在門旁，其制相連也。次「城隅」于「宫隅」之下，以類而竝列也。隅、樓聲相近，故隅又名樓。邶風：「俟我乎城隅。」毛傳謂城隅以喻其高。則必指城之樓臺而言也。漢書集注云：「今長安故城西，俗呼貞女樓，即建章闕也。」建章，宫名。漢武帝建在長安城西。楊震關輔古語云：「長安民俗謂鳳皇闕爲貞女樓。」鳳皇闕，即建章闕也。闕上有金鳳，高丈餘，故名鳳皇闕。三輔黃圖謂又有鳳皇闕，亦在建章宫。貞女，木名。三輔黃圖云：「別風闕、井幹樓高五十

[二] 王士駿校勘記：「盧本奪『四』字。」

丈。」此漢制，雖與古不同，亦可見闕可名樓也。越絶書：「吳大城，陸門八，其二有樓。小城，門三，皆有樓。」可見古之城門有樓也。列子：「登高樓，臨大路。」當是城樓。此又門臺、城臺有樓之證也。

宫樓、城樓，其制亦有不同。宫門之兩旁有樓，而其上則無樓。城門之兩旁有樓，而其上亦有樓。宫樓分爲二，城樓合爲一。何以知之？考工記言「門阿之度」，阿是門屋之曲檐，可知門上無臺。左氏定三年傳：「邾子在門臺。」杜注：「門上有臺。」「上」字非。無臺則無樓矣。故曰兩觀，曰雙闕，明其有二也。宫門爲朝會之所，宜有儀容以壯觀瞻，故樹雙闕于左右，而門上不作臺。若城門爲扞禦之地，不尚容儀，而貴鞏固，故門上亦有臺，有臺則有樓。今之城樓，猶存古制。此其異也。

至其高度，亦有不同。考工記云：「王宫門阿之制，五雉；宫隅之制，七雉；城隅之制，九雉。」注云：「雉高一丈。」「門阿之制，以爲都城之制。宫隅之制，以爲諸侯之城制。」賈疏謂：「王，城隅高九雉，城高七雉。上公，城隅高七雉，城高五雉。侯伯以下，城隅高五雉，城高三雉。」隅皆謂樓，則樓高二丈，門臺則與門阿等，城臺則與城等，可推而知也。戴東原以隅爲臺，則臺太高于門阿，且記文宮隅與門阿相次，阿爲屋，則隅亦當爲屋，不得爲臺也。天子、諸侯門阿亦宜降殺，天子五雉，諸侯必三雉，其宮隅則五雉。鄭注謂：「諸侯，宮隅、門阿皆五丈。」是門阿與天子同，既無等殺，而雙闕不高出于門阿，又不見其巍然，何得爲象魏乎？左傳：「季桓子御公，立于象魏之外。」是諸侯之闕亦名象魏也。惟侯、伯、子、男城隅皆五雉，不復降殺者，蓋城以禦寇，不可大卑。若子、男城隅三雉，則城高一雉，何以守禦乎？故不得復降殺，此窮則變之例也。凡禮不降殺者，皆别有其義。如天子、諸侯皆三朝、三門，大夫三門、二朝，士則二門。天子七月而葬，諸侯五月而葬，大夫、士皆三月也。

禮言「諸侯臺門」，則諸侯亦得有兩觀。據左傳：莊公二十一年。「鄭伯享王于闕西辟。」是不特魯有之。公羊以兩觀爲僭，何休因有諸侯内闕一觀之説，殊不知一觀不成體制，闕在門兩旁，不得有内外。此其説亦非也。樓之可考如此。又星經：「市樓六星在市門中。」則古之市門其上當有樓。蓋司市官所居以察商賈者，其樓不必有臺，此别一樓也。

古之樓在門臺者，類皆以觀闕、象魏之大名稱之。又或名宮隅，又或通稱爲榭，而罕稱爲樓。其在城臺者，類皆稱爲城隅，又或通稱爲榭，而罕稱爲樓。此經傳所以罕見，而後人遂不知其制矣。至于今之樓，則始於漢。漢書郊祀志云：武帝時，「公玉帶公玉，姓；帶，名。上黄帝時明堂圖，上有樓，名曰昆侖」。昆侖三成，其樓亦三重可知。帝作明堂如帶圖，而重屋之樓由是以起。殊不知，古之明堂實無樓也。許氏説文訓樓爲重屋，但以漢制釋之，其亦考之不詳矣。

舜崩鳴條考

孟子謂舜「卒於鳴條」。趙岐注但言地名。後儒多據史記、淮南子以爲鳴條在零陵，最爲謬妄。史記云：「舜踐帝位三十九年，南巡狩，崩于蒼梧之野。」淮南子脩務訓云：「舜南征三苗，遂死蒼梧。」高誘注：「舜葬于九疑之山，在蒼梧馮乘縣今永州府江華縣是也。東北、零陵之南。」漢書地理志零陵郡營道縣注云：「九疑山在南。」檀弓：「舜葬于蒼梧之野。」鄭注云：「舜征有苗而死，因留葬焉。蒼梧，周南越地。今爲郡。」此世儒所據者也。

考零陵今爲湖南永州府，與廣西相鄰。九疑山在永州寧遠縣，去舜都蒲坂三四千里，舜曷爲卒于此乎？堯老，舜攝，舜巡狩四岳；則舜老，禹攝，禹亦當巡狩，舜何必躬行也？且巡狩亦至衡岳而止，今九疑去衡岳五百餘里，非巡狩所當至也。汲郡古文云：帝舜「三十二年，帝命夏后總師，遂陟方岳」。可知舜不巡狩矣。至謂舜征有苗，則尤不然。聖德至神，四方風動，有苗雖頑，當無不化。即或不率，亦第使禹征之，何必親征乎？汲郡古文云：帝舜三十五年，帝命夏禹征有苗，「有苗氏來朝」。可知舜不出征矣。王充論衡曾辨其非，劉知幾史通又辨之，足正千古之謬。

然于鳴條所在，則自古至今，未有能指其實者。鶚案：汲郡古文：帝舜「四十九年，帝居于鳴條。五十年，陟。」是卒于鳴條，與孟子合。鳴條，當即書序之鳴條。序云：「湯與桀戰于鳴條之野。」汲郡古文亦云：湯「自陑征夏邑，大雷雨，戰于鳴條」。則鳴條與桀都相近可知。嘗考桀都在今河南府，（詳桀都考。）湯自亳（今彰德府。）往伐，桀出與湯戰，則鳴條在河南府之東可知。（彰德府在河南府之東，湯自東往伐也。）孔沖遠書疏：或云陳留平丘縣有鳴條亭。陳留爲今開封府，平丘今爲封丘縣，（屬開封府。）正在河南府之東。舜之所崩當在于此，封丘縣今在河北，舜之所崩當在河南也。大昊氏嘗都于陳，舜晚年居于鳴條，或即大昊之舊都而居之與？孟子負夏、鳴條竝舉，其地當不甚相遠。鄭注檀弓「負夏」以爲衛地。史記言舜微時，「作什器於頓丘〔一〕，就時負夏」。即孟子所謂「遷于負夏」也。頓丘，即詩「頓丘」，亦衛地。地理志東郡有頓丘縣。輿地廣記：頓丘在淇水南。衛與陳相近，又可爲鳴條在今開封之一證。

舜末年居此，殆以昔年所居之地，不忘其舊，以此始亦以此終也。堯初封于陶，至九十年游居于陶，後崩于陶。見汲郡古文。正與舜同也。武王克商，封舜後于陳，即今陳州，舊屬開封府，今别爲一府。地理志淮陽國陳縣注云：「舜後胡公所封。」淮陽與陳留相鄰，陳留郡陳留縣下臣瓚注云：「留屬陳，故稱陳留。」是陳國亦在陳留。武王蓋即因舜之舊居而封之，可使守其墳墓。此又一證也。

舜雖耄期，猶勤于民事，或以春秋省耕、省斂，循行郊野，遂卒于野中。堯典所謂「陟方，乃死」。祭法所謂「舜勤衆事而野死也」。民事非一人之事，故曰「衆事」。若巡狩、征伐，不得言衆事矣。爾雅釋地云：「郊外謂之牧，牧外謂之野。」説文云：「距國百里爲郊。」則野去國都不過百餘里，或二三百里。已去國都，故曰「陟方」，不在國中，

〔一〕史記五帝本紀作「壽丘」。

故曰「野死」。未見其死于遐方也，若遠在零陵，不得言「野死」矣。此又一證也。鳴條之野，其地有名蒼梧者，故檀弓以爲「舜葬于蒼梧之野」，沈約注汲郡古文謂：「鳴條有蒼梧之山，舜崩遂葬焉。」其説是也。蒼梧與零陵之蒼梧同名，後人因誤謂舜崩零陵也。記言三妃未從，未嘗有溺湘水之説。楚辭湘夫人謂湘水之神；山海經帝之二女居洞庭，謂天帝之女，楚辭「帝子降兮北渚」，帝亦謂天帝。非指堯女舜妃，後人妄解楚辭、山海經，王逸注楚辭謂堯女娥皇、女英。强作舜崩零陵之證，益爲誣妄不經矣。

又按：沈約注汲郡古文「遂葬焉」之下有「今海州」三字，當是後人妄增。海州爲古郯國，秦爲朐縣，漢爲東海郡，魏爲郯縣，梁又爲東海郡，至唐乾元中始爲海州。沈約梁人，此時安有海州邪？蓋以海州有鬱洲山，一名蒼梧山，故附入沈注，以爲舜崩海州，求合于孟子東夷之説。不知孟子所謂東夷，特與岐周、畢郢相對，則其地在東，不必正居東表。古者中原亦有戎夷，不必僻處海隅，乃爲夷也。岐周近犬戎，故曰西夷。東夷之夷，亦因西夷而言也。

或又據書正義安邑有鳴條亭，以爲舜崩安邑，不知安邑竝非桀都，禹都亦不在安邑。鶚嘗詳辨其謬，然則舜崩鳴條在今開封府無疑矣。或疑陳留有蒼梧之山，其説無確據。謂舜崩陳留與檀弓不合，然零陵竝無鳴條之名，則謂舜崩零陵亦與孟子不合。信檀弓何如信孟子乎？舜陵未知所在，殆不可考。今謂陵在九疑山，歷代祭之，祭非其所，不如勿祭，此祀典所當改正者也。

古尺考

古今尺度不同，周尺迄今無存，而其度則猶可考也。江慎修謂周尺當今尺六寸二分半。考之于經，悉皆不合。考工記言人長八尺，以中人言之，今折爲五尺，則其身頗短，不得爲中人也。鄭康成注深衣謂臂骨上下各一尺二寸，通有二尺四寸。今折爲一尺五寸强，中人之手亦不若是之短也。醫書謂尺澤至魚際（尺澤當肘，魚際當腕。）有一尺，今折爲六寸有奇，只能至列缺，不能至魚際矣。車廣六尺六寸，容三人，猶必有空餘之地可以旋轉，今折爲四尺一寸强，不能容三人矣。席長八尺，坐四人，（見曲禮注。）亦必有空餘之地，左右可不妨礙，今折爲五尺，不得坐四人矣。衡長六尺六寸，下容兩服馬，今折爲四尺一寸强，不得容兩馬矣。輪牙厚二寸，記不言牙厚，以車人文互校，可得牙厚度。今折爲一寸三分，則牙太薄而輪不固矣。祭義言「築宮，仞有三尺」，八尺爲仞，鄭謂七尺爲仞，非也。計一丈一尺，今折爲六尺九寸弱，則人之長者不可居矣。冕延廣八寸，此漢叔孫通制，本周制爲之。若僅有今之五寸，毋乃太狹乎？喪服傳注謂「首絰圍九寸」，若僅有今之五寸六分强，中人之首如此其小乎？布幅廣二尺二寸，玄端服之袂，兩邊各屬一幅，身亦長二尺二寸，故謂之端，若以今之一尺四寸三分爲身，則身太短，若身與袂不等，何名爲端乎？應鍾律長四寸七分四釐，如只有今之三寸弱，其管豈不太促乎？栗氏：「爲鬴，深尺，内方尺。其實一鬴。臀一寸，其實一豆。」鬴爲八斗，豆爲四升，古之一升，當今二合有奇，若鬴方尺，只有今之六寸二分半，安得容一斗六升强乎，臀只有今之六分二釐半，安得容八合强乎？即以六斗四升爲鬴，亦不能容矣。馬高七尺爲騋，六尺則爲駒，馬之小者。若騋馬只有今四尺三寸强，則與駒同矣。凡言馬高，以馬首言之也。諸侯龜長一尺是爲大寶龜，若只有今之六寸二分半，則是大夫之龜，大夫龜長八寸，非大龜也，見白虎通。不得爲寶矣。諸如此類，皆其不合者也。

按：度、量、衡皆出于黄鍾。前漢志云：「黄鍾之長，以秬黍中者一黍之廣廣者，横也。〔一〕度之，九十分黄鍾之長，一爲一分。」是黄鍾九寸爲九十横黍所累也。爰以九十横黍度，製爲黄鍾之管，恰容秬黍一千二百粒，以今尺度之，得長七寸二分九釐，乃用四率比例法推算，古尺九寸爲一率，今尺七寸二分九釐爲二率。古尺十寸爲三率，今尺八寸一分爲四率。可知古之一尺當今八寸一分矣。又以同身寸度之。中指、中節爲同身寸。適得八分一釐，是八寸一分爲古尺真度也。

證之諸書，度數皆無弗合。身長六尺四寸八分，正是中人。臂長一尺九寸强，尺澤至魚際八寸一分，中人皆適有之。車廣五尺四寸弱，正可容三人。席長六尺四寸八分，正可坐四人。衡長五尺四寸弱，正可容兩馬。輪牙厚一寸六分强，則輪不薄。築宫八尺九寸强〔二〕，則人可居。冕延廣六寸四分强，首絰圍七寸二分强，玄端衣長一尺七寸强，不爲短矣。應鍾長三寸八分四釐，不爲促矣。鬴内方有八寸一分，得容一斗六升强矣。臂有八分一釐，得容八合强矣。馬高五尺六寸强，不同于駒矣。龜長八寸一分，斯可爲

〔一〕案：陸刻本作者自注原在「之」字後。
〔二〕王士駿續校勘記：「案：『八寸强』當作『九寸强』，元本、盧本俱譌。」案：陸刻本、孫刻本皆譌作「八寸强」。今據王校改。

實矣。餘可類推。

又班固白虎通謂夏以十寸爲尺，商以十二寸爲尺，周以八寸爲尺，此于經無據。以孟子論三代井田畝數考之，周之百畝當殷之七十畝、夏之五十畝，是商尺短于夏，周尺短于商。井田溝洫有定制，非可更易，故知是尺度不同。蔡邕獨斷謂夏尺十寸、殷九寸、周八寸，是也。然三代皆以十寸爲尺，但長短不同耳。若謂周以八寸爲尺，則未必然。周別有八寸之度，名爲咫，不名爲尺，猶八尺爲尋，不爲丈也。蓋人身可爲度，手爲咫。說文云：中婦人之手八寸。指節爲寸，偶用以度物，而非以是爲常度也。說文以咫爲周尺，其亦誤矣。夫周尺得夏尺八寸，則夏尺蓋與今尺略同，而周尺八寸之說，亦可爲古尺，指周尺。當今尺八寸一分之確證，而惜乎人之不解也。

仞考

仞之爲度，先儒無定論。鄭康成注儀禮謂：「七尺曰仞。」包咸注論語、高誘注淮南子與鄭同，陸德明諸經釋文皆然。趙岐注孟子謂：「八尺曰仞。」尚書僞孔傳、漢書顔師古注亦然。小爾雅〔二〕云：「四尺曰仞。」王肅從其説，而聖證論、家語注亦謂八尺。應劭漢書注謂：「五尺六寸曰仞。」諸説不一。

案：「仞」字从人，明是以人身爲度。考工記云「人長八尺」，則仞爲八尺可知。説文云：「仞，伸臂一尋，八尺。从人刃聲。」蓋釋从人之義。故以爲「伸臂八尺」也，許君以仞爲八尺，其説自確。但仞與尋亦稍有不同，尋用以度廣〔三〕，故取于兩臂之伸，仞用以度深，故取于一身之長，許君不以人長八尺釋之，而解爲伸臂一尋，使仞與尋混而無別，非也。考工記云：「同閒廣二尋、深二仞謂之澮。」以上文甽、遂、溝、洫皆廣深相等例之，則澮亦必廣深相等，是仞與尋同爲八尺又有明據。鄭君于此經無注，想亦自疑七尺之説。賈疏謂鄭以仞七尺淺于廣二尺者，以涂爲大，故宜淺校二尺。非也。其廣言尋、深言仞，則尋以度廣，仞以度深，亦可知矣。記又云「宮中度以尋」，與「野度以步」竝舉，步以度廣，則尋亦度廣，步取

〔二〕王士駿校勘記：「盧本誤奪『小』字。」案：王校謂盧本奪「小」字，然此篇小爾雅見引兩次，一在王校「覲禮方明壇」條下，一在王校「尋用以度廣」條上，而王校「小爾雅」條適在上揭兩條中閒，不知王校所謂盧本奪「小」字者是何處。陸刻本、孫刻本皆不誤。

〔三〕王士駿校勘記：「盧本『廣』下衍『長』字。」

于人之張足六尺，猶尋之取于伸臂八尺也。如方明壇十有二尋，見覲禮。重屋堂脩七尋，殳長尋有四尺，夷矛三尋，見考工記。幣一兩五尋，見禮襍記。皆以尋度廣長，長亦廣也。方言云：「秦、晉、梁、益之閒凡物長謂之尋。周官之法，度廣爲尋。」此尋以度廣之證也。淮南子「木禾脩五尋」，此植立而高者，本當言五仞，而云尋者，散文通也。孟子「枉尺直尋」，此尋字深廣皆可言也。左氏昭三十一年傳：「仞溝洫。」杜注：「度深曰仞。」淮南子：「蛇鱓着泥百仞之中。」高誘注亦云：「度深曰仞。」諸書言仞者，皆高度，高亦深也。覲禮：「方明〔二〕壇深四尺。」鄭注：「深謂高也。」如周書「爲山九仞」，論語「夫子之牆數仞」，孟子「掘井九軔」，軔與仞音同，古文通。列子「呂梁縣水三十仞」，莊子「步仞之丘」，淮南子「凡鴻水淵藪自三百仞以上」，漢書「鳳翔千仞之上」，廣雅「天子杠高九仞，諸侯七仞，大夫五仞」，三輔黃圖「漢靈臺高十五仞」，此仞以度深之證也。

要之，仞與尋之用雖異，而爲八尺則同。惟仞爲八尺，故半之得四尺，亦名爲仞，猶律呂有半律、半呂，如半黃鍾、半大呂亦有黃鍾、大呂之名也。若仞爲七尺，則四尺不得爲仞

〔二〕王士駿校勘記：「元譌『方明』爲『方言』，楊正。盧本不譌。」案：陸刻本亦譌作「方言」。孫刻本不誤。

矣。小爾雅「四尺爲仞」，其説有確據。孟子「堂高數仞」，此仞字當爲四尺之仞。禮器云：「天子堂高九尺，諸侯七尺，大夫五尺，士三尺」，考工記殷人「堂崇三尺」。是凡言堂高者，以階言，不以屋言也。周天子堂只九尺，而戰國諸侯王奢侈或高至丈餘，以四尺之仞度之，有數仞也。若仞爲八尺，數仞當有二三丈，恐堂階未有若此之高者，趙岐注此「仞」字亦以爲八尺，非也。鄭君以仞爲七尺，于經無據。儀禮賈疏以爲書傳云「雉高一丈」，則牆高一丈，祭義「築宮仞有三尺」，除三尺之外只有七尺，故知七尺曰仞也。不知經傳凡言有幾者，皆奇零之數。如鎮圭尺有二寸，壇十有二尋，殳尋有四尺，皆奇零數也。若適足一丈，則當言築宮一雉，何必言仞有三尺乎？惟仞爲八尺，其宮牆過于一丈，故言仞有三尺也。尋有四尺，猶言十有二尺。仞有三尺，猶言十有一尺。皆有奇零，非整數也。但一雉之上僅加一尺，似乎非制，諸書言十外有奇者，皆是二數。疑此「三」字，當作「四」字，與「殳尋有四尺」文同，古文「三」、「四」皆積畫，每致互譌也。王宮小寢高五雉，諸侯三雉，大夫、士二雉，庶人一雉。天子、諸侯之寢室不必高大，又不可同乎庶人之宮，故令高十有二尺也。賈疏謂牆高一丈，似凡牆之高皆必一丈，其亦固矣。鄭惟據此，而此又不足據，其説殆不可從。

又案：周有八寸之咫、八斗之鬴用江慎修説。皆爲度量，則仞爲八尺，益無可疑。竊謂數之原出于天地。天圜而地方，天奇而地偶，圜無定而方有定，奇無盡而偶有盡。故度量衡皆必取於偶數，以其數可盡便於算也。如四升爲豆，四豆爲區，十六斗爲籔，十六斛爲秉，十二斛爲鼓，此量用偶數也。二十四銖爲兩，十六兩爲斤，百二十斤爲石，二十兩爲鎰，此衡用偶數也。六尺爲步，百八十步爲里，八尺爲尋，十六尺爲常，八尺爲軌，此度之偶數也。又數皆以十而進，如十合爲升，十升爲斗，十分爲寸，十寸爲〔一〕尺，十亦偶數也。然則七尺爲仞，此必無之理，而許君八尺之説爲不可易矣。漢書應劭注謂五尺六寸，其謬尤甚。蓋同鄭説，又以爲周尺八寸，故折得五尺六寸，殊不知周尺實十寸也。

卷三終

〔一〕王士駿校勘記：「元誤『爲尺』作『如尺』，今正。」案：陸刻本亦誤作「如尺」，孫刻本不誤。

求古録禮説卷四

臨海誠齋金　鶚[一]

禹都考

世言禹都安邑，其誤始於皇甫謐帝王世紀，酈道元澮水注因之。近洪氏頤煊謂禹都陽城，不都安邑，足以正其繆矣。然其所考，猶未詳也。

鶚竊疑禹都有二，其始都在陽城，而其後乃都於晉陽。案：漢書地理志潁川郡：「陽翟，夏禹國。」應劭曰：「夏禹都也。」臣瓚曰：「世本言禹都陽城。汲郡古文亦云

[一] 王士駿校勘記：「盧本此卷署名作『誠齋金鶚風薦』，與他卷異。」

『居之』，不居陽翟也。」師古曰：「陽翟本禹所受封耳，應、瓚之説皆非。」諸説不同。洪氏頤煊謂陽城亦屬潁川郡，與陽翟之地相近，或當日禹所都陽城本在陽翟，故漢志云云。鶚考史記夏本紀，禹避舜子于陽城，「諸侯皆去商均朝禹」，于是即天子位。知其遂都陽城，蓋即所避之處以爲都也。趙岐孟子注：「陽城，在嵩山下。」括地志：「嵩山，在陽城縣西北二十三里。」則陽城在嵩山之南，今河南府登封縣是也。一統志：「禹避陽城，即登封。」案：登封，東魏曰嵩陽，以其在嵩山之南也。若陽翟今在開封府禹州，其地各異。漢書地理志於偃師曰「殷湯所都」，於朝歌曰「紂所都」，於故侯國皆曰「國」。今陽翟不曰夏禹所都，而曰「夏禹國」，可知禹不都陽翟矣。陽翟爲禹所封之國，而陽城則爲禹之都，此確解也。

然左傳定公四年祝佗謂：唐叔「封於夏虛，啟以夏政」。例以上文康叔「封於殷虛，啟以商政」，則禹之都即唐國也。唐國在晉陽，漢書地理志太原郡：「晉陽，故詩唐國。周成王滅唐，封弟叔虞。」杜預注左傳云：「夏虛，大夏。今太原晉陽是也。」本於漢志，其説自確〔二〕。水經云：「晉水出晉陽縣西縣甕山。」酈道元注：「縣，故唐國也。」亦本漢

〔二〕王士駿續校勘記：「盧本無此八字。駿案：下文有『亦本漢志』句，『亦』字蒙此可知，盧本誤也。」

志。乃臣瓚以唐爲河東永安，張守節以爲在平陽。不知唐國有晉水，故燮父改唐曰晉。若永安去晉四百里，平陽去晉七百里，何以改唐曰晉乎？唐定在晉陽，今山西太原府是也。

史記晉世家謂唐叔封于「河、汾之東」，故張守節以爲在平陽。服虔注左傳亦謂大夏在汾、澮之間。顧亭林據此，因謂唐叔本封在翼。而鄭康成詩譜謂穆侯始遷于翼。則顧説非矣。史記與漢志不同，當以漢志爲確。亭林又引括地志「故唐城，在絳州翼城縣西二十里，堯裔子所封，成王滅之而封太叔」，以爲唐叔始封在翼之證。然括地志又有唐城在「并州晉陽縣北二里」。是唐城有二。全謝山謂平陽亦有唐城者，蓋必既遷之後，不忘其故而築之。如後此之所謂故絳、新絳二絳異地而同名耳。亭林於括地志引其一，遺其一，則稍未覈也。此説是也。

又鄭康成詩譜云：「魏國，虞舜、夏禹所都之地。」魏與唐相近，同在河北冀州，故哀公六年左傳引夏書云：「惟彼陶唐，帥彼天常，有此冀方，今失其行，亂其紀綱，乃滅而亡。」服虔以爲堯居冀州，虞夏因之。此皆禹都在河北之證也。但在晉陽，不在安邑，安邑，今山西解州。皇甫謐、酈道元以安邑爲禹都，此爲謬耳。陽城、晉陽爲禹都，皆有確證，可知禹都有二。蓋其始都於陽城，即所避之處以爲都，而其後遷都於晉陽，乃從堯舜所居之方也。若謂禹止都晉陽，固無解於世本、汲郡古文及史、漢諸書之説。而謂禹止都陽城，亦何以解左氏及服、鄭之説乎？

汲郡古文：帝舜「即位，居冀。四十九年，帝居于鳴條」。是舜亦有二都也。帝禹元年書「帝即位，居冀」。此文有脱誤，當云「帝即位，居陽城」。至遷都晋陽，乃書「居冀」也。又考鳴條在陳留，其地屬河南。舜自河北而遷於河南，禹自河南而遷於河北，其事相反而相類，此皆未經人道者也。

爵弁色考

爵弁之色，先儒莫得其解。鄭注士冠禮云：「爵弁，色赤而微黑，如爵頭然。或謂之緅。」考工記鍾氏注：「緅，今俗禮文作爵，言如爵頭色。」案：此説最謬，其不合者有六。緅爲赤黑閒色，乃水火之相克者，詳閒色説。深衣、中衣尚不可爲飾，況可爲元服〔二〕乎？其不合一也。冠必象衣，今赤而微黑，赤色大多與衣不稱，其不合二也。爵弁，士助君祭

〔二〕王士駿校勘記：「元本『元服』作『玄服』。盧本作『元』。駿案：冠爲元服，盧本是也。元本之作『玄服』者，以初藁『玄』字皆以『元』恭代，鐫時改從如字闕筆，校對偶寬，並用『元』字本義者，亦概改之。卷十三玄色蒼色辯乾四德統于『元』字亦作『玄』，誤與此同。今皆依盧本改正。」案：陸刻本亦誤作「玄」，孫刻本不誤。

之服，爲冕之次，見士冠禮注。冕色玄以象天。今赤而微黑，非天玄之色，不得爲冕之次，其不合三也。爵色多黃，未見有赤，今赤色大多，與爵頭不類，其不合四也。又爵韠以爵韋爲之，若爵色赤而微黑，則與裳不稱，其不合五也。齊服亦爵韠，若赤色大著，非陰幽之義。郊特牲云：「齊之玄也，以陰幽思也。」其不合六也。

鶚詳考之而得爵弁之色焉。士冠禮：「玄端，玄裳、黃裳、襍裳可也。緇帶、爵韠。」鄭注：「上士，玄裳；中士，黃裳；下士，襍裳。襍裳者，前玄後黃。」〔一〕夫所謂襍者必二色相兼也。易曰：「玄黃者，天地之襍也，天玄而地黃。」襍裳之名，蓋本于此。必玄黃相兼，若前玄後黃，不得爲襍矣。況前後異色，與左右異色之偏衣無殊。獻公以偏衣衣申生，見左氏閔公二年傳。有殺之之意。曾謂先王之法服而有是乎？襍裳爲玄黃相兼，明矣。

古人韠必象裳，則士之爵韠殆必玄而兼黃者與？蓋玄韠與黃裳不合，黃韠與玄裳不

〔一〕王士駿校勘記：「盧本此下有『玉藻：「韠，君朱，大夫素，士爵韋。」注云：「此玄端服之韠也。」凡韠必象裳色，則天子、諸侯玄端朱裳，大夫素裳，惟士玄裳、黃裳、襍裳也。』校元本增多四十八字。」案：陸刻本、孫刻本亦無此數語。

合[一]。故合玄黄爲一色，以爲士玄端服之韠，則三者之裳皆合矣。由是推之，爵弁與爵韠同名爲爵。則亦玄黄合色者也。冕服，玄衣、纁裳，以象天地。五冕皆用玄色之布覆其上，而纁其裏，周官弁師：「掌王之五冕，皆玄冕、朱裏。」此「朱」字當是黄朱，即纁色也。地色多黄，純朱非所以象地，故古人象天地，皆用玄纁。如士昏禮：「納徵，玄纁束帛。」聘禮：「竹簠方，玄被纁裏。」又「朱緑繅，玄纁繫，長尺，絇組。」是也。穀梁疏：「冕，上玄下纁。」可知弁師朱即纁也。亦象天地之色，而以上色爲主。則冠與衣仍自相合也。爵弁既以弁名，其制必如弁，弁如兩手合抃之形，見釋名。無冕延之俯仰，舊説謂爵弁如冕無旒，又前後平，誤。則不得纁其裏以象地。故合玄黄以象天地之色，而玄多黄少，以玄爲主，又與玄衣相稱也。

士冠禮：「爵弁服，純衣。」鄭注：「純衣，絲衣也。」餘衣皆用布，唯冕與爵弁服用絲耳。夫冕服玄衣，則爵弁服亦當玄衣同用絲，亦必同用玄也。禮器：「天子龍衮，諸侯黼，大夫黻，士玄衣纁裳。」龍衮、黼黻是冕服，則玄衣纁裳爲爵弁服可知。

[一] 王士駿校勘記：「盧本『黄裳』上有『中士』二字，『玄裳』上有『上士』二字。」案：中士黄裳、上士玄裳已見上文所引鄭玄注，應不煩再述，故盧本之「中士」、「上士」或系寫定之時所删。

爵弁之用玄衣明矣。鄭注士冠禮謂爵弁服緇衣。不知緇與玄不同，詳閒色説。緇色純黑象水，其色賤故朝服用之。玄色青黑象天，其色貴故冕服、爵弁服用之。若用緇衣則不象天，而與朝服同色，又無以別其尊卑，皮弁尊於朝服，爵弁又尊於皮弁。豈聖王之制乎？爵弁與玄衣相稱，其色自玄而微襍以黃有如爵色，故以爵名。爾雅釋鳥：「鷟黃，楚雀。」雀與爵同。其色黧黑而黃有似於雀，故名楚雀，此爵色玄而兼黃之一證也。

閒色説

嘗讀玉藻云「衣正色，裳閒色」，而知古人之服飾，閒色非不用也。蓋閒色有二。一爲五行相克之閒色。木克土爲緑，其色青黄。火克金爲紅，其色赤白。金克木爲碧，其色青白。水克火爲紫，其色赤黑[二]。土克水爲騮，其色黄黑。見玉藻疏皇氏説。一爲五行相生之閒

[二] 王士駿校勘記：「駿案：孔疏引皇氏説本如此。但例以上文『青黄』『赤白』、下文『黄黑』之義，『青白』似當作『白青』，『赤黑』似當作『黑赤』。盧本文與此同，今皆仍之。」

色。木生火，其色青赤。火生土，其色赤黃。土生金，其色黃白。金生水，其色白黑。水生木，其色黑青。相克閒色服飾皆不用，嫌其色之襍，而尤惡其陰陽克戰也。相生閒色，惟用黑青、赤黃，取其相生之美，而尤貴其象天地也。

天色青而兼黑，象之以爲服色，則有綦、有幽。書顧命：「四人綦弁。」鄭注：「青黑曰綦。」僞孔傳云：「綦，文鹿子皮。」非也。綦，一作騏。詩曹風：「其弁伊騏。」毛傳：「騏，騏文也。弁，皮弁也。」孔疏：「馬之青黑色者謂之騏。弁色如騏馬之文也。」玉藻：「世子佩瑜玉，而綦組綬。」鄭注：「綦，文襍色也。」孔疏：「顧命：『綦弁。』注云：『綦，青黑色。』鄭風：『縞衣綦巾。』注云：『綦，蒼艾色。』是襍色也。」蒼爲青色，蒼而艾，則青而兼黑矣。曲禮：「五十曰艾。」人五十始衰，髮黑而兼白，猶蒼艾之青黑相襍也。玉藻：「一命、再命，幽衡。」鄭注：「幽，讀爲黝。」周禮牧人：「陰祀用幽牲。」幽，亦讀爲黝。是幽與黝通。爾雅釋器：「黑，謂之黝。」孫炎注：「黝，青黑色。」見玉藻疏。説文：「黝，微青黑色。」玉篇：「黝，黑也。微青色也。」黝色黑多青少，故其文从黑。爾雅以黑解之，其實黑而兼青也。

地色黃而兼赤，象之以爲服色，則有纁，有緼，有縓。爾雅釋器：「一染謂之縓，再染謂之赬，說文作「䞓」，考工記注引作「竀」。三染謂之纁。」說文：「縓，帛赤黃色。」「經，赤色。」「纁，淺絳也。」「絳，大赤也。」鄭注士冠禮云：「凡染絳，一入謂之縓，再入謂之赬，三入謂之纁。朱則四入與？」是大赤爲朱也。朱即絳。詩斯干：「朱芾斯皇。」疏引乾鑿度云：「天子朱芾，諸侯赤芾。」鄭箋謂：「芾者，天子純朱，諸侯黃朱。」是赤爲黃朱也。纁與赤略相似，赤中有黃，故玉藻注以纁裳爲閒色。纁裳亦曰彤裳。顧命：「麻冕彤裳。」傳：「彤，纁也。」詩彤弓傳：「彤弓，朱弓也。」蓋對文則朱與纁別，散文則朱纁通也。豳風疏云：「易下繫：『黃帝、堯、舜垂衣裳而天下治，蓋取諸乾坤。』注：『天色玄，地色黃，故玄以爲衣，黃以爲裳，象天在上，地在下土，寄位于南方，故裳用纁。』」

緼，一曰韎。玉藻：「一命緼韍。」鄭注：「緼，赤黃之閒色，所謂韎也。」士冠禮：「韎韐。」注：「緼韍也。」小爾雅云：「緼，朱也。」亦散文通也。左氏成公十六年傳有「韎韋之跗注，君子也」。杜注：「韎，赤色。」賈逵云：「一染曰韎。」是韎與縓同。然天子朱韍，諸侯、大夫赤韍，士韎韐。朱爲四入之色，赤爲三入之纁，以此差之，則韎非一染之縓，當是再染之赬也。爾雅郭注：「赬，淺赤。」今本作「染赤」，詩疏引郭注作「淺赤」。說文：「經，赤色。」杜氏以韎爲赤，説文以䞓爲赤，則韎與赬相當。司服：「韋弁服。」注：「韎韋以爲弁。」又以爲衣裳，詩采芑箋：「天子之服，韋弁服，朱衣裳。」是韎可與朱通，其非一染之縓可知。

檀弓：「練中衣，縓緣。」蓋以縓色黄深赤淺，示即吉之漸，而又不類於吉也。若韎色其赤已著，吉服所用而以此爲飾，則有似於純吉矣。縓色自練中衣，明衣裳、喪服麻衣以外，未有爲服飾者，亦可知其非韎色也。既夕記：「明衣裳，縓綼緆。」鄭注云：「一染謂之縓，今紅也。」郭注爾雅亦以縓爲紅。而説文云：「紅，帛赤白色。」赤白在相克閒色之列。古人絶不以爲服飾，必非縓也。鄭注檀弓云：「縓，纁之類。」注喪服傳「麻衣縓緣」云：「縓，淺絳也。」則不以爲紅矣。既夕注偶誤。急就篇注：「絳，古謂之纁。」纁與絳相近，故得通言絳。縓爲淺絳，其爲赤黄之色明矣。纁赤深于縕，縕赤深于縓，要皆赤黄閒色也，此黑青、赤黄二閒色其用最多，見於經而可據者也。

若相克閒色古人未有用之者。禮器：「天子之冕，朱緑藻。」此與「襍帶，君朱緑」，緑字皆當作蒼字解。聘禮記：所以朝天子，「繅三采、六等，朱、白、蒼。問諸侯，朱、緑繅」。鄭注：「二采降於天子也。」三采爲朱、白、蒼，則二采當爲朱、蒼，而曰朱、緑，可知緑即蒼也。祭義：「朱緑之，玄黄之，以爲黼黻文章。」夫青與赤謂之文，黑與青謂之黻，考工記有明文，此言「爲黼黻文章」，則朱緑之緑，非青而何？青即蒼也，月令春「衣青衣」、「服蒼玉〔一〕」，是蒼與青同也。緑近於青，故散文得與青通，非青黄閒色也。玉藻：「玄冠紫緌，自魯桓公始也。」此春秋尚紫之漸，其後遂以紫衣爲君服，左氏哀公十七年傳：衛渾良夫「紫衣、狐裘」，「太子數而殺之。」賈逵注：「紫衣，君服。」孔子因有惡紫奪朱之言，鄭注以爲「蓋僭宋王者之後服」，誤矣。然「蓋」者，疑辭，本非正解也。緑與紫皆不可用，其餘可知矣。

或謂説文云：「黑而有赤色者爲玄。」豳風：「載玄載黄。」毛傳：「玄，黑而有赤也。」孔疏：「考工記鍾氏注『玄色，在緅緇之閒，其六入者與？』三入赤，三入黑，是黑而有赤也。」然則赤黑閒色，亦可以爲服矣。不知以赤黑爲玄，此舊説之大謬者。易言「天玄」，考工記言「天謂之玄」。是玄者天之色也，天之色其有赤乎？且黑中

〔一〕王士駿校勘記：「元誤『蒼』作『倉』，今依盧本改正。」案：陸刻本亦誤作「倉」。孫刻本不誤。

有赤亦紫之類，既不象天，又爲水火相克，下服且不可用，況可爲冕服之冠衣乎？赤色屬陽非陰幽之義，又何可以爲齊服乎？周禮司服：「齊服有玄端。」今案：天色實青而兼黑，人所共見。詩以天爲「穹蒼」，穹言其形，蒼言其色也。莊子云：「天之蒼蒼，其正色邪。」道書「天」字作「靝」，言青氣爲天，是天之色青也。乾位西北，又兼北方之色，故青而微黑也。

惟天色黑青，故玄色亦黑青，其證有六。周官大宗伯：「以蒼璧禮天，以青圭禮東方。」是天色與東方同。覲禮：「方明者，木也。東方青，南方赤，西方白，北方黑，上玄下黄。」又云：「設六玉，北方璜。」賈疏：「大宗伯：『以玄璜禮北方。』知此亦玄璜也。」是天又與北方同色。天色與東北方同，則玄之黑而兼青可知矣。一證也。玉藻：「君子狐青裘豹褎，玄綃衣以裼之。」鄭注：「凡裼衣，象裘色。綃，綺屬，染之以玄，於狐青裘相宜。」夫以玄衣裼狐青，則玄之必有青色可知。二證也。郊特牲：「齊之玄也，以陰幽思也。」説文：「玄，幽遠也。」是玄有幽義，幽與黝通，黝爲黑而微青，則玄亦黑而微青可知。三證也。小雅：「何草不玄。」此言初春之時，草始生而色未正青，尚有黑色。白虎通所謂「十三月之時，萬物始達，孚甲而出」，皆黑也。十三月，寅月也。草色本青，青而兼黑，故謂之玄。鄭箋以玄爲赤黑，誤與注禮同。四證也。陳氏禮書冬玄冥有修與熙者，蓋冬於方爲朔，於色有青黑，故月令冬時車旂、服物，皆用玄。五證也。曲禮：「前朱鳥而后玄武。」説者以玄武爲龜。龜之色，黑而微青。六證也。玄之爲黑青明矣。

凡染采之法，以黄爲質，而入赤汁則爲縓〔一〕，爲赬，爲纁，爲朱。以赤爲質，而入黑汁則爲紫，爲紺，爲緅，爲緇。鍾氏疏：纁入黑汁爲紺，紺更入黑汁爲緅。是紺緅皆赤黑間色也。而説文云：「紺，帛深青揚赤色也。」釋名：「紺，含也。青而含赤色也。」説文新附字：「緅，帛青赤色也。」與賈疏不同。案：禮器：「或素或青，夏造殷因。」鄭注：「素尚白，青尚黑。變白黑言素青者，秦二世時，趙高欲作亂，或以青爲黑、黑爲黄，民言從之，至今語猶存也。」劉熙、許叔重皆漢人，其所謂青者即黑也。説文云：「紫，青赤色。」則青即爲黑明矣。紺、緅與紫一類，但紫色赤多黑少，與紅之赤多白少相似〔二〕，故論語紅紫連文。紺、緅黑多赤少，故論語紺緅連文。又孔子言惡紫恐其亂朱，戴侗六書故謂：「紅紫，色之艶者。」是以知紫之赤多也。説文以紺爲深青，緅又深於紺。是以知紺、緅之黑多也。儀

〔一〕王士駿校勘記：「『爲縓』，盧本誤作『爲緑』。」
〔二〕王士駿校勘記：「盧本『與』上衍『紺』字。」

禮疏謂紺緅黑少赤多。非也。若以青爲質而入黑汁，則爲綦，爲玄，爲黝，黝、玄色同，黑多青少。綦爲蒼艾色，青多黑少。是玄本無赤色也。許、鄭蓋以染玄必用赤色爲質，故謂玄黑中有赤。豈染采皆必本於赤乎？其亦固矣。

又或謂玄即黑也，故玉藻謂「衣正色」。若黑而兼青，則亦閒色矣。荀子不苟篇：「若端拜而議。」楊倞注：「玄端，朝服也。」玄端與朝服通稱。韋昭注國語亦以玄端爲朝服。朝服緇衣，是玄即緇也。説文：「緇，黑色。」不知散文玄與緇通，對文則玄與緇異。喪大記：「大夫玄冒，士緇冒。」玉藻：「大夫玄華，士緇辟。」等級之差，全在緇玄之别，安得謂緇即玄乎？冕服玄衣纁裳，以象天地。昏禮納徵玄纁束帛，以象陰陽。玄兼黑青，纁兼赤黄，昭其稱也。周髀算經：「天青黑，地黄赤。」其明證也。若玄色但有黑而無青，則與纁不稱矣。所謂「衣正色，裳閒色」者，以天色青黑，玄衣黑而兼青，與天正相似，故曰正色。地色黄，易曰：「天玄而地黄。」纁裳黄而兼赤，與地不正相似？故曰閒色也。豈必以純褋爲正閒哉！

或又謂天色本青多黑少，而玄乃黑多青少。地色本黄多赤少，而纁乃赤多黄少，似不足以法天地。不知五行，「一曰水」，一天數也，天之色宜黑。「二曰火」，二地數也，地之色宜赤。天陽也，陽生於冬，冬屬水。地陰也，陰生于夏，夏屬火。天乾也，乾位西北，北屬水。地坤也，坤位西南，南屬火。且坎離者，天地之大用也。八卦圖，乾坤退居四隅，而坎離列上下，而居正位，此水火之色所以宜著也。坎上離下，是爲既濟。衣多黑而裳多赤，有水火既濟之象焉。

又以青屬木，而水則生木者也。黄屬土，而火則生土者也。祭所以報本反始，故祭服之色必重其所由生，以示報本反始之義也。此玄所以黑多纁所以赤多與？或又疑五色以配五行，白之一采何獨遺之？不知玄纁所以象天地，亦以象四時。四時之色春青夏赤秋白冬黑，而黄無正位。祭爲吉禮，白非所宜，故進黄而去白。三大祭樂獨無商調。佩玉右徵角左宫羽而無商，亦猶是也。且赤白合而成紅，既不象地，又爲五行相克。若赤、黄、白三采竝用，則與黑青不稱，而亦不足以象地。此白所以不用也。繪繡則備五采，以法五行。古人制作之意深矣。

龍見而雩解

左氏桓公五年傳：「啟蟄而郊，龍見而雩。」杜注以龍見爲建巳之月，蒼龍宿體昏見東方。續漢志注引服虔注云：「龍角，亢也。謂四月昏龍星體見。」是杜注本於服注。月令：仲夏之月，「大雩帝」。鄭注以仲夏之雩爲非，謂雩祭當在孟夏，與服、杜同。案：月令，孟夏「昏翼中」，仲夏「昏亢中」。一月之內，中星不同，仲夏「昏亢中」，非必在月之首，則月首當昏角中。漢元嘉曆五月節昏角十度中，五月中昏氐五度中，角、亢、氐皆爲五月中星，月令舉其中而言之，然則角、亢昏中在仲夏矣。仲夏昏中星既爲角、亢，則蒼龍七宿始得盡見，龍角始見于正南，龍尾始見于東方。左氏「龍見而雩」，正在此時。若以龍指角、亢以見爲四月昏見東方，則大不合。季春昏七星中，角、亢已見于東方矣。何待孟夏？詩小星箋：「心在東方，三月時也。」三月心星且見，何況角、亢？又安得謂四月角亢始見東方乎？莊二十九年傳：「凡土功，龍見而畢，務戒事也。火見而致用。」火，心星也。九月時，角、亢晨見東方，心星次角、亢而見。三月與九月正衡。九月，角、亢、大火晨見東方，則三月昏見東方矣。若謂見不必始見，即見于東方已高，亦得謂之見。果爾，何可以定時乎？故知「龍見」是蒼龍七宿盡見也。四月蒼龍非始見，亦未盡見，則龍見非仲夏而何？

「龍見而雩」與「啟蟄而郊」正相對。魯郊以卯月，詳啟蟄而郊解〔一〕。則雩以午月明矣。然月令言周之制，郊以寅月而雩以午月，不正相對者？蓋郊非專爲祈穀，以始祖配天是爲大報本反始，其禮重。雩爲百穀祈膏雨，其禮輕。故郊在歲首孟月，而雩則行於夏之仲月也。且雩所以祈雨，仲夏之初百穀始盡穜植〔二〕，如穜稻必待刈麥之後，至五月始畢。陽氣極盛，待雨甚急，宜于此時行之也。祈穀宜在未穜之先，祈雨宜在既穜之後，此不易之理也。魯僭天子之郊、雩，以郊禮重，故降於天子一月。雩禮輕，故不降也。諸侯亦有雩禮，但雩于山川，不得雩上帝，春秋書魯「大雩」，是雩于上帝矣。左氏所論祀典，以魯國言魯制，郊雩皆在夏正仲月，與烝嘗之皆在孟月同，故皆相對言之。先儒以爲魯郊在寅月，因謂雩在巳月。雖於天象不合

〔一〕王士駿續校勘記：「案：本書無此篇，附缺亦不載，今補入佚目。」

〔二〕王士駿校勘記：「盧本『穜』作『種』，下同。駿案：説文：『穜，埶也。』『種，先穜後孰也。』穜埶之字，後人亂之已久，然穜植、穜埶等字究以从童爲是。」案：陸刻本諸「穜」字皆作「種」，與元本同。孫刻本諸字皆作「穜」，與盧本同。

亦不致思，而月令有明文亦不之信，且以失正譏之。甚矣解經之難也。

千乘之國出車考

論語：「道千乘之國。」古注解出車之制有二説。包氏以爲十井出一乘。馬氏以爲百井出一乘，班固刑法志所言與馬氏合，諸儒多主之。鶚獨以爲不然。孟子言：「天子千里，大國百里，次國七十里，小國五十里。」又言：「萬乘之國，千乘之家；千乘之國，百乘之家；萬取千焉，千取百焉。」是千里出車萬乘，百里出車千乘，十里出車百乘也。子産言：「天子一圻，列國一同。」圻方千里，同方百里，亦如孟子之説。以開方之法計之，方里而井，百里之國，計有萬井。萬井而出車千乘，則十井出一乘矣。若馬氏説，百井出一乘，則百里之國止有百乘，必三百一十六里有奇乃有千乘。三百一十六里有奇，是一封之地。與孟子不合。包氏合於孟子，是包氏爲可據矣。哀十二年公羊傳注言：「軍賦，十井不過一乘。」此一證也。馬氏之説則據司馬法，鄭康成注小司徒亦引司馬法云：「井十爲通，通爲匹馬，三十家〔二〕，士一人，徒二人。通十爲成，成百井，三百家，革車一乘，士十人，徒二十人。十成爲終，終千井，三千家，革車十乘，士百人，徒二百人。十終爲同，同方百里，萬井，三萬家，革車百乘，士千人，徒二千人。」賈疏：「通，九十夫之地。宫室塗巷三分去一。」又「不易、一易、再易，通率三夫，受六夫之地」。是三十家也。案：司馬法一書司馬法是齊司馬穰且所作。未必真周公之制，所言與孟子、子産皆不合，信司馬法何如信孟子邪！坊記云：「制國不過千乘，家富不過百乘。」今謂大夫百乘地方百里，等于大國諸侯，必不然矣。

或謂司馬法車乘有兩法，一云：「兵車一乘，士十人，徒二十人。」一云：「兵車一乘，甲士三人，步卒七十二人。」賈公彦以士十人、徒二十人爲天子畿内采地法，以甲士三人、步卒七十二人爲畿外邦國法。此言千乘之國是畿外邦國也。一乘車，士卒共七十五人，又有炊家子十人、固守衣裝五人、廄養五人、樵汲五人此即將重車二十五人也，見杜牧孫子注。

〔二〕王士駿校勘記：「案：周禮鄭注作『通爲匹馬三十家』。」陸刻本、孫刻本皆誤作「通三十家爲匹馬」。

共一百人，馬牛芻茭具備，此豈八十家所能給哉！不知天子六軍出于六鄉，大國三軍出于三鄉。蓋家出一人爲兵也，又三遂亦有三軍，三鄉爲正卒，三遂爲副卒，鄉遂出兵而不出車，都鄙出車而不出兵。孔仲達成元年「丘甲」疏云：「古者天子用兵，先用六鄉，六鄉不足取六遂，六遂不足取都鄙及諸侯。若諸侯出兵先盡三鄉、三遂，鄉、遂不足，然後徧徵境内。」賈公彦小司徒疏亦云：「大國三軍，次國二軍，小國一軍，皆出于鄉遂，猶不止，徧境出之，是爲千乘之賦。」然則都鄙固不出兵也。江慎修云：七十五人者，丘乘之本法，三十人者調發之通制，魯頌「公車千乘」、「公徒三萬」，正與司馬法合。此説得之。鄭箋云：「萬二千五百人爲軍。大國三軍，合三萬七千五百人。言三萬者，舉成數也。」然凡舉大數皆舉所近者，若是三萬七千五百人，當言四萬，不當言三萬也。其答臨碩，又以爲魯頌言「公徒三萬」，是二軍之大數。兩解不定，孔疏謂：「僖公無三軍，襄十一年經書『作三軍』，明已前無三軍也。」是以答臨碩之説爲確。不知二説皆非也。費誓云：「魯人三郊三遂。」其有三軍可知。此經言「公車千乘」，千乘爲大國，是僖公時亦有三軍矣。襄十一年「作三軍」，蓋三子各有一軍，而公室無兵，始改舊制，故謂之作，非本無三軍也。「公車千乘」、「公徒三萬」是丘甸之法，若三軍則出于三鄉，其車雖亦千乘，而其徒幾有四萬矣。然則都鄙即至出兵，而調發之數惟用三十人，豈八十家所不能給哉！至於丘乘之法，八十家而具七十五人，無過家一人耳。此但備而不用，惟蒐田、講武乃行，蒐田之事未有將重車者二十五人，則止七十有五，又何不給之有？農隙講武正當人人訓練，家出一人不爲厲民也。若夫車馬之費亦自不多，古者材木取之公家山林而無禁，則造車不難，馬、牛畜之民閒可給民用，不過暫出以供蒐田之用耳。芻茭則尤野人所易得者也，且以八十家而出一車、四馬又何患其不給乎？

或又謂百里之國，山川、林麓、城郭、宫室、涂巷、園囿三分去一，三鄉、三遂又不出車，又「不易、一易、再易，通率三夫，受六夫之地」，則三百乘且不足，安得有千乘乎？不知百里之國以出税之田言，非以封域言也。孟子言頒禄正是言田。其曰「地方百里者」，地與田通稱〔二〕，故井地即井田也。王制皆作「田」字。百里以田言，則山川、林麓，以及涂巷、園囿等，固已除去矣。頒禄必均，若不去山川，山川天下不同，則禄不均矣。苟境内山川甚多，而封域止百里，田税所出安足以給用乎？故知大國百里，其封疆必不止此。周禮所以有五百里、四百里之説，蓋兼山川、附庸而言也。孟子則專言穀土耳。城

〔二〕王士駿校勘記：「盧本、皇清經解本字皆作『偁』。」案：此條校記頗爲費解。皇清經解本未收録金氏求古録禮説，皇清經解續編本成書較晚，王氏作校勘記不應稱引皇清經解續編本。

郭、宮室、涂巷等雖有定數，然亦非穀土，則亦不在百里之内也。先儒三分去一之説，亦未必然。孟子言「方里而井」，百里、七十里、五十里皆以井計數，方里不必其形正方，以方田之法算之，有九百畝則曰方里，地方百里等「方」字皆如是也。然則百里之國不謂封疆，其里亦非廣長之里矣。

孟子言「一夫百畝」，而周禮有「不易百畝，一易二百畝，再易三百畝」之説，蓋孟子言其略，周禮則詳言之也。分田必均，周禮以三等均之，其説至當。左傳：「井衍沃，牧隰皋。」鄭氏謂隰皋九夫爲牧，二牧而當一井，是也。是則一井不必九百畝，百里之國亦不必九百萬畝，以通率二井當一井，當有一千八百萬畝矣。此亦大概言之耳，天下土田美惡不同，其通率未可定也。孟子但舉「不易之田」而言，故曰「一夫百畝」，「大國百里」也。鄉遂之民皆受田，則亦有車乘，但其作之之財受于官府，故曰「不出車」，非無車也。夫如是百里之國，豈不足於千乘哉。包氏之説可無疑矣。

祖甲考

無逸祖甲，鄭康成以爲祖庚之弟祖甲也〔一〕，高宗欲廢祖庚立祖甲，祖甲以爲不義，逃於民閒，故云「不義惟王，久爲小人」。僞孔傳則以爲大甲，蘇東坡、林三山、真西山、陳新安輩皆從之。蔡傳極辨孔説之非，後儒猶以爲疑。

鶚案：鄭君之説最合經義。僞孔謂「大甲爲王不義，久爲小人之行，在桐三年，起就王位，於是知小人之依」。夫經文明言「不義惟王」，而僞孔乃言「爲王不義」，顛倒其文以就己意，可乎？既言「不義」，而又言「爲小人之行」，不亦贅乎？且曰「爲王」，則已即位矣，何得云「作其即位」乎？大甲在桐非廢也〔二〕，即廢而復立，亦不得言「作其即位」。況未嘗廢乎！僞孔以自桐反亳爲即位，後人因此遂謂伊尹有廢立之事，爲權奸所藉口，解經之誤，其禍一至

〔一〕王士駿校勘記：「周云案：孔沖遠正義引鄭玄云『祖甲，武丁子帝甲也。有兄祖庚賢，武丁欲廢兄立弟』云云。據此則『祖庚』當作『武丁』，否則『子』當作『弟』。」案：陸刻本、孫刻本皆作「祖庚之子祖甲」。今據王校改。

〔二〕王士駿校勘記：「盧本在『桐』下有『止是居憂』四字，又塗去。」

于此，不可以不慎也。上「小人」以憸邪言，下「小人」以微賤言，文義亦不相承矣。篇中「小人」凡八見，不應一「小人」獨爲異説。是僞孔説於經義盡悖，其謬顯然。至于大甲無祖甲之名，世次不在高宗之後，可無論也。

惟周語云：「玄王勤商，十有四世而興，帝甲亂之，七世而隕。」史記殷本紀云：「祖甲立，是爲帝甲。帝甲淫亂，殷復衰。」與周公所言不合，自是可疑。而大甲在三宗之列，爲商賢主，説者因以大甲爲祖甲。今考竹書紀年沈約注云：「王舊在野，及即位，能保惠庶民，不侮鰥寡。迨其末也，繁刑以攜遠，殷道復衰。」乃知無逸所言者，據其始與中，而國語、史記所言者，據其終也。祖甲不終厥德，與周宣王相類。毛詩盛稱宣王中興之美，而周語乃云「自厲、宣、幽、平，而貪天禍。」以宣王與幽厲竝數，亦猶是也。蔡傳謂國語傳譌承謬，旁記曲説，不足盡信。非也。學者可無疑於祖甲矣。

或又謂大甲、祖甲皆三十三年，祖甲不終厥德，大甲克終，周公何以不舉大甲？不知大甲三十三年見於邵子皇極經世書，殆未可信。經言：「自時厥後，亦罔或克壽，或十年，或七八年，或五六年，或四三年。」而經世書乃謂庚丁二十一年，帝乙三十七年。與經不合。又孟子、史記皆有外丙二年、仲壬四年，而經世書無之，其不足信明矣。

竹書紀年世次、年數雖未可盡信，國語云：「商之享國，三十一王。」今竹書只三十王。左傳謂「商祀六百」，而竹書只四百九十六年，是亦未可盡信也。實視經世書爲優，竹書有外丙二年、仲壬四年，與孟子合。庚丁八年、帝乙九年，與尚書此篇合。惟武乙三十五年，似未必然，然爲暴雷震死，既不克善終，則其壽不足稱。猶帝辛爲亡國之主，雖壽不足道也。其紀大甲「元年辛巳，王即位〔一〕。十二年陟」。是大甲享國不及祖甲遠甚，故不舉大甲，而舉祖甲也。祖乙、盤庚亦皆賢君，而周公不數者，竹書謂祖乙十九年、盤庚二十八年，壽雖不促，而皆不及祖甲之年數，故亦略之也。周公意主勸戒成王，雖重其德，亦重其年，故於商惟稱中宗、高宗、祖甲，以其能知無逸，而享年亦永也。祖乙、盤庚雖有德，而年不甚永。武乙雖有年，而無德，故只此三人。下文大王、王季、文王竝稱「抑畏」，而「四人迪哲」，惟以文王與殷三君竝列，正以文王享國五十年，其年爲甚永耳。然則周公不稱大甲，亦可無疑矣。

孟子言：「由湯至于武丁，賢聖之君六七作。」是武丁以後無賢君，則國語「祖甲亂

〔一〕案：「王即位」三字據今本竹書紀年補，否則文義稍顯破碎。

之」之説固自不謬。而周公稱其無逸，則亦自有德。沈約之説自當總之，祖甲失德僅在於末年，統一生而論之究不失爲賢主。金仁山通鑒前編但言爲人淫亂，而不言其保惠庶民，祖甲之受誣甚矣[二]。且國語惟言「帝甲亂之」，而不言淫亂。亂者，亂其法度，韋注謂亂湯之法。非必淫亂也。史記增加「淫」字，其説亦誣。竹書紀年謂祖甲「二十四年，重作湯刑」。是祖甲末年特繫于刑耳，必不至于荒淫無道也。此周公所以與中宗、高宗竝稱，與國語述始亂之人，故特舉祖甲，非必祖甲之大無道也，武乙射天暴虐已甚，而國語不及，亦可知矣。

王日一舉解

舉者，殺牲盛饌也。大牢、少牢、特牲皆可言舉，不必大牢也。周官膳夫云：「王日一舉。」當是少牢。玉藻云：「天子日食少牢，朔月大牢；諸侯日食特牲，朔

[二] 王士駿校勘記：「盧本此下有『余故表而出之』六字，原塗去。」案：王校本作「有『余故表而出之』四字」誤，應爲「六字」。

月少牢。」降殺甚明。可知周官之「王日一舉」爲少牢也。若日食大牢，則朔月何以加之？朱竹垞謂朔月當兩大牢，其説無據。檀弓云：國亡大縣邑君不舉〔二〕。玉藻云：「至于八月不雨，君不舉。」君以諸侯言。諸侯日食特牲，朔月少牢，是特牲、少牢皆可稱舉，何必大牢乎？下文云：「大喪，則不舉。大荒，則不舉。大札，則不舉。天地有災，則不舉。邦有大故，則不舉。」諸不舉承上「日一舉」而言，皆指少牢，并包特牲。少牢且不舉，則大牢不言可知也。玉藻言：諸侯「特牲，三俎，祭肺」。而曲禮云：「歲凶，君膳不祭肺。」是諸侯歲凶不得日食特牲，可知天子歲凶不得日食少牢，所謂「大荒則不舉」也。大札與天地有災、邦有大故更可知矣。若必以舉爲大牢，則凶、札、有災、大故之時，猶得日食少牢，豈聖人克謹天戒之意哉？然則「王日一舉」之爲少牢明矣。但經文「鼎十有二，物皆有俎」，承「王日一舉」之下，十二鼎當有三牲，故先儒以大牢解之，然與玉藻不合。孔疏謂周官所言

〔二〕王士駿續校勘記：「此言國亡大縣邑之禮，孔疏云：『國既失地，是諸侯無德所招，故君亦三日不举。』此解『举』字雖未的，然言爲失地致憂，則義固不易。鄭注亦云然。經非直謂諸侯亡國也，『國亡』下宜補『大縣邑』三字，盧本誤與此同。」案：王氏續校勘記是，此當據禮記檀弓上補足，否則易生歧義。

是周公所制之禮，則玉藻豈異代之禮乎？其説非也〔一〕。

竊疑「王日一舉」，原文在「物皆有俎」之下，「以樂侑食」之上。「鼎十有二，物皆有俎」二句，與「膳用六牲」五句以類竝列，皆總言饋食之數，非必日日備有此也。天子日食黍、稷、稻、粱四簋，至朔月加以麥、苽，是六穀非每日常食，其餘皆然。則十二鼎非每日所有可知矣，「以樂侑食」、「膳夫授祭」每日皆有之，故其文承「王日一舉」之下也〔二〕。後儒過信周官，反以玉藻爲非周制，其亦未之〔三〕思耳。

〔一〕王士駿校勘記：「盧本此下作『周官一書爲莽、歆所竄易。注如『奔者不禁』、『以國服爲之息』等語皆莽、歆所增竄也。王齋日三舉。舉必變食，斷無三舉之禮。注詳齋必變食説。王氏、鄧氏謂「日三」二字當作「則不」，與下一例。其説甚當。今云「日三舉」蓋莽、歆所竄易也。然則「鼎十有二物，皆有俎」亦當是增竄之文。』駿案：盧本增多大小一百三字，説更曉暢。元本節去者，以注有『詳齋必變食説』句，此篇陸刻所無，逸目亦不載，故節去以完其例，不知無此一段下文云云有似武斷，非確解也。」案：盧本增一百二字，非一百三字。陸刻本、孫刻本皆無此數語。

〔二〕王士駿校勘記：「盧本此下作『今本爲莽歆所亂』，校元本增多七字。」案：陸刻本、孫刻本無此七字。

〔三〕王士駿續校勘記：「元本『之』譌作『知』，今依盧本改正。」案：陸刻本亦譌作「知」。

顏子三十二歲辨

家語謂顏子三十二而卒[一]，後儒皆信之。鶚案：史記弟子列傳云：顏回「年二十九，髮盡白，早死」。二十九乃其髮白之年，其死年無記。家語出王肅僞撰，不足據也。論語記弟子從於陳蔡者十人，首紀顏淵。考孔子厄於陳蔡在魯哀公四年，江慎修考之詳矣。孔子年六十二，孔子生于[二]魯襄公二十一年。時顏子年三十二，尚未卒也。史記謂孔子生于襄公二十二年，厄于陳蔡在哀公六年，是時孔子年六十三，則顏子年三十三，尚存矣。伯魚年五十卒，在哀公十二年，孔子年七十。而論語記顏淵死，顏路請子之車以爲之椁，子曰「鯉也死」云云，是顏子死在伯魚之後矣。王肅以「鯉也死」爲設事之辭，豈理也哉。公羊傳云：「顏淵死，子曰：『噫，天喪予。』子路死，子曰：『噫，天祝予。』西狩獲麟，孔子曰：『吾道窮矣。』」三事連敘，皆當在

[一] 案：孔子家語七十二弟子解云：孫刻本顏回，「年二十九而髮白，三十一早死」。金氏以「家語謂顏子三十二而卒」，未知所據何本。

[二] 案：「于」，陸刻本譌作「干」。孫刻本不誤。

晚年，其時相去不遠。獲麟在哀公十四年，明年子路死于衛，顔子之卒當即在獲麟之年，故公羊與獲麟竝舉。其敘子路之死先于獲麟者，以子路與顔淵爲對偶也。檀弓云：「夫子之喪顔淵，若喪子而無服。喪子路亦然。」蓋顔淵、子路比年而卒，故竝舉之。不然伯牛在德行之科，自牖執手，夫子所深歎惜，豈喪之不若子哉。何爲以子路與顔淵竝舉，而不及伯牛也。伯牛蓋早卒，其時與顔淵不相近，故不及之。顔子之卒與子路相近而稍先，其在獲麟之年可知。時孔子年七十二，顔子少孔子三十歲，則其年四十二也。古「三」「四」字皆積畫，每多互譌，此蓋「四」譌爲「三」也。然安知其非少孔子四十歲邪？毛西河謂少孔子四十歲。孔子五十二歲始仕爲中都宰，不復設教洙泗，是顔子從學當在孔子五十一歲以前，若顔子少孔子四十歲，則其年甚幼，何能升堂而入室乎？是顔子少孔子三十歲，固自確也。少三十歲既確，則非三十二而卒明矣。閻百詩不知三十二歲之誤，而改少三十歲爲三十七，謂生于昭公二十八年，卒于哀公十二年，非也。江慎修謂卒于哀公十三年，則少孔子二十九歲，亦非也。先儒考核不精，致使大賢壽數減卻一秩，十年爲一秩，見容齋隨筆。其失豈淺鮮哉。鶚故辨而正之。

孔子自衛反魯考

史記孔子世家魯哀公六年，孔子自楚反衛；十一年，自衛反魯。是在衛五年也。年表及陳衛世家魯哀公六年，孔子在陳，十年自陳入衛，十一年反魯。則在陳四年，在衛止一年。蘇子由古史主孔子世家，夏洪基、江慎修著孔子年譜亦從之。邵子皇極經世、温公甲子會紀、金仁山通鑒前編主年表及陳衛世家，迄今無定論。

鶚案：孟子謂孔子之於人國，「未嘗有所終三年淹」，即繼云「于衛靈公，際可之仕。于衛孝公，公養之仕。」朱子云：孝公即出公輒也。則必無在衛五年之事矣。定公十三年，孔子去魯，適衛。十四年，去衛，過曹，適宋，適鄭，適陳。在陳二年。哀公元年，去陳，適衛。次年，去衛，適陳。在陳又二年。哀公四年，自陳遷蔡。五年，在楚之蔡地。六年，自楚反衛。江慎修考定如此。皆未有三年淹于一國者也。何以出公之時，獨淹留于衛而至五年之久乎？顯與孟子不合。且論語記孔子在陳曰：「歸與！歸與！吾黨之小子狂簡，不知所以裁之。」此已有反魯之意，必在末年。史記敘於哀公三年，季康子召冉求之時。然此時孔子志在用世，必不發此歎也。末年將反魯，有「歸與」之歎，則必有在陳之事。但年表及陳衛世家謂在陳四年，亦與孟子不合矣。

竊謂孔子晚年自衛適陳，又自陳適衛，乃自衛反魯。五年之閒，往反陳、衛二國，與哀公初年正同。蓋六年自楚反衛，其自衛適陳當在八、九年閒。十年，自陳反衛。十一年，乃自衛反魯也。如此，則在衛、在陳皆未「終三年淹」也。朱子論語集注謂魯哀公十年，孔子自楚反乎衛。豈孔子不久居于衛，而顧久居于楚乎？其亦誤矣。朱子多引史記孔子世家，此注本世家之說，或「六」字誤作「十」字也。

卷四終

求古録禮説卷五

臨海誠齋金　鶚

招摇在上解

曲禮：「招摇在上，急繕其怒。」鄭注：「畫招摇星於旌旗上，以起居堅勁軍之威怒，象天帝也。招摇星在北斗杓端，主指者。」孔疏以招摇爲摇光。釋文亦云：「招摇，北斗第七星。」鶚案：史記天官書：「北斗杓端有兩星，一内爲矛，招摇。一外爲盾，天鋒。」孟康曰：「近北斗者招摇。招摇爲天矛[一]。」星經：「玄戈一星在招摇北。」一曰天戈。玄戈即天鋒也。又云招摇一星次北斗柄端，主兵，芒角動則兵起。然則招摇在摇光之端，非即

〔一〕案：此句陸刻本、孫刻本皆作「一爲天矛」，史記天官書集解引孟康則云：「招摇爲天矛」。集解所引較諸本爲優，今據改。

搖光也。文選張平子西京賦：「建玄戈，樹招搖。」薛綜注：「玄戈，北斗第八星，名爲矛頭。招搖，第九星，名爲盾。今鹵簿中畫之於旗，建樹之以前驅。」李善注引禮記「招搖在上」及鄭注解之。蓋北斗原有九星之稱，劉向九歎：「訊九魁與六神。」王逸注「九魁」謂北斗九星是也。以九星言之，則招搖可通稱搖光，以七星言之，則招搖爲在北斗杓端，其説一也。淮南子時則訓：孟春之月，「招搖指寅」。高誘注：「招搖，斗建。」是則招搖又爲北斗杓三星之統名矣。

又案：周官司常：「日月爲常，交龍爲旂[一]，熊虎爲旗，鳥隼爲旟，龜蛇爲旐。」夫「交龍爲旂」，即左青龍也；「熊虎爲旗」，即右白虎也；「鳥隼爲旟」，即前朱鳥也；「龜蛇爲旐」，即後玄武也。然則日月爲常，即此「招搖在上」矣。江慎修羣經補義亦有此説，但未言「日月爲常」即「招搖在上」也。何以知之？左氏桓公二年傳：「臧哀伯曰：『三辰旂旗，昭其明也。』」杜注：「三辰，日月星也。畫於旂[二]旗，象天之明。」鄭注司服

[一] 王士駿校勘記：「元誤『旂』作『旗』，今依盧本改正。」案：陸刻本誤與元本同，孫刻本不誤。

[二] 案：陸刻本、孫刻本皆作「旌」，杜注原文亦作「旂」，今據改。

云：周「以日月星辰畫於旌旗。」若然大常當有星，其星必畫北斗。漢書三統曆譜，三辰之合於三統也。日合於天統，月合於地統，斗合於人統，則三辰謂日、月、北斗。三光之星當是五星，以其光耀次於日、月也。三辰之星當是北斗，以辰訓爲時，北斗可以正時，竝於日月也。大常所畫之星，非北斗而何？斗爲帝車，運於中央，臨制四鄉，亦天子之象也。大常爲天子之旗，其畫北斗宜矣。穆天子傳：「天子葬盛姬，有七星之旗。」七星，即北斗也。大常，天子所建以祀者，而治兵大閲亦載之，則行軍亦必載之矣。詩六月：「載是常服。」傳云：「日月爲常。」毛公以宣王親征，故以常爲大常，可見天子行軍必載大常也。鄭箋：「戎車之常服，韋弁服也。」鄭君謂宣王不親征，故以常服爲韋弁服，其説自優於毛。然即毛説，亦可見天子行軍必載大常也。王親征，必在中軍。中軍號令之所出，前後左右皆視之以進退。大常有北斗星，主指四方，爲號令之主。招摇、天鋒又各主兵，則載之正宜。

然不曰「在中」而曰「在上」者，何也？廣雅云：「天子旌高九仞，諸侯七仞，大夫五仞。」所謂「高九仞者」，即大常也。大常高於諸旗，則在上矣。日、月、星皆畫於首，招摇又在北斗杓端，故曰「在上」也。斗柄有在上者，亦有在下者。夏小正：「正月初昏，斗柄縣在下。」「六月初昏，斗柄正在上〔二〕。」此云「招搖在上」者，蓋晝如六月初昏也。九星竝晝，而獨言招搖者，固舉其端以該其餘。亦以招搖主兵，所指則殺伐，故曰「急繕其怒」也。考工記：「龍旂〔三〕九斿，以象大火也。鳥旟七斿，以象鶉火也。熊旗六斿，以象伐也。龜蛇四斿，以象營室也。」大常十二旒，何以象日月、北斗？郊特牲云：「戴冕璪，十有二旒，則天數也。」是知大常亦然，日月周行十二次，北斗旋指十二辰，十二旒所以象之也。左氏謂天之大數不過十二，故惟天子有之。非大常不得有招搖星，非王親征不得載大常，解此則經義了然矣。

學制考

大學、小學之制説者不一，皆未有確論也。鄭、孔謂殷制小學在國，大學在郊；周則

〔二〕王士駿校勘記：「『斗柄在上』，案：今本夏小正作『斗柄正在上』。」案：陸刻本、孫刻本皆作「斗柄在上」，此處引夏小正原文，應依原文補「正」字。

〔三〕案：「旂」，陸刻本、孫刻本皆作「旗」。考工記原文作「旂」，今據改。

大學在國，小學在郊。又謂諸侯小學在國，大學在郊；天子大學在國，小學在郊。鄭又謂四代皆大、小二學爲國學；其立鄉學，亦如虞庠爲三。又謂〔二〕周天子立虞夏殷周四代之學於國，而又以有虞氏之庠爲鄉學。陳祥道謂周天子立四學：辟雍即成均，居中；其左東序，其右瞽宗，皆大學；虞庠在國之西郊，爲小學。是周大學有三，小學止一也。陸佃謂東膠虞庠，郊學也，皆小學也。又謂小學在王宫南，其大學在郊，非東膠虞庠。是周小學有三，其大學則一也。又鄭謂周大學曰東膠，在王宫左；辟雍在西郊。劉向謂辟雍與宗廟、明堂列王宫左右。張子謂小學在王宫之左右，大學亦在國中，無在郊之理，所謂大學在郊者，即郊學，對小學而言大耳。或謂郊學有四，分居四郊，鄉、遂所升，諸侯所貢，皆入焉，是謂天子小學在郊，并王宫南之小學，凡五學；大學在國中，亦備五學之制，是小學、大學皆五也。

鶚案：王制云：「小學在公宫南之左，大學在郊。天子曰辟雍，諸侯曰頖宫。」但

〔二〕王士駿校勘記：「『又』，盧本作『孔』。」案：陸刻本、孫刻本皆作「又謂」，「又謂」之下數語出儀禮鄉射禮鄭玄注，故盧本「孔謂」應爲筆誤，故諸本皆作「又謂」。

言天子大學與諸侯異名，未嘗言與諸侯異地，則天子大學亦在郊，小學亦在王宫南之左矣。下文云：「有虞氏養國老於上庠，養庶老於下庠。夏后氏養國老於東序，養庶老於西序。殷人養國老於右學，養庶老於左學。周人養國老於東膠，養庶老於虞庠。虞庠在國之四郊[一]。」「四郊」，今本作「西郊」，非也。北史劉芳傳引作「四郊」。祭義：「天子設四學。」注云：「四學，周四郊之學也。」孔疏引皇氏云：四郊，虞庠。「西」爲「四」之譌，明矣。此二庠、二序、二學、東膠、虞庠皆大學也。虞庠特別之曰「四郊」，明其與上文「大學在郊」不同處也。鄭誤以二郊爲一，又誤以養國老者爲大學，養庶老者爲小學。故注云虞、殷大學在四郊，小學在國中、王宫之東；夏、周大學在國中、王宫之東，小學在四郊。而注上文小學、大學亦以爲殷制也。孔疏以殷人養國老於右學，養庶老於左學，知右學小而左學大也。若周則大學在國，小學在郊，亦具下文。故知非周也。大戴禮云：「古者，王子年八歲而就外舍，小學在王宫之南，故曰外舍。學小藝焉，履小節焉。束髮而就大學，學大藝焉，履大節焉。」白虎通云：「八歲入小學，十五入大學。」尚書大傳云：「使公卿

[一] 王士駿校勘記：「盧本『四郊』作『西郊』。無『四郊今本作西郊』至『西爲四之譌明矣』等注。下文『虞殷大學在四郊』、『小學在四郊』等句，『四』皆作『西』。」

之大子、大夫元士之適子十有三年入小學，見小節，踐小義。二十入大學，見大節，踐大義。餘子年十五入小學，年十八入大學。」鄭注王制但引「餘子」二句。案：曲禮云：「十年曰幼，學。」是小學也。論語云：「吾十有五，而志于學。」是大學也。然則八歲入小學，十五入大學，通貴賤之制也。蒙養之功，全在幼時，至十三則遲矣，十五則尤遲矣。大傳之言殊謬。是小學、大學以年而分。王子八年甚幼，豈可入四郊〔一〕之小學乎？小學必在宮南之左，天子、諸侯所同，亦四代所同也。經典單言學者，必是國學之大學。孟子云：「夏曰校，殷曰序，周曰庠，學則三代共之。」是鄉學不稱學，而國學專稱學也。學記云：「家有塾，黨有庠，術有序，國有學。」王制上言「耆老皆朝於庠」，下言「司徒論選士之秀者而升之學，曰俊士」，亦可見國學專稱學也。家塾即小學，稱爲塾而不稱爲學。王子所入之小學，大戴禮謂之「外舍」，是小學不稱學，而大學專稱學也。其曰鄉學、小學者，乃通稱，非正稱也。鄉學、小學雖有學之名，而不得單稱學，此所以爲別也。王制云：「五十養於鄉，六十養於國，七十養於學。」鄭注云：「國，國中小學，在王宮之左。學，大學也，在郊。小學在國中，大學在郊，此殷制明矣。」案：王制所言皆周

〔一〕王士駿續校勘記：「駿案：此『西郊』亦當作『四郊』，疑改之未盡改也。祭義謂『西學』、『西郊之學』，『西』亦當作『四』。蓋初稿本作『西』，故元本作『四』者，盧本皆作『西』。後見作『西』之説非是，遂皆改從『四』，讎對偶疏，尚有遺脱也。」案：陸刻本、孫刻本皆作「西」。今據王校改。

制，鄭以爲殷制，殊爲曲說。別學於國，則學不在國中可知。「養於國」是國中小學，則「養於學」是國外大學可知。上文所謂「小學在公宮南之左，大學在郊」，正與此互證明。大戴禮云：「大學，明堂之東序也。」又云：「明堂外水爲辟雍。」韓詩說：「天子立明堂于辟雍之中。」賈誼言：「三王大學曰辟雍。」是大學與明堂同處，明堂在南郊三里，詳明堂考。故曰大學在郊也。國以向南爲正，故惟南郊可專稱郊，祭地必言北郊，而祭天直言郊，郊特牲云：「於郊，故謂之郊。」此其一證。

故大學在郊，不必言南也。明堂自古有之，必當在國之陽以象大微，在紫微之南。詳明堂考。則四代大學皆必在南郊矣。諸侯雖無明堂，大學亦當在南郊，以向南爲正也。明堂在丙己之地，大學在其中則當國南之左，與小學在王宮南之左正相合也。天子大學，凡鄉遂所升、諸侯所貢皆入於此，其人最衆，故立五學以居之。又學必習射，天子虎侯九十步，則其地必寬廣，此大學所以在郊也。樂記言：「武王散軍而郊射。」射必在大學。又大學在郊之一證也。

文王世子云：「天子視學，大昕鼓徵，所以警衆也。衆至，然後天子至。」曰至，則其地必遠，可知不在王宮之左矣。下云：「始之養也，適東序，釋奠於先老，遂設三老五更、羣老之席位焉。」東序即東膠，所謂「周人養國老於東膠」也。天子視學，在辟雍之中，而養老則在東序。東序亦大學也。祭義云：「祀乎明堂，所以教諸侯之孝也。食三老五更於大學，所以教諸侯之弟也。祀先賢於西學，所以教諸侯之德也。耕藉，所以教諸侯之養也。朝覲，所以教諸侯之臣也。五者天下之大教也。」耕藉、朝覲皆在南郊明堂，則食三老五更亦在明堂中可知，此又大學在郊之一證也。鄭注文王世子謂：「天子視學在虞庠之中，事畢反國。明日乃之東序而養老。」注祭義謂：「西學，西郊之學，周之小學也。」皆非。

說者泥國學之名，遂謂大學必在國中，不知國之稱不一。有以境界言者，如曲禮「入國而問俗」、「大夫士去國」是也。有以城内言者，如周官考工記「國中九經九緯」，曲禮「入國不馳」是也。有以郊内言者，如孟子「國中什一使自賦」、「爲阱于國中」是也。郊有關，關有門，如城門然。故城内謂國中，郊内亦謂國中。大學在近郊三里，居郭門之内，去國城甚近，其外乃爲六鄉，可不謂之國學以别於鄉乎？且國學之稱，亦不專以地言也。一鄉之士所入，謂之鄉學；一國之士所入，謂之國學，則不必正居國中，而亦可謂國學矣。

古者，天子立五學以法五行，猶朝廷有五官、詳五官考。明堂有五室也。諸侯殺於天子，立三學以法三才。天子、諸侯每降殺以兩。天子小寢五，諸侯小寢三；天子五官，諸侯三卿。皆是。文王世子云：「王乃命公侯伯子男及羣吏，曰：反養老于東序。」是諸侯有東序矣。有東序，則必有西序，併其中頖宮爲三。陳氏謂：天子大學止有辟雍、東序、瞽宗三者。是與諸侯無别矣。文王世子謂學干戈羽籥皆于東序，「禮在瞽宗，書在上庠」。則上庠當與東序、瞽宗同在一處，不得在四郊〔二〕，而别爲小學。且上庠、虞庠其名亦自不同，庠在北故稱上庠？凡位以北爲上，南爲下也。若在四郊，何以稱上庠乎？如謂周無上庠，而但有虞庠在四郊，則所謂「書在上庠」者何所指邪？

董子謂五帝之大學曰成均，而三王之大學曰辟雍，則辟雍非成均矣。五學以辟雍居中爲最尊，成均在南亦尊。承師問道必在辟雍，見大戴禮。辟雍之尊可知。大司樂總五學之教，而教樂德、樂語、樂舞必於成均，教之以樂，則陶鎔、氣質各得其平，而德無不成，故其學名爲成均。成均之尊亦可知。故統五學可名爲辟雍，亦統五學可名爲成均。大司樂云：「掌成均之灋，以治

〔二〕王士駿校勘記：「盧本作『不得獨在西郊』。」

建國之學政。」此成均乃五學之通稱也。大司樂，樂官之長，即教官之長，所教必不止一南學，故知是五學通稱[二]。明堂爲正南一堂，而五室可統稱爲明堂亦猶是也。然別而言之，則成均自是南學之名，不可泥大司樂之文，遂謂成均即辟雍也。

項安世謂周於近郊竝建四學，虞庠在北，夏序在東，商校在西，當代之學居中南面，三學環之，言其地曰郊，言其象曰辟雍。此説勝於陳氏，而亦有誤。明堂位云：「米廩，有虞氏之庠也。序，夏后氏之序也。瞽宗，殷學也。頖宮，周學也。」又祭義云：「天子設四學。」項氏蓋據此文。不知魯雖僭立四代之學，實與天子不同。魯無明堂，而爲頖宮。頖之爲言半也，故缺南面一學。天子大學在明堂中，明堂外水圜如璧，有四門，則四面皆宜有學，不應獨缺南面也。五學見於大戴禮、賈子新書，灼然可據。竝詳明堂考。祭義謂天子設四學，蓋舉四面之學，而略正中大學，猶喪服小記言王者立四廟也。詳天子四廟辨。下云：「當入學，而大子齒。」其意可見矣。辟雍爲承師問道之所，非學士所居。士所居者，四面

[二] 王士駿校勘記：「盧本此（校案：即『五學通稱』）上有『故知是』三字。駿案：此三字非元本所無，疑刊時誤奪。」案：陸刻本、孫刻本亦奪此三字。今亦據王校補。

之學也。大子與學士齒，必在四學之中，故祭義但言四學，非謂天子止四學也。易大初篇云：「天子旦入東學，晝入南學，莫入西學，夜入北學。」亦以天子自居辟雍之中，而隨時入乎四學耳。鄭注祭義以四學爲四郊之學，亦非也〔二〕。上庠、東序，此庠、序與鄉學名同而實異。虞國學有曰庠，而周鄉學曰庠；夏國學有曰序，而商鄉學曰序。然曰上庠，曰東序，鄉學竝無此名，項氏改瞽宗爲商校，似欲合鄉學、國學爲一名，殊不思校爲夏之鄉學，非商學也。其説頗謬。

陸佃謂天子五學於一處竝建，辟雍居中，南爲成均，北爲上庠，東爲東序，西爲瞽宗。鄭鍔説亦然。其説視諸家爲優，但不言在明堂之中，猶爲缺略。蔡邕、盧植、潁子容、高誘皆謂辟雍、明堂同在一處，與大戴禮、韓詩説合。蓋明堂東門之外有東序，西門之外有瞽宗，南門之外有成均，北門之外有上庠，中有辟雍，在明堂之左。逸禮有王居明堂禮，意王者四時必居明堂數日。月令每月居之，特於此告朔耳。其居明堂時，必當徧觀諸學，故易大初篇

〔二〕王士駿校勘記：「盧本作『鄭注祭義以四學爲四代之學，則與項氏之説同其誤矣』。駿案：義疏存疑引鄭康成曰：『四學謂周四郊之虞庠』也。説與元本同。盧本以爲四代之學非鄭本義，疑初稿未考定也。」

有旦、莫、晝、夜入四學之説。若非居明堂，安得莫、夜入之乎？或者不知王居明堂之禮，因謂大學在國中，其亦未之思耳。

五學之制不始於周。有虞氏有上庠、下庠，上庠在北，下庠在南。東、西不可言上下，故知在南、北。南北有學，則東西亦必有學可知。夏后氏有東序、西序，殷人有右學、左學，東西有學，則南北亦有學可知。其中大學，虞曰成均，夏、殷曰辟雍，蓋皆在明堂之中，故皆有五學也。但虞四學或皆謂之庠，夏四學或皆謂之序，殷四學或皆謂之學，而加上、下、左、右以別之，周則兼用異代之名，所以爲異耳。

又周人養庶老不於瞽宗，而於四郊〔二〕，謂之虞庠。庠取養老爲義，其名創於虞，故名虞庠，以別於辟雍之上庠也〔三〕。此即鄉學之庠。六鄉在四郊内，四郊皆有庠，爲鄉學之士所居，而庶老亦於此養焉。非鄉庠之外，又有郊學名虞庠也。或以虞庠別爲郊學，爲秀士、貢士所居，其説無據。王制云：「命鄉論秀士，升之司徒，曰選士。司徒論選士之秀

〔二〕王士駿校勘記：「『不於瞽宗而於四郊』，盧本作『不於瞽宗，而別立一大學於西郊』。誤『四郊』作『西郊』，意與上文同。」

〔三〕王士駿校勘記：「盧本此下作『此亦謂國學非鄉學，此當在西郭之内，與辟雍同在國中，故亦爲國學。專以養老，不以教士，謂之虞庠，亦所以別於鄉學之庠也。或以虞庠爲郊學，且謂四郊皆有之。』此大小六十三字元本所無，其元本『此即鄉學之庠』以下五十二字亦盧本所無。」

者而升之學，曰俊士。」夫曰「升之司徒」，則未有學以居之可知。鄭注云：「升之司徒，移名於司徒也。」孔疏：「移名於司徒，其身猶在鄉學。司徒論選士之秀者，而升之學，則身升於大學，非惟升名而已。」據此，則鄉學即升之大學，竝未有由鄉學而升之郊學，由郊學而升之大學者也。諸侯貢士亦在大學，射義云：「諸侯歲獻貢士於天子，天子試之於射宫。」射宫即辟雍也。詳明堂考。尚書大傳云：「諸侯之於天子也，三年一貢士，大國舉三人，次國舉二人，小國舉一人。」則所舉不多，大學足以容之矣。何必又設四郊之學乎？且學必有師，鄉遂之學以鄉大夫、州長等爲師，大學以大司樂、樂師等爲師，四郊之學以何人爲師乎？若謂大司徒爲師，四學各居一方以一人而兼教之，必不及矣。况司徒掌天下之教典，以及九州土地之宜、人民之數，其任最大，豈得爲學士之師乎。然則鄉學、國學之外，别無郊學明矣。

天子、諸侯小學皆在宫南大門内之左，中門以内、路門之外則有宗廟，不得爲學也。詳廟在中門内説。師氏掌小學之教，保氏副之，由大門内入學，必由闈門，故保氏使其屬守王闈。正以大門之内，凡民皆可至，故守之，勿使人盡入學也。師氏又以媺詔王，故居虎門之左，司王朝，以治朝在虎門外也。虎門，即路門。或據此文，遂謂天子小學在虎門之左，居王宮正東，諸侯不於正東者，避天子也。不知經文但言師氏居虎門之左，未嘗謂小學在虎門左也。小學爲王子所居，而師氏、保氏言教國子者，卿、大夫、士之子固各在其家塾，卿、大夫、士家塾亦當在大門内之左。而其適子之俊秀者，亦得入王宮小學，所謂「國之貴遊子弟學焉」者也。師氏、保氏爲大子之師、保，故其位爲大夫。大師、大保爲天子之師、保，故其位爲三公。大子事師於小學，天子事師於大學，尊卑判然。鄭注以師氏、保氏即大師、大保，誤矣。

至於鄉遂之學，以閭里之塾爲小學，二十五家爲里，共一巷。巷首有閭，閭之内有塾。所謂家有塾也。尚書大傳云：「大夫、士致仕，退老歸其鄉里。大夫爲父師，士爲少師。歲事既畢，餘子皆入學。」又云：「上老平明坐于右塾，庶老坐于左塾。」鄭注：「上老，父師也。庶老，少師也。」據此，是一里之中，小學有二也。黨有庠，州有序，鄉有校，左傳云：「鄭人遊於鄉校。」皆鄉學中之大學也，通而言之皆曰庠。王制云命鄉簡不率教者，以告耆老，皆朝于庠。此鄉校稱庠也。鄉飲酒禮州長、黨正皆行之，而記言「拜，迎賓于庠門之外」，此州序亦稱庠也，孟子所謂「周曰庠」也。周之鄉學本皆曰庠，而欲備三代之名，故鄉又名校，而州又名序。夏尊於殷，殷尊於周，故鄉取夏，而州取殷，黨則從當代之名也。周之國學本皆曰學，而欲備歷代之名，故有東序、瞽宗等號，四面以南向爲尊，故取五帝之學名，次北爲虞，次東爲夏，次西爲殷，而以當代之學居中爲主，其義亦猶是也。

朝位考

天子朝位見於周官司士、射人、朝士諸職，諸侯之朝位不見於經。曲禮疏據燕禮及大射云「卿西面、大夫北面、士東面」，謂諸侯無三公及諸侯當同燕禮、大射之位。江慎修從其説而爲之圖，因謂諸侯之朝以阼階前西面之位爲尊。學者信之。鶚竊以爲非也。朝位之最尊者北面，其次東面，其次西面。曲禮疏云：「凡朝，三公北面者，以其貴臣答王之義也。」蓋君南面，北面正與君對，故其位爲最尊。東面向陽，故亦尊。古者賓必東面，同牢禮夫亦東面，皆所以尊之也。禘祫大祖東向，其義亦然。西面向陰，則不尊矣。燕禮、大射之位非朝位也。燕禮以大夫爲賓，故卿轉西面，而大夫少進仍北面，以將爲賓故尊之，使與君相對也。燕禮云：「公爾卿，卿西面北上，爾大夫，大夫皆少進」。鄭注云：「爾，近也，移也。揖而移之，近之也。大夫猶北面少前。」卿西面而士東面者，以君在阼階東南南鄉。卿尊，故得近君，而待君之揖。士卑，君不揖之，故遠立於西方也。朝位必辨尊卑，豈得如此。若然則卿本最尊，而反屈於大夫，并屈於士。大夫非重臣，而得與君對，有是理乎？諸侯三朝之制，皆與天子同，而朝位何獨大異也？

竊謂諸侯朝位，卿北面，有孤者亦然。上公之國，有孤一人。大夫東面，士西面，蓋諸侯之孤卿猶天子之三公。大夫猶天子之孤，士猶天子之卿、大夫，故其面位同。司士：「掌王治朝，其位王南鄉，三公北面東上，孤東面北上，卿大夫西面北上。」外朝無諸侯，其位當不異於治朝。天子外朝有諸侯，故其位與治朝異。諸侯不純臣，有賓道，白虎通云：「王者不純臣諸侯何？尊重之，以其列土傳子孫，世世稱君，南面而治，故異衆臣也。」故東面以尊之，而以卿大夫與孤同列西面也。

天子治朝之位，羣士分列東西，而遠處孤、卿、大夫之下，不與竝列，何以知之？司士云：「士旁三揖。」凡言旁者，或四旁或兩旁，皆不止一方。考工記「國旁三門」，司儀「宮旁一門」，謂四旁也。此云「士旁三揖」，謂兩旁也。士所以分列兩旁者，以東方既有卿、大夫，若以羣士畢列於其下，則東方之官甚多而西方無人，殊爲不稱。況王朝之大夫、士最衆，聚於一方，亦恐不能容矣。左氏春秋傳云：「三揖在下。」知其遠在孤卿大夫之下也。東面者，雖尊位，而遠處於孤之下，近於應門，亦可以見其賤矣。鄭君司士注云：「羣士位東面，王西南鄉而揖之。」此亦據燕禮而云然，不知東面爲尊位，士何得尊於卿大夫而與孤同？且如此，則左右不稱而偏在一方，又何得謂「士旁三揖」乎？孤東面，卿大夫西面，王族故士、虎士在路門之右，大僕、大右、大僕從者在路門之左，左右皆相稱。若東面有羣士，而西面無人，則不稱矣，其誤明矣。射人朝位與司士同。鄭注云：「燕禮曰卿大夫皆入門右，北面東上，士立于西方，東面北上。大射亦云：則凡朝燕及射，臣見于君之禮同。」是知鄭據燕禮而誤也。射人亦掌治朝，司士爲主，射人則輔之。其位與司士同，不言士者，以其賤故略之。鄭注云：「此與諸侯之賓射，士不與也。」然經文明言「掌國之三公、孤、卿、大夫之位」，是謂朝位之法，未嘗言射位也。下云「以射法治射儀」，乃言射事耳。此經所言射當是大射，非賓射也。而云「士以三耦射，豻侯」，射位明有士矣。大射禮「干五十」，此云士以豻侯，其爲大射甚明。下文云若王大射則以貍步張三侯，是經文又明言大射矣。大射用獸侯，豻是獸名，又可見是大射矣。先鄭以三侯爲虎、熊、豹，主大射說。是也。若賓射則當用采侯矣，後鄭以爲賓射，非是。

經又云：「諸侯在朝，則皆北面。」此謂治朝也。朝位以北面爲尊，諸侯與三公同北面，所以尊之。賈疏謂諸侯南面之尊，故屈之從三公位，非也。所以異於外朝者，外朝非常朝，詢國危、國遷、立君。見小司寇職。此等大事，必廣集諸侯，公、侯、伯、子、男與羣吏皆至，其人衆矣。而三公之後，有州長、百姓，其人尤衆，小司寇云「致萬民而詢」，下云「百姓」，即萬民也。朝士則謂之「衆庶」，孟子言「民爲貴」，外朝爲詢萬民而設，故百姓北面，正與王對，可見王者重民之意也。州長爲鄉遂之官，與民最親，率其民而至，故與民同面位，然則萬民亦鄉遂之民焉耳。若諸侯亦北面，不能容矣。北面、西面之人皆衆，而東面止有三孤又不稱矣。故諸侯東面不北面也。治朝每日常朝，多無諸侯，其朝位如司士所説，若有諸侯來朝，與王臣同行朝禮，則與三公皆北面，如射人所説也。此諸侯或一二人，或三四人，不若外朝之公、侯、伯、子、男畢至。又三公之後無州長、百姓，故諸侯得與三公北面也。若諸侯亦東面，則西面之孤卿大夫最多，而東面或止一人，則不稱矣。況此諸侯在朝，是入爲王臣者，與外朝之爲賓者不同，若列於西方，亦非所宜也。可知射人所言諸侯之位正治朝之位也。鄭注謂：「諸侯來朝而未歸，王與之射於朝者，皆北面。」是不以爲正朝之位，抑又誤矣。司士詳士而略諸侯，射人詳諸侯而略士，二文詳略互見。

小司寇與朝士同掌外朝，所言朝位皆同。小司寇爲主，朝士輔之。小司寇但言羣臣，而不言孤、卿、大夫；言羣吏，而不言公、侯、伯、子、男，其文略耳。小司寇詳其所詢之事，而略其人。

朝士詳其人而略其所詢之事，二文亦詳略互見。羣吏本百官之稱，大宰：「歲終，令百官府各正其治。」下云：「三歲，則大計羣吏之治。」是羣吏即百官也。小宰「以官府之六敘正羣吏」，又「以官府之六計弊[二]羣吏之治」。宰夫「掌治朝之法」，「敘羣吏之治」。皆以百官爲羣吏。而在諸侯之後，蓋諸侯之臣從其君而朝王也。鄭注以羣吏爲府史，不知府史是庶人在官者，諸經皆謂之庶人。宗伯「庶人執鶩」，士相見禮「庶人見于君」，夏書「庶人走」，孟子「庶人以旂」，皆謂府史胥徒也。其職最賤，不得謂之羣吏，小司寇、司刺別羣吏於羣臣，似羣吏爲府史胥徒，不知羣臣是在朝之臣，羣吏則鄉遂、都鄙之官也。總之，古者官即吏，自秦漢以後始謂庶人在官者爲吏，而吏與官異矣。且府史是王朝百官之府史，何以屬於諸侯，而立於其後乎？則羣吏非府史明矣。朝士以羣士與羣吏對，小司寇以羣臣與羣吏對，是羣臣即羣士也。羣臣本百官之通稱，然與公、卿、大夫對言之，則羣臣專爲士也。中庸以羣臣與大臣對言，而云「體羣臣，則士之報禮重」。下又云「忠信重祿，所以勸士也」。是羣臣爲士明矣。羣臣爲百官之稱，而又以稱士。猶羣吏爲百官之稱，又以稱鄉遂小吏也。鄭注以羣臣爲卿、大夫[三]，又云「其孤不見」，抑又誤矣。孤、卿皆大臣，鄭既以卿爲羣臣，則孤亦可謂羣臣，何謂不見乎？

[二] 案：陸刻本、孫刻本皆作「獘」，阮元校勘十三經注疏周禮作「弊」。説文有「獘」無「弊」，金氏作文喜用説文古字，今據通行本改。

[三] 王士駿續校勘記：「盧本『大夫』下有『士』字。」駿案：盧本是，元本傳鈔偶奪也。

至於諸侯朝覲，其位則與常朝異。曲禮云：「天子當依而立，諸侯北面而見天子曰覲。天子當宁而立，諸公東面，諸侯西面，曰朝。」此朝無王臣，但以五等諸侯分爲東、西面。諸公尊，故東面。諸侯卑，故西面。若有伯、子、男，則公、侯東面，伯、子、男西面。若無諸公，則侯、伯東面，子、男西面。或無子、男，則諸侯東面，諸伯西面，皆可推而知矣〔一〕。

會同爲大朝覲，其朝位又異。詳於禮記明堂位篇。然其所言朝位於禮不合。諸侯阼階之東，西面北上；諸伯西階之西，東面北上，是西面尊於東面。考之諸經，皆無此禮。子、男在門東西，似乎太遠於王，而得與三公同北面，則又太尊矣。竊謂明堂朝位，諸公中階前北面，侯、伯西階西東面，子、男阼階東西面，斯尊卑各得其序也。夷蠻門東西面，戎狄門西

〔一〕王士駿校勘記：「盧本此下作『朝必北面，而此無北面者，非正行朝禮也。諸侯初至于朝，各序立，以通姓名。覲禮所謂「載龍旂弧韣」乃朝也，朝畢乃入廟，北面稽首，是之謂覲。此則正行朝禮矣。本萬充宗説。鄭注謂春見曰朝，秋見曰覲，夏宗依春，冬遇依秋。是春夏朝者，獨無北面稽首之禮，是何義乎？萬充宗曾辯之。周官朝覲宗遇特四時異其名耳，非有異禮也。析而詳言之，有朝覲宗遇四者，約言之則曰朝覲，或曰朝宗。再約之，或單言朝，或單言覲。其義一也。儀禮覲禮本通四時而言，鄭必以爲秋覲，然則舜典「肆覲東后」亦在秋時乎？郊特牲謂「覲禮，天子不下堂而見諸侯」，如覲必在秋，則春、夏、冬三時天子皆下堂乎？其説不可通矣。』此二百三十一字元本所無。駿案：此條大意俱見卷十三朝覲考，故鐫本以互見例删去。」案：陸刻本、孫刻本皆無此二百三十一字。

東面，以其疏遠且賤，故位於門，而在門以内，得以見王，自合朝位之法。若在四門之外，去明堂遠甚，豈有若此之朝位乎？在朝，惟天子南面，乃云「五狄南面東上」，是疑於君矣，亦朝位所無者也。九采之國，孔疏以爲九州之牧。夫周禮「八命作牧」爲一州諸侯之長，其尊近於上公，則與諸公同位於中階前，北面東上，而少後於公可也。乃遠處應門之外，雖曰北面，亦不見其尊矣。大抵此篇多荒謬之説，不足據也。逸周書王會圖[一]云：「堂下之右，唐公、虞公南面立焉。堂下之左，殷公、夏公立焉，皆南面。」其謬妄與此同。周官司儀云：「將合諸侯，爲壇三成，宫旁一門，公於上等，侯伯於中等，子男於下等。」又云：「王南鄉，土揖庶姓，時揖異姓，天揖同姓。」蓋諸侯皆北面也。此言會同之禮，爲壇以盟[二]，其位如此。

覲禮云：「爲宫方三百步，四門，壇十有二尋，深四尺。壇三成，每成深四尺。加方明于其上。」又云：「公、侯、伯、子、男皆就其旂而立。」此即司儀會同之禮也。其位當與司儀同，與明堂朝位迥異。鄭注乃引明堂位解之，殊不知此會同在壇上，非在明堂中也。混而

[一] 案：陸刻本、孫刻本皆作「圖」，卷六宗廟會同解則作周書王會解，故應爲「解」之誤。

[二] 王士駿校勘記：「盧本作『此言會同之禮，諸侯先朝于明堂，然後爲壇以盟。』駿案：盧本説非是，辨見本卷明堂考『必于明堂受朝』下。」

一之，抑又誤矣。

若夫内朝之位，又與外朝、治朝不同。其法不詳於周官，惟文王世子云：「公族朝于内朝，則東面北上。臣有貴者以齒，其在外朝則以官，司士爲之。」又云：「公族朝于内朝，内親也。雖有貴者以齒，明父子也。外朝以官體，異姓也。」是内朝竝無異姓。鄭注大僕云：「燕朝朝于路寢之庭，王圖宗人之嘉事則燕朝。」曰宗人，則皆同姓矣。但云東面北上，其文未明。

凡朝位必左右竝列。爾雅釋宫云：「兩階閒謂之鄉，中庭之左右謂之位。」二句相承，明指内朝路寢庭。蓋三朝惟内朝有堂階也。又庭者堂下之地，凡言庭者皆廟寢堂下也。聘禮云「公揖入，立于中庭」，又云「擯者進中庭」，又云「宰夫受幣于中庭」，又云「大夫降中庭」，此謂廟堂下之庭也。燕禮云「賓入，及庭」，又云「司正洗角觶，奠于中庭」，此謂路寢堂下之庭也。若治朝、外朝皆無堂，則亦無庭，而名之曰廷，所謂朝廷也。庭與廷字有别，説文云：「庭，宫中也。」「廷，朝中也。」庭有堂，故其文从广，廷無堂而但爲平地，故其文从廴。然則路門以外不得謂之庭矣。鄭注文王世子云：外朝，路寢之門外庭。〔二〕非也。江慎修云：治朝、外朝皆平地爲庭。戴東原云：古字「庭」本作「廷」。又云：外門至中門百步之庭曰外朝，中門至路門百步之庭曰内朝，皆沿鄭説之誤。治朝、外朝既無庭，則所謂「中庭之左右曰位」者，必内朝也。下云「門屏之閒謂之宁」，方指治朝，則上二句指内朝明矣。但庭既在堂下，而釋宫又云：「堂下謂之步，門外謂之趨，中庭謂之走。」是庭不在堂下，而在門外，與諸經不合。蓋此「庭」字本作「廷」，譌爲「庭」也。若羣臣皆列西方而東面，則有右無左，不成朝儀矣。夫内朝既皆同姓，則當敘昭穆。公族在宗廟之中，如内朝之位，宗廟必敘昭穆，則内朝亦必敘昭穆可知。羣昭列於西階下東面，羣穆列於阼階下西面，東面向陽故爲昭，西面向陰故爲穆。禘祫之主，羣昭南向，羣穆北向，其義亦猶是也。然則文王世子所謂「東面北上」者，本當云東西面北上，省文便讀耳。舉昭以該穆，猶中庸舉上帝以該后土也。或疑内朝亦有異姓，故公族東面北上。然同姓若與異姓同朝，當在阼階下西面。如宗廟之中，同姓皆列阼階下西面，異姓皆列西階下東面。此不應同姓東面也。然則「東面」當作「東西面」明矣。鄭君於此無注，孔疏乃云：「公族内朝則西方，東面北上。」非也。内朝不序爵，即有三公、諸侯，亦分列左右，故無北面之位，諸侯得與天子同也。鄭注射人引燕禮卿、大夫、士面位，謂

〔二〕案：鄭注原文作「外朝，路寢門之外庭」，似較金氏所引更爲暢達。

朝、燕及射臣見於君之禮同。賈疏謂：「天子、諸侯，朝、燕、射三者位同。」江愼修從其説，抑又誤矣。江氏又謂：「君視内朝有四事：一爲與宗人圖嘉事；一爲與羣臣燕飲；一爲君臣有謀議、臣有所進言，聘禮君命使亦在此；一是羣臣夕見。」不知惟圖宗人之事則視之，其餘三者皆非朝禮。聘禮命使當在治朝，下文「夕幣」言布幕于寢門外，則命使亦在治朝明矣。曲禮云「君子下卿位」，此位當在治朝。三朝以治朝爲正，每日朝於此，其位有常。治朝必序爵，卿、大夫、士有等，可知卿位必在此矣。君子指諸侯，諸侯之臣卿爲最尊，不可不敬，故但下卿位。卿位在中廷北面，君出入必由中道，則過卿位矣。鄭注云：「卿位，路門之内，門東北面位也。」不知内朝皆公族，無所謂卿位。燕禮所言竝非朝儀，而謂「下卿位」在内朝，抑又誤矣。君登車當在中門之外，中門内有卿位，兩旁又有宗廟、社稷，不可乘車，故曲禮又言「國君下宗廟」也。雖天子亦宜然。鄭注樂師謂天子登車于路寢庭，非也。朝位爲大典攸關，而一向舛錯未有能正之者，故詳考而明辨之如此。

諸侯外朝在庫門外辨

周官朝士：「掌建邦外朝之灋。」鄭注云：「天子五門，外朝在庫門之外。」是在臯門之内也。先鄭注謂外朝在路門外，誤甚。然天子實亦三門，天子曰皋、應、路，諸侯曰庫、雉、路。本戴東原説。天子外朝在皋門内，則諸侯外朝亦當在庫門内矣。聘禮疏謂諸侯外朝在大門外。此説非也。案：朝必有門，門與朝相對。爾雅釋宫云：「正門謂之應門。」郭注云：「朝門。」大雅云：「迺立應門。」毛傳云：「王之正門曰應門。」鄭注考工記「應門」，亦以朝門言之。惟門與朝對，故正朝之門謂之正門，又謂之應門者，以門與朝相應，且明王者之治，必應乎天人也。内朝之門，謂之路門，以與路寢相對也，故亦曰寢門。檀弓：「自寢門至于庫門。」外朝之門謂之皋門，皋與郊聲相近。宫之有皋門，猶國之有郊門。路門猶城門，應門猶郭門，皋門則猶郊門矣。大雅：「皋門有伉。」毛傳訓皋門爲郭門。「皋」、「郭」聲亦相轉也。可見其與外朝相應矣。且皋之爲言告也。説文：「皋，从白从夲，引周禮『詔來鼓皋舞』。皋，告之也。」外朝詢萬民，所以告之，故外朝門謂之皋門，其義尤明。

諸侯正門謂之雉門，以雉門與治朝相應。雉、治聲同也。又八卦離爲雉，人君向明而治，象取諸離也。見易繫辭傳。外朝門謂之庫門，庫藏兵革以備非常。外朝詢國危、國遷，亦爲非常之事，其義正相應矣。夫然外朝在庫門内，斷斷然矣。若在庫門外，則朝不必有門，何以解於「正門爲應門」之説乎？內朝、治朝皆有門，而外朝何獨無門乎？又朝必有廷，所謂朝廷也。廷必有門以限之，天子廷皆百步。考工記「市朝一夫」，夫百步也。本鄭注。蓋據司馬法「步百爲畝，畝百爲夫」也。內朝謂之庭，治朝、外朝皆謂之廷。堂下至路門百步，內朝之庭也。路門至應門百步，治朝之廷也。應門至臯門百步，外朝之廷也。本戴東原説。諸侯三朝，與天子同，亦宜有廷。若外朝在庫門外，是諸侯外朝獨無廷矣。無門、無廷何得謂之朝乎？外朝雖不常御，然亦君之朝廷，不可褻慢，故必在門內設閽人以守之。周官閽人：「王宮每門四人。」是外門亦有守也；又云：「喪服、凶器不入宮，潛服、賊器不入宮。奇服、怪民不入宮。」自臯門以內即是王宮，曰「不入宮」，則外門有守明矣。但中門之禁較嚴，故特言中門，非謂外門無禁也。中門惟臣得入，凡民皆不得入矣。非特喪服、凶器等不得入也。抑或以三門皆在王宮正中，外門亦得謂之中門也。此江慎修説。諸侯亦有閽人守門。曲禮云：「龜筴、几杖、席蓋、重素、袗絺綌[二]，不入公門。苞屨、扱衽、厭冠，不入公門。書方、衰、凶器，不以告，不入公門。」玉藻云：「表裘不入公門，襲裘不入公

[二] 王士駿校勘記：「元誤『綌』爲『裕』，今正。」案：陸刻本誤與元本同，孫刻本作「綌」，不誤。

門。」公門包外門而言，則諸侯外門亦必有守矣。乃置朝廷於門外而無守禦，任民馳逐踐踏，褻慢不已甚乎？且路門外有朝，則雉門外亦宜有朝，乃越雉門而遠設於庫門外此何意也？雉門有兩觀，月吉懸書，萬民得以觀象法者在此。而外朝爲詢萬民而設，宜亦在此矣。乃設於庫門外，又何意也？皆不可解矣。

聘禮云：「明日，賓拜于朝，拜饔與餼，皆再拜稽首。」鄭注：「拜謝主君之恩惠於大門外。」賈疏：「知拜謝在大門外者，以其直言賓拜於朝，無入門之文，故知在大門外。若然，諸侯外朝在大門外明矣。」不知篇中「朝」字屢見，多是治朝。上文「夕幣，管人布幕于寢門外，賈疏云：路門外。官陳幣，使者北面。君朝服出門左，南鄉，史讀書、展幣，使者受書。公揖入，官載其幣，舍于朝」，幣爲重物，宜在中門之内。又「陳幣」、「載幣」其文相承，則此「朝」字指治朝明矣。下文「陳幣于朝，公南鄉，卿進使者，使者執圭垂繅，北面。反命」，此「朝」字亦明是治朝，則其餘皆可知矣。如云「使者載旜，帥以受命于朝。次介假道，束帛將命于朝。公館賓，退，賓從，請受命于朝」，周官司儀所謂「客從拜辱於朝」也。皆治朝也。然則「賓拜于朝」，「賓拜禮于朝」，「賓、介皆明日拜于朝」，「賓三拜乘禽于朝」，亦皆治朝矣。惟賓入「至于朝」，及「賓皮弁聘，至于朝」，二「朝」字爲朝通稱，在大門外。大門外之地皆可謂之朝，以在朝之前也。如「國君下宗廟」，過廟之旁即下車，不必入廟中始謂「之廟」也。然第曰至焉而已，未嘗於此行禮也。行禮必在正朝，若拜賜于外門外，不敬大矣。曾謂聖人制禮而有是乎？

賓拜于朝，不言入門者，文省耳。上文「賓受命于朝」，言君使卿進使者，使者入及衆介隨入，此於朝而著其入門，則其餘行禮於朝不必言入，而無不入可知也。如夕幣時言「君出門左南鄉」，而其下受命時但言「君南鄉」，不言出門左，亦省文也。豈可泥君無出門之文，而謂賓受命於内朝乎？則賓拜于朝，亦不可泥無入門之文，而謂拜于大門外矣。鄭注謂拜謝于大門外，其説固非。然亦謂朝門之外可通稱爲朝，如上文「賓至于朝」之例耳，未嘗謂諸侯外朝之位在庫門外也。賈疏乃謂諸侯外朝在大門外，其誤尤甚。賈氏朝士疏引左傳「間於兩社爲公室輔」，謂兩社在中門外，大門内爲外朝。其説兩社所在固非，而謂外朝在中門外、大門内則確矣。乃聘禮疏又謂外朝在大門外，何也？江慎修鄉黨圖考從賈説。又引朝士職「凡得獲貨賄、人民、六畜者，委于朝」及晋語「絳之富商韋藩木楗而過于朝」以爲證，不知「貨賄、人民、六畜委于朝」者，正以外朝在大門内，可無散失，可待來者識之也。鄭注：「委于朝十日，待來識之者。」若在大門外，能保其無散失乎？至晉語所謂「韋藩木楗而過于朝」，則朝門外通稱爲朝之例耳，未可據此而以爲外朝之位也。

經典「朝」字最多，所指皆不同。有指治朝言者，如檜風「狐裘以朝」，覲禮「載龍旂弧韣乃朝」，周官射人「諸侯在朝」，則皆北面。曲禮「爵禄有列于朝」，王制「八十杖于朝，七十不俟朝」，月令「賞軍帥、武人於朝」，曾子問「冕而出視朝，朝服而出視朝」，文王世子「其在外朝，則以官」，此對内朝言，故稱外朝，非最外外朝也。禮運「三公在朝」，禮器「諸侯視朝」，玉藻「皮弁以日視朝，朝服以日視朝於内朝」，此對外朝言，故稱内朝非最内内朝也。明堂位「振木鐸于朝」，仲尼燕居「以之朝廷有禮，故官爵序也」，内朝序齒不序爵，故知此朝廷是治朝。凡言朝廷者多是治朝。論語「朝與下大夫言」、「叔孫武叔語大夫于朝」，孟子「仕者皆欲立于王之朝」、「朝將視朝」，左傳「穆嬴日抱大子以嗁于朝」、文七年。「魏壽餘履士會之足于朝文十三年。」、「晉靈公殺宰夫，寘諸畚，使婦人載以過朝」、宣二年[一]。「胥童以甲劫欒書、

[一] 王士駿校勘記：「盧本誤作『三年』。」

中行偃于朝」、成十七年。「晉悼公即位于朝」、成十八年。「子蕩以弓梏華弱于朝」、襄六年。「師慧過宋，朝將私焉」、杜注：「私，小便。」襄十五年。「王遂殺子南于朝」、襄二十二年。「吏走問諸朝」、襄三十年。「朝有著定」、昭十一年。「日有食之，諸侯伐鼓于朝」、昭十七年。「陳成子驟顧諸朝」，哀十四年。晉語「有秦客廋辭于朝」、「考百事于朝」，大戴禮「君發之于朝」之類，是也。

有指内朝言者，如左傳「陳靈公與孔寧、儀行父通於夏姬，皆衷其衵服，以戲于朝宣九年。」，檀弓「朝不坐」，表記「朝極辨，不繼之以倦」之類，是也。曰極、曰倦，則在朝之久可知。古者治朝，君臣皆立，不久即罷，議政事則在内朝，或自朝至于日中昃。故知表記所言爲内朝也。

有指外朝言者，如左傳「晉陰飴甥言朝國人」、僖十五年。「衛靈公朝國人問叛晉」、定八年。「陳懷公朝國人，問欲與楚？欲與吴？」哀元年。之類，是也。

有統指三朝而言之者，如考工記「前朝後市」、「市朝一夫」，曲禮「在朝言朝」、「朝言不及犬馬」，玉藻「朝廷濟濟翔翔」，少儀「朝廷曰退」、論語「孔子在宗廟、朝廷便便言」，治朝亦有言者，「君未出視朝時，諸臣得相與言，孔子與下大夫言與上大夫言」是也。孟子「朝廷不歷位而相與言」之類，是也。

有指三朝之後，其地通稱爲朝者，如左傳「賊攻執政于西宮之朝」，西宮，是君小寢。在路寢之後。襄公十年。是也。

有指三朝之前，其地通稱爲朝者。如論語「吾力猶能肆諸市朝」，魯語「大者陳之原野，小者致之市朝」，韋昭注：「死刑，大夫以上尸諸朝，士以下尸諸市。」案：原野也、市也、朝也，所謂五刑三次也。論語「肆諸市朝」，本但當言「市」而連言「朝」。孟子「若撻之于市朝」亦然。或謂朝非陳尸之所，而引史記索隱謂「市之行列如朝位」以解論語，則魯語以原野、市、朝爲三次不可解矣。左傳「晉殺三郤，皆尸諸朝」成十七年。之類。陳尸于朝，當在大門外也，大門之外有空地，西旁可爲賓客次舍。聘禮賓至于朝，「入于次」。鄭注：「次在大門外之西，以帷爲之。」賈疏：「賓位在西故也。」是也。天子大門外兩旁皆有賓客次舍，覲禮：「諸侯前朝，皆受舍于朝。同姓西面北上，異姓東面北上。」鄭注謂次在文王廟門之外。不知經文明言「受舍于朝」，若在廟門外，則不可言朝矣。且天子受覲，當在大祖后稷廟，不當在文王廟也。是也。此大門外兩旁通稱朝也。大門内兩旁，亦可謂之朝。考工記「外有九室，九卿朝焉」，如今所謂朝房也。其室當在大門内之西旁，其東則小學也。詳王宮内外九室考〔二〕。

〔二〕王士駿續校勘記：「駿案：本書無此篇，『附缺』亦不載，今補入『佚目』。」

大門之前當有經緯大路，南北爲經，東西爲緯。晉語所謂「絳之富商韋藩木楗以過于朝」是也。江慎修引此語謂外朝凡民可以車往來，是以韋藩木楗爲車也。案：韋昭注：「韋藩，韋蔽前後。木楗，木擔也。」則非車矣。庶人雖富不得乘車，故以木爲楗，以韋藩之，載貨物而行於途，故曰「唯其功庸少也」。朝門之外，不得乘車，往來過之必下。曲禮所謂「大夫、士下公門也」。此皆三朝〔二〕之前，其地通稱爲朝者也。讀者當詳其文義，分別而觀之，苟混而爲一，失其實矣。賈氏誤以治朝爲外朝，江氏又誤以朝門前之地爲外朝，皆於諸經朝字未曾細別之故也。近戴東原考工記圖謂諸侯外朝在庫門內，足正江氏之誤。而鄉黨圖考根據注疏盛行於世，儒者莫知其非，故述戴説而詳辨之。

鞠躬解

論語：「入公門，鞠躬如也。」朱注以鞠躬爲曲身，非也。鞠之字義未有訓爲曲者，且以上下文例之，「色勃如也」、「足躩如也」，勃字、躩字皆在下，如鞠躬是曲身，則當云

〔二〕王士駿續校勘記：「盧本『三朝』作『王朝』，非是。」

「躬鞠如也」。今鞠字在上，與色勃、足躩不合矣。又下文「執圭，鞠躬如也」，此執國君之器法當平衡，手與心平，曲禮：「執天子之器則上衡，國君則平衡。」鄭注「平衡」云：「謂與心平。」則其身必直。若曲身則手必下於心，安得平衡乎？執圭之鞠躬非曲身，凡言鞠躬者，皆非曲身可知矣。

古人之行未有曲身者，玉藻云：「凡行容惕惕。」鄭注：「惕惕，疾直貌也。」又云：「疾趨則欲發，而手足毋移。」鄭注：「疾趨，謂直行也。移之言靡迆也。毋移，欲其直且正。」孔疏謂：「他事行禮，須直身速行時也。」又云：「端行，頤霤如矢。」鄭注：「此疾趨也。端，直也。」孔疏謂：「直身而行也。如矢者，身趨前進不邪，如箭也。」頤霤者，頭稍向前，頤如屋霤之垂也。頭雖微俯而身仍直，故曰「端行」，曰「如矢」。孔疏謂直身而行，得之矣。又謂身乃小折，而頭直俯臨前頤，不自相矛盾乎？又上文「圈豚行，不舉足，齊如流」，鄭注云：「不舉足、曳踵，則衣之齊如水之流矣。」蓋行而舉足，其齊不平。不舉足則齊必平如水之流，無不平也。孔疏乃謂足既不舉，身又俯折，則裳下委地如水流狀也。此不得其解而妄爲之説，不足據也。然則行容必無曲身明矣。

若夫曲身，古人謂之磬折，亦謂之傴僂，惟立容有之。曲禮云：「立則磬折垂佩，主佩倚則臣佩垂，主佩垂則臣佩委。」鄭注云：「小俛則垂，大俛則委於地。」孔疏：「臣身宜僂折如磬之背。」左氏昭七年傳：「正考父鼎銘云：一命而僂，再命而傴，三命而俯。」又玉藻云：「立容辨卑，無[一]讇。」鄭注：「辨，讀爲貶。自貶卑，謂磬折也。」此可見立容有曲身者。立而磬折、傴僂，惟侍于至尊則然，若常時獨立，或與人竝立，皆必直身，所謂立容德也。

然曰磬折，曰傴僂，不謂之鞠躬也。而謂曲身而行，類於痀僂者之狀，則經傳絶未之有也。鞠躬，「躬」字當讀爲「窮」，鄭本作「窮」。聘禮記：「賓入門皇，升堂讓，將授志趨。」鄭注引孔子之執圭「鞠窮如也」。記又云：「執圭入門，鞠躬焉，如恐失之。」釋文云：「『鞠躬』，本一作『鞠窮』。」阮芸臺師儀禮校勘記作「鞠窮」，謂「鞠」、「窮」雙聲字，猶踧踖也。此誠卓見。「鞠」、「窮」二字義同，「鞠」當作「𥨍」，説文：「𥨍，竆也。」𥨍从⿰幸欠，⿰幸欠與𥷚同。説文：「𥷚，竆治[二]罪人也。今鞫囚作鞫。」「竆，極也。」詩齊風「曷又鞠止」，又云「曷又極止」，是鞠亦訓極也。「𥷚」亦作「鞫」，説文無「鞫」字，「鞫」本當作𥷚。又通作「鞠」。説文：「鞠，蹋鞠也。」故文从革，今作𥨍竆，字假借通用也。爾雅釋言云：「鞫，窮也。」釋詁云：

[一] 案：陸刻本、孫刻本皆作「無」，禮記原文作「毋」。

[二] 王士駿校勘記：「盧本『治』作『理』。駿案：説文本作『理』，其作『治』者玉篇文。」

「鞠，盈也。」鞠有虛義窮極之人，其家必空虛。夏小正：「鞠則見。」洪氏震煊以鞠爲虛星，其義同也。而釋爲盈，反訓也。爾雅以徂爲存，以甘爲苦，皆反訓也。「窮」亦作「竆」，三蒼：「𥧌竆，敬畏皃。」蓋敬惕之至，斂束其身，不敢少舒，如窮極之人，是謂鞠窮。踧踖者，敬之至而足若不寧也。鞠窮者，敬之至而身不敢舒也，其義一也。曲禮云：「天子穆穆，諸侯皇皇，大夫濟濟，士蹌蹌，庶人僬僬。」鄭注云：「皆行容止之貌也，凡行容尊者體盤，卑者體蹙。」鄭此注引聘禮云：「衆介北面蹌焉。」彼注云：「容貌舒揚。」玉藻云：「朝廷，濟濟翔翔。」鄭注：「濟濟翔翔，莊敬貌也。」孔疏：「濟濟，有威儀矜莊也。翔翔，行而張拱也。」皆未嘗言其體蹙。而此注謂「卑者體蹙」。蓋「穆穆」威儀多，「皇皇」自莊盛，而以「濟濟蹌蹌」視之爲稍蹙耳，非踧踖、鞠窮之蹙也。是大夫、士之行容本當稍蹙也。玉藻云：「朝廷濟濟翔翔。」翔翔，謂行而張拱，即論語「翼如」，見君而出有此儀容。是未近至尊時，其容未極蹙也。至于升堂見君，逼近至尊，則其容極蹙。論語云：「攝齊升堂，鞠窮如也。」屏氣似不息者，蹙之至矣。執圭而鞠窮，致君之命與見君同也。入公門而鞠窮，始見君之門，亦與見君同也。玉藻云：「君子之容舒遲，見所尊者齊遬。」鄭注：「遬，猶蹙蹙也。」士相見禮云：「始見于君，執摯。至下，容彌蹙。」又云：「凡執幣者不趨，容彌蹙。」以爲儀皆鞠窮之義也。

踧踖與鞠窮義同，而鞠窮更深於踧踖。上云「過位，色勃如也，足躩如也，其言似不足者」，下云「復其位，踧踖如也」。復位，即所過之君位。孔注云：「來時所過位。」是也。説者或以爲内朝堂下之位，或以爲治朝廷中之位，其説皆非。則踧踖即色勃、足躩等之類矣〔一〕。升堂鞠窮，其敬至屏氣似不息，以視色勃、足躩、言似不足更有加矣。故執圭之鞠窮，申之曰「勃如戰色」，其甚於色勃可知也。曰「足蹜蹜如有循」，其甚於足躩可知也。蓋聖人之敬隨地爲淺深，執圭致命重於君召使擯，故使擯則踧踖，而執圭則鞠窮。升堂見君，嚴於過君虚位，故過位則踧踖，升堂則鞠窮。朝而君在，此時夫子與諸臣竝列廷中，與升堂特見者不同。故但踧踖而不鞠窮，則鞠窮深於踧踖明矣。入公門去君最遠，反言鞠窮。以前此皆舒和，至入門而一變，其敬頓生，故亦鞠窮也。然此鞠窮特爲如不容言之，視升堂執圭之鞠窮，其敬當有閒。故升堂鞠窮之下，申以屏氣似不息；執圭鞠窮之下，申以勃如戰色、足蹜蹜如有循。而入門鞠窮下，不復申言其敬之容也。乃朱注於「踧踖」解爲恭敬不寧，而「鞠窮」但以曲身言之，是鞠窮反輕於踧踖，不亦傎乎。孔注解「鞠躬」爲斂身，是釋鞠窮之意，非以斂釋鞠、以躬釋身也。朱子以爲孔氏訓躬爲身，而訓鞠爲斂，其義未當。故以曲

〔一〕王士駿校勘記：「盧本無『等』字，義亦通。」

字易之，而不知其與經不合，且失孔注之意也。此朱子之誤也。

又案：聘禮記「賓入門皇」與下「執圭入門鞠窮焉」，二説不同。鄭注上引「孔子之執圭鞠窮如也」，下云「記異説也」。似以上説爲正。然執圭入門，自當鞠窮，安得皇乎？下文云：「私覿，愉愉焉，出如舒鴈，皇且行。入門主敬，升堂主慎。」鄭注復記執玉異説。不知此記私覿之禮，與上言正聘不同。是皇爲私覿出廟門外之容，執圭致命豈宜如此？此記明與論語不合。鄭君不能指其失，乃引孔子執圭一節解之，其亦誤矣。

卷五終

求古録禮説卷六

臨海誠齋金　鶚

釋貫

貫，古通摜。左氏昭公二十六年傳：「貫瀆鬼神。」説文：「摜，習也。从手貫聲。春秋傳曰：『摜瀆鬼神。』」〔一〕是貫與摜通也。説文解「貫」字云：「錢貝之貫，从毌貝。」是貫之本義非習也。習摜之「摜」當从手，左傳作「貫」，爾雅釋詁：「貫，習也。」亦作「貫」〔二〕，皆省文借用也。左氏經傳皆古文字，許君學古文，所引春秋傳「摜瀆鬼神」真古文也。今本作「貫」，後人所改。説文又有「遦」字，云「習也。」是「摜」之或體字也。爾雅、釋文「摜」作

〔二〕王士駿續校勘記：「駿案：『作貫』，『貫』字譌，當作『串』。唐釋玄應一切經音義九『串，古文作摜、遦二形，又作慣』。爾雅：『串，習也。舍人曰串心之習也。』金説蓋本于此，後人因貫、串音異，疑串爲毌之譌，展轉傳鈔遂并毌而亦作貫也。」

「慣」，云本又作「貫」，又作「遦」同。摜从手，習於手也；遦从辵，習於足也〔一〕；慣从心，習於心也。要以从手爲正。貫又通宦，詩國風：「三歲貫汝。」魯詩「貫」作「宦」，徐邈：「貫音官，此宦字之誤。」貫與宦聲相近。又傳云：「貫，事也。」本爾雅釋詁，與宦義亦近，故通用也。玩詩意當以魯詩作「宦」爲正，毛詩作「貫」，古文假借也。故徐邈音宦，説者解爲習摜，失之矣。貫又通關，鄉射禮：「不貫不釋。」注云：「古文『貫』作『關』。」史記伍〔二〕子胥傳：「伍胥貫弓執矢嚮使者。」注云：「貫，烏還反。」後漢祭肜傳：「能貫三百斤弓。」司馬貞曰：「滿張弓，其所謂貫。」皆即吕氏春秋所謂「中關而止」之關也。孟子「關弓」做「彎」，貫、關、彎聲皆相近，故三字竝通〔三〕。貫又通毌，説文：「毌，穿物持之也，从一橫毌。」論語：「吾道一以貫之。」

〔一〕王士駿校勘記：「元誤『足』作『反』，今依盧本改正。」案：陸刻本、續經解本諸本皆不誤，孫刻本亦誤作「反」。

〔二〕案：「伍」，陸刻本、孫刻本皆作「五」，王士駿未出校記。史記作「伍」，今據改。

〔三〕王士駿校勘記：「盧本此下有『鄉射禮貫字亦當如此解，讀烏還反。鄭注云：「貫，猶中也。不中正，不釋筭也。」賈疏言：「不貫者，以其以布爲侯，故中者貫穿布侯也。」釋文：「貫，古亂反，中也。」夫關者，彎弓之限也，孟子所謂「彀率」也。張弓中關，則能中正，故鄭云「貫猶中也」。賈氏以貫穿布侯解鄭説，云誤矣。陸氏音古亂反，亦以爲貫穿之貫，均誤也。古人射以觀德，貴于中，而不貴于貫侯，若以貫侯爲貴，是尚力也。記曰：「禮射不主皮。」鄭注：「不主皮者，貴其容體比於禮，其節比於樂，不待中爲雋也。」「主皮者，張獸皮而射之，主于獲也。」先王别有主皮之射，於蒐狩之餘習之，見尚書大傳。論語曰：「射不主皮，爲力不同科。」蓋人之力有其弱者，不能至侯則不中皮，而比於禮樂亦必取之，不主于中皮也。然則射雖貴中，而猶有不待中爲雋者，況貫侯乎？朱子論語注以主皮爲貫革，大誤，先儒已辯之。惟解爲中關而止之關，則不失其彀率，即所謂比於禮樂者也。雖不中猶中也。鄭氏注「猶中」猶字最有深意，而賈氏不能知也。詩國風：「射則貫兮。」此在春秋尚力之時，或可解爲貫穿之貫，與禮經不同。』以上三百六十五字係元本所無。」

「貫」字當作「毌」，今本作「貫」，假借通用也。

正鵠考

射侯有正鵠，先儒皆分大射、賓射，其説始於鄭康成。中庸云：「射有似乎君子，失諸正鵠，反求諸其身。」鄭注云：「畫布曰正，棲皮曰鵠。」釋文云：「大射則張皮侯而棲鵠，賓射則張布侯而設正也。」射義云：「發而不失正鵠者，其惟賢者乎？」鄭注亦云：「畫布曰正，棲皮曰鵠。」孔疏：「畫布曰正，則賓射也。棲皮曰鵠，則大射也。」朱子章句用鄭説，後儒遂皆從之。鶚竊以爲非也。詩齊風云：「終日射侯，不出正兮。」言正而不言鵠。此但稱魯莊公之善射，非必賓射也。射義云：「射者，各射己之鵠。」言鵠而不言正，此泛言射義，非必大射也。鄭君目録云：「名曰射義者，以其記燕射、大射之禮。」此説非也。但言射，則賓射、鄉射亦在其中矣。正之爲言正也，鵠之爲言直也。射義云：「射者，内志正，外體直，然後持弓矢審固。持弓矢審固，然後可以言中。」故侯中之的名之爲正鵠，以示中者之必在於正直也。鄭注射義云：「内正外直，習於禮樂，有德行者也。正鵠之名，出自此也。」鵠與梏聲同，爾雅釋詁云：「梏，直也。」梏轉聲爲較，故釋詁較亦訓直。較與覺聲同，緇衣引詩云：「有梏德行。」大雅抑篇作：「有覺德行。」毛傳：「覺，直也。」鄭注天官司裘云：「鵠之言較。較者，直也，所以直己志。」又大射儀注云：「鵠之言較。較，直也。」其注射義則云：「鵠之言梏也。梏，直也。」然則鵠本當作梏，或作較。其作鵠者，古字假借耳。

鄭司農司裘注云：「鵠，鵠毛也。」賈疏駁之云：「案：梓人云：『張皮侯而棲鵠。』毛非可棲之物，故後鄭不從。」但後鄭又解云：「謂之鵠者，取名於鳱鵠。鳱鵠小鳥而難中，是以中之爲儁。」古字「鳱」與「雁」通，「鵠」與「鶴」通，鳱鵠猶鴻鵠也。鳱鵠竝非小鳥，賈疏引淮南子「鳱鵠知來」，此當爲「鳱鵲」，誤作「鵠」也。其注大射又云：「正，亦鳥名，齊魯之閒名題肩爲正。」後儒因謂正鵠皆小鳥之黠捷難中者，此說亦非。正、鵠二鳥不類，經傳未見有連言者，且古人果取義於鳥，則侯中必畫此鳥，乃皮侯、獸侯以獸爲之而反取名於鳥，不亦繆乎？采侯中不畫鳥而以鳥名，不亦妄乎？正，鳥屬之；賓射，鵠鳥屬之，大射又何所取義乎？故知正鵠之名，但取正直之義而已。正直二字義同。易文言云：「直其正也。」説文：「直，正見也。」「正，是也。」「是，直也，从日正。」古音「是」與「寔」同，即與「直」相近。蓋直則必正，正則必直，故連言曰正鵠，兼取正直，正屬内志，直屬外體，對文則别也。單舉之或曰正，或曰鵠。正直皆兼志、體，散文則通也，其義一也。

凡禮射皆當正直，則正鵠之名諸射皆同，不宜大射、賓射有别如鄭所云也。且大射、賓射既别，則燕射亦宜有異，若亦名正鵠，是無别也。若别有其名，何不見於經乎？即或混同於大射、賓射，其取義亦不確。獸侯爲獸形，有似於皮侯，當名爲鵠，然畫布非棲皮，有類於采侯，又當名爲正，殊難處置。惟無以處夫獸侯，故知正鵠之不可分屬皮侯、采侯也。正鵠，本取正直之義。「正」字當讀如字，釋文「正」皆音「征」，是主取義鳥名之説。又因齊風「不出正兮」，與「成」、「甥」諸韻叶，故讀爲征。殊不知古無四聲，詩中平、去爲韻者甚多，「正」亦何必讀「征」乎？小爾雅云：「鵠中者謂之正。」戴東原駁之，謂正、鵠之分未之考矣。蓋主鄭説而不知其非，故考工記圖亦誤。齊風毛傳云：「二尺曰正。」鄭司農注司裘云：「十尺曰侯，四尺曰鵠，二尺曰正，四寸曰質。」據此可知，正鵠但有内外之分，而無畫布、棲皮之異也。正象内志之正，鵠象外體之直，故正在内而鵠在外，鵠居侯中三分之一。天子侯中丈八尺，鵠方六尺，畿外諸侯亦然。畿内諸侯侯中丈四尺，鵠方四尺六寸大半寸。大夫、士侯中一丈，鵠方三尺三寸少半寸。侯國大夫與王朝諸侯同，士與王朝大夫同。本考工記鄭注及司裘注。正亦居鵠中三分之一，天子正方二尺，畿外諸侯同，畿内諸侯正方一尺五寸大半寸〔二〕，大夫、士正方一尺一寸一分有奇。魯是畿外諸侯，故毛傳以「二尺曰正」解之，非謂凡正皆二尺也。司農惟「二尺曰正」本於毛傳，其餘皆謬。以考工記、鄉射記考之，竝無十尺侯、四尺鵠之制，且鵠以尊卑而別，不宜槩説四尺鵠居侯中十之四，而正乃半於鵠，亦自不合。正亦謂之的，亦謂之質，質、正聲相近也，乃謂正中又有質不見經傳。況質僅四寸，其徑甚小，安能必中乎？然亦可見正在鵠中也。侯中有鵠又有正，本當兼言正鵠，其單言正或言鵠者，省文也，以中正、中鵠皆可謂中，故正鵠可偏舉也。第正鵠雖皆可謂中，而尤以中正爲善，故齊風言「不出正」，而賓筵篇言「發彼有的」，的即正也。外體之直，不如内志之正，射貴中正，所以示人修身以正心爲要，此先王制作之精義也。鄭注考工記「采侯」云：「正之外方如鵠，内二尺。五采者，内朱，白次之，蒼次之，黄次之，黑次之。」注射人云：畫五正之侯，中朱，次白，次蒼，次黄，玄玄與黑不同，此「玄」字當爲黑。居外，三正損玄、黄，二正去

〔二〕王士駿校勘記：「駿案：以正居鵠三分之一計之，『少半寸』當作『大半寸』。」案：陸刻本、孫刻本皆作「少半寸」，今據王校改。

白、蒼而畫以朱、緑，其外皆居侯中三分之一，中二尺。中二尺，朱色其外，四色合爲四尺。所謂「中二尺」者，專指九十步五采之侯，與毛傳「二尺曰正」合，但毛不專屬采侯，而鄭專屬采侯，是爲異耳。考工記云：「張皮侯而棲鵠。」但言鵠而不言正者，以正在鵠中，言鵠則正可知，故省之也。下云「張五采之侯」，張獸侯并不言鵠，蒙上省文，不言可知也。鄭因采侯不言鵠，遂謂此畫布爲正，與棲皮之鵠異。

今案：采侯之中專名爲正，絶不見於經，鄭爲此説者，由誤解射人而然。射人云：「以射灋治射儀，王以六耦，射三侯，三獲，三容，樂以騶虞，九節，五正。諸侯以四耦，射二侯，二獲，二容，樂以貍首，七節，三正。孤、卿、大夫以三耦，射一侯，一獲，一容，樂以采蘋，五節，二正。士以三耦，射豻侯，一獲，一容，樂以采蘩，五節，二正。」此經有「豻侯」，而大射儀有豻[一]五十，其爲大射甚明。鄭注云：「士以豻皮飾侯，大夫以上飾侯以雲氣。」是曲説也。司裘云：「王大射，則共虎侯、熊侯、豹侯。諸侯則共熊侯、豹侯。卿、大夫則共麋侯。」此云三侯、二侯、一侯與彼正合。卿、大夫、士同一侯，而士必著豻侯之名，

[一] 王士駿續校勘記：「案：儀禮經文『豻』當作『干』。」

蓋司裘未言士共豻侯，恐其混同於卿、大夫之麋侯，故特著之。麋侯已見於司裘，故但言一侯，此詳略互見之法也。司農引司裘以解此文，其説自確。

又下云：「若王大射，則以貍步張三侯。」「若」是發語詞，非轉語辭，曰「王大射」，此經文自下注腳矣。鄭泥看「若」字爲轉語，因以此節爲賓射。考工記注引射人之文又云：「下云『若王大射，則以貍步張三侯』。」明此五正之侯，非大射之侯明矣。殊不思「若王大射」以下，果是別出大射，則上文當有賓射之文，今但云射法、射儀，安見必爲賓射乎？且賓射惟天子、諸侯得有之，非大夫、士所得有，又賓射張采侯，安有豻侯乎？鄭必指爲賓射，誤矣。至以五正爲五采之侯，三正爲三采，二正爲二采，是謂侯中之正也。夫正在侯中一而已矣，安得有二，又安得有三有五？以采爲正説甚牽强。況如其説，則「五正」當次於「三侯」之下，方爲以類相從，乃于樂節之下，忽又言侯中之正，錯襍乖隔，徧考諸經無此文法，其誤甚矣。

敖繼公云：「鄉射之歌五終，而鼓五節，其三節先以聽，而二節之閒，拾發以將乘矢，此云『五節二正』是也。王之大射九節、五正，諸侯七節、三正，卿、大夫與士同。」

此解正爲樂節中正射之則，其説視鄭注爲長。但王五節、諸侯三節安得「拾發以將乘矢」？果如其説，是射必不與鼓節相應也。且卿大夫士三節先以聽，諸侯四節先以聽，而王乃亦四節先以聽，是尊者之先以聽不多於卑者，非所以優之也。鄉射禮云：「不鼓不釋。」鄭注云：「不與鼓節相應，不釋算也。鄉射之鼓五節，歌五終，所以將八矢。一節之閒當拾發，四節四拾，其一節先以聽也。」賈疏：「尊卑樂節雖多少不同，四節以盡乘矢則同，其餘皆以聽。王九節，五節先以聽；諸侯七節，三節先以聽；卿、大夫、士五節，一節先以聽，皆四節拾將乘矢，但尊者先以聽則多，卑者先以聽則少，優至尊，先知審故[一]也。」如此射方與樂節相應，尊卑亦有差，然則所謂正者非射之樂節，乃聽之樂節，聽之審，欲得其正，故謂之正也。

竊疑經文「二正」「二二」字當爲「一」字之誤，五正、三正、一正皆降殺以兩，尊卑之差等也。敖氏不知經誤，故其説不可通。鄭解鄉射樂節最得，而不知以此解射人，乃指爲采侯之正，殊可惜也。學者須知賓射設正實無經典可據，斯正鵠之制可知矣。

[一] 案：「故」，阮刻儀禮注疏本作「政」。阮元校勘記云：「要義同。毛本、通解『政』作『故』」。

宗廟會同解

論語：「宗廟之事如會同。」鄭注云：「宗廟之事，謂祭祀也。諸侯時見曰會，衆頫曰同。」朱子從之。鴞竊以爲非也。

古者諸侯冕服以祭，卿、大夫助祭皆冕，士亦爵弁。玉藻云：「諸侯玄端以祭。」鄭君讀端爲冕。又注周官司服云：「諸侯非二王後，其餘皆玄冕而祭于己。」此説非是。詳諸侯祭服考。又襍記云：「大夫冕而祭于公，弁而祭于己。士弁而祭于公，冠而祭于己。」鄭注云：「弁，爵弁也。大夫爵弁而祭于己，唯孤耳[一]。」案：此説亦非。大夫弁而祭于己者，冠弁也，即委貌也。士弁而祭于公，則爵弁也。戴東原曾辨之。未有端章甫者，章甫即周之委貌弁，而非冠，鄭君以委貌爲玄冠，非也。戴東原辨之詳矣。大夫以上之朝服也。士朝服玄冠。公西華言「願爲小相」，特是謙辭，其實是爲上相，上相贊君之祭，豈得不服冕而服章甫乎？其不合一也。

諸侯祭祀，凡在廟者，無非相禮之人，未有專設一官，而謂之相，亦未有上相、小相

[一] 王士駿續校勘記：「案：注疏作爵弁自祭家廟，此云爵弁而祭于已，蓋約举其文也，盧本与此同。」

之別。周禮、左傳所稱相者，皆會同之相，非祭祀之相也。今以宗廟之事爲祭祀，何解於小相之稱乎？其不合二也。

夫子詔四子言志，欲觀所以用世，故子路、冉有皆按時事以立言，公西華何獨不然？時會殷同之禮，鄭注：「衆頫曰同，即周禮『殷見曰同』也。」此惟盛世有之。逸周書王會解：「成周之會，墠上張赤帟、陰羽。」孔晁注云：「王城既成，大會諸侯及四夷也。」禮記明堂位言周公朝諸侯于明堂即在此時。詳會同考〔二〕。後宣王亦有之，車攻詩序云：「宣王復會諸侯於東都，因田獵而選車徒焉。」復者，對成王而言也。其詩曰：「赤芾金舄，會同有繹。」煌煌大典〔三〕，非易有也。春秋時此禮久已不行，公西華所言會同豈必指此乎？其不合三也。

下文云「宗廟會同」，非諸侯而何？明會同是諸侯之事，公西華欲爲諸侯之相也，若謂諸侯會同於天子，則相禮者爲天子之臣。周官大宗伯職云：「朝覲會同，則爲上相。」鄭注云：「相，詔王禮。」然相王亦即相侯氏。覲禮云：「侯氏坐取圭，升，致命，王受

〔二〕王士駿校勘記：「盧本作『詳成周會同考』。駿案：本書無成周會同考，此言周公朝諸侯于明堂等禮，統見卷十三會同考，『成周』二字疑衍。」

〔三〕王士駿校勘記：「盧本『煌煌』上有『如此』二字。」

之玉。侯氏降，階東北面，再拜稽首。擯者延之曰：『升！』升，成拜。」此擯者即大宗伯也。篇末言會同之禮有云：「公、侯、伯、子、男皆就其旂而立，四傳擯。」此擯亦天子之擯也。周官司儀言會同之禮有云：「詔王儀，南鄉見諸侯，土揖庶姓，時揖異姓，天揖同姓。及其擯之，各以其禮〔二〕。」公於上等，侯伯於中等，子男於下等，所謂「四傳擯」也。可知相諸侯者即天子之相，未聞有諸侯之相也。諸侯雖各有介，然不過皆奉其君之旂，置於宮而已。見覲禮篇末。宮謂壇壝宮。其在四時常朝，公介九人，侯伯七人，子男五人，見周官大行人職。亦不過立於門外，傳命而已，非贊禮之相也。鄭注司儀云：「入贊禮曰相。」蓋天子與諸侯尊卑不同，故惟天子有相，而諸侯不敢有相也。公西華既願爲相，豈但爲隨行之介哉！或謂公西華欲自爲諸侯，以相天子之會同，無論古無諸侯詔相天子之禮，公西氏亦必不如此僭妄也。時文有謂公西華自爲諸侯相天子之宗廟會同者，艾南英極稱其確。閻百詩詳辨之，當矣。宗廟亦言祭祀，則非。果然夫子當不特哂之，且必庰責之矣，何反許之乎？其不合四也。

且諸侯會同於天子，即使有相，亦必冕服。覲禮云：「侯氏裨冕，公衮、侯伯鷩、子男毳謂之

〔二〕王士駿校勘記：「盧本『禮』誤作『等』，無『其』字。駿案：周官司儀無『各以等』之文，盧本蓋蒙經文『上等』、『中等』而譌。」

裨冕。天子袞冕。」周書〔一〕王會解云：「天子南面立，絻，絻與冕同。無繁露。」又云：「相者太史魚、大行人，皆絻，有繁露。」然則諸侯之介亦必冕服可知。周官司服云：「孤之服自希冕而下，如子男之服。卿大夫之服，自玄冕而下如孤之服。」鄭注云：「自公之袞冕及卿大夫之玄冕，皆其朝聘天子及助祭之服。」夫卿大夫聘於天子用冕服，則其從君而朝天子亦必冕服，更可知矣。有孤之國，若以孤爲上介，服希冕。無孤之國，卿爲上介，服玄冕。本王制孔疏。豈有服章甫而相王朝之會同者乎？其不合五也。

時文有謂會同行於宗廟中者，宗廟之事不作祭祀解，其見自卓。汪鈍翁評之謂：「『如』字方醒。」〔二〕此卻不然，上文云「方六七十如五六十」，此二句明是平對，亦用「如」字，何邪？須知集注以「如」字爲更端之詞，猶「如不可求」，「如」爲轉語詞也。「如」字豈必指點之詞乎？但仍以爲時見、殷同之禮則當行於國外，竝不在宗廟中。閻百詩曾駁之，以爲「時文講典制，何啻捕風説夢」，其説固是，

〔一〕案：書中多次引用逸周書，多稱逸周書，此處稱「周書」。

〔二〕案：閻若璩四書釋地續三如會同云：「有持辛未房書『宗廟之事如會同』四句文見示者，稱爲汪鈍翁弟子。鈍翁評：『玩一「如」字，宗廟、會同分對不得，向來習解皆未了此。惟此文中段云：「至于時聘以結同盟之好，殷頫以除邦國之慝，皆廟見而廟受之，如會如同孰非有事於宗廟哉。」「如」字方醒。』」。金氏文中所謂的「時文」或即乾隆辛未科進士的八股文選集。

然不知集注之非，則亦未爲得也。

案：會同之禮，非必諸侯會同於天子也。左襄四年傳云：「文王，兩君相見之樂也。」杜注以諸侯會同解兩君相見〔二〕。孔疏云：「朝而設享是亦二君聚會，故以會同言之。」爾雅釋詁云：「會，合也。」又云：「會，對也。」説文云：「同，合會也。」「合，合口也。」是會、同二字，本義原止二人相合。易有同人之卦，以己與人合而言。繫辭傳云：「二人同心。」其證也。同止二人，會亦可知矣。禹貢云：「灉沮會同。」孔傳云：「灉沮二水會同雷夏之澤。」二水可言會同，豈二君不可言會同乎？曲禮云：「諸侯相見于郤地曰會。」春秋所書「公會某君于某」，如隱二年「公會戎于潛」，六年「公會齊侯，盟于艾」是也。皆兩君相見也。相見于郤地可謂之會，則相見於宗廟之中亦可謂之會矣。此會同之小者也。至於十餘君聚會〔三〕，不于廟而于壇，則會同之大

〔二〕王士駿校勘記：「盧本『兩君』作『爲君』。」

〔三〕王士駿校勘記：「盧本作『至於數君十餘君聚會』。駿案：盧本加『數君』二字，義更該括。」案：陸刻本、孫刻本皆無「數君」二字。

者也。周官或言「會同」，或言「大會同」，不言「大」，是小會同也，王朝會同有大小，侯國會同亦有大小〔一〕，詳會同考。左定四年經云：「公會劉子、晉侯、宋公、蔡侯、衛侯、陳子、鄭伯、許男、曹伯、莒子、邾子、頓子、胡子、滕子、薛伯、杞伯、小邾子、齊國夏于召陵。」「五月，公及諸侯盟于皋鼬。」傳云：「衛子行敬子言於靈公曰：『會同難，嘖有煩言，莫之治也。』其使祝佗從。」此十餘君聚會稱會同之證也。可知春秋時所稱會同，皆諸侯自相會同，非會同於天子也。十餘國聚會，所謂「嘖有煩言」者，必貴有言語之才以爲相。若兩君相見，則長於禮樂者可爲相也。公西華志於禮樂，則其所謂會同者，必指兩君相見言之。夫子嘗稱：「赤也，束帶立於朝，可使與賓客言。」正謂此也。兩君相見自在宗廟之中，宗廟之事不一，而會同其一事也，故曰「宗廟之事如會同」，「如」字乃指點辭，非更端辭。爲諸侯之事，故曰宗廟會同，非諸侯而何？其相禮者，必是卿。聘義云：「卿爲上擯，大夫爲承擯，士爲紹擯。」周官司儀云：「及廟，唯上相入。」春秋時，凡

〔一〕王士駿校勘記：「盧本此下作『但王朝小會同，非王與諸侯相見』，此十三字元本所無。下『詳會同考』句，盧本亦衍『成周』二字。」案：陸刻本、孫刻本皆無「但王朝小會同」等十三字。

相禮者皆卿，如襄公如晉，孟獻子相；鄭伯如晉，子西相，是也。孔子非正卿，而夾谷之會以孔子相，蓋爲其長于禮，故使攝之，史記所謂「攝行相事也」。猶古制也。鄭注司服云：「諸侯自相朝聘，皆皮弁服。」蓋據聘禮知之。賈疏云：「聘禮，主君待聘者皮弁。明待諸侯朝亦皮弁可知。」兩君相見皆服皮弁，其擯、介降一等，宜朝服。凡朝服，卿大夫委貌，士玄冠，上相贊君，其首服亦爲弁，制正自相宜也。諸侯會同於天子皆冕服，而自相會同，必降而服皮弁，則其臣固亦必降，乃臣從君于王朝得與君同服冕。而贊相兩君之會，不得與君同服皮弁者，以冕服有等差，卿大夫玄冕與君裨冕不同。而皮弁服無别，故降一等而服朝服也。然上相與君同戴弁，則亦相近矣。卿出聘服皮弁，而相君以朝于鄰國則服朝服，以聘使得專爲賓禮，宜優崇。其下有介，服宜差别，故聘使皮弁服，介則朝服，若相君以行，君皮弁服，相則朝服，其禮一也。客君之相如此，則主君之相亦必如此。所謂端章甫者，其爲兩君擯相之服明矣。會同主兩君相見，説上下文無不合。先儒由未明會同之義、擯相之服，故一往舛錯，皆不可通也。

七十曰耋説

耊之説不一。爾雅釋言舍人注、宣十二年公羊注竝以六十爲耊。離九三馬融注、僖九年左傳服虔、杜預注竝以七十爲耊。秦風車鄰傳、離九三王肅注、爾雅釋言郭璞注及説文、釋名竝以八十爲耊。孔沖遠詩疏云：「耊有七十、八十，無正文也。」左傳疏亦云：「耊之年齒無明文。」邵二雲爾雅正義則謂：「禮記古本云：『八十曰耊，九十曰耄。』今本脱『曰耊』二字。」錢少詹大昕經史答問宗之，近高郵王氏伯升〔一〕經義述聞述其父懷祖先生〔二〕之説，據釋文以本或作「八十曰耊，九十曰耄」爲後人妄加，及孔疏耊無明文，極辨錢説之非，誠爲卓見。然於耊之三説，猶未曾考訂而得其當也。

鶚案：曲禮古本作「七十曰耊」，其作「七十曰老」者，乃後人妄改，或轉寫脱誤，

〔一〕王士駿校勘記：「盧本『伯升』作『引之』。」駿案：本書于顧氏亭林、惠氏定宇、孫氏淵如、孔氏撝約例皆稱字，何獨于高郵稱名，盧本疑一時筆誤，元本則經改正者。」案：陸刻本、孫刻本皆與元本同。

〔二〕王士駿校勘記：「盧本無『先生』二字。」

非古本也。射義云：「耆耋好禮。」又云：「旄期稱道不亂。」此耆、耋、旄、期次序與曲禮同，釋文：「旄本又作耄。」是旄期即耄期也。故鄭注及釋文皆引曲禮以解之，釋文全引曲禮，鄭注於「旄期」引曲禮文，而於「耆耋」但云「皆老也。」蓋以旄字與耄不同，故必引其文。耆耋文與曲禮同，故省之。耋次於耆之下、旄之上，其爲七十甚明。古人稱年齒必有序，未有越次而言之者。周語召公諫厲王云：「耆艾修之。」後漢書明帝紀云：「有司其存耆耋。」必以次序言之，皆七十曰耋之證也。若八十曰耋，則六十之下不得越七十而言耆耋也。若六十曰耋，則既言耆，何又重言耋乎？六十曰耆，經有明文，何得改爲耋乎？且年方六十，安可遽稱爲耋乎？釋名云：「耋，鐵也。皮膚變黑色如鐵也。」方言云：「眉、梨、耋、鮐，老也。」郭璞注云：「梨，言面色如凍梨。鮐，言背皮如鮐魚。」大雅云：「黃耇台背。」毛傳云：「台背，大老也。」耋與梨、鮐竝稱，皆爲大老可知，故易言「大耋」，大耋猶大老也。六十非大老，則不得爲耋明矣。八十雖可稱耋，然既曰耄，安得又曰耋乎？八十、六十皆不得稱耋，可知耋爲七十也。毛公車鄰傳疑本作「七十曰耋」。大雅板篇云：「匪我言耄。」傳云：「八十曰耄。」是毛公既以八十爲耄，必不復以八十爲耋矣。今本作「八十曰耋」，或後人據他書改之也〔一〕。

夫老者，艾、耆、耋、耄、期之總名也。説文：「老，从人、毛、匕，言須髮變白也。」人生五十始衰，須髮已變，故謂之艾，曲禮釋文云：「艾，謂蒼艾色也。」孔疏：「五十氣力已衰，髮蒼白，色如艾也。」艾，即所謂斑白，亦即所謂二毛，杜注左傳云：「頭白有二色。」左僖二十二年傳云：「君子不禽二毛。」又云：「雖及胡耇，獲則取之，何有於二毛。」杜注云：「胡耇，元老之稱。」孫炎注爾雅云：「耇，面如凍梨色，似浮垢。」舍人云：「色赤黑如狗。」以狗擬尊長是大不敬也。詩言：「黃耇台背。」方言「耋」、「鮐」連文，則耇與耋相當，色似浮垢，即面如鐵色也。胡與遐聲相轉。遐者，久遠也。胡耇者，歷年久遠，色似浮垢也。故杜解爲元老，孔疏引謚法「保民耆艾曰胡」，非也。元老猶大耋也，傳言胡耇尊於二毛。則二毛即五十之

〔一〕王士駿校勘記：「盧本此下有『鄭君注易「大耋之嗟」以爲年逾七十，與馬注略同。疑鄭所見曲禮亦作『七十曰耋』，不然何不云年逾八十乎？其注射義引「八十、九十曰耄」，是鄭所見之本「八十」下無「曰耋」二字，既以八十爲耄，豈復以八十爲耋乎？秦風箋以樂爲仕于此君之朝，以逝爲去之他國。案：曲禮「大夫七十致事」，鄭爲此解亦可知其以七十爲耋也。詩言「今者不樂，逝者其耋」，「逝者」當與「日月逝矣」之逝同。言今日不仕，則日月之往迅速，未幾而耋，至耋爲七十，當致事之時，非可仕進矣。鄭解逝字雖未確，而既以仕爲言，則亦必以七十爲致事之時，故云「徒自使老將後寵禄」，意謂年歲晚莫不堪仕進在寵禄之後也。孔疏謂「仕者七十致事」，得之矣。又云「仕者慮己之耋，欲得早致事，故以爲八十也。」則與詩意不合矣。又注射義云：「耆、耋，皆老也。」注曲禮云：「艾，老也。」艾、耆、耋皆訓爲老，則老不專屬七十，亦可知鄭所見之本作「七十曰耋」也。』以上三百七字校元本增多。」案：陸刻本、孫刻本皆與盧本不同。

艾可知矣。

周官司儀職云：「王燕，則諸侯毛。」鄭司農注謂：「老者在上也。」中庸「燕毛」亦此義。老者有二毛，故曰毛。然則五十固可稱老矣。王制言「養老」，謂「五十養於鄉」。又云「五十異粻」，又云「五十杖於家」，又云「五十不從力政」，是以五十爲老者也。孟子言：「五十可以衣帛。」下言「老者衣帛」。又稱「西伯善養老」而云「五十非帛不煖」，亦以五十爲老者也。五十已稱爲老，六十更不必言，又何待七十始曰老乎？人生以百年爲期，然不必盡百年也。五十以下爲夭折，五十以上爲壽考。約而言之，壽有三等，百歲爲上壽，八十爲中壽，六十爲下壽。魯頌所謂「三壽」也。鄭箋云：「三壽，三卿。」非也。朱傳謂未詳，殆亦有疑于鄭之説與？人自少而壯而老，分爲三限，論語君子三戒如此，少亦曰弱，孟子所謂老弱也。惟少則三壽皆同，壯老各異。上壽，三十至六十爲壯，七十至百歲爲老。中壽，三十至五十爲壯，六十至八十爲老。下壽，三十四十爲壯，五十六十爲老。是則上壽，七十始衰爲老。中壽，六十始衰爲老。下壽，五十始衰爲老。天下下壽最多，中壽已少，杜少陵詩云：「人生七十古來希。」此説誠然，試觀孔子大聖僅享中壽，顔子大賢不免于夭，推而上之，武王年止六十有七，又上至于唐、虞、大舜亦止百歲，然則謂古人多壽者，非也。古人壽算亦與今人同。上壽尤罕覯，故養老之典必始于五十。曲禮：「五十曰艾」，「六十曰耆」。艾、耆已訓爲老，蓋以中下壽爲率也。經義無所不通，以下壽言，艾爲蒼艾色。以中壽、上壽言，則艾訓爲治。釋名：「五十曰艾。艾，治也。治事能斷割，芟刈，無所疑也。」曲禮、釋文亦載二説，以中下壽言，耆訓爲老，又訓爲指，指事、使人也。以上壽言則耆訓爲至，漸至老境也。又中下壽耊訓爲鐵色，上壽則耊訓爲老也。若七十曰老，則惟上壽可言，經文何必舉極難得之人以爲率乎？若謂經文數十年至百年，是明以上壽爲言，則又不然。觀其于八十、九十，不以十年而殊稱，而統稱爲耄可知，非專言上壽也。鄭注云：「耄，惛忘也。」書呂刑云：「王享國百年，耄荒。」荒，即惛忘之義。漢志作「眊荒」，説文從之，眊爲目昏，兩目昏眊則心之惛忘亦可知。人至惛忘，則精神已喪，不過十年必死，安能延至二十年之久乎？乃知八十而耄者，以中壽之人言也；九十而耄者，以上壽之人言也。經既通三壽而言，何得專以老屬之七十乎？且老之名自八十以上至百年，或壽踰百歲，亦無不可稱。説文以毛髮之變訓老，其變亦不一，始而微白，繼而半黑半百，後乃純白，再後又變爲黃。魯頌言：「黃髮台背。」又言：「黃髮兒齒。」大雅言：「以祈黃耇。」黃言髮，耇言面色。儀禮士冠禮祝辭言：「黃耇無疆。」可知黃髮爲大老之徵也。許君言須髮變白，特大略言之耳。爾雅釋詁云：「黃髮、齯齒、台背、耇老、壽也。」説文云：「壽，久也。」

是壽之最久者稱老也。釋名云：「老，朽也。」人老之至，精神内枯，如木之朽，則老去死不遠矣。若謂七十曰老，似八十以上不得稱老也。說文云：「考，老也。」「老，考也。」考有成義，物老則成，人亦如之。又考爲父，祖爲王考，老訓爲考者，亦以有子孫能事父祖也。然則人自五十至百年無不可稱老，老誠艾、耆、耋、耄、期之總名也。

老不可專屬七十，則七十曰耋無疑矣。曲禮在漢時已有二本，凡傳、注、字書言七十曰耋者，所見真古本也。其謂八十曰耋、六十曰耋者，所見之本即今本也。孔沖遠謂耋無正文，未見古本，故云然耳。然真古本至唐猶存，徐彦公羊疏云：「七十稱老。曲禮文也。」案：今曲禮云：「七十曰耋。」與此異也。李賢後漢書注云：「禮記曰：『六十曰耆，七十曰耋。』」此二人所見之本乃真古本之傳于唐者。而徐彦反以爲今本與古本異，殆未能考訂其是非也。

竊思古本「七十曰耋」，後人改爲「七十曰老」者，蓋以孟子、王制皆有耆老之文，又孟子「老者衣帛食肉」，一作「七十者衣帛食肉」。又左傳、公羊傳皆有耋老之説，意謂六十曰耆，則七十曰老，故耆老連文，六十曰耋、七十曰老，八十曰耋、七十曰老，故耋老連文，不知老爲高年通稱，耆、耋字皆从老，故皆以老字足成其文。耆老猶言老之耆者，耋老猶言老之耋者，耆老、耋老亦猶周官言老耄也。桓公年方七十，故曰：「伯舅耋老。」若老爲七十、耋爲八十或六十，豈宰孔不知桓公之年而爲是兩岐之詞乎？孟子、王制言耆老，此爲凡老者之通稱，舉六十以該其餘也。若謂六十曰耆，七十曰老，豈大王之屬老者，而告之不及於八十以上者乎？王者養耆老以致孝，當更隆于耄期之人，豈反不及之乎？七十衣帛食肉，是以七十該五十，一作「老者衣帛食肉」，是五十以上皆可稱老，豈專以七十爲老乎？夫然七十曰耋之改爲老，其説必不可通也。王氏〔二〕但知八十下有「曰耋」二字之非古本，而不知七十曰老之非古。鶚故詳考而明辨之。

楝梁解

楝梁之義自來未有確解，或混梁于楝，或混楣于梁，或謂楝横而梁縱，或謂楝梁皆屋之

〔二〕王士駿校勘記：「盧本此下有『引之』二字。」

覆者，此數説皆非也。案：爾雅：「宋廇謂之梁。」説文云：「宋，棟也。」列子：「雍門鬻歌，餘音遶梁欐。」莊子作「梁麗」。注云：「一曰屋棟。」唐韻、集韻因皆以欐爲棟。欐、梁聲相轉，欐即梁也。列子言「梁欐」，重文也。是混梁與棟也。不知梁與棟異，棟爲屋脊，其木必直，而梁之木則微曲，如橋梁然，故謂之梁。小雅：「三星在罶。」毛傳：「罶，曲梁也。」爾雅云：「凡曲者爲罶。」爾雅言「宋廇謂之梁」，廇與罶聲相近。蓋梁曲如罶，故名宋廇也。班固西京賦云：「抗應龍之虹梁。」李善注：「應龍、虹梁，形似龍而曲如虹也。」可知梁與棟異矣。且遶者周圍之義，梁上有短柱，論語：「山節藻棁。」包咸注：「棁，梁上楹也。」「棁」，一作「棳」。爾雅：「宋廇謂之梁，其上楹謂之棳。」郭注：「侏儒，柱也。」釋名：「棳儒，梁上短柱也。」棳儒，猶侏儒，柱短故以名之。則梁木四圍空虚，故可言遶，若棟則三面皆實，豈可言遶乎？梁之非棟明矣。戰國策云：「蘇秦頭縣於梁。」此梁在室中，是凡横木皆謂之梁。棟得與梁通，然棟可通稱爲梁，梁不可通稱爲棟。釋名云：「棟，中也。居屋之中也。」梁非居中，安得謂之棟乎？然則以梁爲棟者非也。

公食大夫禮：「公當楣再拜。」鄭注云：「楣謂之梁。」是混楣于梁也。不知爾雅「楣謂之梁」，此「楣」爲「楣」字之譌，上云「栱謂之閾」，「棖謂之楔」，下云「樞謂之棖」。閾、楔與棖皆是門材，則梁非堂上之材可知。釋文云：「楣，本或作楣。」説文訓楣爲「門樞之橫木」，與爾雅合。楣當爲楣明矣。楣之爲言冒也，所以冒棖與樞。鄉射記：「序則物當棟，堂則物當楣。」鄭注云：「是制五架之屋也。正中曰棟，次曰楣，前曰庪。」然則正中之橫木曰棟，棟前之橫木曰楣，楣之下有梁，梁所以持楹，上有短柱以承夫楣，楹上有楶以承楣，一曰薄櫨。楣之木直，梁之木曲，楣之木小，梁之木大，楣上承榱桷以覆瓦，其木宜直。梁在楣下，故可曲以爲容也。楣非屋脊，其木宜小于棟。梁與棟皆爲大木，以兩楹最大，梁所以持楹也。是楣與梁判然兩物，雖橫木皆可稱梁，要是通義，非正義也。鄉飲酒注云：「楣，前梁也。」此以橫木通稱爲梁，而楣爲前梁。曰前梁，則非正名爲梁可知。然則以梁爲楣者，非也。邵二雲爾雅正義云：「堂上之梁大而居中，其前橫列者爲楣。」又謂：「梁縱而楣橫。」不知此今之梁非古之梁也。今之梁縱，古之梁橫，今之梁有二，古之梁則一，何以知之？二梁縱列，當有四楹，而古之堂上惟有兩楹，不得有二梁縱列，梁與衡通，衡與橫通，又可知其非縱也。喪服四制：「諒闇。」注云：「諒，古作梁。闇，謂廬也。廬有梁者，所謂柱楣。」正以梁與楣同爲橫木，故楣可通爲梁，若梁縱而楣橫，不可通稱矣。然則謂梁爲縱列者，非也。程氏瑶田釋宫小記謂：「棟梁皆屋之上覆者。」竝非大木。然左傳云：「棟折榱崩。」魯語云：「不厚其棟，不能任重。」檀弓云：「梁木其壞。」淮南子主術訓云：「木大者以爲舟、航、柱、梁。」韓昌黎進學解云：「大木爲宗。」是棟梁爲大木，非屋之上覆者明甚。程氏據莊子云：「仰而視其細枝，則拳曲而不可以爲棟梁。俯而視其大根，則軸解而不可以爲棺椁。」因謂棟梁所用者細枝，可證其非大木。不知此細枝對大根而言，非最細之枝也。古者棺椁最厚、最大，當用八片合就，檀弓云：「棺束縮二横三。」可知其非四片合成矣。然或每面三四片，則棺不固，故當八片合成也。檀弓言：「柏椁以端，端，頭也。用柏木之頭爲之。長六尺。」此謂天子之椁，每片廣六尺，大棺之廣，每片當三尺五寸。諸侯椁每片廣五尺，大棺二尺九寸。大夫椁每片廣三尺六寸，大棺二尺。是棺椁之材固甚大也。詳棺椁考。大根徑有七八尺，或六七尺，方可以爲棺椁。凡木兩旁須削去其皮，及其不直者，故椁廣六尺，木約當八尺。則其細枝之徑，當有一二尺，豈不可爲棟梁乎？棟梁徑有一二尺，豈不可謂大木乎？且莊子此文其上云：「結駟千乘，隱將蔽其所藾。」藾，蔭也。其枝所蔭，千乘可隱而芘也。則其枝甚長，不知若干丈，其徑又不止一二尺矣。下云：「三圍、四圍，求高名之麗者斬之。七圍、八圍，貴人富商之家求禪傍者斬之。」夫襌傍，棺也。麗，梁也。麗曰高名，名之爲言大也。凡言名山、名川、名魚皆謂大也。林西仲以爲高明之家，非是。三圍，二尺七寸；四圍，三尺六寸。鄭注喪服云：「中人之扼，圍九寸。」此圍字的解。崔譔注云：「環八尺曰圍。」非也。以徑一圍三約之，圍二尺七寸，徑九寸；圍三尺六寸徑一尺二寸。程氏以三圍、四圍爲小，是曲説也。若屋之上覆者，其材安有三圍、四圍棟梁之爲大木，又甚明矣。者乎？

程氏又謂：「鄉射：『序則物當棟，堂則物當楣。序則鉤楹内，堂則由楹外。』可知棟非極〔一〕之横材，梁非持楹之材也。」然記云：「射自楹閒，物長如笴。」是堂之物當楣者，正當楹也。誘射由楹外者，以物在楹閒，故不鉤楹内，而從楹外以進於楹閒也。下云：「司馬升自西階，鉤楹自右物之後，立於物閒。」亦可見物在楹閒，若物在楹南，則不必鉤楹矣。況鄉射，侯道五十步，必正當棟與楣，侯道方有準，則若謂「極南至於楹皆謂之棟，楹南盡於承霤皆謂之楣，亦謂之梁」。此程氏説。而物在此閒，何以爲五十步之準乎？

程氏又據「上棟下宇，以待風雨」，謂非屋之覆於上者，烏在其待風雨也？不知棟宇

〔一〕案：「極」，孫刻本誤作「棴」，陸刻本不誤。

是舉兩頭以該中閒。有棟宇，則榱桷、茨瓦皆有所傅，可以待風雨矣。且宇非梁也。説文：「宇，屋邊也。」高誘注淮南子云：「宇，屋檐也。宙，棟梁也。易曰：『上棟下宇也。』」宇之非梁明矣。如程氏説，何不云上棟下梁乎？然則謂棟梁爲屋之上覆者，尤非也。又案：爾雅：「棟謂之桴。」棟在屋中至高之處，故有桴名，桴之爲言浮也。説文云：「桴，眉棟名。」一本無眉字。徐鍇繫傳云：「桴，謂屋前後檐，横棟也。眉、楣同也。」邵二雲云：「檐之横梁爲楣，從中棟之名而亦稱爲棟〔二〕耳。」然經傳言棟者，皆指中棟，未有以楣爲棟者也。説文云：「棟，極也。」極亦訓爲中也，北極居天之中，皇極居九疇之中，皆此義也。楣不得謂之極，亦不得謂之桴，豈可通稱爲棟乎？説文「眉棟」，「眉」字當是傳寫誤衍，而繫傳妄解之也。班固西都賦云：「荷棟桴而高驤。」則桴爲最高之棟明矣。又説文云：「甍，棟也。」釋名云：「屋脊曰甍。甍，蒙也。在上覆蒙屋也。」韋昭注晋語、杜預注左傳、薛綜注西京賦、李善注雪賦竝以甍爲棟，夫甍字从瓦，而聲與蒙相轉。是瓦之覆蒙屋上者爲甍也。若是屋棟，其文何以从瓦，又何有覆蒙之義乎？左襄二

〔二〕案：陸刻本、孫刻本皆作「棟」，邵晋涵爾雅正義作「桴」，今據爾雅正義改。

十八年傳：「慶舍猶援廟桷，動於甍。」惟甍爲覆桷之瓦，故攀援廟桷之題，得動其甍。此言其多力，掣一桷而屋瓦皆動也。若以甍爲棟。大公之廟最深，榱題之去棟當有八丈，詳廟寢制度考。豈能援題而動于棟乎？晋語云：「譬之于室，既鎮其甍矣，又何加焉？」惟甍爲覆室之瓦，故云無所復加，若以甍爲棟，則猶當施椽覆瓦，何謂無以加乎？張平子西京賦云：「鳳騫翥於甍標。」謂設鳳皇於檐阿也。在屋瓦之末故謂之標，若棟則最上之處，何謂之標乎？薛綜注謂：「作鳳皇以函〔一〕屋上，當棟中央。」既在中央，尤不可謂之標矣。謝惠連雪賦云：「始緣甍而冒棟。」棟最高峻，雪不易積，必甍上積滿，乃冒乎棟也。若甍即是棟，何既云甍復云棟乎？下句云：「終開簾而入隙。」字林云：「隙，壁際孔。」簾非即隙，則甍非即棟可知矣。又説文云：「棼，複屋棟也。」李善注文選悉用其説。夫「棼」字从林聲，與紛相近，其義本爲林木紛錯，而屋椽布列有似於林木之棼然。故名爲棼。周官巾車云：「素車棼蔽。」鄭注：「棼，麻布也。」左隱四年傳云：「猶治絲而棼之也。」屋椽最多，複屋尤紛然錯出，又有似於麻絲也。若棟則一而已，安得如林木之與麻絲乎？即複屋重棟而上下

〔一〕案：原文作「臿」。

竝在一處，亦不見紛列之形也。班固西都賦云：「列棼橑以布翼。」翼爲屋榮，本説文，如鳥之舒翼，故曰翼。又曰列、曰布，則棼非棟明矣。且下句「棟桴」與「棼橑」對，棟、桴一物，則棼、橑亦一物，橑爲椽，本説文。棼亦爲椽也。橑亦作轑。漢書張敞傳：「得之殿屋重轑中。」蘇林云：「轑，椽也。重轑，重棼也。」是棼即橑也。若以棼爲棟，何得謂布翼，又何得與棟桴對乎？西京賦云：「增桴重棼，鍔鍔列列。」此言重屋之制，棟與椽皆重，增亦重也。鍔鍔言其高，列列言其多也。若棼爲棟，則既言增桴，何又言重棼乎？棼之非棟可無疑矣。此三説者，混棟于楣、于甍、于棼，而棟失其爲棟。夫棟爲屋之最尊，乃爲眾材所奪，梁次于棟亦失其所以爲梁，宮室之制亂矣。鶚故詳考而明辨之。

禜祭考

説文云：「禜，設緜蕝爲營〔一〕，以禳風雨雪霜水旱癘疫于日月星辰山川也。」案：左昭

〔一〕王士駿校勘記：「元誤『緜』作『綿』，今正。」案：「緜」，孫刻本作「綿」。陸刻本作「緜」，与説文同，今依陸刻本、説文改。

元年傳曰：「山川之神，則水旱癘疫之災，于是乎禜之。日月星辰之神，則雪霜風雨之不時，于是乎禜之。」許君蓋據此文。然周官大祝：「掌六祈以同鬼神示，三曰禬，四曰禜。」禜與禬別。女祝職云：「掌以時招梗禬禳之事，以除疾殃。」鄭注云：「除災害曰禬。禬猶刮去也。」禬、刮聲相近，故以刮訓之。説文云：「禬，會福祭也。」从示會聲，諧聲兼會意也。謂除去疾殃，所以會福也。癘疫即疾殃，是禬之祭，主於癘疫可知。禜之祭主于水旱，故祭法云：「雩宗祭水旱。」鄭謂：「宗當爲禜也。」雪霜風雨之不時，爲水旱所由致，義與水旱相因也。第禬禜二祭相似。鄭注大祝云：「禬禜，告之以時，有災變也。」是禬禜一類，故禳癘疫亦通謂之禜也。禜之祭，雖有日月星辰與山川二者，而山川較多。楚語曰：「諸侯祀天地三辰及其土之山川。」韋昭注云：「此謂二王後也。非二王後祭分野星、山川而已。」然則禜于日月星辰者，惟天子有之，非天子則禜於山川。黨正職云：「春秋祭禜。」是禜之祭達於大夫可知，禜於山川者多也。禜祭亦及社稷，大祝職曰：「國有大故、天烖，彌祀社稷，禱祠。」鄭注：「天烖，疾癘、水旱也。」是禜及社稷矣。左傳第言山川而不及社稷，以臺駘爲汾神故也。漢儒泥左氏之文，遂不及社稷，實爲闕略。

且禜之時亦有二，無定時者，遇災而行，所以禳水旱，則山川社稷竝祭。有定時者，于春秋二仲行之，春祈雨暘之時若，秋則報之，與祭社稷之義略同。社祭土神，稷祭穀神，所以祈百穀之豐稔。禜祭山川，天子并祭〔二〕星辰，所以祈雨暘時若，亦即所以祈百穀之豐，故曰其義略同。其祭則主山川而不及社稷，以社稷已自有春秋之祭也。州長言：「春秋祭社。」黨正言：「春秋祭禜。」社有定時，則禜亦有定時可知。社稷實尊于山川，故州長祭社，黨正則祭禜。如雩，固因旱而祭，亦有不因旱而祭，其祭有定時者，月令：「仲夏，大雩帝。」是也。禜在仲春，故雩在仲夏，天子禜祭星辰以及山川，大雩則祭天，而日月星辰社稷山川百神皆祀。禜小而雩大也，以盛陽之時，待雨尤急，故特大其祭也。諸侯禜不得祭星辰，雩亦不得祭天。蓋禜于山川而雩，則社稷山川竝舉，亦禜小而雩大也。又祭法曰：「幽宗，祭星也。」鄭注云：「宗，當爲禜。」此但言星而不及日月，蓋天子春秋幽禜，祭星辰、司中、司命、飌師、雨師，是爲六宗。六宗以鄭君說爲確，此本鄭說也。故其字亦作「宗」，總之皆星也。星爲五緯，辰爲二十八宿，司中、司命皆文昌星；飌師，箕星；雨師，畢星，要之皆星也。不及日月者，以日月已自有春秋之祭也。此有定時者也。祭法又曰：「雩，禜祭水旱也。」天子雩禜日月星辰以及社稷山川，無不畢祭，有似于雩，故曰雩禜。知

〔二〕王士駿續校勘記：「盧本『祭』下增多『日月』二字。」

雩、禜非二祭者，以上文所言皆一祭，此不應獨異也。且雩爲旱而祭，而禜非專爲水而祭，兼祭水旱，則雩、禜爲一祭明矣。此無定時者也。祭法所言泰壇、泰折、王宮、夜明諸祭，皆天子之禮，則幽禜雩禜亦皆天子之禮可知矣。雩大于禜，禜大于酺，雩祭天帝而禜祭日月星辰，雩亦祭地。雲漢詩云：「上下奠瘞。」是雩亦祭地也。而禜祭社稷、山川，禜分舉于春秋，而雩特行于仲夏，是雩大而禜小也。黨正爲下大夫而祭禜，族師爲上士而祭酺，是禜大而酺小也。禜與雩異者，雩專主于求雨禳旱，而禜則兼雨暘水旱，并及疾疫也。禜與酺異者，酺主于人物災害，而禜則主于雨暘水旱也。禜之祭有壇，鄭注黨正云：「禜謂雩禜水旱之神。」蓋亦爲壇位如祭社稷云。祭法，泰壇、泰折、王宮、夜明皆是壇，則幽禜、雩禜亦爲壇也。賈逵注左傳謂「禜祭爲營，攢用幣以祈福祥。」杜注從之，孔疏云：「營其地，立攢表。攢，聚也，聚草木爲祭處。」此與説文「設緜[一]蕝爲營」同，禜字从營省，取營域之義，外爲營域，其中則有壇也。禜祭亦有牲，鄭注大祝云：「造、類、禬、禜，皆有牲。攻、説用幣而已。」雲漢詩言：「靡愛斯牲。」此禜用牲之確證。杜注但言用幣，蓋據左氏言天災有幣無牲也，不知天災惟日月食不用牲，若水旱則無不用牲者。春秋書：「大水，

[一]「緜」，孫刻本、陸刻本皆作「綿」。據説文原文改。

鼓，用牲于社、于門。」蓋當鼓于朝，不當鼓于社，當用牲于社，不當用牲于門，故書以譏之，非謂不可用牲也。左氏之言殆未可據矣。

夾室考

李如圭儀禮釋宫云：「東夾之北，通爲房中，西夾之北通爲右房。」近孔撝約禮學巵言[一]、戴東原考工記圖亦皆以左右房圖於夾室之後。案：公食大夫禮贊者負東房，南面告具于公時，公在東序内，宰夫立于東房南告之，則房在序内甚明。士喪禮云：「襲絰于序東。」鄭注云：「序東，東夾前。」則夾在序外亦甚明。[二]賈公彦云：「夾皆在序外。」可知房不在夾之北也。又上文云「大夫立于東夾南。」若夾之後爲房，是東房南即東夾，何以不言東夾而言「負東房南面」乎？又士冠禮云：「筵于東序，少北，西面，將冠者出房南面。」記

〔一〕王士駿校勘記：「盧本無此七字。」
〔二〕王士駿校勘記：「盧本無此二十五字（校案：即自「士喪禮」至「甚明」）。」

云：「適子冠于阼。」是筵于東序，在阼階上，而云冠者出房，則房在序内矣。古者房户在房之東偏，與東序相近，此户南向與室户同，又有西向之户，以通房于室，所謂西南其户也。右房户亦偏東向南，而無東向之户，蓋左房爲婦人行禮之處，故有户以通于室，否則必出至于堂，而旋轉入室矣。若右房所以藏器物，故不必有通室之户也。又左房無北壁，以爲北堂右房，則有北壁亦自不同。故出房南面即東序少北之位，安得謂房在夾北乎？又鄉飲酒禮云：「尊兩壺于房户閒。」戴記以爲賓主夾之，蓋主人席阼階上，賓席牖户閒，牖西户東乃設依之處，堂之正中也。而尊設于房西户東，爲在賓主之閒也，若房在夾北，則房户之閒即序端矣。何不言序端，而言房户閒？尊與主人相直[二]，何得謂賓主夾之乎？特牲饋食禮云：「豆、籩、鉶在東房。」鄭注：「東房，房中之東，當夾北。」以房中有内洗，上文云主婦盥于房中。在房之西北，士昏禮記：「婦洗在北堂直室東隅。」蓋在左房西北，當室東北隅。故知豆、籩、鉶在房中之東，此言東西之節也。其南北之節，則與夾北相當，非謂房在夾北也。李氏據此而謂夾通爲房中，誤矣。

宫室之制中閒前堂後室，兩旁亦前堂後室，以序别之。爾雅：「東西牆謂之序。」郭注云：「所以序别内外。」釋名云：「序，次序也。堂兩旁爲東西夾。室中有牆以隔之，謂之東西序。」案：中堂之兩旁爲東西堂，可謂夾而不可謂夾室，亦云

[二] 王士駿校勘記：「盧本作『尊在賓主之東』。」

夾室者，散文通也，猶言明堂九室也。尚書大傳云：「三分堂廣，以其二爲內。」鄭注以內爲東西序之內。是中堂最廣，故其室有左右房。東西堂狹，故其室無左右房，前堂後室，通謂之夾。顧命：「西夾南嚮，敷重筍席。」此以堂言也。牖閒西序東序之席皆設于堂可知，西夾之席亦必在堂，而不在室矣。聘禮：「西夾六豆設于西墉下。」此以室言也。室中之牆謂之墉，曰西墉可知其在室而不在堂矣。公食大夫禮：「大夫立于東夾南，西面北上。」「宰東夾北，西面南上。」此兼堂室而言也。鄭注：「東夾南，東於堂。」賈疏謂：「立于堂下，當東夾。」是已而解東夾北謂位在北堂之南，與夾室相當，不知北堂之南即是房中，安得謂東夾北乎？東夾南在堂下，東夾北何以在堂上乎？然則東夾北者，其位當在北堂之下，與夾室相當也。賈疏：「北堂之南。」南字或是下字之譌。東西夾亦謂之廂，爾雅云：「室有東西廂曰廟，無東西廂有室曰寢。」此廟後之寢。無東西廂，則序外堂室皆無，非有夾室而無前堂也。是知廟之東西廂，亦兼前堂後室而言矣。說文：「廂，廊也。」廊，東西序也。玉篇亦以廂爲東西序，廂在東西序外以屬于序，故通謂之序。序亘堂室，則廂亦必兼堂室矣。郭注以爲夾室前堂，鄭注公食大夫禮以箱爲東夾之前待事之處，是專以夾爲室以箱爲堂，箱與廂通。失其義矣。廂之爲言相也，夾于中堂正室兩旁，有相輔之義，故謂之廂。其作箱者，同音假借也。鄭君以爲義取相翔，史記索隱以爲形似箱篋，皆非也。夾，又謂之个。左氏昭公四年傳：「使賓饋于个，而退。」杜注：「个，東西箱。」个與夾，其義同，个夾與相亦同。劍脊之兩旁謂之相，侯之左右謂之左右个，其義一也。明堂左右个與廟寢東西夾同。萬充宗謂東西廂在堂下，其謬較郭説尤甚。公食大夫禮：「公揖，退[一]于箱。」未言降階，則箱在堂上明矣，殆由不知爾雅「無東西箱曰寢」之爲廟後之寢而誤解耳。

卷六終

[一] 王士駿續校勘記：「盧本『退』作『進』，非是。」

求古録禮説卷七

臨海誠齋金　鶚

冬祀行辨

月令「冬祀行」，淮南子時則訓作「冬祀井」，班固白虎通及劉昭、范曄、高堂隆皆然。兩漢、魏晋立五祀，井皆與焉。隋唐參用月令、祭法之説，五祀祭行。及李林甫之徒復修月令，冬亦祀井而不祀行。竊謂冬祀行者非也。

先王之制，祭祀各有精義，春與秋對，户與門亦對。卯酉者，日月之門户，故祀門户于春秋之中。五祀非每月皆祀，當於四仲行之。户奇爲陽，故祀于春。門偶爲陰，故祀于秋。火旺于夏，竈，火也，故祀于夏。水旺于冬，井，水也，故祀于冬。本陳氏禮書。夏與冬對，故竈與井亦對。若冬祀行，行與竈不對也。且行之于冬，又何所取義乎？冬屬陰，而行不爲陰，冬主藏，而行不爲藏，真不可通矣。高誘注淮南子云：「井，或作行。行，門内地，冬守在内，故祀也。」然中霤、户、竈與門孰不在内，而必以行爲在内乎？況行神不必在門内，行主于外，當于城外祭之，即道祭也。曾子問云：「諸侯適天子，道而出。」鄭注云：「祖道也。」孔疏云：「祭之時，委土爲山，伏牲其上，使者爲軷，祭酒脯，祈告。禮畢，乘車轢之，而遂行。」詳祭祀差等說。其祭宮内行神之軷，與城外祖祭之軷，制亦不殊。

案：聘禮云「釋幣于行」，此行神固在廟門外西方，本鄭注。然但釋幣而已，未嘗祭也。上文「釋幣于禰」，云「釋幣，制玄纁束奠于几下」，又云「卷幣實于笲，埋于西階東」，是未嘗祭也。然則釋幣于行，亦必不祭矣。記云：「出祖，釋軷，祭酒脯。」此祖在國門外，亦本注疏乃有祭也。然則聘使初釋幣以告行神，後出國門外，爲軷，壇祭之，祭行不于宮内明矣。祭法言七祀、五祀最爲紕繆。司命，天神；泰厲，人鬼。一切混入，殊爲非禮。而謂天子、諸侯祀國行，次于國門之下，卻可爲祀行在國外之一證也。夫祀行在國門外，豈可與户、竈、中霤等竝列爲五祀？況行非常祀，必有遠行乃祭。又豈可與户、竈等之每年常祀者等列哉！五祀之不當有行無疑矣。孟子云：「民非水火不生活。」水火甚切于日用，人之所賴以生，皆不可以不報也。五祀之當有井，又何疑乎？楊升菴云：「井即行也。古者八家同井，由家至井，井有八道，八家所行。月令、時訓互言之非有異也。」不知八家同井謂田如「井」字，八家同之，非汲水之井也。若謂八家同汲一井，于經無據。天子、諸侯、大夫皆立五祀，其宫中且有内外二井，詳廟寢制度考。安有八出之道乎？民閒即或有同井者，而名之爲行，是不祭井而祭井閒之道，殊無謂矣。

禘祭考

禘祭之説，紛如聚訟，迄今無定論。竊謂古今説禘者，以漢鄭康成爲優。自王肅駁之於前，宋儒排之於後，而鄭説遂廢，是可恨也。近孔撝約〔二〕、惠定宇始發明鄭義，孫淵如

〔二〕王士駿校勘記：「盧本無此（校案：即孔撝約）三字。」

又申明之，鄭學乃行。然禘之大綱有二：一曰禘郊之禘，一曰禘祫之禘。禘郊之説，鄭氏大槩得之，而亦不能無失。至于禘祫之説，鄭氏大誤，孔、惠諸君〔二〕不能正其失，兹一以經正之。

夫禘者，諸大祭之總名，凡七祭。禘郊之禘，其目有五。

一曰，圜丘之禘。禮記祭法：有虞氏禘黄帝，夏后氏禘黄帝〔三〕，殷人、周人禘嚳。鄭注此禘「謂祭昊天于圜丘也。」孔疏：有虞氏冬至祭昊天上帝于圜丘，大禘之時以黄帝配之，夏后氏以下禘義亦然。大司樂冬日至圜丘一節注亦云，此禘大祭也。王肅聖證論難之云：「祭法説禘無圜丘之名，周官圜丘不名爲禘，是禘非圜丘之祭也。爾雅：『禘，大祭也。』『繹，又祭也。』皆祭宗廟之名。則禘是五年大祭先祖，非圜丘及郊也。」鶚案：鄭氏以禘爲祭天圜丘帝嚳配之，此説最確。請列三證以明之。

周語，周定王謂士季曰：「禘郊之事則有全烝，王公立飫則有房烝。」韋昭注：「全

〔二〕王士駿校勘記：「盧本作『定宇、淵如』。駿案：凡本書所引孔説皆盧本所無，疑初時未見其書也。」
〔三〕王士駿校勘記：「盧本『禘』上有『亦』字。」

烝，全其牲體而升之也。房，大俎也。房烝謂半解其體升之房也。」魯頌：「籩豆大房。」毛傳：「大房，半體之俎也。」孔疏引國語謂：「禘郊之事乃有全烝，宗廟之祭則房烝耳。」夫魯頌所謂「秋而載嘗」即大禘也。此禘祫之禘。祭統云：成王、康王賜魯以重祭，「外祭則郊社是也，内祭則大嘗禘是也」。明堂位云：「季夏六月，以禘禮祀周公於大廟。」禨記云：「七月日至，可以有事於祖。七月而禘，獻子爲之也。」春秋僖公八年：「秋七月，禘于大廟。」考魯之郊禘非成王所賜，江慎修謂僖公始僭，其説是也。禘本行於季夏，魯禘多行於孟秋。行於夏謂之大禘，行於秋謂之大嘗，七月而禘見于僖公時，本非獻子爲之，禨記似不可信。抑或獻子以後始常用七月與？魯頌言「莊公之子」，明是僖公。「皇皇后帝，皇祖后稷，享以騂犧」，明是郊天。繼而「秋而載嘗」，必是大嘗禘可知。大嘗亦謂之禘。猶祭統以「大嘗禘」與「郊」連言也。載，始也。謂祭在秋之始，則七月也。周正時月皆改，于此亦可見。白牡騂剛、犧尊、大房、萬舞，與明堂位所謂「白牡犧象，朱干玉戚，冕而舞大武」等語略同，可知即大禘也。大禘而用房烝，則宗廟之祭必無全烝矣。周官大宗伯：「以肆獻祼享先王，以饋食享先王。」鄭注以肆獻祼爲祫，饋食爲禘。其説固泥，而大禘未嘗不在其中。釋文：「肆，他歷反。解骨體。」賈疏：「薦熟之時，肆解以爲二十一體。」是薦熟時無全烝也。又云：「灌後王出迎牲，入，豚解而腥之，薦于神坐。所謂薦腥也。」是薦腥時亦無全烝也。禮器云：「郊血，大饗腥。」郊，正祭時以薦血爲始，其用全烝可知。蓋不豚解薦腥，故薦血也。大饗指宗廟大禘，正祭時以薦腥爲始，薦腥必豚解，其無全烝可知。是知周語「禘郊有全烝者」，必圜丘之禘也。一證也。

王制云：「祭天地之牛角繭栗，宗廟之牛角握。」楚語：「觀射父曰：『禘郊不過繭栗，烝嘗不過把握。』」與王制合。則其所謂禘者，必祭天也。若宗廟之禘，豈有用犢之禮。繭栗，謂犢角如繭如栗也。二證也。此條孔氏〔二〕、孫氏已引，兹欲詳考，故亦引之。

楚語又云：「天子禘郊之事，必自射其牲。諸侯宗廟之事，必自射其牛，刲羊、擊豕。」夫禘郊祇曰牲，不言羊、豕，是特牲也。宗廟言牛、羊、豕，是大牢也。可知此禘非宗廟之祭，若宗廟之禘，安得特牲乎？且以宗廟對禘郊，則禘非宗廟之禘甚明。中庸以宗廟對郊社，與此正同。中庸又言：「郊社之禮，禘嘗之義。」彼以禘嘗與郊社對，則其禘爲宗廟之禘可知。此以禘郊與宗廟對，則其禘爲圜丘之禘可知。禘與郊類敘，而以禘先，郊禘爲圜丘之祭可知。三證也。

〔二〕王士駿續校勘記：「盧本無『孔氏』二字。」

且禘之爲字从示从帝，帝謂天帝也，則圜丘祭天是禘之本義。宗廟之禘，乃別取審諦之義，非本義也。說文：「禘，諦祭也。」專指宗廟之禘，失之。爾雅釋天：「禘，大祭也。」禘祭有七，而圜丘之祭爲最大。爾雅所謂大祭，蓋主圜丘之禘，故在釋天篇中。孫炎、郭璞注皆以禘爲五年一大祭。非也。王肅見「禘大祭」與「繹又祭」連文，遂以禘爲宗廟之祭。殊不思上文：「祭星曰布，祭風曰磔。是類是禡，師祭也。既伯既禱，馬祭也。」伯祭馬祖房星[二]，是天神之小者，類祭上帝則大矣。然告祭非正祭，其禮殺于郊，不得爲大祭，故繼之曰「禘，大祭也」。祭星以下皆天神，而「師祭也」以下三句皆用「也」字爲語助辭，文體一例，何謂禘非祭天乎？至「繹，又祭也」一句，乃爲下文「周曰繹，商曰肜，夏曰復胙」三句提綱，本不與上文連。此泛言宗廟繹祭之禮，非專指禘祫之繹。則禘爲祭天明矣。雖宗廟之禘亦大祭，謂此文爲諸大祭之通釋固無不可。然豈可專指宗廟之禘哉。況此文在釋天篇中，則諸大祭自當以天爲主，豈有專指宗廟而反遺祭天之理？王肅之說亦甚固矣。

祭法禘、郊、祖、宗列四大祭之名，黃帝、顓頊等詳其配祭之人，意主于人，故略其

[二] 王士駿校勘記：「盧本作『禡與伯俱祭馬祖房星。詳禡祭考。』此大小十三字元本所無。」

地。祖宗之祭在明堂，亦略而不言，豈獨圜丘哉。安得以無圜丘，遂謂其非禘也？周官圜丘、方丘、宗廟三大祭皆是禘，其名統同，故不一一言之，豈可以其不言禘，遂斷其非禘哉？周官中諸大祭皆不著其名，但云「祀大神」、「享大鬼」、「祭大示」、「大祭祀」而已，祀大神，謂圜丘南郊。祭大示，謂方丘北郊。享大鬼，謂宗廟禘祫。大祭祀，則總言之。亦有專指宗廟者，大宗伯云：「凡大祭祀，王后不與，則攝而薦豆籩，徹。」是也。是則宗廟之禘亦不言禘，何獨不疑其非禘乎。豈周官一書〔一〕無禘祭乎。王肅之說又甚固矣。

且禘嚳之禘，肅謂以稷配嚳。肅謂祀嚳于后稷廟，以稷〔二〕配之。是以祖配祖也，經傳惟言「以祖配天」，未聞以祖配祖也。后稷或謂帝嚳之孫，或謂帝嚳之子，肅據大戴禮及史記以后稷爲帝嚳子。以子配父，以孫配祖，有是理乎？配字古與妃通，詩：「天立厥妃。」孔疏：「『妃』字音亦爲配。某氏曰：『詩云「天立厥配〔三〕。」』」是配、妃通。爾雅：「妃，合也，匹也，對也。」釋名：「配，輩也。」然則配享之人必相對相匹而後可。少牢饋食禮以某妃配某氏，此夫婦配享，夫婦敵體也。

〔一〕王士駿續校勘記：「盧本『一書』下有『全』字。」

〔二〕王士駿校勘記：「元本、盧本俱譌『稷』爲『嚳』，今正。」案：陸刻本亦誤，孫刻本皆不誤。

〔三〕「配」，毛詩正義原文作「妃」，應以原文爲正。

郊天之禮主以日、配以月，此日月配享，日月亦相對也。至于以人神配享天地，蓋以天、地、人參爲三才，聖人與天地合其德，故可以配之也。虞夏殷周配天之祖，皆以其有大功德，足配天地，不然四代之祖多矣，何必以黄帝、帝嚳諸人配天哉。昌意在顓頊之前，乃不祖昌意，而祖顓頊，其意可見矣。舜不宗瞍而宗堯，亦以瞍無功德也。禘、郊、祖、宗皆配天，故連類及之。夏之郊鯀，此必無之事，即有之，亦夏之末造也。本金仁山。以人神配天地之義，蓋如此。若臣之於君，尊卑縣絶，而有大功者，禘祫得與享，亦不可謂之配享。盤庚云：「茲予大享于先王，爾祖其從與享之。」曰從享，則非配享矣。魏高堂隆議功臣配享于先王，唐太宗令功臣配享。廟庭配享之名起於後世，非先王之禮也。子之於父，尊卑亦縣絶。曲禮曰：「父子不同席。」内則曰：「父子異宫。」皆所以别尊卑也。祖爲大父[一]，其尊實與父同[二]，惟祖孫同昭穆，故孫得祔於祖。然祔與附通，襍記：「大夫附于士。」注云：「附，讀爲祔。」玉篇附訓爲依，非配合之義。孟子：「附于諸侯曰附庸。」詩云：「予[三]曰有疏附。」毛傳：「率下親上曰疏附。」孫以卑附尊，義亦猶是。且孫祔于

[一] 王士駿校勘記：「盧本『父』下衍『母』字。」
[二] 王士駿校勘記：「盧本無『實』字。」
[三] 「予」，陸刻本誤作「子」。

祖，非與祖配享也。天子七廟、諸侯五廟昭祔于昭，穆祔于穆，祖遷而孫居其廟，孫與祖不同廟也。又卒哭祝辭曰：「哀子某，來日某隮祔爾于爾皇祖某甫。」隮訓爲升，不徒曰祔，而曰升祔，亦可見尊卑之異也。惡得與祖配食哉。然則以子孫配祖父，必無此禮。而禘爲配天無疑矣。

王肅又曰：「玄以[一]圜丘祭昊天最爲首禮。周人立后稷廟不立嚳廟，是周人尊嚳不若尊稷及文武，以嚳配至重之天，何輕重倒置之失所乎？」是又不然。祖有遠近無尊卑，自其最遠者言之，四代皆出於黄帝，黄帝爲始祖也。以次遠者言之，虞夏祖黄帝，殷周則祖帝嚳。又其次，殷人祖契，周人則祖稷，其宗派殊也。殷出於契，周出於稷，契始封於商，稷始封於邰。天子、諸侯皆以始封者爲始祖，故殷立契廟，周立稷廟，非尊稷、契而卑嚳也。稷、契既是始封之祖，又各有大功德，故南郊以之配天。然始封之祖固是稷、契，而世系之遠祖則帝嚳也。嚳又有聖德，故圜丘以之配天。冬至爲陽生之始，故祭天而以世系之遠祖配。夏正孟春爲一歲之始，故祭天而以肇封之始祖配。子月在寅月先，遠祖

[一] 案：金氏原文無「玄以」二字，應據聖證論原文補。

在始祖先，其配祭各有所當，亦非尊嚳而卑稷也。

王肅又曰：「周若有嚳[一]配圜丘，則仲尼當稱『昔者周公禘祀嚳圜丘以配天』，今無此文，知嚳配圜丘非也。」是又不然。孝經言：「孝莫大于嚴父配天，則周公其人也。」注云：「以父配天之禮，始自周公。」是經意所重在於嚴父，下云「宗祀文王于明堂，以配上帝」正其事也，「郊祀后稷以配天」句帶説不重，故嚳配圜丘略而不言。然不略稷而略嚳者，以方言嚴父意主於近者，稷近而嚳遠，故略嚳而不略稷也。安得以孝經無帝嚳配天之文，而遂議其非乎？

宋楊信齋又駁鄭云：「祭法歷敘四代禘、郊、祖、宗，禘文皆在郊上，蓋郊止於稷，而禘上及乎嚳，故先言之耳。鄭氏不察，謂禘又郊之大者，于是以祭法之禘爲祀天圜丘以嚳配之，誤矣。」是又不然。祭法言配祭之人，其嚳遠於稷，故禘在郊上。説固可通。然國語多言禘郊，皆不言配祭之人，禘亦在郊上，則何也？彼謂以祖配祖，雖大祭亦祭人鬼耳。天神尊於地示，地示尊於人鬼，此尊卑一定之序，豈可以人鬼先於天神哉？故諸

[一] 案：「有」聖證論原文作「以」，作「以」文義似更暢達。

經言祭天地皆先於宗廟，約舉之，如易言：「亨帝立廟。」書言：「郊社宗廟。」王制言：「祭天地、宗廟。」月令言：季春，「獻繭給郊廟之服」。月令兩言「郊廟之服」，又言「郊廟之薪燎」，凡三見。禮運言：「郊社祖廟。」祭統言：「魯之郊、社、大嘗禘。」仲尼燕居言：「郊社嘗禘。」是也。惟曾子問言：「嘗禘郊社。」疑記者之誤。

惠定宇云：孝經言「宗祀文王于明堂，以配上帝」，是宗祭在四大祭之末，尚爲配天，豈禘在四大祭之上，反不得爲配天之祭哉？斯言得之矣。鄭氏以禘爲圜丘之祭，其説固當。而注大宗伯「昊天上帝」以爲「天皇大帝」，注大司樂以爲「天神主北辰」，注月令「皇天」以爲「北辰耀魄寶」，本於春秋緯文耀鉤、元命苞，則不免於謬妄也。鄭注君奭「格〔一〕于皇天」云：「皇天，北極大帝。」又注論語「皇皇后帝」云：「帝，謂太微五帝。」皆謬。

程子云：「以形體言謂之天，以主宰言謂之帝。」此昊天上帝之正解。謂之昊天者，古尚書説云：「元氣廣大，曰昊天。」是也。見大宗伯疏。有曰：「皇天者，皇，大也。」本説文。天道至大，故稱皇天。古尚書説尊而君之，則曰皇天。非也。魯頌：「皇皇后帝。」后，君也。若以皇爲君，則是君

〔一〕王士駿校勘記：「盧本『裕』作『格』。駿案：經文本作『格』，元本疑以形近譌。」案：陸刻本、孫刻本皆誤作「裕」。今據王校正。

君君帝矣，不亦贅乎。蓋「皇皇」言其大，「后」則尊而君之耳。孔疏皇皇爲美。亦非。合而言之曰「昊天上帝」。或言「皇天上帝」，分而言之曰「昊天」，曰「上帝」，或曰〔一〕「皇天」，或單言天，單言帝，一也。要不可以星象爲天，北辰、天皇大帝皆星名，未可以爲天也。

一曰，方丘之禘。大司樂「夏日」至「澤中方丘」一節，鄭注：此亦禘大祭也。王制云：「祭天地之牛角繭栗。」蓋祭地亦用犢也。而國語言「禘郊不過繭栗」，則祭地亦禘也。詩序云：「昊天有成命，郊祀天地也。」祭法、國語言禘皆在郊上，郊兼天地，則禘亦必兼之。禮運云：「魯之郊禘，非禮也。」郊禘本可通稱，言郊禘猶言郊也。故下文祇言郊。又云：「天子祭天地，諸侯祭社稷。」是郊祭天又祭地也。郊、禘可通稱，郊祭地，則禘亦祭地可知。曲禮：「天子祭天地。」疏云：「后稷配天南郊，又配地北郊。」則周人以嚳配圜丘，亦當配方澤也，方澤當作方丘。此說自當。然則祭法所謂禘郊者，本兼天地之祭。注不言祭地，以地統於天，故略之耳。舜典「類于上帝」，而不言祭地。大宗伯「禋祀祀昊天」，而不言祭地。中庸言「郊社所以事上帝」，而不言地，皆以天統之也。魯語亦言四

〔一〕案：陸刻本誤「曰」作「白」，孫刻本不誤。

代「禘、郊、宗、祖、報，此五者，國之典祀也」，加之以社稷山川、前德令哲、三辰五行、九州山澤，非是不在祀典。夫地與天對，其尊至矣。反不得如社稷山川等之爲典祀乎？兹何以不言也。是知祭地之禮即在禘郊中也。孰謂祭地非禘乎？鄭氏以方丘之祭爲禘，卓識自超千古，但謂方丘地示主崑崙，北郊則祭神州地示，抑又非矣。地與天對，謂之祭地，必是普天下全載之地，方丘、北郊地示不當有異也。天子有王社、大社，王社祭畿内土神，大社祭中國九州土神，則北郊必祭全載之地矣。若方丘、北郊已分爲二，則大社何以別於北郊乎？社有大小，地無大小，大社、王社有別，方丘、北郊不宜有別也。其別爲二祭者，以配祭之人別之，非以地示別之也。至於崑崙、神州之説，本於地統書括地象，亦是緯書，更爲謬妄。此亦鄭氏之失也。括地象云：「地中央曰崑崙，其東南方五千里曰神州。」又云：「天傾西北，地缺東南。」不知大地渾圜如毬，中土居赤道之北，是天地非有傾缺，中國亦非在東南隅也。彼以中國所處，不見南極瀕于東南海，故爲此説。豈知南極隱見無定，中國所瀕之東南海，非大地盡于此也。海之東南又有地矣。中國九州豈果僻處大地之東南隅哉？

一曰，南郊之禘。喪服小記云：「王者禘其祖之所自出，以其祖配之。」鄭注：「禘，大祭也。始祖感天神靈而生，祭天則以祖配之。」大傳云：「禮，不王不禘。王者禘其祖之所自出，以其祖配之。」鄭注：「凡大祭曰禘。大祭其先祖所由生，謂郊祀天也。王者之先祖皆感太微五帝之精以生，蒼則靈威仰，赤則赤熛怒，黄則含樞紐，白則白招拒，黑則汁光紀。皆用正歲之正月郊祭之。孝經曰：『郊祀后稷以配天。』配靈威仰也。」案：鄭氏以祖之所自出爲天，又以郊與圜丘分爲二祭，其説最確。荀子云：「王者天大祖。」董子云：「天地者，先祖之所自出也。」可知祖之所自出爲天矣[二]。郊特牲云：「萬物本乎天，人本乎祖，此所以配上帝也。郊之祭也，大報本反始也。」此即「禘其祖之所自出，以其祖配」之注腳[三]，又是禘即郊之確證。所謂萬物者，實兼人而言，人亦物也。人本乎祖，亦本乎天，祖與天皆人之本，故祭天以祖配。鄭注所謂俱本可以配也。萬物本乎天，此「禘其祖之所自出」之注腳也。人本乎祖，所以配上帝，此「以其祖配」之注腳也。小記、大傳言禘，此言郊，是禘即郊之證也。人受氣於父母，亦受氣於天地，故天地有大父母之稱，然以天地爲父母，其報本猶近，若自父母而推其所由始，以至于遠祖，又自遠祖

[二] 王士駿校勘記：「陳氏詩思文疏引此奪『可知祖之所自出』七字。」

[三] 王士駿校勘記：「盧本『之』下重『之』字。」案：王氏所引「注腳」下有「也」字。

而上推之，直至于開闢之初，則天地實人之始祖矣。張子云：「天地之始，固未嘗先有人也。則人固有化而生者矣。蓋天地之氣生之也。」説最明。況王者爲天之宗子，則以祖所自出爲天，又何疑乎。

王肅難鄭云：「鄭玄既以祭法禘嚳爲配圜丘之祀，而大傳『王者禘其祖之所自出』，玄又施之於郊祭后稷，是亂禮之名實也。」不知禮制之名，有通而同者，有别而異者，對文則别，散文則通。祭法禘與郊對，故鄭以禘爲冬至圜丘之祭，郊爲夏正南郊之祭，對文則别也。小記、大傳言禘而不言郊，散文則通。故鄭以爲郊也。然安知非圜丘之禘邪？小記云「王者禘其祖之所自出，以其祖配之，而立四廟。」夫以四親廟與其祖連文，可知其祖是大祖后稷也。經文本泛言，此舉后稷爲例耳。大祖亦有廟，而得配享于郊，不徒廟祀，故不言廟。四親祇得祀于廟中，故云立四廟。若帝嚳非周之大祖，安得與四親竝言邪？大傳上言祖、下言大祖，祖即大祖也。言天子得禘其大祖所自出，諸侯但得及其大祖，不得禘其祖所自出也。其義例最明，若以祖爲嚳，嚳非大祖。與下文諸侯大祖不一例，經義不可通矣。故鄭注皆以禘爲郊，正所以定名實也。禘、郊本二祭，而經傳言郊社、郊廟者甚多，皆不及禘，又可知郊與禘通也。郊社之社本是祭地，而得謂之社，亦散文則通之例。肅何不譏其亂名實乎？其亦考之不詳矣。

又云：「郊即圜丘，所在言之謂之郊，所祭言之謂之圜丘。於郊築泰壇，象圜丘之形。以丘言之，本諸天地之性。郊特牲云：『周之始郊，日以至。』周禮冬至祭天于圜丘，知圜丘與郊一也。詩思文后稷配天之頌，無帝嚳配圜丘之文，是郊即圜丘也。」是又不然。爾雅釋丘云：「非人爲之丘。」郭注：「地自然生。」禮器云：「爲高必因丘陵，爲下必因川澤。」鄭注謂冬至祭天在圜丘之上，夏至祭地在方澤之中。又云：「因天事天，因地事地。」鄭注：「天高，因高者以事也。地下，因下者以事也。」據此，圜丘非人所築之壇甚明。祭法云：「燔柴於泰壇，祭天也。」此南郊之祭，壇之言坦也，壇之界域謂之垗。亦作兆，郊特牲「兆于南郊」。說文云：「垗，畔也。爲四時界，祭其中。」「畤，天地五帝所基址祭地也。」夫壇爲坦，時爲基址，其卑可知。覲禮方明壇深四尺，其餘可知。安得謂之丘邪？且周禮不徒言圜丘，而言地上之圜丘。不徒曰方丘，而言澤中之方丘。正以明其非壇也。山高在地之上，故曰地上。若除地爲壇，不得謂之地上矣。丘下在澤之中，故曰澤中。若封土爲壇，不得謂之澤中矣。又泰壇必在南郊，近城正南。泰折必在北郊，近城正北。祭法：瘞埋于泰折，祭地也。若圜丘、方丘取象天地，非人所爲，則無定處，但在南北二方，不必正南正北，亦不必在近郊。孔沖遠謂圜丘亦在國南，但不必近郊。此説是也。賈疏謂取丘之自然，無問東西南北皆可。則乖于陰陽之義矣。苟必于近郊求之，安得有方、圜之自然者乎？由此言之，郊壇與圜丘顯然不同地矣。況圜丘祭以冬日至[一]，周禮有明文。若郊祭則在夏正孟春，左氏桓五年傳：「啟蟄而郊。」杜注：「啟蟄夏正建寅之月。」鄭注郊特牲引易説云：「三王之郊，一用夏正。」是郊與圜丘不同月也。圜丘既用冬日至，則不卜日。而郊必卜日，郊特牲言卜郊甚詳。周禮大宰：「祀五帝，前期十日帥執事而卜日，祀大神示亦如之。」祀大神謂郊天，云「亦如之」則必卜日可知。郊特牲言：「周郊用辛日。」若冬至日豈必辛乎。郊非圜丘明矣。肅謂：「周郊于建子之月，迎冬至長日之至而用辛者，以冬至陽氣新用事也。周之始郊日以至者，對寅月又祈穀郊祭，故言始也。」是肅以郊於冬至之月，不用冬至之日，故以郊之用辛，與周禮冬日至圜丘爲一祭。然周禮明言冬日至，確是冬至之日。凡言日至者皆指冬至日，或兼夏至日。易復云：「先王以至日閉關，商旅不行，后不省方。」此惟在冬至一日，若

[一] 王士駿校勘記：「盧本作『冬至日』。駿案：周官大司樂『冬日至，于地上之圜丘奏之』文作『日至』，盧本互易當爲傳寫之譌。」

以月言，豈有一月閉關、商旅不行之理。堯典明言十有一月朔巡狩，未聞是月不省方也，然則周禮冬日至不得謂冬至之月可知矣。且郊在冬至之月，又必用辛日，其説猶有不可通者。蓋冬至不必在子月之中，苟在子月之末，月内無辛日，或有辛日而卜不吉，凡郊，卜上辛不吉，卜中辛，又不吉，卜下辛。則將不郊與？抑用丑月上辛與？或用冬至以前辛日與？抑或冬至降神，辛日乃祭，如宋儒張子之説與？不郊是廢大典也，用丑月上辛則非冬至之月也。先冬至辛日，陽氣未生，不可郊也。降神與正祭作兩次行之，或相距十日，禮所必無也。此皆不可通者也。然則郊之用辛，周之始郊日以至者，果何説邪？

逸周書世俘解云：「時四月既旁生魄，越六日庚戌，武王朝至，燎于廟，若翌日辛亥祀于位，用籥于天位。」孔晁注：「庚戌明日郊天。」漢書律曆志：武成篇「粤六日庚戌，武王燎于周廟，翌日辛亥祀于天位」。與逸周書同。周之四月，夏二月，猶是可郊之時，武王故於告至行郊天禮，是日遇辛，以辛日始郊。其後郊天，因用辛日，故云「郊之用辛也」。周之始郊日以至也，説者皆以至爲冬至，誤矣。至于迎長日之至，亦非冬至。月令：仲夏之月，「日長至」。是夏至爲長至也。仲冬之月，「日短至」。是冬至爲短至也。

日至者，極至之稱。夏至日北極，當云日北至，晝長極，故曰「日長至」。冬至日南極，當云日南至[一]，晝短極，故云「日短至」。以左傳「日南至」例之，可知冬至當爲短至也。後儒訓至爲到，以冬至爲長至，誤矣。「郊迎長日之至」，此至字固當訓到。然云長日之至，不云日長至，與月令之文不同。子月冬至以後日尚短甚，不得言「長日之至」。迨建卯而晝夜分，分而日長，郊祭以寅月，與卯月近，故曰「迎長日之至」，此鄭氏之説，郊特牲注。至當不易。而郊非圜丘，更可知矣。

周頌序曰：「昊天有成命，郊祀天地也。」鄭無注，孔疏謂南北郊。竊疑南北郊固歌此詩，而圜丘、方丘亦用之，蓋禘郊通稱也。周禮言「祀昊天」，鄭皆指圜丘之祭。此詩首言昊天，豈非圜丘樂歌乎？詩言天而不言地，地該於天也。序言郊而不言圜丘，圜丘通於郊也[二]。安得謂周頌無圜丘樂歌乎？后稷配天有頌，而帝嚳配天無頌者，稷爲周之大祖，稷親而嚳疏也。豈可以嚳配圜丘無文，遂斷爲郊即圜丘哉。

[一] 王士駿校勘記：「盧本『當』譌作『故』。」

[二] 王士駿續校勘記：「盧本兩『圜丘』皆單言『丘』無『圜』字。駿案：上『郊』字兼南、北郊，此『丘』字兼圜丘、方丘，元本徑指圜丘，是遺言方丘也，非是。當以盧本爲正。」

肅又謂：「子月之郊，所以報本。寅月之郊，所以祈穀。」是亦不然。王者歲祭天有三：冬至之禘，專爲報本；孟春之郊，報本而兼祈穀；仲夏之雩，專爲祈穀。何以言之？月令：孟春，「元日，祈穀于上帝」。注云：「上辛郊祭天。」左氏襄七年傳云：「郊祀后稷以祈農事。」是孟春之郊，固以祈穀也。孝經云：「郊祀后稷以配天。」郊特牲云：「郊之祭也，大報天而主日也。」又云：「大報本反始也。」是郊亦以報本也。報本、祈穀二者以報本爲主，祈穀則雩主之。周頌噫嘻序云：「春夏祈穀于上帝也。」鄭注以夏祈穀爲雩。月令：仲夏，「大雩帝，用盛樂，乃命百縣雩祀百辟卿士有益于民者，以祈穀實」。雩，所以求雨，其爲祈穀正祭可知。又仲春祭社稷，亦爲祈穀。祈穀有此二祭，則夏正之郊必不以祈穀爲重矣。肅謂：「寅月郊專以祈穀。」非也。萬充宗謂郊惟日至一祭，祈穀禮不名郊。說亦非。

鄭氏謂郊非圜丘，固勝於王。而謂圜丘祭北辰耀魄寶，南郊則祭感生帝，夏祭白招拒，殷祭汁光紀，周祭靈威仰，殊爲誕妄。考其所本皆出緯書。河圖云：「堯赤精，舜黃，禹白，湯黑，文王蒼。」元命苞亦云：「夏，白帝之子。殷，黑帝之子。周，蒼帝之子。」靈威仰、汁光紀等名皆春秋緯文耀鉤文。緯書爲五經稂莠，而鄭好引以解經，最是其失。夫王者之生，感生於昊天，而非感生於五帝，蓋五帝非天也。五帝各司一時、一方，是五行之精，爲天之佐，猶四嶽之於地、三公之於王耳。豈可謂五帝即天乎。周禮掌次上言「大旅上帝」，下言「祀五帝」與「朝日」連文。司服上言「祀昊天上帝」，下言「祀五帝」。大宰上言「祀五帝」，下言「祀大神示」，大神謂天，亦別而言之。則知五帝與天顯然有別，祀五帝與朝日同張大次、小次，而與大旅上帝張氈案、設皇邸不同。五帝之卑於天可知。小宗伯云：「兆五帝于四郊，四望、四類亦如之。」四望謂嶽瀆等，四類謂日月等，是五帝之尊與日月、嶽瀆大略相準，故掌次與朝日同其儀也。

又五帝亦通稱上帝，典瑞云：「四圭有邸，以祀天，旅上帝。兩圭有邸，以祀地，旅四望。」此上帝別言于天之下，明非天帝。鄭注以爲五帝，是也。大宗伯言：「旅上帝及四望。」亦以上帝與四望對。鄭注以爲五帝，亦是。職金「旅上帝」，獨言上帝，當是昊天，鄭必以爲五帝，非也。肆師云：「類造上帝。」豈非天乎？月令：「以共皇天上帝。」注以上帝爲五帝。王制：「類于上帝。」禮器：「饗帝于郊。」悉以爲五帝。雜記：「有事上帝。」禮器：「有事上帝。」皆以爲靈威仰，竝非。「旅上帝」與「旅四望」對言，則五帝與四望略相等可知。而其卑於天益明矣。曾謂王者感生于五帝，而郊祀大祭以五帝主之乎。周爲蒼帝之子，殊無所據。靈威仰等名又甚怪僻。董仲舒、劉向、馬融輩皆言周人祀昊天于郊，未有言祀靈威仰者也。王肅難之，當矣。鄭氏又以五帝與天爲六天。夫天一而已矣。豈有六邪？其説亦謬。

孫淵如謂：「商頌序云：『長發，大禘也。』鄭箋謂：『郊祭天。』而詩『有帝立子生商』之文，此感生帝之證。」不知「帝立子生商」承「有娀方將」之下，蓋言有娀之國方大，天立其子爲高辛氏之世妃，鄭氏謂稷、契非嚳子，以簡狄爲高辛氏世妃。因以生契也。豈謂黑帝生契乎。毛傳：「有娀，契母也。契，生商也。」文義雖未協，要無黑帝生契之説。鄭箋乃云：「帝，黑帝也。有娀氏女簡狄吞鳦卵而生契。」大非經旨，吞卵之説甚爲誕妄，歐陽公曾力辨之。而朱子詩傳仍取鄭説，以解「天命玄鳥」二句，致後學迷惑，是可憾矣。

淵如又謂：「大祝：『辨六號，一曰神號。』五帝若無靈威仰等號，何以辨之？」不知月令太皞等名即五帝之號也，何謂無號可辨邪。鄭注月令以太皞等爲五人帝，其説亦誤。太皞等爲五帝之號，自古有之，伏羲等五人帝以五行之德代王，後人因以配五帝而以五帝之號稱之耳。非五帝本無號也。月令言五時生育之主，自當以五天帝言之，不宜以五人帝言之也。鄭氏又以五帝爲大微五帝，考星經及史記天官書皆言太微宫内五星五帝座，是大微五帝乃星名也，豈可以星爲帝哉。且五帝分主五行，當各居其方，必不聚于一處，如五帝座之在太微垣也。五帝座星名非古，殆起於甘石諸家，彼以天有五帝，爲大帝之佐，故於太微垣取五星爲五帝，在紫微天皇大帝之前。今所謂句陳大星當是天皇大帝，亦曰大乙。此處正當北極，即論語「北辰」。步天歌乃取一小星爲天皇大帝，又别有太乙，又别有帝星，非也。明其輔佐大帝，非謂五帝之神皆在是也。鄭謂祭大微五帝，誤矣。

一曰，北郊之禘。大傳：「王者禘其祖之所自出，以其祖配之。」鄭以禘爲郊。董子謂：「天地者，先祖所自出也。」是祖所自出兼地而言。孝經緯云：「后稷爲天地之主，是以其祖配。」亦兼配地而言可知。北郊亦禘也。鄭氏以北郊與方丘爲二祭，王肅謂方丘即北郊，後儒多從王説。不知澤中方丘非人所爲，而北郊則爲壇以祭謂之泰折，其地不在澤中。又泰折定在正北近郊，而方丘則無定處，詳上南郊。且方丘祭以夏至，不必卜日，而北郊則必卜日，大宰「祀五帝卜日」，下云「祀大神示，亦如之」，大示謂祭地，則北郊皆必卜日可知。〔二〕北郊非方丘明矣。又以周禮考之，大宗伯「以黄琮禮地」，典瑞「兩圭有邸以祀地」，是玉不同也。宗伯

〔二〕王士駿校勘記：「陳氏詩思文疏引此注，蒙上統作正文，其『大示謂祭地』二語作『大神謂天，大示謂地，則南北郊皆必卜日矣。』駿案：陳詩所引諸書只約舉其文，非必字字原本，每有異同，未可根據。」

云：「牲幣各放其器之色。」則牲用黄犢。祭法謂：「瘞埋于泰折，用騂犢。」是牲不同也。大司樂：「函鐘爲宫，太簇爲角，姑洗爲徵，南吕爲羽。夏日至，于澤中之方丘奏之。」而其上文云：「奏太簇，歌應鐘，以祭地示。」是樂不同也。故鄭以黄琮、黄犢、函鐘等爲方丘所用，以兩圭有邸、騂犢、奏太簇爲北郊所用，其説自確。安得并方丘、北郊爲一乎。但鄭氏以北郊祭神州地祇，與方丘祭崑崙地祇不同，則亦失之。詳上方丘。

北郊之時，經無明文。注疏有二説，或謂在建寅之月，或謂在建申之月。竊謂方丘在午月，與圜丘在子月正對。則北郊宜在申月，乃與南郊在寅月正對，不宜與南郊同月也。且郊必卜日，或上辛、中辛不吉，而用下辛。郊天已近月終，則將以何日祭北郊邪？若與郊天同日，恐行禮者至于厭倦也。若至卯月北郊，則又亂其例也。況帝嚳配方丘，后稷配北郊，則北郊宜後于方丘，豈可先方丘而行之哉？淮南天文訓〔二〕云：「涼風至，則報地德。」涼風至在申月立秋節，報地德當是祭地。此其證也。

一曰，明堂之禘。孝經云：「周公宗祀文王于明堂，以配上帝。」祭法言四代祖宗，

〔二〕王士駿校勘記：「盧本『淮南』下有『子』字。」案：本書中「淮南」與「淮南子」錯見，作淮南子者爲多，盧本或是。

次於禘郊之下。鄭注謂：「祖、宗在明堂，周人祖文王而宗武王，謂祭五帝五神于明堂，以文王、武王配之，即孝經『宗祀文王于明堂，以配上帝也。』祖、宗通言爾。」案：祖、宗在明堂，故明堂非宗廟而亦可稱大祖。蔡邕明堂月令論云：「明堂者，天子之大廟也。」左傳引周書云：「勇則害上，不登于明堂。」杜注：「明堂，祖廟也。」然則明堂可通稱大祖矣。又明堂亦稱清廟。大戴禮云：「明堂茅屋。」左氏桓二年傳云：「清廟茅屋。」可知清廟即明堂也。古之宗廟未聞有茅屋，其爲明堂明矣。潁容云：「肅然清淨，謂之清廟。告朔行政，謂之明堂。」蔡邕云：「取其宗祀之貌，則曰清廟。取其正室之貌，則曰大廟。取其堂，則曰明堂。」是漢儒以清廟爲明堂也。月令明堂四面正室皆稱大廟，其外環以水，上飾以茅，此清廟所由名。既可稱清廟，豈不可稱大祖？況祖宗之祭，行于明堂，而明堂之制又與大廟同其廣大，明堂位云：「大廟，天子明堂。」其稱大祖宜矣。清廟詩序云：「祀文王也。周公既成雒邑，朝諸侯，率以祀文王焉。」考周書作雒解云：「乃位五宮：大廟、宗宮、考宮、路寢、明堂。」是雒邑有明堂也。明堂位言：「周公朝諸侯于明堂。」此明堂在雒邑，清廟詩序所謂成雒邑朝諸侯者，即明堂位所謂朝諸侯于明堂也。然則率以祀文王者，即祀文王于明堂可知矣。若在宗廟之中，則大祖后稷在上，大王、王季皆在，安得率諸侯而獨祀文王哉？明堂本爲宗祀文王之大廟，又無后稷諸神，宜率諸侯而祀文王于此也。清廟祀文王于明堂，明堂可稱大祖，其祀即祖宗之祭可知矣。蔡邕明堂月令論引禮記檀弓云：「王齊，禘于清廟明堂。」此明堂有禘之證也。雖詩箋云：「禘大祖也。大祖謂文王。」案：周之禘當在后稷之廟，不當在文王之廟，此大祖非明堂，故不引爲證。祭法言周人祖文宗武，孝經言宗文王，似乎不同，不知周初武王之時，本宗文王。及武王没，乃祖文王而宗武王。孝經言：「孝莫大于嚴父配天。」文王爲周公之父，故但舉周公宗祀文王而言之也。鄭氏以祖宗爲明堂之祭，其見卓矣。王肅乃謂祖有功而宗有德，宗廟之祭非明堂之祭。宋儒皆從之[二]。然夫子稱舜之大孝曰「宗廟饗之」，則舜之宗廟固當祀其先人自瞽瞍、橋牛以上也。幕爲窮蟬之父，有功德，有虞氏所宜宗也。乃不宗幕而宗堯，堯非舜之祖考，安得祀之于宗廟之中與瞽瞍、橋牛等竝列哉？鄭注堯典云：「文祖，猶周之明堂。」史記云：「文祖者，堯大祖也。」此亦大祖即明堂之一確證。堯之明堂所宗祀配天者，蓋帝嚳也。堯崩而舜立，因

[二] 王士駿校勘記：「盧本無『皆』字。」

祖帝嚳而宗堯焉。瞽瞍、橋牛以上爲舜之四親，故祀之于宗廟。帝嚳與堯，舜之所從受天下者，故祀之于明堂。明堂爲特祀，不與四廟之主竝列也。幕爲舜之先，有功德，故爲報祀在宗廟之中。魯語所言四代報祀，即祖功、宗德之類也。殷周之得天下，與虞夏受禪不同，故明堂祖宗之人即宗廟祖功、宗德之人，但宗廟不配天，而明堂則配天，此其異耳。豈可謂宗廟有祖宗，而明堂無祖宗哉？且周公制禮之時，文武尚在四親廟中，未有世室之制，安得以文武爲祖宗乎？即至後世文武二廟不遷，亦但謂之世室，而未嘗稱祖宗。竊謂祖功、宗德之説，當以始祖爲祖功，其後有德者則宗之，宗無數，而祖則一而已，如殷有大甲、大戊、武丁爲三宗。祭法言：「殷人宗湯，則有四宗。」湯且稱宗，而不稱祖。可知殷之廟惟契稱祖也。周人之廟亦豈有二祖哉？鄭氏詩箋以「大祖」爲文王，是文王與后稷竝稱大祖，有是理乎？觀此可知其謬矣。然則祖宗之祭在明堂，審矣。

明堂無始祖，自可以祖宗配帝，然禘、郊皆以一祖配，而明堂乃以祖宗二人竝配，蓋禘郊是二祭，故以二祖分配，明堂祇一祭，故以祖宗二人竝配，況禘郊祀之于壇，其禮主于尊，故其神稱天，本孝經。配者宜少，明堂祀之于屋，其禮主于親，故其神稱帝，帝者，諦也。

諦有親意。配者宜多。尊之則遠，故以遠祖配之，親之則近，故以近祖配之，配以遠祖，故其祭在先，配以近祖，故其祭在後。獨是明堂祭以季秋，月令：「季秋，大饗帝。」鄭注以爲饗于明堂。其義有難明者。閒嘗思之，子、寅、戌皆陽月也，祭天必于陽月，子爲十二辰之始，寅爲四時之始，禘郊所以反始，故以此二月祭之。郊又以祈穀，故于孟春萬物萌動之時。季秋百穀皆成，于此大饗帝，蓋所以報也。社稷春祈、秋報，其義一也。王者統緒創于遠祖，成于近祖，如周之文武王業所由成也，故于萬物告成之時祭之。朱子謂人生成于父，故于季秋成物時祭之。不知明堂宗祀數十世不易，豈皆其父乎？后稷爲始封之祖，故于春之始祭之。帝嚳又后稷所始，故于陽之始祭之，此聖人制禮之精意也。文武之配明堂，皆爲配天。孝經上言「嚴父配天」，下言「宗祀文王于明堂，以配上帝」，是上帝即天也，但有親之之意，故變文言帝耳。又天與帝亦通稱，中庸言：「郊社之禮，所以事上帝。」則后稷亦可言配上帝矣。易曰：「先王以作樂崇德，殷薦之上帝，以配祖考。」祖配謂南郊配天，考配謂明堂配天。統而言之曰上帝，又可知天、帝無異矣。周頌我將序云：「祀文王于明堂也。」詩言：「惟天其右之。」可知明堂饗帝是祭天也。鄭氏謂明堂祭五帝，而不祭昊天。其說殊謬。但據孝經緯謂文王爲五帝之宗而爲此説耳。

竊思明堂有五室，以象五行，當有五帝神位。太微垣中有五帝座，明堂法太微，其有五帝之位宜矣。季秋大饗上帝，則以五帝配之，猶南郊祭天以日月配之也。天以陰陽五行化生萬物，日月爲陰陽之精，五帝爲五行之精，日月稍尊于五帝，故日月配郊，以五帝配明堂也。明堂雖亦祭及五帝，然非祭之主。陳氏禮書、馬貴與文獻通考皆謂明堂祭五帝，當兼祭昊天上帝，其説固優于鄭氏。而以五帝爲祭之主，則亦失之。至于文王之配享，配上帝非配五帝，蓋與五帝同配天，猶南郊后稷與日月同配天也。鄭謂文王配五帝，謬矣。又謂武王配五神，其説更謬。祭法言宗武王，即孝經之宗祀，其與文王竝配上帝可知。句芒等五神爲五帝之佐，重、該、脩、熙等所配食者，其卑可知。以武王配之，是卑武王也，必不然矣。

明堂既無專祭五帝之禮，則專祭五帝當在何處？竊疑其在南郊也。小宗伯云：「兆五帝于四郊。」是五帝之祀不在明堂，而在郊矣。五時迎氣，各于其方祀之，至于合祭五帝，則必在南郊。蓋五帝亦天神，祭天必就陽位也。五時迎氣，各祭其帝，即在迎氣之日，不必卜日也。而大宰「祀五帝，則前期十日而卜日」，迎夏、迎秋不可服裘也，而司服祀五帝則服大裘，是知周禮所謂祀五帝者，合祀五帝也。合祀五帝當在何時？竊疑其在周正季冬之月也。大蜡合祭羣神在于歲終，則合祭五帝亦宜在歲終矣。周之季冬，夏正之孟冬也。五時已備，百穀畢登，自可合祭五帝，以報五行生育之功。若夏正季秋，冬時猶未至，安得合祭五帝乎？月令：孟冬之月，「天子始裘」。祀五帝必服大裘，與此時正合。若季秋，豈可服裘乎。鄭謂合祭五帝在季秋，非也。又謂，巳月大雩，合祭五帝。豈夏月可服大裘乎？大雩在午月，鄭説非也。詳龍見而雩解。大雩亦祭天，非祭五帝。雩壇亦在南郊，但與祭天泰壇及合祭五帝壇皆當別處。鄭謂雩祭五帝，亦非也。

禘祫之禘，其目有二。

一曰，宗廟吉禘。古者天子三年喪畢，新主與羣廟之主及毀廟之主皆合食于大祖之廟，謂之吉禘。即所謂終王之祭也。汲郡古文云：康王「三年，吉禘于先王。」其證也。諸侯謂之大祫，春秋文公二年：「秋八月，大事于大廟，躋僖公。」公羊傳云：「大事者何？大祫也。大祫者何？合祭也。毀廟之主陳于大祖，未毀廟之主皆升，合食于大祖。五年再殷祭。」此與天子吉禘義同，但其名異，而其儀亦不同耳。魯僭行大禘，始于僖公。而僭稱吉禘，則始于閔公。春秋閔公二年：「夏五月，吉禘于莊公。」吉禘必于大祖，而于莊公則非吉禘之制。其不僭用天子之禮樂，亦可知矣。然則吉禘云者，特僭稱其名耳。左氏襄公十六年傳云：「晋人荅穆叔曰：以寡君之未禘祀。」亦僭稱吉禘之名，未嘗行天子禘禮也。

吉禘祇有一祭，諸侯終喪大祫亦然。商頌序云：「玄鳥，祀高宗也。」鄭箋：「祀當爲祫，崩而始合祭于契之廟，歌是詩焉。古者君喪三年既畢，禘于其廟。而後祫祭于大祖。明年春，禘于羣廟。自此之後，五年而再殷祭。一禘一祫，春秋謂之大事。」案：鄭氏此箋兩禘夾一祫，比年行大禮，于經無據。閔公二年五月吉禘于莊公。禘之前未有祫也。鄭乃云四月祫，此何據乎？文公二年大事于大廟。公羊以爲大祫，大祫之後未有禘也。鄭乃云三年禘，又何據乎？又謂禘于其廟，（熊氏云三年除喪，特禘新死者于廟。）是不合食于大祖也，可謂之禘乎？禘爲大祭之名，豈有特祭一廟之主而可謂禘乎？新主初入廟，與羣神會，故爲合食大祭以相接，若特祭新主，于義何取乎？吉禘于莊公，未可以吉而吉祭，（喪未畢也。）不可稱禘而稱禘，不于大廟合祭而特祭于其廟，此魯之失禮者。豈可謂周禮亦如是乎？鄭因禘于莊公之文，遂以特禘于其廟爲三代王者之禮，誤矣。王制孔疏謂禘祭在練時。然殷練而祔，周卒哭而祔，其祭謂之祔，不謂之禘。練時喪未畢，而可稱吉禘乎？抑亦誤矣。大禘必于夏，吉禘則無定時，要在夏、秋、冬三時行之[二]。行于夏謂之大禘，行于秋謂之大嘗，行于冬謂之大烝。祭統言：「魯重祭：外祭則郊社，内祭則大嘗禘。」此言魯之禘或行于秋，謂之大嘗。則天子吉禘行于秋，亦稱大嘗可知矣。周禮司勳云：「凡有功者，祭于大烝。」功臣從享必是大祫，非時祫。大祫即禘，而行于冬必是吉禘。此吉禘稱大烝之證也。左氏僖三十三年傳云：「祔而作主，特祀于主，烝、嘗、禘于廟。」此禘謂吉禘。曰「烝、嘗、禘于廟」，則夏、秋、冬三時皆有吉禘，惟春無吉禘可知矣。知烝嘗禘非時祭者，以不全舉四時，又不約舉烝嘗，而必加禘字，其非時祭明矣。此謂新主祔廟孫依乎祖，祖與羣廟之主皆未遷[三]，新死者但有主而無廟。先儒謂祔後反主于寢，非也。萬充宗辨之詳矣。練、祥、禫等皆特祀于主，至三年喪畢，行吉禘，禮新主，乃與羣主合祭于大廟，所謂「烝、嘗、禘于廟」也。杜注謂新主既特祀于寢，則宗廟四時常祀自如舊也。三年大

[二] 王士駿校勘記：「盧本此下有『何也？四時之祭，惟春犆祭，夏秋冬皆祫，吉禘皆祫祭，故必行于夏秋冬』，以上二十七字校元本增多。」

[三] 王士駿校勘記：「元誤『與』作『舉』，今正。」案：陸刻本亦誤作「舉」，孫刻本不誤。

禘，乃皆同于吉，不知喪三年不祭，唯祭天地、社稷爲「越紼而行事」，則宗廟時祭不行矣。且「特祀于主」、「烝、嘗、禘于廟」，皆以新死者言之。乃謂烝嘗二字泛説羣廟之祭，上下文義皆不順矣。黄黎洲駁杜注之誤，而以烝嘗禘皆爲時祭，謂時祭行于廟中，亦不及新死者，其説亦非。總不明喪三年不祭之義耳。

一曰，宗廟大禘。先儒禘祫之説，紛紛不一。有謂禘祫一祭二名，取其禘審昭穆謂之禘，取其合集羣祖謂之祫者，賈逵、劉歆、王肅、王制孔疏、杜預説[一]、後漢書注、歐陽禮樂志是也。有謂祫則合食大廟，禘則各于其廟者，鄭氏禘祫志説也。有謂祫祭于始祖廟，毀廟及未毀廟之主皆在始祖廟中，禘則大王、王季以上遷主祭于后稷之廟，文武以下遷主穆主祭于文王之廟，昭主祭于武王之廟，又祭親廟四者，王制疏引鄭氏説也。有謂禘止祭毀廟之主者，鄭氏司尊彝注也。有謂禘兼毀廟及羣廟之主者，孔安國也。有謂祫不及功臣，禘則功臣皆祭者，何休公羊注也。有謂禘小祫大者，鄭氏也。有謂禘大祫小者，王肅、孔晁也。有謂禘其祖之所自出，而羣廟合食于前者，程子、陳祥道也。有謂禘其祖之

[一] 案：「杜預」前之「明」字似爲衍文，今删。

所自出，止以祖配祫，則已毁、未毁之廟皆合食大廟者，趙伯循、陸淳、朱子、楊信齊也。

至論禘祫之年月，有謂三年一祫、五年一禘者，禮緯、張純、許叔重、鄭氏大宗伯注也。有謂五年而再殷祭，一禘一祫者，鄭氏王制注、商頌箋也。有謂五年再殷，凡六十月中分每三十月殷者，徐邈也。有謂禘三年大祭者，杜預春秋注也。有謂禘則三年，祫則五年者，楊士勛穀梁疏也。有謂禘祫竝三年者，徐彦公羊疏、杜佑通典也。有謂禘祫自相距各五年者，孔氏周頌疏也。有謂禘祫每歲行之者，張子也。有謂禘以夏，祫以秋者，崔靈恩也。有謂禘以孟夏，祫以孟秋者，鄭氏也。有謂禘以春，祫以秋者，毛氏魯頌〔二〕傳也。有謂禘以四月，祫以十月者，張純也。有謂禘以五月，祫以六月者，通典也。

案：經典皆言禘而不言祫，王制言「祫禘」、「祫嘗」、「祫烝」，曾子問「祫祭于祖」，指時祫言。是諸經無大祫之祭也。惟公羊傳有大祫之説，然非天子之祭禮也。且諸經未有禘、祫對言者。周禮司尊彝：「四時之閒祀，追享、朝享。」鄭司農以追享爲禘，朝享爲祫。大宗伯：「以肆獻祼

〔二〕王士駿續校勘記：「盧本『魯頌』作『周頌』。駿案：毛于周頌傳無禘祫之説，惟魯頌閟宮傳云：『諸侯夏禘則不礿，秋祫則不嘗，唯天子兼之。』據此則毛亦無禘行於春之説，盧本以魯頌爲周頌固非，元本謂禘以春，亦未免誤引矣。」

享先王，以饋食享先王。」鄭注以肆獻祼爲祫，以饋食爲禘，此皆注家妄説，經無明文也。禘、祫不對言，其非二祭明矣。諸家以禘、祫爲二大祭者，妄也。劉、賈謂一祭二名，其説視諸家爲優，然猶未當也。蓋天子有大禘而無大祫，諸侯有大祫而無大禘。時祫，天子、諸侯皆有之。時祫異于大祫者，時祫惟合羣廟之主，大祫則兼及毁廟之主，又功臣從享也。明堂位言「魯以禘禮祀周公于大廟〔一〕」，下云「天子之祭也」，是諸侯不得有禘也。春秋書「禘」著魯之僭。文二年「大事于大廟」，大事本是禘，而公羊釋之曰：「大事者，大祫也」。所以正其名也。可知諸侯無大禘，而當有大祫矣。然則天子之大禘，不名爲祫。諸侯之大祫，不名爲禘。劉、賈謂一祭二名，是天子禘亦可稱爲祫，諸侯祫亦可稱爲禘也。豈其然乎？王十朋禘祫論謂禘者總名，祫者禘中之一事，猶之薦與祼也。果爾，是祫不得爲祭名，諸侯無大祫矣。公羊大祫之説何以解之？彼乃謂公羊援禮緯以釋經，誣之甚矣。萬充宗謂夏禘、大祫專于天子。是以天子之大祭與諸侯同名，亦非也。二子俱以禘、祫爲一事，自是卓識。惜不能分别天子、諸侯之祭名，又皆以禘爲禘其祖之所自出，而不知宗廟之禘未有禘所自出者也。周頌序云：「雝，禘大

〔一〕王士駿校勘記：「盧本『禘禮』下重『禘』字，疑衍。」

祖也。」是禘必于大祖之廟，羣廟及毁廟之主皆升合食，功臣皆從享，所以爲大祭。先儒或謂禘于羣廟，或謂止禘毁廟，或謂禘但以始祖配所自出之帝，如此何以爲大祭乎？鄭氏昭穆分祭之説，尤爲謬妄。

至行禘之年，自古無確論。鶡竊謂禘祭閒歲一行。學記云：「比年入學，中年考校。」又云：「未卜禘，不視學。」視學即考校可知。禘祭閒歲一行也。王制云：「春曰礿，夏曰禘，秋曰嘗，冬曰烝[一]。」周禮四時之祭曰祠、禴、嘗、烝，此云礿、禘、嘗、烝者，蓋不行禘之年曰祠、禴、嘗、烝，行禘之年曰礿、禘、嘗、烝也。大禘不在時祭之外，夏行禘則不禴矣。禘行于夏，故夏祭即名禘，而移礿于春，礿即禴也[二]。此又禘閒歲一行之證也[三]。吉禘或在新君二年，或在三年，魯之吉禘多在二年，閔二年、文二年皆有吉禘也。吉禘在二年則大禘在四、六、八、十等年，故僖八年、宣八年、定八年皆有禘也。文二年，

[一] 王士駿校勘記：「盧本此下有『諸侯禘一犆一祫，天子大禘閒歲一行。諸侯大祫亦閒歲一行。其祭于夏，故夏祭一犆一祫也』。以上三十六字元本所無。」

[二] 王士駿校勘記：「盧本此下有『諸侯本不當言禘，以不可言祫，一犆一祫，故從天子之祭名而言禘也。此特作王制者名之爲禘耳。古之諸侯不自名爲禘也。』以上大小四十八字元本所無。」

[三] 王士駿校勘記：「盧本此下有『公羊謂五年而再殷祭，蓋閒歲一行，則五年得二，此又一證也』。以上校元本增多二十四字。」

「大事于大廟」，是吉禘可知。宣八年，「有事于大廟」，亦是禘，爲仲遂卒張本，故畧之言有事耳。文二年，「躋僖公」，是吉禘可知。定八年，「從祀先公」，亦是禘昭公。十五年，左氏以爲禘。二十五年傳，禘于襄公。此非禘年，而稱禘，杜預釋例以爲用禘禮也。此又一證也〔二〕。

四親廟、二祧皆四時祭，則二祧以上諸祖當歲一祭。然既爲毀廟之主，其親已盡，其世已遠甚，至有數十世者，酌爲中制，閒歲一祭可也。時祭與月祭不相遠，閒歲祭與時祭亦不相遠。若三年一祭則遠矣，五年一祭則尤遠矣。若謂每歲一祭，與時祭連月或同月，是太數也。禘而不禴，是四時祭缺其一也。毛詩、周禮、爾雅諸書何以有祠、禴、嘗、烝之名乎。萬充宗謂天保詩作于文武時，文王恪守臣制，武王典禮未遑，所云禴、祠、烝、嘗實諸侯之禮也。然雅頌之興皆在成王之世，詩言：「于公先王。」是大王、王季皆已追王，不在文武時明矣。豈得以禴、祠、烝、嘗爲諸侯之禮乎？況周禮明天子之制亦曰禴、祠、嘗、烝也。萬氏又引中庸禘嘗之義，證禘爲時祭，不知上文春秋脩其祖廟一節，已言

〔二〕王士駿校勘記：「盧本此下作『祭法謂四親廟月祭、二祧四時祭，周禮亦有月祀時享之説，此親疏之等殺也。以此推之』。以上三十四字元本所無。其元本『四親廟、二祧皆四時祭』則九字亦盧本所無。駿案：本書日祭月祀篇極駁國語、祭法月祭之説，又以鄭氏注論語、周官指月朔告廟爲朝享，大失經意，則四親廟月祭之説金氏必非所安，盧本祭法云云疑爲傳寫人所竄入。」

時祭，此節別言郊、社、禘、嘗以爲明其義，治國如示諸掌，可知禘嘗非時祭也。

禘是大禘，行于夏者；嘗是吉禘，行于秋者，皆宗廟大祭也。祭統以「大嘗禘」與「郊社」同爲重祭，此亦以禘嘗與郊社對，其爲重祭可知。不言「大」，省文也。凡經典嘗禘與郊社對言者，皆大祭也。禘非時祭，卻即于時祭而大其禮，故必閒歲一行，乃得有四時之常祭也。且學記言「未卜禘，不視學，游其志也」，游其志，是寬緩之意。禘在孟夏，若每歲一行，則是士之正月入學者，四月即視學、考校，何以游其志乎？然則閒歲一禘無疑矣。

又高堂隆及通典亦有閒歲奇偶之説，其説勝於諸家，然言祫不言禘，通典又以爲此虞夏殷之禮，亦非也。匡衡告謝毀廟云：「天子閒歲而祫。」〔一〕萬氏宗通典之説，謂禘以午月，殊不思時祭皆以孟月，詳〔三〕宗廟祭祀時月考。禘即行于時祭，則必在孟夏巳月。明堂位言「季夏六月禘祭」，以爲此天子之禮。周之季夏，夏正孟夏也。凡謂禘行于午月者，皆非也。天子本無祫，諸凡論祫之月者，可不必辨其非矣。諸侯大祫，亦與天子同年月，但其

〔一〕王士駿校勘記：「此五十四字（校案：即自「又高堂隆」至「閒歲而祫」）盧本所無。駿案：此數語似無倫次，『閒歲而祫』之下疑有闕文。」

〔三〕王士駿校勘記：「元譌『詳』作『祥』，今正。」案：陸刻本亦誤「詳」爲「祥」，孫刻本不誤。

禮殺，不得稱禘，則其四時祭之名，止有祠、禴、嘗、烝，而無礿、禘、嘗、烝矣。禘即行于時祭，故天子時祭之名可稱祠、禴、嘗、烝，亦可稱礿、禘、嘗、烝。王制、祭義所謂春礿、夏禘者，非必在行禘之年也，亦祠、禴之通稱耳。然究非正稱，故諸書言四時之祭皆言祠、禴、嘗、烝也。禘之可考者，其詳蓋如此。

四類四望考

四類四望之祭，經典未詳，然皆可考而知也。周官小宗伯云：「兆五帝于四郊，四望、四類亦如之。」四類，謂日、月、星、辰、司中、司命、風師、雨師以氣爲類者。鄭注云：「日、月、星、辰，運行無常以氣類爲之位。」四望，謂五嶽、四鎮、四瀆所望而祭者。四類設壇之所，鄭氏謂：「兆日于東郊，月與風師于西郊，司中、司命于南郊，雨師于北郊。」此不言星辰之兆，雨師不從日，而以風師從月，南郊有司中、司命，而北郊止雨師，其説未當。案：大宗伯：「以實柴祀日月星辰，以槱燎祀司中、司命、飌古「風」字。

師、雨師。」是天神以日月星辰爲尊，日月尤尊于星辰，則日月當特爲一壇，風師不當與月竝列也。星爲五星，從日爲陽。辰爲二十八宿，從月爲陰。詳星辰解。南爲陽位，星當兆于南郊。北爲陰位，辰當兆于北郊〔一〕，此日月星辰爲四類之主，其兆各居正位，司中、司命列于南郊星壇兩旁，風師、雨師列于北郊辰壇兩旁。司中、司命、風師、雨師皆當是天神〔二〕，非星也。鄭注以司中、司命爲文昌第五、第四星，以風師爲箕，雨師爲畢。然星名多始于甘石，文昌之司中、司命始因周禮而名之，古未必然也。三台亦有司中、司命，安必其爲文昌？箕、畢雖好風雨，而風雨豈盡箕、畢所司，且辰即二十八宿，箕、畢已在其中，又何必別祀之乎？箕、畢既非風師、雨師，無妨以風師、雨師與辰竝列矣。如此各得相稱。風師、雨師亦得以類相從矣。司中主人之性，司命主人之形〔三〕，性屬陽，形屬陰。風爲天地陽氣，雨爲天地陰氣。則司中、風師當位于東。司命、雨師當位于西也。

王制云：「天子祭天下名山大川，五嶽視三公，四瀆視諸侯。」是四望以五嶽爲尊，四瀆爲卑。大司樂云：「四鎮五嶽崩。」職方氏九州之山鎮曰會稽、衡山、華山、沂山、岱山、嶽山、醫無閭、

〔一〕王士駿校勘記：「盧本『辰』下衍『爲』字。」
〔二〕王士駿續校勘記：「元本『當皆』二字上下互易，今依盧本乙正。」
〔三〕王士駿校勘記：「盧本『形』下衍『氣』字。」

霍山、恒山。華、嶽、岱、衡、恒爲五嶽，會稽、沂山、醫無閭、霍山爲四鎮。是四鎮與五嶽一類，當次于五嶽，而尊于四瀆也。爾雅釋水云：「江、河、淮、濟，爲四瀆。」然學記言：「三王祭川，皆先河而後海。」公羊以三望爲泰山、河、海，則四望當有海矣。

設壇之位，四嶽各隨其方，東岱、西華、南衡、北恒。中嶽當兆于北郊，以乾南、坤北天地之正位。祭地示以北方爲尊也。五帝兆于四郊，中央黄帝當兆于南郊。以火土相生，又天神以南方爲尊也，義與此同。黄帝、炎帝當各爲一壇，謂同位者，非也。周以嶽山爲中嶽，詳五嶽考。在雍州，則其兆當居恒山之西，況地道尊右，正得其宜也。沂山爲青州之鎮，當兆于東。會稽爲揚州之鎮，當兆于南。霍山爲冀州之鎮，當兆于西。醫無閭爲幽州之鎮，當兆于北。各隨其方也。史記引古文湯誥云：「東爲江，西爲河，南爲淮，北爲濟。四瀆已脩，萬民乃有居。」則當兆江于東，兆河于西，兆淮于南，兆濟于北，亦各隨其方也。海爲百川之王，尊于四瀆，當別爲一壇，兆于東郊之南，海以東、南爲大也。鄉飲酒義云：「水在洗東，祖天地之左海也。」是海當位于東矣。學記言：「祭川先河而後海。」或原或委，河爲原，海爲委。觀此益知河當位于西，海當位于東矣。是祭海與祭河不同時。蓋四瀆祭畢，然后祭海，海當別位于一處可知矣。中嶽尊于四嶽，海尊于四瀆，皆當别位。中嶽位于西北，海位于東南，正自相對矣。四嶽爲四望之主，其壇當居正中。四鎮四瀆之壇列于兩旁，各自相稱矣。山高配天爲陽，水下就地爲陰。又西北多山，東南多水，則南北郊之兆，四鎮宜在西，四瀆宜在東。東西郊之兆，四鎮宜在北，四瀆宜在南也。

至于祭祀之時，先儒皆未明言，今考四類即是六宗。六宗之説，紛如聚訟。惟鄭注尚書以爲星、辰、司中、司命、風師、雨師，其説爲長。近全謝山并不取鄭説，以爲歲、時、日、月、星、辰，似乎該括。然歲之祭未見于經傳。蓋歲者，天之所生〔一〕，故古無太歲之祭也。舜典云：「肆類于上帝，禋于六宗。」此告祭類帝，繼以禋宗，則知郊天正祭，後亦必禋宗。日月已配享于天，祭義云：「郊之祭，大報天而主日，配以月。」故六宗但自星辰以下，而四類有日月者非。郊天之時則日月當與星辰同祭，且春分朝日，秋分夕月，其壇位于東西郊，自當在四類之中矣。淮南子天文訓云：「涼風至，則報地德。」祀四郊，涼風至，在中月報地德，當是北郊祭地。詳禘祭考。祀四郊，當是四望。夫四望爲地之屬，四類爲天之

〔一〕王士駿校勘記：「盧本『所生』作『所主』。駿案：增韻『歲』从『戌』者，木星之精生于亥，自亥而行，至戌而周天。亥爲十月，十月爲陽，乾位于此，故曰『歲者天之所生』。盧本作『主』，于義無取。恐傳寫者以形近致譌。」

屬，祭地而及四望，則祭天而及四類可知。四類之祭當在建寅之月也。春秋僖公三十一年：「夏四月，四卜郊不從，乃免牲，猶三望。」可知其每年郊天之後，繼以三望也。蓋魯但僭祭天，而未僭行四類。魯雖僭禮，亦有不盡僭者。天子有四望，魯但行三望，未嘗僭也。其無四類可知。故四類之祭，絶不見于春秋經傳也。故以三望擬四類，而行于郊後。然則天子南郊後，必行四類明矣。此時類祭雖不及日月，然日月既得配于天，又有春秋分大祭、特祭，與南北郊相擬，固自極其尊崇也。朝日、夕月亦當名爲類。此時但祭日月，而不及星辰等神。與孟春但祭星辰等神而不及日月適相當也。祭法云：「幽宗，祭星也。」鄭注：「宗，當爲禜。」黨正云：「春秋祭禜。」天子禜祭四類、四望。所謂春秋，其孟春、孟秋與。至于徧祭日、月、星、辰諸神，則在夏正孟冬。月令云：孟冬之月，「天子乃祈來年于天宗。」鄭注云：「天宗，日月星也。」孔疏云：「六宗在類帝之後，故無日月。」月令無祭天之文，則六宗自得有日月。賈逵以爲天宗，日月星。鄭蓋用此說也。然既曰天宗，則六宗皆當在內。盧植以六宗爲月令祈年之天宗，自是卓識。但當增以日月耳。風師、雨師最係年之豐凶，祈年安得遺之乎？

四望之祭既行于申月北郊之後。又行于夏正孟冬。月令：季冬之月，「乃畢山川之祀」。此山川通嶽、瀆言之。下云「及帝之大臣，天之神祇」，可知此山川是嶽、瀆也。祀而曰畢，是以歲終畢之。若周正歲終爲亥月，是夏正孟冬也。然則周之四望又行于夏正孟冬明矣。是月先祭四類，次祭四望，然後行蜡臘之祭[一]，此歲終徧祀羣神之義也。又午月大雩帝，亦當祀四類四望。月令：仲夏之月，「命有司爲民祈祀山川、百源、大雩帝」。此山川亦通嶽瀆言之。雩以求雨，嶽瀆之出雲降雨爲最大也。既祀四望，亦必祀四類。日、月、星、辰、風師、雨師，固祈雨之所宜祭者也。左氏謂：「禜祭日月星辰。」詳禜祭考。禜之義與雩通也。雩及四類四望明矣。

王者歲祭天地有三，故四類、四望亦有三也。日月，歲止三祭。崔氏謂祭日月一歲有四：迎氣之時，祭日于東，祭月于西。非也。迎氣各祭其方之帝，不必祭日月。又崔氏不數大雩之祭，而數南郊之主配日月[二]。不知此祭天而以日月配，非祭日月也。又謂大蜡時合祭日月，日于壇，實柴；月于坎，瘞埋。不知祈年天宗，在大蜡前，非大蜡時也。周禮大宗伯：「以實柴祀日月星辰」，「以埋沈祭山林川澤」。祭月何得瘞埋乎？祭義云：「祭日于壇，祭月于坎。」坎亦是壇，祭必實柴，非瘞于坎也。日月合祭，亦未必然。祭之牲，皆當用犢。皇氏謂合祭用犢，分祭用少牢。非也。四類亦可謂天神，大司樂

[一] 王士駿校勘記：「元誤『臘』作『蠟』。楊正。」案：陸刻本「臘」誤作「蠟」，孫刻本已據楊校改正。

[二] 王士駿校勘記：「盧本作『日月配』。」

奏黄鍾，歌大吕，舞雲門以祀天神。鼓人：「以雷鼓鼓神祀。」此天神兼五帝、日、月、星、辰等神言之，下文祭地示又别出祀四望，此不别言，故知其兼之也。典瑞云：「兩圭有邸，以祀地，旅四望。」四望可與地同圭，則日、月、星、辰亦可與天同樂矣。四望亦可謂四方。曲禮云：「天子祭天地，祭四方，祭山川。」此四方在山川之上，次于天地，當有嶽瀆之神，非四方百物也。大宗伯「以疈辜祭四方百物」在山林川澤之下，可知是四方小神。曲禮「四方」在山川之上，則非小神矣。山川四方各有大小，其大者即四望也。祭法云「四坎壇，祭四方也」。此四方亦當有四望。凡小祀不爲壇，四方祭以壇。又與日、月、星、寒、暑等連言，知其非小祀矣。壇而曰坎，蓋先爲坎，而于坎中爲壇，如澤中之方丘也。四望爲地之屬，故爲坎壇。然亦四瀆則然，若嶽鎮之崇高，不當爲坎矣。祭義云：「祭日于壇，祭月于坎。」亦以月爲陰，象恒有虧缺，故爲坎壇以祭之，非有坎而無壇也。祭法云：「夜明，祭月也。」此夜明當即是坎壇。崔氏以夜明爲秋分之祭，以坎爲大蜡時之祭。非也。

四望服希冕，司服有明文。而四類之服不見，然觀祀五帝服大裘冕十二章，鄭氏謂大裘冕無文，非也。詳冕服考。日、月與五帝同爲昊天之佐，亦當服之。魯語云：「天子大采朝日，少采夕月。」大采當是十二章大裘冕服，少采當是九章衮冕。月既降于日，則星、辰、司中、司命、風師、雨師又當降于月，殆服鷩冕七章也。四類尊于四望，故四望服希冕三章也。詳祭祀差等說。牧人云：「望祀，各以其方之色牲。」而四類之牲不見然，上文云「陽祀用騂牲」，四類皆天神，亦爲陽祀，則用騂牲可知也。圭璧〔二〕祀日月星辰，則司中等可知。血祭祀五嶽，則四鎮、四瀆亦可知矣〔三〕。其可考者有如此。

卷七終

〔二〕「璧」，陸刻本誤作「壁」。

〔三〕王士駿校勘記：「此二十七字（校案：即自「圭璧祀日月」至「四瀆亦可知也」）盧本分注『則用騂牲可知也』下，不作正文。」

求古録禮説卷八

臨海誠齋金　鶚

夏禮尚文辨

夏禮尚文之説古所未有也，其説始於董子。春秋繁露三代改制質文篇云：「王者以制，一商一夏，一質一文，商質者主天，夏文者主地。」白虎通因之，遂有「正朔三而改，文質再而復」之説，蓋謂虞質而夏文，商質而周文也。夫謂商質周文則誠然矣。而謂夏文則不然。

明堂位云：「有虞氏服韍，夏后氏山，殷火，周龍章。」韍者，祭服之蔽膝，禹所宜致美者也。論語禹「致美乎黻冕」。黻是衣之黼黻，非蔽膝也。然禹既以祭服而致美，則蔽膝亦必致美矣。然猶但繡以山而已，至殷而增以火，周更增以龍。觀此可知，四代之禮遞趨於文，以夏商校之，實夏質而商文也。更廣證之，有虞氏之兩敦，夏后氏之四璉，殷之六瑚，周之八簋。俎，有虞氏以梡，夏后氏以嶡，殷以椇，周以房俎。夏后氏以楬豆，殷玉豆，周獻豆。簋與俎、豆皆祭器，以禹致孝鬼神，宜乎致其文矣。乃璉僅有四，未有六瑚、八簋，不以多品爲文也。俎但加以横距，未嘗如殷之曲其足，周之更設下跗於兩端也。豆但以木爲之，未嘗如殷之飾以玉，周之加刻鳳羽也。獻讀爲沙，周亦玉豆，更刻爲鳳羽娑娑然。

又如夏后氏尚明水，殷尚醴，周尚酒。夏后氏官百，殷二百，周三百，尤其顯然可見者也。又以夏小正考之，八月，「玄校」。傳云：「玄也者，黑也。校也者，若緣色。然婦人未嫁者衣之。」此但解緣爲婦人未嫁之服，其實玄色非婦人服也。「緣」字今作「緑」，非。所校惟玄色之服，可見其不尚華麗之衣也。四月，「取荼」。傳云：「以爲君薦蔣也。」十二月，「納卵蒜」。傳云：「納之君也。」可見其器用、食物之樸素也。禹之菲飲食惡衣服于此，可得其略矣。尚書大傳載禹貢異物，北海有魚劍、魚石，出瑱擊閭，又有五湖元唐、大都鯉魚、魚刀等物，不可信也。又考工記云：「夏后氏世室，殷人重屋四阿。」此皆爲明堂，而重屋四阿始于殷，則夏無重屋四阿可知。夏之明堂亦必四注，但無四阿耳。鄭氏以四阿爲四注，非也。詳四阿反坫考。牆用白盛，鄭注：「以蜃灰堊牆也。」其無彩畫可知。詳考諸書未見夏之尚文也。

論語云：「周監于二代，郁郁乎文哉。」歎周之文盛，而夏殷之不文可見也。表記云：「虞夏之質，殷周之文，至矣。虞夏之文不勝其質，殷周之質不勝其文。」此明以夏爲質也。殷人本質，而以夏校之則見其文。是可知天地氣運漸趨於文明，聖人因時而制宜，非有意於尚質尚文也，豈有一質一文相爲循環之理哉。然則謂文質再而復，夏與周皆尚文者，真臆説也。近時孫淵如宗其説引以解經，鷃故不可以無辨。

桀都安邑辨

書序云：「湯伐桀，升自陑，與桀戰于鳴條之野。」僞孔傳：「桀都安邑，鳴條在安邑之西。」孔疏：「桀都安邑，相傳爲然。即漢之河東郡安邑縣是也。今安邑有鳴條陌。」

鶚案：汲郡古文云：「帝癸即桀也。元年，帝即位，居斟鄩。十三年遷于河南。」考斟鄩夏同姓國，即漢北海郡平壽故城。在今山東萊州府濰縣東南五十里，是桀之始都已不在安邑矣。

至遷于河南，疑在今之河南府洛陽縣，何以知之？史記吴起對魏武侯云：「夏桀之居，左河濟，右大華伊闕在其南，羊腸在其北。」考大華山在今同州府華陰縣南一十里，正當河南府之西，河水經其北，又東經洛陽縣北，又東過成皋縣北，濟水從北來注之，成皋在今開封府泗水縣地，河濟二水正當河南府之東，所謂「左河濟」、「右大華」也。伊闕，一名闕口，即闕塞也。左氏昭公二十六年傳：「晉知躒、趙鞅帥師納王，使女寬守闕塞。」杜注：「闕塞，洛陽西南伊闕口也。」水經注伊水又北入伊闕，昔大禹疏以通水，兩山相對望之若闕。伊水歷其閒北流，故謂之伊闕，春秋之闕塞焉。今考伊闕在洛陽西南三十里，所謂「伊闕在其南」也。羊腸阪在大行山，文選魏武帝苦寒行：「北上大行山，艱哉何巍巍。羊腸阪詰屈，車輪爲之摧。」李善注云：「呂氏春秋：九山曰『大行，羊腸。』」高誘注：『大行山在河内野王縣北。羊腸，其山盤紆如羊腸。在晉陽太原北。』」又高誘注淮南子云：「羊腸阪是大行、孟門之限。」然則阪在大行，山在晉陽也。今考大行山綿亘千里，其南則抵彰德、衛輝、懷慶三府，羊腸阪在其上。河南府北界懷慶大行山正當其北，所謂「羊腸在其北」也。再徵諸國語：「幽王三年，西周三川皆震，伯陽父曰：『周將亡矣。昔伊洛竭而夏亡，河竭而商亡。』」韋昭注：「禹都陽城，伊洛所近。」考水經，伊水「過伊闕中，洛陽縣南，北入于洛」。洛水，「東過洛陽縣南，又東北過鞏縣東，又北入于河」。「伊洛竭而夏亡」，則桀時事也。桀都在洛陽可知。韋注以禹都言，蓋謂桀之都禹故都也。

然禹都陽城，陽城屬潁川郡，今河南府登封縣，地在府東南一百二十里。伊闕不在其南，河濟亦非在其左，與史記不合。汲郡古文「禹元年，居陽城」，漢書地理志注：「臣瓚云：世本言禹都陽城，汲郡古文亦云『居之』。」可知竹書本作居陽城，今本作居冀，非是。而帝癸十三年則書「遷于河南」，可知非陽城也，不然何不言遷于陽城乎？雖陽城在河之南，亦可稱河南，然非實録矣。竹書所紀諸帝都，如大康、仲康居斟鄩，帝相居斟灌，少康遷于原，皆實紀其名，豈于陽城而獨不然？桀都河南，河南蓋古之地名，漢之河南縣、今之河南府皆因其舊名，非泛言大河以南也。韋注未確，而其地則甚近矣。竹書亦紀「河洛竭」而繫於十年，在遷于河南之前，則非矣。蓋後人編輯之誤。

國語又云：「夏之興也，祝融降于崇山。其亡也，回禄信于聆隧。」。韋注：「聆隧，地名。汲郡古文：「帝癸三十年，聆隧災。」」聆隧在河南可知也[一]。桀都在今河南洛陽甚明。僞孔傳乃謂「桀都安邑」。考安邑漢屬河東郡，在河之北，今山西解州屬縣。河水經今蒲州府，在安邑西，是右河，非左河，且與河相遠也。濟水發源在今懷慶府濟源縣，懷慶西界绛州垣曲北界澤州鳳台，與安邑不相接，至入河處，在洛陽東北，中隔懷慶府，非在安邑之左也。大華在安邑之南，相去頗遠，不得謂「右大華」也。伊闕去安邑亦遠，又中隔大河，不得謂「在其南」也。孔疏惟據地理志上黨郡壺關縣有羊腸坂，在安邑北，謂桀都安邑必當然矣，其三面皆置之不論，何其疏也？

至謂鳴條在安邑西，今安邑見有鳴條陌、昆吾亭，尤爲謬妄。湯居南亳故城，在今歸德府商丘縣東南四十里，安邑在其西北，若桀都安邑，湯自東往伐之，桀自西來拒湯，當

[一] 王士駿校勘記：「駿案：『也』字衍。」案：陸刻本、孫刻本皆有「也」字。有「也」字無害于文意，今仍其舊。

戰于安邑之東，何乃戰于西乎？孔謂「湯承禪代之後」，「慙而且懼，故出其不意」，「從安邑西南向北渡河，乃東向安邑」。桀西出拒湯，故戰于安邑之西。此妄解「升自陑」之文，傅會僞孔傳出其不意之説，而豈可論聖人之事哉。聖人奉天伐暴，師出以正，必不歷險、迂路，而出其不意、掩其不備，如詭譎者之所爲也。魏延子午谷之計，孔明猶不用，而謂聖人爲之乎？孟子言民望湯師之至，「若大旱之望雲霓」，安有掩襲之事乎？其不合一也。

左氏昭公十八年傳云：「乙卯，周毛得殺毛伯過。萇弘曰：『毛得必亡。是昆吾稔之日也。』」杜注：「昆吾，夏伯也。乙卯日與桀同誅。」商頌云：「韋顧既伐，昆吾夏桀。」鄭箋：「湯先伐韋、顧」，「昆吾、夏桀則同時誅也」。汲郡古文云：「帝癸二十八年，商師取韋。二十九年取顧。三十年征昆吾。三十一年商自陑征夏邑，克昆吾，大雷雨，戰于鳴條，夏師敗績。」此昆吾與桀同日亡之證。

考昆吾所居有二，左氏昭公十二年傳云：「楚子曰：昔我皇祖伯父昆吾，舊許是宅。」杜注：「昆吾嘗居許地。」孔疏：「許既南遷，故云舊許。是宅其地，此時屬衛。」

哀公十七年傳云：「衛侯夢于北宮，見人登昆吾之觀。」杜注：「衛有觀，在于昆吾氏之虚。」國語云：「史伯對鄭桓公曰：『昆吾爲夏伯矣。』」韋昭注：「祝融之孫，陸終第一[一]子，名樊，爲己姓，封于昆吾。昆吾，衛是也。其後夏衰，昆吾爲夏伯，遷于舊許。」據韋氏注，則夏桀時昆吾在許不在衛。漢書地理志云：「潁川郡許縣，故許國。」今在河南許州，與安邑相去遠甚。若桀都安邑，昆吾何得與桀同日亡乎？孔謂：「昆吾亦來安邑，欲以衛桀，故同日而亡。」臆説無據。其不合二也。

序云：「夏師敗績，湯遂從之，遂伐三朡，俘厥寶玉。」「遂」者，繼事之辭。必去此不遠，乃可言「遂」。三朡，周曹國也。水經云：「濟水，「逕定陶縣故城南」。酈道元注：「縣，故三鬷國也。湯追桀伐三鬷即此。周武王封弟叔振鐸之邑也，故曹國。」今曹州府地，三朡亭在府屬定陶縣界，與安邑相去甚遠。若戰在安邑之西，豈得遂伐三朡，其不合三也。

惟桀都洛陽，則無不合。考鳴條即舜所崩之地，孔疏載或説：「陳留平丘縣有鳴條亭。」詳舜崩鳴條考。平丘故城在今開封府陳留縣西北九十里。開封與河南接壤，河南在開

〔一〕陸刻本、孫刻本皆作「第三」，誤。

封西，平丘亦在開封府之西，許州閒開封、河南之閒，地皆相近。湯自商丘西至許州伐昆吾，昆吾敗走依桀，湯遂伐桀，昆吾與桀東出拒湯，湯克昆吾，桀亦敗，奔陳留，是謂鳴條。湯從之，與桀戰于鳴條之野，桀敗績，所謂「昆吾夏桀同日亡也」。桀走定陶，是謂三朡。湯從之，伐三朡，定陶在陳留之東，其地相近，所謂「遂伐三朡」也。由洛陽至陳留，由陳留至定陶，皆自西而東，一路蹤跡可見。知昆吾敗走依桀者，據汲郡古文，商師征昆吾，商自陑征夏邑，昆吾若不走依桀，則克昆吾何以在自陑征夏邑之後，又何以與桀同日亡乎？然安知非昆吾來救桀？以毛詩、竹書皆言湯先伐昆吾，後伐桀，昆吾已被伐，何能救桀乎？知湯伐桀非即戰于鳴條者，以鳴條非桀之都，史記言桀敗走鳴條知之也。

自僞孔傳謂桀都在安邑，致使成湯伐桀之事迹不明于後世。而又厚誣聖人以詭詐之行，是可憾也。惟「升陑」不可考。太平寰宇記云：「堯山在河東縣〔南〕〔一〕二十八里，即雷首山，亦即陑山。湯伐桀升自陑，即此也。」此亦本僞傳桀都安邑之説，未可信也。

〔一〕案：「南」字據太平寰宇記補。

冕服考

冕服之制，説者多謬。尚書皋陶謨云：「予欲觀古人之象，日、月、星辰、山、龍、華蟲作繪，宗彝、藻、火、粉米、黼、黻絺繡。」伏生大傳云：「山龍，青也。華蟲，黄也。作繪，黑也。宗彝，白也。璪火，赤也。天子服五，諸侯服四，次國服三，大夫服二，士服一。」又云：「天子衣服，其文華蟲、作繪、宗彝、璪火、山龍。諸侯，作繪、宗彝、璪火、山龍。子男，宗彝、璪火、山龍。大夫，璪火、山龍。士，山龍。故書曰：『天命有德，五服五章哉。』」案：此説最謬。山龍、璪火皆明是二物，安得混爲一物？華蟲本五色之鳥，何獨以爲黄？繪是會五采，説文云：「繪，會五采繡也。」何獨以爲黑？藻是水草，本青色，説文作「璪」，云「玉飾如水藻文」亦未嘗言其赤，乃以璪爲赤色何也？山、龍、華蟲等皆有其物，而「作繪」一色獨無其物，乃與四者竝列，此何説邪？「作繪」明與「絺繡」相對，乃絺繡不與粉米、黼黻竝數，而作繪卻與山龍、華蟲等竝數，此又何説邪？日、月、星辰與山、龍、華蟲等連敘，上承「觀象」，下注「作服」，乃去日、月、星辰不用，而斷自山、龍以下，則「日、月、星辰」四字豈其爲衍文乎？山、龍次於日、月、星辰之下，華蟲之上，本自尊也，乃移置璪、火之下，倒亂甚矣。

山有配天之隆，左傳云：「山嶽則配天。」龍爲鱗蟲之長，皆爲君象。非天子、上公不得服也。而謂大夫、士皆得服之，有是理乎？五等諸侯與天子、大夫爲差，每合而爲一，如天子之席五重，諸侯三重，大夫再重。天子之堂九尺，諸侯七尺，大夫五尺，是也。諸侯自爲差，則分而爲三，如周官所言公九、侯伯七、子男五，諸制度是也。未有諸侯與子、男分爲二等者也。「五服五章」與「五刑五用」對舉，是天子所以命德討罪者也。則五服當在天子之下，今乃并天子數之，與經文不合矣。易繫辭言：「黄帝、堯、舜垂衣裳」「取諸乾、坤」。不特玄衣纁裳象天地之色，亦以衣裳各六章象乾、坤各六爻也。若衣有山、龍以下五章，而裳悉無之，則與衣不稱矣。天子至士衣裳皆宜有别，乃衣有五等之差，而裳同用粉米、黼、黻，何其無别乎？然則伏生之説謬妄甚矣。

鄭君注周官司服引此經，謂：「古天子冕服十二章，舜欲觀焉。」孔沖遠推鄭意謂：「日也，月也，星辰也，山也，龍也，華蟲也，六者繪於衣。宗彝也，藻也，火也，粉米也，黼也，黻也，六者繡於裳。」此説得之。

近孫淵如申伏而駁鄭，皆牽强之説，如引爾雅：「華，皇也。」説文：「黵，沃黑色。」玉篇「沃」作「淺」。「嬒，女黑色。」以證華蟲爲黄、作繪爲黑。然皇非黄也，黵、嬒非繪也。又謂據經上云「五服五章」，下云「五采五色」，大傳以五色分爲五章，與經文合。不知「五服五章」，諸侯以下之服也。「五采五色」，天子之服也。經文上下之義不同，安得混而一之乎？又引周禮節服氏：「掌祭祀、朝覲衮冕，六人維王之大常。」以爲下士亦服衮龍之證。不知節服氏掌王之旌節與冕服，祭祀、朝覲衮冕，郊祀裘冕，王之服也；大常，王之節也。此文當於「衮冕」絶句，若以「衮冕」連下「六人」讀之，而謂節服氏自服衮冕，無論下士不當有此服，亦豈有身服衮冕，而維大常以奔走於道路者乎？龍衮爲天子之服，下士即得服冕，斷無有服龍衮之理也。

又引大戴禮五帝德稱帝嚳、帝堯服「黄黼黻衣」，言天子有華蟲，獨得服黄。不知衣者衣裳之通稱。裳字从衣，是裳可稱衣也。「黄黼黻衣」，蓋以裳言之，黄質而刺以黼黻也。黼黻是白黑與黑青相配之色，非黄也，且玄衣黄裳象天地，故知指裳言。衣裳之制始于黄帝，但黄帝時衣有文而裳文不備，至帝嚳、帝堯裳始備有黼黻，故特言之。衣有文而裳文不備，蓋略其在下者。有虞氏衣裳十二章，而韍猶無文，亦以在下略之。夏后氏山，殷火，周龍章，遞趨於文，蓋與此同。若以「黄黼黻衣」爲華蟲，則記文明言黼黻，未嘗言華蟲也。大戴禮此文上云：「黄帝黼黻衣、大帶、黼裳。」此黼黻不言黄，下又別出「裳」字，是以衣言之可知。帝嚳、帝堯黄黼黻衣，衣言黄而不別言裳者，必以裳言之也。黄帝時衣有黼黻，裳則有黼而無黻也[一]。史記五帝本紀稱堯「黄收純衣」，純即緇字，但聞緇衣，未聞黄衣也。

又引説文「繪」字、「黺」字解，兩引山、龍、華蟲，不引日、月、星辰，謂古文亦不以日、月、星辰爲衣飾。又謂徧考周禮、禮記、左傳、管子之文，但有日、月、星辰畫旂章之説，不知説文但言山、龍、華蟲者，舉其文之著者言之也，衣六章，山、龍爲多，禮器疏云：「夏殷衣有日、月、星辰。」今云「龍衮」者，舉多文爲首耳。而龍尤焕。裳六章，黼、黻爲多，而黼尤焕。爾雅云：「黼、黻，彰也。」廣雅云：「山、龍，彰也。」此舉其文之多者也。禮器云：「天子龍衮。」[二]此舉其文之尤焕者也。華蟲次于山、龍，故説文并舉之，火次于黼、黻，故左傳桓公

[一] 王士駿校勘記：「盧本奪『裳』字。」
[二] 王士駿校勘記：「盧本此下有『書顧命王黻裳』六字，元本所無。駿案：增此六字義更完足。」案：陸刻本、孫刻本皆與元本同。

二年。言：「火、龍、黼、黻，昭其文也。」然則衣之文，山、龍、華蟲爲著，裳之文，火與黼、黻爲著，衣裳各三章，亦自相稱也〔二〕，日、月、星雖尊而其文不著，故説文不及，他書亦不及。此日、月、星辰畫於衣，尚書已有明文。郊特牲言：「祭之日，王被袞以象天。」若無日、月、星辰何以象天乎？書疏引此記文謂據此袞冕之服亦畫日、月，不言星辰者，省文也。

孫氏謂衣玄質即象天，不必有日、月、星辰，然凡祭服皆玄衣又下達於士，豈皆可謂象天乎？云「被袞象天」，可知象天惟袞衣，餘衣則否也。若謂玄色象天，則凡衣皆然，何必言被袞也？蓋惟天子有十二章之袞衣，有九章之袞衣，享先王袞冕，九章之袞也。無日、月、星義不取乎象天也。祭昊天服大裘而冕，十二章之袞也，有日、月、星義必取乎象天也，但言象天，而日、月、星辰在其中矣，然則以日、月〔三〕、星辰畫衣爲無據者，非也。

孫氏又引大戴禮、孟子注、史記諸書謂衣亦刺黼、黻，刺繡之事以紈葛之精細者爲質，布畫山、龍等五章于上，而以黼、黻之文刺于五章空隙之處，復分畫爲界緎，俾五色不能

〔二〕王士駿校勘記：「盧本此下有『蔽膝之黻畫以山、火、龍，蓋亦取其文之著者耳。韍在衣裳之閒，故取衣之二章、裳之一章合而爲飾，韍視衣裳爲小，故半衣裳之文爲三章也。』大小五十四字元本所無。盧本雖有之，而首尾乙去。」案：陸刻本、孫刻本皆無。

〔三〕王士駿續校勘記：「盧本『日月星』下無『辰』字。」

相亂，故謂之黺，視其文如聚米也。今案：大戴禮云：「黄帝黼黻衣，大帶，黼裳。」證以終南詩，稱秦襄公「黻衣繡裳」，皆衣裳對舉，則黼黻固有在衣者矣，但衣之黼黻與裳之黼黻異[一]。祭義云：「朱緑之，玄黄之，以爲黼黻文章，君服以祀先王先公[二]。」朱緑、玄黄，謂染絲爲五色也。以爲黼黻文章，謂織爲白黑之黼、黑青之黻、青赤之文、赤白之章，乃製爲冕服之衣也。月令：染采有「黼黻文章。」又一證也。染絲而織爲帛，禹貢所謂「織文」。玉藻所謂「織」也。士不衣織者，士不得服冕故不衣也。士爵弁服，玄衣纁裳，染帛爲之，非織也。然則冕服之衣當用染絲而後織帛也。

竊疑衣備黼黻文章，裳但有黼黻，衣之黼黻文章用織[三]，裳之黼黻用繡，衣之黼黻文章不在六章之内，裳之黼黻則在六章之内，衣之黼黻但以黑白、青黑二色相配，不象物形，故

[一] 王士駿校勘記：「盧本此下有『考工記：畫繢之事，「青與赤謂之文，赤與白謂之章，白與黑謂之黼，黑與青謂之黻」。此連上文通爲畫繢，則黼黻文章非刺繡于衣裳矣。』五十字校元本增多。」案：陸刻本、孫刻本皆與元本同。

[二] 王士駿校勘記：「盧本此下有『月令：季夏之月，「命婦官染采，黼黻文章必以法故」，「以給郊廟祭祀之服」。夫祭祀豈獨言裳而不言衣哉，而祭義、月令未嘗明言刺繡，考工記且明畫繢。』五十八字元本所無，其元本『朱緑玄黄』以下至『染絲而後織帛也』數語亦盧本所無。駿案：盧本云云義主畫繢，元本云云義主織帛，然畫繢之説可以解考工記，而不可以解祭義，織帛之説可以解祭義、禹貢、玉藻，而不可以解考工記，二説似宜竝存，不可偏廢也。」

[三] 王士駿校勘記：「盧本『織』作『繢』，下有『繢與繪通』四字注。」

不入章數。裳之黼爲斧形、黻爲兩己相背形，故入章數，此其異也。畫繢襍色有五行相生者，有五行相克者，考工記所言青與白相次，此五行相克者也。所言青與赤謂之文，此五行相生者也。古聖人體天地之心設色，必貴五行相生，而衣服所以章身，尤重于他物，故衣裳用玄纁，既取五行之相生，詳閒色説。而織以爲黼黻文章[一]，亦取五行之相生也。

黼、黻、文、章當列於四旁，中有日、月等六章故也。以象四時、四方。文在左，章在上，黼在右，黻在下，左旋相生之次也，五色獨缺黃，象土無正位，而華蟲居六章之中閒，黃色最多，本大傳華蟲爲黃之説。象土位中央，其色黃也。日、月、星當在上，山在下，華蟲在中，升龍在華蟲之上，降龍在華蟲之下，屈曲旋繞，是六章以華蟲爲中也。日赤色，月、星白，山、龍青，華蟲備五色，黑色最少，以玄衣之質多黑也。推之裳六章，火當在上，粉米與藻在下，宗彝在中，黻在宗彝之左，黼在右，火赤色，粉米與宗彝皆白，藻青，黼黑白，黻青黑，獨無黃色，以纁裳之質多黃也。雖多黃色，而五色咸備，象土之分旺四時也。既備五采，雖繪亦可謂之繡，説文：「繪，會五采繡也。」繡本刺于裳者，然繡備五采，繪亦備五采，故繪亦通謂之繡也。

[一] 王士駿校勘記：「元『以爲』二字上下互易，今依盧本乙正。」續校勘記：「盧本『織』作『績』。」案：陸刻本「以爲」二字亦上下互易。孫刻本不誤。

考工記言畫繢之事[一]，於「黼黻文章」之下，繼云：「五采備，謂之繡。」固是泛説，即指冕服、華蟲言亦可[二]。記文明言畫繢之事，可知「五采備，謂之繡」非言刺繡也。刺繡蓋掌于縫人，或女工爲之，非畫工所可兼也[三]。黼、黻、文、章、繡五者，各居一處，各有其名，此對文則别也。若散文則通，五者皆可謂之繡，亦皆可謂文，謂章，謂黼，謂黻，即日、月、星辰、山、龍、華蟲等亦皆可以五者通稱之。詩唐風云「素衣朱襮」，次章「素衣朱繡」。爾雅云：「黼領，謂之襮，是黼可謂繡也。」詩疏引孫炎爾雅注云：「繡，刺黼文以爲襮領。」非也。黼裘、黼依皆非刺繡，豈黼領必刺乎？古者，衣繪而裳刺以法陰陽，領在衣上不當用刺也。毛傳云：「襮，領也。諸侯繡黼，丹朱中衣。」又云：「繡，黼也。」夫丹朱重文，則繡黼亦重文。觀毛傳以黼釋繡，自明衣緣用朱，領用黑白，襍文非刺繡，亦非繢畫。禹貢有「織文」，疑黼領以黑白之絲織而爲之也。荀子正論篇云：天子「則服五采，襍閒色，重文繡」。閒色，謂黼、黻、文、章各以二色相襍。文繡，謂日、月以下十二章物相襍，故曰文。本易繫辭傳。備五采，故曰繡。衣裳皆有之，故曰重。夏本紀云：「余欲觀古人之象，日、月、星辰作文繡、服色。」

[一] 王士駿校勘記：「盧本無『言畫繢之事』五字。」
[二] 王士駿校勘記：「盧本（校案：自「固是泛説」至「亦可」一句）作『即指華蟲也』，與元本文異。」
[三] 王士駿校勘記：「盧本此下有『黼黻文章在衣，則繡亦在衣。黼黻文章列四旁，則繡居中，故知指華蟲也』二十九字注，校元本增多。」

是以十二章爲文繡也。左傳云：「火、龍、黼黻，昭其文也。」是十二章統謂之文也。而孟子以文繡爲美，衣則黼黻文章，亦通謂之文繡也。禮運云：「五色、六章、十二衣。」考工記云：「襍四時五色之位，以章之。」又章與彰通。爾雅訓黼黻爲彰，是皆可謂之章也。

爾雅云：「衮，黻也。」詩言「黻衣繡裳」，猶言衮衣繡裳。論語言：禹「致美乎黻冕」。猶言衮冕，鄭注論語云：「黻是祭服之衣。」是也。邢疏既引鄭注，又解黻爲蔽膝，誤矣。蔽膝在下，其可加於冕乎。且黻與韍不同，江慎修曾辨之。是舉衣上六章之物，以及黼、黻、文、章通謂之黻也。大雅云：「常服黼冔。」黼冔，猶言黼冕，是又通謂之黼也。若舉二字言之，或曰黼黻，如大戴禮所云；或曰文章，如論語所云[一]；或曰黼黻文繡，郊特牲云：「黼黻文繡之美。」以黼黻該四旁間色，以文繡統中央章物，皆散文則通之例也。孫氏謂衣亦用刺繡，既昧於陰陽之義，周官司服疏云：「衣是陽，畫亦輕浮。裳是陰，刺亦深沈。」此說最精。又泥於大戴禮「黼黻衣」而謂衣但繡黼黻，不知猶有文章，且謂刺于五章空隙之處，顯與考工記不合。至孟子稱舜「被袗衣」，說文

[一] 王士駿校勘記：「案：『論語』二字疑譌。」

以袗爲玄衣，士冠禮：「兄弟畢袗玄。」袗與袀通，淮南子「尸祝袀袨」。袗又通軫，今月令曰：「乘軫路。」軫路即玄路，是袗爲玄也。是也。玄衣有畫文，趙岐注訓袗爲畫，義亦可通。而以被畫衣爲黼黻絺繡，此趙注之誤，未可據也。

五帝本紀云：「賜舜絺衣。」絺衣蓋即周之絺冕服也。絺冕三章，孤卿服之，此周制也。其上有公九章，侯伯七章，子男五章，其下有大夫一章，而皋陶謨言：「天命有德，五服五章哉。」鄭注云：「五服，十二也，九也，七也，五也，三也。」王制孔疏推鄭意，謂天子十二章，公九，侯伯七，子男五，卿大夫三。僞孔傳則謂天子、諸侯、卿、大夫、士之服。二説皆非，五服當在天子之下。虞制蓋與周制同，舜此時未爲帝，亦未爲相，故賜以絺冕之衣也。天子、諸侯之冕服，未有絺繡於衣者也，孟子言舜「被袗衣」，此在爲天子時，與史記絺衣不同。孫氏以絺衣爲袗衣誤矣。且讀「絺」爲絺綌之「絺」，而謂刺繡以絺爲質，不知舜時蠶事之興已久，冕服最貴，豈可不以絲爲之？況絺綌爲當暑之服，非四時之常服也。尚書本文以「絺」對「作」，則絺非絺綌甚明矣。白虎通云：「聖人所以制衣服何？以絺綌蔽形、表德、勸善、別尊卑也。」孫氏據此，因謂刺繡於絺。然禮運言上古「未有麻絲」，衣鳥獸羽皮，後聖有作，「治其麻絲以爲布帛」。是古聖人始制衣服，即以布帛爲之，未聞但取絺綌以蔽形。白虎通之言未足據也。

孫氏又謂：「夏本紀以『文繡』二字釋『山龍』至『絺繡』，文亦畫也，文足以該山龍已下五章之畫，繡足以該粉米已下繡文。」不知「文」之本義，非畫繢也。文爲物之交錯而有光采，易言：「柔來而文剛，剛上而文柔。」又以天文與地理對言。又言虎豹之文炳蔚。此文之本義，不可訓爲畫也。且日、月、星辰正是天文，文莫大于是，而謂夏本紀所言「文繡」自山龍以下，而日、月、星辰不與焉，必不然矣。是則孫氏所以申伏駁鄭者，皆爲曲説，而大傳之言必不可從也。

然鄭君注司服謂：「王者相變，至周而以日、月、星辰畫於旌旗。」冕服止九章，則其説亦謬。案：周官經文：「王祀昊天上帝，則服大裘而冕。享先王則衮冕。」又云：「公之服，自衮冕而下如王之服。」夫衮冕九章，公之服也。公自衮冕而下如王服，則王之服必有加于九章之衮冕，而爲十二章可知。大裘之冕，其服必十二章也。王與公、侯、伯、子、男差等，王皆十二，公皆九，侯伯皆七，子男皆五。如「王執鎮圭尺有二寸，公桓圭九寸，侯信圭、伯躬圭皆七寸，子穀璧、男蒲璧皆五寸。」「王建大常十有二斿，公旂九斿，侯伯七斿，子男五斿。」此類不可枚舉。然則公服九章，天子必服十二章，以爲尊卑之别，若同服九章，是尊卑無别也。郊特牲言：「王被衮以象天。」明有日、月、星辰，是周天子服十二章之確證。鄭君乃以此爲魯禮，豈周天子不服十二章，而魯侯反得服十二章邪？且經文明言「王」，何得指爲魯乎？凡經言「王」，而鄭注指爲魯者，皆大謬之説也。

江慎修謂：「古用十二章，周損爲九章，正是監前代損益之精意。」倘有益無損，則制度彌文，伊於胡底乎！此説亦不然。周禮尚文，夫子稱其郁郁則監二代而損益者，大抵損質而益文也，況冕服尤重文章，夏禹不尚文猶且致美，而以尚文之周王乃反損十二章而爲九章，此必無之事也。且即損前代之文，亦宜上下皆損，乃天子獨自損之，而公、侯、伯、子、男皆不損，有是禮乎？

鄭志又謂大裘上有玄衣，與裘同色，其服無章。司裘疏引此。其意謂祭天尚質也。然祭天固有尚質之事，如器用陶匏，席用稾鞂，乘素車之類是也。而旂常、冕服則致其文。郊特牲云戴冕「璪十有二旒」。又云：「旂十有二旒〔二〕，龍章而設日月。」則服必十有二章可知。乃謂其服無章，下同於士之爵弁服，以至尊行大祭而服等于至卑，不亦傎乎？冕藻既極其華，而服則無文，抑何衣冠之不稱乎？而鄭謂大裘之冕無旒，則又與郊特牲冕璪十二旒之説顯相刺，謬矣。

或疑大裘不言衮，似乎無文。不知經文每有互見之法，大裘不言衮，其餘冕服不言裘，互文錯見也。本戴東原説。大裘用黑羔皮，與朝服之羔裘同，然其制特大，又爲天子、諸侯之祭服，卿大夫自祭家廟不得服之。卿大夫自祭用冠弁服，則其裘即朝服裘也。故名之爲大裘。玉藻云：「大裘不裼。」可知爲祭服也。又云：「惟君有黼裘以誓省，大裘非古也。」誓省輕於祭，故服黼裘而不服大裘，然黼裘亦非人臣所得服，則大裘之尊更可知，六冕之服同用大裘無疑矣。周官司裘：「掌爲大裘，以共王祀天之服。」似大裘非凡祭所概用，然其下文别無他祭之裘，但言「仲秋獻良裘，王乃行羽物，季秋獻功裘，以待頒賜」。良裘即黼裘，功裘即朝服之裘，竝非人君祭服之裘，是則大裘不專祀天。而云「祀天」者，舉其重以概其

〔二〕案：陸刻本作「斿」，禮記郊特牲作「旒」，孫刻本作「旒」。

餘也。司服言「祀天服大裘」，而其餘不言，亦猶是也。享先王用衮冕，而祀天尊于先王，其服衮不言可知。或者泥其文，遂謂大裘之上無衮衣，不亦惑乎？凡裘之外有裼衣，裼衣之外有上服，上服即衮衣、鷩衣之類。玉藻言「大裘不裼」，則裘外有裼衣可知。又言尸襲、尸服，卒者之上服，祭者與尸服同，則裼衣之外有上服亦可知矣。

又鄭注考工記「黼黻文章」謂：「此言刺繡采所用，繡以爲裳。」毛詩孔疏因謂「黼黻在裳」，「黻衣繡裳」疏：「黻皆在裳，言黻衣者，衣大名。」又「玄衮及黼」箋：「黼，黼黻，謂絺衣也。」疏云：「絺在裳，言衣者，衣總名也。」江慎修因謂黻冕是舉後一章以該他章。然衮冕、鷩冕、毳冕皆舉其首章以該其餘於理爲順，若舉後一章以該他章則不順矣。偏考經典，無此體例，是知鄭、孔之説非也。惟衣有黼黻，故有黼冕、黻冕之稱。衣在上體，與冠相近，古人衣必與冠同色，詳閒色説。以衣與冠一類也。裳與屨同色，則與冠不類也。若舉裳之一章與冕連文竝稱，是亂其例也。以衣爲衣裳總名，而解黻爲祭服之衣可也，必指黻爲裳之一章，謂舉最後一章以該餘章不可也。以衣爲大名而言黻冕，猶言衣冠也。以黻爲裳之一章而言黻冕，猶言裳冠矣。經典無此語。

又案：禮器云：「禮有以文爲貴者，天子龍衮，諸侯黼，大夫黻，士玄衣纁裳。」龍衮言衣非言裳，則黼黻亦皆言衣可知。孤卿希冕，裳有黼黻，孤卿亦大夫，若謂黼黻在裳，則不得言「諸侯黼，大夫黻」矣。經意言尊者文多，卑者文少，以次遞降，是則諸侯黼、大夫黻者，諸侯備有黼黻，大夫有黻而無黼也。竊謂黼、黻、文、章，黼重於黻，文重於章，天子、諸侯皆有黼、黻、文、章，分列衣之四旁，大夫但有黻與章。服希冕者，刺粉米於中，鄭注司服「希冕」云：「希讀爲絺，或作黹，字之誤也。」「希，刺粉米無畫。其衣一章，裳二章。」賈疏云：「衣是陽應畫，但粉米不可畫之物，今雖在衣亦刺之，故得希名。」然則毳冕之粉米亦刺之也。而章在左，黻在右[一]，服玄冕者，裳刺黻爲一章，衣亦有黻[二]。王制疏：有孤之國，「孤絺冕，卿大夫玄冕」。「無孤之國，卿絺冕，大夫玄冕。」禮器所謂大夫則統孤、卿、大夫而稱之也。衣裳既相稱，而黻爲黑青相配，與玄衣之色相似，玄爲黑而微青，詳閒色說。其文不著，足見位益卑則文益少也。士玄衣纁裳，則衣裳皆全無文矣。

左昭二十五年傳：「爲九文、六采、五章，以奉五色。」九文，謂山、龍、華蟲以下九章。六采，謂天地四方之色。五章，謂文、章、黼、黻、繡。本杜注，但杜解「九文」分華蟲爲二，

[一] 王士駿校勘記：「盧本作『畫章于左，畫黻于右』，仍以畫繢與元本異。」

[二] 王士駿校勘記：「盧本『有』作『畫』。」

不及宗彝，失之。此子産之言，明侯國之禮，故有九文而無十二章，九文之外，又有五章，其指文、章、黼、黻、繡無疑，亦可見黼黻之在衣也。諸侯有九文、五章，似亦得稱龍衮，然五等諸侯惟上公得服衮冕，天下罕有，猶且但有降龍，無升龍。本覲禮注。又無日、月、星辰，不如天子之備，而黼、黻等五章，不減於天子〔一〕，故曰「天子龍衮」、「諸侯黼」。天子衣有日、月、星辰、山、龍、華蟲六章，而龍爲最著。諸侯衣有黼、黻、文、章、繡五章，而黼爲最尊。黼在右衣，尚右手，故以黼爲尊。祭義、月令皆先言「黼黻」，後言「文章」，可知黼爲尊也。大戴禮言「黄帝黼黻衣」，舉其重者言之耳。考工記先言文章者，順四時之序，又一義也。故各舉其一以該其餘也。

大夫有黻與章，以黻爲重，又玄冕但有黻無章，故曰「大夫黻」也。左宣十六年傳：「晉侯請于王，以黻冕命士會將中軍，且爲大傅。」所謂「大夫黻」也。此「黻冕」與論語禹致美黻冕不同，禹之黻冕乃衮冕之通稱，此則大夫之正服也。孔疏引論語「黻冕」解之，且以黻爲蔽膝，誤矣。詩小雅云：「玄衮及黼。」此言天子賜來朝諸侯黼冕之服，所謂「諸侯黼」也。毛傳：「玄衮，卷龍也。白與黑謂之黼。」未嘗言黼在裳，又未嘗言衮黻非一衣也。鄭箋：「黼，黼黻，謂絺衣，諸公之服，自衮冕而下，侯伯自鷩冕而下，子男

〔一〕王士駿校勘記：「盧本此下有『毳冕無華蟲，亦當有五采會合之繡居中，以成六采五章』二十二字注，校元本增多。」

自毳冕而下。」孔疏因謂黼黻刺之於裳，又謂：「經言『及』則非一之辭，君子來朝非獨上公，故知黼文下及絺冕之裳也。」不知詩之意，願諸侯有功德可進之爲牧、伯，爵同上公，因賜衮冕之服，觀下章「福禄申之」、「天子命之」等語可知，非謂諸侯不一等，所賜非一也。玄衮及黼者，謂衣之中畫龍，其旁又有黼、黻、文、章也，而言黼不言黻，可爲「諸侯黼」之證。孔沖遠但知黼黻在裳，故謂「天子龍衮、諸侯黼、大夫黻」是夏殷禮。不知經文凡不明言夏殷者，皆周禮也。下文云：「天子之冕，朱緑藻，十有二旒。諸侯九，上大夫七，下大夫五，士三。」鄭注云：「朱緑似夏殷禮，周禮天子五采藻。」孔疏又謂：「周家旒數隨命數，士但爵弁無旒。」不知此亦周禮也。蓋大夫士有王朝、侯國之異，王朝之大夫此大夫通卿而言。與諸侯略等，士與諸侯之大夫略等，然則王朝之士得服冕也。大夫黻，士玄衣纁裳，此侯國之大夫、士也。玄衣纁裳是爵弁，侯國士不得服冕。上大夫七，下大夫五，士三，此王朝之大夫、士也。説苑脩文篇云：「士服黻，大夫黼，諸侯火，天子山龍。」與禮器異，蓋指王朝之大夫、士言也。王朝大夫或服毳冕，或服希冕，士玄冕，故曰「士黻」，「大夫黼」。上大夫爲孤卿，六命，與侯伯等，而服毳冕，其冕七旒。下大夫四命，與子男等，而服希冕，其冕五旒。上士三命，與大國之卿等，而服玄冕，其冕三旒。三公八命，服鷩冕，故卿服毳冕，大夫希冕。孔沖遠王制疏謂三公服毳冕，非也。外諸侯則皆九旒，以遠王得伸也。其玉各依命數，辨等威也。三公與外諸侯之上公略相等，雖服鷩冕而有九旒，所以尊之也。夏官弁師云：「諸侯之繅斿九就。」九就，即九旒。此與禮器適合，而鄭注謂「侯」當爲「公」字之誤也，失之矣。五采繅但言朱緑，以此二采下達於大夫、士〔二〕，猶黼、黻、文、章、繡五者皆備，而黻下達於大夫、士，所以天子衮冕亦稱黻冕也。然則禮器所言非夏殷之禮明矣。

孫淵如謂：「夏禮非殷禮，以夏尚文與周同。」據春秋繁露「夏文商質」之說，不知夏禮實不尚文。董子之言未足據也，詳夏禮尚文辨。又謂此爲尊者降等之服，其祭服自各有山、龍。又引春秋繁露度制篇「古者天子衣文，諸侯不以燕」之說，謂此爲燕居之服。不知衣服之制，各有等差，即祭服亦豈不爲尊者降等乎？禮器所言正是祭服，鄭注亦云此祭冕服。若燕居，則天子、諸侯皆服玄端，玉藻有明文也，董子此言亦未可據。

又謂此龍衮是玄衣、山龍，大傳之士服也，天子服士服，史記稱帝嚳其服也士，是也。不知帝嚳之服士服，特在燕居之時，若朝、祭之服下與士同，尊卑無别，雖皇古亦不至此，龍衮是天子極盛之服。惟大朝、大祭用之，而謂即士服可乎。孫氏之説謬亦甚矣。

〔二〕王士駿校勘記：「盧本此下有『故舉此以該其餘』七字，校元本增多。」

棺椁考

五禮莫重于喪，棺椁尤送死之大事，不可以不考也。

檀弓云：「天子之棺四重：水兕革棺被之，其厚三寸；杝棺一；梓棺二。四者皆周。」鄭注云：「諸公三重，諸侯再重，大夫一重，士不重。」又云：「水牛、兕牛之革以爲棺被，革各厚三寸，合六寸。」喪大記云：「君大棺八寸、屬六寸、椑四寸。上大夫大棺八寸、屬六寸。下大夫大棺六寸、屬四寸。士棺六寸。」鄭注引檀弓天子棺制，因云：「以是差之。上公革棺不被，三重也。諸侯無革棺，再重也。大夫無椑，一重也。士無屬，不重也。」孔疏：「天子四重，合厚二尺四寸；上公合厚二尺一寸。」

案：此二節注、疏皆誤。天子棺四重：水兕革棺爲弟一重，杝爲椑棺是弟二重，梓爲屬棺是弟三重，又爲大棺是弟四重。四重即四物，故曰四者皆周也。若以水兕爲二物，孔疏水、兕二物四重，凡五物也。而以上公去水牛爲三重，是天子之棺五重矣。凡言君者，統五等諸侯而言，未有獨去上公而稱侯伯子男者也，周官五等諸侯多以命數分爲三等，公九命，侯伯七命，子男五命。車旗服物皆依命數別爲三等。初不以諸公、諸侯分二等也。周官亦有不分三等而統稱諸侯者，如掌次、司裘所言是也。惟公羊隱五年傳云：「天子八佾，諸公六，諸侯四。」以諸公、諸侯分二等，然降至大夫，與士混同二佾，殊非禮制。當以左氏諸侯六、大夫四、士二之説爲確。至禮記一書多以天子、諸侯、大夫爲差，五等統稱諸侯，亦不以諸公、諸侯分二等也。禮器云：「天子五重八翣，諸侯三重六翣。」彼言抗木與茵之重數，抗木在棺上所以禦土，茵在棺下所以安神，如生時坐有茵褥也。此言棺之重數，其事同類，則諸侯之棺不當與諸公有異矣。喪大記言君者最多，皆不分別諸公、諸侯，如「君裏棺用朱緑」、「君蓋用漆三衽三束」、「君殯用輴欑，至于上[一]畢塗屋」之類。此何以獨別之乎？君無革棺而有椑與屬棺、大棺，是諸侯三重也。今言上公去水牛餘兕、杝、屬、大棺爲三重，其説不可通。

蓋自天子遞降以至于士，皆減一棺，而水兕革棺被之，則二革合爲一棺矣。豈可以水牛爲一棺乎？鄭所以爲是説者，以士止有大棺，可言不重，不可言一重，故謂天子五物

[一] 王士駿續校勘記：「元本『上』譌作『士』，今依盧本改正。」案：陸刻本、孫刻本皆不誤。

爲四重，增入諸公三重，强作去水存兕之解，降殺至于士乃可言不重也。不知凡言重者，皆以一物爲一重，如天子之席五重，謂莞、藻、次、熊、蒲。周官所謂「五席」，未嘗有六席也。孔疏謂五重六席[一]，三重四席，再重三席。非也。

楚辭云：「君之門以九重。」王逸注謂：「關門、遠郊門、近郊門、城門、皋門、雉門、應門、路門、寢門。」説固未當，詳天子城方九里考。亦可見九重止九門，無十門也。曆家言天有九重，謂月一、水二、金三、日四、火五、木六、土七、恒星八、宗動九，亦止九天也。禮器言「大夫席再重」，而不言士之席，以士只一席，不可言重故略之，可知再重只二席，非三席也。鄉飲酒之賓，士也。公食之賓，大夫也。鄉飲酒賓席不言加，而公食賓席言加，又可見大夫再重只二席也。若是三席，則士當有二席，亦可言加矣。又鄉飲酒禮言「公三重，大夫再重」，此「公」字爲孤之通稱，二句與禮器少異。「公辭一席，使一人去之，大夫辭加席」，「無諸公，則大夫辭加席；主人對，不去加席」。蓋公三重者，其席只有三，去一席則二席，大夫去加席，則一席，降于公也。無諸公，則大夫得伸其尊，不當只用一席，同于士而無別，故不去加席

[一] 王士駿校勘記：「盧本奪『孔疏』二字。」

也，公言去一席，而大夫言去加席，亦可知大夫再重只二席也。此皆每一物爲一重之證也。凡兩物積累方可言重，若只一物則不可言一重，故再重之下即曰不重，而無一重之文。周官掌次云：「凡喪，王則張帟三重，諸侯再重，孤、卿、大夫不重。」其明證也。鄭不明「重」字之義，而謂再重之下有一重，又謂一重二物，再重三物，三重四物，四重五物，因而別出諸公於諸侯之上，皆失其實矣。

水兕革皆不甚厚，必合二革乃厚三寸，分之則各厚寸半也。如鄭説則當言其厚六寸，且水兕之革又安得各有三寸之厚乎？革棺三寸則椑棺當五寸，屬棺當七寸，大棺當九寸，皆奇數。諸侯椑棺四寸，屬棺六寸，大棺八寸，皆偶數。大夫、士亦皆偶，君陽而臣陰之義也。檀弓疏謂天子大棺等皆與諸侯、大夫同，則上下無別，而與革棺三寸亦非等差矣。孔疏既作此解，後又引或説謂天子大棺九寸，別具一義，殊不知或説爲長。天子棺四重，合厚二尺四寸，孔依鄭義亦謂合厚二尺四寸，名同而實異也。

又檀弓疏言：「四重之棺上下四方悉周帀，惟椁不周。下有茵，上有抗席故也。」然此經云：衣周於身，「棺周於衣，椁周於棺，土周於椁」。數「周」字皆當一例，則椁上下亦宜有底蓋矣。莊子列禦寇篇云：「吾以天地爲棺椁。」椁象天地，亦可見其有底蓋也。桓司馬爲石椁三年不成，孔子謂：「死不如速朽。」椁若無底蓋，又何必以石爲之，又何有「不如速朽」之説乎？左成二年傳云：「椁有四阿。」杜注：「四注，椁也。」此王禮。鄭注以阿爲棟，謂「四角設棟」。不知阿不可訓棟，棟在屋正中，不在四角，椁之四角亦非可設棟也。蓋天子之屋四隅，高起謂之四阿，杜以爲「四注」亦未精。詳四阿反坫考。椁象之，若椁上無蓋，何以有四阿乎？喪大記云：「棺椁之閒，君容柷，大夫容壺，士容甒。」司几筵云：「柏席用萑[一]。」鄭讀柏爲「椁」，謂「椁席藏中，神坐之席也」。諸侯棺椁閒亦容席，故司几筵云：「柏席，諸侯則紛純。」據此椁内寬大可知。然則茵之三重、五重皆在椁内，椁非必無底也。抗木、抗席當在椁上，椁非必無蓋也。孔謂椁不如棺之周，其亦誤矣。

檀弓又云：「柏椁以端長六尺。」鄭注云：「以端，題湊也。」孔疏云：「端猶頭也。積柏材作椁，竝葺材頭也。每段長六尺。」此説亦非，端者木之頭也，木以末爲尾，以根爲頭，朱子謂草木倒生頭反在下，是以根爲頭也。根最堅勁，故棺椁以木根爲之。莊子人閒世云：「俯

[一] 王士駿校勘記：「元本『萑』誤作『雈』，今正。」案：陸刻本誤與元本同，孫刻本不誤。

而視其大根，則軸解而不可以爲棺椁。」此其證也。如鄭説則端字下當增其文矣。

古之棺椁疑皆用八片合成，天子之椁之材更大，每面二片，每片皆廣六尺，廣亦長也，長廣義同，若椁身之長必不止六尺也。蓋人長八尺，棺之容尸，尚有空餘之處，是棺之長且不止八尺矣，況椁又大于棺乎？若每段截斷其長六尺，湊合而成椁身之長，則椁不固矣。且木之大者難得，長者易有，何必截爲六尺乎？六尺之長既非椁身，則爲廣六尺可知矣。每面若止一片六尺則太狹，若三片則有一丈八尺，又太廣矣。故知每面二片，各六尺也。棺之制亦當八片合成可知矣。合之得一丈二尺。蓋天子棺四重，共厚二尺四寸，兩旁合得四尺八寸。棺中容大斂衣百二十稱，小斂衣十九稱，其廣約當有二尺二寸，合之凡廣七尺。椁厚一尺，鄭云：椁方蓋一尺。以四寸之棺五寸之椁推之，天子大棺厚九寸，則椁厚當一尺，方猶厚也。兩旁合得二尺，棺椁閒容一席，廣三尺。生人席廣三尺三寸有奇，此神席稍殺，別幽明也。統計之凡一丈二尺也[二]。由此推之，大棺廣七尺，厚九寸廣七尺，皆合奇數。每片三尺五寸。屬棺廣五尺二寸，每片二尺六寸。椑棺廣三尺八寸，每片一尺九寸。革棺廣二尺八寸，每面一片，皆可得而知矣。以此降

[二] 王士駿續校勘記：「駿案：棺椁之閒容席、容柷者，必其棺設於正中，空四圍以容之。如天子容席，左三尺、右三尺、前後和各三尺。諸侯以下容柷、容壺仿此，必非設棺於偏左偏右，僅餘一面以容席、柷也。此云統計一丈二尺，則除去大棺七尺、椁材二尺，止餘三尺之廣，僅容一面設席，棺非偏左卽偏右矣，恐未必然。下言『諸侯、大夫、士、庶人亦如之』，疑金氏一時誤會，謹附管見以質通儒。」

殺，諸侯棺三重，合厚一尺八寸，兩旁合得三尺六寸，棺中容大斂衣百稱，小斂衣十九稱，其廣蓋亦二尺二寸，合之凡五尺八寸，是爲大棺之廣。每片廣二尺九寸。椁厚九寸，兩旁合得一尺八寸，棺椁閒容一柷，廣二尺四寸，郭璞注爾雅釋樂云：「柷，方二尺四寸。」統計之凡一丈，爲椁之廣。椁每片廣五尺。大夫棺再重，合厚一尺，兩旁合得二尺，棺中容大斂衣五十稱，小斂衣十九稱，當廣二尺。合之凡四尺，是爲大棺之廣。每片廣二尺。椁厚七寸，兩旁合得一尺四寸，棺椁閒容一壺，廣蓋一尺八寸，壺容一石，大于甒一倍，甒徑一尺二寸，則壺徑當有一尺八寸，且天子棺椁閒容三尺，諸侯容二尺四寸，士容一尺二寸，皆降殺以六，則大夫容壺當有一尺八寸矣。統計之凡七尺二寸，爲椁之廣，每片廣三尺六寸。士棺厚六寸，兩旁合得一尺二寸，中容大斂衣三十稱，小斂衣十九稱，亦當廣二尺，合之凡三尺二寸爲棺之廣。每片廣一尺六寸。椁厚七寸，兩旁合得一尺四寸，棺椁閒容一甒，廣一尺二寸，聶崇義三禮圖：「甒，腹横徑一尺二寸，容五斗。」統計之凡五尺八寸，爲椁之廣。每片廣二尺九寸。莊子人閒世云：「七圍、八圍貴人之家，求禪傍者斬之。」禪傍謂棺，貴人稱家當是大夫。七圍六尺三寸，徑二尺一寸；八圍七尺二寸，徑二尺四寸，詳棟梁解。兩旁削去樹皮恰得二尺，此大夫棺木每片廣二尺之一證。而天子、諸侯與士皆可類推矣。檀弓云：「夫子制於中都，爲四寸之棺，五寸之椁。」此庶人之棺椁也。棺厚四寸，兩旁合得八寸，棺中所容衣衾不多，其數無考。當廣一尺八寸，凡二尺六寸爲棺之廣，椁厚五寸，兩旁合得一尺，棺椁閒當容六寸。統計之凡四尺二寸爲椁之廣。每片廣二尺一寸，亦可推而得矣。

所可疑者，孟子云：「古者棺椁無度。中古棺七寸，椁稱之，自天子達於庶人。」趙岐注：「中古，周公制禮時也。」然檀弓、喪大記所言明是周禮，與孟子不合，豈孟子非與？竊謂中古非周公之時，當在唐虞之世，上古則黄帝時也。易繫辭傳言：黄帝取諸乾坤而制衣裳，下言後世聖人取諸大過而爲棺椁。聖人即黄帝也，劉向、趙咨皆言棺椁之作自黄帝始，其説得之。舜典有「五玉、三帛、二生、一死」之文，又言「修五禮」。論語言：堯焕乎有文章。則棺椁不應無度可知，中古棺椁之制在唐虞時矣。若中古指周公時，豈自殷以前棺椁皆無度邪？且有中古則有下古，周公若爲中古，則下古爲何時乎？孟子蓋以黄帝爲上古，唐虞爲中古，周公爲下古也。自唐虞至于殷，棺椁皆貴賤無别。蓋以喪事從厚，令人子皆得盡其心，故不分别貴賤，猶三年之喪上下通行也。至周尚文，增以牆翣之飾，貴賤乃有差等，貴者棺有數重，固厚于古。第降至庶人，棺僅四寸，與墨子三寸之棺相近。墨子云：「古者，聖人制爲葬埋之法：棺三寸，足以朽體。」又莊子云：「墨子桐棺三寸而無椁。」孟子答充虞「木若以美」之問，意主於厚，故引古制之厚下達於庶人者，以告之也。趙氏以爲周制，朱子從之，誤矣。趙氏之意，或以檀弓、喪大記所言爲春秋之制也，然喪大記多釋儀禮士喪禮、既夕禮等篇，明非春秋制矣。且夫子宰中都，制四寸之棺、五寸之椁，自以衰世多變禮，故用周公之制以正之。送死大事，聖人豈肯從俗哉！

檀弓一篇所言棺椁多合於禮，然亦有可疑者。如云：「有虞氏瓦棺，夏后氏堲周。」鄭注：「火熟曰堲，燒土冶以周于棺也，或謂之土周。」孔疏：「堲土爲陶冶之形，大小得容棺也。」案：今人用甎作墓，四周于棺，或謂之椁，即「堲周」也。「殷人棺椁，周人牆置翣，周人以殷人之棺椁葬長殤，以夏后氏之堲周葬中殤、下殤，以有虞氏之瓦棺葬無服之殤。」此恐不然。自黄帝創爲宫室，上棟下宇，皆以木爲之，死者有棺椁，猶生者有宫室，其制亦始于黄帝，則黄帝時已用木爲棺椁，故倉頡造字，棺椁皆从木旁也。說文棺、椁皆从木。易繫辭傳言棺椁取諸大過。大過，上兑下巽，巽爲木，猶宫室取諸大壯。大壯，上震下乾，震亦爲木也。宫室木在地上，自地以上皆天，本張湛列子注。故其卦象木在天上。棺椁木在地下，故木在下。卦中四爻皆奇，象棺椁之形，初上二爻皆偶。☳。其畫中斷，象坎土之形。卦爻辭又取象于棟，中四爻棟之象〔一〕。亦可知棺椁猶之宮室也。然則棺椁之必以木，始于上古，制器尚象，其義明矣。十三卦取象，凡言木器者，其卦必有木，如斲木爲耜，揉木爲耒，取諸益，益上巽下震，皆木也。斷木爲杵，掘地爲臼，取諸小過卦，上震下艮，震，木也。若以瓦爲棺，最易損壞，雖曰有虞氏尚陶，亦豈無木器，曾謂送死大事，人子欲無使土侵膚者在大，聖人反忽此與？又況僅有瓦棺而無椁，一旦毀壞，骨即入土，聖人之心能安之乎？夏后氏雖有塈周而無木椁，且仍用瓦棺，棺一毀，骨即寒矣。塈周，亦以土爲之，土侵骨則寒。大禹致孝乎鬼神，寧反昧此？夏后氏用明器以象生時所用，第稍殊耳，如木不成斲，琴瑟張而不平，亦必以木爲之，豈棺椁象生時，宮室反不用木而全用瓦，與宮室不類乎？必不然矣。後漢書趙咨傳云：虞夏棺椁或瓦或木，亦非也。周人葬殤亦當用棺椁，但不重而又小，以殺於成人而已。曾子問云：「下殤土周，葬於園，遂輿機而往。」是不用棺而但爲土槨，葬於墓則亦用棺，下言「下殤用棺」，衣棺自史佚始是也。此棺必以木爲之，非瓦棺也。但言「下殤土周」，則中殤必不用塈周，而有棺椁矣。中殤年十五者，

〔一〕王士駿校勘記：「元誤『棟』作『陳』，今正。」案：陸刻本亦誤，孫刻本不誤。

已入大學，死不葬以棺椁，抑何忍與？殆未可信也。

釋民

民之爲言萌也。萌者，草木之初生也。說文：「萌，草〔一〕芽也。」萌與蒙聲相轉，易序卦云：「屯者，物之始生也。說文：「屯，難也，象屮木之初生，屯然而難，从屮貫一，一地也，尾曲。」物生必蒙，故受之以蒙。」野處耕夫愚蒙無知，故有萌之稱。古者謂民曰萌。戰國策：「施及萌隸。」漢書霍去病傳：「及厥眾萌。」揚雄傳：「遐萌爲之不安。」後漢書宦者傳：「皆剥割萌黎。」鹽鐵論：「三代之盛，無亂萌。」列女傳：「郭外萌。」皆可證也。韻會引說文云：「民，眾萌也。萌而無識也。」得其解矣。今本作「眾氓」，又無下五字，大繆。然則民之本義，當屬農人，其工、商等皆稱爲民者，乃通稱，非正稱也。工、商皆有智計，非萌而無識者，不得稱民明矣。士之未仕者，本亦不謂之民，而國語以士、農、工、商爲「四民」，是士亦

〔一〕案：說文作「艸」。

通稱爲民，工、商之稱民，亦猶是也。中庸云：「子庶民也，來百工也，柔遠人也。」遠人中兼有商賈，别庶民於工、商，其專爲農民可知，下文「以時使薄斂，爲勸庶民之事」，明是農民。大戴禮王言篇：「士信，民敦，工璞，商慤。」亦别民於工、商。民之爲農尤明。

説文云：「農，耕也。」不訓爲耕夫而但訓爲耕，可知農之本義非力田之人也，以耕田之人而謂之農，猶以執兵之人而謂之兵也，故孟子多言「農夫」，毛詩亦言「農夫」、「農人」，諸書有單言農者，省文耳。農既非力田之人，又可知力田之人當專稱爲民矣。民又無位之稱，工、商等與農人同其微賤，故亦通稱爲民，若其正稱則當曰庶人，人與民對言，無位曰民，有位曰人。詩云：「宜民宜人。」是也。若庶人，則微賤之稱也。人者，貴賤之通稱，天子曰一人，一則至尊也。億兆曰庶人，庶則至賤也。凡在官之府、史、胥、徒，以及工、商、農人皆稱庶人。禮記所言庶人甚多，皆統而稱之也。孟子謂士之未仕者亦曰「庶人」，以其無位故也。然其實當稱爲士，行禮當從士列，與庶人異。

民，又謂之氓，氓與萌聲相近也。説文：「氓，民也。」孟子記許行、陳相皆治農事，而曰

「顧爲氓」，亦可知民專屬農矣。周官遂人「甿」字凡七，遂大夫一，旅師一。甿字本皆作「氓」[二]，詩衛風正義、白帖廿二、廿三所引周禮皆作「氓」。今作「甿」者，始於開成石經也。若漢時周禮亦不作「氓」，鄭注云：「變民言萌，異外内也。萌猶懵懵無知貌也。」與説文合。苟作「氓」，則鄭注不可通矣。是知古本作萌也，萌與民義同，而鄭謂異外内，則未必然。遂人、遂大夫、旅師雖言萌，而上下文又皆言民，是知萌即民，民即萌，無他義也。

卷八终

〔二〕王士駿校勘記：「盧本作『甿字皆當作萌，説文：「甿，民田也。」不訓爲民』。與元本氓、萌字異，又增多説文以下十字。駿案：此説周制當以元本作氓爲是。」

求古録禮説卷九

臨海誠齋金　鶚

孔子弟子考

史記孔子弟子列傳凡七十七人，家语亦有七十七人。此見於索隱所引，係古本家語，今家語僅七十六人。史記、家語人數雖同，而姓名則異。家語不載公伯僚、秦冉、鄡單，而别有琴牢、陳亢、縣亶。文翁孔廟圖止七十二人，而中有林放、蘧伯玉、申棖、申堂，則增損又不一矣。唐會要及禮樂志、開元贈典竝與史記同，惟通典於十哲外，更列七十三人，則增入蘧伯玉、林放、陳亢、申棖、琴牢、琴張六人也。蘇子由古史著録七十九人，自謂通史記、家語而兼録之。近孔昭焕闕里文獻考博采諸書，增多十有四人，曰：牧皮、仲孫何忌、仲孫説、孺悲、公罔之裘、序點、孔璇、惠叔蘭、常季、鞠語、顔涿聚、廉瑀、魯峻、子服何。朱竹垞弟子考增賓牟賈、左丘明。諸説不一。

案：史記鄡單字子家，蓋即家語縣亶字子象，縣本作鄡，即鄡字，亶與單古通，家與象形相似，其爲一人明矣。公伯僚愬子路於季孫，而列於弟子，太史公必不如此之繆。僚當作繚，故字子周，繚有周旋之義也。史記正義云：「家語有申繚子周」。不知申繚一作申續，即申堂也，是則史記與家語異者實二人也。七十七人之中，如冉季、公祖句茲輩多不見經傳，而琴牢、陳亢明見於論語，史記乃不載。琴張、牧皮，孟子與曾晳竝列，以實孔子之所稱狂者，其爲孔子之弟子可知。孺悲學士喪禮於孔子。賓牟賈侍坐於孔子，孔子與之論樂，見於禮記，其爲孔子之弟子甚明。射義云：「孔子射於矍相之圃」，「使子路執弓矢出延射」，「又使公罔之裘、序點揚觶而語」。此二人次於子路，皆爲孔子所使，則亦孔子之弟子矣，而史記、家語皆不載。孔忠爲兄之子，不當在門人之列，而反載之，其去取不亦繆乎。若夫左丘明爲古之聞人。詳四書正義〔二〕巧言令色章。蘧伯玉、顔讎由在朋友之列，皆非弟子。林放雖問禮説與何忌雖學禮，亦不必爲弟子，觀夫子稱何忌爲孟孫可知，後儒必欲增入，亦非也。申棖即申堂，今本史記作申黨，非也。索隱本作堂。鄭風云：「子之昌兮，俟我乎堂兮。」鄭箋云：「堂，當爲棖。」是堂與棖通。漢王政碑云：「有羔羊之絜，無申棠之欲。」棠與堂同。見魯峻碑。可知申堂、申棖止是一人。而文翁以申棖、申堂竝列。杜佑於申堂之外，又增申棖，其亦誤矣。琴牢、琴張當爲二人，論語：「牢曰：『子云。』」鄭君注：「牢者，弟子子牢也。」莊子則陽篇有子牢，司馬彪云：即琴牢，孔子弟子。其云子牢者，字也。孟子琴張、曾皙竝稱，皙爲字，則張亦爲字。然則琴牢非即琴張矣。家語云：「琴牢，字子開，一字張。」是合琴牢、琴張爲一人，抑亦誤矣。孫頤谷亦駁家語謂：「論語弟子皆字而不名，若琴牢字張，何以獨書名乎？」不知論語弟子亦有書名者，原憲、陳亢、南宮适、宰予皆名也。此皆去取之不當者也。

〔二〕王士駿續校勘記：「駿案：此書今未見，鄉黨正義一卷，係論語末篇，吉光片羽，略見一斑。全稿散佚，未知何時。據郭石齋所作先生傳言：所著有四書正義臧於家，不著卷數。臨海黄子珍茂才言今存魯論六卷，恐亦得之傳聞，非其目驗。頃以書往索，得當付梓。所佚大學、中庸、孟子若干卷，尚希同志諸君留意采之。」

至於姓氏、名字、里居、年齒各有異同得失。史記公冶長字子長，古人未有字與名同者，家語作公冶萇，見索隱。蓋名萇而字子長也。范甯云「字子芝」，非也。論語公冶長、南容竝紀，南容爲字，則公冶長亦爲字可知。論語凡複姓連字稱之，字必去其一字，如公西華、漆雕開、司馬牛、巫馬旗皆不言子，公冶長亦猶是也。南宫括，家語作南宫韜，蓋有二名。「括」亦作「适」，「韜」亦作「縚」，假借字也。公晳哀字季次，家語「哀」作「克」，古人名字皆相應，哀必有次，故名哀字次，若作「克」則與字次不應矣。高柴字子羔，禮記作「子皋」，皋者柴之所生，名字相應，其作羔者，同音假借也。漆雕開，字子開，此亦名字相同，古無此例。閻百詩云：讀漢藝文志孔子弟子漆雕啟。則知史記漆雕開字子開，上「開」本「啟」字，避景帝諱也。家語開字子若，失之。丁氏杰云：「論語：『启斯之未能信。』今作吾者，傳寫誤耳。」然子貢嘗言「吾亦欲無加諸人」，是亦自稱爲吾也。巫馬施，字子旗。論語、家語「旗」皆作「期」，「施」與「旗」皆从㫃，其義相應。是「旗」爲正字，「期」爲假借字也。顏幸字子柳，宋本家語「幸」作「辛」。「柳」有聚義，鄭君注「柳谷」謂，日入時，諸色所聚。又注「翣柳」謂諸飾所聚。是柳有聚義也。聚者，人之幸也，故名幸字柳。若作「辛」，則與字柳不應矣。冉孺，字子魯。孺子愚蒙故字魯，「魯」一作「曾」，以形相近而誤也。伯虔，字子析。索隱引家語作子晳，今家語作「楷」。虔者，敬也；晳者，明也，敬則心明，故名虔，字晳。「晳」正字，「析」假借字。「楷」與「晳」，形相涉而譌也。正義引家語又字子循，蓋與曹卹相連而誤也。史記曹卹、伯虔連敘，曹卹字子循。公祖句茲，家語脱句字。顔高，字子驕，家語作顔刻，索隱引作「顔產」，誤〔一〕。與世家同，是亦有二名，猶南宮括之別名韜也。「刻」當作「克」，「刻」，本亦作「克」。克爲好勝，與字驕亦自相應，其作刻者同音假借字也。漆雕徒父，索隱引家語亦作徒父，字固。眾志成城，可以固守，故名徒父字固。今家語作漆雕從，字子文，誤矣。壤駟赤，字子徒，索隱引家語亦作「徒」。今家語「壤」作「穰」，「徒」作「從」，廣韻云：「壤駟，複姓。」作「穰」誤也。赤有空義，語謂赤手，言空手也。徒有獨義，反訓也，猶徂之爲存，苦之爲甘也。亦得訓爲空，左傳：「齊師徒歸。」杜注：「徒，空也。」故名赤字徒。若作「從」，則不相應矣。商澤，字子季，索隱字

〔一〕王士駿校勘記：「元本『作』下重『產』字，盧本單作『產』，均非。今據索隱本正。」

季，今家語作字子秀。八卦兑爲澤，兑爲季女，少女猶季女也。召南、曹風皆有季女。故名澤字子季，若作「秀」則不相應矣。石作蜀，廣韻云：「石作，複姓。」家語「石」字誤作「右」。后處，字子里，索隱亦作「后」，今家語「后」誤作「石」，宋本字里之，亦誤。公夏首，字乘，當作子乘，凡無子字者，皆脱文也。索隱引家語同。今家語「首」作「手」，首在上，凡在上者能乘乎下，故名首字乘，「首」正字，「手」假借字也。奚容蒧[一]，蒧與點同。字子晳，「晳」字今作「晳」，非也。索隱引家語同，今本家語脱「容」字，「蒧」又譌作「箴」，「晳」譌作「楷」。公堅定，字子中，索隱引家語作「公肩定，字仲」[二]。公肩，複姓，檀弓有公肩假，「肩」正字，「堅」假借字也。定，猶止也。止必貴於中。大學「止于至善」，即「中庸」也，故名定字中，家語作「仲」，則名字不相應矣。今家語作「公賓，字子仲」，「賓」爲「肩」字之譌，又脱「定」字。顔祖，字襄。祖，始也；見爾雅釋詁。襄，除也。見爾雅釋言。創始者，必除舊，故名祖字

[一] 王士駿校勘記：「案：明南監本史記、毛氏本索隱『蒧』皆作『箴』。」
[二] 王士駿校勘記：「駿案：毛氏本索隱亦作『字中』，不作『仲』。」

襄。今家語「祖」作「相」〔一〕，以形相涉而譌也。鄡單，字子家。鄡單當作縣亶。亶，信也。見釋詁。信必先於家，故名亶字家。家語作「子象」，則亦不相應矣。索隱作縣豐〔二〕，廣韻注作「縣亶父」，皆誤。罕父黑，索隱引家語同，今本作「宰父黑」，誤。廣韻亦誤作「宰」。秦商，字子丕，索隱引家語作「丕兹」〔三〕，今家語作「不慈」。名商者，取法於商王也。王道至大，故字子丕，猶卜商字子夏，夏亦大也，若作「丕兹」，不可解矣。且古人之字，皆必用子字，或伯、叔等字，今字丕兹，實無此例。蓋兹即子聲之誤，又誤倒其字。猶子里之，誤作「之里」也〔四〕。申堂，字周，索隱引家語作繚。鄭注論語「申棖以爲即申續，邢昺論語疏引家語亦作「續」，困學紀聞又引作「續」，今論語作「申續」。堂爲賓主周旋之地，「續」亦有周流不息之義，故皆字周，蓋一人二名，與南宮括、顔高同，「繚」亦有周義，然與公伯繚字周相混，恐

〔一〕王士駿校勘記：「駿案：索隱言家語無此人，今云『作相』恐爲後人妄加。」
〔二〕王士駿校勘記：「駿案：索隱本無此文。」
〔三〕王士駿校勘記：「駿案：今索隱本作『丕慈』。」
〔四〕王士駿校勘記：「元本、盧本『里之』二字均上下互易，今乙正。」案：陸刻本、孫刻本皆不誤。

當以作「績」爲是，「績」與「纘」皆形相近而譌也。榮旂，字子祺，家語作榮祈，「祈」與「祺」相應，「祈」正字，「旂」假借也。索隱作子顔[二]，則與「旂」、「祈」皆不相應矣。縣成，字子祺，索隱字子謀[三]，論語云：「好謀而成。」故名成字謀，若字祺則不相應。蓋與上文「子祺」相連而誤也。家語作「子横」，更繆。左人郢，字行，郢與程通，畢郢即畢程也，故名郢字行。索隱引家語同，廣韻云：「左人，複姓。」今家語作「左郢」，誤也。鄭國，字子徒，正義引家語「薛邦，字徒」，今家語作「子從」，「國」本「邦」字，因避高祖諱而改爲國，「鄭」作「薛」字誤也。邦非衆不立，故名邦字徒，家語作「從」，亦誤。步叔乘，廣韻作：「少叔，乘氏。」有太叔、仲叔，則有少叔，史記作「步叔」，以形相涉而誤也。廉絜，字庸，今家語作「子曹」，「絜」與「潔」通，廉潔之道貴於有常，故名潔字庸，庸者，常也。若作曹，則與名潔不相應矣。顔何，字冉，索隱引家語字稱，何與遐通，周頌「假以溢我」，

[二] 王士駿校勘記：「駿案：索隱作『子祺』，云家語作『子顔』也。」

[三] 王士駿校勘記：「盧本作『字子謀』。駿案：盧本是，元本誤奪『子』字。」案：陸刻本、孫刻本皆奪「子」字。今據王校補。

左傳引作「何以恤我」。假又通遐，登遐亦作登假。路之遐者，必冉冉而至，故名何字冉，若作「稱」，則與名何不相應矣。狄黑，字皙，今本作「晳」誤。今家語字哲之。皙，白也，黑反爲白，故名黑字皙，若「哲之」則不可解矣。「哲之」殆「子皙」之誤，「之」與「子」聲相近，「哲」與「皙」形相似也。邦巽，索隱作「邦選」，文翁圖作「國選」，國爲邦之諱，邦當作邦明矣。孔忠，與家語同，古史作孔弗，非也。公西輿如，索隱引家語同，今家語作「公西與」，誤。公西蒧，字子上，索隱引家語作「子尚」，「尚」與「上」通，今家語作「公西減」，「減」與「蒧」形相近而譌也。家語陳亢字子元，宋本字子亢，鄭注論語云：「子禽，弟子陳亢也」。邢疏引家語「陳亢，字子禽」。爾雅釋鳥云：「亢，鳥嚨。」故名亢字子禽，今家語作「子元」，宋本作「子亢」，皆非也。

史記：「閔子騫少孔子十五歲。」索隱引家語同，今家語誤作「五十歲」。子游少孔子四十五歲，家語作「三十五歲」。夫子厄於陳蔡之閒年六十二，江慎修考定如此。若子游少四十五，則是時方十有七歲，安能從師遠游？又安能即以文學名邪？古文「三」、「四」字皆積畫，「四」字當是「三」字之譌，子夏少四十四歲，亦當作「三十四」，子張少四十八歲，則夫子没時，夫子卒年七十四。子張方二十有六，而論語記其問達、問行、干禄，其爲學必已多年，亦爲不合，「四」字蓋亦「三」字之譌。子賤少四十九歲，索隱引家語同，論語疏亦同，今家語作「四十歲」，脱「九」字。夫子六十九反魯，子賤爲單父宰，有與夫子問答語，大約在七十前後，若子賤少四十九歲，則爲宰時方二十餘歲，安能鳴琴而治乎？且夫子稱爲君子，其成德何易易乎。「四」字亦當爲「三」字之譌。家語原思少三十六歲，夫子年五十三四時爲司寇，以思爲宰，若思少三十六，則是時方十七八歲，安能爲宰乎？「三」字當爲「二」字之譌。史記子羔少三十歲，今家語作「四十」。論語使子羔爲費宰，蓋在夫子爲司寇、使子路墮費之時，若子羔少四十歲，則是時方十五六歲，安可使爲宰乎？當做三十爲是。樊遲少三十六歲，今家語作「四十六」，亦當作「三十六」爲是。有若少孔子十三歲，索隱引家語作「三十三歲」，今家語作「三十六歲」誤。孟子言：「宰我、子貢、有若知足以知聖人。」三人皆以齒序，孟子論列孔子弟子，皆以齒序，如子夏、子游、子張、冉牛、閔子、顔淵是也。子貢少三十一，則有若當少三十三，家語是也。史記「十」字上脱「三」

字，傳寫之譌耳。子華少四十二歲，鄭注論語同。論語子華使於齊，冉有〔二〕與其母粟五秉，即夫子之粟。此蓋夫子爲司寇時，故有粟如此之多，又與原思爲宰同時，故類記之也。毛西河説如此。若少四十二歲，則是時方十二三歲，安能出使乎？「四」字或「三」字之譌。子路、曾晳、冉有、公西華侍坐，此以齒序，冉有少二十九，子華少三十二，序於冉有之下，亦自合也。家語顔刻少五十歲，夫子畏於匡時年五十七，顔刻爲僕，若刻少五十歲，則是時方七歲，安能御車乎？「五十」或「十五」之譌，猶閔子之「十五」譌爲「五十」也。陳亢少四十歲，伯魚年五十一卒，而亢有問于伯魚，此豈十一歲以下所能乎？「四十」當爲「三十」之譌。

史記公冶長齊人，家語作魯人。子羔衛人，家語作齊人。漆雕開魯人，家語作蔡人。巫馬旗魯人，家語作陳人。公孫龍楚人，家語作衛人。此皆當以史記爲正，家語出於王肅，多不可信也。

〔二〕王士駿續校勘記：「盧本『冉有』作『冉子』。案：論語本作『冉子』，元本一時筆誤。」

屏考

屏之制，久失其傳。鶚於廟寢制度考曾爲辨正，然所考猶未詳也。今考説屏制者，其誤有六。

一曰，天子外屏，諸侯内屏。此本出禮緯，鄭君注禮記引其説，後儒遂以爲不刊之典，而不知其大謬也。説文云：「屏，蔽也。」論語云：「邦君樹塞門。」鄭注云：「人君别内外，於門樹屏以蔽之。」是設屏所以蔽門。凡蔽塞者，必在内而蔽外。詩豳風云：「塞向墐户。」塞之者，必在内也。屏在門内，雖不切近於門，亦足以蔽。若在門外，切近於門，則人不可出入，稍遠於門即不足以蔽矣。詩大雅云：「大邦維屏。」書顧命云：「建侯樹屏。」六服諸侯皆在九州之内，爲天子捍禦四夷，與屏相似，故謂之屏，此屏在門内蔽外之證也。玉藻云：「其在邊邑，曰某屏之臣某。」鄭注云：「邊邑，九州之外。」大行人云：「九州之外謂之蕃國。」蕃與藩通，則此屏字當訓爲藩。大雅云：「价人維藩。」毛傳：「藩，屏也。」藩本非屏，而爲屏之類，亦可通稱爲屏。藩在門外，蕃國亦在九州外，屏在門内，侯、甸、男、采、衛、要六服亦在九州内，其義同，故名同也。

星經云：「太微垣屏四星，在端門内、帝座南，近右執法，所以擁蔽帝庭也。」天皇會通〔一〕云：「内屏，設於路門，諸侯入自應門，則天子宁立其前也」。此又天子亦内屏之證也。且路門外爲治朝，應門外爲外朝，若門外有屏，何以行朝禮乎？治朝、外朝無堂，而即門爲位，亦有朝堂之象，若天子出至屏外，立於廷中，殊無體統，反不如諸侯之朝位，有是理乎？若立於屏内，則諸臣皆爲屏所蔽，而不得見矣。苟屏與門相距甚遠，豈塞門之義乎？覲禮：「侯氏右，肉袒于廟門之東，乃入門右，北面立，告聽事。天子辭，侯氏再拜稽首，出自屏南，適門西，襲，今本脱襲字。遂入門左。」鄭注云：「王辭之，不即左者，當出隱於屏而襲之也。天子外屏。」賈疏云：「據此文出門乃云屏南，即是外屏。」不知此文當以出自屏南爲句，謂自屏南而出也。屏若在門外〔二〕，稍遠於門，侯氏何必南行繞出屏外，而轉北行以適門西乎。惟屏本在門内，天子雖辭侯氏，侯氏尚不敢遽出，隱於屏

〔一〕王士駿校勘記：「盧本『天皇』作『天星』。駿案：兩書均不載四庫，亦未經見，故兩仍之。」案：清華希閔所編廣事類賦卷一亦引此文，言出自「天皇會通」。應以「天皇」爲是。

〔二〕王士駿續校勘記：「盧本『門外』下有『必』字。」

南立而少待，天子既無後命，侯氏乃自屏南而出，適門西而襲，門西有次，故襲於其中。肉袒于門東，亦在次。鄭謂隱於屏而襲，屏南非襲之所，且既襲於屏南，又何必適門西乎。敖繼公云：「適門西，爲襲也。」此説得之。夫出自屏南，正可爲天子亦内屏之證，而鄭反以證天子外屏，其亦異矣。又按：大戴禮武王踐阼篇云：「師尚父奉書而入，負屏而立。」入門而負屏，屏在門内甚明[二]。是天子朝廟皆内屏也。

一曰，屏設於路門，而中門無屏。曲禮孔疏云：「諸侯内屏，在路門之内。天子外屏，在路門之外。」此不知天子亦内屏，又不知天子應門、諸侯雉門亦皆有屏，天子、諸侯皆三門，應門天子中門，雉門諸侯中門。其説更謬。爾雅釋宫云：「門屏之閒謂之宁。」此言路門之外、屏之内，其閒爲君臣佇立之地，故謂之宁也。爾雅通言天子、諸侯之制，即此可知天子亦内屏，而屏設於應門内更可知矣。諸侯屏設於雉門内。若但設於路門内，何得云門屏之閒謂之宁乎？即使天子外屏，亦不可通。詳宁考。然則正門内亦有屏無疑矣。正門即中門。論語云：「吾

[二] 王士駿校勘記：「盧本『在』上有『屏』字。駿案：盧本是，元本以『重』字誤奪。」案：陸刻本、孫刻本「在」上皆無「屏」字。今據王校補。

恐季孫之憂不在顓臾，而在蕭牆之内也。」鄭注云：「蕭之言肅也。牆，屏也。君臣相見之禮，至屏而加肅敬焉。是以謂之蕭牆。」君臣相見謂每日常朝，朝在路門外，人臣至屏而加肅敬，屏在正門内甚明。又中門内有宗廟、社稷，故守禁甚嚴，大夫宗廟亦在中門内，亦當有禁。宗廟更重於寢，夫子言季孫禍及蕭牆之中，則必指中門以内，不當但言路門以内也。此又中門内有屏之證也。

三門惟外門無屏，蓋外門之内，庶民皆可往來，且君必乘車出入，故不宜有屏。中門以内，庶民不得入，故當設屏以蔽内外，其内君不乘車，詳天子登車於大寢階前辨。設屏又無妨也。且外門無朝，其内二門皆有朝，人君立於門外兩塾閒，詳宁考。後須有屏，若堂上負依然，方成朝儀。苟中門内無屏，則外朝之位，君當空而立，不成體統矣。

一曰，屏惟設於正門内外，路門無之。江慎修鄉黨圖考駁曲禮疏之誤，而爲之説云：天子外屏，屏在應門外；諸侯内屏，屏在雉門内，若路門不當有屏，燕禮卿大夫皆入門右，北面東上，路門内不見有屏也。不知屏設於門内，不切近於門，與門相去約當丈餘，故可出入，路門内豈不可有屏？若謂礙人出入，則雉門内亦不可設屏矣。且廟門内有屏見於覲禮，江氏固知之矣。廟門内有屏，路門内何不可有屏乎？禮經言出入廟門者不知凡幾，惟覲禮見一屏，餘皆不見，何獨于燕禮入路門者不言屏，遂疑其無屏乎？蓋凡入廟者，皆無事於屏，故屏可不言。覲禮侯氏少立于屏南，故特著其文也。吴語云：「越王乃入，命夫人。王背屏而立，夫人向屏」。韋昭注云：「屏，寢門内屏也。」夫人正寢門内有屏，則王路寢門内亦必有屏可知矣。廣雅云：「罘罳謂之屏。」罘罳，一作桴思，鄭注玉藻云：「屏，謂之樹，今桴思也。」釋名云：「罘罳，在門外。罘，復也。罳，思也。臣將入請事，於此復重思之也。」古者每日朝罷即退，臣若有請事，則入路門而升堂，屏在路門内，至此必復思之，因有罘罳之名。又一證也。

一曰，屏設於門宇之中。焦氏循羣經宮室圖云：自闑至壁端十一步四尺，屏設於其中，天子外屏在闑外，諸侯内屏在闑内。案：郊特牲云：「臺門而旅樹，反坫。」鄭注云：「旅，道也。屏，謂之樹。樹，所以蔽行道。」爾雅釋宮云：「旅，途也。」是屏不設於門宇之中可知。論語言：「樹塞門。」蓋屏爲蔽門而設，鄭君謂蔽行道非也。蓋當道樹屏，故曰「旅樹」。又近於門，故曰「塞門」。非必正當門中，而後可言「塞門」也。屏設於路門，闑内外其地甚狹，不可以爲朝位，何得云「門屏之閒謂之宁」乎？且屏廣如門，則不可出入，若半於門，安足以蔽内外乎？

一曰，屏可設可去。焦氏循據春官樂師注云：天子登車于大寢西階之前，是車直至燕朝，知屏可設可去也。不知鄭君此注本繆，（詳天子登車大寢階前辨。）殊不足據。屏有蕭牆之名，明是小牆，又設於道，風雨漂摇，不宜用木，惟宜築土。爾雅釋宫：「屏，謂之樹。」舍人云：「以垣當門，蔽爲樹。」（見太平御覽。）李巡注同。（見禮記疏。）郭璞注云：「小牆，當門中。」（中字繆，當改作内字。）淮南子主術訓云：「天子外屏，所以自障。」高誘注云：「屏，樹垣也。」諸説皆以屏爲牆，則屏常設而不可去矣。

屏亦有可設可去者，月令：季秋之月，「天子乃教於田獵，命僕及七騶咸駕，載旌旐，授車以級，整設於屏外」。鄭注云：「屏，所田之地門外之蔽。」孔疏云：「車入之時，則去屏。無事之時，則設屏。」此屏蓋以木爲之，故可移動也。楚語云：「屏攝之位。」韋昭注云：「屏，屏風也。攝，形如今要扇。皆所以分别尊卑，爲祭祀之位。」此屏亦以木爲之，可設可去也。

至若朝門之屏，固非以木爲之也。明堂位以疏屏爲天子之廟飾，似天子廟中之屏以木爲之，然鄭注云：「刻之爲雲氣蟲獸，如今闕上爲之矣。」孔疏云：「屏上亦爲屋，以覆屏牆。刻爲雲氣蟲獸。」是疏屏亦非以木爲之也。若朝之屏則且不疏，而諸侯更無論矣。

一曰，屏即是坫，亦曰反坫。全謝山經史問答云：「屏牆之坫，亦曰反坫，郊特牲所云臺門、旅樹、反坫是也，是屏牆之反向於外者；逸周書『四阿反坫』注以反坫爲外向之室，此反坫亦屏牆也。」不知屏牆之制，當内外如一，若反向於外，是有背君之形矣。且坫之與屏，顯然不同，反爵之坫、康圭之坫、庪食之坫、堂隅之坫皆未有别名爲屏者。許氏説文訓坫爲屏，非也。「旅樹反坫」，本出論語。謝山知論語之反坫是反爵之坫，何獨以郊特牲之反坫爲屏牆乎？「臺門、旅樹、反坫」各二字爲一事，若反坫亦爲屏，不與旅樹複出乎？禮記一書皆無此文法也。四阿反坫，蓋即堂隅之坫，謂四阿反於坫之上。詳四阿反坫解[一]。孔晁注謂「外向之室」，誤矣。然室亦非牆，謝山以室爲牆，抑又誤也，鶚故詳考而明辨之。

[一] 篇題作四阿反坫考。

坫考

坫之制，説者不一，皆未見其確。今考坫有四。

一曰，堂隅之坫。士冠禮云：「爵弁、皮弁、緇布冠各一匴，執以待于西坫南。」大射儀云：「大師及少師上，工皆東坫之東南，西面北上坐。」又云：「小射正取公之決拾于東坫上。」又云：「贊設拾，以笥退，奠于坫上。」既夕云：「設棜于東堂下，南順，齊于坫。」士虞禮云：「苴刌茅，長五寸，束之，實于篚，饌于西坫上。」鄭注云：「坫，在堂角。」賈疏云：「坫有二，若明堂位云『崇坫康圭』及論語云『兩君之好有反坫』之等，在廟中有之。此言坫者，皆據堂上角爲名，故云堂角。」是賈以坫即堂角平地，非如崇坫、反坫之築土也。然大射儀「奠決拾于東坫上」、士虞禮「苴刌茅饌于西坫上」，則坫非平地可知。若置之於地，毋乃不敬乎？是亦必築土以爲之矣。爾雅釋宮云：「垝，謂之坫。」郭注云：「在堂隅。坫，墆也。」釋文云：「墆，高貌也。」墆或作端，又或作端。案：

坫、墆聲相近，訓爲高貌，於義亦合。集韻訓墆爲動，一曰垂貌，則與坫聲義皆不合矣。端字亦通要，以作墆爲長。坫有高貌，明是累土。漢書食貨志云：富商賈「墆財役貧」。墆財，是積財。凡物積累則高矣，張衡西京賦云：「直墆霓以高居。」墆爲高貌明矣。且爾雅以垝釋坫，説文訓垝爲毁垣。垣是牆之卑者，毁垣則更卑，與坫相似，故曰「垝謂之坫」。又可見坫爲累土也。其下句云「牆謂之墉」，墉與坫連文對舉，牆築土而成，則坫亦築土，又何疑乎？郭注不第云堂隅，而云「在堂隅」。著一「在」字，可知其築土而別爲一物矣。蓋堂隅設坫，一以爲堂上奠物之處；一以爲堂下佇立及設物相直之準；一以爲堂之飾，且以爲蔽。説文釋坫爲屏，固非正義。坫與屏，顯然不同。以坫爲屏，非也。然説文解字皆本義，閒有異説附之於後。此恐傳寫脱誤，當有本義在上。「屏也」上又當有「一曰」二字。亦可見其築土[一]，屏是築土爲之，則坫亦築土可知。而爲堂隅之蔽也。坫爲堂隅之蔽，故郭注以墆釋坫，墆亦有蔽翳之義。廣韻云：「墆，陰翳貌。」楚辭九歎云：「舉霓旌之墆翳。」其證也。然坫之制與屏不同，近焦氏循羣經宮室圖據説文謂堂角爲小屏，殊不知屏爲小牆，牆甚狹而長，屏南北甚狹，東西甚長。若坫亦如之，豈可以奠篚與笥乎？此雖知坫是築土，而其形制亦繆矣。

〔一〕王士駿續校勘記：「盧本句首有『然』字。」

一曰，反爵之坫。論語云：「邦君爲兩君之好，有反坫。」鄭注云：「反坫，反爵之坫，在兩楹之閒。人君與鄰國爲好會，其獻酢之禮更酌，酌畢則各反爵於其上。」郊特牲云：「臺門而旅樹，反坫。」明堂位云：「反坫出尊。」鄭注亦皆謂反爵之坫，引論語解之。案：兩楹之閒，古人以爲行禮之節。士昏禮納采、問名、納吉、納徵、請期皆用雁，授于楹閒。鄉飲酒禮介授主人爵于兩楹閒，司正立于楹閒以相拜。此固大夫、士之禮，然諸侯若行昏禮及兩君燕飲，亦必如是矣。又聘禮公受玉于中堂與東楹之閒，中堂謂東西之中，注以中堂爲南北之中，則不得言中堂與東楹之閒矣。此時君雖稍偏於東，而賓必與君竝立，方可授受。賓在君西，則正當兩楹之中閒矣。凡言楹閒者，皆當東西之中，即中堂也。此不言楹閒而言中堂者，以不可言楹閒與東楹之閒也。古者，以牖户之閒爲客位，鄉飲酒禮賓席于此。正當東西之中，所以尊賓也。聘禮君立偏東，賓立正中，亦尊賓之意也。然則兩楹之閒，正賓主行禮之處。安得設坫于此乎？孔疏謂坫築土爲之，在兩楹閒，近南。云「近南」[一]固不礙于行禮，然築土而當中堂亦礙人目，且於反爵之禮不合。以鄉飲酒禮考之，主人獻賓，賓奠爵于西階上，賓酢主人，主

[一] 王士駿校勘記：「盧本『云』上有『此』字。」

人奠爵于東序端，主人酬賓，賓奠觶于薦東，主人獻介，介奠爵于西階上，介酢主人，主人奠爵于西楹南，此皆奠爵，非反爵。及主人取西楹南之爵，以獻衆賓，既畢，主人以爵降奠于篚，其爵不復行，夫此爵本取于上篚，既而奠于下篚。鄉飲酒禮設篚在禁南、在堂上，此上篚也。又云：「篚在洗西、在堂下。」此下篚也。又旅酬，卒受者以觶，降奠于篚。記又云「獻工與笙，取爵于上篚。既獻，奠于下篚。」則不得謂反爵矣。奠爵于篚，是又無坫也。又以燕禮考之，設篚在洗西，設膳篚在其北，膳篚，君象觚所奠之篚。二篚皆在堂下。主人獻賓，賓即以其爵酢主人，主人，宰夫也。主人以爵降奠于篚，又以象觚獻公，既獻，奠于膳篚。更爵自酢于阼階下，奠爵于篚。又公爲賓舉旅，卒受者以觶降奠于篚。又主人獻卿，既獻奠爵于篚。又大夫卒受旅者，以觶降奠于篚。夫象觚爲君之觚，奠于膳篚，其餘悉奠于洗西之篚。是取于此者，亦奠于此，固可謂反爵，然有篚無坫。又在堂下而不在堂上也。蓋鄉飲，賓主雖敵，而爲大夫、士之禮。燕，雖諸侯之事，而賓主不敵，故皆無反坫。惟兩君好會，賓主敵體，乃有反坫在堂上。反者，反其故處也。知反爵非覆爵者，爵有兩柱不可覆也。且經典未有以覆爲反者。曲禮「毋反魚肉」，亦以還爲反也。鄉飲酒，尊于房户閒。房之西、户之東也。燕禮，尊于東楹之西，房户閒，正當東楹。東楹之西去楹亦當不遠，是二者設尊相近。蓋尊酒者，主人所以敬客，主人位在東階上，故設尊必在東方，以此爲主人之惠也。然則兩君燕飲設尊，亦必在東矣。兩君敵體，與鄉飲一類，是亦宜尊于房户之閒，與東楹相當。然鄉飲無坫，經文明言房户閒，尊當在東楹北，兩君燕飲有坫，尊當在東楹南，此爲異耳。兩君之坫，猶鄉飲之篚，篚設于尊南與尊同處，則坫亦必與尊同處可知。明堂位云：「反坫、出尊，天子之廟飾也。」天子反坫在尊南，本鄭注。則諸侯反坫當在尊北，反坫爲邦君所得有，而明堂位以爲天子之制，可知所異者在出尊，不在反坫也。雖南北不同，要無不與尊同處。尊以盛酒，爵以酌酒，其事一類，故所設之處同也。由是言之，坫不在兩楹之閒明矣。

或者以燕禮爲諸侯之事，兩君好會當與燕禮同，尊于東楹之西，東楹之西亦可謂兩楹之閒也。夫謂兩君之燕，亦尊于東楹之西，是君臣無別，而謂東楹之西即兩楹之閒，其名亦混。禮經或言兩楹之閒，或言東楹之西，正所以別其同異，豈可混而一之乎？至于天子反坫説者，皆以爲與諸侯同，今詳考之而知其不然也。天子至尊，莫與敵體。惟諸侯來朝有客禮，故燕之于廟，天子燕羣臣皆在寢。而有反坫，然諸侯亦人臣也。君臣尊卑縣絶，與兩君敵體不同，其禮當與諸侯燕禮相近。燕禮二篚皆在堂下者，以臣行禮，堂下取爵、奠爵得其便也。則天子燕諸侯，反坫亦宜在堂下。然明堂位言天子反坫出尊，尊在堂上，坫亦在堂上矣。夫臣既在下而又升堂取爵，於事不便，且以人臣之爵奠于堂上，豈不嫌於泰乎？竊疑天子反坫有二：一在堂上，以奠天子之爵；一在堂下，以奠諸臣之爵。燕禮二篚，膳篚在北，亦猶是也。乃合於禮。堂上、堂下雖殊，要皆在尊南，皆可謂出尊也。

又案：阮逸三禮圖謂坫以木爲之，高八寸，其説亦非。坫字从土，明是以土爲之，若謂制之以木，則與字義不合。其高八寸，亦太卑矣。或疑土坫甚陋，非反爵所宜。然大射「決拾實于笥，奠于東坫上」，士虞「扟茅實于篚，饌于西坫上」。以此推之，兩君之燕，亦或實爵于篚，而奠于坫上，未可知也。崇坫康圭，圭必有藉，則反爵于坫，豈必無所藉乎。聶崇義謂坫即豐，然豐字从豆，其制當如豆而高，豐以奠觶，高則便于取也。以木爲之，非築土也，且反坫非大夫所有，而鄉射爲大夫士之禮，亦得設豐，坫之非豐明矣。

又逸周書有「四阿反坫」，此坫乃堂隅之坫，謂屋四隅之檐阿反起于坫之上也。孔晁注以爲外向室，誤矣。全謝山又以禮記郊特牲「反坫」爲屏牆之反向外者，其繆更不待辨矣。詳四阿反坫解〔一〕及屏考。

一曰，康圭之坫。明堂位云：「崇坫康圭，天子之廟飾也。」案：覲禮云：「侯氏入門右，坐奠圭。」圭是重物，必不奠于地上，有坫以康之，宜矣。經不言坫者，文略也。入門即言奠圭，則康圭之坫在堂下可知。入門右而奠圭，則坫在庭之東可知。反爵之坫在東，康圭之坫亦在東，正自相類。然反爵之坫在東者，明君惠也。康圭之坫在東者，明臣禮也。聘禮「公事自闑西，私事自闑東」，闑東用臣禮也。侯氏入門右，奠圭，亦此意。是其義不同也。坐而奠圭，則坫不高可知。而云崇坫者，以其奠圭故特稱「崇」以尊之，非高於諸坫也。

一曰，庋食之坫。内則云：「天子之閣，左達五，右達五。鄭注：「達，夾室也。」公、侯、伯于房中五，大夫于閣三，士于坫一。」孔疏云：「大夫既卑無嫌，故亦于夾室。」然則士亦于夾室可知，但不得爲閣。鄭注云：「閣，以板爲之，庋食物。」故築土爲坫，以庋食物。食物非坫可藏，必別有器藏之，而庋于坫也。夾室有左右，而士止一坫，當必于東夾爲之。蓋食以養生，生氣發於東也。夾室之中，亦必設於東墉下可知矣。

〔一〕案：篇題作「四阿反坫考」。

總而論之，康圭之坫惟天子有之，庪食之坫惟士有之，反爵之坫諸侯以上斯有之，堂隅之坫則通上下皆有之也。堂隅之坫其制必方，斯兩面可觀，且可以奠物，則諸坫皆方可知矣。康圭之坫坐而奠之，其坫之高不過三四尺，諸坫奠物皆欲其便于取，亦不過三四尺也。坫之可考者如此。

邑考

邑者，民居之所聚也。釋名云：「邑猶俋也。邑人聚會之稱也。」說文云：「邑，國也，謂國都所在也。」易泰之上六云：「自邑告命。」詩大雅云：「作邑于豐。」商頌云：「商邑翼翼，四方之極。」周書云：「作新大邑于東國洛。」是天子、諸侯之國，皆稱爲邑。要皆以國城所在而言，非通一國之地而言也。白虎通云：「夏曰夏邑，商曰商邑，周曰京師。」京，大也。師，衆也。京師者，衆大之稱。然周稱京師，亦未嘗不稱邑。召誥言：「周公達觀于新邑營。」洛誥云：「祀于新邑。」又武王之妃謂之邑姜，是周亦稱邑也。後世天子所居謂之都，不謂之邑，以邑爲縣邑之稱。然都與邑同，既謂之都，亦何不可稱邑乎？

邑爲民居所聚，民居有多少，故邑有大小。極其大而言之，則爲王都之邑。極其小而言之，則有十室之邑。見論語。其閒大小不等，未可枚舉也。邑之制，在國中則始於一里二十五家，在野則始於四井三十二家。自國城以至六鄉，皆謂之國中。鄉以外，則謂之野。爾雅釋言云：「里，邑也。」郭注云：「謂邑居。」左傳疏引李巡注云：「里，居之邑也。」此注皆未明。竊謂邑有二：邑有在國中者，二十五家爲一里，里有巷，巷口有閭，一里之人聚居于此，故謂之邑也。邑有在野者，四井之田凡三千六百畝，其民居計三十二家，周制亦八家同井，司徒九夫爲井，以地言，非以人言也。或謂周以九家爲一井，其説非是。詳井田考。聚於一處，猶今之村落然。説文云：「里，居也。从土从田。」以因土田而制邑，故謂之里也。王制云：「凡居民，量地以制邑，度地以居民。地、邑、民居，必參相得也。」此言野之制，周官所謂「經野」者也。鄭注云：「周禮載師：『以廛里任國中之地。』廛，民之邑居在都城者。」是言國中之制。此國中指城内言。不知國中之地有定，不必量地以制邑也。熊氏名安生。云計量地土廣狹，制四井爲邑，每邑居三十二家。夫地有廣狹，則邑有大小，不必限定四井矣。若限定四井，何謂「量地制邑」乎？此「量地制邑」與周官「四井爲邑」不同。周官「四井爲邑」制邑之常法，此「量地制邑」乃所以變通乎常法者也，如「九夫爲井」是常法，或地有不足但以方田之法計之。有九百畝即爲一井，不必畫方如棋局也。詳井田考。制井如此，而制邑可知矣。

又何休云：「在邑曰里，里八十户。」是謂邑必八十户，亦不知「量地制邑」之義。且八十户爲邑，其説并無據也。八十家是十井，出車一乘，然出車法與邑居不同，未可混而爲一也。邑以三十二家爲制，如地狹勢偏不足四井，則或三井，或二井，或一井皆可爲邑。孟子云：「鄉田同井，出入相友，守望相助，疾病相扶持，則百姓親睦。」此可見一井亦可爲邑矣。論語謂「十室之邑」，即一井之邑。一井八室，言十室，舉大數也。

又鄉遂之邑以二十五家爲制，如有不足，或四鄰，或三鄰，或二鄰皆可爲邑。五家爲鄰，二鄰則十室也。十室之邑，此至小者，下此不可以爲邑矣。凡邑雖小，亦必有城，其城謂之保，都鄙有之，鄉遂亦有之。月令云：「四鄙入保。」鄭注云：「小城曰保。」高誘注淮南子云：「四竟之民，入城郭自保守。」非也。晋語云：「抑爲保障乎。」韋昭注云：「小城曰保。」與鄭同。此都鄙之小城也。

檀弓云：「戰於郎，公叔禺人遇負杖入保者息。」鄭注云：「保，縣邑小城。」縣邑，當作郊邑。左傳魯哀公十一年：「師及齊師戰於郊。」即此「戰於郎」也。孔疏云：「郎，郊頭近邑。」此邑在郊，非在縣。鄭謂縣邑，非也。戰於郊而有入保之人，可知鄉遂亦有小城矣。左襄八年傳云：「焚我郊保，馮陵我城郭。」九年傳云：「令隧正納郊保，奔火所。」此皆鄉遂有小城之證也。杜注皆訓保爲守，非也。

城中自鄰至黨，城中里居至黨而止，無州鄉名。屋皆相連，以所居惟士、工、商，農不在焉，本韋昭國語注。非農則不受田，鄭注載師謂工商家亦受田，誤。故可悉聚于城内也。城外百里曰郊，置六鄉，郊外置六遂。鄉遂不制井田，亦每夫受田百畝，既各有田，則不得悉聚一處，恐田遠而治之不及也。六鄉，五家爲比，五比爲閭，四閭爲族，五族爲黨，五黨爲州，五州爲鄉。六遂，五家爲鄰，五鄰爲里，四里爲酇，五酇爲鄙，五鄙爲遂。自閭以至鄉，自里以至遂，皆邑也。每閭、每里星羅碁布，徧於百里之間。縣師職云：「掌邦國都鄙、稍甸、郊里之地域。」鄭注云：「郊里，郊所居也。」賈疏云：「言郊里，據從遠郊至國中六鄉之民也。」郊而曰里，里與閭，亦通稱。明是以一里爲一邑，郊里有地域與邦國、都鄙、稍甸同制，則其所居之地，當各有保，所謂郊保也。遂人掌邦之野，鄰、里、酇、鄙、縣、遂皆有地域溝樹之，則其所居之地，亦當各有保矣。每一里爲一邑，每一邑爲一保，保者以其可以守禦也。孟子謂同井守望相助，必有保乃可守望也。保之制，當即牆之高而堅固者，以其有似于城，故又謂之小城也。

至于都鄙之邑，與鄉遂異。小司徒云：「四井爲邑，四邑爲丘，四丘爲甸，四甸爲縣，四縣爲都。以任地事而令貢賦，凡税斂之事。」鄭注云：「此謂造都鄙也。」四井爲一邑，邑必有保。左莊二十八年傳：「邑曰築。」杜注云：「四井爲邑。」其證也。積而至于都，凡六十四邑。此六十四邑亦皆星羅碁布，分散而居，不聚於一處也。蓋三百步爲里。見大戴禮。方里爲井，四井爲方四里，農民居此，治田自便，婦女、小子亦可饋餉。若一丘之民皆居一處，則所治之田距所居有遠至八里者，出入不便，而婦女、小子不能饋餉矣。故知四井爲邑即居民之法，民必以邑聚居，不以丘聚居也。民居可減於四井，不可加於四井也。丘、甸、縣、都亦皆爲邑，邑至於都，則地之最大者矣。故左氏云：「邑曰築，都曰城。」史記云：「舜所居，一年成邑，三年成都。」都大於邑也。鄭注載師云：「大都，公之采地，王子弟所食邑。小都，卿之采地。家邑，大夫之采地。」亦可見都大於邑也。論語云：「千室之邑。」孔安國注云：「卿、大夫之邑。」朱子注云：「千室大邑。」此以侯國之制言之。大國之卿，采地有一終，司馬法云：「井十爲通，通十爲成，成十爲終。」出車百乘是謂百乘之家，出車之法，十井出一乘，故一終百乘。班固、馬融等皆謂百井出一乘，非也。一終千井，有八千家，與四縣爲都合，但一都有一千零二十四井、八千一百九十二家稍有不同。井、通、成、終、同者〔一〕，出賦之法；井、邑、甸、縣、都者，出税之法，故不盡合耳。卿之采地當有一都，則如千室之邑者有八邑矣。左傳言：「卿備百邑。」此以四井之邑言之，本二百五十六邑，言百邑者，對大夫而云然耳。大夫止有六十四邑，不備百邑。卿祿四大夫，大夫采地當有一縣，計二百五十六井、二千零四十八家，則如千室之邑當有二邑矣。故孔氏謂卿大夫之邑，言卿大夫有此等邑，非謂卿大夫止有千室也。邢昺疏謂：「卿大夫采邑，民有千家。」誤矣。大夫倍上士，上士采地當有二甸，計一百二十八井、一千零二十四家。

〔一〕王士駿校勘記：「盧本『井』上有『蓋』字。」

是上士亦得有千室，似不徒爲卿大夫之邑矣。然夫子以千室之邑與百乘之家竝言，而謂冉有可爲之宰，自是卿大夫之邑。

竊嘗思之，都鄙亦當有親民之吏徵其賦税，而與鄉遂不同〔一〕。鄉遂家出一人爲兵，伍、兩、卒、旅、師、軍出於比、閭、族、黨、州、鄉，是家出一人爲兵也。六鄉爲正卒，六遂爲副卒。教之宜詳，故比、閭、鄰、里皆設官。都鄙出車，而不出兵，教之可略。四井、四邑未必設官，至四丘爲甸，約有五百家，如鄉之黨、遂之酇，宜設官以治之。其官宜下士，王國則以中士。喪大記有云：「甸人徹廟之西北厞薪。」薪徵于丘、甸，因使甸人徹之。詳屋漏解。此甸人，蓋即甸邑之宰也。月令：季夏之月，「命四監大合百縣之秩芻，以養犧牲」。芻亦徵于丘、甸，百縣當即四甸之縣，王畿約有四百縣，言百縣者，舉其略耳。注以百縣爲鄉遂，非也。又季秋之月，「合諸侯，制百縣，爲來歲受朔日」。可見縣各有宰矣。後世縣令蓋昉于此。檀弓云：「國亡大縣邑，公卿大夫士皆厭冠，哭於大廟三日。」又縣邑有宰之一證也。大縣邑蓋通都言之，故曰大都。亦可稱縣，猶縣亦可稱都也。此縣如鄉之州、遂之縣，其宰宜中士。王國則上士。都如鄉遂，其

〔一〕王士駿校勘記：「元『鄉』誤作『卿』，下文『與鄉遂同』，『鄉』字亦譌作『卿』，今竝正。」案：陸刻本亦誤作「卿」，孫刻本不誤。

宰宜上士，王國則下大夫。蓋遂官降於鄉官一等。鄉大夫、鄉州長，中大夫。黨正，下大夫。族師，上士。閭胥，中士。比長，下士。遂大夫，中大夫。縣正，下大夫。鄙師，上士。酇長，中士。里宰，下士。鄰長，不命之士。是遂降于鄉一等也。侯國官當降於天子。鄉大夫，下大夫。州長，上士。餘可類推。都鄙之官，又當降於遂一等。故遂大夫爲中大夫，都宰則下大夫；縣正下大夫，都下之縣宰則上士；鄙師上士，縣下之甸宰則中士也。由是觀之，每甸設一宰，每縣又設一宰，以統四甸。若千室之邑，是爲二甸，不設宰矣。夫子言冉有可爲千室邑宰，此千室本爲二千室，以行文不便，又與百乘不對，故省去二字，而言千室也。王畿有四百縣，而但言百縣。二十夫有溝，二百夫有洫，而但言十夫、百夫，詳井田考。亦猶是也。二甸爲士采邑，而不得有宰可知。千室之邑有宰者，當爲卿大夫之邑也。

王國采邑與侯國異，孟子云：「天子之卿受地視侯，大夫受地視伯，元士受地視子男。」王制與孟子不同，當從孟子。是卿采地百里，大夫采地七十里，上士采地五十里，不言公者，公與卿同也。不言中下士者，蓋采邑爲子孫世禄。中下士位卑，無采邑。其禄則有司供之，當與采地同。中士宜二十五里，下士又半之，侯國中士宜一甸，下士宜二丘。載師職云：「以家邑之田任稍地，以小都之田任縣地，以大都之田任畺地。」畺亦謂之都，大宰九賦有家、稍、邦縣、邦都，邦都即畺地，以其在五百里，爲疆界之地，故曰畺。以其大都所在爲都之宗，故曰都。司馬法云：「五百里爲都。」是也。又曰：「三百里爲野。」以二百之内有六遂，不純爲野。故在三百里。此節及大宰注疏皆云：「天子大夫各受采地二十五里，在三百里稍地之内；六卿各受采地五十里，在四百里縣地之内；三公及親王子弟各受采地百里，在五百里畺地之中。」此説與孟子不合，殊不可信。其謂大夫在稍，卿在縣，公及親王子弟在畺，理或然也。但不言元士之采地所在，疑亦在稍地中也。天子公卿，孟子謂之「千乘之家」，其地方一同，提封萬井，計八萬户，約有十都之地。是公卿之家有下大夫十人爲都邑宰矣。大夫采地七十里，計四千九百井、三萬五千六百户，約有四都又三縣之地，是大夫之家當有上士五人爲都邑宰矣。元士采地五十里，計二千五百井、二萬户，約有二都又二縣之地，是元士之家當有中士二人爲都邑宰矣。士無家臣，其邑宰皆王朝之官也。大夫邑宰降一等者，以采邑之宰有家臣之義，大夫不得爲大夫宰也。大夫既降，故士亦從之而降也。采邑之宰雖可私置，然亦須復於王朝，故大宰得以法治之也。

江慎修云：「采地亦當有比、閭、族、黨、州、鄉之法，以聯其民，但其長未必有大夫、士之爵。」此説頗繆。鄉遂之民皆以五家爲聯，都鄙之民則皆八家同井，安得用比、閭、族、黨、州、鄉以聯之乎？大宰云：「以八則治都鄙，二曰法則，以馭其官。」既謂之官，當必有大夫、士之爵矣。乃又曰：「都鄙之官謂食采之公卿大夫。」不知公卿大夫既位於朝，安得自治其邑？且公卿最尊，大宰又豈得以法馭之乎？惟夫丘邑之小，其邑長不必有爵，但舉一邑之中年高有德者一人，教督農民并訓子弟焉耳。

都城之制，左氏隱元年傳云：「都城過百雉，國之害也。先王之制，大都不過參國之一，中五之一，小九之一。」杜注云：「方丈曰堵，三堵曰雉，一雉之牆長三丈、高一丈，侯伯之城方五里，徑三百雉，故其大都不得過百雉。」所謂參國之一也。是大都城方一里又一百二十丈。一里計一百八十丈。中都則方一里，小都方一百丈。大都卿之采邑，中都大夫之采邑，小都士之采邑。都與邑通，三等皆邑，故皆可稱都也。王畿都城與此異，逸周書作雒解云：「大縣城方王城三之一。」大縣即大都，王城方九里，詳天子城方九里考。是大都城方三里，與子男同。公卿采地方百里，與公、侯同；而城則下同子男，畿内屈於王也。三公在朝執璧，亦與子男同。

考工記匠人云：「王城隅高九雉，都城隅高五雉，諸侯城隅高七雉。」古周禮説：「公城高五雉，侯伯三雉。」都城之高皆如子男之城高。是都城高一雉不成城矣。賈疏言：「侯伯子男城，皆高五雉。」又與經文不合。戴東原謂：「公、侯、伯城隅皆高七雉、城高五雉，惟子男城同都城。」蓋隅高五雉、城高三雉也。廣與子男同，高亦與之同，其例一也。中都城方五百四十步，小都城方一里，其高三雉皆同，以不可復殺也。大都公卿采邑，中都大夫采邑，小都元士采邑，大夫采邑對大都可稱小都，若對元士采邑可稱中都，以畿外大國、次國、小國例之，小都當稱中都也。四井之邑凡三十二家，每家五畝積五百步，方二十二步有奇，其方一百三十步有奇，三十二家卻須作三十六家算之，以宜有空地也。其城約方八十丈，殺於小都城五之一也。鄉遂小城約方六十丈，亦以五畝之宅推之也。四井之邑所居惟農民，與國邑異。士與工當與邑宰同居於都城之中。鄉遂别無都邑之城，其官長當與農民同居，士與工亦然。然則里閭之保城當不止方六十丈，蓋亦方八十丈也。族、黨、鄉、州所在，其城當遞增，鄉之城蓋亦如小都城也。農民五畝之宅，皆在邑中。至於中田之廬，當甚狹小，未必有一畝。趙岐注孟子、何休注公羊皆謂廬井、邑居各二畝半，又本穀梁之説謂二畝半在公田中，誤矣。詳井田考。

載師職云：「以廛里任國中之地。」季本以爲市廛，是也。此左右各三區之廛，士、工、商所居，百官亦居於此，非農之廛也。遂人職云：「夫一廛。」此孟子所謂：「五畝之宅，在四井之邑中，非國中之廛也」。鄭氏乃合爲一，注載師職云「遂人授民田，夫一廛」，是廛里不謂民之邑居在都城者與？此都城指國都。注遂人云：「廛謂城邑之居，孟子所云『五畝之宅』也。」賈疏引「廛里任國中之地」解之，殊不思鄉遂之民十餘萬，國中能容之乎？且畢入於國，數百里竟無人煙，有是理乎？其繆甚矣。後儒因鄭、賈之誤，并追咎於班固、趙岐，而不知班、趙固不錯也。班氏食貨志云：「在野曰盧，在邑曰里。春令民畢出在野，冬則畢入於邑。」此邑在四井之中，非國邑也。趙氏孟子注云：「盧井、邑居各二畝半以爲宅，冬入保城。」二畝半故爲五畝，保城即四井爲邑之城，與月令「四鄙入保」同，其非國城明矣。後儒多以邑爲國邑，以保城爲保守國城，失之矣。毛西河疑趙注或係衍文，或有脱簡，殆亦不解保爲小城耳。

若夫公邑之制，甸、稍、縣、都皆有之，近郊、遠郊有場圃、宅田、士田、賈田、官田、牛田、賞田、牧田等。故無公邑。載師職云：「以公邑之田任甸地。」鄭注云：「在甸，七萬五千家爲六遂，餘則公邑。」又云：「公邑，天子使大夫治之。自此以外皆然。二百里、三百里其上大夫如州長，州長本中大夫，此對下大夫而稱上。四百里、五百里其下大夫如縣正。是以或謂二百里爲州，四百里爲縣云。」賈疏云：「此約司馬法『二百里曰州』、『四百里曰縣』而言。」又鄭注匠人云：「異於鄉遂及公邑。」賈氏小司徒疏云：「采地制井田異於鄉遂，公邑亦與鄉遂同。」案：司馬法謂「二百里曰州」，以六遂如州在二百里也；「四百里曰縣」，與周官同，不必別解也。小都爲縣，在四百里内，故四百里曰縣。公邑之官，自二百里至五百里，當無尊卑，乃附會司馬法區而別之，殊無謂矣。公邑在鄉遂外，民居皆非五家爲聯，而謂不制井田，抑亦誤矣。詳井田考。

公邑與都鄙同制井田，其居民之法亦與都鄙同，但公邑之官宜尊于采邑，縣邑宰當爲中大夫，甸邑宰當爲下大夫，以鄉大夫官尊，不得與之竝，宜從遂大夫之列也。侯國公邑，甸宰宜中士，縣宰宜上士，公邑止於縣者，以都本采邑之名，故有縣而無都也。縣師所掌兼公邑、采邑，故以縣名。鄭注謂：「自六鄉以至邦國，縣居中。」不知縣在四百里，何以爲中乎？郊甸、稍縣都當以稍爲中。觀縣師以縣名，又月令有「百縣」之文，又王制言「天子之縣」，而公邑之止於縣可知矣。

又案：左氏云：「邑有先君之廟曰都，無曰邑。」世儒或疑之，竊謂此言自可信也。先君之廟有二，公、卿、大夫之采邑得立太祖廟，采邑若不廢，廟亦不毁。士無太祖，是無先君之廟矣。公、卿、大夫世守采地者，是爲内諸侯，故有先君之稱。親王子弟采邑有賜之得立出王廟者，是亦先君廟也。侯國如魯，三家立桓公廟，惟卿有此，大夫則無之也。故王國公卿采邑稱大都，大夫采邑稱小都，士則稱邑而已。侯國卿之采邑得稱都，大夫、士則稱邑而已。都邑尊卑之别如此。若通而言之，都亦可稱邑，如季孫氏之費、孟孫氏之成、叔孫氏之郈皆稱爲邑。邑亦可稱都，孟子言：「王之爲都者，臣知五人焉。知其罪者，惟孔距心。」距心爲平陸宰，平陸下邑而亦曰都。月令：孟夏之月，「命農勉作，毋休於都」。此都即四井爲邑之邑，而亦曰都，蓋都有大小，不一等，猶之邑有大小，不一等也。故至小爲四井之邑而稱都，而至大爲天子之邑亦稱都，如後世帝京皆曰帝都是也。顧亭林知邑有大小，王國可稱邑，而以都爲下邑之稱，謂帝京不可稱都，其亦考之不詳矣。大雅云：「謂爾遷于王都。」此王畿稱都之明證。

社稷考

社稷之制，説者最詳，然多有未確。約而言之，其誤十有五。

一曰，社稷是人鬼，非地神。鄭君以社爲五土總神，稷爲原隰之神。賈逵、馬融以社祭句龍、稷祭后稷皆人鬼，非地神。許叔重五經異義説亦然[一]。王肅從之，故聖證論歷難鄭説。學者疑之。案：周官大宗伯天曰神、地曰示、人曰鬼，而「血祭祭社稷」與「五祀、五嶽」竝列于地示，社稷爲地神甚明。又左昭二十九年傳亦以社稷與五祀竝列，考五祀是五行之神，五行質具於地，故爲地示。月令以句芒爲春神、祝融爲夏神，明非人鬼。若重與犂，則配食於此者耳。詳五帝五祀考。五祀非人鬼，則社稷亦非人鬼可知。且古之祀典，人鬼特祀者，如先嗇、先蠶、先炊、先聖、先師之類，皆爲小祀。而社稷爲國之主，郊特牲

[一] 王士駿校勘記：「盧本無此十字。」

云：「家主中霤，而國主社。」諸侯所首重。天子之祭，亦亞於天地，更可知其非人鬼矣。至郊特牲謂「社祭土而主陰氣」，又謂「社所以神地之道」，尤顯然可見爲地神。王肅之説亦誤甚矣。先儒之説所以申鄭者，詳見於孔疏，兹不具引。

一曰，稷爲原隰之神，非穀神。許叔重五經異義云：「今孝經説：稷者，五穀之長。穀衆多不可偏敬，故立稷而祭之。」是稷爲穀神也。許氏駁之，謂既祭稷穀，不得以稷米祭反自食，因取左氏説以稷爲田正。鄭君又駁之，以稷爲原隰之神，不得以稷米祭稷爲難。案：社字从土，明是土神。稷字从禾，明是穀神。易云：「百穀草木麗乎地〔二〕。」故稷亦爲地示之屬，猶日月星辰皆爲天神也。穀爲土所生，故社尊於稷，而穀與土别，故稷可與社對。若原隰則已在五土之中，既總祭五土之神，何必又别祭原隰？原隰又何可與五土總神對乎？至許氏以自食爲疑，其説尤繆。夫祭稷者，祭稷之神，非祭稷也。天下有一物必有一神主之，其神既主是物，正宜用是物以祭，報其生育之恩，安得謂自食乎？左氏謂「稷，田正也」，昭二十九年傳。此言稷之所配食者爲田正之官，以其播殖百穀有功於世，故配食於穀神。猶句龍

〔二〕案：陸刻本、孫刻本皆作「地」，周易原文作「土」。

能平水土，故配食於土神也。許氏即以田正爲稷，與賈逵等同，其誤矣。

一曰，社即祭地，別無北郊之祭。胡五峰云：「古者祭地於社，猶祀天於郊也。故周公祀於新邑，先用二牛於郊，後用大牢於社也。周禮以禋祀祀昊天上帝，以血祭祭社稷，而別無祭地之文。四圭有邸、舞雲門以祀天，兩圭有邸、舞咸池以祀地，而別無祭社之說。則以郊對社明矣，後世既立社又立北郊，失之矣。」朱子語類以其説爲有理，而不知其大繆也。禮運云：「天子祭天地，諸侯祭社稷。」是社卑於地可知，且祭地專於天子，而祭社下達於大夫、士，至於庶人亦得與祭，社之非地明甚。蓋祭地是全載大地，社則有大小。天子大社祭九州之土，王社祭畿内之土，諸侯國社祭國内之土，侯社祭藉田之土，祭法云：「王爲羣姓立社曰大社，王自爲立社曰王社。諸侯爲百姓立社曰國社，諸侯自爲立社曰侯社。」鄉大夫置社祭一鄉之土，州長置社祭一州之土，祭法云：「大夫以下成羣立社曰置社。」與全載之地異。又地有上、中、下，上爲山嶽，中爲平原，下爲川瀆。社雖兼五土，而爲農民祈報當以平原穀土爲主，是社與嶽瀆各分地之一體，與全載之地尤異，此社神與地神所以分也。然對文則別，散文則通。凡經典郊社並稱者，皆祭地之通名爲社，非別無北郊之祭也。洛誥言社而不言祭地，以地統於天，其祭已該於郊之中。孔疏云：「言告天不言告地，從省文也。」舜典言類于上帝，而不言祭地，亦猶是也。豈祭社即告地乎？周官祭地與社多互見，血祭祭社稷，則祭地亦血祭可知，兩圭、咸池祀地，則社稷可知。社稷尊於四望，四望得與地同用兩圭有邸，則社稷亦可用矣。六樂祭地示之下即言四望，可知社稷已在地示中矣。豈社與地無二祭乎？社爲地之屬，故祭社之禮，有與地同者，求神用血祭[二]，玉用兩圭有邸，樂用咸池是也。然地尊於社，故祭社之禮多與祭地殊。祭地以夏至及孟秋，詳禘祭考。祭社以春秋二仲；祭地於方澤及北郊，祭社於國中及藉田；祭地以后稷配，祭社以句龍配；祭地七獻，祭社五獻；祭地用一犢，祭社用大牢。諸侯用少牢。祭地服衮冕十二章，先儒謂祭地亦服大裘，誤。祭社服毳冕五章。其判然不同如此。胡氏謂祭社即祭地，其亦未之思耳。

一曰，王社在庫門内，不與郊對。大社在北郊，即方丘，亦即太[三]折，方丘、太折不同，詳禘祭考。是與郊對。萬充宗云：「社有二。祭法曰：『王爲羣姓立社曰大社。』所謂方丘者。

[二] 王士駿校勘記：「盧本無此五字。」
[三] 案：陸刻本、孫刻本皆作「太折」，經典則作「泰折」，如禮記祭法。金氏禘祭考亦作「泰折」。

唯此所謂太折者，亦唯此夏日至地示之祭，即於此行焉，此北郊之社，與郊對舉者也。又曰：『王自爲立社曰王社。』載芟詩序所謂：『春藉田而祈社稷者。』」即於此行焉。此庫門内之社，不與郊竝稱者也。」此本胡氏而少變其説。案：逸周書作雒解云：「乃建大社于國中。」是大社不在北郊可知。祭法大社、王社竝舉，可知是社稷之社，非北郊之通稱爲社者也。且天子爲天地之宗子，西銘云：「大君者吾父母、宗子。」父母指天地言。祭天與地皆所以報本。若社稷之祭，則爲民祈報。經言「王爲羣姓立社曰大社」，其非祭地之通名爲社，更甚明矣。

一曰，大社、大稷、王社、王稷皆在中門之外。周官大司徒云：「設其社稷之壝。」賈疏云：「謂於中門之外右邊，設大社、大稷、王社、王稷。」夫自爲立社與爲羣姓立社異，其事宜異，其地而竝設於一處，何也？詩載芟序云：「春藉田而祈社稷。」是藉田當有社稷之壝。小宗伯職云：「建國之神位，右社稷而左宗廟。」匠人亦言「左祖右社」。是王宫内亦有社稷。自大門以内皆爲宫中。大社尊於王社，宜與宗廟竝重，分列路寢之左右。藉田爲王之田，王社亦王之社，則王社宜在藉田之中。郊特牲孔疏云：「爲羣姓立社者，在庫門内之西。自爲立社者，在藉田之中。」此説是也。但云「在庫門内之西」，本於小宗伯之注，鄭注云：「庫門内、雉門外之左右。」不知宗廟、社稷皆宜在中門内。白虎通以爲在中門外，鄭君從之，非也。説本戴東原，詳廟在中門内説。天子、諸侯皆三門，天子社稷在應門内之西，諸侯社稷在雉門内之西。戴東原云：「春秋左氏傳曰：『閒于兩社爲公室輔。』兩社，國社、亳社也。穀梁傳云：「亡國之社，以爲廟屏。」蓋在廟門之外，與國社對，治朝在其中閒。以朝廷執政所在爲言，宜繫君臣日見之朝，社在中門内明矣。」此足以正舊説之繆。

一曰，左祖右社是尚尊尊。小宗伯疏云：「地道尊右，故社稷在右，是尚尊尊之義。」不知地道雖尚右，而宗廟卻尊於社稷。鄭注大司樂以圜丘、方丘、宗廟爲三大禘。大宗伯職云：「祀大神、祭大示、享大鬼。」大鬼謂宗廟大祭也。社稷非大示，而宗廟與天地竝列，其尊於社稷可知，故享先王衮冕、先公鷩冕，祭社稷則毳冕。諸侯祭宗廟大牢，社稷則少牢，豈可謂尚尊尊而立社稷於右乎？牧人職云：「陽祀用騂牲，陰祀用黝牲。」鄭注謂：「陽祀，祭天及宗廟；陰祀，祭地及社稷。」宗廟屬陽故在左，左爲陽也。社稷屬陰，故在右，右爲陰也。

一曰，天子有五社。郊特牲疏引尚書逸篇云：今本作「無逸」，「無」字衍。「大社唯松，東社唯柏，南社唯梓，西社唯栗，北社唯槐。」白虎通亦引之。案：論語云：「夏后氏以松，殷人以柏，周人以栗。」此當是大社、王社之樹，乃云「大社唯松」，則與周制不合矣。且大社止有一，而謂有東、南、西、北共爲五社，此何義邪？若謂四社是國外四方之社，則社之樹木必各以其野之所宜，大司徒云：「設其社稷之壝，而樹之。田主各以其野之所宜木，遂以名其社與其野。」而東柏、南梓、西栗、北槐又何義邪？逸周書云：「大社壝，東青土，南赤土，西白土，北驪土，驪，黑也。中央疊以黄土，將建諸侯，鑿取其方一面之土，燾以黄土，苴以白茅，以爲土封。」韓詩外傳、白虎通、蔡氏獨斷皆有此説。是天子大社具有五方之色，以見五方之土，無所不祭。或謂青土山林，赤土丘陵，白土墳衍，驪土川澤，黄土原隰，其説近鑿，今所不取。蓋惟大社祭九州之地示，故得備此，而王社則無之，但以黄土爲之而已。王社壝之土不見經傳，以理推之，五色以黄爲尊，黄爲中色，王畿居中，王社宜黄土。諸侯社壝各依其方之色，漢書武帝賜齊王策云「受茲青社」、燕王旦曰「玄社」、廣陵王胥曰「赤社」，漢制因乎周也。夫大社已具五方，何必又立四社，其説殊爲不經，未可信也。

一曰：夏松、殷柏、周栗，是大夫以下置社。郊特牲疏云：「大夫以下所置社者，皆以土地所宜之木，則論語云：『夏后氏以松，殷人以柏，周人以栗。』故大司徒云：『而樹之田主，各以其野之所宜木。』是也。」不知大夫以下置社，鄉遂、都鄙隨處皆有，當各以其野之所宜木，則夏不必以松，殷不必以柏，周不必以栗，其謂夏松、殷柏、周栗者，是大社、王社以建都之地所宜之木也。宰我對魯君言必是國社、侯社之制，若大夫以下置社之木，何必與君言之邪？

一曰：樹木以爲社主。朱子注論語云：「古者立社各樹木以爲主。」説者以爲使神依焉，不知社之樹木一以名其社，一以爲社之蔽蔭。以木名社者，野之社也。若大社、王社已有其名，不必以木名矣。蓋社既不屋，故必樹木以蔭其壝，壝，即壇也。凡壇壝以及墳墓皆必樹木，亦此意也。社之不屋受霜露風雨，以達天地之氣。見郊特牲。而又虞風雨之暴、夏日之烈，故樹之木焉，非以爲神主也。鄭注宗伯云：「社之主，蓋用石。」以石爲主，則樹木非以爲主明矣。古文論語云：「哀公問主於宰我。」鄭注云：「田主謂社。」孔安國、許叔重亦以爲社主。張、包、周等竝以爲廟主，何休引以注公羊亦作廟主。其説非也。大司徒注云：「田主，田神后土、田正之所依也。」后土即句龍〔二〕。是則社主、田主者，謂以句龍配食於社，爲社之主，非以木爲社主也。毛西河駁之，是矣。又謂大司徒以野之所宜木名其社，謂在野耕藉壇也。耕藉祀先農不祀社，而亦以社名藉壇，不以石爲主，但依其野所宜木，以棲田神，其説尤爲繆妄。野在郊外，耕藉在郊不在野，詩序明謂藉田祭社稷，何謂不祀社而祀先農？至謂藉壇依木以棲神，而不以石爲主，則仍襲朱説而不自知其非矣。

一曰，稷壇在社壇西。郊特牲疏引條牒論云：「稷壇在社壇西，俱北鄉。」不知地道尚右，何以社反居稷之左？蔡氏獨斷云：「社、稷二神同功，故同堂別壇，俱在未位，以未屬土也。」竊思五行家以未爲木局，淮南子云亥、卯、未三辰皆木也。是未屬土，而兼有木，禾稼之象。稷爲穀神，宜位於未。坤爲純土，大地之象，社爲土神，宜位於坤。坤在未西，社宜在稷西，此不易之理也。

一曰，社壇之北有門。郊特牲疏云：「門在社壇北。」蓋觀四方之諸侯，故四面有壝門，此北鄉，則社壇之北有門，義或然也。案：郊特牲云：「君南向於北墉下，答陰之

〔二〕王士駿校勘記：「盧本此下有『田正則稷之神』六字，元本所無。」

義也。」鄭注云：「北墉，社内北牆。」社主必居中而北向，君南向亦必居中。若壇北有門，則君當空而立，壝門近壇，又必居中故也。不成體統矣。且經既言君位北墉下，則北墉之中閒必無門明矣。經又云：「薄社北牖。」釋文云：「薄，本又作亳。」北有牖則無門亦可知也。社主在南，南亦不宜有門。竊謂社壝之門宜向東，人君自東而入，亳社門宜向西。斯不乖於義耳。

一曰，王社、侯社無稷壇。陳氏禮書云：「大社、國社皆有稷。王社、侯社不置稷。」不知王社、侯社，藉田之社也。詩序謂：「春藉田而祈社稷。」則王社、侯社必有稷矣。陳氏蓋據漢魏官社無稷，晉書禮志云：「漢至魏但太社有稷，而官社無稷。」然王社、侯社皆人君所立之社，與後世官社不同。官社，猶古者大夫以下置社，置社或無稷壇，而亦必祀稷於社壇上。若王社、侯社則未有不置稷壇者也。經典凡止言社，而不及稷者，以社尊稷卑，故省文而以社該稷也。周官封人：「掌設王之社壝。」注云：「不言稷者，稷，社之細也。」近焦氏循又謂大社、國社亦無稷壇。其説更繆，不足辨矣。社、稷各有壇，但祭時只於社壇上設二主，未必祭社又祭稷也。

一曰，諸侯壇壝半於天子。白虎通引春秋文義云：「天子之社稷廣五丈，諸侯半之。」蔡氏獨斷「廣」上有「方」字。考天子、諸侯制度多降殺以兩，如天子堂高九尺、諸侯七尺，天子城高七雉、諸侯五雉，天子經涂九軌環涂七軌、諸侯經涂七軌環涂五軌，天子七廟、諸侯五廟，天子六寢、諸侯四寢，舊説謂諸侯三寢，非也。詳諸侯四寢考。此皆降殺以兩者也。何獨於社稷壇而不然？然則天子方五丈，諸侯宜三丈，大夫以下皆當二丈。一丈則太狹不可行禮。此其制可推而知也。

一曰，百家以上得立社。 祭法云：「大夫以下，成羣立社曰置社。」鄭注云：「大夫不得特立社，與民族居。百家以上，則共立一社，今時里社是也。」案：周官百家爲族，族師止得祭酺，不得祭社。五百家爲黨，黨正止得祭禜，亦不得祭社。至二千五百家爲州，州長乃得祭社。鄭駁五經異義亦云：「二千五百家爲社〔二〕，此鄉遂之制也。都鄙民居不如鄉遂之密，其設社異於鄉遂。」司徒職云：「四井爲邑，四邑爲丘，四丘爲甸，四甸爲縣，四縣爲都。」此都鄙居民之法，大約一甸五百家有奇，甸六十四井，五百十二家〔三〕。當設官以爲之長，則當立社。論語：「千室之邑。」是大邑。則五百家爲小邑，得設官。可知若一丘之小，不必即設官也。郊

〔二〕王士駿續校勘記：「此十五字盧本所無。」
〔三〕王士駿續校勘記：「盧本句首有『計』字。」

特牲云：「唯社，丘乘共粢盛。」乘，當作甸。古甸與乘通。惟甸有社，故丘甸共粢盛也。五百家立社，已五倍於鄉遂，若謂百家得立社，何與鄉遂大相縣絶乎？恐未必然。至於里社，在鄉遂不在都鄙，其制始於秦，古未之有也。一里二十五家即得立社，是民自立社也。月令：仲春之月，「命民社」。鄭志亦謂：「此秦社，自秦以下民始得立社也。」今引秦里社以解古之置社，未免混亂。萬充宗因謂庶民得祭社，不知古者成羣置社，庶民固得與其祭事，而不得主其祭。大宰職云：「以八則馭都鄙，一曰祭祀，以馭其神。」祭祀莫大於社矣。論語：「子路使子羔爲費宰，曰有社稷焉。」是祭社必官長主之可知。郊特牲云：「唯爲社事，單出里。唯爲社田，國人畢作。」單出里，以鄉遂言。下文「丘乘共粢盛」，以都鄙言。國人畢作，則統言之。注疏以單出里亦指都鄙，非也。餘亦未明晰。未嘗言民自祭社也。萬氏又謂左傳「書社」即里社。江慎修考楚昭王欲以書社七百封孔子，亦以二十五家爲一社。其説亦非。左哀十五年傳：「齊與衛地，自濟以西，禚、媚、杏以南，書社五百。」賈逵、杜預注皆云：「二十五家爲一社[一]，籍書而致之。」此萬氏、江氏之所本，不知凡言書社者，皆都鄙之

[一] 王士駿續校勘記：「盧本作『杜注：二十五家爲一杜』。」

地。載籍稱書社不一，大戴禮云：「通其四疆，教其書社。」呂氏春秋云：「武王勝殷，諸大夫賞以書社。」又曰：「衛公子啟方以書社四十[一]下衛。」又曰：「越王請以書社三百封墨子、荀子，與之書社三百。」齊與衛地必是邊鄙，都鄙之民安有二十五家爲里乎？書社亦當是一甸之社，社有長，民生齒即書名於社之長，故謂之書社。凡言書社幾百者，皆謂幾百户也。論語云：「伯氏駢邑三百。」孔注云：「伯氏食邑三百家。」可以爲證。若以二十五家爲一社，五百社計一萬二千五百户，齊與衛地未必如此之大。楚昭王欲以一萬七千五百户封孔子，更未必然也。

一曰，周祀后稷，以爲稷。左昭二十九年傳云：「烈山氏之子曰柱，爲稷。自夏以上祀之。周棄亦爲稷，自商以來祀之。」祭法與此略同，後儒遂皆謂周以后稷爲稷，不知社稷卑於宗廟，稷更卑於社，而后稷既爲周之大祖，推以配天，乃又配食於稷，以爲田神，且使天下之人皆得祭之，褻慢其祖甚矣。此必非周時之制也。蓋商湯以棄易柱，至周武王又當以柱易棄。迨東遷以降，至魯襄昭之世王室衰微已甚。列國不知尊王，其國稷或有仍祀棄者，故蔡墨云然。要於西周之典禮，彼固未嫺也。祭法一篇所言多不經，亦未可信。

[一] 案：「十」，諸刻本皆作「千」，呂氏春秋先識覽作「十」，今據原文改。

此大義所關，不可以不審也。

一曰，社稷卑於四望，祭服希冕，行三獻。司服云：「祭社稷、五祀，則希冕。」鄭據此，故注禮器以三獻爲祭社稷，不知大宗伯社稷列於五嶽之上，曲禮以祭社稷次於天地，其尊於四望甚明。詳祭祀差等説。司服之文有誤，當作祭社稷、五祀則毳冕，祭四望山川則希冕。後儒皆莫知其誤矣。夫社稷大祭，而説者舛誤甚多，故詳考之以俟後之知禮者。

卷九終

求古録禮説卷十

臨海誠齋金　鶚

周代書册制度考

書册之制，歷代不同，周之書册皆用竹木，其制度可考而知也。鄭君注中庸云：「方，版。策，簡也。」聘禮注亦云：「策，簡也。方，版也。」蓋以竹爲之曰簡，曰策。以木爲之曰方，簡一曰畢，爾雅釋器云：「簡謂之畢。」郭注云：「今簡札也。」學記云：「呻其佔畢。」鄭注云：「吟誦其所視簡之文。」是畢爲簡也。

簡，又曰牒。説文云：「簡，牒也」。簡，又曰籥。説文云：「籥，書僮竹笘也。」「潁川人名小兒所書寫爲笘。」廣雅云：「籥、笘，觚也。」少儀云：「執筴籥，尚左手。」筴爲蓍，籥爲占兆之書，故筴籥連文。鄭注云：「籥如笛，三孔。」龜、筴之筴與羽籥之籥連文，爲不類矣。書金縢云：「啟籥見書。」書者，占兆之辭，籥所以載書，故必啟籥乃見書也。馬融注云：「籥，開藏卜兆書管也。」鄭、王注竝同，不知籥者啟鍵之器，可言啟鍵，不可言「啟籥」，且當是時惟取占兆之書以出，而匱不與焉。無匱則無鍵，又安用籥。近王氏伯升〔一〕曾辨之。是籥即簡。漢時則曰笘，曰觚也。

簡與策不同，左傳孔疏云：「單執一札謂之簡，連編諸簡乃名爲策。」故於文，策本作册，象其編簡之形。是簡與策異，然編簡爲策，則策即是簡，故鄭君以策爲簡也。釋名云：「簡，閒也，編之篇篇有閒也。」

又簡一名札，釋名云：「札，櫛也，編之如櫛齒相比也。」是諸簡連編者亦名爲簡。蓋對文則簡與策別，散文則簡與策通也。

方，一曰牘，説文云：「牘，書版也。」論衡量知篇云：「截竹爲筒，破以爲牒，加

〔一〕王士駿校勘記：「盧本『伯升』作『引之』。」

筆墨之跡乃成文字。」「斷木爲槧，析之爲版，力加刮削乃成奏牘。」此簡、策用竹，方、版用木之證也。

古者用策用簡牘之别，以文之多少而異。聘禮記云：「百名以上，書于策，不及百名書于方。」鄭注云：「名，書文也，今謂之字。」自秦以後始稱字。杜預春秋序云：「諸侯各有史官，大事書之于策，小事簡牘而已。」孔疏云：「簡之所容，一行字耳。牘乃方版，廣於簡，可以竝容數行。凡爲書，字有多少，一行可盡者書之於簡，數行可盡者書之於方，方所不容者，乃書於策。」如聘禮記所云是也。此言大事、小事乃謂事有大小，非言字有多少也。大事者，謂君舉告廟及鄰國赴告，經之所書，皆是也。小事者，謂物不爲災及言語文辭，傳之所載，皆是也。

案：策與簡牘之異，杜預所言與聘禮記不合，事雖小而其文多，不可不書於策。事雖大而其文少，亦可以書於簡。夫弑君大事也，而崔杼弑莊公，南史氏聞太史盡死，執簡以往，是知大事未嘗不書於簡也。大事可書於簡，則小事亦可書於策矣。六經文字一皆在策，蓋其文既多，必須編簡爲之，初不以事之大小而有異也。史記云：孔子晚好讀易，「韋編三絶」。易既編而成策，則諸經可知。晉書束晳傳：太康二年〔二〕，汲縣人盜發魏襄王冢，得竹書數十車，皆簡編科斗文字，襍寫經史。可見六經皆編而爲策矣。

簡策長短之度，説者不一。蔡邕獨斷云：「策者，簡也。」「其制長二尺，短者半之。」孔沖遠春秋疏云：「鄭玄注論語序以鉤命決云：春秋二尺四寸書之，孝經一尺二寸書之，故知六經之策皆長二尺四寸。蔡邕言二尺者，謂漢世天子策書所用，與六經異也。」聘禮〔三〕賈疏：「鄭作論語序云：易、書、詩、禮、樂、春秋策皆尺二寸，孝經謙，半之。論語八寸策者，三分居一，又謙焉。」賈、孔之言長短大異。竊謂孔疏是也。漢書杜周傳：「不循三尺法。」注謂：「以三尺竹簡書法律也。」朱博亦云：「奉三尺律令以從事。」鹽鐵論云：「二尺四寸之律，古今一也。」曹褒新禮寫以二尺四寸簡，漢禮與律令同録，則律書之簡亦必以二尺四寸，言三尺者，舉大數耳。鹽鐵論謂「古今一也」，則周之律書亦二尺四寸可知，律書既二尺四寸，則六經之策亦必以二尺四寸矣。齊文惠太子鎮雍州，有盜發楚王

〔二〕案：晉書衛恒傳作「太康元年」。
〔三〕案：陸刻本、孫刻本「聘禮」上皆衍「士」字，今删。

冢，獲竹簡書，青絲編，簡廣數分，長二尺。有得十餘簡以示王僧虔，僧虔曰：「是科斗書，考工記，周官所闕文也。」二尺與二尺四寸相近，蔡邕言策長二尺，與此所得竹書二尺合。是皆以漢尺言之。漢尺大於周尺，二尺約當周之二尺四寸也。

孔沖遠謂簡容一行字。鄭注尚書云：「三十字一簡之文。」漢書藝文志云：劉向「以中古文古文在中秘者謂之中古文。校歐陽、大小夏侯三家經文。」「率簡二十五字者，脱亦二十五字；簡二十二字者，脱亦二十二字。」是一簡容字有多少，然要自二十字以上，大約以三十字爲歸。周之一尺二寸當今九寸六分，恐不容三十字，周之六寸當今四寸八分，孝經之策毋乃太短乎？且彼謂論語策三分居一，又謙焉。若六經策一尺二寸，論語三分居一當爲四寸，四寸當今三寸二分，其短尤甚矣。論語一簡容八字誠不以富，亦祇以異錯簡可證。服虔注左氏云：「古文篆書一簡八字。」又一證也。若三寸二分，豈能容八字乎？今觀賈疏，論語策實是八寸，以三分居一推之，六經策當二尺四寸，孝經當一尺二寸，與孔疏合。二疏同引鄭君論語序，不應有異，然則賈疏「尺二寸」三字必是「二尺四寸」之譌，可知矣。此後人傳寫之譌，非賈氏所引誤也。論語策八寸容八字，六經策二尺四寸者，容二十餘字至三十字，其制自合，大約一寸容一字。古用科斗大篆，其字體不宜小，又一簡止容一行，則字體更不宜小，故每一寸容一字也。古人書策每行亦不拘字數，故或有二十五字，或有二十二字，推之或二十三字，或二十四字，皆未可定矣。此由字體有繁簡，繁者宜疎，簡者宜密，總欲其點畫之明析而已。方版之制長短未聞，然其所書自百字以下或爲五行，每行二十字，或爲四行，每行二十餘字，則其長亦當有二尺餘，其廣大約五六寸，若二三行者，其廣不過三四寸，有長方形，故謂之方，非必正方也。至於書字亦以筆墨，筆自古有之，非始於蒙恬也，蒙恬始用兔豪耳。詳筆考〔二〕。若有不當則以刀削去之，更書他字，此皆可考而知也。

宁考

宁爲古之治朝大禮所在，而從來解者皆失之。爾雅釋宫云：「門屏之閒謂之宁。」李

〔二〕王士駿續校勘記：「本書無此篇，附缺亦不載，亦補入佚目。」

巡云：「正門内兩塾閒曰宁」。孫炎云：「門内屏外，人君視朝所宁立處也。」郭璞注不言門内屏外，但云「人君視朝所宁立處」。曲禮云：「天子當宁而立，諸公東面，諸侯西面，曰朝。」孔疏引爾雅李、郭二注解「宁」字，又云：「天子受朝於路門外之朝，於門外而宁立以待諸侯之至，故云當宁而立也。」此數説皆以宁專屬人君。釋名云：「宁，佇也。將見君，所佇立定氣之處也。」此則以宁專屬人臣。案：爾雅以門屏之閒釋宁，謂門之外、屏之内，其地皆爲宁，則宁兼君臣矣。宁與著通，齊風：「俟我於著乎而。」毛傳云：「門屏之閒曰著。」集韻引詩作「宁」，是宁與著通也。左氏昭十一年傳云：「朝有著定。」杜注云：「著定，朝内列位常處。」此叔向爲單子言之，著定意屬人臣，故杜解以列位。周語云：「大夫士日恪位著，以儆其官。」此明以宁屬人臣。蓋宁之義取於佇，本屬臣言，而人君視朝亦立其位，亦可謂之宁，故宁兼君臣。

凡視朝，臣必先入佇候，君乃出。玉藻云：「朝，辨色始入，君日出而視之。」先言臣入，後言君出，是臣必待君可知。論語記孔子在朝，先言與大夫言，後言君在。又其明證。然則朝之禮，臣必佇立以待君，君不佇立以待臣，此君尊臣卑，君逸臣勞，古今之通義也。諸侯之朝且然，玉藻、論語皆言侯國之禮。況天子乎？孔疏謂天子當宁而立，以待諸侯之至，誤矣。雖天子於諸侯似有賓主之義，然尋常賓主相見，亦必賓先至門外佇候，主人乃出迎賓，況君臣乎？孔説大謬。而邵二雲爾雅正義引其説，且云諸侯未集，天子佇立于此，何其不察乎？

釋名謂臣將見君而佇立，其義自當。然宁實兼君臣，而乃專以臣言，失之矣。爾雅：「門屏之閒謂之宁。」文承「兩階閒謂之鄉，中庭之左右謂之位」，三句所指各不同。「兩階」句指君言，郭注：「人君南鄉當階閒。」「中庭」句指臣言，郭注：「羣臣之列位也。」「門屏」句則兼君臣言，次第最爲分明，解者徒據曲禮「天子當宁而立」之文，宁屬於君，又「當宁」與「當依」對，依在牖户閒，負依爲「當依」，則「當宁」亦必負宁，故釋宁爲人君視朝所宁立處。其地在正門内、兩塾閒，君出門外而負之也。殊不思宁之義取於人臣佇立待君，左傳「著定」、國語「位著」，皆明言人臣，豈可以宁專屬人君乎？「當」之義不一，有以負之爲當者，天子「當依而立」，是也。有以鄉之爲當者，鄉射「當階北面揖」，是也。有以居其中爲當者，「天子當宁而立」，是也。宁有南面、北面、東面、西面之位，治朝之位見周官司士，詳朝位考。君南面正居其中，是謂「當宁」，豈必負之而後爲「當宁」乎？邵二雲亦謂「當宁」猶「當依」，因爲之説，云諸侯既集，天子「出至屏外，負屏而立」。其上文云：「天子外屏，屏在路門之外。」夫屏既在門外，不可近門，而天子又出至屏外，是距門頗遠，天子立于廷中矣，豈有此朝儀乎？天子屏在路門外，其説本于曲禮孔疏。疏云：「諸侯内屏，在路門之内，天子外屏，在路門之外，而近應門。」不知屏所以塞門，若遠于路門，而近應門，何得謂「樹塞門」乎？既近應門，則爲應門之蔽，是内屏非外屏也。豈不自相矛盾乎？若近路門，則臣之北面者爲屏所障矣。邵氏知二説之不可通，故創爲王出負屏之説，要之亦不可通也。

司士云：「王族故士、虎士在路門之右。」「大僕、大右、大僕從者在路門之左。」是皆與門切近，王之位必更在其北，蓋在閾外，當兩塾之閒，門内外皆兩塾，此外塾也。羣臣初各佇立其位，及王出乃同至中廷，先後分班序立，再拜稽首。經不著臣拜之文，夫君且揖臣，臣豈可不拜君。朝則必拜，以是爲人所共知，故不著也。後儒乃謂治朝不拜，不亦謬乎？拜畢各復其位，司士乃詔王出揖，此時王當立於門外霤之外，離門不過數步。司士云：「王還揖門左，揖門右。」可知王出離門矣。然王族故士等位迫於門，則王亦不必遠於門而揖之矣。豈有遠立於屏外者乎？

大治朝雖無堂，而既於門爲朝，其制亦必與堂相似，門側有塾，塾有堂。爾雅云：「門側之堂謂之塾。」郭注：「夾門堂。」堂之高雖無九尺，亦當有階，約三級或五級，中閒之地不與兩旁堂高相等，然亦必高於平地，望之有若堂然，其下爲廷，說文：「廷，朝中也。」亦若路寢庭，然朝之初，王在兩塾之閒，羣臣拜於其下，亦拜下之義，所以正尊卑之分也。既而王降而揖羣臣，所以通上下之情也。

朝與覲不同。覲禮，天子不下堂而見諸侯。朝禮，則下而揖羣臣。春曰朝而秋曰覲，殆亦取温肅之義也。然朝雖異於覲，而遠出立於中廷，降尊太甚，必無是禮矣。且曲禮所謂當宁之朝，乃諸侯來朝者先位于此，以通姓名，詳朝位考。後乃入廟行覲禮，其朝與常朝不同，諸侯不拜，王亦不揖，其位但在閾外兩塾閒，竝不出外霤，而謂遠出至屏外，則尤妄矣。

李巡謂：「宁在正門内，兩塾閒。」正門即應門也。孫炎謂：「宁在門内屏外。」此門字蓋亦指應門。然周官司士朝位明言路門，而謂宁在應門内兩塾閒，其亦誤矣。諸侯宁位亦與天子同。焦氏循羣經宫室圖云：天子宁在路門外屏内，諸侯宁在路門内屏外，此其說亦誤。宁爲君臣朝位之地，屏近於門，路門内屏外爲地無幾，何以爲朝位乎？鄭注司士明言王日視朝「於路門外之位」，未聞朝在路門内之兩塾閒者也。若謂人君先立於此，以待羣臣之至此，又必無之禮也。謂天子宁在路門外屏内，此即孔疏之說。上已駁之，故此不駁。江慎修駁孔疏之誤，謂天子屏在應門外，諸侯屏在雉門内。江云天子以應門爲正門，諸侯以雉門爲正門。宁則在路門外。然如其說則門屏之閒謂之宁，惟諸侯可言，若天子屏在應門外，而宁亦在路門外，則非門屏之閒矣。諸說皆與經不合，總之泥於天子外屏，諸侯内屏之說，故皆不可通，不知此二句本非經文，出於禮緯及荀子，未可據也。

竊謂天子、諸侯皆内屏，詳廟寢制度考及屏考。所謂「門屏之閒謂之宁」者，路門之外屏之内也。屏必設於正門，天子在應門内，諸侯在雉門内，所謂「樹塞門」也。如此則與經無不合矣。

碑考

宮廟設碑之所，先儒皆無確解。鄭君注聘禮云：「設碑近如堂深。」士昏禮疏云：「碑在堂下，三分庭一在北。」李如圭儀禮釋宫從之。敖繼公則謂碑居庭東西南北之中。鶚案：二説皆非也。

士冠禮：設洗，「南北以堂深」。若設碑亦如堂深，則洗何不曰南當碑乎？鄉射設楅于中庭，南當洗，若碑亦當洗，何可以設楅乎？即或楅稍北於碑，而楅之南司馬所有事，鄉射禮云：「司馬當楅南，北面坐，左右撫矢而乘之。」有碑則礙矣，是知三分庭一在北設碑者，非也。聘禮云：「饔飪一牢，鼎九。設于西階前，陪鼎當内廉。」鄭注鄉飲酒禮云：「堂邊曰廉。」此内廉謂西階以東之廉也。東面北上，上當碑，上謂臑鼎也，陪鼎三，以臑爲上。夫曰階，前則其地必近階，鼎設于此而當碑，則碑之近階可知。若碑遠在中庭，指南北之中言，下倣此。豈可謂階前乎？公食大夫禮云：「若不親食，使大夫以侑幣致之，庶羞陳于碑内。」賈疏云：「庶羞本合在堂。」庶羞本在堂上，正饌之西。今宜近堂，故於碑北。若碑在中庭，則庶羞與正饌相去甚遠，有是禮乎？聘禮又云：君使卿還玉于館，「大夫升自西階，鉤楹，賓自碑内聽命」。凡言聽命，其地必相近，如郊勞之時，「勞者奉幣入，東面致命，賓北面聽命，還少退，再拜稽首，受幣」。賓與勞者相授受，其近可知矣。醴賓之時，「賓降辭幣，公降一等辭，栗階，升，聽命」。是賓與公皆在堂，其近又可知矣。蓋必相近乃可以聽，若碑遠在中庭，大夫升堂致命，鄭云：「將南面致命。」「必言鉤楹者，賓在下，嫌楹外也。」賓何以於碑内聽命乎？大夫之庭，聘禮記：「卿館于大夫。」故知爲大夫之庭。當有四十餘丈，詳廟寢制度考。半之得二十餘丈，堂上之言豈得聞乎？記云：「若君不見，使大夫受。自下聽命，自西階升，受。」鄭注云：「此儀如還圭，然而賓大夫易處耳。」下謂階下，彼言碑内，此言階下，碑之近階明矣。故還玉之時，賓聽命後，升受圭，降自碑内，東面授上介于阼階東，碑與階相近，斯得授之也。又上文云：「醯醢百甕，夾碑，十以爲列，醯在東。米百筥，設于中庭，十以爲列，北上。」鄭注云：「中庭者，南北之中也。」夫百筥之米，既在中庭，安得復有百甕之醯醢設之於此？碑不在中庭，又甚明矣。

敖氏謂：「中庭乃東西之中」，「其南北之節宜於庭少南」，「以此米從餼者也」。餼二牢陳于門西。不知禮經一書，凡中庭，以東西之中言者，必明其南北之節。如鄉射：「設楅于中庭南，當洗。」士喪：「置重于中庭，參分庭一在南。」是也。若南北之中，則不明其東西之節。經文第言中庭者，皆南北之中也。詳中庭解。此但云米設于中庭，其爲南北之中可知也，門外米禾從生牢，餼，生牢也。中庭筥米從死牢。飪一牢、腥二牢，皆死牢也。生牢、死牢見掌客。凡從者必在後，此所列庭實皆北上，是筥米從死牢無疑。生牢在門西，而筥米在中庭，居生牢之前，安得謂筥米從餼乎？且門外有米禾薪芻已從生牢而設，又有百筥之米從之，而死牢絶無一米，此何義乎？鄭注云：「大夫饔餼之禮，米禾皆視死牢。」賈疏：「死牢三，故米禾皆三十車。」然車數雖視死牢，而設於生牢之後，則從生牢矣。筥米既從死牢，則設之宜與醯醢相近，而在庭南北之中可知也。米在中庭，醯醢夾碑，碑在中庭之北，又何疑乎？然非三分庭一在北，又當近于階閒，則其地可由此推。

竊謂設碑之所，蓋四分庭一在北也。如是鼎之列于階前者，可以當碑，而聘賓在碑内，亦可以聽命。鄉射設楅亦自無所礙矣。抑又考之鄭注云：「宫必有碑，所以識日景、引陰陽也。」朱子云「引」當爲「別」。天子庭深五十四丈有餘，若碑設中庭與三分庭一在北〔二〕，人在堂上視日景，亦不審矣。碑之制，卑大約不過五六尺。若當夏至，景不盈尺，未可遠視也。祭義云：「君牽牲，麗於碑。」周官射人云：「祭祀則贊射牲。」國語云：「禘郊之事，天子必自射其牲。」此牲繫於碑，碑當有孔。天子自堂上射之，必主於中，若碑設中庭與三分庭一在北，亦不易中矣。惟四分庭一在北，設碑則可以視日景，亦易於射牲矣。

又考古人堂與庭，皆分爲五節，堂自外而入：一，堂廉；鄉飲酒禮：「設席于堂廉。」二，當阿；士昏禮：「賓升西階，當阿。」阿即庪也。三，楹間；士昏禮：「授于楹間。」四，中堂；聘禮：「受玉于中堂與東楹之間。」鄭注云：「中堂，南北之中也。」五，户牖間。鄉飲酒：「賓席户牖間。」覲禮「天子負斧依」亦在此。庭自外而入：一，門東門西；二，三分庭一在南；昏禮，庭實設于此。三，中庭；四，三分庭一在北；五，當碑。兩兩相比，自無不合，然則四分庭之一而北設碑，亦其宜矣。

夫中庭爲南北之中，又折其中而設碑，無在而非中也。且堂之中間所設有二：户牖間有依，東楹有坫是也。庭之中間所設亦有二：門内有屏，階下有碑，是也；四分堂之一，

〔二〕王士駿續校勘記：「盧本無『與三分庭一在北』七字。」

而北設依，此以堂基言。與四分庭之一，而北設碑，其地相類，賓即席于依前，南面，爾雅釋宮云：「牖户之閒謂之扆。」扆與依同。士虞禮記云：「佐食〔一〕無事，則出户負依南面。」鄭注：「户牖之閒謂之依。」是自天子以至于士皆有依。天子惟畫斧文爲異耳。户牖閒又謂之客位，鄉飲酒「賓席户牖閒南面」，是客位在此也。主人聽命于碑内，北面。大夫還玉于賓館，賓轉爲主人也。其事亦相類，此皆古人制度之不苟者也。

滄浪三澨考

禹貢「滄浪」、「三澨」，解者多繆。

禹貢之例，二水相合曰「會」，相越曰「過」，一水而別其名曰「爲」。滄浪言「爲」而不言會、言過，則是漢水之變名，非他水入漢可知也。凡地名、山名曰至，如「至于龍門」，「至于華陰」，「至于荆山」，「至于大別」，皆山名也。「至于大陸」，「至于東陵」，「至于澧」，皆地名也。水名曰過，如「過九江」，「過洛汭」，「過漆沮」，皆水名。「三澨」言過而不言至，則是水名，非地名可知也。

〔一〕案：「食」，陸刻本、孫刻本皆誤作「事」，今依經文改正。

史記索隱引馬融、鄭康成尚書注，皆以滄浪爲夏水。水經云：「夏水出江津于江陵縣東南，又東過華容縣南，又東至雲杜縣入沔。」沔水即漢水，雲杜縣今爲沔陽州。酈道元注云：「鄭玄注尚書『滄浪之水，今謂之夏水』。劉澄之永初山川記云：『夏水古文以爲滄浪，漁父所歌也。』」夫夏水出于江，自江而注漢，乃江之支流，非漢水之變名，與經文「爲」字不合。班孟堅漢書地理志備載古文尚書，而於南郡華容下但云：「夏水首受江東，入沔。」不言古文以爲滄浪，是夏水非滄浪也。

然夏水入漢之後，漢亦稱夏，地理志謂：「漢水之尾變爲夏水。」左傳有夏水，即漢水也。而經文以爲滄浪，然則夏水入漢之後，亦可稱滄浪矣。襄陽縣志云：「漢水重濁，與大河相似。」童承敘謂：「漢水至濁，與江湖水合其流始清。」孟子載孺子之歌言：「滄浪之水清兮，可以濯我纓。」是漢水有清時，必在江水入漢之後可知。胡朏明云：「滄浪者，漢水之色也。」説卦：「震爲蒼莨竹」。言其色青，漢水似蒼莨，故有滄浪之名。李太白襄陽歌所謂「漢水鴨頭緑」，是也。

詳滄浪之名，而滄浪之所在，更可得而定。江水入漢在今沔陽州，則自沔陽州以東至于大別，漢水皆爲滄浪水，沔陽州去楚都江陵甚近，故屈原既放，見漁父歌滄浪之水，蓋原此時尚未遠去也。張平子南都賦云：「流滄浪而爲隍，廓方城而爲墉。」李善注引左傳：「楚國方城以爲城，漢水以爲池。」此可見滄浪即漢水，又可見滄浪近於江陵，其在今沔陽無疑矣。馬、鄭以夏水爲滄浪，夏水固近在楚都南，然未入漢之先但可謂之江水，不可謂之漢水。而平子南都賦謂「流滄浪而爲隍」，是楚國江水爲池矣。

酈道元于水經「漢水過武當縣東北」注云：「縣西北四十里，漢水中有洲名滄浪洲。庾仲雍漢紀謂『千齡洲』，是世俗音譌字變。」括地志因謂：「武當縣有滄浪水。」張守節史記正義亦引用其説。一統志諸書無不從之，閻百詩、胡朏明長於地理，亦莫不以爲然。

今案：此説其不合有五。滄浪本即漢水，故曰「爲」，乃以洲當之。洲是水中可居之地，見爾雅釋地。顯與經悖，一也。千齡本非滄浪，何得强爲附會，二也。武當屬南陽郡，今爲均州，去楚都江陵約三四百里。平子南都賦何謂「以滄浪爲隍」？三也。既遠楚都，漁父見屈原何以歌此？四也。江水未入漢，漢水至濁，何以有滄浪之名、濯纓之歌，五也。其誤明矣。葉石林不知其誤，又泥看經文之字，謂滄浪地名，非水名。禹貢水之正名不可單舉者，則以名足之，黑水、弱水是也。非水之正名，而因地以爲名，則以水别之，滄浪之水是也。閻百詩善其説。不知山水以二字爲名者，其上必加「之」字，屬辭之體也。如山海經云「嶓冢之山」，嶓冢亦豈地名乎？以地名水，禹貢初無此例也。

至於三澨，馬融、鄭康成、王肅及僞孔傳皆以爲水名，惟水經載於釋地，謂地在邔縣之北。史記索隱亦云：三澨，地名，在南郡邔縣北。夫以三澨爲地名，既與經文「過」字不合，而謂在邔縣北，亦復不確。考邔縣故城在今襄陽府宜城縣東北，其北即襄陽縣東境，而滄浪在沔陽，與襄陽相去約三百里，漢水必先至襄陽，後至沔陽。今謂三澨在襄陽界，則經文「過三澨」當在滄浪之先，酈道元因三澨在邔縣北，故注滄浪于武當，而不知三澨不在此也。是亦不合者也。京相璠謂南陽、淯陽二縣之閒，淯水之濱有南澨、北澨。淯水遠在襄陽之北，其説亦繆。鄭康成、劉澄之皆言在竟陵縣界。索隱云：「今竟陵有三參水，俗云是三澨水。」竟陵漢志屬江夏郡。今沔陽州漢川縣地東有涢水、西有漢水，而此水參于其閒，故名三參水。三參水在沔陽州之東，漢水至沔陽爲滄浪水，東至漢川縣之南過三參水，與經文合。鄭説是也。胡朏明以爲三澨當在邔縣之北，非在竟陵，其亦考之不詳矣。

湯都考

湯都説者不一。漢書地理志於偃師注云：「湯都。」書帝告序：「湯始居亳。」鄭康成注云：「亳，今河南偃師縣，有湯亭。」杜預云：「梁國蒙縣北有亳城，城中有成湯冢，其西有伊尹冢。」皇甫謐云：「亳，今梁國穀熟縣。」閻百詩據後漢志梁國虞縣有桐地、有桐亭，謂太甲所放應在于此。虞縣距湯都南亳僅七十里，方可伊尹既攝國政，復時時往桐訓太甲，若偃師去虞縣八百餘里則不能矣。湯都仍屬穀熟鎮爲是。穀熟即南亳，今河南歸德府商丘縣。

鶚案：孟子：「湯居亳與葛爲鄰，葛伯不祀，湯使亳衆往爲之耕。」則其地甚近可知。考葛國即今寧陵，在商丘西六十里，固甚近也。若湯居偃師，相去甚遠，豈有使其民往爲葛耕之事。皇甫謐帝王世紀力辨偃師之非，最爲詳明。然則謂湯始居亳在偃師者，誤也。且桀都實在今河南府洛陽，詳桀都安邑辨。偃師在洛陽東北七十里，湯都必無與桀都同處之理。況桀與湯戰于鳴條，見汲郡古文。鳴條在今開封府陳留西北，亦詳桀都安邑[二]辨。陳留在偃師之東，桀豈越湯國而與之戰乎？是湯始都必不在偃師而在穀熟明矣。

又案：書言盤庚遷于殷，而有「復我高祖」之言。高祖謂成湯，是成湯曾居殷也。書序云：「盤庚治亳殷。」孔傳：「殷，亳之別名。」史記殷本紀云：「盤庚自河北渡河南，居西亳。」立政「三亳」，皇甫謐以爲三處之地，皆名爲亳。蒙爲北亳，穀熟爲南亳，偃師爲西亳，其說是也。南亳、北亳皆在今彰德府商丘縣，是二亳可通爲一，皆爲湯之國都。亳殷對此而稱西亳，則此可稱東亳也。康成謂西亳即偃師，張守節史記正義亦謂偃師湯所都，盤庚亦從居之，然則湯都又在偃師明矣。

夫惟西亳、偃師別有殷名，若南亳、穀熟未聞有名爲殷者。商自盤庚遷殷以後，國號始改稱殷。而周人稱湯，亦多言殷湯，蓋以湯嘗居殷，故亦可稱殷，不然但當稱商湯，不應以後代之號加於先世也。是謂湯終居穀熟，而不都偃師者，亦誤也。蓋湯未滅桀之先始居穀熟，及滅桀之後乃遷居偃師，然居穀熟之時尚爲諸侯，其國非帝王之都，迨即天子之位，而居偃師，則惟偃師可爲湯都，故班固不以湯都注於穀熟，而特注於偃

[二] 案：原文篇名奪「安邑」二字，今據補。

師也。

夫洛陽爲天下之中，嵩嶽在焉，王道貴于建中，宜中天下而立，故禹初都陽城，詳禹都考。周成王亦營洛邑爲東都，湯之都偃師其以此乎？堯、舜皆都冀州，禹亦終都冀州，以冀州居東西之中而近北，居高御下，象北辰之在北也。且堯時洪水泛濫，舜禹水患初平，皆宜居高地也。又帝王之都皆近于其所由興，堯初爲唐侯，唐與平陽皆在冀州，故都平陽。舜初居虞，蓋即今虞鄉，與蒲坂近，故都蒲坂。禹始封陽翟，與陽城近，故都陽城。然禹之生當在冀州，今山西有夏縣，晉陽亦有大夏之名，或禹生于此，後因以爲國號，故又遷都晉陽，既不忘其所由生，又以受禪于堯舜，宜從堯舜之所居也，湯以先世居南亳，偃師亦有亳名，又同在豫州，且居天下之中，故都偃師。穀熟地偏于東，又不得嵩高以爲中嶽，故不終都于此。然當夏桀未滅之先，偃師方爲桀所據，安得爲都？迨既滅夏，斯可遷居之也。其不即居桀都而別爲都者，王者更姓易物，必易其所都之地，以示更新，故歷代帝都皆不相沿也。鄭君解盤庚「五邦」謂：「湯始居商丘，其後遷亳，仲丁遷囂，河亶甲居相，祖乙遷耿，是爲五邦。」馬融、王肅說竝同。商丘即指南亳，亳則指西亳，其釋五邦固非。五邦必皆言王都，又皆必遷居，謂五遷其邦也。湯居商丘非王都，又沿上世之舊，不得謂之遷，僞孔傳不數商丘而數盤庚遷殷，明與「先王」二字剌謬。案：汲郡古文：「祖乙自耿遷于庇」，「南庚遷奄」。則囂、相、耿、庇、奄爲五邦。路史主此說，此五遷在成湯之後、盤庚之前，其說自確。孔沖遠謂竹書不可依，非也。而謂湯自商丘遷于西亳，則得之矣。第解書帝告序「湯始居亳」，以亳爲西亳，亦爲未當。此始居亳當是南亳，穀熟今爲商丘縣，商丘蓋因上古之稱。左傳言：「閼伯居商丘，主大火。」大火爲宋分野，今之商丘，宋地也。又言「相土居商丘」，相土，契之孫，是契封于商，即商丘也。書序帝告即帝嚳，謂湯始居亳從先王居，先王指帝嚳，是帝嚳本居亳也，亳即商丘，商丘其本名，後改稱亳也。

蓋帝嚳始都商丘，及堯即位，都平陽，商丘遂虚。帝嚳之子閼伯，與弟實沈不相能，堯乃遷閼伯于商丘，見左昭元年傳。遷之者，封之也。即以先王之地封之也，閼伯長子，故封以先王之地；實沈季子，故别封于大夏。其後舜封契于商，即因閼伯之地，左傳云：「商人是因。」商丘，地名。商，則國號也。至相土猶居于此，厥後屢遷。班固云：「商人屢遷，前八後五，自契至湯凡八遷也。」然未知何據。世本謂：「昭明居砥石。」路史謂：「上甲微居鄴。」其餘不可考。迨成湯始復居商丘，從帝嚳之舊，爰作帝告之書，此時商丘别名亳矣，亳即商丘，其非偃師甚明。鄭以湯始居亳爲偃師，是帝嚳之都、契之封皆在偃師矣。豈其然乎？張守節謂帝嚳及湯皆都偃師，因鄭説而誤也。至于太甲放于桐，鄭君但注「桐」爲地名，有王離宫焉，未知確在何處。晉太康地記云：「尸鄉，南有亳坂，東有城，太甲所放處也。」尸鄉在洛州偃師縣西南五里。若然則太甲放處密邇王都，伊尹自可時時往訓太甲矣。閻氏何必專據虞縣桐亭，而移湯都於穀熟以就之乎？或據僞孔傳以桐爲湯墓之地，引杜預梁國亳城中有湯冢，謂湯都當在穀熟，然劉向言殷湯無葬處，是漢時已不可知。括地志云：「偃師縣東六里有湯冢。」其説近是。杜氏之説不可信也。漢哀帝時，大司空御史長卿按行水災，得湯冢于汾陰亳縣北東郭，歷代著諸祀典。其地在今蒲州府榮河縣。案：古人葬必近其居，榮河去偃師稍遠，湯冢未必在是。即使可信，亦足爲湯都偃師之證，若都商丘與榮河相去千餘里，豈遠葬于是乎？

天子諸侯屋有四注辨

鄭康成注三禮，謂古者大夫、士屋兩下，天子、諸侯屋四注。此其説非也。凡屋必四面有堂，然後有四注，故惟明堂有之。路寢之制與明堂異，書顧命有東房、西房、東序、西序、西夾，可知天子路寢與大夫、士同，而諸侯無論矣。鄭君謂路寢、明堂同制，成王時尚因諸侯之制，豈其然乎？詳明堂考。考工記：「殷人重屋四阿。」鄭注以「四阿」爲

「四注」。逸周書作雒解云：「乃位五宫：大廟、宗宫、考宫、路寢、明堂，咸有四阿。」似天子路寢有四注，不知四阿非四注也。夏后氏世室、殷人重屋，皆爲明堂。明堂之制三代大略相同，雖稍有所異，要皆四面有堂，則無不有四注。而云殷人始爲四阿，可知四阿非四注矣。考爾雅釋丘既言前、後、左、右之高，又言「偏高阿丘」，是高在于隅者也。緡蠻[二]詩言「丘阿」，又言「丘隅」，可知阿、丘爲隅，高也。然則屋之四阿，蓋四隅檐宇曲而翻起，有似於阿丘，故曰四阿也。

大夫、士則謂之榮，士冠禮云：「設洗，直于東榮。」鄭注云：「榮，屋翼也。」説文云：「屋梠之兩頭起者爲榮。」榮亦有四，東榮，前後皆有；西榮，亦然。是有四榮也。各曲而翻起而不得謂四阿者，榮之翻起不高，不若天子之屋榱題數尺，翻起如丘阿之高聳也。諸侯之制，雖高於大夫，然亦不及於天子，不得謂之阿。燕禮云：「設洗篚于阼階東南，當東霤。」曰霤則不稱阿矣。霤亦謂之榮，晉語云：虢公夢神人「立于西阿」。韋昭注云：「西阿，西榮也。」諸侯本不得稱阿，而云「西阿」者，春秋禮制不明，或混稱阿，抑或僭

[二] 禮記大學作「緡蠻」，毛詩小雅作「緜蠻」。

天子之制也。左氏成公二年傳：「宋文公卒，始厚葬，槨有四阿。君子謂：『華元、樂舉于是乎不臣。』」杜注云：「四阿，王禮」。案：槨象宮室，諸侯不得有四阿，則宮室無四阿可知矣。喪大記云：「復者朝服，君以卷，夫人以屈狄，大夫以玄赬，世婦以襢衣，士以爵弁，士妻以税衣，皆升自東榮」，「降自西北榮」。此諸侯亦稱榮之證。鄭注謂獨言卿大夫，非也。又注燕禮云：「當東霤者，人君爲殿屋也。」殿屋謂四注之屋。鄭蓋以鄉飲、士冠等爲大夫、士之禮，而皆云「榮」。燕禮乃諸侯之禮，而獨云「霤」，因謂東霤爲人君殿屋之制。不知東霤非東方檐霤，乃霤之在東南隅者，即榮之别名也。惟霤在東南隅，故設洗可以當之。若正東檐霤，則洗必設於東堂下，始可當之也。今設于阼階東南，安得相當乎？且正東檐霤其霤甚長，即設洗于東堂下當之，亦何以爲準乎？必霤爲屋翼當之，斯可爲東西之節也，霤之即榮明矣。夫東霤既非東方檐霤，則人君之屋非殿屋四注可知。若是四注，則東方西方各有霤，應見於經矣。鄉飲酒禮記云：「磬，階閒縮霤。」此大夫、士之南霤也。而人君之霤在東西方者，何絶不見於經乎？

大抵宮室之制，自天子以至於士無不同者，其等殺在大小高卑，不在形制之殊也。鄭謂天子、諸侯左右有房，大夫、士則東房西室，其説之繆萬充宗、江慎修輩既詳辨之，而謂人君四注，大夫、士兩下，尚未正其誤也。近焦氏循羣經宫室圖則謂自天子以至于士屋皆四霤，是下士之賤亦可上擬明堂之制，其繆妄更不足辨矣。

天子登車於大寢階前辨

鄭康成注周官樂師云：「王如有車出之事，登車於大寢西階之前，反降於阼階之前。」案：曲禮云：「國君下宗廟。」鄭注周官齊右引作「下宗廟」，今本作「下齊牛」，誤也。下者，下車也。考宗廟在中門内，君不敢乘車而過宗廟之旁，則乘車必在中門外矣。曲禮又云：「君子下卿位。」鄭注云：「卿位，卿之朝位也。君出過之而上車，入，未至而下車。」考朝位以治朝爲正，其位在路門之外，孔疏謂路門之内，非也，詳朝位考。君不敢於此乘車，則乘車必在中門外，又可知矣。

天子敬祖尊賢之心必不可與諸侯有異，諸侯必下宗廟與卿位，天子從可知矣。又内朝亦有卿位，是亦必下車。然則天子登車，必在中門之外。天子亦三門，應門爲中門。未有在大寢之階前者也。賈疏謂曲禮國君下卿位，諸侯與天子禮異。曲禮孔疏亦云：「下卿位，是諸侯禮。」樂師注據天子禮。不得升降于階前，此强爲之解耳。周官齊右云：「凡有牲事，則前馬。」鄭注云：「王見牲則拱而式。」「曲禮云：國君下宗廟，式齊牛。」夫王式齊牛與諸侯同，則下宗廟更無不同可知也。鄭引曲禮之文，固不以天子、諸侯爲有異矣。

且大寢階前亦不可乘車而行，何以言之？爾雅云：「堂途謂之陳」，别出於「廟中路謂之唐」，是堂途在路寢之堂下也。小雅云：「胡逝我陳。」毛傳云：「陳，堂途也。」考工記匠人云：「堂涂十有二分。」鄭注云：「謂階前，若今令甓祴也。疏云：「令甓，今之塼也。祴，則塼道也。」分其督旁之脩，以一分爲峻也。」疏云：中央爲督，脩謂兩旁上下尺數。是堂途以塼爲之，又中央峻起，豈可以行車乎？若不由堂途，則與階不相值，何得云登降於階前乎？又中門路門之内皆有屏，天子亦内屏，詳路寢制度考〔一〕及屏考。爾雅云：「屏謂之樹。」舍人云：「以垣當門蔽爲樹。」

〔一〕王士駿續校勘記：「元本『廟寢』作『路寢』。駿案：本書無路寢制度篇，此所言中門、路門内皆有屏，係廟寢制度篇文。「路寢」定爲「廟寢」之譌，盧本誤與此同，今正。」

見太平御覽。屏是垣牆，非可移去，車何以過之乎？又路門外爲治朝，中門外爲外朝，詳外朝在庫門外辨。朝雖無堂，亦必高於平地，詳宁考。豈不礙於車行乎？況朝廷尊嚴之地，而以車馬馳驅於其上，毋乃不敬之甚乎？夫中門以内，其地既非可行車，而敬祖宗、敬大臣、敬朝廷之心又不可忽，則登車必在中門之外明矣。

大抵古人習于勤謹，不敢怠安，故視朝必立，乘車必立，中門之内不敢乘車，皆所以習其勤謹也。若登車于大寢階前，不亦即于怠安乎？吕覽正月紀云：「出則以車，入則以輦，務以自佚，命之曰招蹷之機。」高誘注云：「招，至也。蹷機，門内之位也。」九經古義云：「士冠禮注：『閫，門槷也。』『蹷，即槷也。』詩曰：『薄送我畿。』毛傳：『畿，門内也。』畿與機，古字通。」高注雖未合吕氏之意，亦可見門内不宜乘車矣。枚乘七發本吕覽作「蹷痿之機」，蓋言務以自佚者，將招蹷痿之禍也。曾謂古之聖王不知此義乎？漢書叔孫通傳云：「皇帝輦出房，乃秦儀，非周制也。書召誥云：「王朝步自周，則至于豐。」馬氏注云：「豐，文王廟所在。」以將告廟，不敢乘車而步出國門，敬之至也，亦勤之至也。觀此大寢階前必無乘車之理矣。宋吕大防言：「前代人主在宫禁之中亦乘輿輦，祖宗皆步自内庭，出御前殿，此勤身之法也。」豈三代聖王反不如宋之帝王乎？

曲禮云：「客車不入大門。」是可知主人之車得入大門也。又云：「君出就車，車驅而騶至于大門。」上言「君出」則出門外可知，下言「至于大門」，則在中門之外可知，此登車於中門外之證也。

周官司儀云：「凡諸公相爲賓」，「及將幣，交擯三辭，車逆拜辱，賓車進，答拜」。此迎賓在大門外，乘車在中門外可知。大行人云：「上公朝位，賓主之閒九十步，立當車軹。侯伯七十步，立當前疾。疾字譌，當做侯。子男五十步，立當車衡。」鄭注云：「朝位，謂大門外賓下車及王車出迎所立處也。」此天子饗食諸侯有車迎之禮，詳天子迎賓考。亦在中門之外可知也。又一證也。

爾雅云：「堂上謂之行，堂下謂之步，門外謂之趨，中庭謂之走，大路謂之奔。」此自内而外，一句遠一句。門外者，路門之外也；中庭者，中門外之庭也；大路者，大門外之大路也。博考經傳，人君皆無奔、走，惟有行、步、趨。奔走者，庶人之常儀也。諸侯、大夫奔走，惟在廟執事則然，非常也。庶人不得乘車，奔走而已，人君中門以内不得乘車，故路門外猶謂之趨，趨非車也，而堂下之步更可知矣。中門以外可以乘車，故無步趨而有奔走。

蓋古者中門之外，庶民皆可至也，又一證也。

大戴禮保傅篇云：「太子過闕則下，過廟則趨。」闕，即象魏，在中門。是中門内不得乘車矣。過廟則趨，廟在路門外，所謂門外謂之趨也。宗廟之旁行必趨，以致敬必不乘車可知。此雖教太子，天子亦宜然，又一證也。

鄭謂天子登車於大寢階前，其説無據。蓋以經云：「教樂儀，行以肆夏，趨以采薺，此當作「行以采薺，趨以肆夏」。蓋采薺爲歌詩，肆夏爲金奏也。樂師與玉藻皆誤，惟大戴禮不誤。車亦如之。」意謂奏樂必在路寢庭，車亦以采薺、肆夏爲節，是登車即在大寢階前矣。又以尚書大傳云：「天子將出，撞黄鍾之鍾，右五鍾皆應。入則撞蕤賓之鍾，右五鍾皆應。」故謂出登車于西階前，反降于阼階前也。不知行趨本屬人，不屬車，樂奏于庭，亦惟行趨可用以爲節，故玉藻、大戴禮皆言人不言車也。車馳驅於道路之中，竝不奏樂，而云「車亦如之」者，以車之遲疾與人之行趨同，亦宜與采薺、肆夏相應，非必車與樂相近而後可爲節也。即人之行趨，習于樂，既久亦不必聞樂而自能中節，不然迎賓于大門之外，去路寢庭一里有餘，豈復聞其樂乎？人不必依于樂而可以樂爲節，車可知矣。

大馭云：「凡馭路，行以肆夏，趨以采薺。」大馭馭玉路以祀，祀有在郊者，不必皆在廟也。又言「凡」，則五路皆然，五路之用豈必在宫中哉。鄭注乃云：「行謂大寢至路門，趨謂路門至應門。」其亦誤矣。又天子出入升降皆必由阼階，此一定之禮，與撞鐘之左右義不相涉，而謂升車于西階前，降于阼階前，抑又誤矣。近儒如江愼修輩皆取鄭説，以明治朝之無堂，後學莫知其非，故詳考而明辨之。

諸侯祭服考

諸侯祭服，先儒之説皆誤。禮記玉藻云：「諸侯玄端以祭。」鄭注云：「祭先君也。」端，亦當爲冕字之誤也。諸侯祭宗廟之服，唯魯與天子同。又注周官司服云：「諸侯非二王後，其餘皆玄冕而祭於己。」賈疏云：「魯雖得與天子同，惟在周公、文王廟中得用衮冕〔一〕，餘廟亦玄冕。」或魯公用鷩冕。二王後惟祭受命王用衮冕，餘廟亦用玄冕。

〔一〕王士駿校勘記：「元誤『衮』作『兖』，今正。」

案：周官司服云：王「祀昊天上帝，則服大裘而冕」。「享先王，則袞冕。享先公、饗射則鷩冕。祀四望、山川，則毳冕。祭社稷、五祀，則希冕。祭羣小祀，則玄冕。」鄭注云：「袞，衣五章，裳四章。」「鷩，衣三章，裳四章。」「毳，衣三章，裳二章。希，衣一章，裳二章。玄者，衣無文，裳刺黻而已。是以謂玄焉。凡冕服，皆玄衣纁裳。」據此，玄冕爲五冕之最下，降袞冕四等，降鷩冕三等。夫天子祭先王用袞冕、先公用鷩冕，而諸侯祭先君乃用玄冕，相去懸絶。此何禮邪？二王之後即公也，侯、伯與公宜降一等，乃公得與王同，而侯伯降於公四等，又何説邪？天子祭先公，其服降先王一等，而二王後祭羣廟，其服降受命王乃四等，又何説邪？且古人最重祭服，必致其文飾，今乃服無文之衣以祭宗廟，下同於天子之祭羣小祀，其輕視祖宗不亦甚乎？天子祭先王、先公有别，而諸侯槩用玄冕，又何其無别乎？

祭義云：「夫人繅，三盆手，遂布於三宮夫人、世婦之吉者，使繅。遂朱緑之，玄黄之，以爲黼黻文章。服既成，君服以祀先王先公。」考工記云：「青與赤謂之文，赤與白謂之章，白與黑謂之黼，黑與青謂之黻。」鄭注云：「此言刺繡，采所用繡以爲裳。」然則諸侯之祀先，其衣裳有黼黻文章，黼黻文章不專指繡於裳者。鄭説未確，詳冕服考。非一章之玄冕，明矣。

又玉藻篇首云：天子「龍卷以祭，玄端而朝日於東門之外，聽朔於南門之外」。鄭注云：「端，當爲冕字之誤也。玄衣而冕。冕，服之下。」不知王者父事天，而兄事日。郊之祭，大報天而主日，則朝日之服當與祭天同，故別龍卷而言玄冕，此玄冕蓋即大裘之冕也。覲禮云：「天子乘龍載大旆，象日、月、升龍、降龍，出拜日于東門之外。」注引朝事儀云：「天子冕而執鎮圭，尺有二寸，繅藉尺有二寸，搢大圭，乘大路，建大常，十有二旒，樊纓十有二就，貳車十有二乘，帥諸侯而朝日于東郊，所以教尊尊也。」此與郊特牲所謂：「祭之日，王被衮以象天，戴冕璪十有二旒，乘素車，旂十有二旒，龍章而設日月。」其文適合。是知朝日之冕必與祀天大裘之冕同爲十二旒，而服十二章矣。舊説謂大裘之冕無旒，其服無文，大謬。詳冕服考。魯語云：「天子，大采朝日。」孔晁注：「大采，衮冕也。」大裘之冕亦謂之衮冕，郊特牲謂「被衮以象天」，是司服所言「祀天大裘之冕」亦謂之衮冕也。其服十二章，故謂之大采，韋昭駁衮冕之説，而引周官典瑞「繅藉五采」以解之，非也。此豈一章之玄冕乎？若服一章，與羣小祀同，毋乃不敬天之甚乎？聽朔之禮，羣臣皆在明堂，王宜服衮冕十二章，方見尊卑等差，若同服一章之冕，何以别尊卑乎？

夫然天子之玄冕，非一章之冕，而諸侯亦可知矣。鄭君解諸侯玄冕以祭，與王祭羣小祀之玄冕同，非也。孫叔然云：「玄冕，祭服之下也，其祭先君亦裨冕。」然上文「天子龍卷以祭」指祭先言，則「諸侯玄冕以祭」亦指祭先言可知，若祭先亦用裨冕，下文何以别言「裨冕以朝」乎？此其説亦非也。

戴東原云：諸侯尸服有弁冕之殊，不敢一服裨冕。冕，爵弁之衣皆玄，抑當云玄衣以祭乎？果爾則諸侯之祭先，且有服爵弁者，下同於大夫矣。大夫祭先，服冠弁與爵弁，同爲弁也。有是禮乎？此其説亦非也。

竊思司服之「玄冕」，玄以衣之色言。衮、鷩、毳、希，皆以其衣之首章爲名。是知玄冕之名，以其衣無文而表其色也。玉藻之「玄冕」，玄以冕之色言。夏官弁師「掌王之五冕」皆玄冕，正與此同。冕服有六，而大裘之冕亦即衮冕，故冕止有五，通謂之玄冕。其異於裨冕者，鄭注覲禮「侯氏裨冕」云：「裨之爲言埤也。天子六服，大裘爲上，其餘爲裨，以事尊卑服之。而諸侯亦服焉。」荀子注云：「裨之言卑也。」天子六服，大裘爲上，其餘爲卑，此解未當。是裨冕無大裘之冕也。

諸侯朝天子，所以辨等列，其服必依命數，公衮、侯伯鷩，子男毳，本鄭注。此裨冕以朝也，至於祭祀，各在其國不嫌於同，其服宜降天子一等。凡五等諸侯，有出王之廟者，祭以鷩冕。同姓始封之君得祭先王，及二王之後祭先王亦然。祭羣廟則皆毳冕，如此乃見其敬祖也。其祭社稷則希冕，山川有在境内者亦如之。祭羣小祀則玄冕，祭必冕服，輕者不嫌與天子同也[一]，鷩冕、毳冕同。是玄色之冕，所謂玄冕，以祭也。襍記云：「大夫冕而祭於公，弁而祭於己。士弁而祭於公，冠而祭於己。」則諸侯祭於己者，亦當降於助祭於王矣。諸侯裨冕以朝，亦裨冕以助祭，公得服衮而自祭，宗廟不得服之，此其降殺也。二王之後雖可修其先代之禮，而祭服亦不得與天子同也[二]。夫惟諸侯祭服鷩冕、毳冕，既降殺於天子，而諸臣助祭，卿希冕，大夫玄冕，亦得降殺之宜矣。鄭謂諸侯祭用一章玄冕[三]，則卿、大夫助祭服皆與君同。若如戴說，大夫有不得冕而祭於公矣。

[一] 王士駿校勘記：「盧本無『輕者』二字。」
[二] 王士駿校勘記：「盧本此下有『魯之同于天子者，乃後世之僭禮，非周公之制也』十九字，元本所無。其元本『同』下『也』字此奪。」
[三] 王士駿校勘記：「盧本自此句至下『不得冕而祭于公矣』三十六字分注不作正文。」

祭祀差等説

古者，典禮之官謂之秩宗。以禮莫重於祭，祭必有差等，其次序不可紊，秩之爲言序也。祭祀以天神、地示、人鬼爲差，而三者之中又各有差等焉。

天神以天爲首，次日、次月，次五帝，五帝以黄帝爲尊，次太皞，次炎帝，次少皞，次顓頊，順四時也。次星、次辰，星爲五緯，辰爲二十八宿，詳星辰解。〔一〕次司中、司命，次飌師、雨師是爲六宗。本鄭氏説，詳四類四望考。次司民、司禄，周官天府云：「祭天之司民、司禄，而獻民數、穀數。」鄭注謂：「司民，軒轅角。司禄，文昌第六星。」恐未然。司民、司禄皆天神，猶司中、司命也。義詳四類四望考。

地示以地爲首，次社、次稷、次五神，亦曰五祀，大宗伯云：「以血祭祭社稷〔二〕、五祀、五嶽。」鄭注云：「五祀，五官之神。」此五祀列社稷、五嶽之中，必非户、竈等五祀可知。五官之神，句芒、祝融、后土、蓐收、玄冥是也。

〔一〕案：「解」正文標題作「説」。

〔二〕王士駿校勘記：「盧本奪重『祭』字。」案：本篇有兩處「以血祭祭社稷」，兩處皆在本篇第二條校記之前，不知王氏所指爲何，今暫附于第一條之後。

五行氣行於天，質具於地，五帝屬天，五神當屬地，故以血祭祭之。次五嶽，次四鎮，五嶽以中嶽爲尊，餘以東、南、西、北爲序。四鎮沂山、會稽、霍山、醫無閭，亦以東、南、西、北爲序。詳四類四望考。次海與四瀆，四瀆以河爲尊。穆天子傳有「河宗」，謂河爲四瀆之宗也。次江，次淮，次濟。是爲四望。次山川，次丘陵、墳衍、原隰，土高曰丘，大阜曰陵，水崖曰墳，下平曰衍，高平曰原，下溼曰隰，并山川爲五地。小宗伯言：「建國之神位，兆山川、丘陵、墳衍。」各因其方不及原隰，然原隰與墳衍一類，不應不祭也。次户、竈、中霤、門、井五祀，月令謂「冬祀行」，淮南子時則訓作「冬祀井」，白虎通亦然。案：夏火旺而祀竈，冬水旺而祀井，義正相對，行則不對矣。且五祀皆在宮中，行非必在宮中也。詳冬祀行辨。次四方百物之神。百物生於地，故爲地示之屬。

人鬼以宗廟爲首，次高禖，次先聖，次先師、先老，大學釋奠所祭。次先嗇、先蠶、先炊之類，次泰厲，祭無主之鬼。祭法「天子七祀」有泰厲，七祀之説固非泰厲之祭，卻宜有之。統而等之，天、地、宗廟爲一等，日、月、五帝、社稷爲二等，六宗、五神、四望、山川爲三等，司民、司禄、丘陵、墳衍、原隰、高禖爲四等，先聖、先師、先老爲五等，五祀、四方百物之神、先嗇、先蠶、先炊之類及泰厲爲六等。一等至三等爲大祀，四等、五等爲次祀，六等爲小祀。何以言之？

五帝與昊天同稱帝，同服大裘之冕以祀，司服云：「祀昊天上帝則服大裘而冕，祀五帝亦如之。」似當尊於日月。然祭義云：「郊之祭，大報天而主日，配以月。」又覲禮言：「天子率諸侯拜日于東門之外。」又云：「禮日于南門外，禮月于北門外。」下云：「祭天燔柴，祭地瘞。」是禮日爲祭天，禮月爲祭地。日、月爲天地之主矣。又春分朝日、秋分夕月，與冬至祭天、夏至祭地同，占四時分居四郊，可知天地之下，莫尊於日、月矣。周官掌次云：「朝日、祀五帝，則張大次、小次。」朝日在五帝之上，日月尊於五帝明矣。蓋日月爲陰陽之精，五帝爲五行之精，五行自當次於陰陽也。

鄭氏注禮器云：「三獻謂祭社稷、五祀」，「五獻謂祭四望、山川」。是社稷卑於四望。不知社稷之尊，非四望所可等也。大司樂云：「奏大蔟，歌應鐘，舞咸池，以祭地示。奏姑洗，歌南吕，舞大磬，以祀四望。」此地示實該社稷在内，否則詳及山川，而獨遺社稷，無是禮也。鼓人云：「以靈[一]鼓鼓社祭。」此「社祭」與「神祀」、「鬼享」連文，乃祭地之通稱。大司樂以地該社，鼓人以社該地，彼此互見[二]。大蔟先姑洗，咸

〔一〕案：周禮作「以靈鼓鼓社祭」，金氏全書皆誤作「路鼓」，今據周禮原文改。
〔二〕王士駿續校勘記：「盧本此下增多『其義一也』四字。」

池先大磬，可知社稷尊於四望，其證一也。禮緯云：「社稷牛角握」，「四瀆牛角尺」。其證二也。曲禮云：「天子祭天地，祭社稷，祭四方。」此四方當有四望，詳四望考。是社稷次於天地，豈四望所得駕出其上乎？其證三也。小宗伯：大師，與祭軍社，使有司「將事於四望」[一]。四望卑於社稷可知[二]。大宗伯云：「以血祭祭社稷、五祀、五嶽。」五嶽即四望，是四望次於五祀，五祀又次於社稷，社稷尊於四望甚明。其證四也。鄭據司服「四望毳冕，社稷希冕」故爲此説。不知司服之文殆是傳寫者互譌，未可據也。

周官一經皆社稷尊於四望，而司服獨不然，何其自相矛盾乎？夫天子大社祭九州地示，王社祭畿内地示，是亦祭地也。故北郊亦通謂之社。中庸言：「郊社之禮，所以事上帝。」仲尼燕居、曾子問皆言「郊社」，而郊特牲明言「社所以神地之道」，社通於地明矣。九州地示最爲廣大，彼五嶽能與之争乎？則以社稷列於二等，四望列於三等，宜矣。

[一] 金氏所引或有脱誤。周禮春官小宗伯云：「若大師，則帥有司而立軍社，奉主車。若軍將有事，則與祭有司將事於四望。」

[二] 王士駿續校勘記：「盧本此下增多『其證四也』句。駿案：此四字衍。蓋『社稷尊于四望』句下，盧本仍有此四字也。」

知六宗尊於五神者，星、辰多與日、月竝列，大宗伯：「以實柴祀日、月、星、辰。」典瑞：「圭璧以祀日、月、星、辰。」星辰之尊可知。魯語云：「天之三辰，民所以瞻仰也。地之五行，所以生殖也。」地之五行，即五神，五神卑於星辰可知。司中、司命等亦爲天神，謂之六宗，宗之爲言尊也。本鄭氏「夏見曰宗」注。舜典言：「禋于六宗。」是與上帝同稱禋。豈五神血祭所可比乎？五神亦謂之五官，其卑於六宗明矣。知五神尊於四望者，大宗伯言：「以血祭祭社稷、五祀、五嶽。」是五神在四望之上，司服言「社稷、五祀、户、竈等五祀不得與社稷竝列，故知亦五神也。四望、山川」，山川與社稷相去頗遠，五神上與社稷竝列，四望下與山川竝列，尊卑判矣。蓋嶽瀆不過能出雲降雨，而五神掌五行造化萬物，功用固自不侔也。

知六宗卑於宗廟者，小宗伯云：「建國之神位，右社稷，左宗廟。」是宗廟與社稷竝重。月令云：「分繭稱絲效功，以共郊廟之服。」是宗廟且與天地竝重。大司樂以宗廟之祭與圜丘、方澤竝列爲三大禘。本鄭注，詳禘祭考。此固三才相參之義也。六宗雖屬天，乃天神之小者，豈得先於人鬼之大者哉。則以宗廟列於二等，六宗列於三等，宜也。

知司禄、司民卑於六宗者，此亦雖天神，而不列於四類。六宗則列於四類，與五帝同兆於四郊，其非同等明矣。

知山川尊於丘陵、墳衍、原隰者，司服以山川與四望竝稱，大司樂言：「奏蕤賓，歌函鐘，舞大夏，以祭山川。」次於四望之下，是知山川與四望相近，蓋名山大川，如西傾、嶓冢、岷山、桐柏、熊耳諸山，涇、渭、伊、洛、泗、沂諸水，次於嶽瀆，而非丘陵、墳衍等所可及者，故司服、大司樂但言山川，而不及丘陵、墳衍等，舉其重者也。然觀禮言：「禮山川、丘陵于西門外。」祭法言：「山林、川谷、丘陵。」小宗伯言：「兆山川、丘陵、墳衍。」大司徒以丘陵、墳衍、原隰與山林、川澤列爲五地，則丘陵、墳衍、原隰與山川相次亦宜矣。

知高禖尊於先聖、先師者，高禖蓋先媒之神，本鄭氏月令注。始制嫁娶之禮者，是即伏羲氏也。伏羲亦先聖，又爲古帝祀之者，所以求子爲萬世嗣續之計，故祠以大牢於郊外，天子親往，所以重之也。

文王世子云：「凡學，春官釋奠于其先師，秋冬亦如之。」又云：「天子視學，命有司祭先聖、先師〔二〕。」是先聖、先師，天子或不必親祭，其祭曰釋奠，非重禮矣。蓋先師爲古昔令德之人，教于太學者。大司樂云：「凡有道有德者，使教焉。死則以爲樂祖，祭於瞽宗。」此樂祖即先師也。瞽宗，爲周之西學，詳學制考。祭義云：「祀先賢于西學。」先賢，亦先師也。先聖非古之帝王，古帝皆配享五帝于四郊，不祀于學。大學所祀蓋如皋陶、伯夷、后夔、伊尹、太公之流，是也。

先老爲古昔之三老五更，養老必先祭之，其祭之也，釋奠于東序，見文王世子。其儀當與先聖、先師同，三者以先聖爲尊，要之皆人臣也，故祠之不以太牢。天子亦不必親祭。唐宋時，祀先師孔子以天子禮樂，至封孔子爲王，塑像服衮冕，殊爲非禮。夫子生惡僭王之人，死而身當之，神其安乎？況塑像本夷狄之俗，而可加于聖人乎？明嘉靖時改爲木主，題曰：「至聖先師孔子之神位。」庶合于古禮，萬世不可易也。其次於高禖可知矣。

知五祀卑於先聖、先師、先老者，許叔重五經異義從古周禮説以祝融爲竈神，鄭氏駁之云：「祝融乃古火官之長，猶后稷爲堯司馬，其尊如是，王者祭之。」但就竈陘，一何

〔二〕王士駿校勘記：「盧本『先聖』、『先師』四字上下互易。」

陋也。然則五祀之神皆卑矣。月令謂「冬祀行」，其説固非。然行神實與五祀相等。曾子問孔疏云：祖道之祭「委土爲山，伏牲其上，使者爲軷，祭酒脯，祈告」。「禮畢，然後乘車轢之，而遂行軷」。「壇厚二寸、廣五尺，輪四尺」，見月令注。「以菩、芻、棘、柏爲神主」，見周禮注。其牲，天子用犬，諸侯用羊，卿大夫以酒脯。祭宮内行神之軷，與城外祖祭之軷同。然則行神之卑可知，而五祀之卑皆可知矣。故五祀下達于士、庶人，士喪禮云：「疾病行禱五祀。」是士亦得祭五祀也。然曲禮言「大夫祭五祀，士祭其先」，似士不得祭五祀矣。祭法云：「庶人立一祀，或立户或立竈。」祭法言：天子七祀，諸侯五祀，大夫三祀，適士二祀，庶士一祀。又有司命、泰厲等名，皆不足信。惟言庶人立一祀，則可信也。夫庶人可祭，豈士反不得祭乎？意者，五祀自大夫以下，降殺以兩。大夫五祀，士三祀，士三祀不可考，然郊特牲云：「家主中霤。」淮南子言：「周先竈。」祭法言：「適士立二祀，曰門，曰行。」行不當列五祀之內，門爲宮室之要〔一〕，不可不祀。然則士之三祀，中霤也，竈也，門也。行于夏、秋，四時舉其二也。庶人一祀，當立竈。于禮自合。士疾病祈禱雖可徧及五祀，而非其正也。士止三祀，故曲禮略之，而不言，豈全不祀乎？

〔一〕王士駿續校勘記：「盧本『之要』下增『所』字。駿案：元本作『門爲宮室之要』義似未了，但『要所』二字亦不經見，因各仍之。」

若先聖、先師、先老，惟天子、諸侯祀之于國學，大夫、士與祭而已，月令、文王世子所言釋奠、釋菜皆在國學，鄉學未聞。未有大夫、士祭先聖、先師于家者也。今之士庶人多祀孔子、關公于家，或祀文昌，皆爲非禮。惟祀竈爲分所宜然。又有土地之神，即古之中霤，此士所宜祀。而庶人祀之，雖非古，猶可也。五祀可祀于家，月令注謂「五祀祭于廟」，非也。郊特牲明言「家主中霤」，又言「鄉人禓，孔子朝服立于阼，存室神也」。禓，即是儺，索室毆疫必在寢，不在廟。室神即五祀之神。又祭法言：「庶人立一祀，或立户或立竈。」庶人無廟而祀户竈，必在家中，大夫、士亦可知矣。而先聖、先師、先老不得祀于家，尊卑見矣。

知四方百物、先嗇、先蠶、先炊卑於五祀者，大宗伯云：「以疈辜祭四方百物。」次于貍沈祭山林、川澤之下，其卑可知。疈辜謂疈牲胸而磔之，與凡祭用牲不同，鄭注以磔禳及蜡祭解之，是也。月令云：季春，「九門磔攘，以畢春氣。季冬，命有司大難，旁磔出土牛，以送寒氣」。是磔攘四方，皆有百物之神，或有爲癘者，故磔牲以禳之四方百物，當以四字連讀。小祝：「掌小祭祀、將事、候禳、禱祠之祝號。」是磔禳爲小祭祀矣。

蜡祭饗農及郵表畷、禽獸，其神最卑。先嗇，鄭氏以爲神農司嗇，或以爲后稷。不知神農配享炎帝，王者祀于南郊。后稷周之始祖，推之以配天，又祀於社稷，極其尊崇，何乃下就蜡祭，與農及郵表畷等竝列乎。先嗇蓋神農氏之時，始教民稼穡之官。司嗇則古之田畯也。或以農爲田畯。然田畯不可謂之農。農蓋古之良農也。八蜡之神皆卑，八蜡：一先嗇，二司嗇，三百種，四農，五郵表畷，六貓虎，七坊，八水庸。孔疏有昆蟲，無百種，非。故祭以皮弁而下達於庶人俾得與祭，襍記云：「子貢觀於蜡」，「謂一國之人皆若狂。」是庶人得與祭也。蜡後而臘，則黄衣黄冠而祭，以息田夫，通而言之皆蜡祭也，蜡服皮弁又服黄衣，其禮之微明矣。

曾子問云：天子崩，既殯，而祭五祀，「尸入三飯，不侑酳，不酢」。則平時五祀之祭有侑與酢矣。五祀有尸，有侑酢。其牲，天子以特牛，諸侯以特羊，卿、大夫以特豚。月令孔疏謂天子、諸侯以特牛，卿、大夫特羊。非也。然則王祭五祀，必服玄冕，司服云：「祭羣小祀，則玄冕。」小祝掌小祭祀，大喪及葬分禱五祀，是五祀是小祀也，其服玄冕可知。其尊於四方百物明矣。

郊特牲云：「燔柴于奥。奥者，老婦之祭也。盛于盆，尊于瓶。」鄭注云：「奥，當爲爨。」孔疏云：「奥者，夏祀竈神。其禮尊，以老婦配之耳。」「有俎及籩豆。」「爨者，宗廟祭祀尸。卒食之後，特祭老婦。」無籩豆俎，故奥當爲爨。案：老婦即先炊，是先炊卑於五祀亦明矣。先爨與先嗇一類，皆可推而知也。

肆師云：「立大祀，用玉帛，牲牷。立次祀，用牲幣。立小祀用牲。」天、地、日、月、五帝、社稷、宗廟、六宗、五神、四望、山川，皆有玉帛、牲牷，圜丘祭天用蒼璧，方丘祭地用黄琮，南郊祭天用四圭有邸，北郊祭地用兩圭有邸，日月用圭璧，五帝合祭亦用四圭有邸。分祭青帝，青圭；赤帝，赤璋；白帝，白琥；黑帝，玄璜；黄帝亦黄琮。社稷之玉未聞，疑亦用兩圭有邸也。宗廟用圭瓚、玉爵，六宗、星辰與日月同，用圭璧。司中等疑亦如之。五神疑亦用青圭、赤璋等，而殊其度。四望亦用兩圭有邸及青圭等，山川用璋邸射。天子巡守用大璋、中璋、邊璋，黄金勺，以灌於山川，此皆用玉者也。大宰云：「祀五帝贊玉幣爵之事。祀大神示，亦如之。享先王，亦如之。」是天地、五帝、宗廟皆有帛矣。曾子問云：「諸侯適天子，命祝史告於社稷、宗廟、山川。」凡告用牲幣，是社稷、山川皆有帛矣。鄭注大宗伯謂：「禋祀、實柴、槱燎，三祀皆積柴、實牲體，或有玉帛，燔燎而升煙。」是日月、六宗皆有帛矣。五神、四望亦必有帛可知也。牲則天、地、日、月、五帝、六宗皆用犢，社稷、宗廟、五神、四望、山川皆大牢，五帝、五神、四望牲各如其方之色，諸侯社稷、山川則少牢。宜爲大祀。司民、司禄、丘陵、墳衍、原隰、高禖、先聖、先師、先老，皆有牲幣。司民、司禄爲天神，必有幣可知。文王世子云：「釋奠於先聖、先師，及行事必以幣。」則先老亦必有幣矣。高禖祀於郊，亦必有幣可知。宜爲次祀。五祀、四方百物、先嗇、先蠶、先炊、泰厲等皆有牲無幣，宜爲小祀。

周官多言大祭祀、小祭祀，罕言次祀，惟肆師言次祀，酒正言中祭。蓋次祀亦小祀也，大司樂言六樂分祀，天神、地示、四望、山川、先妣、先祖，但舉大祭祀而言也。鄭注云：「天神，謂五帝及日月星辰也；地示，北郊及社稷。」案：天神當更有南郊及司中、司命、飌師、雨師。舞師云：山川兵舞，社稷帗舞，四方羽舞，旱暵皇舞。「凡小祭祀，則不興舞。」鄭注以四方爲四望，旱暵爲雩。是皆大祭也，故有舞。小祭祀不舞，則無樂，是知大司樂六樂所祭皆大祭祀也。司服云：「祭羣小祀則玄冕。」此小祀亦兼次祀，上文所言社稷、五祀、四望、山川皆大祭祀也。是則以周官全經考之，而無不合者也。鄭氏注肆師云：大祀，天地宗廟；次祀，日、月、星、辰、社稷、五祀、五嶽；小祀，司中、司命、飌師、雨師、山川百物。其注酒正又云：「大祭者，王服大裘衮冕所祭也。中祭者，王服鷩冕、毳冕所祭也。小祭者，王服希冕、玄冕所祭也。」注司服又云：「羣小祀，林澤、墳衍，四方百物之屬。」此數説者，考之于經，則多不合。肆師言：「大祀，用玉帛牲牷。」典瑞言：「圭璧以祀日月星辰，兩圭有邸以旅四望，璋邸射以祀山川。」是日、月、星、辰、四望、山川皆有玉，豈非大祀乎？何得以日、月、星、辰、五嶽爲次祀，山川爲小祀也。大宗伯：「以血祭祭社稷、五祀、五嶽。」五嶽既爲大祀，而社稷、五祀在五嶽上者，何反列于次祀乎？司中、司命、飌師、雨師與星、辰爲六宗，舜典「禋于六宗」在「望于山川」〔二〕之上，此山川即嶽瀆也。與昊天同稱禋，何得下列于小祀乎？鄭既以宗廟爲大祭，鷩冕以享先公，獨非宗廟之祭乎？何又以鷩冕所祭爲中祭也。司服明言「小祀玄冕」，則希冕所祭非小祀可知。何乃以希冕所祭亦爲小祀乎？司服注差善，然林澤即山川，山川不得爲小祀也。此鄭説之謬，不可不正者也。

至于王之冕服，亦有可得推之者。祀天服大裘冕十二章；祀地不服大裘，其服亦必十二章，日與五帝亦如之。祭月服衮冕九章，詳四類四望考。祭六宗服鷩冕七章，社稷、五神服毳冕五章，四望、山川服希冕三章。四等以下諸神皆服玄冕一章，天神之服皆尊于社稷、四望者，以文莫大于天〔三〕，故致其文以象之也。享先王服衮冕，享先公服鷩冕，亦尊于社稷者，以先王之尸服衮冕，祭者必以衮冕對之，先公之尸服鷩冕，祭者亦必以鷩冕對之。非輕社稷而重宗廟也。

〔二〕王士駿校勘記：「駿案：『四望』，『四』字衍，盧本無之。」案：陸刻本、孫刻本皆有「四」字。今據王校删。

〔三〕王士駿校勘記：「盧本『文』下衍『章』字。」

若夫獻數，則天神、地示、人鬼皆以差等爲序。禮器云：「一獻質，三獻文，五獻察，七獻神。」是祭以七獻而止，無所謂九獻也。郊特牲云：「郊血大饗腥，三獻爓，一獻孰。」大饗以薦腥始，當是五獻。郊以薦血始，當是七獻。大饗謂祭先王，鄭氏謂祭先王九獻，王與后各四獻，二祼、朝踐、饋獻、酳尸，王與后各一。諸臣一獻，然后不得爲獻主，雖九獻，實五獻也。外祭王后皆不與。由此推之，一等七獻，二等、三等皆五獻，四等、五等皆三獻，六等一獻。一獻爲小祀，三獻爲次祀，五獻、七獻爲大祀也。

卷十終

求古録禮説卷十一

臨海誠齋金　鶚

天子食三老五更考

古者，天子食三老五更於大學，其禮今亡，然猶可考見其略也。三老五更，説者不一。白虎通云：三老，「明于天地人之道而老也」；五更者，「明于五行之道而更事也」。三老、五更「各一人，既以父事，父一而已，不宜有三」。應劭漢官儀云：「三者，道成於天地人。老者，久也，舊也。五者，訓於五品。更者，五世長子更相代。言其能以善道改更己也。」鄭康成注文王世子云：「三老、五更各一人，皆年老更事致仕者也。」「名以三五者，取象三辰五星，天所因以照明天下者。」又樂記注云：「三老、五更互言之耳，皆老人更知三德五事者也。」宋均援神契注云：「三老，老人知天地人事者。五更，老人知五行更代之事者。」盧植禮記注云：「選三公老者爲三老，卿大夫中之老者爲五更。」蔡邕云：「更當爲叟字誤也，三老國老也，五叟庶老也。三老三人，五叟五人。」案：禮運云：「三公在朝，三老在學。」三公爲三人，則三老爲三人可知，五更爲五人亦可知矣。鄉飲酒義云：「立三賓以象三光。」則三老以三人象三辰可知，五更以五人象五星亦可知矣。古聖王制度多取法於天，白虎通云：「爵有三等，以法三光」，「五等以法五行」。三老五更亦猶是也。五星即五行之精，謂象五星可，謂法五行亦可，其義一也。自周以前皆五官。詳五官考。朝有三公、五官，故學有三老、五更也，若老、更各止一人，則不足以象三辰、五星，而與三公、五官亦不稱矣。汪琹庵師云：周官：「鄉老，二鄉則公一人。」此三老切證。秦代以三老主教化，則止一人矣。謹案：此說甚確。鄉之三老以三公之在位者爲之，學之三老以三公之致仕者爲之。五更蓋以五卿之致仕者爲之。其事相類，鄉之三老爲三人。天子六鄉，二鄉一人，六鄉則三人也。則學之三老亦必三人無疑也。漢時鄉之三老止一人，秦、漢鄉老職卑，而亦主教化，縣有三老，鄉亦有此三老。故學之三老亦止一人，其事亦相類。

蓋古者公卿皆賢，故第〔一〕擇其年高者以爲三老五更，雖八人不慮其不足。後世公卿不必皆賢，故但擇齒、德俱高者一人爲三老，次一人爲五更。本一人而名以三、五者，存其舊而不敢廢，非有取象之義也。儒者以漢之制爲古之制，而三五之説多鑿矣。三老爲年老之稱，則五更亦當爲老。蔡氏以更爲叟是也，若作更字，則與老字不類，且名之爲更，殊無意義。諸家更事、更代、改更等説，皆曲爲附會者也。列子黄帝篇云：「禾生子伯」，「宿于田更商丘開之舍」。注云：「更當作叟。」其誤正與此同。蔡説不爲無據矣。九經古義曾引此爲證。

文王世子云：天子視學，命有司祭「先師、先聖。有司卒事，反命，始之養也，適東序，釋奠於先老。遂設三老、五更、羣老之席位焉」。鄭注云：視學於上庠，養老於東序，「祭畢，天子乃入，又之養老之處」。孔疏云：天子「從虞庠入，反於國。明日，乃之東序而養老」。明日養老本鄭説，見「大合樂，必遂養老」注。此説非也。祭義、樂記皆云天子食三老

〔一〕「擇」上一字，孫刻本作「但」，陸刻本作「第」，應以陸刻本爲正，孫刻本因下文有「但擇」誤改。

五更於大學，此云天子視學，即大學也，祭先師、先聖與釋奠先老、設老更席位文氣緊相承接，又無出入之文，是知視學、養老同在一處、同在一日甚明。其云東序者，大學之東學也。應氏鏞謂：東序即大學之東室，非别一學，此説誤。周人立四代之學，東序在東，瞽宗在西，上庠在北，成均在南，當代辟雍居中，凡五學，總謂之大學，在明堂中，見於大戴禮、賈子新書。詳學制考。王制所謂「大學在郊」也。此經又云：「學干戈羽籥皆于東序，禮在瞽宗，書在上庠。」可見東序與上庠同在一處，皆當在郊而不在國。鄭謂：「周小學在郊，大學在國。」又以虞庠爲即上庠，詳學制考。故此注云既視學於上庠，乃入而之東序養老，殊不思天子視學必是大學，豈有不於大學而於小學邪？虞庠在國之西郊，亦是大學非小學，詳學制考〔一〕。祭先聖、先師又豈得在小學中邪？虞庠、上庠其名不同，其地又異，安得混而爲一邪？

三老席于牖前南面，五更席于西階上東面。鄭注所謂三老如鄉飲酒之賓，五更如介也，羣老如衆賓。位以南面爲最尊，故賓位南面，況天子事三老五更以父師道，尤宜居南面之

〔一〕王士駿續校勘記：「案：本書學制考『西郊』作『四郊』，此『西』字亦當作『四』，蓋改之未盡改也。」案：陸刻本、孫刻本皆作「西郊」。

位。而漢明帝養三老五更於辟雍，三老李躬東面，五更桓榮南面，非禮也。魏與北魏、北周皆三老南面、五更東面，乃與禮合。祭義、樂記皆云：「食三老五更於大學，天子袒而割牲，執醬而饋，執爵而酳，冕而總干，所以教諸侯之弟也。」據此是養三老五更用食禮，言酳不言獻其爲食禮明矣。王制云：「凡養老，有虞氏以燕禮，夏后氏以饗禮，殷人以食禮，周人脩而兼用之。」謂周或用饗、燕或用食也。燕禮爲輕，王者尊事老、更，故不用燕禮。饗禮爲隆，然體薦而不食，爵盈而不飲，几設而不倚，非孝養之義，王者父事三老，兄事五更，當修其孝養，故不用饗禮，則用食禮爲宜。食禮不獻酒。公食大夫禮可考。此經云：「適饌省醴，養老之珍具，遂發詠焉。退修之，以孝養也。」醴是酒之初釀，其味甚甘者，與祭祀五齊相似，五齊尊于三酒。士冠禮禮子以醴，不醴則醮用酒，亦可知醴貴于酒。此用醴不用酒，亦所以尊之也。醴用以酳，非用以獻。鄭注云：「退修之，謂既逆而入獻之以禮，獻畢而樂闋。」是燕饗之禮，非食禮也。修之以孝養，即所謂「袒而割牲，執醬而饋，執爵而酳」，非獻酒也。經又云：「反，登歌清廟，既歌而語〔二〕以成之也。」反者，謂天子袒割、執醬、饋畢，酳于食畢，

〔二〕王士駿校勘記：「元誤『而』作『論』，今正。」案：陸刻本亦誤「而」爲「論」，孫刻本不誤。

當在登歌下管之後。反其初位也，主人位于阼階上西面〔二〕，此天子父事三老，不敢用賓主禮，當位于阼階上北面也。鄭注云：「反謂獻羣老畢，皆升就席也。」「歌備而旅，旅而説父子、君臣、長幼之道。」孔疏云：「三老、五更、羣老初受獻畢，皆立于西階下東面，今皆反升就席」，「至旅酬之時，談説善道」。此全用燕禮、鄉飲酒禮爲解，失之遠矣。

夫三老五更，王者所尊事，豈有立于階下之理，且經文「反」字承「修之以孝養」之下，明是天子反，非老更反也，食禮本無獻、酢與酬，天子尊事老更，不用賓主禮，尤無獻、酢與酬可知，又安得有旅酬乎？經又云：「有司告以樂闋。」此謂合樂闋也。天子樂有四節，先金奏，次升歌，次下管，卒合樂，天子享諸侯及祭祀宗廟皆金奏肆夏，升歌清廟，下管象，合樂文王，此經言「發詠」在升歌之前，即金奏肆夏也。肆夏亦有辭，故云「發詠」。或謂有聲無辭者，非也。詳古樂次第等差考。合德音之致，即合樂也。皆本鄭注。合樂在後，則「樂闋」指合樂明矣。燕禮有「無算爵」，故有無算樂，此用食禮〔三〕，不得有無算樂也。食禮，周官本有

〔二〕王士駿校勘記：「元誤『西』作『東』，今正。」案：陸刻本亦誤，孫刻本不誤。
〔三〕王士駿校勘記：「元誤『禮』作『樂』，楊正。」案：陸刻本亦誤，孫刻本不誤。

樂，此篇尤其明證。祭義謂：「食嘗無樂。」非也，但無無算樂耳。鄭注云：「此所告者，謂無算樂。」抑又誤矣。

羣老亦國老，庶老不得與三老五更同食，至五更則尤非庶老甚明。大戴禮云：「春秋入學，坐國老于牖前，「執醬而親饋之，所以明有孝也」。國老即三老五更，羣老，天子不親饋，當使宰夫饋之。此五更爲國老之確證。蔡氏以五更爲庶老，非也。食三老五更之禮，此禮之大者，與常時養老不同。王制云：「周人冕而祭，玄衣而養老。」是常時養老用玄衣，不用冕服。祭義、樂記皆謂天子食老更「冕而總干」，是用冕服矣。周官司服云：「王饗射，鷩冕。」此食老更尊之，與大饗略同，故亦冕服，隆於常時養老。

五禮通考謂：每歲仲春、季春、仲秋天子皆視學，養三老、五更及羣老。非也。養三老、五更或在視學時，或不在視學時。學記云：「未卜禘不視學。」禘祭在孟夏，則視學不在春。而大戴禮言春秋執醬而饋，則春時亦有食老更之禮，此不在視學時也。

古者，大學四時釋奠，但祭先師，惟始立學及天子視學，則兼祭先聖，是知視學非常禮。或一年一行，或閒年一行，大抵閒年爲多，蓋視學必有考校之事。視者，觀察之意。

學記謂「中年考校」，是視學閒年一行也。視學兼養老更，冬夏無養老禮，則視學多在秋時，老更用食禮，食養陰氣，於秋較宜也。王制言天子爲不率教者視學，此無常時，不必閒歲，亦不必在秋，然非常禮也。此視學有考校事，雖無常時，亦當自夏以後。月令仲春習舞、季春大合樂，天子往視，此固每歲行之，然視樂非視學也。通而言之，亦可言視學，然非正視學也。視學非比年，則養老更亦非必比年行矣。況一年三舉乎，雖不視學時，亦有行之者。然既與春秋養老別行，要不過一年一舉耳。大戴禮春秋親饋，謂養老更或春或秋，非謂每歲春秋皆行之也。此經又云：「凡大合樂必遂養老。」大合樂在季春，養老乃常禮，非養三老五更也。鄭謂養老更在大合樂時，抑亦誤矣。此經末有「命公、侯、伯、子、男反，養老於東序」之文，蓋諸侯朝會適當秋時，天子特行此禮，以教諸侯之弟也與。

合樂三終解

鄉飲酒禮「合樂三終」，說者不一。賈公彦謂堂上歌瑟，堂下笙磬，合奏六詩，曰三終者，二南各三終也。孔沖遠謂：「工歌關雎，笙吹鵲巢合之；工歌葛覃，笙吹采蘩[二]合之；工歌卷耳，笙吹采蘋合之。」萬充宗謂：周南、召南惟其所用，不必同時竝奏也。案：歌、笙異詩，有似閒歌，何謂合樂？且關雎與鵲巢、葛覃與采蘩、卷耳與采蘋文詞多寡不同，音節長短自異，何以合之乎，此孔之謬也。古者，歌詩入樂皆一定不易，況合樂爲正，鄉射注云：「不略合樂者，周南之風鄉樂也，不可略其正也。」反可移易乎。明日，「息司正，鄉樂唯欲」。以其禮輕也，於此著「鄉樂唯欲」之文，則前此合樂必不惟其所用可知矣。此萬之謬也，賈説得之。然六詩當爲六終，何謂三終，其義尚未詳也。

竊謂鄉飲酒、燕禮樂皆有四節：一升歌，二笙入，三閒歌，四合樂。升歌、笙入樂章皆三篇，閒歌、合樂樂章皆六篇，昭其稱也，且四節以合樂爲盛，閒歌既用六篇，豈合樂反止用三篇乎？又周南爲王化所始，召南爲王化所及，二者竝重，不可偏用，故竝用六詩也。二南本分，不可交錯，而歌亦不可連二詩爲一終，故二南各三終，共爲六終也。然雖有六終，卻止作三終論，與閒歌三終正自一例。閒歌併歌笙爲一終，合樂併周南、召南

[二] 王士駿續校勘記：「元本『蘩』譌作『繁』，今正。」案：陸刻本誤與元本同，孫刻本不誤。

爲一終，故六終亦可謂三終也。閒歌六篇，亦本六終。賈疏云：「堂上歌魚麗終，堂下笙中吹由庚續之，以下皆然。」是爲六終明矣。世儒多疑合樂六終，不得爲三終，何獨不疑閒歌乎？知閒歌六終之爲三終，而合樂可無疑矣。

蓋三終者，樂之例也。樂與禮相準，三揖三讓，禮必以三爲節，故樂亦必以三終爲節，升歌、笙入既皆三終，則閒歌合樂亦必皆三終，此其例也。故雖有六終，必併作三終稱之焉。若夫天子饗諸侯及兩君相饗，金奏肆夏三終，升歌清廟三終，下管象三終，合樂文王、大明、緜三終，皆三篇爲三終，以無閒歌六篇，故合樂止當用三篇。詳古樂節次等差考。

且大雅、小雅尊卑不同，又未可竝用也。古人歌詩入樂，風、雅、頌皆止用首三篇，所謂四始也。大雅卑於頌一等，小雅又卑於大雅一等，二南又卑於小雅一等。大夫、士升歌小雅，合樂二南。天子、諸侯升歌頌，則合樂宜大雅，不宜併用小雅。此合樂止用文王之三也。二南皆鄉樂，正大夫、士所宜歌，故竝用之。燕禮，諸侯燕大夫、士，故即用大夫、士之樂，其合樂亦竝用二南也。

薦考

薦者，倣乎祭禮而爲之，而與祭異者也。祭必卜日，薦不卜日；祭有尸，薦則無尸。大戴禮云：「無禄者，稷饋。稷饋者，無尸。」稷饋謂薦也。薦無牲，故謂之稷饋。祭有牲，薦則無牲。公羊傳注云：「無牲而祭，謂之薦。」祭有樂，薦則無樂，此其異也。

薦有三：一曰，天子、諸侯之薦；一曰，大夫、士之薦；一曰，庶人之薦。

天子、諸侯之薦有二：一曰，薦新。月令云：仲春之月，「天子乃鮮羔開冰，鮮，當作獻。先薦寢廟」；季春，「薦鮪於寢廟」；孟夏，「以彘嘗麥」；仲夏，「以雛嘗黍」；孟秋，「嘗穀」；穀者，粱也，粱亦曰禾。説文：「禾，嘉穀也。」熟于仲秋、孟秋可先嘗也。經傳凡言禾、言穀、言粟，多指粱而言。程易田考之詳矣。鄭注以爲黍稷之屬，方氏慤指稷言，皆非。仲秋，「以犬嘗麻」；季秋，「以犬嘗稻」；季冬，「嘗魚」，「皆先薦寢廟」。凡薦新，皆必物之新熟者，又必以穀爲主。此穀字泛言。此一定之理也，鄭注「仲夏，以雛嘗黍」云：此嘗雛也。案：「以雛嘗黍」，文法與

「以彘嘗麥」、「以犬嘗麻」、「嘗稻」一例，明是嘗黍非嘗雛也。經本言嘗黍，而以爲嘗雛，可乎？如鄭說，當言以黍嘗雛。雛，蓋雞也。見呂氏春秋。雞豈必薦於仲夏乎？鄭誤以下文嘗穀爲黍稷，謂黍熟於孟秋，故不以此爲嘗黍耳。孔疏云：「黍非新成，直取舊黍。」夫舊黍何得謂嘗新乎？其謬甚矣。蔡氏以爲此時黍新熟，今蟬鳴黍是也，此說得之。黍多熟于孟秋，其最早者或仲夏已熟歟？「先薦寢廟」，注、疏以爲薦於廟後之寢。先儒皆謂廟藏神主，而祭以四時；寢藏衣冠、几杖，而薦以新物。不知主者，神之所依也，主藏於廟，則薦新亦必於廟，安得薦於無主之寢乎。陳氏禮書從其說。又謂：月令襍秦禮〔一〕，秦出寢於陵，則月令「寢廟」不皆廟後之寢也。案：陵寢之制，始於漢初，秦時恐未必有此。且國語曰：「大寒取名魚，登川禽，嘗之寢廟。」國語非秦書，何亦云「寢廟」乎？竊謂古者廟與寢同制，廟後又有寢，故廟亦曰寢廟。寢廟即廟也，宮本與廟別。詩云：「雝雝在宮，肅肅在廟。」宮爲路寢，廟爲宗廟也。而喪服傳有「築宮廟」之文，「繼父同居」傳。是廟亦曰宮廟。寢廟，猶宮廟也，經文雖言「寢廟」，其實止是薦於廟，非薦於廟後之寢也。薦本無牲，而天子薦新用羔、

〔一〕王士駿校勘記：「元誤『襍』作『集』，楊正。」案：陸刻本亦誤作「集」，孫刻本不誤。

彘、犬，似亦有牲矣。然天子祭以太牢，牛、羊、豕三牲具備，而薦新僅用一牲，且羔異于羊，彘異于豕，犬非宗廟正祭所用，則亦可謂無牲也，雞與魚不必言矣。諸侯薦新當與天子略同，大夫、士亦有薦新，其禮當降殺於天子、諸侯，蓋止用雞、魚等物，未必有犬、彘矣。

一曰，朔薦。祭法、國語言天子、諸侯有月祭。夫祭不欲數，月祭不亦數乎？竊謂：月朔之禮，薦也，非祭也。長樂陳氏以月祭爲薦新，不知薦新隨物熟之時，不必月月薦之也。譙周禮祭集志云：天子之廟，始祖及高、曾、祖、考皆月朔加薦，以像平生朔日也。此以月祭爲薦，得之矣。而云但薦四親而不及二祧，則猶沿祭法之誤也。祭法一書多不可信。其云二祧不月祭於義未安，時祭既同則月朔亦必同矣。喪禮於寢朔奠與薦新同。（士喪禮、檀弓皆云：薦新如朔奠。）則吉禮於廟朔薦亦宜與薦新略同。春秋文公六年：「閏月不告月，猶朝于廟。」告月，告朔也。朝廟，即朔薦也。（鄭氏以朝廟爲朝享，非也。朝享禮大，朝廟禮小。）猶者，可以已之辭。是告朔重於朝廟，天子告朔以特牛，（本鄭氏說。）朔薦當以特羔。諸侯告朔以特羊，朔薦當以特豚。禮器云：「羔豚而祭，百官皆足。大牢而祭，不必有餘。」大牢爲天子、諸侯祭禮，則羔豚之祭亦屬天子、諸侯可知。且惟天子宗廟之祭，乃有百官助祭也。孔疏謂羔豚爲無地大夫之祭，失之。陸農師曾駁之。五禮通考云：「大夫祭用少牢，謂羊豕。此云羔豚，乃羊豕之小者耳。」不知大夫祭用羔豚，是儉不中禮，晏子所以「爲隘」也，此經言羔豚而祭，乃合于禮者，通考説亦非。

薦本非祭，而此云祭者，散文通也。中庸云：「薦其時食。」是時祭亦通言薦。故月薦亦通言祭也，羊豕爲牲，羔豚小，尚未成牲，所謂無牲而祭爲薦也。告朔，百官皆至，故有百官助祭。若薦新，則百官皆未必來助矣。高堂隆以羔豚而祭爲薦新，亦非也。天子玄冕告朔，則朔薦亦玄冕。諸侯皮弁告朔，則朔薦亦皮弁。告朔在先，聽朔次之，朝廟又次之，天子皆服玄冕，諸侯皮弁。至朝，乃各易朝服。大學始教皮弁祭先師，蜡祭亦皮弁。是皮弁亦祭服也，不服冕者，朔薦禮輕，不得逾於告朔。又宜別於正祭也。

大夫、士宗廟亦宜有朔薦。國語謂：「卿、大夫舍月。」恐非也。古人月朔皆加膳，天子朔食大牢，諸侯少牢，大夫特豕，士特豚，加于常食一等。孝子事死如事生，則大夫士月朔豈可無薦乎。但降殺于諸侯，不得薦以特豚，蓋陳其籩、豆、脯、醢而已。若夫大夫、士之薦，則不仕無田者也。王制曰：「大夫士有田，則祭。無田，則薦。」孟子言：

君子之急于仕，而曰「惟士無田，則亦不祭」。可知無田謂不仕者也。趙岐注孟子云：「惟紬禄之士、無圭田者不祭。」紬禄不但無圭田也。或謂既〔二〕仕爲大夫、士者，亦或有無田，非也。古者以田爲禄，既仕未有無田者也。鄭注云：「有田者既祭又薦新，祭以首時，薦以仲月。」案：祭與薦對言，是謂有田祭而不薦，無田薦而不祭也。鄭謂有田者，既祭又薦，明與經不合。且此薦字，乃四時正祭，貶降而爲薦，與薦新不同，孟子言：士無田，「牲殺、器皿、衣服不備，不敢以祭」。可知此薦非薦新之薦也。大夫、士雖無田，亦豈得不行四時之薦乎？若僅行薦新，則與庶人等矣。祭以首時，則薦亦宜用首時，若遲至仲月，是不敬矣。無田所以不祭者，以力不能備物也。若薦以首時，豈亦力不能備乎。庶人之薦且以首時，大夫、士豈反用仲月乎。如以爲薦新，則無定時，亦不必在仲月矣。

何休注公羊云：「天子四祭四薦，諸侯三祭三薦，大夫、士再祭再薦。」此説更謬。天子、諸侯祭而不薦，大夫、士有田亦然，惟無田者不祭而薦。祭與薦皆四，未有三祭三薦、再祭再薦者也。若以爲薦新與朔薦，則不止四、三與再矣。五禮通考以士四薦爲僭，

〔二〕「既」，陸刻本作「現」，亦通。

而取其再祭、再薦之説，殊不知祭之等殺在于犧牲、器數，不在于四與再也。士祭以特牲、三鼎，雖四祭豈爲僭乎？若以士祭爲僭，則一祭亦不可，何必四乎？大夫薦以特羔，士薦以特豚，本注疏。孟子所謂「犧牲不成」也。薦亦有器，但不如祭之具數，所謂「器皿不備」也。

至于庶人之薦又與大夫、士異。祭法：「庶人無廟。」王制云：「庶人祭於寢。」鄭注云：「寢，適寢也。」孔疏云：此庶人祭於寢，謂是庶人在官，府史之屬。案：天子六寢，諸侯四寢，大夫、士二寢，庶人則一寢而已，豈復有適寢哉。庶人，凡民之通稱，不必爲府史者也，府史亦不當有適寢。聘禮記云：「士館于工、商。」説者以爲館于外之適寢，非也。竊謂由士以上，夫婦異寢，大夫、士二寢者，夫婦各二寢也。庶人則夫婦同寢。内則云：「庶人無側室者。」鄭注：「庶人或無妾。」是謂庶人有妾者有側室也。側室，小寢也，在燕寢旁，故名側室。然有妾者亦不必皆有側室，即有側室者，其夫婦所居之寢亦不得爲適寢。蓋適寢對燕寢而名，非對側室而名。適寢非寢息之所，而庶人之寢則寢息于此也。工、商亦庶人，安得有適寢。士館之者，此庶人蓋有側室，夫婦暫居于此，而以其寢爲客館也。鄭謂庶人祭于適寢者，殆以燕寢乃寢息之所，祭先于此則褻也，不知寢息在室，其堂乃行禮之地。庶人無廟，凡禮皆行之于寢。何不可祭乎。

王制云：「庶人春薦韭，夏薦麥，秋薦黍，冬薦稻。韭以卵，麥以魚，黍以豚，稻以雁。」此四時之薦亦皆以首時，韭熟于孟春，麥熟于孟夏，黍熟于孟秋，稻熟于孟冬也，薦新本不必首時，而庶人即以薦新爲時祭，故各以首時薦之。稻之早者，孟秋已熟，此孟冬薦稻，稻之最遲者也。國語云：「庶人有魚炙之薦，籩豆脯醢則上下共之，不羞珍異，不陳庶侈。」又云：「庶人食菜，祀以魚。」是庶人之薦，并無羔豚之牲，王制云「黍以豚」，非也。王制出于漢儒，多有不可信者。

喪禮飯含考

喪禮有飯含，飯含非二事也。以口所含謂之含，以象生時之飯謂之飯，一而已矣。檀弓云：「飯用米、貝，弗忍虚也。」又云：「飯于牖下。」襍記云：「天子飯九貝，諸侯七，大夫五，士三。」又云：「鑿巾以飯，公羊賈爲之也。」鄭注云：「士親飯，必發其巾。大夫以上，賓爲飯焉，則有鑿巾。」士喪禮云：「夏祝徹餘飯。」此皆言飯不言含。喪大記云：「含一牀。」檀弓云：「徐君使容居來弔含。」襍記云：「含者，執璧將命，曰『寡君使某含。』」周官玉府云：「大喪，共含玉。」春秋文公五年：「王使榮叔歸含且賵。」車馬曰賵。此皆言含不言飯，可知飯即含、含即飯，非有二也。鄭注士喪禮云：「士之子，親含。」後又云：「設巾覆面，爲飯之遺落米也。」又襍記言「飯」，注言「飯含」，是鄭亦以飯含为一也。

周官玉府止言「含玉」，而典瑞言「大喪共飯玉、含玉」，「飯玉」二字疑是衍文，注疏强爲分別，非也。大戴禮云：「天子飯以珠，含以玉。諸侯飯以珠。此下疑脱一句。大夫士飯以珠，含以貝。」春秋稽命徵云：「天子飯以珠，含以玉，諸侯飯以珠，含以璧。」皆析飯含爲二事，謬矣。士喪禮言「飯以米貝」，與檀弓合。竝不言士飯有珠，今謂士飯以珠殊不可信，則其餘皆不足據可知也。

白虎通云：「所以有飯含何？緣生食，今死不欲虛其口故。含用珠寶物，何也？有益死者形體，故天子飯以玉，諸侯以珠，大夫以米，士以貝。」此以飯含爲一，得之矣。

然諸侯以珠，不見于經。士喪禮兼用米、貝，而以米、貝分屬大夫、士，則亦失之。公羊文五年傳云：「含者何？口實也。」何休注云：「孝子所以實親口也。天子以珠，諸侯以玉，大夫以璧，或作碧。士以貝。春秋之制也，文家加飯以稻米。」此亦分飯含为二，而以含爲珠玉、飯爲稻米，又與大戴禮、春秋緯異。後世喪禮皆用何氏說。要皆與經不合。天子以珠、大夫以璧，又無根據。謂「文家加飯以稻米」，則殷人飯不以米，於義未安，其失亦與孟堅等矣。

襍記謂：「天子至士，飯皆以貝，而有等差。」鄭注云：「此蓋夏時禮也，周禮天子飯含用玉。」不知禮記周時之書，皆記周禮，閒有言夏殷禮者，必明標夏殷字，此不言夏，安見爲夏禮乎？然此亦鄭之疑而未定者耳。隱元年穀梁傳云：「貝玉曰含。」檀弓云：「飯用米貝。」此皆通上下之詞。竊謂天子、諸侯含以玉，大夫、士以貝。玉者，物之最貴者也，故服飾、器用惟天子得用玉，諸侯亦閒用之，大夫、士不得用。古者，金玉曰貨，貨字从貝，財字亦从貝。中庸言：「水之不測，「貨財殖焉」。貨財指貝與珠玉之類，于闐國有玉河，出玉最美。是玉亦生水，不徒珊瑚也。則玉亦可通稱爲貝。所謂天子飯九貝、諸侯七貝者，實九玉、七玉也。經文簡省不及細別，此類甚多，如周官：公侯伯執圭，子男執璧。而曲禮云：「諸侯圭贄。」大行人曰：公圭九寸、侯伯七寸、子男五寸。璧亦圭之類，故通稱圭也。周官鼓人云：「以靈〔一〕鼓鼓社祭。」祭地與社皆鼓靈鼓，祭地用靈鼓，見大司樂。以地與社同類，故通稱社也。論語云：「沽酒、市脯，不食。」以飲與食同類，故通稱食也。書盤庚云：「具乃貝玉。」是貝、玉同類，故通稱爲貝，其不以玉該貝者，玉可通稱爲貝，貝不可通稱爲玉也。抑或天子、諸侯皆有貝，貝有小者曰么貝，么貝口亦能容。又加以玉，此説亦通。天子含玉，見於周官。諸侯含玉見於襍記、春秋，皆有典據。左氏成十七年傳云：子叔聲伯「夢食瓊瑰」。哀十一年傳云：「陳子行命其徒具含玉。」孔穎達謂：此等皆是大夫而以珠玉爲含者，以珠玉是所含之物故言之，非謂當時實含用珠玉也。見襍記疏。案：孔氏謂大夫不得以玉爲含，瓊瑰，玉也。孔言珠玉，似以瓊瑰爲珠，失之。此説自確。士喪禮疏謂大夫飯兼有珠玉，非也。而謂非當時實含用玉，則與經不合。蓋春秋大夫多僭國君之禮，其以玉爲含者實有之，要非先王之制也。何休大夫含

〔一〕案：「靈鼓」，金氏全書皆誤作「路鼓」。已見前校。此及下文「祭地與社皆鼓靈鼓」亦誤。金氏自注「祭地用路鼓，見大司樂」，周禮春官大司樂亦不見路鼓祭地之事。三處俱誤，今據周禮經文改正。

以璧之説，殊謬。襍記「含者執璧」有「寡君」之詞，此諸侯含用璧也。鄭注云：「含玉爲璧，制其分寸大小未聞。」是鄭謂五等璧有大小。疑當依命數，公九分、侯伯七分、子男五分、天子之玉一寸二分。古寸短，一寸二分得今九分六釐。不必爲璧制，然經無明文，未可定也。

米者，生時所食，飯含用米，必不可缺。蓋自天子至于士皆有米。庶人亦宜飯以米、貝，貝一而已。士喪禮云：「稻米一豆，實于筐，是飯用稻也。」疏云：「按：喪大記『君沐粱，大夫沐稷，士沐粱』蓋天子之士也，飯與沐米同。則天子之士飯用粱，大夫用稷，諸侯用粱。鄭又云以差率而上之，天子沐黍與？則飯亦用黍可知。」鶚竊以爲不然。君者，國君也，大夫次于君，士次于大夫，其爲侯國之士甚明。禮記一書言禮之差等，所謂大夫、士者，皆侯國之大夫、士也。惟禮器言「冕旒」謂上大夫七、下大夫五、士三，特爲王朝之大夫、士。侯國大夫冕不得有七旒、五旒，士不得服冕。然大夫別爲二等，與他處不同，自可知爲王朝之大夫，而士亦從可知矣。此言大夫沐稷，爲侯國之大夫，則豈得以士爲天子之士乎？士沐粱，蓋涉上文而誤，當從士喪禮作沐稻。夫君既沐粱，士豈得與君同？説者謂士賤無嫌，非也。經典論禮之等殺，士皆與君異。即如喪大記篇所謂君斂以簟席，士以葦席。小斂，君錦衾、士緇衾；君錦冒、士緇冒；君松椁，士襍木椁。此類不可枚舉，士無一與君同者，何獨於沐尸而同之？粱字之誤明矣。天子沐黍，經無正文，鄭以義推之，亦自可從。此以天子、諸侯相對而別，大夫、士相對而別，尊卑等差之又一例也。尊卑等差之例不一，有天子至士遞降者，如天子堂九尺、諸侯七尺、大夫五尺、士三尺之類，此其正也。又有天子、諸侯一制，大夫、士一制者，如天子、諸侯臺門，大夫、士不臺門之類也。有天子、諸侯、大夫皆同，士獨異者，如天子、諸侯、大夫皆三門，士二門之類也。有諸侯、大夫、士皆同，而天子獨異者，如天子有四阿重屋，諸侯以下皆無此制之類也。有天子與諸侯異，大夫與士同者，如天子七月而葬，諸侯五月，大夫、士皆三月之類也。有天子、諸侯同，而大夫與士異者，如天子、諸侯皆有屏，大夫以簾，士以帷之類也。有天子、諸侯、大夫皆一等，士別爲二等者，如天子七廟、諸侯五、大夫三，上士二、中下士一之類也。有天子、大夫、士各一等，而諸侯別爲三等者，如天子冕服十二章，公九、侯伯七、子男五，大夫三，士一之類也。有天子、諸侯相對而別，大夫、士相對而別者，此章沐尸之制是也。公食大夫禮黍稷爲正饌，稻粱爲加。是黍稷貴於稻粱，黍又貴於稷，粱又貴於稻。本孔疏。故天子沐黍、飯黍，諸侯沐粱、飯粱，黍貴而粱賤也。大夫沐稷、飯稷，士沐稻、飯稻，稷貴而稻賤也。祭祀以黍稷爲粢盛，黍稷之貴可知。祭食必先黍，黍貴於稷亦可知矣。士昏禮云：「贊爾黍，授肺脊。」其證也。諸侯日食粱稻，大夫、士日食黍稷，見内則注疏。此以粱稻之味美於黍稷，别是一義。公食大夫禮尊黍稷卑稻粱，而常食反是。蓋禮食貴義不論味之美惡，而常食取其養體，必以味爲主也。禮食尚玄酒，賤酒醴。常食則不用玄酒。義亦猶是也。祭祀貴黍稷而賤稻粱，亦尚玄酒、血腥之義。鬼神與人殊也，既死有鬼道，故飯尸所尚與祭祀略同也。士喪禮云：「主人左扱米，實于右三，實一貝左，中亦如之。」由是上推，大夫五貝，米當十五扱，中尊于左、右，宜實三貝，左、右各一貝，中九扱米，左、右各三扱米。諸侯七貝，米當二十一扱，中亦實三貝，左、右各二貝，中亦九扱米，左、右各六扱米。天子九貝，米當二十七扱，中實五貝，左、右各二貝，中十五扱米，左、右亦各六扱米。禮〔一〕又云「實米惟盈」，此宜上下所同。蓋扱數少者，每扱米多；扱數多者，每扱米少，各取其盈而已。孝子之心弗忍虚，必至於盈而後安，盡其仁也，貝與扱數必依差等而不越，止〔二〕乎義也。貝爲天下之寶，故不可必於盈。米爲生人所食，故不可以不盈，此皆聖人制禮之精意也。

〔一〕案：此亦上揭士喪禮文，此「禮」字或是衍文。

〔二〕「止」，陸刻本作「循」，亦通。

至于飯用米貝之義，檀弓云：「不以食道，用美焉耳。」不以食道，此與明器同意。蓋弗忍虚則無致死之不仁，不以食道則無致生之不知也。洪範以美食爲玉食，飯用貝、玉，所以示美食之意。鄭注云：「食道褻，米、貝美是也。」白虎通以含用寶物爲有益死者形體，則失古人之意矣。區區寶玉何能有益形體？若欲使尸不壞，當多用玉以斂，然厚葬適遭盜賊之發掘，何忍爲此？古君子生必佩玉，而死後去佩玉，玉笄、玉瑱亦皆去之不用，聖人蓋慮之深矣。

周徹法名義解

徹法之説不一。鄭康成云：「徹，通也，爲天下之通法。」見論語注。後漢書：陸康云：「徹者，通也。法度可通萬世而行也。」朱子云：「徹，通也」，均也，「同溝共井之人通力合作，計畝均收」。毛西河云：「周制，鄉遂用貢，都鄙用助。徹者，通貢、助而言也。」萬充宗云：「周無公田，以九百畝分之，九夫取其什一而不校，數歲之中以爲常，是通乎夏殷也。」案：通乎天下，通乎萬世，三代之法皆然，不獨周之徹也。孟子言，農有等差，有食九人至五人之別，若合作均收，則勤惰無分，安得有等差乎？大田詩明言：「雨我公田，遂及我私。」孟子引是詩謂雖周亦助，可知周之徹法亦用殷之助也。詳井田考。數説皆非。惟以鄉遂用貢、都鄙用助爲通乎夏殷，此説似較諸説爲長，而亦未爲得也。

汪瑟庵師云：「貢、助通用，三代皆然，但立名取義不同耳。」鶚案：此説甚確。比、閭、鄰、里等制，夏殷時當已有之，六鄉、六遂之民皆五五相聯，不得爲八家同井之制，故用貢法。又餘夫之田不得爲方里而井之制，詳井田考。亦宜用貢，則殷不獨用助矣。夏小正云：「初服于公田。」夏有公田，是夏亦用助法。大雅公劉云：「徹田爲糧。」公劉當夏時而行徹法，又夏用助之一證也。謂之貢者，取以下供上之義，示後世人君當恤民力，即公田所納亦謂之貢也。用貢之弊，非夏之貢也，此當善會。夏殷亦兼貢、助，是周徹法之義，非取通乎夏殷也。

然則所謂徹法何也？孟子曰：「徹者，徹也。助者，藉也。」助、徹皆從八家同井起義，借之力以助耕公田是謂之助，通八家之力以共治公田是謂之徹。蓋公田必不可分，先儒或謂以公田分之八家，使之耕治，不知公田百畝，八家分之，每家得十二畝半，此半畝如何可分？且田之分必以溝涂乎？是則公田必八家通力以治之明矣。孟子云：「八家同養公田。」同養者，通共治之之謂也。

古樂節次等差考

古樂節次與等差，先儒未悉詳也。間考古樂上下所用，其節共有六。

一曰，金奏。堂下用鐘鎛，兼有鼓磬，以奏九夏。周官鍾師云：「掌金奏。」鄭注：「擊金以爲奏樂之節。金，謂鍾及鎛。」又云：「凡樂事，以鍾鼓奏九夏。」鄭注：「先擊鍾，次擊鼓。」又燕禮注：「肆夏，以鐘鎛播之，鼓磬應之，所謂金奏也。」九夏爲樂之大者，鐘、鎛、鼓、磬亦皆樂器之大者，故宜用之也。四器竝用，而弟言金者，以鐘鎛爲主也。春牘應雅以節之，笙師云：「春牘應雅，以教裓樂。」鄭注：「裓樂，裓夏之樂。牘應雅教其春者，謂以築地。笙師教之，則三器在庭可知矣。賓醉而出，奏裓夏，以此三器築地，爲之行節，明不失禮。」案：國語論樂云：「革木以節之。」牘、應、雅皆木音，柷敔之類皆所以節樂者也，鄭謂以爲行節者。禮云：「趨以肆夏。」〔二〕是金奏肆夏，以爲行節。牘、應、雅以節樂，即以節行也。但賓出奏陔夏，惟鄉飲酒、燕禮用之。若兩君相見及天子大饗諸侯，賓出入皆奏肆夏。禮所謂「趨以肆夏」者，兼出入言也，笙師所掌又天子之樂也。然則祴樂非止陔夏，疑九夏通名爲祴樂，猶言縵樂、燕樂也。王出入奏王夏，亦奏之以爲行節，諸夏皆當類。此「春」字統牘、應、雅三件，猶上以「龡」字統竽、笙、塤、籥、簫、篪、篴、管也。先鄭以春牘二字共爲器名，則亦當以龡字統之，此豈可龡之器邪？又謂以竹爲之。恐亦非。**此樂之始也。**魯語云：「先樂金奏。」以金奏，非正樂也。然仲尼燕居言：「升堂樂闋。」樂指金奏，則金奏亦爲樂矣。

二曰，升歌。堂上鼓琴瑟，歌詩階閒，以拊節之。書言：「搏拊琴瑟以詠。」周官大師：「帥瞽登歌，令奏擊拊。」是以拊節歌也。**堂下鐘磬應之。**堂下鐘磬與歌相應，曰歌鐘、歌磬，即編鐘、編磬也。孔沖遠謂堂上別有歌鐘、歌磬，非也。詳特磬考。**亦樂之始事也。**無金奏者，以升歌爲始。有金奏者，升歌亦爲始事。蓋金奏爲堂下樂之始，升歌爲堂上樂之始也。

三曰，下管。堂下以管奏象或新宮，鼗鼓、柷敔以節之。書言：「下管鼗鼓，合止柷敔。」是鼗鼓、柷敔皆所以節下管也。升歌亦兼節以柷敔，但用拊而不用鼗鼓。詳柷敔考。**亦鐘磬應之，此樂之中也。**

四曰，笙入。燕禮記云：「笙入三成。」燕義云：「笙入三終。」成與終義同。**堂下笙奏南陔、白華、華**

〔二〕案：語出大戴禮記保傳篇。

黍。燕禮記所謂「笙入三成」也。不言南陔、白華、華黍，已見于經也。下管新宮，不言「三成」。「笙入三成」，不言南陔、白華、華黍，互見法也。賈疏謂笙吹新宮三終，混而爲一，失之。亦用鼗鼓、柷敔〔一〕節之，鐘磬應之，此亦樂之中也。

五曰，間歌。堂上歌魚麗，堂下笙由庚，歌南有嘉魚，笙崇丘，歌南山有臺，笙由儀，此亦樂之中也。

六曰，合樂。堂上歌詩、琴瑟，與堂下之樂合作。其詩或雅或南，其器八音畢奏，此樂之終也。後又有無算樂，其詩惟所欲，其樂不限幾終，此不在正樂之數，且惟鄉飲酒、燕禮有之，兩君相燕，天子燕諸侯亦然。蓋皆可以燕禮名之也。饗、食則否。蓋無算樂乃無算爵所用，非燕飲不得有無算爵也。堂上所歌皆風、雅、頌之詩，堂下笙管、金奏，非詩也。周官、儀禮、左傳皆不言歌，可知非詩也。史記云：「詩三百五篇，孔子皆弦歌之。」是南陔六篇本不在詩中可知。若并六篇計之，當有三百十一篇矣。然亦有辭，其體當稍與詩異。蓋載在樂經。樂經亡而遂失其傳也。今樂記亦樂經之遺，蓋所以釋樂經者也。故止言其理，至于樂之節次，以及五聲、八音、六律、六吕與笙管、金奏之曲皆載于經，今不可考矣。

〔一〕案：陸刻本作「柷圉」。二者雖可通用，全書皆作「柷敔」。

鄭氏以九夏、新宫及南陔等六篇皆爲詩，謂九夏頌之逸篇，南陔等小雅之逸篇，皆非也。頌非大夫士所得用，而鄉飲酒賓出奏陔夏，則九夏非頌可知也。朱子謂笙詩有聲無辭，亦非也。杜預注左氏襄四年傳云：「肆夏，樂曲名。」此説最確。九夏爲樂曲，則笙、管所奏亦當別爲樂曲，而非詩矣。金奏下管，樂之大者〔一〕。笙入閒歌，樂之小者，故天子、諸侯有金奏、下管，而無閒歌。書：「笙鏞以閒。」東方之鐘磬曰笙，西方之鐘磬曰頌，鏞與頌通。謂下管之曲以鼗鼓、柷敔節之，而以笙頌鐘磬閒迭應之也。若是閒歌則笙與歌相閒，不當言鏞矣。説者多以爲閒歌，非也。僞孔傳以鏞爲大鐘，亦非。大夫、士有笙入、閒歌，而無金奏、下管。鄉飲酒禮賓出奏陔〔二〕，然有鼓無鐘，不得名爲金奏。又但于賓出奏之，與先樂金奏異也。此其等差也。

燕禮有金奏、升歌、下管、笙入、合樂，而無閒歌，以閒歌爲輕，故略之也。然則兩君相見與天子饗諸侯，其不閒歌可知，而無笙入亦可知矣。仲尼燕居言：「兩君相見，入門金作，升歌清廟，下而管象。」不言笙、閒，徧考諸經皆無天子、諸侯樂用笙、閒之説〔三〕，乃鄭

〔一〕王士駿校勘記：「陳氏詩有聲疏引此條自『金奏』以下皆据元本，自『而無閒歌』以下只約舉其文，與元本敘次互易，文亦閒有同異。」

〔二〕王士駿校勘記：「元譌『出』作『主』，楊正。」案：陸刻本誤與元本同，孫刻本不誤。

〔三〕王士駿校勘記：「陳氏詩疏引此二語在『非諸侯之正樂也』句下。」

氏謂諸侯相與燕、天子燕諸侯其笙、閒之篇未聞，是謂天子諸侯亦有笙閒，非也。或疑燕禮諸侯之禮也，而有笙入、閒歌，是諸侯樂亦笙入、閒歌矣。不知燕禮是諸侯燕大夫，故即以大夫樂樂之，非諸侯之正樂也。

天子、諸侯之樂，以金奏爲弟一節，升歌爲弟二節，下管爲弟三節，合樂爲弟四節，每節皆三終。大夫、士之樂，以升歌爲弟一節，笙入爲弟二節，閒歌爲弟三節，合樂爲弟四節，每節皆三終，兩兩相當也。然金奏所以迎賓、送賓，祭祀以迎尸、送尸，始終皆有之。大司樂云：「王出入，奏王夏。尸出入，奏肆夏。」是知始終皆有金奏也。郊特牲云：「賓入大門而奏肆夏。」禮器云：「其出也，肆夏而送之。」此其明證。尸出入，皆奏肆夏。則賓出入，不宜有異。鄭注禮器，乃破肆爲陔，失之。故非樂之正，則止三節九終而已。

樂爲陽聲，陽極於九。又禮樂相準，饗禮極於九獻，故樂亦不過九終也。九終即九成，虞書云：「簫韶九成。」周樂亦如是也。大夫、士升歌亦爲正樂，是有十二終，樂節不以多爲貴也。俗説謂天子九成，諸侯六成，謬矣。鄉飲酒禮大夫、士相見之禮也。其樂先無金奏，升歌鹿鳴三終，笙入三終，閒歌三終，合樂三終。燕禮爲諸侯燕大夫，故即用大夫之樂，而燕他國之大夫以非己臣，故其樂異。燕禮記云：「若以樂納賓，則賓及庭，奏肆夏。賓拜酒，主人答拜，而樂闋。公拜受爵，而奏肆夏。公卒爵，主人升，受爵以下，而樂闋。升歌鹿鳴，下管新宮，笙入三成，遂合鄉樂。」此當是燕他國之聘賓，上文所謂「四方之賓」也。以爲他國之賓，故不用常燕大夫之樂，以非敵體之君，故不用兩君相見之樂，參酌二者而爲之也。觀其金再作，與兩君相見之樂略相似，其爲燕他國聘賓明矣。鄭注謂：「卿、大夫有王事之勞，則奏此樂焉。」夫金奏、下管，人君之樂也，卿、大夫勞於王事，亦人臣分所當爲者也，安得以人君之樂樂之乎。大射先行燕禮，而有金奏、下管者，以禮與常燕羣臣異也。蓋大射非所以燕大夫，而其賓又有諸公。諸公者，內則爲孤，外則爲附庸之君也。本孔撝約說。其分有似於諸侯，而究非敵體，故參用諸侯大夫之樂，豈得以彼例此，而謂燕本國大夫可用金奏、下管乎？

郊特牲云：「賓入大門，而奏肆夏，示易以敬也。」鄭注云：「賓，朝聘者。」夫兩君相朝，大夫來聘，其分不同，樂宜有別。仲尼燕居云：兩君相見，「入門而縣興」。是知郊特牲「賓入大門而奏肆夏」專指諸侯來朝，不兼聘賓也。若君臣同樂，豈所以辨等威乎。考之周官大行人、司儀所以待朝聘賓客，禮數不同，則樂之不同明矣。燕聘賓及庭而奏肆夏。而兩君相見，則入大門即奏肆夏，此其異也。且樂章亦殊，燕禮謂，燕他國大夫得奏肆夏。而左傳穆叔如晉，「金奏肆夏之三，不拜」。以爲使臣不敢與聞。蓋諸侯燕聘賓，惟用肆夏一章，而兩君相見及天子享諸侯乃得備三章。故左傳不言肆夏而言三夏也。本孔撝約説。金奏非正樂，不必三終。燕禮記：升歌、下管、笙入、合樂各〔一〕三終，已有十二終矣。若肆夏又三終，則有十五終。樂未有如此之多者，故止一終不計，惟十二終而已。天子、諸侯有九終，若并金奏計之亦十二終，大夫、士樂亦十二終，其例皆無不合也。

外傳謂：「金奏肆夏、繁遏、渠。」肆夏其一，繁遏其二，渠其三，以肆夏統之，故曰肆夏之三。猶文王、大明、緜三篇稱文王之三，鹿鳴、四牡、皇皇者華稱鹿鳴之三也。杜注及國語韋注皆云：「肆夏，一名樊韶夏，一名遏納夏，一名渠。」與文王、鹿鳴之例不合。劉光伯已駁之矣。呂叔玉云：「肆夏，時邁也。繁遏，執競也。渠，思文也。九夏，非詩。」此説附會不足信。孔疏以此爲「升歌肆夏」，與燕射納賓異，失之。孔撝約曾辨之。夫金奏與升歌迴殊，經典皆言金奏肆夏，竝無升歌肆夏之説。自

〔一〕王士駿校勘記：「元譌『各』作『合』，楊正。」案：陸刻本誤與元本同，孫刻本不誤。

鄭氏以肆夏爲升歌，孔氏亦沿其誤矣。阮雲臺師曾駁鄭説之誤。

又樂闋亦有異。燕禮記云：「賓拜酒，主人答拜，而樂闋。」是賓未卒爵也。郊特牲言：「卒爵而樂闋。」當兼賓主言，蓋諸侯爲賓，其禮宜隆，故樂闋必待卒爵也。又燕聘賓，金奏止二節，與兩君奏三節異焉。兩君燕饗之禮，禮經已亡，戴記略存其概。仲尼燕居云：「兩君相見，揖讓而入門，入門而縣興，揖讓而升堂，升堂而樂闋，下管象武，夏籥序興。」又云：「客出以雍，徹以振羽。」又云：「入門而金作，示情也。升歌清廟，示德也。下而管象，示事也。」「金作」注疏不言何樂，據郊特牲、禮器所言，可知金奏是肆夏也。金奏肆夏有三節：賓入大門，一作，升堂樂闋；主人獻賓，再作，賓卒爵，樂闋；賓酢主人，又作，主人卒爵，樂闋，每節奏一章，三節則三章也。注疏謂賓入大門金作，直至賓卒爵樂闋，顯與經文升堂樂闋不合。夫自大門以至廟堂遠矣，又待賓卒爵而後樂闋，其樂節甚長。而賓酢主人金作，主人卒爵而樂即闋，此樂節卻短，何長短之不均乎？且禮樂相爲表裏，賓酢主人，禮之一節也，樂依之而爲一節；主人獻賓，禮之一節也，樂亦當依之爲一節，豈得自賓入大門至此并爲一節乎，賓入大門至升堂爲迎賓之事，其禮自爲一節，樂亦當自爲一節也。郊特牲云：「賓入大門，而奏肆夏，示易以敬也。」卒爵而樂闋，孔子屢歎之，是二事各爲一義，故文不相屬，卒爵、樂闋兼賓主言之，非謂賓入大門至賓卒爵而樂闋也。燕禮記「金奏、樂闋」得連「賓及庭」爲一節者，以自庭升堂，其地甚近。若及庭始作，升堂即闋，則促節之甚矣，故連主人獻賓爲一節，前不始於入大門，後又不終於賓卒爵，則樂節亦不甚長也。樂曲止有一章，可不必分爲三節也，且金奏肆夏本兩君相見之樂，燕聘賓權用之，非其正也，故作止之節特變其例，若金奏之正法，當各一事爲一節也。大射，肆夏亦權用，故亦不與兩君相見同。公升即席，奏肆夏，賓拜酒，主人答拜，而樂闋；公拜受爵，奏肆夏，主人答拜，樂闋。又與燕聘賓少異，蓋燕與射禮不同也。

人君樂節宜舒，賓酢主人當於將洗爵降階之時即奏肆夏，不似燕射公拜受爵乃奏也。主人獻賓其樂亦宜然矣，金奏雖有三節，然總是一事，合之止爲一節也。大饗四事，鄭注分金作爲二事，於義未安，皇氏通數「夏籥序興」是也。舞有大武、大夏，詳後。止爲一事，則金作亦宜爲一事矣。賓出之時，又金奏肆夏。是金奏凡四節，然金奏爲樂之始，以前三節爲正，所謂先樂金奏也。賓出奏肆夏，而仲尼燕居言客出以雍者，蓋堂上歌雍詩，堂下奏肆夏也。賓降階金作，出門樂闋，以賓入門時例之可知。

經不言合樂，考之鄉飲酒禮、燕禮，升歌鹿鳴，合樂二南，是合樂卑於升歌。頌、大雅天子之樂也，大雅、小雅諸侯之樂也，小雅、二南大夫、士之樂也。鄭氏謂諸侯止用小雅，不得用大雅，非也。兩君相燕，升歌清廟，則合樂當用大雅。左傳穆叔曰：「文王，兩君相見之樂也」。此謂合樂歌之。晋享穆叔升歌文王，此非禮也。穆叔所言當指合樂，但未别白言之耳。鄭氏詩譜謂諸侯于鄰國之君歌文王合鹿鳴，顯與經悖矣。

至于樂舞上下亦有等差。鄉飲酒禮、燕禮皆無舞。大夫四佾，士二佾，蓋惟祭祀用之也。惟燕他國聘賓，則舞勺。見燕禮記。勺爲文舞，無武舞也。兩君相燕，乃有文武二舞。周官鍾師云：「凡祭祀、饗食，奏燕樂。」鎛師云：「掌金奏之鼓。凡祭祀，鼓其金奏之樂。饗食、賓射亦如之。」左傳云：「魯有禘樂，賓、祭用之。」是祭祀與燕饗同樂也。明堂位云：季夏，「以禘禮祀周公於大廟」，「升歌清廟，下管象，朱干玉戚，冕而舞大武，皮弁素積，裼而舞大夏」。祭統言魯大嘗禘之樂亦然。夫大賓與大祭相似，升歌、下管既同，則金奏、合樂無不同，而武舞大武、文舞大夏亦無不同可知矣。仲尼燕居言兩君相見，「夏籥序興」。夏籥，謂大夏之樂以籥舞之，舞兼羽籥，不言羽，省文。此文舞也。上文「下管象武」，當于「象」字絶句，「武」上疑有缺文，當云「舞大武」也。先武後文者，周以武功得天下，以文德致太平，故武舞先，而文舞後也。虞夏當先文舞後武舞，殷周皆先武舞後文舞。後世皆以征伐取天下，而舞皆先文，失之。「夏籥」次于大武，故曰「序興」也。鄭注以序爲更，似未確。鄭注云：「象、武，武舞也。夏、籥，文舞也。」「堂下吹管，舞文武之樂更起也。」是讀「下管」爲句，「象武、夏籥序興」爲句。案：下文云「下而管象」，明當以「下管象」爲句。祭統、明堂位、文王世子皆言：「升歌清廟，下管象。」此其確證。竊謂象者，下管之樂曲也。燕禮：「升歌鹿鳴，下管新宮。」此云：「升歌清廟，下管象。」兩兩相比，鹿鳴爲歌詩，則新宮當爲樂曲，清廟爲歌詩，則象亦當爲樂曲明矣。若但言下管，不著其曲，而以象武爲舞名，不特與諸經不合，顯與下文「下而管象」相乖剌矣。管象之象與象舞之象，名同而實異。鄭誤合爲一，故以「象武」爲武舞。考左傳季札觀樂，以象舞爲文王之樂，是象與武爲二舞也。象、武爲二舞，夏籥止一舞，武多文少，此何義邪？且祭統、明堂位、文王世子皆止言舞大武，竝不言兼舞象、武也，若以象、武共爲一舞，經典亦未有此稱。周頌序云：「維清，奏象武也。」謂舞象、舞武皆歌，此詩猶言〔一〕「昊天有成命，郊祀天地」亦天地分用也。象，本文王之舞，鄭屬之武王，亦非也。見文王世子注。

内則云：十三，舞勺，成童，舞象。勺、象皆非大舞，故於童時學之，小賓、小祭用小舞，大賓、大祭用大舞。燕聘賓舞勺，而不舞大夏、大武，則象亦小賓、小祭所用可知也。然則兩君相見，必不舞象亦可知矣。孔疏云：「堂下管中吹象武之曲。」是讀「下管象武」爲句，不知象爲下管之曲，武非曲名也。天子大饗諸侯之樂，及燕羣臣與聘賓，經文未詳。鄉飲酒，升歌鹿鳴。諸侯燕大夫亦然，則知諸侯相饗，升歌清廟。天子饗諸侯亦宜然，而金奏、下管、合樂皆無不與諸侯同矣。説本阮雲臺師。

左傳云：「三夏，天子所以享元侯也。」是金奏亦用肆夏。經有明文，餘可類推。王朝之卿、大夫爵與諸侯同，則天子燕羣臣，亦用大饗諸侯之樂可知也。文王世子言，天子養老，登歌清廟，下管象。則饗燕諸侯羣臣皆宜與此同，又一證也。

聘賓爲陪臣，其樂宜降一等。殆升歌文王，合鹿鳴歟。鄭謂天子饗元侯歌肆夏，合文

〔一〕案：陸刻本、孫刻本有「言」字，疑「言」爲衍文。

王；諸侯歌文王，合鹿鳴；天子燕羣臣及聘賓，皆歌鹿鳴，合鄉樂。此説之誤有三。以金奏之樂爲升歌，一也。分元侯、諸侯爲二，二也。禮器言：大饗諸侯，肆夏以送之。是知不必饗元侯奏肆夏也。穆叔欲明肆夏之尊，故特舉元侯言之耳。鄉樂爲大夫、士之樂，天子用之，降尊殊甚，三也。其饗或上取、燕或下就之説，舉無當矣。天子、諸侯之樂大概相同，所異者器數之多少耳。如宮縣、軒縣，歌工八人、六人，八佾、六佾之類，又如玉磬、朱干、玉戚惟天子得有之也。

凡祭祀宗廟之樂，固與燕享同。而祭天地、明堂、社稷、山川等神，當別有所歌之詩，詳於周頌序説；所舞之樂，詳於周官大司樂。凡大樂，皆必備文武二舞。周官言天子諸大祭祀，宜有二舞矣。乃止言一舞，此殊可疑。竊意以一樂之舞爲主，而以他樂佐之，周官言其所主者耳。六樂惟大濩、大武爲武舞，餘皆文舞。大武爲當代之樂，凡祭皆宜舞之。惟大濩既是武舞，當以大夏文舞佐之，與大武同。據理論之當如此。金奏、下管不可考矣。大夫、士有樂縣，有舞佾，見于周官、左傳，則祭祀宜有樂矣。鄉飲酒禮且用樂，豈祭祀反不用乎？特牲少牢禮無之，當有脱文。此經多闕文，觀覲禮可見。萬充宗據禮記「食嘗無樂」之説，謂禮以饋食爲名，是用食禮故無樂，非也。「食嘗無樂」其説未可信。詳食嘗無樂辨。食禮不獻酒，此經明有三獻，豈用食禮乎？祭用食禮，經典竝無文，此特萬氏之臆説耳。特牲、少牢以饋食名者，蓋無朝獻、腥爓之薦，以饋熟爲始，故曰饋食，非用食禮也。或謂用樂惟上大夫及天子大夫，士用樂或君賜之。案：禮器云：大夫聲樂皆備，非禮也。以皆備爲僭，可知有樂不爲僭也，此豈必爲天子大夫乎？左傳言衛君賜大夫曲縣。即軒縣。仲尼譏其失，可知大夫得有判縣。判縣，兩面縣。見周官。此明是侯國之大夫也，儀禮皆言侯國大夫、士之禮，鄉飲酒禮有「鹿中」[一]之文，是士亦用此禮。州長，士也。士且可用樂，豈必上大夫乎。士用樂必待君賜，經典未聞有此説。總之，禮樂不相離，有禮必有樂，惟凶禮及冠、昏無之。吉禮尤不可無。是知大夫、士之祭必有樂也，其樂疑當與鄉飲酒同，以天子、諸侯賓、祭例之可知，然經無明文，未敢定也。

闈考

闈者，門之小者也，所在不一。爾雅釋宫云：「宫中之門，謂之闈。」孫炎注云：「闈者，宫中相通小門也。」見公羊疏。郭注云：「謂相通小門也。」蓋本孫氏。説文亦云：「闈，宫中門

[一] 王士駿續校勘記：「駿案：『鹿中』疑爲『鹿鳴』之譌。」案：陸刻本、孫刻本皆作「鹿中」。

也。」此皆言宮中相通之門也。舊圖闈門在西壁。近孔撝約圖在北壁，直北階。江慎修、戴東原圖皆在東壁極北，爲宮之東北隅。諸圖皆止一闈門，又皆偏而不中。鶚竊以爲非也。

士冠禮云：「冠者降自西階，適東壁，北面，見于母。」鄭注云：「適東壁者，出闈門也。」時母在闈門之外，婦人入廟由闈門。據此闈門在東壁甚明。則謂止在西北而不在東者誤矣。逸禮云：「東南稱門，西北稱闈。」此説雖不確，東、西、北皆稱闈，惟南稱門，然亦可稱闈。蓋在宮中之門，皆可稱闈，不必以方分也。然亦可見牆之四周皆有門。此門字兼闈，散文門、闈通也。則謂止在東而不在西、北者誤矣。

士虞禮云：「主婦亦拜賓。」鄭注云：「女賓也。不言出，不言送，拜之闈門之内，闈門如今東西掖門。」賈疏云：「漢時，宮中掖門在東西，若人左右掖。」案：賓位在西，女賓出入宜由西闈門。襍記云：「如三年之喪，則君夫人歸。」「夫人至，入自闈門，升自側階。」鄭注云：「女子子，不自同於女賓也。宮中之門曰闈門，爲相通者也。」孔疏云：「喪大記：『夫人弔於大夫、士，主人出迎於門外。』『夫人入升堂，即位。』是女賓入自大門，升自正階，今此不然。是不自同於女賓，以女子子是父母之親，不可同於女賓之疏也。」鶚謂喪大記所言非尋常賓主之禮，夫人弔於大夫、士與君臨臣喪同。士喪禮：「君至，主人出迎于外門外。」「君升自阼階。」不用賓禮，故夫人入自大門，升自正階，亦不用賓禮。主人出門拜迎，不以女賓待之也。若是女賓，則當主婦迎之，男子豈可迎女賓乎。蓋凡婦人出入，必由闈門，升降必由側階，賓主皆然，一以明男女之有别，一以明陰陽之貴賤，禮之大義也。而注疏謂女賓皆由大門、正階，失之矣。然則主婦拜賓者，拜之於西闈門也。鄭雖不言西闈，而引漢制東西掖門爲證，亦可見古者宫牆東西皆有闈門矣。特牲饋食禮：「主婦視饎爨於西堂下。」記曰：「饎爨在西壁。」是西堂下爲西壁也。士喪禮：「衆主人辟于東壁，南面。」鄭注云：「當坫之東。」是東堂下爲東壁也。堂上言墉、言序，不言壁。孔撝約謂東壁在堂上，失之矣。士冠禮：「降自西階，適東壁。」此「東壁」當與士喪禮「東壁」相近而稍南，蓋闈門當東壁之中也，則謂在東北隅者誤矣。

嘗考明堂有四門，門皆居中。劉昭續漢志注引大古〔二〕明堂之禮有「日中出南闈，日側出西闈，日闇出北闈」之說。此疑脫「日朝出東闈」云云。散文門亦稱闈也，太廟、路寢大如明堂。詳廟寢制度考。宜亦宮旁一門，各居四旁之中，羣廟小寢亦宜然。夫東西各有門，則寢可直通於廟，左寢、右寢、左廟、右廟皆可相通，南北各有門，則前寢、後寢、前廟、後廟亦可相通，且四達無礙，亦以示王者「明四目，達四聰」之義。門必正中，又以示王者「大居正」之義也。解此而闈門之制明矣。

凡在南者皆稱門，然天子、諸侯惟皋、應、庫、雉、路諸門不稱闈，大夫、士惟外門、中門、正寢門不稱闈，其餘羣小寢之門亦得稱闈，以在宮中而門小也。爾雅釋宮言：「闈小者謂之閨，小閨謂之閤。」閤不見于經，經典有闈，又有閨，闈與閨散文亦通。說文云：「閨，特立之户，上圜下方，有似圭。」此本圭竇爲解，與經典之閨不同。又云：「閤，門旁户也。」亦與爾雅異，皆非正義。公羊宣六年傳云：趙盾「與諸大夫立於朝。有人荷畚，自閨而出者」。何注云：「從內朝出，立於外朝。見出閨者，外朝在閨外，內朝在閨內。」可知此說非也，內朝在路寢門內，路門豈可稱閨乎。閨蓋小寢之門

〔二〕案：「大古」，後漢書祭祀志作「古大」。

也。靈公殺膳宰在小寢中，使人以畚載尸，出小寢門。諸侯有三小寢，詳諸侯四寢考。門皆南向，東西小寢在路寢後兩旁，故於路門外之朝得見之也，此小寢門稱閨之證。稱閨，則亦可稱闈。左氏閔二年傳云：「共仲使卜齮賊公于武闈。」杜注云：「宮中小門謂之闈。」孔疏云：「名之曰武，其義未聞。」竊疑武本虎字，唐避諱改爲武也，路門畫虎稱虎門。虎門見周官、左傳，畫虎本鄭氏周官注。小寢門蓋亦有畫虎者，故曰虎闈。若路寢旁通之闈，不得有此名矣。人君恒居小寢，故閔公於此遇弑也。

大夫小寢門亦曰閨。公羊宣六年傳又云：「勇士入其大門，則無人門焉者，入其閨則無人閨焉者，上其堂則無人焉，俯而闚其户，方食魚飧。」此敘靈公使人殺趙盾之事，大夫亦恒居小寢，正寢非常食之所。此云「方食魚飧」，其爲小寢甚明。小寢門小，故曰閨也。樂記「闈門之中」，亦當指小寢門。閨與闈通稱，此皆在南者稱闈也。

若夫廟寢之外，周圍牆垣亦有闈門。其在南者天子曰皋門，諸侯曰庫門，大夫、士曰外門。或曰大門則上下通稱也。門亦各居正中，左氏哀十四年傳云：「子我歸，屬徒攻闈與大門。」先言闈，後言大門，可知非宮中之闈。此闈蓋屬於外牆，徒兵自外攻之也。杜注云：

「闈，宮中小門。」孔疏云：「闈在宮内，必得入大門，乃得至闈。今言攻闈與大門者」，「公宮非止一門，蓋從別門而入，兵得至闈，故與大門竝攻」。此泥於爾雅「宮中」之文，故不得其解也。周官保氏云：「使其屬守王闈。」此闈屬于外牆，與大門同類，凡人得至，故須守之。若宮中闈門，凡人不得至，安用守乎。即欲守之，而闈門甚多，豈保氏之屬所能盡守乎？鄭注云：「闈，宮中之巷門。」亦失之矣。劉昭續漢志注云：「周官有門闈之學，師氏教以三德，守王門，保氏教以六藝，守王闈。然則師氏居東門、南門，保氏居西門、北門也。」此説亦謬。師氏、保氏之守門闈，但使其屬守之，其施教國子竝不在此，安得謂門闈之學乎。王制云：「小學在公宮南之左。」師氏、保氏所教蓋小學之國子也。學在大門内東方，與門不相近，與闈尤不相近也。東南稱門，西北稱闈，逸禮之説，本不足據。劉氏據此而謂師氏居東南門、保氏居西北門，誤矣。闈小於門，保氏卑於師氏，師氏中大夫，保氏下大夫。故師氏守王門，而保氏則守王闈。若師、保各守二方，尊卑莫辨矣。周官閽人：「掌守王宮中門之禁。」而師氏：「掌守王之門外，且蹕。」鄭注云：「門外，中門之外。」是師氏不侵閽人之職也。内則云：「深宮固門，閽寺守之。」是宮中小寢之門皆閽寺所守可知。保氏所守之闈，非宮中之闈也。宮伯云：「授八次、八舍之職事。」鄭注云：「衛王宮者，必居四角、四中，於徼候便也。」此四角、四中指外牆言，四中有宿衛、次舍可知。東、西、北各有闈門在牆正中，惟有門故晝夜皆須守衛也。宮伯守於夜，保氏則守於晝。四角無門，故但令宮伯守之。外牆之闈門如此，則宮中之闈亦無不如此可知矣。

廟亦有闈門，與寢同。考工記云：「廟門容大扃七个，闈門容小扃參个。」鄭注云：「大扃，牛鼎之扃。長三尺，七个二丈一尺。廟中之門曰闈，小扃，膷鼎之扃。長二尺，參个六尺。」案：廟之闈門廣六尺，則寢之闈門亦宜然。然羣廟當殺於太廟，小寢當殺於正寢，諸侯以下又當遞殺，可推而知也。詳廟寢制度考。

射奏騶虞貍首解〔一〕

古者作樂，堂上有歌，堂下有奏。歌者，以琴瑟歌詩也。奏者，以鐘鼓奏九夏也。九

〔一〕王士駿校勘記：「王子莊孝廉棻家所藏鈔本此篇在卷十四弟一。」王士駿續校勘記將此篇列于卷十二，此或元本、盧本之卷次？

夏，樂曲名〔一〕，非詩也。詳古樂節次等差考。

鄉飲酒禮、燕禮前言「工歌鹿鳴、四牡、皇皇者華，後言奏陔。大射儀前後言奏肆夏，奏陔，中言歌鹿鳴三終」。歌鹿鳴三終，猶言歌鹿鳴、四牡、皇皇者華也。一篇爲一終，左傳上言「工歌鹿鳴之三」，下言「四牡、皇華」，其證也。凡升歌、閒歌、合樂，詩皆三篇，未有止歌一篇者〔二〕，鄭注謂不歌四牡、皇華，非也。〔三〕左傳言：「金奏肆夏之三」，「工歌文王之三，鹿鳴之三」。是奏爲九夏，詩則言歌而不言奏也。乃鄉射言「奏騶虞」，大射言「奏貍首」。騶虞、貍首皆詩也。周官射人云：王以騶虞九節，諸侯以貍首七節，卿、大夫以采蘋〔四〕，士以采蘩五節。騶虞、采蘋、采蘩皆詩，則貍首亦爲詩可知矣。騶虞三詩〔五〕皆在召南，疑貍首亦召南之逸篇也。鄭注以爲曾孫侯氏之詩，劉敞〔六〕以爲鵲巢，皆非〔七〕。

〔一〕王士駿校勘記：「王本無『名』字。」案：陸刻本、孫刻本、續經解本諸本皆有「名」字。

〔二〕王士駿校勘記：「王本此下有『射雖略于樂，然亦必全節。略之如鄉射，不歌、不笙、不閒，大射不笙、不閒、不合樂是也。若一節之中去其詩之二篇，未之有也。鄉射合樂之詩與鄉飲酒、燕禮同，則大射升歌之詩亦當與鄉飲酒、燕禮同可知』七十八字，校元本增多。」

〔三〕案：第十卷之後諸篇爲金氏未定稿，故不同篇卷所論内容相近者，正文、注釋多有重複。如古樂節次等差考與射奏騶虞貍首解二文，古樂節次等差考已解鹿鳴三終之義，射奏騶虞貍首解又復言之。

〔四〕王士駿續校勘記：「王本奪『卿』字。」

〔五〕王士駿校勘記：「『三詩』，王本作『采蘩采蘋』。」

〔六〕王士駿校勘記：「王本作『劉原父』。」

〔七〕王士駿校勘記：「王本此下有『江慎修謂即檀弓原壤所歌，更謬』十三字，校元本增多。」案：陸刻本、孫刻本皆無此十三字。

詩何以言奏？此蓋不歌於堂上，而奏於堂下者也。何以明之？鄉射禮云〔二〕：「樂正適西方，命弟子贊工，遷樂于下。弟子相工，降自西階，阼階下之東南堂前。三笴西面北上坐，樂正北面立于其南〔三〕。」是工在堂下也。後云：「司射降，東面命樂正，曰：『請以樂樂于賓。』樂正東面，命大師曰：『奏騶虞，閒若一。』大師不興，許諾。乃奏騶虞，以射。」大師，工之長也〔三〕。無升階之文。大射奏貍首亦然。是奏騶虞、貍首在堂下明矣〔四〕。詩必須歌，奏必以鐘鼓，此奏騶虞貍首，蓋歌奏竝用，不以琴瑟，而以鼓也。周官大師云：「大射，帥瞽而歌射節。」上文云「帥瞽登歌」，此歌不言登，亦可爲奏在堂下之證〔五〕。

鄉射記云：「歌騶虞若采蘋皆五終。」或歌騶虞，或歌采蘋，皆可。是射節之詩，不盡拘也，故騶虞爲天子

〔一〕王士駿校勘記：「王本奪『禮云』。」

〔二〕王士駿校勘記：「此八字王本所無。」

〔三〕王士駿續校勘記：「王本無此六字注。」

〔四〕案：據王士駿續校勘記，此句元本作「大射奏貍首亦然」，王本奪「奏貍首」三字，非是。

〔五〕王士駿續校勘記：「王本『爲奏』下增多『騶虞、貍首』四字。」

之射節，而大夫、士得用之。貍首爲諸侯之射節，而大夫士投壺得用之。又武王郊射，左射騶虞，右射貍首，是天子亦可用貍首也〔二〕。是騶虞、貍首皆必歌之矣。然謂之「奏」，當與金奏肆夏相似，知其不用琴瑟也。鄉射云：「不鼓不釋。」鄭注云：「不與鼓節相應，不釋算也。鄉射之鼓五節，歌五終。」大射亦云：「不鼓不釋。」鄭注云：「鼓亦樂之節。」學記曰：「鼓無當於五聲，五聲不得不和，凡射之鼓節，投壺其存者也。」周禮射節，天子九、諸侯七、卿大夫以下五〔三〕，據此是射奏騶虞、貍首專用鼓，不用鐘也。止用鼓亦得言「奏」者，鄉射云：「賓興，樂正命奏陔。」鄭注云：「陔，陔夏。天子、諸侯以鐘鼓，大夫士鼓而已。」蓋大夫士無金奏。詳古樂節次等差考。故奏陔止以鼓，其射奏騶虞亦止用鼓可知矣。

大射爲諸侯之禮，得用金奏。而奏貍首亦止用鼓，其義與金奏異也。九夏爲樂章之大者，金奏亦樂之大者，故鐘鼓竝用而以鐘爲主，謂之金奏，八音以金爲重也。騶虞、貍首

〔二〕王士駿校勘記：「王本此下有『鄭注經文『騶虞』云：此天子之射節而用之者，方有樂賢之志，取其宜也。其它賓客、卿大夫則歌采蘋。』賈疏云：『其它謂賓射與燕射。』」案：記云：若采蘋載于鄉射禮，是鄉射亦可用采蘋，非獨賓射、燕射也。竊謂鄉射之禮有二：有賓興賢能者，有以禮會民者，經主賓興賢能者言，故奏騶虞喻得賢之多也。若以禮會民而射，所以正齒位，宜歌采蘋，州長宜歌采蘩，注疏之説失之』百四十字，校元本增多。『經主賓興賢能』句誤奪『能』字。」案：陸刻本、孫刻本無此一百四十字。

〔三〕王士駿校勘記：「此十六字王本無之。」

以爲射節，鼓是節樂之器，故專取鼓以節歌即以節射義，無取於金，故不用鍾。且恐鍾音之洪大，或亂鼓音也。不用琴瑟者，凡燕飲，歌詩必比于琴瑟，取其和雅之音，以平人心也[一]。歌騶虞、貍首第以爲射節，非燕飲之時，故不用琴瑟也。不升歌于堂上者，燕飲在堂，故必升歌于堂上，所以侑賓也[二]。歌騶虞、貍首非如燕飲之侑賓，無取于升堂，且鼓在堂下，歌必就鼓，可使鼓者聽之審，而射節不差也[三]。由是言之，騶虞、貍首之奏與九夏之奏異，而與鹿鳴、文王之歌亦不同矣。

卷十一終

[一] 王士駿校勘記：「王本作『以平人之心氣』。」

[二] 王士駿校勘記：「王本作『故必升歌以侑賓』。」

[三] 王士駿校勘記：「王本此下有『奏不皆三終，而有九終、七終、五終之差者，每一節一終，天子九節則九終，諸侯七節則七終，大夫、士五節則五終。優尊者欲其聽之審也。大夫、士五節，其一節先以聽；諸侯七節，其三節先以聽；天子九節，其五節先以聽。詩止一篇，不用三篇者，射節之詩必取短者。一節之間，上下射拾發以將乘矢，故詩不可長也。天子有九終，若連用九篇，安得皆短者乎，故止用短者一篇也』百四十三字，校元本增多。」案：陸刻本、孫刻本皆無此一百四十三字。

求古録禮説卷十二

臨海誠齋金　鶚

廟制變通説

王制云：「天子七廟，三昭三穆，與大祖之廟而七。諸侯五廟，二昭二穆，與大祖之廟而五。」此止言其常，而未及其變。而時有不能不變通者，要必無拂乎經，合乎先王尊祖之意，而後可行也。

朱子周九廟圖，宣王時穆、懿、夷三昭，共、孝、厲三穆。案：孝王爲共王之弟，而以繼共王爲穆，世次雖不紊，而不免弟據孫廟；夷王本爲穆，而反居昭；厲王本爲昭，而反居穆，世次悉紊，且拘于廟數，設或兄弟四人竝立爲君，祭且不及祖矣。此蓋不知變通之義也。馬貴與、萬充宗皆駁朱子之説，是矣。然馬氏以創建之失宜，而謂不如漢代之每帝建廟各在一所，東都以來同堂異室共爲一廟之渾成。萬氏亦主同廟異室之議，謂兄弟相繼則同廟異室，亦三昭三穆而不得多。觀考工記世室、明堂皆五室，知同廟異室，古人已有通其變者，此其説亦不合於禮也。夫均是祖宗，乃一則獨居一廟而致其尊崇，一則共居一廟而處於狹隘，可乎？先王事死如事生，命士以上父子、兄弟皆異宫，焉有生則異宫，而死則同堂者？同堂異室起于東漢，豈可以後世非禮之事而指爲古制乎？同堂異室之非禮，朱子嘗極辨之。

考工記謂世室即明堂，非宗廟也。宗廟與明堂迥異，鄭氏謂明堂同制，非也。詳明堂考。止有一室，竝無五室之制。苟使與明堂同，四室分列四方，殊非左昭右穆之義。又天子當七廟，鄭氏謂天子五廟，非也。説詳天子四廟辨。而止有五室，何以處之？故知五室必非宗廟之制也。古宗廟與路寢同制，堂後爲室，序外爲夾室，夾室視正室甚狹，神主必居室中。若兄弟同廟，何者當居正室？何者當居夾室？若堂後别建一室，成何制度？且或兄弟三四人同廟，又無地可建，抑或于正室中爲數石室，古者神主藏于石室，石室在室中西壁，所謂宗祏也。其制甚小，略與今之神龕相似。竝列一方，既恐不能容，而更不可以行祭，然則同廟異室必非古制明矣。張子云四親廟自高至禰，皆不可不祭。若一世之中，各有兄弟數人代立，不可以廟數確定，卻有所不祭也。雖數人止是當得一世，故雖親廟亦不害爲數十廟也。此説至當不易。

蓋所謂七廟五廟者，以世數言，非以廟數言也。吕覽言：「五世之廟。」大戴禮言：「有天下者事七世。」其明證也。古者，天子始立廟之時，止建七廟，其後有功德當宗者，則別立廟，宗無定數，廟亦無定數也。如殷有四宗，先儒謂殷有三宗，太宗、中宗、高宗也。然祭法云：「殷人祖契而宗湯。」是湯亦爲宗，成湯受命有天下，必百世不遷，則謂殷止三宗者，非也。周有文武二世室，皆後代別建者也。夫既可以功德而別建廟，則兄弟代立者，亦豈不可別建廟乎？殷時，陽甲、盤庚、小辛、小乙兄弟四人爲王，則當武丁時，并祖宗廟計之，凡十二廟。馬貴與謂當創十廟，非也。必不止七廟也。

蓋天子之宮甚廣，都宮之中必有餘地以備益多，即或不足亦當拓其基址以爲之。

馬氏謂于太祖之左右創造廟堂，以崇奉先人，正所以安神明，而對偶偏枯，固無傷于義也。夫不思尊祖敬宗，而徒欲以聳人之觀聽，此豈仁人孝子之心哉！由是言之，朱子之論知同堂異室之非，而紊昭穆之世次。馬氏、萬氏之説知昭穆之不可亂，而拂先王尊祖之意，一則不知變通，一則變通而不合乎禮，其失同也。然朱子之非後儒多知之，而萬氏之非，後儒[一]多莫知之，顧亭林、任翼聖、蔡氏德晉、秦氏蕙田輩皆推明萬説，而古制幾湮没矣。惟江慎修羣經補義與張子同，足正羣儒之失，然未引張子説，又未辨衆説之非。鶚故述張子而詳辨之。汪瑟菴[二]師曰：此事禮經但舉其常，而未及其變，蓋秦火以來，書缺有閒，不可得而知矣。以天理人情推之，則張子之論近是。篇中辨論亦甚明晰，閒有滯處，輒爲改易，如有未洽，乞再切磋。

[一] 王士駿校勘記：「元『儒』誤作『氏』，楊正。」案：陸刻本誤同。孫刻本不誤。
[二] 案：「菴」，前文或作「庵」。

天子迎賓考〔一〕

天子迎賓之禮，本載在儀禮經中，此經今多散逸。周官有其文，而未詳晰，説者多誤。大行人云：「上公朝位，賓主之閒九十步，侯伯七十步，子男五十步。」鄭注云：「朝位謂大門外，賓下車及王車出迎所立處也。王始立大門内，交擯三辭，乃乘車而迎之。」賈疏云：「春夏受贄在朝，無迎法，朝後行三享在廟，天子親迎。」齊僕云：「掌馭金路以賓，朝、覲、宗、遇、饗食皆乘金路，其法儀各以其等，爲車送逆之節。」鄭注云：「節謂王乘車迎賓客及送，相去遠近之數，上公九十步，侯伯七十步，子男五十步。」賈疏云：「春夏受贄於朝，無迎法。受享則有之。秋冬一受之於廟，亦無迎法。今言朝、覲、宗、遇、饗食皆乘金路者，謂因此朝覲宗遇而與諸侯行饗食，在廟即有乘金路迎賓客之法也。」曲禮孔疏云：「崔云諸侯春夏來朝，各乘其命車，至臯門外陳介，天子乘車出大門，

〔一〕王士駿校勘記：「王本此篇在卷十四弟二。」

但迎公，諸侯以下隨之而入，更不別迎入。至文王廟外〔一〕，天子還，服朝服，立于路門之外，諸侯更易朝服，執贄而入。若熊氏之義，則朝無迎法，唯享有迎諸侯之禮。」薛氏禮圖云：「天子迎公訖，更迎侯伯，迎侯伯訖，更迎子男，餘與崔氏同。」陳氏禮書云：「齊僕：朝覲宗遇皆『乘金路，各以其等，爲車送逆之節』。蓋春朝、夏宗、秋覲、冬遇，其送迎之禮竝同。然朝宗于朝，王於堂下見之。覲遇于廟，王於堂上見之。」周官義疏云：「天子迎賓至廟，非入朝，朝禮無迎法，而三享則殺，故先行朝禮於朝，正南面之尊，然後講賓主之禮，迎入廟而行享。」案：諸説皆非也〔二〕。

大行人所謂朝位賓主之閒不言何時，是四時皆同也。齊僕且明言朝覲宗遇送逆，此四時皆迎之確據，則諸家謂春夏迎賓，而秋冬不迎者，誤矣〔三〕。夫均是諸侯而春夏待之之隆，秋冬待之之殺，此何理邪？郊特牲云：「覲禮，天子不下堂而見諸侯〔四〕。」覲禮云：「天

〔一〕王士駿校勘記：「王本此下有『覲當在大祖后稷廟，不得于文王廟』十四字注，校元本增多。」
〔二〕王士駿校勘記：「王本無此五字。」
〔三〕王士駿校勘記：「王本此下有『鄭注未嘗言春夏，當謂四時皆迎，疏家因曲禮注而誤會之也』二十四字。校元本增多。」
〔四〕王士駿校勘記：「此十五字王本所無。」

子負斧依，嗇夫承命，告于天子。天子曰：『伯父其入，予一人將受之。』侯氏入門右，坐奠圭，再拜稽首。」此所謂不下堂而見諸侯也〔一〕。下堂且不可，況可出大門而迎之乎？覲者，諸侯朝見天子之名，朝覲宗遇皆謂之覲，詳朝覲考。鄭氏乃專以覲爲秋覲不亦謬乎？熊氏及賈、孔謂春夏朝無迎法，受享于廟則迎之。不知曲禮：「天子當依而立，諸侯北面而見天子曰覲。天子當宁而立，諸公東面，諸侯西面曰朝。」謂先覲後朝也。鄭注謂：「春夏受摯〔二〕於朝，受享於廟。」必無此禮。詳朝覲考。安得謂先朝後享乎？且受摯、受享必同日，聘禮、覲禮皆然〔三〕。既已受摯于朝，是諸侯已入應門矣。天子既與諸侯相見矣，諸侯何必復出大門，天子何必復出而迎之乎？崔氏謂，王迎諸侯，諸侯入至文王廟外，還，服朝服立于路門之外，以廟門外有次，諸侯于次易服也。果爾〔四〕，諸侯既至廟門，又出而至于朝，

〔一〕王士駿校勘記：「王本『此』字下有『郊特牲』三字。」

〔二〕王士駿校勘記：「駿案：此篇『摯』、『贄』錯見，今于引經及鄭注者字俱改从手，引孔、賈二疏者字俱改从貝，以還其舊。其閒自爲論説者，則皆據經作『摯』，本書例也。」

〔三〕王士駿校勘記：「此六字王本分注，不作正文。」

〔四〕王士駿校勘記：「此四十字（校案：即自「崔氏謂」至「果爾」）王本所無。駿案：上駁鄭氏先敘鄭説，下駁薛氏先敘薛説，則此駁崔一條亦宜將崔説復敘，使上下不致混亂。王本無此數語，于例非是。」

卒又入至于廟，何其迂邪？天子、諸侯初各冕服，既而易朝服，後又易冕服，何其繁邪？受摯重于受享，乃受享冕服，見覲禮。而受摯反朝服，有是禮乎？天子但迎公，不迎諸侯以下，近於簡慢。薛氏謂三等皆迎〔一〕，則又失之繁猥矣。陳氏禮書、周官義疏俱謂四時皆迎，合于齊僕之文。然禮書謂春夏迎至于朝，秋冬迎至于廟，於經無據〔二〕，仍襲鄭氏之謬説，而少變之耳。夫受摯、受享皆必于廟，聘禮猶然，況朝覲大典乎？義疏謂三享禮殺，可以迎賓，講賓主之禮。然考之覲禮，侯氏行三享，與受摯同時，天子未嘗出迎也。行享之時，侯氏亦于中庭再拜稽首〔三〕，升致命，又降西階前，再拜稽首，其嚴敬與奠圭禮同，此皆正君臣之分，安得謂講賓主之禮乎？曲禮言覲時諸侯北面，朝時諸侯東、西面，是覲明臣禮，朝待以不純臣〔四〕，乃謂先於朝正南面之尊，然後於廟講賓主之禮〔五〕，先後輕重皆倒置矣。故曰諸説皆非也。

〔一〕王士駿校勘記：「王本作『若謂五等皆迎』。駿案：三等據迎賓節次言，五等據諸侯封爵言，文異而義實同。」
〔二〕王士駿校勘記：「王本此下有『揆之于理又不合』七字，校元本增多。」
〔三〕王士駿校勘記：「王本奪『再拜』二字。」
〔四〕王士駿校勘記：「王本次下有『詳朝覲考』四字注。」
〔五〕王士駿校勘記：「王本此下作『豈其然乎』，無元本『前後輕重皆倒置矣故曰諸説皆非也』十五字。」

竊謂朝覲必無迎賓之法，所以正君臣之分也，其後行饗食于廟，以講賓主之禮，通上下之情，乃有迎賓之法，燕禮輕故不迎之〔一〕。齊僕言朝覲宗遇饗食，皆乘金路送逆。此迎賓在饗食時，經文甚明。必言朝覲宗遇者，以饗食不專在諸侯朝覲，列國大夫〔二〕來聘及養老皆有饗食禮。故特著之也。周官一經凡諸侯四時常朝，皆止言朝覲，而此備舉四時之名，正見諸侯晚來，王亦待之隆也。陳氏誤謂六字平列，故言朝覲宗遇皆迎賓。奈何後人反謂秋冬不迎賓乎？賈疏謂饗食有迎賓法，此獨得之見，視諸家爲優，惜并謂春夏受享亦迎賓，而疏大行人「賓主之閒」，亦謂春夏受享時迎賓，於義不通也。鄭注齊僕引大行人「賓主相去，上公九十步」云云，又引司儀車逆、拜辱及出車送〔三〕，考司儀車逆、車送在廟中將幣時乃諸侯相朝禮，鄭引以爲證，以諸侯相朝例朝覲之禮，欲見受享時天子亦迎賓，此

〔一〕王士駿校勘記：「王本此七字分注不作正文。」

〔二〕王士駿校勘記：「王本作『侯國卿大夫』。」

〔三〕王士駿校勘記：「王本此下有『不知大行人賓主九十步等文與此不合，此所言送逆爲饗食之禮。大行人所言非饗食之禮也。詳後。』大小三十七字，元本敘後。」案：應據王校改。

賈說所由誤也〔一〕。諸侯之于天子，尊卑相懸，豈可以兩君敵體爲例乎〔二〕？至引大行人賓主九十步等文又與此不合，此所言送逆爲饗食之禮，大行人所言非饗食之禮也。夫賓主者，敵體之稱，諸侯于天子豈可言賓主乎？

其下文云：「凡諸侯之卿〔三〕，其禮各下其君二等以下。及其大夫、士，皆如之。」鄭注云：「此以君命來聘者也。所下其君者，介與朝位、賓主之閒也。」注云上公七十步，侯伯五十步，子男三十步。疏云上公大夫五十步，侯伯三十步，子男二十步〔四〕。司儀云：「諸公〔五〕之臣相爲國客，旅擯。」旅，讀爲臚，陳也。「三辭，拜辱。」「及退，拜送。」聘禮云：「卿爲上擯，大夫爲承擯，

〔一〕王士駿校勘記：「王本無此（校案：即自『鄭引以爲證』至『所有誤也』）三十二字。」

〔二〕王士駿校勘記：「王本此下作『古者玉亦曰幣，詳朝覲考。將幣即授玉，鄭引此比例，是謂秋冬覲者，天子迎至于廟而行覲也。然經備言朝宗覲遇，知非但秋冬之禮，故并引大行人賓主之閒解之，其注大行人謂大門外交擯三辭，交擯三辭，此兩君相朝禮，天子之于諸侯不當有三辭也，鄭謁引矣，江慎修曾正之。是謂四時皆迎，其迎在初來朝覲時，與陳氏禮書同，蓋謂春夏迎至于朝，秋冬迎至于廟也。非受享時也。賈謂朝無迎法，惟受享則迎，失鄭之恉矣。夫鄭謂四時皆迎，是也；而以爲在朝覲時則非；賈謂迎在饗食時，是也；而以爲秋冬不迎、春夏迎于受享時則非，皆未合于禮也』。此大小二百十三字元本所無，其元本『至引大行人』以下五十七字亦王本所無。駿案：元本大行人賓主九十步等數語，王本迻置『及出車送』句下，似校順適。」

〔三〕王士駿續校勘記：「王本此句之增多『夫所謂賓主之閒者何也』十字。」

〔四〕王士駿校勘記：「（子男一十步），元誤作『二十步』。」案：陸刻本、孫刻本作「二十步」，不誤。王校似誤。

〔五〕案：周禮作「諸侯」。

士爲紹擯。」擯者出請事，是所謂旅擯，聘義所謂「介紹而傳命也」。然則卿大夫聘于鄰國，主君出迎亦旅擯，則亦有賓主相去步數，鄭注亦云〔一〕：「公使七十步，侯伯五十步，子男三十步。」而諸侯之卿大夫聘于天子者，亦宜然矣〔二〕。故知大行人所言諸侯之卿，其禮各下其君二等，及其大夫、士皆如之者，介與賓主之閒也。公執桓圭以下，及擯者五人以下，卿皆不得下其君二等，故知指介與賓主之閒言之。

諸侯于外國之臣，自可迎之。陪臣于天子尊卑懸絶，天子必不出迎，而亦云賓主之閒若干步〔三〕。然則諸侯朝覲所言賓主步數〔四〕，必非天子出迎與諸侯相去之步明矣〔五〕，此其説有二。天子既不可自迎，亦不可使人攝。諸侯至遠郊，天子使小行人逆勞。至近郊，使大行人逆勞。至國門，當使冢宰逆勞。舜典：「舜宅百揆，賓于四門。」是也。此在外可攝，既至大門外，各陳擯介，若使冢宰攝

〔一〕王士駿校勘記：「王本『鄭注』下有『聘禮』二字。」

〔二〕王士駿校勘記：「王本此下作『大行人「公執桓圭」以下及「廟中三享」、「王禮再祼」等句，卿皆不得下其君二等，故知下其君二等者，擯介與賓主之閒也。公之臣介七人，則擯三人；侯伯介五人，則擯二人；子男介三人，則擯一人，是擯亦降其君二等也。鄭不言擯失之。此八十八字與元本「異」，故知「大行人所言」以下大小六十六字或同或異。敘次各別。』」案：「與元本異」，「異」字王校本奪，據文意補。

〔三〕王士駿續校勘記：「王本無『若干步』三字。」

〔四〕王士駿續校勘記：「王本『步數』作『之閒者』。」

〔五〕王士駿校勘記：「王本作『與諸侯相去之位可知也』。」

迎，有嫌于王矣，故不可也。所謂賓主之閒，特虛擬其位〔二〕，以廟門爲限耳，惟虛擬其位，故姑借賓主言之，而不嫌上替下陵焉。覲禮云：「嗇夫承命，告于天子〔三〕。」考之周官，朝覲、會同皆大宗伯爲上擯。會同，肆師爲承擯；常朝，小行人爲承擯。上公五擯，侯伯四擯，疑大行人亦當爲承擯。嗇夫官卑，宜爲末擯，本鄭注。末擯承命于侯氏，而告于天子，則上擯事也。有上擯，有末擯，必有承擯，其爲交擯可知。云「告于天子」，必與天子相近，其交擯在廟門外可知。本賈疏。然周官大行人疏又云：「在大門外。」蓋從鄭注而誤也。又可知天子不出迎，而賓主之閒爲虛擬其位也。此一說也。

大行人「上公介九人」，「朝位賓主之閒九十步，立當車軹，擯者五人」等句，

〔二〕王士駿校勘記：「王本此下作『實則賓與大門相去之閒也。本江慎修周禮疑義舉要。以聘禮觀之，大門外旅擯，當有賓主相去步數，此時君未迎賓也，則賓主之閒亦擬度言之耳。及君至大門内迎賓，賓必進而近君，無復七十、五十等步矣。聘禮如此，則覲禮更可知。鄭解「賓主之閒」，謂「大門外賓下車及王車出迎所立處」，限其誤甚矣。王不當迎而謂迎賓，誤也。聘禮，公迎賓在大門内，則王即迎賓亦止當在大門内，乃謂出大門又誤。又考之。』此百五十六字元本所無。其元本『以廟門爲限』以下二十六字亦王本所無。」

〔三〕王士駿校勘記：「王本此下作『嗇夫官卑，宜爲末擯。本郑注。末擯承命于侯氏，而告于天子則上擯事也。有上擯、有末擯，必有承擯。周官朝覲、會同皆大宗伯爲上擯，會同肆師爲承擯，朝覲小行人爲承擯。案：上公五擯、侯伯四擯，疑朝覲、會同，大行人皆當爲承擯也。其爲交擯可知。云「告于天子」，則天子不迎賓可知。覲禮，嗇夫承命，告于天子，天子即令侯氏人廟。賈疏謂此交擯在廟門外是也。然大門外必先交擯，大行人所謂「朝位賓主之閒也」。賈疏謂在大門外，亦是。蓋本有两番交擯，覲禮篇文缺耳。此一説也。』以上云云，与元本叙次互異。駿案：王本兼取賈疏大門外交擯之説，于經無據，故元本不取也。」案：王校「會同肆師爲承承擯」衍一「承」字。

及「凡諸侯之卿」以下〔一〕三句，蓋通諸侯相朝聘言之。「桓圭」等句，自專指朝天子言。其上文云：「以九儀辨諸侯之命，等諸臣之爵，以同邦國之禮而待其賓客〔二〕。」可知通侯國之禮也。兩君亦可言朝，故亦曰朝位，兩君敵體，正可言賓主之閒〔三〕，此又一説也。

若朝覲後饗食，則不交擯。覲公食大夫禮無旅擯之文，與聘禮異可知。天子饗食諸侯亦不交擯也，蓋初來朝當交擯以傳命，既已朝覲又行燕禮〔四〕，天子禮諸侯有饗、食、燕，此以輕重爲序耳。若論先後則先燕次食後饗，故覲禮云「饗禮，乃歸」也，詳饗禮考〔五〕。相見數矣〔六〕，何復須介紹傳命

〔一〕王士駿續校勘記：「王本無『以下』二字。」
〔二〕王士駿續校勘記：「王本此下作『云同邦國之禮可知不專在王朝，其通言侯國之禮明矣。中庸云：「非天子不議禮。」是諸侯邦交之禮皆天子所定、大行人掌之者也。大小五十字元本所無，其元本『可知通侯國之禮也』八字，盧本所無。」
〔三〕王士駿校勘記：「王本此下有『此『主』字實有主人，其位在大門外。天子與諸侯本不可偁賓主，然諸侯之來，天子以賓禮待之，則亦有主道，故亦偁賓主。但所謂賓主之閒，非實有主人在耳。』大小六十字校元本增多。」
〔四〕王士駿校勘記：「王本無此句，及下注中『天子禮諸侯至末』云云。」
〔五〕王士駿校勘記：「本書無此篇，佚目亦不載。」
〔六〕王士駿校勘記：「王本作『頻相見矣』。」

乎？不交擯，賓主之閒公不得有九十步〔一〕。天子迎賓于大門内，以聘禮知之〔二〕。南面旅揖之〔三〕，諸侯宜各近天子，北面拜稽首〔二〕，天子不出大門，不西面，不先拜，諸侯不東面而北面稽首，不敢當客禮也〔三〕。天子宜答一拜〔四〕，鄭注大祝云：「一拜答臣下。」〔五〕故知賓主朝位，非饗食時，必在入覲時也。然覲禮：「乘墨車，偏駕不入王門。」偏駕，謂金路、象路之類。〔六〕則大行人所謂「公樊纓九

〔一〕王士駿校勘記：「王本作『不得有九十步、七十步、五十步矣』，文較元本該備。」

〔二〕王士駿校勘記：「王本無此五字注。」案：王校「五字」譌作「七字」。

〔三〕王士駿校勘記：「王本無『旅』字。又此下有『先天揖同姓，次時揖異姓，次土揖庶姓。见周官司儀。□會同禮也。然饗食時，諸侯同異姓皆至，亦宜与會同無異。覲觀禮分別同異姓面位可知矣。周道親親，凡會盟同姓爲先，異姓爲後。覲禮亦宜然，則饗食時天子迎賓亦當先揖同姓、次揖異姓也，庶姓亦異姓，故覲禮但言異姓，其實當分爲三等。蓋面位止分爲二，而接待之禮則分爲三也。若饗食時或止有同姓，或止有異姓，則但當以爵命爲等差、先後，公天揖、侯伯時揖、子男土揖也』。大小一百六十六字校元本增多。駿案：王本謂天子迎賓亦分天揖、時揖、土揖，與會同禮無異，雖于經無據，事或有之。若謂饗食之時，公天揖、侯伯時揖、子男土揖，非惟傳注家未經道，及于理亦覺難信。元本節去，固非無见也。」案：陸刻本、孫刻本皆無此一百六十六字。

〔二〕王士駿校勘記：「王本此下有『惟上介從』四字，增多。駿案：二本俱作『拜稽首』，據禮經『拜』上宜補『再』字。」

〔三〕王士駿校勘記：「王本作『皆異于尋常賓主之禮也』。校元本文稍異。」

〔四〕王士駿校勘記：「王本『宜』下有『各』字。」

〔五〕王士駿校勘記：「王本此下有『及出，天子送之亦然。送逆皆立於大門内，當無遠近之差。蓋若一一送逆，則不勝其煩，既同時送逆，則不得分爲遠近等差矣。齊僕所謂「各以等爲送逆之節」者，謂一人特饗食者也。賓是公，當最近大門，若侯伯則稍遠於門幾步，若子男則又遠幾步，此之謂各以其等也。王饗食禮亡，其送逆步數不可知矣。以理度之，總三等當不得過十步，則非依命數爲差可知也。其步數与大行人迴殊，故知賓主之閒步數必在入覲之初也。』大小一百六十四字元本所無。其元本『故知賓主朝位』三句亦王本所無。」

〔六〕王士駿校勘記：（校案：即自「偏駕不入」至「之類」）此大小十五字王本所無。」

就，貳車九乘」，非覲時禮矣。賈疏謂春夏行三享，可乘命車，非也。蓋此節是襍記諸侯朝覲之禮，統始終言之，非一時事也。「公執桓圭九寸，繅藉九寸，冕服九章，建常九斿，介九人，朝位賓主之閒九十步，立當車軹，擯者五人，廟中將幣三享」，此覲時禮也。「樊纓九就，貳車九乘，王禮再祼而酢，饗禮九獻，食禮九舉」，此饗食時禮也。饗食不執命圭，冕服亦不得如命數，詳饗禮考。「禮九牢」，此致饔餼禮也。「出入五積[一]，三問三勞」，此在館在途禮也。說者必以爲一時之事，宜乎扞格而不通矣。

皮弁布衣辨

皮弁之衣，經無明文，鄭氏注士冠禮「皮弁服，素積」云：「皮弁者，以白鹿皮爲冠，象上古也。積，猶辟也。以素爲裳，辟蹙其要中。皮弁之衣，布亦十五升，其色象焉。」注周官司服「皮弁服」亦云：「皮弁之服，十五升白布衣。」後儒皆從之。鴞竊以

[一] 王士駿校勘記：「王本『五積』作『三積』。蓋蒙『三問』、『三勞』而譌。」

爲非也。

古人之服，表裏上下皆必相稱，貴賤皆必相得。玉藻云「以帛裏布」，非禮也。此謂上服用帛中衣亦必用帛，上服用布中衣亦必用布。蓋表裏欲其相稱，故緇衣羔裘，素衣麑裘，黄衣狐裘，其色如一，色既宜一，則用布用帛亦宜於一矣。若以帛裏布是不稱也。且帛貴布賤，貴者宜在表，賤者宜在裏，表衣謂之上服，蓋表裏猶上下，表衣加于上，裏衣在下也。「緑衣黄裏」，詩人所以興歎也。今以帛裏布，是貴賤易位矣。

玉藻云：「君衣狐白裘，錦衣以裼之。」鄭注：「君衣狐白毛之裘，則以素錦爲衣覆之」，「錦衣復有上衣」。「天子狐白之上，衣皮弁服與」？孔疏：天子視朝皮弁服，「則天子皮弁之下，有狐白錦衣也。諸侯於天子之朝亦然。故秦詩云：『君子至止，錦衣狐裘』」。「其在國視朔，則素衣麑裘，卿大夫士亦皆然」。夫錦衣，絲衣也；素衣，亦絲衣也。見士冠禮疏。以絲衣爲裏，而上衣乃用布，是以帛裏布矣。豈禮也哉？然則皮弁服必非布衣矣，且衣貴裳賤，皮弁服既以素爲裳，是裳用帛矣。裳既用帛，而衣反用布，亦爲貴賤倒置，非特上下不稱而已也。

或謂朝服布衣而素裳，皮弁服亦宜然。不知經典素字之義不一，有以白繒言者，素積、素帶、素紕之類是也。有以白色言者，素韠、素絲及畫繢素功之類是也。士冠禮疏云：「衣裳言素者，謂白繒也。」「畫繢言素者，謂白色也。」以素衣、素裳爲皆白繒，非是。朝服之素裳當以布爲之，其色白故謂之素，非必白繒也。襍記「朝服十五升」，蓋通衣裳而言之也。朝服素裳，不見於經，鄭氏特以士冠禮「朝服素韠」推而言之。夫韠以韋爲而曰素，亦言其色之白耳，安見素裳必爲白繒乎？曲禮言：「大夫、士去國，向國而哭，素衣素裳，此以喪禮自處。」衣裳必不以繒爲之也。詩國風言：「庶見素衣，庶見素韠。」素韠則素裳，此大祥之服，必非以繒爲之也。大祥惟縞冠素紕，以絲爲之，詩所謂「素冠」是也。首服最尊，又用帛不多，故既祥服之，衣裳不可以冠例也。古冠之用布用帛，皆不與衣裳同，冕服、衣裳用帛，而冠用布，朝服玄端，衣裳用布，而冠用帛，其義各有取也。又安見朝服之素裳必白繒乎？夫然衣用布，裳必不可用帛，皮弁裳既用帛，衣必非布無疑也。

又案：祭服最重，天子、諸侯祭服皆必絲衣。大夫、士衣用布者，以助君祭既服絲衣，自祭家廟，當降于君之廟也。皮弁服非特用于視朝、聽朔，天子皮弁以視朝，諸侯皮弁以聽朔。亦祭服也。大學始教皮弁，祭先聖、先師。見學記。大蜡之祭，皮弁素服，又月朔朝享于廟，亦必以皮弁，蓋告朔于廟中，既以皮弁，則朝享亦皮弁可知。時祭冕服，月祭殺于時祭，故服皮弁也。皮弁既爲祭服，豈有不用絲而用麻哉。冕之用麻，別取反始之義，與玄酒、大羹同，其用麻甚少，未可因此而謂祭服可用麻也。

又考首服有三等，冕爲上，弁次之，冠爲下。冕服皆絲衣，冠服皆布衣，弁服在其中，故或用絲，或用布。爵弁、皮弁絲衣，冠弁布衣。等殺有辨也。爵弁既絲衣，士冠禮：「爵弁服純衣。」注：「純衣，絲衣也。」皮弁爲冕之次，天子玄冕聽朔，諸侯皮弁聽朔，是降冕一等，即皮弁也。尊于爵弁，士冠禮再加皮弁，三加爵弁，似爵弁尊于皮弁，不知此在士服則然耳。蓋士以爵弁助君祭，故特尊之。天子至大夫，皆不服爵弁，天子惟以素爵弁哭諸侯而已。可知皮弁尊于爵弁也。豈反不得用絲衣哉。天子朝服絲衣，諸侯朝服故用布衣，禮之等殺也。郊特牲云：朝服以縞，自季康子始。縞者，生絹也。素則熟絹，縞衣即素衣也。散文縞與素通。詩之「素冠」，即大祥縞冠也。是康子僭天子之朝服，與八佾、雍徹一類也。鄭注云：「僭宋王者之後。」蓋由不知天子之朝服，是絲衣故作此解耳。夫禮以康子之朝服縞衣爲僭，可知天子之朝服皮弁必絲衣矣。此又一證也。

襲衣斂衣考〔一〕

喪禮襲衣與大小斂衣，先儒之説多誤。士喪禮言陳襲衣云：「爵弁服純衣，皮弁服褖衣緇帶。」鄭注云：「黑衣裳赤緣之謂褖，所以表袍者也。緇帶，黑繒之帶。」賈疏云：「此褖衣，則玄端。」士冠禮：「陳三服，玄端，皮弁，爵弁。」有玄端無褖衣。此亦陳三服，無玄端有褖衣，故知此褖衣則玄端也。但此玄端連衣裳，與婦人褖衣同，故變名褖衣也。玉藻云：「士，練帶，緇辟。」是黑繒之帶，據裨者而言也。案：襍記云：「子羔之襲也」，「税衣纁袡」，税與褖同。「曾子曰：『不襲婦服』」。蓋譏其纁袡也。纁袡，婦人始嫁服。袡即緣，纁即赤，然則襲之褖衣，必不以赤緣可知。又中衣以丹朱爲緣，乃人君之服，亦非士所宜。據深衣純以青與繢，此褖衣連衣裳爲袍之表，亦深衣之類，宜純以青或繢也，玄端服無緣，褖衣有緣，玄端服殊衣裳，褖衣連衣裳，是褖衣與玄端迥殊，安得謂褖衣即玄端乎？即謂此以褖衣擬玄

〔一〕案：據王士駿續校勘記，元本此篇在特磬考之後。

端，亦非也。襲與大小斂皆有祭服、散衣。士襲三稱：爵弁、皮弁，祭服也；褖衣，散衣也。子羔之襲，稅衣與繭衣裳爲一稱，其爲散衣甚明。玄端亦祭服之類，以衣與裳爲一稱，不以表裏爲一稱，非散衣也。則褖衣豈所以擬玄端乎？

士冠禮「陳三服」皆禮服，玄端爲士未仕者之服，冠者服玄端見君，是玄端爲未仕者之上服也。皮弁、爵弁爲既仕者之服，人必由學士而爲命士，此三服不可缺一，義無取于散衣，故有玄端而無褖衣。士襲，陳三服，爵弁、皮弁于祭服中舉其尊者，褖衣于散衣中舉其重者。襲止三稱，而必具禮服與褻服，以示全備之義，故可無玄端，而不可無褖衣，君襲無褖衣，以至尊不敢用褻服衣之也。二者大異，豈可兩相比例乎？

士練帶緇辟，此生時之帶也，襲尸與生時異，乃鄭注士冠禮「緇帶」云：「黑繒帶。」此注亦云：「黑繒帶。」與彼不殊，賈疏因引「練帶緇辟」釋之，無異于生時，非也。襍記〔二〕云：「率帶，諸侯、大夫皆五采，士二采。」鄭注云：「此謂襲衣之大帶。」孔疏大小斂「衣

〔二〕王士駿續校勘記：「駿案：此襍記文，非喪大記文，元本誤引，下文『鄭于喪大記』句亦當作『鄭于襍記』。」案：下文「喪大記孔疏云『此士天子之士』」，亦當作襍記孔疏，王士駿未出校。陸刻本、孫刻本皆誤作「喪大記」，誤與元本同。今據王校及禮記經文改。

數既多，有絞不可加帶」，故知襲衣之帶也。大夫以上飾以五采，士以朱緑，襲事成於帶，變之所以異於生。」據此士襲衣之帶有朱緑采飾，與生時「練帶、緇辟」不同。士喪禮言緇帶者，蓋緇帶而飾以朱緑，黑繒爲帶，朱緑辟之。不素帶者，不敢全與君、大夫生時同也。經文簡省未詳言耳，鄭於襍記「士帶二采」既釋爲襲衣之帶，而於此經乃不引以爲解，但云黑繒帶，失之疎略。賈疏因之而誤矣。喪大記孔疏云：「此士，天子之士也。諸侯之士則緇帶，故士喪禮緇帶。」不知禮記一書所言大夫、士，皆侯國之大夫、士也，詳飯含考〔二〕。孔因鄭注，見與士喪禮不合者，輒以爲天子之士，故爲此解。然鄭未嘗注于此章，不可因他章之謬説并誤此章也。

經又云：「設韐帶。」鄭注云：「不言靺緇者省文，亦欲見韐自有帶。韐帶用革。」賈疏云：「生時緇帶以束衣，革帶以佩韍玉之等，死亦備此二帶。」案：襍記云：公襲，「朱緑帶，申加大帶于上」。朱緑帶，素帶也，非革帶也。人君生時有革帶以佩韍玉，加大帶於上以束衣。大帶以素爲之，飾以朱緑，見玉藻。及死而襲，則佩韍之帶不用革，而亦用素，飾以朱緑，大帶則飾以五采，皆異於生時。以此推之，士之襲也，佩韍之帶亦以素帶

〔二〕案：本書作「喪禮飯含考」。

代革帶明矣。但士練帶緇辟，而大帶則緇帶朱緑辟，與人君異耳，何以明之？大帶貴于革帶，君生時大帶二采、革帶無采，死後大帶五采、佩韍之帶二采。士生時大帶一采、練帶緇辟是用緇，一采也。革帶無采，死後大帶二采、佩韐之帶一采，君襲以生時之大帶代革帶，士襲亦以生時之大帶代革帶，兩兩比例，其義明矣。

練帶緇辟是謂緇帶，士冠禮緇帶是也。然則士喪禮前陳「緇帶韎韐」，後設「韐帶」，帶字皆兼二帶言，以不便分別故從省文，而但言緇帶也，蓋二帶皆可名緇帶，佩韐之帶以其辟飾而言。緇，束衣之帶，以本黑繒而言緇也，鄭謂「佩韐用革帶」，與喪大記不合，且經文前言「緇帶」，其非革帶甚明，後但言「設帶與韐」不言韎，文法正同，明是省文，安得謂此帶字獨兼有革帶乎？人君束衣與佩韍之帶皆異於生時，而士之二帶皆與生時無異，必不然矣。内則云：「男鞶革，女鞶絲。」鞶當是帶，鄭注以爲小囊，非也。詳鞶考。陽剛陰柔之義也。生屬陽，故用革帶之剛。死屬陰，故用絲帶之柔。

又革帶非徒佩韍與玉，更有左右事佩刀礪之類。詳内則。所佩之物甚多，常須行動，故必用革帶，死後不佩玉與刀礪之類，止以繫韍，且不行動，故不必用革帶也。又鄭注襍記云：「朱緑帶者，襲衣之帶，亦以素爲之。申，重也。重於革帶也。革帶以佩韍，必言重加大帶者，明雖有變必備此二帶也。」孔疏云：「朱緑帶，既非革帶，又非大帶，祇是衣之小帶。朱緑小帶，散在於衣，非總束其身。若總束其身，唯有革帶、大帶，故知對革帶爲重也。」案：經言「朱緑帶」，其非革帶甚明，申加大帶於上，明是大帶加於朱緑帶之上，安得謂重於革帶乎？若有革帶經何以不言乎？士喪禮、襍記〔一〕皆不言有革帶，鄭説殊無據矣。且如鄭説是有三帶，夫革帶以佩韍，申加大帶以束衣，止此二帶已足，朱緑帶又何用乎？孔謂散在於衣非以束身，其繆妄更不足辨矣。總由不知以朱緑帶代革帶，故多曲説，而不可通耳。

又案：襍記「諸侯、大夫帶皆五采」，此文疑有誤，徧考禮經吉凶儀節，大夫未有與諸侯同者，此何獨不然？大夫生時帶與諸侯異，何死後可與之同乎？竊謂：大夫大帶當三采朱白蒼，據聘禮記知之。佩韍之帶素帶而飾以玄華也。華，黄色，見玉藻。又鄭注襍記云：「士襲三稱，子羔襲五稱。」蓋用大夫禮。然子羔士也，何得襲五稱？鄭氏曾辨之。今公

〔一〕案：「襍記」，陸刻本、孫刻本皆誤爲「喪大記」。

襲九稱，則尊卑襲數不同矣。諸侯七稱，天子十二稱歟？案：喪大記云：大斂君衣百稱，「大夫五十稱，士三十稱」。據此五等諸侯竝無差別，則襲衣從可知矣。士襲三稱，故大斂三十稱；大夫襲五稱，故大斂五十稱；天子襲十二稱，故大斂百二十稱，皆十倍。諸侯襲九稱，故大斂百稱，亦約十倍。抑或實爲九十稱，記者舉大數而言百稱歟？鄭謂襲衣公九稱、諸侯七稱，分爲二等，何與大斂不一例乎？且經典言禮制之等差，諸侯非爲一等則爲三等，依命數而分未有以公獨爲一等，侯伯子男共爲一等者也。公羊傳言：「諸公六佾，諸侯四佾。」如此則大夫、士無分別，且諸經皆無此例，當以左傳諸侯六佾、大夫四、士二之説爲是。

襲衣諸侯不分三等者，蓋若公九稱，侯伯七稱，子男五稱，則大夫當三稱，士當一稱，一稱太薄矣。又大斂公九十稱，侯伯七十稱，子男五十稱，則大夫當三十稱，士當十稱，十稱反少於小斂矣。小斂衣十九稱，上下同之。故諸侯合爲一等也，然稱數雖同而衣當有異。公侯伯子男生時衣服各殊，死後豈可混同。襍記「公襲」，首云「卷衣一」，卷與衮同。末云：「褒衣一」。卷衣、褒衣五等諸侯皆殊，此二服最貴而有等差，故始終服之也。諸侯襲衣有異，猶小斂之衣，自天子以至于士皆十九稱，稱數同而衣不同也。其言公者，五等諸侯皆可通稱爲公，燕禮、大射儀、聘禮等篇稱公者，非必上公之公也。此經上文云「公七踊、大夫五踊」，下文云「小斂環絰，公、大夫、士一也」。又云「公視大斂，公升，商祝鋪席，乃斂」，皆統五等而稱爲公。春秋于諸侯之葬皆書「公」，或謂此衰世之僭，則聖人何不特筆正之，如吴楚僭王而書子乎？考之禮經，乃知聖人所書無不依于禮法也。何獨于襲之稱公而有異乎？鄭乃以此「公」字爲上公之公，别于諸侯，其亦誤矣。

又士喪禮言「小斂陳衣」云「祭服次」，鄭注云「爵弁服、皮弁服」，此弟據上「襲衣」而言。上文「陳襲衣」云「爵弁服、皮弁服、褖衣」，下云「襲祭服，褖衣，次」，是指爵弁服、皮弁服爲祭服也。殊不知小斂與襲不同也。襲衣止三稱，故祭服惟有爵弁、皮弁。小斂衣十九稱，其衣最多，則祭服宜無不備，豈止爵弁、皮弁乎？

考士之祭服有四：爵弁、皮弁助君祭之服也，朝服、玄端自祭之服也。士祭宗廟朝服，而齋戒、筮日、視濯皆服玄端，昏禮、告廟亦服玄端。又五祀輕于宗廟，祭宜以玄端。詳玄端考。襲但服其重者，小斂、大斂則備服之矣。鄭專指爵弁、皮弁，非也。賈疏解士之服唯有爵弁、皮弁、褖衣重之使充十九稱。夫謂十九稱必須重之，固也。而謂士服惟此三者，則大謬矣。士服，朝服、玄端明見于經，何以斂衣十九稱而猶不及之乎？公襲九稱有玄端、朝服，則士之小斂，必有此二服明矣。非惟祭服不止爵弁、皮弁，即散衣亦不止褖衣，褖衣特以表袍繭者耳。玉藻云：「纊爲繭，緼爲袍。」對文袍與繭別，散文繭亦稱袍也。又鄭注「小斂散衣」云「褖衣以下，袍繭之屬」，此説亦非。蓋褖衣與袍繭爲一稱，不得謂褖衣以下有袍繭也。喪大記云「袍必有表」謂之一稱，褖衣與袍繭豈得别爲稱乎？經文但言褖衣者，舉褖衣則袍繭可知，亦省文也。鄭、賈于祭服、散衣皆泥看經文，故失之也。

又喪大記云：「小斂，君陳衣于序東，大夫、士陳衣于房中，皆西領北上。」鄭注云：「士喪禮小斂陳衣于房中，南領西上，與大夫異。」「今此同，蓋天子之士也。」又「大斂君陳衣于庭，北領西上，大夫、士皆陳衣于序東，西領南上。」鄭注云：「士喪禮大斂亦陳衣于房中，南領西上，與大夫異。」「今此又同，亦蓋天子之士」。案：此二經不同，當以士喪禮爲是。蓋序東東向，宜西領而北上；房中北向，宜南領而西上。小斂君陳衣于序東，西領北上。大夫、士皆當陳衣于房，南領西上。喪大記謂大夫、士陳衣于房，亦西領北上，非也。大斂士亦陳衣于房中，以衣三十稱，房中尚可容也。大夫衣五十稱，房中不能容，故陳于序東。君衣百稱，序東又不能容，故陳于庭，于庭南向，宜北領而西上，于序東則宜西領北上。喪大記「西領南上」與小斂「西領北上」不合，疑是傳寫之譌。而謂士亦陳衣序東，恐不如士喪禮之確也。鄭注以爲喪大記言天子之士，殊爲曲説。鶚于飯含考辨之詳矣。

天子大小斂陳衣，經記無文。以理推之，小斂亦當陳衣于序東，西領北上；大斂亦當陳衣于庭，北領西上。是則小斂陳衣士與大夫同，諸侯與天子同。大斂陳衣士與大夫異，大夫與諸侯異，而天子與諸侯不異者，以不可陳于門外，故亦于庭，小斂于户内，陳衣于序東，序東與户相近也。大斂于阼，陳衣于庭，當即在階前，亦與阼相近也。衣爲斂尸之用，故宜相近，必不可陳于門外也。所謂禮窮則同也。衣之稱數既異，則陳衣之地不妨同矣。又案：士之房狹隘而陳衣三十稱，當必有重行之法，然則陳于序東與庭亦當重行，此以理推之而可知者也。汪瑟菴師曰：「析義精當，辨難賈天子之士説尤確。」

玄端服考

玄端服者，禮服之下者也，服之尊卑係於冠，冕服爲上，弁服次之，冠服爲下。玄端服玄冠，故爲禮服之下者也。然自天子至于士皆服之，其用至廣。鄭氏三禮注釋玄端服，其誤有九。後儒從而衍之，其謬更甚。

一曰，玄端與朝服同，特異其裳。士冠禮「玄端」注云：「玄端即朝服之衣，易其裳耳。」案：玄與緇有別。緇者，正黑色。玄者，黑青色也。朝服緇衣，玄端玄衣，是其色不同也。鄭謂：「六入爲玄，七入爲緇。」其色相近，故謂玄衣即緇衣。然六入爲玄於經無據。毛公詩傳、許氏說文皆謂「黑中有赤色爲玄」，其說固非。然亦可見玄非正黑色也。散文玄與黑通，如月令冬月器服玄色即黑色，然考訂典禮必須辨別，不可混也。玄爲黑青，詳閒色說。且其制亦迥異。朝服，大夫以上，其冠皆委貌，委貌爲弁制，所謂冠弁也。弁有笄，國語所謂「委笄」也。惟士玄冠，侯國士不得從大夫服冕，故朝服亦不得從大夫服委貌。天子之士得服冕，朝服亦當委貌矣。故少牢饋食禮朝服不言玄冠，士冠禮朝服必言玄冠，鄭以委貌爲玄冠，非也。

玄端，則自天子至士皆玄冠，是朝服玄端之冠異矣。朝服素韠，玄端則爵韠；朝服白屨，朝服屨無明文，古人屨色象裳，士冠禮「皮弁，素積，白屨」。朝服亦素裳，則亦白屨也。玄端則黑屨，是韠屨又有異矣，安得謂但易其裳乎？

一曰，玄端天子、諸侯朱裳，大夫素裳，與士異。玉藻云：「韠，君朱，大夫素，士爵韋。」鄭注云：「此玄端服之韠也。天子、諸侯玄端朱裳，大夫素裳，惟士玄裳、黄裳、襍裳也。」按：此經但言「韠」，下文又云「韠下廣二尺，上廣一尺，長三尺」，襍記亦有此文，是泛言韠之制也，安見必爲玄端服之韠乎？夫朱裳，裳之最貴者，惟冕服有之，玄端爲禮服之下者也，豈得與冕服同朱裳乎？且天子、諸侯齊服亦玄端，詳後文。服宜純玄，若朱裳則陽色甚著，非陰幽之義矣。大夫服素裳以齊，亦與陰幽義不合。朝服緇衣素裳，玄端玄衣素裳，亦近于混。又玉藻云：「無君者不貳采。」此謂大夫、士去位服玄端，上下同玄色也。若大夫素裳，則非不貳采矣。又屨人「掌王之服屨」有黑舄，是玄端服之舄，本鄭注。若裳朱而舄黑則不稱矣，大夫與士同黑屨，複下爲舄，禪下爲屨。舄貴屨賤，大夫當用屨也。若服素裳亦不合矣。況冕服、皮弁、朝服大夫、士之裳皆與天子諸侯同，何獨至玄端而君與大夫、士別爲三乎？然則自天子至于士，玄端皆玄裳也。士冠禮雖竝列「玄裳、黄裳、襍裳」，而以玄裳爲首，舉是玄端以玄裳爲正，故有袀玄之稱，淮南子：「尸祝袀袨。」蓋玄端爲上下通用，齊服宜于幽玄也。黄裳、襍裳，大夫以上不服，士雖閒有，此亦不服，以齊也。玉藻所謂「韠，君朱，大夫素，士爵韋」者，蓋服雖可兼用，而亦必有其正。冕、弁、冠尊卑之差等也，冕服爲天子、諸侯之正，皮弁朝服爲大夫之正，玄端服爲士之正。鄭注内則云：「玄端，士服也。」故以朱韠屬之君，素韠屬之大夫，爵韠屬之士也。鄭以爲祭服稱韍，他服稱韠，故朱韠不指爲冕服。按：韠即韍，二字義同，詩言：「赤芾金舄，赤芾在股。」此朝會之服，非祭服也，朝服可稱韍，祭服豈不可稱韠乎？陳祥道以此韠指祭服，然士祭與大夫同朝服，詳後。亦未爲合也。

一曰，玄裳、黄裳、襍裳，以士三等而别。士冠禮云：「玄端，玄裳、黄裳、襍裳可也。」鄭注云：「上士玄裳，中士黄裳，下士襍裳。」按：玄端主于玄裳，中、下士亦有服玄裳時，士冠禮云：「主人玄端，兄弟畢袗玄。」注：「古文袗爲均。」袗，當爲袀字之譌，篆文袗與袀相似，均與袀聲近義通。均之爲言同也，衣裳皆玄，故曰均玄。左傳「均服振振」，亦以韋弁服衣裳皆韎色也。服虔注以均服爲黑服，此可以解士冠禮之「均玄」，不可以解軍事之「均服」也。杜注云：「軍事上下同服，上下當指衣裳。」孔疏以爲「貴賤同服」。此非同義，然軍服貴賤亦不殊，義得兩通。夫兄弟之中必有未仕者，即仕亦不必爲上士，是知中、下士皆可服玄裳也，蓋玄端爲士之常服，雖學士未仕者亦得服之，初冠服玄端見于君及鄉大夫、鄉先生，其事重皆必服玄裳以從其正，豈必中士黄裳、下士襍裳乎？玩經文，「可也」二字是不定之詞，上士雖以玄裳爲主，而事輕者亦可服黄裳。古者，士燕居深衣，賓主相見則服玄端服。若是尋常賓主之禮，上士黄裳可也。中下士雖以黄裳、襍裳爲主，而事重者亦可服玄裳，如鄭説劃分三等拘于品級，與「可也」二字不合矣。

一曰，襍裳前後異色。鄭注士冠禮云：「襍裳者，前玄後黄。」判然兩色，不可言襍，且冠禮云前後與左右同。晋獻公賜太子申生偏衣，左右異色，狐突知其有殺之之心。蓋自古所未有也，曾謂先王之法服而有前後異色者乎？竊疑襍裳當是玄黄合色，易文言傳曰：「玄黄者，天地之襍也。」是謂玄與黄襍，玄黄襍色與雀色相似，故用爵韠也。詳爵弁考。玉藻言「裳閒色」，謂纁裳爲赤黄之閒也。赤黄閒色既可用，則玄黄閒色亦可用矣。蓋玄黄相閒，襍爲天地之合，與騶色之水土相克者異也。

一曰：士不侈袂廣袤等，故名爲端。司服「玄端」注云：端取其正也，「士衣袂皆二尺二寸，而屬幅廣袤等也」；「大夫以上侈之，蓋半而益一，其袂三尺三寸」。按：朝祭之服，衣袂皆二尺二寸，故皆有端名，不特玄端服也。樂記言：「端冕而聽古樂。」是冕服名端也。左傳言：「晏平仲端委，立于虎門之外。」是朝服名端也，餘可類推。禮惟言「弁經服」其褏侈袂。少牢：「主婦綃衣侈袂。」可知其餘皆不侈袂也。若大夫以上皆侈袂，何以言端冕、端委乎？陳祥道嘗〔二〕辨之。

一曰，齊服玄端，惟士有之。司服云：「其齊服有玄端、素端。」鄭注云：「士齊有素端者，亦爲札荒有所禱請。」是鄭以齊服、玄端專屬之士也。按：此文雖在士凶服下，其實非專承士言，句在一節末是總結法，謂自王以至于士，齊服皆有玄端、素端也。王之祭祀、兵事、眡朝、凶事、弔事服皆詳舉，惟齊服不見，可知此句齊服包王在内也。玉藻云：「玄冠丹組纓，諸服之齊冠也。」諸服惟玄端玄冠，是諸侯齊服亦玄端矣。上文「玄冠朱組纓，天子之冠也」，亦當是齊冠，傳寫誤脱「齊」字耳。此文兩言「齊」，一言「既祥」，一言「子姓」，一言「不齒」，皆詳其所用，何獨天子之冠不言所用乎？天子冠

〔二〕王士駿校勘記：「元譌『嘗』作『常』，今正。」案：陸刻本亦作「常」，孫刻本作「嘗」。

與諸侯冠連舉，其亦爲齊冠明矣。注疏以爲始冠之冠，果爾經何不言乎？郊特牲云：「齊之玄也，以陰幽思也。」玄色陰幽，故齊必服玄端，無貴賤之異。又鬼神屬天，國語：「南正重司天以屬神。」可證。玄色黑青象天，故齊服不用緇而用玄也。玄端本次于朝服，而朝服緇衣。玄端乃玄衣者，以其爲上下通用齊服也。郊特牲言「天子之祭」，可知「齊之玄」數字即天子亦在内也。鄭注旅賁氏云：「王齊，服衮冕。」不知齊、祭必異服，自天子以至于士皆然，以祭重于齊，不可無別，又齊服取陰幽之義，不尚文飾。祭貴盛服，必致其華美也。衮冕甚文，齊服豈宜此乎？玉藻孔疏又謂天子之祭玄冕，祭則玄冠齊絺冕，祭則玄冕齊以此差之可知。此説齊、祭雖有別，然總不知齊不可冕服之義，其失均矣。

一曰，士祭服玄端，與大夫異。鄭注特牲饋食禮云：「主人服玄端。」按：記云：「特牲饋食其服皆朝服，玄冠，緇帶，素韠。唯尸、祝、佐食，玄端。」不言主人，可知主人與賓及兄弟皆朝服也。祭莫重于主人，安有賓及兄弟朝服，而主人反服玄端乎？鄭注謂：「皆者，賓及兄弟。」誤矣。果如鄭説，記當云「賓及兄弟皆朝服，惟主人、尸、祝、佐食玄端也」。經云：「筮日，主人冠端玄。」又云：「夙興，主人服如初，立于門外，視側殺。」此與筮日、筮尸、視濯、視牲皆玄端，以非正祭也，至祭當易朝服，經不言，文未備也。鄉飲酒禮經不言主人服，記故著之曰「主人朝服」，正與此同。凡賓與兄弟皆從主人服，士冠禮：「主人玄端，兄弟畢袗玄，賓如主人服。」昏禮、鄉飲酒禮、燕禮、射禮、聘禮賓主服莫不皆然，昭其稱也。天子、諸侯之祭冕服，賓助祭者皆冕，亦此義也。雖章數臣有與君異者，然亦惟賓降于主人，未有加于主人服者也。是知賓服朝服，主人必不服玄端矣。且祭與朝竝重，君親竝尊，故朝祭竝重。其服宜同，諸侯冕服以朝，亦冕服以祭，大夫朝服以朝，亦朝服以祭，然則士以朝服朝，亦宜以朝服祭矣。或據襍記云「大夫冕而祭于公，弁而祭于己，士弁而祭于公，冠而祭于己」，是大夫、士自祭服不同，士冠而祭，則玄端也。不知大夫、士朝服衣裳雖同，而冠有異，大夫朝服冠弁，故曰「弁而祭于己」，鄭注以弁爲爵弁，非也。士朝服玄冠，故曰「冠而祭于己」也，安得以冠爲玄端乎。

一曰，士莫夕于君，服玄端。鄭注士冠禮「玄端服」云：「此莫夕于君之服。」案：夕，君服玄端，于經無據。以義推之，臣之見君皆必朝服。士初冠，服玄端見君，未仕者也。若已仕之臣，未有不朝服者，安得以夕而殺其敬乎，且夕于君，非每日常見者也，必君有事特召，或臣有事當奏白，然後進見，豈可輕其服乎？賈疏謂：「卿大夫夕于君當朝服。」夫朝則士與大夫同朝服，莫乃不與大夫同，此何義乎？然則夕君服玄端，必無此禮，明矣。

一曰，大夫、士私朝服玄端。玉藻云：「朝玄端，夕深衣。」注云：「謂大夫、士也。」未言所用。孔疏推明之，以爲大夫、士在私朝之服。案：私朝亦以朝名，君臣之分無異公朝，禮宜朝服。在朝而服深衣尤爲不敬。私居之服其可服於朝乎？深衣非私朝所宜服，則玄端亦非在私朝明矣。或謂鄭指大夫、士燕居之服。然天子、諸侯燕居玄端，大夫、士燕居宜服深衣，若亦服玄端，是上下無别矣。鄭於深衣目録以爲大夫、士燕居之服，可知此朝玄端，鄭不指爲私居之服，或當如孔疏所説也。按：上文云「諸侯夕深衣，祭牢肉」，則食後服深衣可知。天子皮弁以食，卒食玄端而居。諸侯朝服以食，食後亦玄端而居可知。是諸侯燕居朝玄端、夕深衣也，天子燕居朝夕皆玄端，大夫、士朝夕皆深衣，諸侯朝玄端而夕深衣，此上下之等差也。朝、夕不言所事，其爲燕居明甚。非諸侯不得有「朝玄端，夕深衣」，其爲諸侯燕居之服亦明甚。不言諸侯者，承上諸侯夕深衣而省其文也。上文但言「深衣以祭食」，又未言朝玄端以居，故申明之。若此别爲大夫、士禮，當特著大夫、士之文矣。鄭即不指爲私朝而屬之大夫、士，亦非也。此九條者皆有經文可考，亦有義理可推，讀者省之。

笙詩有聲無辭解

笙詩六篇，毛公以爲有其義而亡其辭。亡古通無，或以亡爲亡逸之亡，非也。朱子引鄉飲酒禮、燕禮，以爲南陔六詩曰笙曰樂曰奏而不言歌，則有聲無辭明矣。案：詩必有辭，無辭安得爲詩？鄉射命太師奏騶虞，大射奏貍首，鄭注：「貍首，逸詩也。」鍾師：「以鍾鼓奏九夏，一曰肆夏。」左傳肆夏與文王、鹿鳴俱稱三，謂三章也。鄭注：「九夏皆詩篇名也。」籥章：逆寒暑「吹豳詩」。鄭注：「豳詩，七月也。」夫騶虞、貍首、九夏、豳詩皆有辭亦曰奏曰吹而不言歌。安得以南陔六詩言笙奏而不言歌，遂斷以爲無辭乎？胡竹軒云：有不入樂之詩，亦有不入詩之樂。笙管、金奏，樂之不入詩者也。

竊謂笙管、金奏其樂章亦謂之詩，但詩有用之堂上者，有用之堂下者。堂上之詩弦歌之，堂下之詩笙之管之金奏之。今之詩皆用之堂上者也。鄭氏注「九夏」云：此歌之大者，大司樂：「奏黄鍾，歌大吕。」賈疏謂：歌奏通，「故鄭以金奏爲歌」。「頌之族類載在樂章，樂崩亦從而亡」。又鄉飲酒賈疏云：「笙歌之詩各自一處，故存者併存，亡者併亡。」燕禮記云：「下管新宫。」鄭注：「新宫，小雅逸篇。」是則笙詩六篇蓋皆載在樂經，樂崩從而亡逸〔一〕，非本無辭者也。新宫、九夏亦猶是也。新宫是堂下之詩，鄭謂小雅逸篇，非也。堂下詩未必有風、雅、頌，鄭謂九夏頌之族類，恐亦未然。惟本有辭故有其義而猶傳于世，作序者偶得其義，因連而及之，然此六詩原不在三百篇之數也。史記云：「詩三百五篇，孔子皆弦歌之。」是詩之目三百五篇而止耳，毛公雖以六詩之序襍廁于衆篇之閒，而其分什則自鹿鳴至魚麗爲一什，南有嘉魚至吉日爲一什，而笙詩不與，猶未爲大失。朱子升南陔、白華、華黍於魚麗前，以南陔殿鹿鳴之什，以白華爲什之始，而古經亂矣。汪瑟菴師曰：無辭不害爲有義，如漢魏樂章有聲無辭者甚多，未嘗無

〔一〕王士駿校勘記：「元誤『逸』作『逃』，楊正。」案：陸刻本作「逃」，孫刻本作「逸」。

義也。蓋笙管、金奏雖無詩，而未嘗無節〔二〕奏，其高下抑揚，具有條理，義即存乎其中，如後人鼓琴而聽者即知其志，豈必詩乎？如孔子知文王操伯牙流水高山之類。詩序六篇其義甚古必有傳受，但樂節已亡無從考定耳。朱子以爲作序者就篇題撰出，非也。郝敬謂腔調之聲即爲辭，不害朱子明以爲如魯鼓薛鼓而亡之，是未嘗無腔調也。即如今琴内之平沙落雁竝無詩辭，只有琴譜耳。亦〔三〕不害其有義也。師涓以琴寫濮上之音，而師曠知之，何必其有辭乎？今中和韶樂有辭，丹陛大樂即無辭，豈非堂上、堂下之别乎？總之，南陔六篇古人本不謂之詩，至毛公作序未經分晰，於是後之説者遂以象爲維清，新宫爲斯干，時邁等爲肆夏、樊遏、渠，而古義失矣。

特磬考〔三〕

古者天子之樂有特磬。特磬者，玉磬也。五禮通考分玉磬、特磬爲二，非也。玉磬最尊，故惟天子有之。諸侯惟有編磬，以石爲之，無特懸之玉磬也。郊特牲以擊玉磬爲諸侯之僭禮，可知諸侯不得有玉磬矣。明堂位言：玉磬，「四代之樂器也」。明是天子之制，而謂魯得用

〔一〕王士駿校勘記：「『無節』元譌作『爲節』。今正。」案：陸刻本亦作「爲節」，孫刻本不誤。
〔二〕王士駿校勘記：「元譌『亦』作『非』，今正。」案：陸刻本誤與元本同，孫刻本不誤。
〔三〕王士駿校勘記：「王本此篇在卷十三弟四。」

之，蓋魯君僭舞八佾，則亦僭用玉磬也。魯語言臧文仲以「玉磬如齊告糴」。此魯有玉磬之證。左氏成二年傳言：「齊侯以玉磬賂晋師。」是齊亦有玉磬，要皆諸侯之僭禮也。

諸侯有特鐘，無特磬。大射儀云：「阼階東，笙磬西面，其南笙鐘，其南鑮，皆南陳。」「西階西，頌磬東面，其南鐘，其南鑮，皆南陳。」鄭注：「東方鐘磬謂之笙，西方鐘磬謂之頌，皆編而縣之。鑮，如鐘而大。」又注周官鎛師云：「鎛，如鐘而大，鎛與鑮同。獨在一虡。」是鎛爲特鐘，諸侯所得有矣。諸侯特鐘有鎛無鏞，詳特鐘考。磬惟言笙磬、頌磬，是諸侯無特磬矣。蓋鐘雖特縣，不止于一，諸侯軒縣，三面則有三鎛。天子宫縣，四面則有四鎛。天子又有十二辰零鐘，皆爲特鐘，非止一鐘也[一]。而特磬惟止一磬，大戴禮所謂「縣一磬，而尚拊」也，惟止一磬，而特以玉爲之，所以爲天子之器，諸侯不得用也。

陸農師以明堂位離磬爲特磬，五禮通考從之。案：經典未有以離爲特者。鄭注云：「離，謂次序其縣。」孔疏謂：「叔所作編離之磬。」是離磬爲編磬也。離之爲言麗，編之

〔一〕王士駿校勘記：「王本此下有『亦詳特鐘考』五字注增多。」案：陸刻本、孫刻本皆無此五字注。

於虡，兩兩相麗故曰離磬，何謂特磬乎[一]？陳暘樂書以大射笙磬爲特磬，不知笙磬于頌磬相對，頌磬既爲編磬，則笙磬安得爲特磬乎？其誤甚矣。

特磬亦在堂下，經典及漢儒傳、注竝無堂上有特磬之説。書益稷云：「戛擊鳴球，搏拊琴瑟以詠。」此謂堂下擊玉磬，合于堂上琴瑟之聲也。鄭注云：「磬，縣也，而以合堂上之樂。玉磬和，尊之也。」是鄭謂鳴球在堂下矣[二]。周頌云：「有瞽有瞽，在周之庭，設業設虡，崇牙樹羽，應田縣鼓，鞉磬柷圉，既備乃奏，簫管備舉。」此天子之樂，當兼有特磬，而與鼓、鞉、柷圉等竝列于庭，則特磬不在堂上可知。其證一也。商頌云：「鞉鼓淵淵，嘒嘒管聲，既和且平，依我磬聲。」毛傳：「依，倚也。」鄭箋：「磬，玉磬也。堂下諸縣與諸管聲皆和平，不相奪倫，又與玉磬之聲相依，亦謂和平也。」玉磬尊，故異言之。夫依者最相近之謂[三]，鞉鼓、管等與玉磬相依，可知特磬在堂下矣。其證二也。特

[一] 王士駿校勘記：「王本『何』下增『得』字、『謂』下增『之』字。」案：陸刻本、孫刻本皆無「得」、「之」二字。
[二] 王士駿校勘記：「王本此下有『請列五證以明之』七字，元本所無。」案：陸刻本、孫刻本皆與元本同。
[三] 王士駿校勘記：「王本作『夫依訓爲倚，最相近者也』，與元本文稍異。」案：陸刻本、孫刻本皆與王本異。

磬與特鐘一類，大射儀樂縣之位，鎛縣在庭[一]。夫特鐘既在堂下，特磬何得在堂上乎？其證三也。郊特牲云：「歌者在上，匏竹在下，貴人聲也。」諸樂器多在下，獨言匏竹者，以匏竹之音輕清悠揚，似宜在上[二]，故特言之。夫匏竹與人聲相近而猶在堂下，則玉磬更可知矣。其證四也。且以本經觀之，下文后夔言「予擊石拊石」，球字从玉，明是玉磬[三]，此云擊石者，从拊石而類言之。又玉與石古亦通稱也。鄭注云：「磬有大小，擊大石磬、拊小石磬。」見周禮疏。大石磬，即玉磬也。爾雅釋樂：「大磬謂之毊。」郭注：「毊形似犁錧。」此説恐非[四]。以玉石爲之，玉石猶言玉也。特鐘大於編鐘，特磬亦必大於編磬，小石磬即編磬也[五]，編磬小故拊之，特磬大故擊之，擊重而拊輕也。上文鳴球言戛擊不言拊，戛擊義同，俗解輕戛重擊，失之[六]。

[一] 王士駿校勘記：「王本此下有『天子十二辰零鐘亦在庭，此特鐘也』十五字，校元本增多。」案：陸刻本、孫刻本皆與王本異。

[二] 王士駿校勘記：「王本作『匏竹假人氣以出，似宜在上』，與元本文義互異。」案：陸刻本、孫刻本皆與王本異。

[三] 王士駿續校勘記：「王本作『球是玉磬』。」案：陸刻本、孫刻本皆與王本異。

[四] 王士駿校勘記：「王本作『磬大小雖殊，形制則一，郭説非也』。駿案：程氏瑶田通藝録磬氏説引爾雅及郭注而爲之解曰：『如犁錧者，謂如耒庛相貫處之折也。車人爲耒，其中地之庛倨句磬折是也。』如其説，則郭注云云，蓋狀毊鼓之直縣，非謂別有形制也。王本説非。故元本不取。」案：陸刻本、孫刻本皆與王本異。

[五] 王士駿校勘記：「王本無此七字。」案：陸刻本、孫刻本皆與王本異。

[六] 王士駿校勘記：「此十二字王本所無。」案：陸刻本、孫刻本皆與王本異。

知此擊石即鳴球矣。樂器以磬爲尊，磬爲乾音，乾八卦之首也。又其音難和[二]，故后夔親擊之，擊特磬而兼拊編磬，則特磬亦必在堂下，其證五也。有此五證，特磬不在堂上甚明。乃僞孔傳云：「球，玉磬[三]，此舜廟堂之樂。」并以戛擊爲柷敔，與搏拊皆在堂上。孔疏又引「歌鐘二肆」，以爲堂上有鐘，後儒悉從其說，而樂縣大壞矣。夫堂上行禮，周旋之地，几、筵、尊、俎所敷陳，安得有寬閒之處以設樂縣，即柷敔不用簨虡亦無地可容。況下文「合止柷敔」次於「下管鞉鼓」之下，其在堂下自明，堂上豈又有柷敔乎？僞孔傳謂上下各有柷敔，謬甚。諸經竝無以戛擊爲樂器者，惟明堂位有此說，此書是漢儒附會，語多荒謬[三]，不足據也。明堂位「拊搏、玉磬、揩戛」連文，皆以爲樂器[四]，明是引用虞書而誤解者。僞孔傳承其誤也。拊是樂器，搏猶擊也。周官、樂記皆專言拊，未有以搏拊爲器名者。明堂位誤以書搏拊二字爲器名，又故倒其文，僞孔傳及鄭注因皆以搏拊連稱，失之矣。周官太師云：「登歌，令奏擊拊。下管播樂器，令奏鼓朄。」朄爲小鼓，拊亦鼓屬，鄭

[二] 王士駿校勘記：「王本無此五字。」案：陸刻本、孫刻本皆與王本異。
[三] 王士駿校勘記：「王本無『球玉磬』三字。」案：陸刻本、孫刻本皆與王本異。
[三] 王士駿校勘記：「王本無此四字。」案：陸刻本、孫刻本皆與王本異。
[四] 王士駿校勘記：「王本無此五字。」案：陸刻本、孫刻本皆與王本異。

注：「拊形如鼓〔一〕。」擊拊與鼓朄相類，則拊亦在堂下矣〔二〕。左傳所言「歌鐘」，謂與歌相應之鐘，即編鐘也。豈有設于堂上者乎？陳氏樂書少變其説，以爲特鐘在堂上。不知特鐘即鎛，與十二辰零鐘皆在堂下者也。惟琴瑟隨歌工而升，見鄉飲酒禮〔三〕。以歌必與弦相比，故琴瑟不得在堂下，且非在虡之物，亦不礙於行禮也〔四〕。

書以「球拊」與「琴瑟」竝言者，蓋樂始作之時必先擊球、搏拊〔五〕，乃鼓琴瑟以詠，其事皆在下管、閒歌之先〔六〕，而球拊又與琴瑟相應，故連言而以次序之，非謂四器俱在堂上也。特鐘亦先擊，而玉磬爲獨尊，故言特磬而略特鐘。周語云：「金石以動之。」是磬與鐘皆先奏〔七〕。

〔一〕王士駿校勘記：「王本此下有『以韋爲之』四字，校元本增多。」案：陸刻本、孫刻本皆與王本異。

〔二〕王士駿校勘記：「王本此下有『樂記言會守拊鼓拊與鼓連文句知皆爲堂下之樂也』二十一字，校元本增多。」案：陸刻本、孫刻本皆與王本異。

〔三〕王士駿校勘記：「此五字（校案：即「見鄉飲酒禮」）王本所無。」案：依王校元本作「見鄉飲酒禮」，陸刻本无「酒」字，孫刻本奪「鄉」字，今據王校補。

〔四〕王士駿校勘記：「王本作『且不必縣于虡，工降亦降，初不礙于行禮也。』文與元本稍異。」案：諸刻本皆與王本異。

〔五〕王士駿校勘記：「王本『搏拊』上有『次』字。」案：陸刻本、孫刻本皆與王本異。

〔六〕王士駿校勘記：「王本無『閒歌』二字。又此下作『故連言之，非謂四器俱在堂上也。特磬在堂下之説惟江慎修曾辯之，然其説未詳也。』此大小三十四字元本所無，其元本『而球拊，又與琴瑟相應』以下大小四十五字，亦王本所無。」案：陸刻本、孫刻本皆與元本同而與王本異。

〔七〕王士駿校勘記：「王本鐘磬上皆有『特』字。」案：陸刻本、孫刻本皆與王本異。

益稷首言「戛擊鳴球」，此先奏特磬之明證。孟子「金聲玉振，始終條理」之説，當從趙注以爲振揚玉音始終如一，喻孔子合三德而不撓。金音始洪而終殺，玉音終其聲不細。朱注以爲樂之終擊特磬以收其韻，失其義矣。

笄瑱考

古者冕弁之制，上有笄下有瑱，笄所以固冕弁，亦以縣瑱也。皮弁、韋弁、爵弁皆有笄，士冠禮云：「皮弁，笄；爵弁，笄」。弁師言：「五冕皮弁有笄。」而韋弁在皮弁上，其亦有笄可知。亦皆有瑱。冠弁無瑱，而亦有笄者，晋語范文子以杖擊其子，折委笄。委，謂委貌，即冠弁。此冠弁有笄之證。以固弁也。婦人不冠而亦有笄者，所以縣瑱，亦以固副編次也。婦人有瑱者，亦有二笄。安髮之笄，非所以縣瑱也。賈公彦謂婦人止有安髮之笄，非也。若安髮之笄，則服玄冠、緇布冠者皆有之。士冠禮：「坐櫛設笄。」疏云：「笄有二種，一是髻内安髮之笄；一是皮弁、爵弁及六冕固冠之笄。今此櫛訖未加冠，即言設笄者，宜是髻内安髮之笄也。安髮之笄緇布冠亦宜有之。」經不言者，互見爲義也。婦人不盛飾亦有之也。婦人有副編次、縣瑱爲盛飾，非盛飾纚笄而已。特牲饋食禮：「主婦纚笄。」疏云：「笄，安髮之笄。」婦人笄對男子冠，喪服小記云：「男子冠而婦人笄。」安髮之笄謂之鬠笄，見士喪禮。鬠之爲言會也，髮所聚會之也。固冠之笄此冠指冕弁言，冠者大名也。謂之衡笄，衡之爲言横也，横之於首也。周官追師：「掌王后之首服，追衡笄。」鄭司農注云：「衡，維持冠者。」後鄭注云：「追，猶治也。」王后之衡笄，皆以玉爲之，唯祭祀有衡垂于副之兩旁，當耳其下有紞以縣瑱。案：先鄭釋衡不釋笄，殆以衡笄爲一物也。後鄭以衡笄爲二物，左氏桓二年傳云：「衡紞紘綖。」杜注：「衡，維持冠者。」與先鄭同，是衡笄男子亦有之。追師專指王后言，先鄭兼言男子，非也。即固冠之笄也。詩衛風：「副笄六珈。」毛傳云：「笄，衡笄也。」衡笄爲一物明矣。連言曰衡笄，單言曰衡，一也。弁師言「玉瑱」、「玉笄」，左傳言「衡紞」，衡之即笄亦甚明。蓋既有笄，不宜又有衡，苟衡與笄竝設，不亦過于繁複乎？後鄭説非也。何氏楷曾辨之。士喪禮云：「鬠笄用桑，長四寸。」此死者之笄也。生時不用桑，疑當以竹爲之，笄字从竹，古本皆以竹爲之。後王彌文，乃用玉與象。而安髮之笄，仍當用竹爲之與？其長不止四寸，本賈疏。固冠之笄長一尺二寸，喪服云：「吉笄尺二寸。」

天子以玉，諸侯以似玉之石，毛公謂諸侯瑱用美石，詳後文。則笄亦用美石可知。弁師云：「諸侯之繅斿九就，瑉玉三采。」說文云：「瑉，石之美者。」冕旒用瑉玉，則笄瑱亦宜用瑉玉。瑉玉者，美石之似玉者也。下云玉瑱、玉笄，即承瑉玉而言，不云瑉者，省文。又散文通也。凡經典石之似玉者，多通稱玉，非必真玉也。弁師瑉玉故書作「璑」。注云：「璑，惡玉。」名玉之惡者，即石之美者，其義一也。玉之爲物最貴，故非天子不得用純玉，天子玉笏，諸侯象笏；天子玉爵，諸侯象觚；天子玉几，諸侯雕几；天子玉路，諸侯金路、象路，是諸侯不得用玉也。惟襍佩諸侯有玉，然亦玉石相襍。考工記：「天子用全，上公用龍。當讀爲駹。侯用瓚，伯用將。」將，當爲埒字之譌。說文云：「禮，天子用全，純玉也，上公用駹，四玉一石也。侯用瓚，三玉二石也。伯用埒，玉石半相埒也。」佩非止一物，自可玉石襍用。笄與瑱各止一物，故用石也。美石似玉爲玉之次，象又次于美石，大夫、士之笄當以象爲之，賈公彥士冠禮疏說是也。

婦人從夫之爵，則王后玉笄，諸侯夫人以美石，大夫、士妻以象，皆可推而知矣。詩君子偕老篇云：「副笄六珈。」毛傳云：「珈，笄飾之最盛者，所以別尊卑。」鄭箋：

「珈之言加也，副既笄而加飾。」按：傳以珈爲笄飾，當是加于笄者。珈字从玉，當亦石之似玉者也。珈而曰六，必有六數。衛侯爵七命，夫人以偶數故六。由此推之，子男夫人當有四，上公夫人當有八，王后亦有珈玉，數當有十，上下等差分明。毛公所謂「別尊卑也」。諸侯弁飾皆奇數，鄭注弁師云：「上公皮弁璂飾九，侯伯璂飾七，子男璂飾五。」夫人笄飾皆偶數，所以別陰陽也。

瑱之制，縣之以紞，上係于笄，紞與瑱通謂之充耳。詩淇奧篇言：「充耳琇瑩。」彼都人士篇言：「充耳琇實。」此指瑱而言也。著篇言：「充耳以素乎。」而此指紞而言也。旄丘篇言：「褎如充耳。」毛傳：「褎，盛服也。充耳，盛飾也。」冕弁服有充耳，冠服無之。故充耳爲盛飾，鄭箋以充耳爲耳聾，則與「褎如」二字不貫，且詩四言「充耳」，皆指紞瑱言，此句不應獨異也。此兼紞與瑱而言也。毛公以淇奧充耳爲瑱，得之。而以著篇充耳爲瑱，則非也。「尚之以瓊華」與「充耳以素」句相承，「瓊華」當爲瑱。尚者，加也，謂瑱加于紞也。曰素，曰青，曰黃，明是紞之色，若以此爲瑱，則瓊華等爲何物邪？鄭箋以素青黃爲紞，以瓊華、瓊瑩、瓊英爲瑱，是也。淇奧傳云：「琇瑩，美石。」説文琇字、瑩字解皆云：「石之似玉者。」與毛説合。有女同車篇言：「佩玉瓊琚。」渭陽篇言：「瓊瑰玉珮。」别瓊於玉，瓊之非玉可知。又木瓜篇：「報之以瓊瑶。」公劉篇：「維玉及瑶。」瑶非玉甚明。瓊瑶連稱，亦可知瓊之非玉矣。説文訓「瓊」爲赤玉。瓊非玉，亦非必赤色。玉藻言佩玉有白與山玄、水蒼等色而無赤。詩言：「佩玉瓊琚。」瓊非赤色明矣。瓊華、瓊瑩、瓊英爲諸侯、大夫、士之瑱。瑱，不應皆用赤色也。鄭箋亦以瓊爲玉，非也。瓊亦石之似玉者，與瑩相類，故著篇言「瓊瑩」，謂以美石爲瑱也。瓊英、瓊華，言石之有英華者，所謂美石似玉也。本毛傳。毛傳言：「首章士之服，次章大夫之服，末章人君之服。」小序云：「刺時不親迎，是通上下而言，士卑故俟于著，大夫尊故俟于庭，人君更尊故俟于堂。」毛説自確。鄭箋以爲三章皆指人臣言，則既俟著何又俟庭而俟堂？既「充耳以素」何又「以青」而「以黄」乎？其説不可通矣。據此詩兼君臣言，是諸侯至于士瑱皆用美石，但石之中又自有等差耳。

然大夫、士亦有用象瑱者。楚語云：「巴浦之犀犛兕象，其又以規爲瑱。」是謂象瑱、角瑱也。檀弓言：「練有角瑱。」是角瑱惟喪服有之，喪服用角瑱，則象瑱爲吉服所用也。弁師言諸侯皮弁亦用玉瑱，故知象瑱爲大夫、士所用。楚語指人君言，此蓋楚之俗，非禮制也。大夫親迎服冕，士親迎服爵弁。著詩言親迎之禮，而云充耳以瓊華、瓊瑩，是大夫、士服冕與爵弁，皆不以象爲瑱。然則象瑱當惟皮弁、韋弁服有之也。毛傳言：「士親迎用象瑱。」然「素」實非瑱，不足據也。著詩言諸侯、大夫、士之禮，是諸侯黄紞，大夫青紞，士素紞。魯語云：「王后織玄紞〔二〕。」言爲天子織，是天子玄紞。大戴禮言：「黈纊塞耳。」黈爲黄色，亦人君黄紞之證也。士喪禮：「瑱用白纊。」又士白紞之證也。魯語紞言織，則紞非纊可知。詩孔疏云：「紞，織線爲之。」若今之絛繩是也。大戴禮「黈纊」之説，蓋絲或通稱爲纊，非實纊也，死者用纊，則生時不用纊可知。賈疏云古者瑱不用纊，士死則用白纊，此説得之。陳氏禮書謂縣瑱皆以纊，不特死者爲然，非也。纊之爲物，柔脆豈可以縣瑱乎？

玄色象天，黄色象地，故天子玄紞、諸侯黄紞，君臣之分也。然黄爲中色，亦人君之象，諸侯在國爲君，則黄色亦宜。大夫青，士白，皆臣象矣。冕弁皆有紘，紘與紞相似，天子朱紘，諸侯青紘，見祭義。大夫、士緇紘，士緇組紘，見士冠禮。禮器以管仲朱紘爲僭，鄭注謂：「大夫當緇紘。」此説是也。朱者太陽之色，青者少陽之色，天子、諸侯之象也。黑者北方陰色，大夫、士之象也。二者皆别，君臣之象，適相類也，天子玄紞、朱紘，諸侯黄紞、青紘，大夫青

〔二〕王士駿校勘記：「元譌『紞』作『織』，今正。」案：陸刻本誤與元本同，孫刻本不誤。

紞、緇紘，士素紞、緇紘，皆不同色，昭其文也。紘、紞相類，故左傳連言之。紘止一采，則紞亦止一采可知，魯語言「天子玄紞」，其非五采明矣。鄭氏著詩箋謂：「紞，織之。人君五色，臣三色。」蓋以此詩皆言人臣之禮，紞具素、青、黄三色也。考聘禮「繅藉三采」爲朱、白、蒼，鄭注弁師「瑨玉三采」亦以爲朱、白、蒼，紞若有三色，當爲朱、白、蒼，何以素、青、黄邪？且既合三色爲一條，何以先見素，次見青，次見黄邪？玄紞明見于魯語，安得謂人君五色邪？冕繅天子五采、諸侯三采，紞何以天子與諸侯同邪，謬亦甚矣。

婦人充耳當與夫同。君子偕老詩云：「玉之瑱兮。」此亦石之似玉者通稱爲玉耳，非真玉也。追師疏謂諸侯夫人用玉瑱，與王后同誤矣。此皆當辨正者也。汪瑟菴師曰：「按：玉出昆侖，昆侖在漢于闐境，今爲和闐，大荒之地，中國不可常得，古所謂玉大抵皆石。聘禮貴玉賤碈，其實玉、碈對文異，散則通也。瓊爲赤石，碧爲深緑之石，青白間色爲碧。蔥珩其色更深，鄭注「盎齊」謂翁翁然，蔥白色，今之翡翠玉也，美如英與美如玉竝言。英、瑛通，亦石名也，璊亦赤石。故古稱藍田産玉，今藍田無玉，蓋即藍田石耳。雍州「球琳瑯玕」，球、琳爲玉，瑯玕即石之次玉者。」其説甚長，姑略舉之。

大射説

射以大言何？其事之所該甚廣，與射之人甚衆，而天子亦必親爲之，大於賓射、燕射、鄉射，所以名大也。先儒各言其一端，不免疏漏，而將祭擇士之説猶謬。鶚謂大射之事有四：一曰，試諸侯、羣臣之功。書益稷云：「庶頑讒説，若不在時，侯以明之。」傳云：「當行射侯之禮，以明善惡之教。」是射所以試羣臣之善惡也。考工記云：「張皮侯而棲鵠，則春以功。」鄭注云：「春，讀爲蠢。蠢，作也，出也。天子將祭，必與諸侯、羣臣射，以作其容體，出其合於禮樂者，與之事鬼神焉。」案：鄭注沿「將祭擇士」之誤，而讀春爲「蠢蠢以功」，殊爲不詞。蓋大射在春，而以較諸侯、羣臣之有功與否也。王制云：「習射上功。」此其明證。射義云：「古者，天子以射選諸侯、卿、大夫、士。」孔疏云：「諸侯雖繼世而立，卿、大夫有功乃升，非專以射而選，但既爲諸侯、卿、大夫，又考其德行，更以射辨其才藝高下，非謂直以射選之也。」鄭注云：「選士者，先考德行，乃決之于射。」專指士言與經不合。然則選之云者，蓋既知諸侯功過，而又以射擇其有功者，進爵益地，或褒賜車服。卿、大夫、士之有功者亦然。射本以觀德，而功乃德之所著，考其德則知其功必不虚，乃行慶賞也。射義又云：「天子之大射，謂之射侯。射侯者射爲諸侯也。射中則得爲諸侯，不中則不得爲諸侯。」鄭注云：「得爲諸侯，謂有慶也。不得爲諸侯，謂有讓也。」此雖專言諸侯，而卿、大夫、士亦可知矣。弟諸侯尤重于卿、大夫、士。大司馬云：「大射則合諸侯之六耦。」射以六耦爲正，其重試諸侯明矣。此試功之事，大射所最重者也。

一曰，君臣相與習禮樂。射義云：「射者，男子之事也。因而飾之以禮樂也。故事之盡禮樂而可數爲以立德行者，莫若射，故聖王務焉。」又云：「諸侯君臣盡志於射，以習禮樂。」夫設必容體比於禮，音節比於樂，見射義。故習禮樂莫若射也。文王世子云：「春秋，教以禮樂。」而春時陽氣舒和，尤善于秋，故大射必于春也。四射皆以習禮樂，然賓射、燕射因賓、燕而射，射否唯欲主於序歡情，非專以習禮樂，大射則專習禮樂也。且賓射，天子與諸侯射，而羣臣不必皆射。燕射，射者惟羣臣，天子不必親射，諸侯又不與射也。大司樂云：「大射詔諸侯，以弓矢舞。」注云：「舞，謂執弓挾矢，揖讓進退之儀。」

是大射諸侯皆射也。射人云：「若王大射，則以貍步張三侯。王射，則令去侯立于後。」太僕云：「王射，則贊弓矢。」賈疏云：「此謂大射也。」小臣職云：「賓射掌事，如太僕之法。」則知大射此太僕所掌者是也。是大射，天子必射也。司裘云：「大射，共虎侯、熊侯、豹侯。」鄭注云：「王射虎侯，諸侯射熊侯，卿、大夫、士射豹侯。」是大射，天子與諸侯、卿、大夫、士皆射也。賓射、燕射則不若是，鄉射非天子、諸侯之事，更無論矣。故曰：「君臣相與習禮樂，惟大射也。」盛氏世佐主此説。蓋古者天子不若後世人主之自尊，故亦與羣臣習射，揖讓升降以習禮樂，而盛世交泰之風于此見焉。夫惟大射以習禮樂，故必在大學之中。大學者，教習禮樂之地也。賓射、燕射非專習禮樂，故在宮寢之中，而不在大學也。鄉射，亦以習禮樂，故于庠序之中。然鄉學之小，不如國學之大矣。大學在南郊，凡有五學。詳學制考。大射當在東膠，東膠亦曰東序。孟子曰：「序者，射也。」則東序于習射宜。文王世子言，學干戈于東序。射以弓矢，亦干戈類也。養三老五更亦于東序。周官每以大饗射連言，則大射在東序甚明。賈公彦〔二〕謂：大射在西郊虞庠，

〔二〕「賈公彦」，陸刻本、孫刻本皆誤作「孔沖遠」，王氏未出校記。

非也。見司服疏。白虎通云：「東方者，春也。大射在春，故于東學。」此又理之必然者矣。司服云：「王饗射，則鷩冕。」賈疏以爲此大射。注云：「饗食、賓客，與諸侯射。」似以爲賓射，失之。蓋大射專習禮樂，又羣后咸在，故冕服以隆其事，不若賓射、燕射之弁服也。賈疏謂：「燕射，朝服；賓射，皮弁服。」案：諸侯朝服以燕，則天子宜皮弁服以燕也。

一曰，試諸侯之貢士。射義云：「古者天子之制，諸侯歲獻，貢士於天子，天子試之於射宮。」射宮，即大學東序也。注云：「三歲而貢士。」疏云：此據尚書大傳也。周官言，三歲賓興賢能。則諸侯貢士，必以三年，伏生書傳所言自確。而射義言歲貢者，蓋就一國而言，則三年貢士統諸國而言，則每歲皆有所貢之士，故曰歲貢也。小行人：「令諸侯春入貢。」貢物以春，則貢士亦以春可知。諸侯貢士在春，故天子以大射試士亦在春。貢士每歲行，故大射亦每歲行。與考工記「春以功」之説正合也。孔撝約引主此説。三朝記云：「天子以歲二月爲壇於東郊，與諸侯之教士射。」此亦一證。諸侯國有遠近，二月可以畢集。且入學習舞在仲春，大射以習禮樂，亦宜在仲春矣。但射宮當在南郊大學，而謂爲壇於東郊，則不可信也。孔撝約引此不加駁正，失之。射義又云：「澤者，所以擇士也，已射於澤，然後射於射宮。」鄭注云：澤，宮名也。士，謂諸侯所貢士也。孔疏云：「澤所在無聞，蓋於寬閒之處，近水澤而爲之也。」案：射宮在明堂之左，澤宮疑亦在明堂圜水之内，故得澤名。詳明堂考。射于澤宮亦是大射，當使大臣臨之，天子不親往也。至射于射宮，天子乃親視之，貴德尊士之義也。夫諸侯之將貢士，必以大射選之，先是鄉大夫以鄉射禮選士，進于諸侯，諸侯又以大射試之。而天子于諸侯所貢士，亦必以大射試之。信乎？觀德行者，莫如射矣。

一曰，順達陽氣。白虎通云：「天子所以親射何？助陽氣達萬物也。春氣微弱，恐物有窒塞，不能自達者。射自内發外，貫堅入剛，象物之生，故以射達之也。」漢書五行志云：「春而大射，以順陽氣。」東京賦云：「春日載陽，合射辟雍。」皆與白虎通合。仲春之時，陽氣尚未盡達，故以大射達之。大射于南郊之東序，東南皆陽方，此亦順達陽氣之意也。大學教舞干戈亦以仲春于東序。干戈，武舞，主于發揚，武車舒旌，亦此義。猶射之順達陽氣也。然順達陽氣，此義非王者所重，班氏專以此釋大射，失之隘矣。

凡此四事，皆大射之義。然非一事爲一射也。賓射、燕射，射之小者，無定時，亦無定數。大射爲重禮，當不數行，惟于春一舉之耳。澤宮大射，天子不親，非正大射也。此猶公卿之大射，不在天子大射之數。蓋以試諸侯、卿、大夫、士之功爲主，列國貢士亦併試之，天子乃亦親射以習禮樂，而諸侯、羣臣、諸貢士之射，莫非所以習禮樂也，至順達陽氣之意又何嘗不寓於其中乎？

諸侯大射亦有四事，略與天子同。大射儀云：「射人戒諸公、卿、大夫射，司士戒士射。」是射夫亦甚衆矣。諸公，鄭氏以爲大國之孤，然孤一人，何以曰諸？孔撝約以爲附庸之君。竊謂當兼言之，附庸爲大國之屬，諸侯亦得以射試之也，侯國有鄉學，賓興之士亦宜以射試之。大射儀三耦之後有衆耦，鄭注云：「衆耦，士也。」鄉學所升之士蓋在其中矣。三耦卒射後君亦親射，與賓爲耦，所以習禮樂也，公入奏驁，是射宮亦在郊。諸侯有三學，詳學制考。大射亦當在東學也。大夫大射祇無試貢士之事，餘亦與諸侯略同。蓋大夫亦有臣也。弟其臣甚少，故射人云：「卿大夫以三耦，射一侯。」一侯，麋侯也。見司裘。降于諸侯之四耦、三侯也。大射儀是諸侯之禮，有三侯，而射人言「諸侯二侯」，疑傳寫之譌。蓋天子、諸侯各三侯，大夫、士各一侯也。士亦有大射，射人云：「以三耦射豻侯。」大射儀言：「士射干。」其明證也。鄭注射人以爲賓射，非也。先儒皆謂士無臣，故無大射，然考之特牲饋食禮有宗祝、佐食、雍人所謂

「有司」也。士冠禮云：「有司如主人服。」注云：「有司，羣吏有事者。」謂主人之吏所自辟除，府史以下也。夫羣吏雖不可謂臣，而既爲士治事，即當考校其功，豈得無大射乎？史記云諸儒大射于孔子冢，顧亭林謂冢在講堂之後，弟子于堂行大射，此亦可見士有大射矣。

大夫、士大射之地，先儒謂不可考。案：鄉射記云：「唯君有射于國中，其餘則否。」是大夫、士之射在郊。射義云：「孔子射於矍相之圃。」鄭注：「矍相，地名。」此當爲大射。孔疏以爲賓射，非也。蓋大夫、士大射皆于國外射圃也。圃之中亦當有堂，可先于此燕飲，故射義有「揚觶」之文也。

若夫將祭擇士之説，于事理不合。大射儀、周官竝不言將祭擇士。考工記言「春以功」，祭豈必在春乎？周官言祭祀之事各有定職，豈待以射擇之？若諸侯貢士大約至仲春方集京師，而祭以首時必不及助祭矣。且天子羣臣甚多，又有諸侯來朝者，助祭之人已有餘，何必取侯國新進之士乎？射義云：「諸侯貢士於天子，天子試之於射宫，中多者得與於祭，中少者不得與於祭，數與於祭而君有慶，數不與於祭而君有讓，數有慶而益地，數有讓而削地。」先儒之説多本此。夫天子慶、讓，諸侯益地、削地，必視諸侯一身之功罪，功罪既聞而更以射明之，如篇中所云「射中則得爲諸侯，不中不得爲諸侯」，乃可通也。豈有以貢士射之中不中，行慶、讓于其君，且益地、削地乎？此言殊謬，而擇士以助祭之非，猶可勿論也。學者以爲經文必當尊信，不知射義、昏義等篇非經也，乃禮經之傳也。傳者解經豈必盡當，擇善而從勿爲所惑可耳。敖繼公謂「飲酒而射」，則大射與燕射何異？此不待辨而明者也。

卷十二終

求古録禮説卷十三

臨海誠齋金　鶚

祭天神地示不求神説

古者，宗廟之祭必先求神，而祭天神地示則否。蓋人鬼與神示異也，郊特牲云：「魂氣歸于天，形魄歸于地，故祭求諸陰陽之義也。」用鬱鬯之酒灌地，所以求神於陰；取膟膋和蕭焫之，所以求神於陽。此皆在正祭之先，以必先求神，神既格而後可享也。若天神地示英靈昭著在人耳目，非若人鬼之歸於杳茫者比，則何必先求神而後享之哉。是故宗廟之祭有灌，而祭天神地示，秬鬯尊而不灌，其意可見矣。唐永徽中，許敬宗言天燔柴、地瘞血皆貴氣臭用降神。羅泌以周官求牛爲求神之牛，謂燔以降神，享牛則用以祀神。陳祥道禮書云：周人尚臭，「升煙、瘞埋，乃臭氣也。則天地之燔瘞，在行事之前矣」。是亦以燔、瘞爲求神也。元豐元年，陳襄言陰祀自血始，瘞、血以致神明，不可不在先。亦求神之説也。近秦蕙田五禮通考謂：「祭必先求神，祀天之禮燔柴爲重。」世儒皆以爲然，而不知其説之謬也。案：周官大宗伯云：「以禋祀祀昊天上帝，鄭注云：「禋之言煙。」詳燔柴瘞埋考。以實柴祀日、月、星、辰，以槱燎祀司中、司命、飌師、雨師。以血祭祭社稷、五祀、五嶽，以貍沈祭山林、川澤。」覲禮記云：「祭天，燔柴。祭地，瘞。」祭法云：「燔柴于泰壇，祭天也。瘞埋于泰折，祭地也。」爾雅云：「祭天曰燔柴。祭地曰瘞埋。祭山曰庪縣。祭川曰浮沈。」説文云：「燒柴焚燎以祭天神。」是則燔柴、瘞埋與血祭正所以享神，而非所以求神也。求神之説經無明文，鄭注三禮亦無之。先儒特以人鬼爲例，不知其禮有不同也。天神在上，故燔柴以上達於天。地示在下，故瘞埋以下達於地。血祭之法當是以血灌地，亦使其氣之下達也。賈疏謂薦血，何能使氣臭下達于地乎？郊亦薦血，而不謂之血祭，可知血祭非薦血矣。通典以血祭爲瘞血，不知牲幣有形質故須瘞埋，血有氣無質，何必瘞乎？使之實歆其氣味也。人位乎天地之閒，死而爲鬼，魂升天而魄降地，不專在上，亦不專在下。

燔、瘞所以兩無所用也。祭人鬼以灌鬯焫[一]蕭求其神，祭天神地示以燔柴瘞埋享其神，皆有精義存焉，不可以不辨也。後世祭天神地示者，燔瘞皆不于正祭之時，或行于未祭之先，或行于既祭之後，胥失之矣。

天子宗廟九獻辨

天子宗廟之祭，禮經已亡。孔穎達禮記疏、賈公彥周官疏及杜佑通典皆謂天子祭宗廟九獻：灌尸、朝踐、饋食皆二獻，王與后各一酳尸，三獻王與后各一、諸侯之爲賓者一，是九獻也。後儒皆從之，惟陳祥道禮書以灌不與於九獻，而謂朝踐三獻、饋食三獻、酳尸三獻，亦九獻也。案：禮器云：「一獻質，三獻文，五獻察，七獻神。」此泛言獻數，而不言其所祭，則天神、地示、人鬼皆該之。是天子祭宗廟七獻而已。一獻，小祀也。三獻、五獻，次祀也。七獻，大祀也。大祀止七獻，宗廟無九獻可知。天神、地示、人鬼此秩序之典，人鬼不得過於天地也。先儒皆謂

[一] 案：陸刻本、孫刻本皆作「炳」，誤。

天子祭天地七獻，而祭宗廟乃九獻，豈禮也哉？或謂禮有以少爲貴者，宗廟三牲、祭天特牲，則祭天七獻、宗廟九獻宜也。不知七獻已甚多，不得謂之少，若謂以少爲貴則祭天當一獻矣[一]，何以七獻也？既用七獻乃是以多爲貴，故知宗廟不得過于天地也。祭天王服大裘冕十二章，而祭先王服衮冕九章，是亦以多爲貴，不可執特牲一端，而謂皆以少爲貴也。

考之周官灌不得爲獻。大行人云：「上公，王禮再裸而酢。裸與灌同。饗禮九獻。」是灌不在獻内也。司尊彝云：「春祠、夏礿裸用雞彝、鳥彝，其朝踐用兩獻尊，其再獻用兩象尊。秋嘗、冬烝裸用斝彝，其朝獻用兩著尊，其饋獻用兩壺尊。」朝踐，猶朝獻也。別灌于獻，灌之非獻甚明。蓋獻必以五齊，禮運云：「醴醆以獻。」醴，醴齊也。醆，盎齊也。而灌用鬱鬯，非五齊也。獻必以玉爵，大宰云：「享先王，贊玉爵。」鄭注云：「宗廟獻用玉爵。」明堂位云：「爵用玉琖仍雕。」鄭注云：「爵，君所進于尸也。」而灌用玉瓚、大圭，非玉爵也。獻必在堂，而灌于大室非在堂也。獻必有俎，而灌時尚未迎牲，郊特牲云：「既灌，然後迎牲。」未有俎也。獻尸必飲，而灌鬯用以灌地，尸不飲也。郊特牲云：「灌用鬯臭，臭陰達于淵泉。灌以圭璋，用玉氣也」。又

[一] 王士駿校勘記：「楊云：『知宗廟』三字衍。駿案：此蒙下『故知宗廟不得過於天地』句而衍。」案：「則祭天當一獻矣」上之「知宗廟」三字頗不詞，王校、楊説可從，陸刻本、孫刻本與元本誤同。今據王校本删。

云：祭求陰陽，「周人先求諸陰」。是灌所以求神，非所以獻神也。安得以灌爲獻哉？說者據祭統「獻之屬莫重于祼」，遂謂灌即是獻，不知對文灌與獻別，散文灌與獻通，以灌酌鬱鬯授尸，祭統云：「君執圭瓚祼尸。」是君不自灌地，而授尸以灌也，尸受鬱鬯即以灌地。鄭注小宰謂：尸〔一〕鬱鬯，「祭之、啐之、奠之」，與求神義不合，恐未是。有似於獻，故以爲獻之屬耳。灌弟可通稱爲獻，而實非正獻之禮，安得并數之以爲九獻乎？若灌可列於獻，則酳尸之後有加爵，亦可列於獻乎？祭統謂「尸飲九」，是合加爵言之，謂之「飲」不謂之「獻」也。灌不得爲獻，則止有七獻，無九獻矣。

陳氏不以灌爲獻，自是卓識，而謂朝踐、饋食、酳尸皆三獻，則亦失之。夫祭之禮，王與后交獻衆子弟、賓客，不得混之。如陳氏說，王與后各一獻之後，其末一獻誰爲之邪？且天子無九獻，又可以特牲、少牢饋食禮斷之。特牲士祭禮，少牢大夫祭禮，皆三獻。由是上推，諸侯宜五獻，天子宜七獻矣。若天子九獻，則諸侯七獻，大夫可五獻，何乃與士同三獻乎？覩于大夫、士同三獻，天子無九獻可決矣。賈公彦謂天子與上公同九獻，侯、伯七獻，子、男五獻。夫上公雖貴，亦諸侯也。諸侯豈得與天子同哉？或謂上公得用

〔一〕案：「尸」，周禮鄭玄注作「凡」。

先代禮樂，故可與天子同。不知上公可用先代天子之禮樂，而不得用本朝天子之禮樂。先代可用者，子孫統承之義也。本朝不得用者，臣下不僭之義也。先代禮與本朝異者乃可用之，如殷尚白，微子白馬來朝是也。若先代禮與本朝同者則不得用，用之則僭矣。

凡公以九爲節者，天子必皆十二。公圭九寸，天子尺有二寸；公冕服九章，天子十有二章，是也。天子不以十二爲節，則公與侯、伯、子、男同。如天子堂九尺，諸侯皆七尺；天子舞八佾，諸侯皆六佾；公不得獨異也。禮莫重於辨上下，若公與天子同九獻，是上下無別，禮之大節紊矣。故知天子無九獻也。鄭氏注祭統云：「尸飲五，謂酳尸五獻也。」是二灌不與獻數，似鄭謂天子止七獻。然注禮器「七獻神」以爲祭先公，不言先王，又似天子有九獻矣。祭祀國之大典，故詳考而明辨之。

五帝五祀考

五帝五祀，先儒考之未詳，説者多謬〔一〕。案：五帝爲五行之精，佐昊天化育，其尊亞

〔一〕「謬」，陸刻本作「誤」。

於昊天。有謂五帝即天者，非也。詳禘祭考[一]。月令云：春帝大皞，夏帝炎帝，中央黄帝，秋帝少皞，冬帝顓頊，此五天帝之名也。伏羲、神農、軒轅、金天、高陽五人帝，以五德迭興，故亦以五天帝爲號，若月令所言則天帝也。鄭注月令以五帝爲人帝，豈伏羲諸帝以前無司四時者乎，其亦誤矣。周官注引春秋緯文耀鉤謂蒼帝靈威仰、赤帝赤熛怒、黄帝含樞紐、白帝白招拒、黑帝汁光紀，以此爲五帝正名，而不知其怪妄不足據也。五行氣行於天質具於地，故在天有五帝，在地亦有五神，五神分列五方，佐地以造化萬物，天子祀之謂之五祀。月令云：春神句芒，夏神祝融，中央后土，秋神蓐收，冬神玄冥，即五祀之神也。説者或以五神爲人神，非也。左昭二十九年傳云：「少皞氏有四叔：曰重，曰該，曰脩，曰熙。」「重爲句芒，該爲蓐收，脩及熙爲玄冥。」「顓頊氏有子曰犂，爲祝融。共工氏有子曰句龍，爲后土。」此五官有功於世，故配食於五神。若月令句芒等則非人神也，鄭注以爲五人神，抑又誤矣。左傳以五祀與社稷竝稱，是地示非天神也。對文天曰神、地曰示，散文示亦曰神，故月令五者皆曰神。周官大宗伯：「以血祭祭社稷、五祀、五嶽。」列五祀於社稷、五

[一] 案：陸刻本、孫刻本皆作「禘考」，當作「禘祭考」，金書無「禘考」一篇。

嶽之閒[一]，而以血祭祭之，其爲地示尤明。鄭司農注云：「五祀，五色之帝。於王者宮中曰五祀。」夫五帝爲天神何得血祭？又何得祭於宮中？其説甚繆。後鄭注謂五祀者五官之神，因引重、該等解之，然此乃人神，安得列於社稷、五嶽之中而血祭之也？抑又誤矣。大宗伯言：「以禋祀祀昊天上帝以實柴祀日、月、星、辰，以槱燎祀司中、司命、飌師、雨師。」歷舉天神而不及五帝。小宗伯言：「兆五帝于四郊，四望、四類亦如之。」兼舉天神、地示而不及五祀，蓋大宗伯言五祀而不言五帝，小宗伯言五帝而不言五祀，乃互見之法也。大宗伯以昊天上帝該五帝，小宗伯以五帝該五祀，乃省文之法也。鄭注大宗伯云：「祀五帝亦用實柴。」案：天神有禋祀、實柴、槱燎三等，以禋祀爲首。地示有血祭、貍沈、疈辜三等，以血祭爲首，正自相當。祭地亦血祭，本鄭注。五祀卑於地二等，社稷卑於地一等，五祀次於社稷，卑二等。尚得與地同血祭，豈五帝爲天之亞，而不得與天同禋祀乎。司服云：「祀昊天上帝服大裘而冕，祀五帝亦如之。」典瑞云：「四圭有邸，以祀天，旅上帝。」此上帝即五帝也。本鄭注。服與圭皆與天同，其同爲禋祀明矣。五帝之壇當各依五行

[一] 案：孫刻本作「間」，陸刻本作「閒」，全書例作「閒」，今據陸刻本改。

之數，青帝兆于東郊八里，壇用青土；赤帝兆于南郊七里，壇用赤土；白帝兆于西郊九里，壇用白土；黑帝兆于北郊六里，壇用黑土；黄帝兆于南郊五里，在未方，未是季夏，土氣最旺，又未爲坤方，坤土也。壇用黄土。五祀亦當兆于四郊，其壇土色與五帝同，而其制小而且卑，皆可推而知矣。四圭有邸特有，故而旅則用之，若其正祭之玉，必各依方色。大宗伯云：「以青圭禮東方，以赤璋禮南方，以白琥禮西方，以玄璜禮北方。」鄭注云：「禮東方以立春，謂蒼精之帝，而大昊、句芒食焉。禮南方以立夏，謂赤精之帝，而炎帝、祝融食焉。禮西方以立秋，謂白精之帝，而少昊、蓐收食焉。禮北方以立冬，謂黑精之帝，而顓頊、玄冥食焉。」考四方之神不止五帝，鄭但以五帝解之，舉其重者耳。其實青圭等玉非徒以祀五帝也。五祀、四望皆可謂四方。詳四方之祭解。此經下文云：「牲幣各放其器之色。」而牧人云：「望祀各以其方之色牲。」則四望之玉亦用青圭等甚明。五祀在四望之上。四望是嶽瀆之神，次於五祀。詳四望考〔一〕。亦必用青圭等玉，無不可推而知也。黄帝之玉鄭注未之及，以方色推之，蓋與地同用黄琮。五帝以黄帝爲尊，其與地同宜也。此節注止言「四立

〔一〕王士駿校勘記：「案：『解』當作『考』。」案：陸刻本、孫刻本皆作「解」。今據王校改正。

迎氣」，而上文「五祀」注言：「迎五行之氣于四郊。」賈疏遂謂：四立之日迎氣在四郊，并季夏迎土氣，是五迎氣。不知一年止有四時，四時所以成歲，王者重之故親迎于四郊。中央土無正位，不成一時，安必有郊迎之禮？若果有之，當於夏季土旺十八日之中，遇戊己日行事，與四立之祭亦不殊也。

至于配食之法，當以五人帝配五帝，五人神配五神，如立春祭青帝，以伏羲配食；又祭句芒，以重配食，如是乃得其稱也。鄭以大昊爲人帝、句芒爲人神皆配食青帝，君臣竝配既無尊卑，一神二配亦復不稱矣。若夫合祭五帝當在夏正孟冬。大宰職云：祀五帝，「前期十日，帥執事而卜日」。鄭注云：「祀五帝，謂四郊及明堂。」不知四郊之祭各有定日，安用卜？此「祀五帝」必合祀，非四郊之祭也。明堂祭上帝本是祭天，五帝特從祀耳。鄭謂明堂祭五帝，既非嚴父配天之禮，而季秋之時又未可以服大裘，其説不可通矣。明堂五帝既從祀，不當復設五神之位。鄭謂武王配五神，其謬尤甚。詳禘祭考。明堂既不合祀五帝，則知合祀五帝當在南郊。蓋别爲一壇設於丙己方，以昊天壇既在正午，宜避之而偏於東，象太微垣之五帝座也。祭於孟冬，四時既具又可服裘，無不宜矣。國有故而旅，亦當合祀五帝，其禮視四立專祀爲隆，故禮器云：「大饗之禮不足以大旅，大旅具矣。」鄭注：「大旅，祭五帝也。」旅是有故而旅，曰「大旅」。則合祀可知矣。五祀亦有合祭，其壇亦當在南郊。其時亦當在夏正孟冬，或在祭五帝之後，或即與五帝同日行之。若至仲冬，於周正爲孟春，不可合祭矣。月令：孟冬，「祈年于天宗」。鄭注以天宗爲日、月、星〔二〕。日、月、星合祀在孟冬，五帝、五祀亦於孟冬合祭，其義一也。

凡祭有祈有報，孟春之郊天所以祈也，季秋之饗所以報也；四時之分祭五帝所以祈也，孟冬之合祭五帝所以報也。以形體言謂之天，南郊祭天以日、月從祀，日、月與天皆有形體可見者也。以主宰言謂之帝，本程子。明堂祭帝以五帝從祀，五帝與帝皆無形體可見者也。南郊明堂以祖考配，五帝則以先代之帝配，五祀又以先代之官配，神之尊卑異也。古聖人制作之精意蓋如此。

〔二〕王士駿續校勘記：「駿案：毛氏注疏本鄭注作『日月星辰』，其作『日月星』者孔疏文。」

禹貢九等賦解

禹貢九州之賦有九等，孔疏云：九州賦有九等者，「人功有强弱，故獲有多少」。傳以荆州田弟八，賦弟三，爲人功修；雍州田弟一，賦弟六，爲人功少是據人功多少總記以定差。劉敞七經小傳云：州大者則賦多，州小者則賦少。案：聖王之世無游民，何有人功修不修之異？孔説非也。雍、梁大於豫，豫賦弟二，而雍乃弟六、梁乃弟八，劉説亦非也。賦出於田，九等之差雖不係田之美惡，而必係田之多寡。州境雖小，而山川少則土田多。州境雖大，而山川多則土田少。如豫州境界雖小，而一望平原曠野，其田卻多，故賦弟二。雍、梁與揚〔二〕境界雖大，而雍、梁多山，揚多水，又地卑受水患深，可耕田少，故賦弟六、弟七、弟八也。雖然人功固無修不修之殊，而九州人民未嘗無多寡〔三〕，土廣人

〔二〕「揚」，陸刻本作「楊」，下「揚多水」同。

〔三〕王士駿校勘記：「元『寡』譌作『廣』，今正。」案：孫刻本作「寡」，陸刻本誤與元本同。

稀田不免于荒蕪矣。至于上錯、下錯又係乎天時之豐凶，然則九等之賦殆合天、地、人而總計之，不得專主一説也。

門人解〔一〕

論語參乎章門人問一貫於曾子〔二〕，邢疏以爲曾子之門人，於顔淵死章亦以爲顔子之門人。朱竹垞因謂親受業者爲弟子，轉相傳授者爲門人，此説非也。古人著書自有體例〔三〕，論語一書凡孔子弟子皆書門人，其非孔子之弟子則異其詞，如子夏之門人問交于子張，曾子有疾召門弟子不直稱門人，所以别於孔子弟子也。且以各章稱門人者觀之，皆當爲夫子之門人。夫子語曾子以一貫，此時曾子在夫子門，不得率其門人同侍〔四〕，則

〔一〕王士駿校勘記：「此篇王本在卷十四末。」案：陸刻本、孫刻本皆在卷十三。
〔二〕王士駿校勘記：「王本無此六字。」案：陸刻本、孫刻本皆與王本不同。
〔三〕王士駿校勘記：「王本無此句以下八十三字（校案：即自『古人著書』至『當爲夫子之門人』）。」案：陸刻本、孫刻本皆與王本不同。
〔四〕王士駿續校勘記：「王本『同侍』下增多『夫子』二字。」案：陸刻本、孫刻本皆與王本不同。

問於曾子者，必夫子之門人也，聖門惟曾子得傳夫子之道，於此章可見。觀夫子獨呼曾子，而告以一貫，可知諸子尚未足以語此，宜乎有所疑而問也〔一〕。顔子卒後，諸子惟子貢最聰明，乃夫子問以多學而識，子貢尚疑信參半。而曾子聞一貫之言，直應曰「唯」。可見子貢不如曾子，其餘可知矣。豈必曾子之門人始不喻一貫之指乎。夫子言：「由之瑟，奚爲於丘之門。」是子路鼓瑟在夫子門中，故門人聞夫子之言〔二〕不敬子路，若是子路門人豈得同在夫子之門，且弟子安敢不敬其師，夫子亦豈可對弟子而斥其師之名乎？夫子若對子路之門人言〔三〕當云「汝師若何」，或稱其字。如子張言、子夏云何也。此皆爲夫子之門人甚明。子疾病章子路使門人爲臣，夫子門人最多，爲臣不過數人，豈猶有不足而必取於子路之門人乎〔四〕？子路年最長故稱「使」，以「使子羔爲費宰」證之，可見「使」字亦朋友之稱，豈必弟子可言「使」乎？顔淵之喪，門人

〔一〕王士駿校勘記：「王本此下作『夫子非告諸子，故不問于夫子。在師長前不可問于朋友，故俟夫子出而問于曾子，豈必爲曾子之門人乎』。此四十一字元本所無，其元本注中『顔子卒後』云云及正文『豈必曾子』二語亦王本所無。」案：陸刻本、孫刻本皆與王本不同。

〔二〕王士駿校勘記：「王本作『諸子同在門，故聞夫子之言』，校元本增多三字。」案：陸刻本、孫刻本皆與王本不同。

〔三〕王士駿校勘記：「王本無此句以下二十九字注。」案：陸刻本、孫刻本皆與王本不同。

〔四〕王士駿校勘記：「王本作『而必用己之門人乎』。又此下有『父子、君臣、師弟比例相等，則爲夫子之臣正當用夫子之門人，何乃降等而以己門人爲之乎』三十七字，校元本增多。」案：陸刻本、孫刻本皆與王本不同。

欲厚葬之，此朋友之至情〔一〕，朋友與師弟道同，不必爲顔子門人也。末云「夫二三子也」，古謂彼爲「夫」，孟子：「夫既或治之。」檀弓：「夫夫也。」左傳：「夫豈不知楚師之盡行也。」皆是〔二〕。此蓋夫子在家聞之，自言於家，非正對二三子言，故曰「夫」。他章與諸弟子言皆直稱「二三子」，無「夫」字〔三〕。或「夫」字爲發語詞，如孟子「夫我乃行之」、「夫予之設科」之類，「予」字今本作「子」字，誤。亦未可知。安得泥此一字，遂以爲顔子門人乎？此亦皆當爲夫子之門人也。總之，論語書諸弟子記夫子之事與言也，其所稱「門人」自必爲夫子門人，不問可知。若諸弟子之門人，必當各係其師之字，不然何以别乎〔四〕。聖賢著書豈有襍亂無章、

〔一〕王士駿校勘記：「王本『至情』作『厚誼』。」案：陸刻本、孫刻本皆與王本不同。

〔二〕王士駿校勘記：「王本作『皆謂彼爲夫俗解，以夫爲發語詞，失之矣。』校元本增多十五字。」案：陸刻本、孫刻本皆與王本不同。

〔三〕王士駿校勘記：「王本此下有『夫子偁門人皆曰「二三子」，若此「夫」字指顔子，當云「夫弟子」，或云「夫門人」，不當亦偁「二三子」，此又皆可見爲夫子之門人也』四十六字元本所無，其元本『或夫字爲發語詞』以下大小五十九字，亦王本所無。」案：陸刻本、孫刻本皆與王本不同。

〔四〕王士駿校勘記：「王本此下有『子夏之門人問交于子張，書子夏固宜。即或問于子夏，亦必云子夏之門人問交于子夏』三十四字注，校元本增多。」案：陸刻本、孫刻本皆與王本不同。

疑誤後世者哉〔一〕。

若謂親受業者必稱弟子不稱門人，惟轉相傳授者得稱門人，則尤不然。孟子言：「孔子没，三年之外，門人治任將歸。」檀弓言：「孔子之喪，門人疑所服。」又云：「孔子合葬于防，「封之崇四尺，孔子先反，門人後」。又云：「孔子〔二〕「于門人之喪，未有所説驂」。此皆弟子稱門人之確證。蓋受業於門故謂之門人，此正稱也。或稱弟子，以師如父兄，受業者如其弟子，又弟子爲年少者之稱〔三〕。論語：「弟子入則孝，出則弟。」鄉射禮：「三耦使弟子。」又云：「弟子奉中。」皆少年之稱也。師年長曰先生，受業者年少故曰弟子也〔四〕。或稱徒，以其衆而相從，如將帥之卒徒也。或稱從者，以師出行，弟子從之如僕從也，此皆比擬稱之，非正稱也。故

〔一〕王士駿校勘記：「王本此下有『門人亦偁門弟子。曾子有疾及達巷黨人兩章皆有門弟子，似乎無别。然曾子章不涉夫子事，自可知爲曾子弟子。達巷章偁「子謂」，自可知爲夫子弟子。他章門人皆涉夫子事，則所偁門人必夫子之門人矣』七十九字，校元本增多。」案：陸刻本、孫刻本皆與王本不同。

〔二〕王士駿續校勘記：「王本無『孔子』二字。」案：陸刻本、孫刻本皆與王本不同。

〔三〕王士駿校勘記：「王本此下作『鄉射：三耦使弟子，鄭注云：「弟子，賓黨年少者」』。此十七字注元本其無，其元本『論語入則孝』以下諸注亦王本所無。」案：陸刻本、孫刻本皆與王本不同。

〔四〕王士駿校勘記：「王本此下有『或偁門弟子，加一門字可知弟子非正偁矣』十七字，校元本增多。」案：陸刻本、孫刻本皆與王本不同。

論、孟、檀弓記孔子弟子之事皆稱門人，以紀載之文必得其實也。其在道途必變文稱從者，以門人爲在門之稱。在道不在門，故不稱門人。從夫子而行，宜稱從者〔一〕。亦所以紀其實，古人之文一字不苟如此。記者紀載皆書門人，哀公問：「弟子孰爲好學。」獨稱弟子者此，蓋哀公稱弟子，故如其言書之〔二〕，非記者之稱也。不可以不審也。

夫弟子爲家人卑幼及凡年少者之正稱。受業者弟通稱之門人，爲受業之正稱。此外別無稱門人者。考之諸經灼然分明。乃謂親受業者稱弟子，轉相傳授者稱門人，果何據乎〔三〕？邢氏不以門人爲夫子門人，其説固非。然曰「曾子之門人」、「顔淵之門人」是仍以門人爲弟子之稱，弟省文而直稱門人耳〔四〕。邢氏之意蓋謂當書「曾子之門人」，不書曾子省文也。竹垞乃別弟子、門人爲二，以轉相傳授者爲門人，其失更甚於邢氏矣。此説蓋本漢

〔一〕王士駿校勘記：「王本此下有『顔淵死章偁從者，時夫子出弔于顔氏家，門人從行，不在夫子之門，故亦用在道之例也。即此知參乎章曾子與門人皆必在夫子門，非夫子至曾子家而語之死也。子疾病章、由之瑟章亦皆在夫子門可知，門人欲厚葬、門人厚葬之，此門人在顔氏家爲治喪事，非從夫子者也，不得偁從者，故亦偁門人』百十六字，校元本增多。」案：陸刻本、孫刻本皆與王本不同。

〔二〕王士駿校勘記：「王本無此六字。」案：陸刻本、孫刻本皆與王本不同。

〔三〕王士駿校勘記：「王本作『殊無據矣』。」案：陸刻本、孫刻本皆與王本不同。

〔四〕王士駿校勘記：「王本無此句及下注中云云。」案：陸刻本、孫刻本皆與王本不同。

人。歐陽永叔孔宙碑陰題名跋云：「漢世公卿多自教授聚徒嘗數百人，其親受業爲弟子，轉相傳授者爲門生。」是漢時始有此稱，古未之有也。豈可據此以解論語乎？漢儒如包咸、馬融、鄭康成輩注論語皆無此説，蓋知古之門人即弟子，與漢之門生不同也。後世有「座主」、「門生」之稱〔一〕，以主司取中者稱爲門生，此亦非受業于門者，與漢之門生又異，要之皆非正也。今太學及郡縣學諸生見學師稱門生，此雖不必受業，猶有古意。

朱子注論語于訓詁名物〔二〕多采注疏，而于門人獨不采邢説，且又〔三〕無注，誠以門人自必爲夫子之門人，可不煩注釋也，豈知後人猶有異説乎？又考史記，曾子少孔子四十六歲，孔子五十六歲去魯〔四〕，至六十九歲乃歸，當夫子去魯時，曾子方十歲，未能受業，又豈能越國相從，故陳蔡之厄，論語記顔淵十人，曾子不與也。或謂德行節當別爲一章，非相從陳蔡之

〔一〕王士駿校勘記：「王本無此句以下諸注。」案：陸刻本、孫刻本皆與王本不同。

〔二〕王士駿校勘記：「王本無此五字。」案：陸刻本、孫刻本皆與王本不同。

〔三〕王士駿校勘記：「元本『且又』二字上下互易，今依王本乙正。」案：陸刻本誤與元本同，孫刻本不誤。

〔四〕王士駿校勘記：「王本此下有『哀公十三年春，孔子去魯。或以爲十二年，非也』十八字，校元本增多。駿案：孔子去魯在定公十三年，其反魯在哀公十一年。王本云云，『哀』當爲『定』字之譌。」案：陸刻本、孫刻本皆與王本不同。

人。然曾子傳道〔一〕，何以不列德行之科？此説非也。至夫子反魯時，曾子年二十三，始受業于夫子，夫子稱其質魯，是受業初年尚未能聞道也。内則言：男子三十「博學不教」。孟子言：「人之患在好爲人師。」以曾子年方二十餘歲，質又魯鈍，遽自爲師教授，必不其然。夫子卒時，曾子纔二十八歲，是從夫子止五年耳〔二〕，曾子常在夫子之門，篤信好學，故能數年而即聞一貫，苟或居家教授用志不專，何能及此？檀弓曾子自言事夫子于洙泗閒，言「事」則必常在門可知，是聞一貫時當無門人也。又諸經及傳記孔子門人〔三〕，惟子夏教于西河，論

〔一〕王士駿校勘記：「王本此下有『有子似聖人』五字，校元本增多。」案：陸刻本、孫刻本與王本不同。

〔二〕王士駿校勘記：「王本此下作『檀弓記曾子自言事夫子于洙泗閒言，事則在門可知。惟常在夫子之門，承其訓誨，篤信好學，故能數年而即聞一貫，苟或居家教授用志不專，何能及此』。此數語與元本上下互易。」：陸刻本、孫刻本皆與王本不同。

〔三〕王士駿校勘記：「王本此下作『唯曾子、子夏、子木有傳于世。檀弓曾子責子夏曰：「吾與女事夫子于洙泗之閒，退而老于西河之上，使西河之民疑女于夫子，爾罪一也。」案：史記子夏少夫子四十四歲，是夫子卒時，子夏年方三十，前此更安得言老，即或四十爲三十之譌，史記子夏之年未可深信，詳孔子弟子考。亦未可偁老也。西河，晉地，史偁魏文侯敬禮子夏設教當在此。時去夫子卒時已數十年，故偁老也。然則論語子夏之有門人在夫子卒後明矣。子夏自少即從夫子周流，及反魯事夫子于洙泗，又爲莒父宰，是時未設教也。□□□□門人亦在夫子卒後可知。蓋夫子在時，聖德感動天下，凡有志于道者，莫不願親炙聖人，豈肯受業于其門人，而門人亦以有夫子在，亦不敢儼然爲之師，必引而致之夫子。史記言孔子弟子三千，可知當時儒者皆爲聖人之徒，故諸弟子無門人也。惟夫子卒後，始有教授者耳。子路、顔子皆從夫子周流四方，其後子路仕于衛，顔子隨夫子反魯，在夫子門。二子皆先夫子卒，亦未必有門人，故經傳皆無之。夫子在時，門人歸而事親可也，出而事君可也，而爲師教授則不可，嫌于以夫子自居，又自足而不求進也。其在它國與夫子相去甚遠者，猶或可説，而曾子、顔子、子路皆與夫子同國，使儼然在家授徒則不可解，説□□是言之，論語「門人」必爲夫子之門人斷斷無疑也』。以上云云或爲元本所有而上下互易者，或爲元本所無而增多者，其敘次如此。駿案：上闕四字當爲『曾子之有』，下闕二字疑爲『矣由』。又案：此篇敘次，王本與元本異者，皆似王較順，據陳跋言末二卷無清本，皆子完所輯存，與胡墨莊摘鈔本多有不同，疑此篇亦在未清之内。元本敘次或非其舊，而子完以意掇拾者歟？」案：陸刻本、孫刻本皆與王本不同。

語亦惟載子夏之門人，餘皆無聞。此固是失傳，然恐亦未必皆有門人也。蓋夫子在時，聖德感動天下，凡有志于道者，莫不願親炙聖人，豈肯受業于其門人，而門人以有夫子在，亦不敢儼然爲之師，必引而致之夫子。史記言孔子弟子三千，可知當時儒者皆爲聖人之徒，故諸弟子無門人也。夫子卒後，門人始有教授者，檀弓曾子責子夏曰：「吾與女事夫子於洙泗之閒，退而老於西河之上，使西河之民疑女於夫子，爾罪一也。」案：史記子夏少孔子四十四歲，是夫子卒時，子夏年方三十，前此更安得言老，即或四十爲三十之譌。子夏少孔子四十四歲，此不可信。夫子去魯時年五十六，如子夏少四十四，則此時止十二歲，而陳蔡相從子夏與焉，則去魯時其年必不止十二也。古「三」「四」字皆積畫易譌，「四」當爲「三」之譌也。亦未可稱老也。西河，晋地。史稱魏文侯敬禮子夏，西河設教當在此時，去夫子卒時已數十年，故稱老也。然則論語子夏之門人亦在夫子卒後耳。子夏自少即從夫子周流四方，及反魯，與曾子事夫子于洙泗閒，又爲莒父宰，是時未設教也。其餘皆可類推。子思受業于曾子，亦在夫子卒後。雖然，三子門人之有無猶未可定，而以論語本文詳玩之，門人必非三子之門人，斷斷無疑也。

玄色蒼色辨

玄之爲色，詩、傳、説文皆謂「黑而有赤色」，鄭氏謂「六入爲玄」在緅緇之閒，亦以玄爲黑赤色也。鶡冠以爲不然。易文言傳言天玄，考工記言天謂之玄，是玄者天色也，天色其有赤乎？且黑中有赤亦紫緅之類，既不象天，又爲水火相克。古人閒色惟用黑青與赤黄兩色，以其五行相生，而又象天地也。下服、褻服且不可用，況可爲冕服之冠衣乎？赤色屬陽，非陰幽之義，又何可以爲齊服乎？昏禮幣用玄纁，象天地陰陽，亦必取五行相生爲吉，若水火相克，又豈昏禮所宜乎？是知玄色必非黑而赤也。

案：天色實青而微黑，人所共見。天爲陽，易象以東、北竝爲陽方，故天色青黑，乾四德統於玄天〔一〕，主於生物也，青色於行爲木、於方爲東，于時爲春，故天色多青，然

〔一〕王士駿校勘記：「元本譌『元』作『玄』，今正。駿案：『元亨』之『元』，經傳無通作『玄』者，元本譌改，辯見卷上『元服條』。又案：六書精蘊篆作亓，云：『天地之大德所以生生者也。』與此正同，非以論玄色而彊通之也。」

陽氣始於冬至。又天開於子，乾位於北。五行，天一生水，則天又宜兼黑色矣。地是積土所成，其色宜黃，然土生於火，故坤位於未申之閒，地色宜黃而兼赤也。古聖人制衣裳以象天地，玄衣纁裳，玄爲黑青，纁爲赤黃，各合二色，昭其稱也。若玄止是黑色，今人皆謂玄是黑色。與天象不合，又與纁不稱，若黑中有赤，不但五行相克，而且天地混襍。水屬天，火屬地，故水數一，火數二。坎爲乾再索，離爲坤再索也。非法象之正矣，故知玄必黑而青也，請列六證以明之。周髀算經文義古奧，的是先秦之書，有云：「天青黑，地黃赤。」玄以象天，則必黑而青，一證也。曲禮：「前朱鳥而後玄武。」説者以玄武爲龜，龜色黑而微青。樂記言青黑緣者，天子之大寶龜，二證也。周官大宗伯：「以蒼璧禮天」，「以青圭禮東方」。是天色與東方同。覲禮：「方明者，木也，東方青，南方赤，西方白，北方黑，上玄下黃。」又云：「設六玉，北方璜。」賈疏云：「大宗伯『以玄璜禮北方』，知此亦玄璜也。」是天又與北方同色，天色與東、北方同，則玄之黑而兼青可知，三證也。玉藻云：「君子狐青裘豹褎，玄綃衣以裼之。」鄭注：「凡裼衣象裘色。」「綃，綺屬，染之以玄，於狐青裘相宜。」夫以玄衣裼狐青，則玄必有青色可知，四證也。郊特牲云：「齊之玄也，以陰幽思也。」説文：「玄，幽遠也。」是玄有幽義，幽與黝通。玉藻「幽衡」，幽讀爲黝。周禮「陰祀，用黝牲。」黝，一作幽。孫炎注爾雅云：「黝，青黑色。」説文、玉篇同。則玄亦黑而青可知，五證也。爾雅云：「玄黃，病也。」凡人病，面色或黃或青黑，詩言：「何草不黃。」又言：「何草不玄。」亦謂草至秋冬而病，其色或黃或玄。草色本青，至秋冬變色，青而兼黑故謂之玄，六證也。凡此六證，若以玄爲黑而赤，則皆不合。惟以爲黑青則無不合矣。

染采之法，以黃爲質，而入赤汁，則爲縓、爲䞓、爲纁。以青爲質，而入黑汁，則爲綦、爲黝、爲玄。是玄本無赤也，先儒以染玄用赤色爲質，故謂黑中有赤，豈染玄必本於赤乎？六入爲玄，鄭以意推之，經傳實無明文也。君子不以緅爲飾，而鄭以爵色爲緅，亦非也。爵色爲弁，冕服之次，豈可用赤黑色乎？冕用玄色，爵弁爲冕之次，是爵色當與玄相近，故玄端服，玄裳、爵韠也。

至於蒼色，先儒多以爲青。蒼字从艸，艸色正青，天色固青而黑，然青色爲多，從其多者而言，故曰蒼天也。月令春三月器服青與蒼竝言，止是一色。東方青龍亦曰蒼龍。繅藉三采朱、白、蒼，朱、白皆正色，蒼亦必正色可知，蒼之爲青明矣。青亦白蔥，玉藻有蔥珩。蔥與蒼皆取草木之色也。曲禮：「五十曰艾。」釋文：「艾，謂蒼艾色。」詩鄭風「綦巾」箋云：「綦，蒼艾色。」書顧命「綦弁」注云：「青黑曰綦。」是蒼艾色爲青而兼黑也。人髮本黑，至五十始衰，髮不正黑而微青，是謂蒼艾色。韓退之文言：「髮蒼蒼化而爲白。」李太白詩云：「朝如青絲暮成雪。」皆謂髮先變青而後變白，是蒼艾非黑白相襍也。曲禮孔疏以爲蒼白色，亦失之矣。綦爲蒼艾色，是蒼字亦有青黑色之説。古人所謂蒼顔白髮，亦以人老而顔色青黑也。書言「黎老」是也。蒼青多黑少，玄黑多青少，皆象天色，故天稱蒼天，亦稱玄天。若以蒼爲黑白，或爲青白，皆與天色不合矣。謹陳管見，未知是否。

對天色玄問

周髀算經云：「天青黑，地黃赤。」古人玄衣纁裳，玄色青黑，纁色黃赤，所以象天地也。然天色青多黑少，地色黃多赤少，而玄色黑多青少，纁色赤多黃少。玄可與黑通稱，是黑多青少也。三染謂纁，纁可與赤通稱，是赤多黃少也。與天地之色不甚相合，此其中有精義焉。

天主生物，生物在春，故其色多青。地主成物，成物在土，故其色多黄。冕服玄衣纁裳，其用以祭祀，爲重祭祀者所以報本反始也。天爲陽，陽始于冬至；地爲陰，陰始于夏至。天色青屬木，木生于水；地色黄屬土，土生于火。水火者，木與土之本也，玄色多黑，纁色多赤，所以明本始之義也。且聖人作易，八卦以乾、坤、坎、離爲重。坎、離者，乾、坤之大用也。上經始乾坤而終于坎離，下經又以既未濟終，此其義也。玄衣在上，其色多黑，象水；纁裳在下，其色多赤〔一〕，象火。坎上、離下爲既濟之象也，水火各兼陰陽，坎陽爲水，天一爲水，水陽也。離陰爲火，地二爲火，火陰也。水屬冬，氣寒而潤下，陰也。火屬夏，氣熱而炎上，陽也。以水陽、火陰言之，則玄上纁下爲陰陽定位、天尊地卑、君尊臣卑之象也。以水陰火陽言之，則玄上纁下爲陰陽交泰、天地相交、君臣相交之象也。坎上離下爲既濟者，以陰陽交也，陰陽交合，上下相濟，人事無所不宜，故朝覲用冕服，玄衣而纁裳也。玄色兼黑青，纁色兼黄赤，所以象乾坤。玄色多黑，纁色多赤，所以象坎離。聖人一衣裳之制而易之全體大用昭焉。顧先儒未之暢發，謹承明問而詳

〔一〕王士駿校勘記：「元『多』譌作『名』，今正。」案：此條校記王校誤入玄色蒼色辨篇。

陳之。鶚言黑多青少者謂玄色，非謂天色也。天色實青多黑少，易言「天玄」者，特以天色青黑，玄色亦兼青黑，故云然耳。非謂天色黑多青少，正如玄衣之色也。凡取象止大概相似，不必全肖，不可泥看。

朝覲考

曲禮云：「天子當依而立，諸侯北面而見天子曰覲。天子當宁而立，諸公東面，諸侯西面曰朝。」鄭注云：「諸侯春見曰朝，受摯於朝，受享於廟，生氣文也。秋見曰覲，一受之於廟，殺氣質也。朝者，位於内朝而序進。覲者，位於廟門外而序入。王南面立於依、宁而受焉。夏宗依春，冬遇依秋。」薛氏禮圖云：春夏之時，王既迎諸侯訖，服皮弁服，當宁而立；諸侯服皮弁，各執瑞玉至於朝，諸公東面，諸侯西面，伯、子、男從侯而朝，東面〔二〕，奠玉，再拜稽首；王更服衮冕入廟，諸侯裨冕而入行享。秋冬之時，諸侯皆

〔二〕王士駿校勘記：「王本無此十七字（校案：即自「諸公東面」至「而朝東面」十七字。）。」案：陸刻本、孫刻本皆有此十七字。

乘墨車，天子不迎，朝享悉受於廟，異於朝宗〔一〕。陳氏禮書云：「春夏者，萬物交際之時。諸侯分東西面，王於堂下見之，所以通上下之志也。」「秋冬者，萬物分辨之時，諸侯一於北面。」「王於堂上見之，所以正君臣之分也。」此皆與鄭注略同。萬充宗則謂行覲之日，天子先立于宁〔二〕，諸侯在大門外，因朝見以通姓名，曲禮所謂「諸侯見天子曰臣某、侯某」在此時；及天子入廟，當依乃覲，無春秋之異。

案：二説皆非也。朝、宗、覲、遇特以時而異其名，其禮必不有異。均是諸侯〔三〕，乃春夏來者寬以待之，秋冬來者嚴以接之，果何義邪？欲以明陰陽之象，而致失君臣之義，古聖人必不出此。凡諸侯見天子，無論何時皆謂之覲。書言：「肆覲東后。」於春時言之，可知覲不專於秋也。詩言：「韓侯入覲。」左傳言：「晉侯出入三覲。」郊特牲言：「覲禮，天子不下堂而見諸侯。」此皆諸侯見天子稱〔四〕覲，不必在秋，否則天子春夏皆下堂而見

〔一〕王士駿校勘記：「王本無此四字。」案：陸刻本、孫刻本皆與王本不同。
〔二〕王士駿校勘記：「王本作『先當宁而立』。」案：陸刻本、孫刻本皆與王本不同。
〔三〕王士駿校勘記：「王本此下作『何所分别而待之殊邪』九字，元本所無。其元本『乃春夏來者』以下二十一字亦王本所無。」案：陸刻本、孫刻本皆與王本不同。
〔四〕案：依全書體例此「稱」似應作「偁」，陸刻本、孫刻本皆作「稱」。

諸侯，有是禮乎？

覲亦通言朝，如書言：「羣后四朝。」王制言：「天子無事，與諸侯相見曰朝。」是也。朝亦四時之通稱，不必在春也[一]。然諸侯相見亦稱朝，君臣每日常見亦稱朝，惟覲則專屬諸侯見天子，不可混稱。故儀禮覲禮一篇特名曰覲，所以別於常朝也。鄭氏乃謂此諸侯秋見天子之禮，朝宗禮備，覲遇禮省，是以享獻不見焉。誤矣。夫臣之於君，皆當致敬，苟以秋冬來者簡省，其禮不行享獻，則有不臣之心矣。且經文明言：「四享，鄭注：「四」當爲「三」。是也。皆束帛加璧，庭實惟國所有。」何謂享獻不見乎？賈疏云：「享，謂朝覲行三享。獻，謂三享後私覿。私覿後即有私獻。」大宰職云：「大朝覲、會同，贊玉幣、玉獻。」注云：玉幣，諸侯享幣；玉獻，獻國珍異，亦執玉以致之。會同既有私獻，則常朝有私獻可知。此説更謬。私覿、私獻者，大夫奉君命出使，行聘享之後，別以己物獻他國之君，故曰「私獻」。諸侯親朝，其享天子之物皆己物也，又何私焉？古者玉帛通謂

[一] 王士駿校勘記：「王本此十字（校案：即『朝亦四時通稱，不必在春』）分注不作正文。」案：陸刻本、孫刻本較王本增多「之」、「也」二字。

之幣，玉幣即瑞玉也。曲禮云：「操幣圭璧，則尚左手。」周官司儀言諸侯相朝之禮云「再拜授幣」，鄭注：「授」當爲「受」。「賓再拜送幣」，皆謂玉爲幣也。玉獻即三享，享與獻義同，束帛加璧故曰玉獻，豈别有私獻乎？敖氏云：此篇「言同姓大國之君入覲於王之禮，初無四時之别」。案：敖氏不專指秋覲，是也。然以爲同姓大國之禮，則亦失之。經文明言「同姓西面北上，異姓東面北上」，是非專爲同姓禮也。同、異姓同見，有東面、西面之分，先見、後見之别。若殊見，則其禮應無以異，大國、小國亦不異也。盛世佐云：「此篇自郊勞以前，賜車服以後，文多不具，必其詳已具于朝禮，故略之也〔二〕。」五禮通考取此説。此亦不然。儀禮一經最爲詳悉，如鄉飲酒、鄉射、大射三篇，其禮多同，文各詳載，其所省者不過一二句或數字，以可彼此互見，故略之耳。此篇首云「至于郊」，其前必多闕文，天子待諸侯有饗、有食、有燕〔三〕，此但言饗，無食、燕〔三〕。「同姓大國」四句敘于賜車服、饗禮之閒，上下不相承。此四句疑在「嗇夫承命，告于天子」下〔四〕。「諸侯覲于天子」，疑是篇首之文，

〔二〕王士駿校勘記：「王本此下有『此亦以爲秋覲』六字注，校元本增多。」案：陸刻本、孫刻本皆無此六字注。
〔三〕王士駿校勘記：「王本此下有『且不止一次』五字，校元本增多。」案：陸刻本、孫刻本皆無此五字。
〔三〕王士駿校勘記：「王本此下有『又聘禮有致飧、致饗餼禮，飧，小禮；饗餼，大禮；皆致於館。而此無之，又無還玉禮』大小三十字，校元本增多。」案：陸刻本、孫刻本皆無此大小三十字。
〔四〕王士駿校勘記：「王本作『記文甚略，當有缺文，此四句疑是記文譌入』十七字，與元本文異。」案：陸刻本、孫刻本皆與王本不同。

而錯簡在後，「爲宮」以下别言會同之禮，當有「會同」字在「爲宮」上，今接於「諸侯覲于天子」之下，非其次也。會同與覲不同，宜分别以明之〔一〕。考之全經，未有若此者，此皆闕〔二〕文，非以有朝禮而略之。鄭謂三時禮亡，惟覲禮存。豈其然乎？他篇亦有缺文，此篇更甚〔三〕。凡朝聘，皆必受摯于廟者，謙不敢當，若爲先祖而來也〔四〕，必無受摯于朝之禮。且諸侯奠摯必北面〔五〕，而此云東西面，其非受摯甚明。薛氏謂諸侯春夏乘命車，天子出迎，君臣皆服皮弁〔六〕，此本崔氏之説，其謬尤甚。秋冬乘墨車〔七〕而春夏乃乘命車〔八〕，秋冬天子不迎而春夏乃迎之，何春夏諸侯之尊、秋冬諸侯之卑邪？總之，朝覲，天子必無迎賓之禮，詳天子迎賓

〔一〕王士駿校勘記：「王本無此六字注。」案：陸刻本、孫刻本皆與王本不同。

〔二〕「闕」，陸刻本作「缺」。

〔三〕王士駿校勘記：「王本此十字注在『非以有朝禮而略之』下。」案：諸刻本皆與王本異。

〔四〕王士駿校勘記：「王本此下有『廟以大祖爲尊，覲當在大祖廟。鄭氏謂在文王廟，非也』二十一字注，校元本增多。」案：陸刻本、孫刻本皆無此二十一字注。

〔五〕王士駿校勘記：「王本此下有『執瑞玉必冕服，天子亦必冕服。今云公侯東西面，則不北面矣。天子當宁在治朝，詳宁考。朝必朝服，天子朝服皮弁。不冕服矣』大小四十八字，元本所無。其元本『而此云東西』五字，亦王本所無。」案：陸刻本、孫刻本皆與王本不同。

〔六〕王士駿續校勘記：「王本『皮弁』下增多『立于朝』三字。」案：陸刻本、孫刻本皆與王本不同。

〔七〕王士駿校勘記：「王本此下有『大夫之車』四字注，元本所無。」案：陸刻本、孫刻本皆無此四字注。

〔八〕王士駿校勘記：「王本此下有『命車金象等輅』六字注，元本所無。」案：陸刻本、孫刻本皆無此六字注。

考。諸侯亦必無不乘墨車者也。皮弁每日常朝之服，乃諸侯初見天子受摯〔二〕，而以此服相接可乎？至于東面奠玉，稽首，此爲自造禮文。此非崔氏説〔三〕。夫東面送幣者，賓禮也，諸侯覲天子敢以賓禮自居乎？既居賓禮，何又稽首乎？陳氏謂春夏萬物交際，王宜于堂下見之，此用天子不下堂説〔三〕。不知堂者廟之堂也，當宁在路門外，又何堂之可言〔四〕？以欲象萬物交際〔三〕，而自卑以接諸侯〔四〕，其昧於禮甚矣！説經不以理爲主，而附會於天道陰陽者，皆經中之稂莠也。萬氏不分四時，可謂卓識，視鄭説爲長。禮記義疏取之。然以覲禮考之，天子負斧依以前，無「當宁而立，諸公東面，諸侯西面」之文，所云「載龍旂，弧韣乃朝」者，朝即覲之通稱也。萬氏據此遂謂天子當宁即在此時，非也。曲禮先言覲後言朝，萬氏乃謂先朝後覲，又與經不合。且諸侯初見天子，即當北面奠摯，稽首，此一定之禮也。乃先至於

〔二〕王士駿校勘記：「王本『受摯』作『受玉』，又此下有『其禮至重』四字。」案：陸刻本、孫刻本皆與王本不同。
〔三〕王士駿校勘記：「王本『此』作『并』，又五字皆大文。」案：陸刻本、孫刻本皆與王本不同。
〔三〕王士駿校勘記：「王本無此八字。」案：陸刻本、孫刻本皆有此八字。
〔四〕王士駿校勘記：「王本此下有『且萬物交際，亦何必下堂而見諸侯』十四字，校元本增多。」案：陸刻本、孫刻本皆與王本不同。
〔三〕王士駿校勘記：「王本作『以欲象侌昜之交』，文義稍異。」案：陸刻本、孫刻本皆與王本不同。
〔四〕王士駿續校勘記：「王本『接諸侯』作『隮王綱』。」案：陸刻本、孫刻本皆與王本不同。

朝，東西面而立，此何説邪？萬氏謂先於此通姓名，不知通姓名者擯介之事也。覲禮云：「嗇夫承命，告于天子。」鄭注云：嗇夫「爲末擯，承命于侯氏〔一〕。下介傳而上，上擯以告天子」，通姓名宜在此時。其文在「天子負斧依」之下，可知在廟不在朝。擯者告于天子，可知諸侯不敢自言姓名。曲禮所謂「臣某」、「侯某」者，擯介之詞耳，豈自稱姓名於天子者哉！聘義云：「介紹而傳命，君子於其所尊弗敢質，敬之至也。」聘禮猶然，況於覲乎？若謂朝中用擯介傳言，古無此禮。介不入廟，則不入朝可知。若謂在大門外，使上介通姓名，天子當宁以聽之，則諸侯何必序立於朝，天子又何必當宁而立乎？皆不可通矣。

竊謂諸侯既入廟行覲禮，次日天子視朝，諸侯又行朝禮。蓋覲以正君臣之分故北面，朝以通上下之情故東西面。白虎通云：「諸侯不純臣。」郊特牲云：「臣之北面答君也。」是北面爲臣位。射人云：「諸侯在朝，則皆北面。」此仕於王朝者也，其來朝者與爲臣者異，故不與三公同北面〔二〕，以示不純臣之義也。朝士掌外朝之法〔三〕，公、侯、伯、子、男皆東西，有賓道焉。亦此意也。

〔一〕王士駿校勘記：「王本無此二語。」案：陸刻本、孫刻本皆與王本不同。

〔二〕王士駿校勘記：「王本無『與三公』三字。」案：陸刻本、孫刻本皆與王本不同。

〔三〕王士駿校勘記：「王本無此句以下二十三字注。」案：陸刻本、孫刻本皆有此二十三字注。

治朝之位，卿東面，大夫西面，此日諸侯行朝禮，當位於卿、大夫之上，天子下而揖之，所以親之也。覲時同姓西面，異姓東面，同姓爲先，異姓爲後，本鄭注〔二〕。親親之義也。朝時諸公東面，諸侯西面，尊尊之義也。東面爲尊，故諸公居之。案：諸侯有五等，薛氏謂伯、子、男皆從諸侯，則東方最多，西方甚少，不相稱矣。竊謂此經特略言之。若有伯、子、男，則公、侯東面，伯、子、男西面，詳朝位考。廟所以序昭穆，故必分同異姓；朝所以序爵列，故不分同異姓而序尊卑，此皆有精義存焉，不可以不審也。

會同考

會同之禮有四。一是，王將有征討，會一方之諸侯。周官大宗伯云：「時見曰會。」鄭注云：「時見者，言無常期。諸侯有不順服者，王將有征討之事，則既朝覲，王爲壇於國外，合諸侯而命事焉。」鄭不言一方諸侯，文略也。賈疏亦不詳。論語「會同」皇疏云：「時見曰會」，「亦隨其方，

〔二〕王士駿校勘記：「王本作『本左傳』。駿案：覲禮鄭注引春秋傳有『寡人若朝于薛』云云，王本因而致謁。」案：陸刻本、孫刻本皆與王本不同。

若東方不服，則命與東方共征之。」此説是也〔一〕。大行人所謂「時會以發四方之禁」也。一是，王不巡守，四方諸侯皆會京師。大宗伯云：「殷見曰同。」鄭注云：「殷，猶衆也。十二歲王如不巡守，則六服盡朝。朝禮既畢，王亦爲壇，合諸侯以命政焉。」大行人所謂「殷同以施天下之政也」。此二者皆行於境内者也。一是，王巡守，諸侯會于方岳。尚書周官篇所謂「王乃時巡，諸侯各朝于方岳也」〔二〕。禹會諸侯於塗山，亦是巡守會同。一是，王不巡守而殷國，諸侯畢會於近畿。若周宣王會諸侯于東都，詩言「會同有繹」是也。此二者皆行於境外者也。時見、時巡所會，皆止一方諸侯，是會同之小者也。「會」、「同」二字，對文則别。「時見曰會，殷見曰同」，是也。散文則通，同亦可言會，會亦可言同，總之皆曰會同。諸侯相會亦曰會同〔三〕。殷見、殷國所會，則四方六服諸侯畢至，故曰殷。是會同之大者也。先儒會同之説，其誤十有八。

一曰，小會同是諸臣相會。周官小祝云：「凡小會同，掌事焉。」鄭注云：「小會同，謂諸侯遣臣來，王使卿大夫與之行會同之禮。」小司馬疏説亦然。案：小行人云：「朝、覲、

〔一〕王士駿校勘記：「王本此下有『但論語會同乃諸侯自相會同，非會同于天子也』十九字注，校元本增多。」。

〔二〕王士駿續校勘記：「王本此下有『此雖梅氏僞古文，然其説自有所本，伏生尚書大傳有此意，但未詳耳』二十七字，校元本增多。」

〔三〕王士駿校勘記：「王本無此八字注文。」

宗、遇、會、同，君之禮也。」可知人臣無會同之禮。天子在上，而卿大夫自相會同，王綱墜矣。此春秋衰世之事，而謂成周有之乎？必不然矣[一]。時見固是會同之小者，然周官例不言「小」，皆但稱會同。惟小祝、小司馬言「小會同」，此蓋時會中之小者，故以小祝、小司馬掌之歟？

一曰，殷國在畿内諸侯畢朝[二]。職方氏云：「王將巡守，則戒于四方，曰：『各修平乃守，攷乃職事，無敢不敬戒，國有大刑。』及王之所行，先道，帥其屬而巡戒令。王殷國亦如之。」鄭注云：「殷，猶衆也。十二歲王若不巡守，則六服盡朝，謂之殷國。」賈疏云：「王殷國，所在無常，或在畿内國城外即爲之，或向畿外諸侯之國爲之[三]。」夫國者，侯國也，若在境内何謂之殷國？大行人、掌客皆連言「巡守殷國」，可知殷國與巡守略相似，故職方氏亦有戒令之事，其不在畿内城外明甚。如鄭、賈説，是殷國與殷見何異

[一] 王士駿校勘記：「王本無『必不然矣』四字。」
[二] 王士駿校勘記：「王本『畿内』下有『國城外』三字，無『諸侯畢朝』句。」案：陸刻本、孫刻本皆與王本不同。
[三] 案：周禮注疏原文作「行之」。

乎？五禮通考云：大宗伯之「殷見」、職方氏之「殷國」，其禮一也。沿鄭注之誤〔一〕。殷見曰見，謂諸侯皆來見天子也；殷國曰國，謂天子出至侯國，諸侯盡朝也〔二〕。豈得混爲一邪？殷國與巡守同年，其與巡守異者，蓋王有故不能遠巡，故止于近畿巡行，近于王畿之地〔三〕，大約在侯、甸二服中。而令四方諸侯畢來朝也。天子出在侯國，有似于時巡之會。四方諸侯來朝，又有似于殷見之同，是合二事而爲一矣。周官所言會同多是巡守及殷國之會，如縣師作其衆庶、馬牛、車輦，稍人「作其同徒輂輦」，稾人「治軍人之糧食」，掌舍「設梐枑」，司戈盾「設藩盾」，可知皆境外之會同也。殷國與巡守異，說者或合爲一，誤。

一曰，殷國諸侯四方四時分來。大行人云：「十有二歲，王巡守殷國。」鄭注云：「殷國，四方四時分來如平時。」案：諸侯朝覲，經典竝無分方分時之說。蓋朝覲之年有定，若東方諸侯春時或有故，則至夏秋皆可朝，苟必拘其時將廢朝乎？自鄭有此說，後儒悉從之，而朝覲之大典亂矣。至謂殷國亦分時分方則尤謬。夫殷見之禮，四方諸侯畢

〔一〕王士駿校勘記：「王本『鄭注』作『注疏』，非。」案：陸刻本、孫刻本皆與王本不同。

〔二〕王士駿校勘記：「王本作『謂天子出巡于侯國也』。駿案：王本云云與巡狩禮無異，非是。」案：孫刻本、陸刻本皆異于王本。

〔三〕王士駿校勘記：「王本無此句以下諸注。」案：孫刻本、陸刻本皆異于王本。

至，故有殷名〔一〕。若殷國止一方來朝，何以謂之殷乎？天子巡守，諸侯隨時分方而朝者，一年而周也。今殷國不周行四方止在一處，豈有僅會一方而三方不會乎？若謂久淹于外以待諸侯，或既歸而復出，皆於義無取，而空多繁費，有是禮乎〔二〕？若謂亦一年而周，所〔三〕行不遠，何必如此稽留乎？若謂殷國在畿内，而四方四時分來〔四〕，總不得謂之殷也。況殷國必不在畿内乎？

一曰，會同之壇隨時設于其方。覲禮云：「爲宮方三百步，壇十有二尋。」鄭注云：「宮，謂壝土爲埒。爲宮者於國外，春會同則於東方，夏於南方，秋於西方，冬於北方。」注周官司儀亦云然。案：覲禮及司儀皆但言「爲壇」，竝不言隨時而設于其方〔五〕，鄭説於經無據。五帝、五祀、四望之壇各兆于其方，四時迎氣各于其方，此求之以其類也。會同而隨時分方，于義何取乎？且王必南鄉，司儀明言之，則壇必在南可知。若在東、西方、

〔一〕王士駿校勘記：「元本譌『名』作『各』，今正。」案：陸刻本亦譌作「各」。案：孫刻本不誤。
〔二〕案：王士駿校勘記：「王本作『必不然矣』。」案：陸刻本、孫刻本皆與王本異。
〔三〕案：續經解本「所」字前有「則」字，陸刻本、孫刻本皆無，王氏亦不出校記。
〔四〕王士駿校勘記：「王本作『若謂天子安居國中，而諸侯四方四時分來』，與元本意同文異。」案：陸刻本、孫刻本皆與王本不同。
〔五〕王士駿校勘記：「此二十字（校案：即自「覲禮及司儀」至「設于其方」）王本所無。」案：陸刻本、孫刻本皆異于王本。

北方，王將東鄉、西鄉、北鄉乎？若亦南鄉則皆不正矣。總之，以陰陽五行説經，最爲經害。鄭多有此，亦好引緯書之類也。

一曰，壇之上有堂。鄭注覲禮云：「司儀職云：『爲壇三成。』成，猶重也。三成者，自下差之爲三等，而上有堂焉。堂上方二丈四尺。」夫壇之上安得有堂。經言祀方明于上，方明者，上下四方之神明也，其祭必露天，豈得於屋下乎？且壇三重，爲三等，公于上等，侯伯于中等，子男于下等。若以上等爲堂，則公當立于中等，侯伯于下等，子男則于地，與經不合。鄭説蓋本於逸周書王會解，然與經不合[一]，不足據也。

一曰，諸侯之位與明堂位同。司儀云：「王南鄉見諸侯，土揖庶姓，時揖異姓，天揖同姓。」鄭注云：「王升壇，諸侯皆就其旂而立。諸公中階之前，北面東上。諸侯東階之東，西面北上。諸伯西階之西，東面北上。諸子門東，北面東上。諸男門西，北面西上。」案：明堂位所言朝位殊不足信，詳朝位考。而引以解會同，其謬尤甚。壇上無堂，安得有階，

[一] 王士駿校勘記：「王本作『然此篇多不足信』，與元本文異。」案：孫刻本、陸刻本皆與王本不同。

又安得有三階〔一〕。經言同姓、異姓、庶姓分爲三等之揖，是諸侯當以姓序立，不當以爵序立也。若分爲五等序立，則三等之揖無所施矣。據覲禮，同姓西面、異姓東面，則會同亦宜以同姓者列於壇東而西面，異姓、庶姓列於壇西而東面。庶姓亦異姓也，故同在西。異姓在上，庶姓在下〔二〕，王乃先揖同姓，次揖異姓，後揖庶姓。此時公、侯、伯、子、男雖各有上下之差，然既以姓爲序，分作兩班，則侯、伯不必在中等，子、男不必在下等也。下云：「及其擯之，各以其禮。公于上等，侯伯于中等，子男于下等。」玩「及其」二字，可知此時序立不以爵命分三等也，又安得有五等乎？

一曰，諸侯就旂而立，在祀方明之後。鄭注司儀云：「王既祀方明，諸侯上介皆奉其君之旂置於宮，乃詔王升壇。諸侯皆就其旂而立。」案：覲禮祀方明在拜日之後，會同之末節也。若上介置旂、諸侯就旂而立序於「四傳擯」之前，則諸侯始入壝門事也，節次甚明。乃謂在祀方明後，殊不思天子既率以拜日、反祀方明矣，何又就旂而立、待四傳擯而

〔一〕王士駿校勘記：「王本此下有『壇壝宮固有四門，而去壇頗遠，壇去門計一百四十二步。子男豈得位于此乎。且』大小三十一字，校元本增多。」案：陸刻本、孫刻本皆與王本不同。

〔二〕王士駿校勘記：「王本此下有『分爲二等』四字，校元本增多。」案：陸刻本、孫刻本皆與王本異。

升乎？殊不可解矣〔二〕。

一曰，諸侯就旂而立，王降階揖之。案：覲禮「四傳擯」在就旂而立之後，則就旂而立諸侯尚未升壇，王豈降至壇下而揖之乎？覲禮，天子不下堂而見諸侯。會同與覲禮相似，故載在覲禮中，必不降至壇下而見諸侯也。司儀云：爲壇三成，王南鄉見諸侯。可知天子不下壇也。且置旂尚左，見覲禮。公、侯、伯、子、男皆就旂而立，是以爵爲序，尊者皆在東，不分同姓、異姓、庶姓，王安得作三等揖乎？鄭于此又引明堂位諸公中階云云，顯與尚左不合。蓋公在東，不得在中矣。蓋諸侯入門，就旂而立，此時王在大次。見周官掌次。及王升壇，四傳擯，而後諸侯以次而升，分東西序立，王乃揖之，無降壇之禮，但稍近前以爲敬耳。

一曰，擯與朝覲傳命同。司儀云：「及其擯之，各以其禮。」鄭注云：「謂擯公者五人，侯伯四人，子男三人也。」不知朝覲交擯，公介九人，故擯五人；侯伯介七人，故擯四人；子男介五人，故擯三人。賓主傳命，禮宜然也。及賓入廟之時，惟上介、

〔二〕王士駿校勘記：「王本作『其亦謬矣』。」案：陸刻本、孫刻本皆與王本異。

上擯得入〔一〕，與傳命時異矣。會同于壇，諸侯惟上介從，無交擯之事。則擯不與朝覲傳命同可知也。周官會同大宗伯爲上擯，肆師爲承擯，則必有末擯，當以嗇夫爲之〔二〕。本鄭氏。擯止此三人，無論何等諸侯〔三〕皆以此三人相接。擯有三人故曰傳擯，所云「各以其禮」者，即謂公于上等，侯、伯于中等，子、男于下等也，豈謂擯者之數乎？

一曰，公拜于上等。鄭注覲禮「四傳擯」云：「公拜于上等，侯伯于中等，子男于下等。」大拜，下禮也，公豈得拜于上乎？司儀所謂「公于上等」云云，言立之位，非拜之位也。鄭又云：「升堂致命，降拜于下等。」則又自相矛盾矣。拜各當降一等，公于中等，侯、伯于下等，子、男于地。抑或公、侯、伯皆于中等，子、男則于下等歟？經無明文，未可定也。

一曰，奠玉、享幣、王禮皆于壇上。鄭注司儀云：「諸侯各於其等奠玉，既，乃升堂

〔一〕王士駿校勘記：「王本此下有『會同必先入廟行覲禮，已交擯矣，故會同不交擯也。升壇見王與入廟相似，故惟上介從之耳。且會同諸侯甚多，若羣介悉從，不能容矣』五十二字注，校元本增多。」案：陸刻本、孫刻本皆無此五十二字。
〔二〕王士駿校勘記：「王本作『末擯蓋以嗇夫爲之』，文校元本稍約。」案：陸刻本、孫刻本皆與王本不同。
〔三〕王士駿校勘記：「王本作『五等諸侯』。」案：陸刻本、孫刻本皆與王本不同。

授王玉。將幣，享也。禮謂以鬱鬯祼之也。皆于其等之上。」案：周官「大朝覲」謂因會同而朝覲，其禮大于常朝也。本注疏。鄭注大宗伯云：「時會、殷同，既朝覲然後爲壇于國外，以命政事。」此説是也。蓋四方諸侯陸續而來，來即當入覲，其覲必在廟矣。周官大宰云：「大朝覲、會同，贊玉幣、玉獻、玉几、玉爵。」注云：「王朝諸侯，立依前南面。」是鄭亦謂會同奠玉、享幣、王禮在廟也。司几筵云：「大朝覲，不言「會同」，省文也。王位設黼依。」尤其明證矣。乃注司儀謂奠玉、享幣、王禮皆在壇，又何自相矛盾邪？蓋以司儀將幣、王禮文承「公于上等、侯伯于中等、子男于下等」，故云然耳。殊不思其下文云「王燕，則諸侯毛」，豈燕亦在壇邪？燕不在壇，則將幣、王禮亦不在壇可知也。古者，玉、幣皆謂之幣，將幣指瑞玉，而三享亦在其中。鄭專指享言，非也。夫會同必于壇者，所以祀方明、發禁令、讀盟約也，豈于此行覲禮哉！奠玉、享幣，覲禮之事；王禮以祼鬯，覲後饗賓之事。安得行于壇上乎？家語言：「齊侯欲享魯君[一]，夫子辭之，以爲犧、象不出門，嘉樂不野合，齊侯乃止。」可知壇上必無將幣、禮賓之事也。若夫巡守會同，則奠玉、行享于四岳

〔一〕王士駿校勘記：「王本『言』下增多『夾谷之會』四字。」案：陸刻本、孫刻本皆與王本不同。

明堂，殷國會同〔一〕當在洛邑明堂〔二〕，亦不于壇也。司儀所謂「將幣亦如之，其禮亦如之」者，謂覲享之時〔三〕，亦以爵命差爲三等，公在前，侯、伯次之，子、男在後也。及燕則諸侯毛，則貴齒而不貴爵也。夫先王治天下之道有三：親親也，貴貴也，老老也。會同之禮，天揖同姓，時揖異姓，親親之義也〔四〕。公于上等，侯、伯于中等，子、男于下等，貴貴之義也。王燕則諸侯毛，老老之義也。

一曰，拜日會同以春，禮日以夏，禮月以冬，禮山川以秋。覲禮云：「天子乘龍，載大旆，象日月、升龍、降龍，出〔五〕，拜日于東門之外，反祀方明。」鄭注云：「此會同以春者也。」又「禮日于南門外，禮月與四瀆于北門外，禮山川丘陵于西門外。」注云：「此

〔一〕王士駿校勘記：「王本此下亦有『奠玉行享』四字。」案：陸刻本、孫刻本皆無此四字。
〔二〕王士駿校勘記：「王本此下有『洛邑亦在畿内，蓋王先巡行近畿侯國，後乃反至洛邑明堂也』二十四字注，校元本增多。」案：陸刻本、孫刻本皆無此二十四字注。
〔三〕王士駿校勘記：「王本作『謂廟中』。」案：陸刻本、孫刻本皆與王本不同。
〔四〕王士駿校勘記：「王本『異姓』下增多『土揖庶姓』四字。駿案：覲禮止言同異姓面位，不言庶姓，統庶姓于異姓也。會同儀在覲禮篇，庶姓句非是。」案：孫刻本、陸刻本皆異于王本。
〔五〕案：「出」，陸刻本、孫刻本皆作「山」，儀禮覲禮經文作「出」，今據儀禮經文改。

謂會同以夏、秋、冬者也。」案：經文竝無春、夏、秋、冬字[一]，朝事儀言天子帥諸侯朝日，亦不言春，是四時皆同也。蓋均是諸侯，安得以時而異其禮？如鄭説，是諸侯春夏會同者待之隆，秋冬會同者待之輕，此何説邪？且春但拜日，而夏則祀日。禮日非祀日，此如鄭説，辨見後。又何説邪？或謂天子自舉此祭，而值會同則帥諸侯以助祭焉。然祭有定時，不過一日，會同安能適與之值乎？況祭日以春不以夏，祭月以秋不以冬，祭山川亦不必以秋，則非隨時助祭可知矣。既非隨時助祭，是爲會同祀之也。夫天神莫尊于日，而月則稍卑，山川、丘陵則更卑矣。秋時會同，第帥之以祭山川、丘陵，何其卑視之邪？況禮日實是祀天，以視山川、丘陵[二]，不亦尊卑相縣乎？惟四時皆竝祭，大小兼行，斯無隆殺之嫌耳。

一曰，禮日是祭日，禮月是祭月。下云：「祭天地即祭日月」，鄭注覲禮云：「變拜言禮者，容祀也。燔柴祭天，謂祭日也。祭地瘞者，祭月也。日月而云天地，靈之

[一] 案：陸刻本、孫刻本「字」下皆有「面」字，孫詒讓周禮秋官司儀正義引會同考無「面」字，「面」字應係衍文，今删。

[二] 王士駿校勘記：「王本『丘陵』下有『之祭』二字。」

也。」案：禮，祭日於東，祭月於西，未有祭于南、北者也。蓋禮日者祭天也，禮月者祭地也，故不于東、西，而于南、北。下云：「祭天，燔柴。祭山、丘陵，升。祭川，沈。祭地，瘞。」此釋上文之禮。上言「祭山川、丘陵」，故下言「祭山、丘陵，升。祭川，沈」，然則「祭天燔柴」即禮日也，「祭地瘞」即禮月也。郊特牲云：「郊之祭也。大報天而主日也。」祭天而以日爲主，故曰禮日。祭地而以月爲主，故曰禮月。本萬充宗說。鄭謂祭日月，則顯與「祭天燔柴，祭地瘞」不合。日月而謂之天地，是亂名實也，經典豈有此稱哉！

一曰，拜日、禮日等，及祀方明，皆以爲盟神。 鄭注覲禮云：「司盟職云：『北面詔明神。』則明神有象也，象者其方明乎。」又云：「盟神必云日、月、山川者，尚著明也。王制云：『王巡守，至于岱宗〔二〕，柴。』是王巡守之盟，其神主日也。諸侯之盟，其神主山川。月者，太陰之精，臣道莫貴焉。是王官之伯會諸侯而盟，其神主月與？」案：穀梁傳云：「詛盟不及三王。」是三王盛時，無詛盟之事，惟周官有之。然司盟云：「凡邦國有疑會同，

〔二〕王士駿校勘記：「王本無此句以下五十六字。」校案：即自「王制云」至「其神主月與」。

則掌其盟約之載。」是凡會同不必皆盟也，成周會同當無盟。覲禮言會同之禮竝無盟法，此禮之經也〔二〕。周官一書閒有預防後世之變而立其制，非必當時所行之禮也。周官與諸經有不合者以此。然則會同之祀方明與拜日、禮日等，皆非以爲盟神可知矣。朝事儀曰：「天子帥諸侯而朝日于東郊，所以教尊尊也。」是拜日非以爲盟，餘可類推。竊謂祀諸神之義有三〔三〕：拜日、祀方明者，此其神之分皆與天子略相等，方明是五帝、五神。日與五帝稍尊于天子，五神稍卑于天子，要之皆爲同等。天子猶必拜祀之，所以示天子之尊猶必有尊也。朝事儀所謂教尊尊也〔三〕。祭天地者，王者〔四〕合萬國之歡以祀先王，故亦合萬國之歡以祀天地，所以明事天如事親也。祭山川者，國主山川，祀之所以爲諸侯祈福，俾咸保宗社之靈長也。是分而言之，有三義矣〔五〕，奈何以爲盟邪？

一曰，方明是日月山川之神。賈疏云：「鄭謂『上下之神，非天地之至貴。』即日月

〔二〕王士駿校勘記：「王本無此句以下大小四十字（校案：即自『此禮之經』至『不合者以此』）。」案：陸刻本、孫刻本皆與王本不同。

〔三〕王士駿校勘記：「元本『三』譌作『五』，今正，王本不譌。」案：陸刻本亦譌作「五」，孫刻本不誤。

〔三〕王士駿續校勘記：「王本無此七字注。」

〔四〕案：「祭天地者」數語亦見該書卷二明堂考，彼文云：「王者合萬國之歡以事先王，亦合萬國之歡以事天地。」該書前十卷系金氏生前審定之稿，故辭氣暢達、文意連貫。此處陸刻本、孫刻本雖皆作「先王」，但參以明堂考文及該篇上下文，「先王」應作「王者」。

〔五〕王士駿校勘記：「王本無此二語（校案：即『是分而言之，有三義矣』）。」

之神也。司盟：『北面詔明神。』鄭注云：『明神謂日月山川也。』覲禮『加方明于壇，所以依之也。』是鄭解方明之神日月山川之神，非五天帝也。」夫日月可言東西，不可言上下，以上下爲日月謬亦甚矣。大宗伯云：「以青圭禮東方，以赤璋禮南方，以白琥禮西方，以玄璜禮北方。」鄭注謂所禮五帝五神，是也。此經云東方青、南方赤、西方白、北方黑，東方圭、南方璋、西方琥、北方璜，文與彼同，則方明之神即五帝五神明矣。蓋五帝、五神皆五行之精，故爲五色以象之，山川非五行，何爲設此方色乎？周官考工記皆言禮山川用璋，安得用圭乎？且日月配祭于天地，山川專祀于西門外，若方明亦是日、月、山川之神，不亦瀆乎？或疑「上下」當爲天地，然禮日、月是祭天地，則此「上下」非天地也。大宗伯云：「以蒼璧禮天，以黄琮禮地。」此云上圭、下璧尤可知非天地也。本鄭注。五帝屬天在上，五神屬地在下。五神，一曰五祀，用血祭，是地神也。詳五帝五祀考。五神之屬木、火、金、水者，列於下之四方，象其色而爲青、赤、白、黑，其中央土神曰后土，土色黄，故設于中，而以黄玉禮之，宜也。至于五帝之屬木、火、金、水者，列于上之四方，亦象其色而爲青、赤、白、黑，其中央土帝曰黄帝本宜爲黄色，然天玄、地黄不可倒置，中央帝居天之中得天之正色，故不爲黄而爲玄，而以玄玉禮之也。天圓地方，故蒼璧圓以禮天，黄琮方以禮地。土帝非天，故不用璧。土神非地，故不用琮而用圭璧，以别于天地也。天帝尊于地神〔一〕，圭貴于璧，故上用圭而下用璧。璋、琥、璜之形不周正，不及圭、璧之全。中央之神此神字兼天帝、地神言〔二〕。貴于四方，故土帝、土神用圭、璧也。四方以東方爲尊〔三〕，故亦得用圭。然其圭當小于上之圭，又玄色貴于青。玄爲天色，六色中之最貴者也。自不混同。此方明之義也〔四〕。

一曰，祀方明在禮山川、丘陵之後，會同又在其後。陳氏禮書云：「天子既拜日、禮

〔一〕王士駿校勘記：「王本此下有『天帝、地神指土帝、土神言』十字注，校元本增多。」案：陸刻本、孫刻本與王本異。

〔二〕王士駿校勘記：「王本作『兼上下言』。」案：陸刻本、孫刻本皆與王本異。

〔三〕王士駿校勘記：「王本此下有『震爲長子，泰山爲岱宗，春爲四時首，可見東方之尊』二十字注，校元本增多。」案：陸刻本、孫刻本皆與王本異。

〔四〕王士駿校勘記：「王本此下有『方明商時已有之，漢書律曆志引伊訓「大甲元年，十有二月乙丑朔，伊尹祀于先王，誕資有牧方明」，此真古文也。方明，即覲禮方明。二句各爲一事，祀于先王者，祀于廟也。喪，三年不祭，大甲居喪，故伊尹攝之。「誕資有牧方明」，謂會同之事。「有牧」，謂諸侯也。「資」，與咨通。「誕」，大也。謂大誥命之也。方明，謂祀方明之壇也。竹書紀年大甲「十年，大饗于大廟，初祀方明」。亦上下各爲一事，可相證明。説者謂伊尹祀先王于方明以配上帝，非也。古者，人君居喪惟祭天地，越紼行事，則伊尹安得攝之乎？祭天之壇安得謂方明乎。且祭天以先王配，不得謂祀于先王。「誕咨有牧」，亦不可解。朱子謂「方」當作「乃」，即所謂乃明言烈祖之成德，亦誤』二百三十七字注，校元本增多。」案：陸刻本、孫刻本皆與王本不同。

月不言禮日，陳氏蓋以禮日爲祭日，與禮日重出故略之。不知禮日非祭日也。與山川、丘陵，則祀方明，既祀方明，則見諸侯。」案：覲禮拜日後即云「反祀方明」，既祀方明，乃禮日、禮月、禮山川、丘陵，節次甚明〔二〕。陳氏易之，蓋欲以類相從耳。不知拜日四者皆大禮，行之非易，又分于四郊，相距各十餘里。又欲反祀方明，此豈一日可畢邪？且拜日、祀方明其神相等，皆所以教尊尊，則拜日後即祀方明〔三〕，未嘗不以類相從也。天地尊于日，若拜日後祭天地，失其序矣。況昊天至尊，祭之必須在質明之時，既拜日，而後祭天，又遲而不敬矣。竊謂拜日、祀方明是一日事，祭天地、山川又是一日事，升壇會同在拜日之前，同在一日。觀經文「四傳擯」在設方明、「反祀方明」之閒，則可見矣。蓋云「反」，則其先必自方明壇而去，若升壇會同在前一日，何得云「反」乎？拜日非祭日，故不必以朝，于會同後行之可也。必先會同，而後拜日、祀方明者，以拜日、祀方明非會同之正禮。正禮未行，不可及其餘也。諸侯皆爲會同而來，豈有未會同而先率以拜日者乎？且拜日、祀方明與

〔二〕王士駿續校勘記：「（節次甚明），王本作『經有明文』。」案：陸刻本、孫刻本皆與王本不同。
〔三〕王士駿校勘記：「王本無此八字。」案：陸刻本、孫刻本皆與王本不同。

禮日月、山川爲一類，若會同在禮諸神之閒，殊爲參錯不倫。鄭謂會同在祀方明後，與經刺謬矣。陳氏沿其誤而并行諸祀，與鄭分四時不同。然鄭分四時，則於諸侯有隆殺，陳并諸祀于一日，則行禮不免急遽、苟且，其失均矣。

一曰，宫即方岳明堂，羣神之祭于此行之。萬充宗儀禮商云：「四岳皆有明堂，此所謂宫即方岳之明堂也。天子巡守，凡畿内羣神之祭皆于此舉行，見天子無外之義。拜日，即春分朝日。禮日，即南郊祭天。禮月，即北郊祭地。禮山川、丘陵，即望祀山川。」案：「爲宫方三百步」一節載在覲禮，其在國内可知。以會同諸侯咸來朝，與覲相似，故附于覲禮。周官以會同爲大朝覲，亦此義也。若巡狩在外，則不類矣。雖巡狩亦有會同[二]，然其禮當載于巡狩篇，不當載于覲禮也。天子巡狩禮今亡，鄭氏曾引其文。周官司儀云：「將合諸侯，爲壇三成，宫旁一門。」此云「四門，壇十有二尋」，與周官合，是此禮爲國内會同明矣[三]。古者牆壝皆謂之宫，掌舍「爲壇壝宫」，其證也。壇壝易成，故將會同則令爲之。若

[二] 案：王士駿續校勘記：「王本此下有『不于東嶽者，蓋别有其故，非正也。禮，當会于東嶽，舜典岱宗覲后即會同也』二十字注，校元本增多。」王士駿續校勘記：「元本作『亦是巡狩會同』。」案：陸刻本、孫刻本皆同，且皆與王本、元本不同。

[三] 王士駿校勘記：「王本此下有『此國内謂畿内，非國城内也』十一字注，校元本增多。」案：陸刻本、孫刻本皆與王本不同。

明堂宮室，豈一時可爲邪？況四岳明堂爲布政之宮、朝會之所，有天下者必早建之，何待巡狩之日，諸侯畢覲〔一〕，而始爲之乎？經所言東門、南門、北門、西門，與上四門在壇壝者不同，乃國門也。國門之外有祭天地、日月、山川等壇，壝門外安得有諸壇乎？且經言「天子乘龍，載大旆，出，拜日于東門之外」，其爲國門甚明。拜日等禮在國門外，又可見此爲國内會同也。天子巡守在外，天地日月等祭固〔二〕宜于明堂行之，然與此經不同，不可强合爲一也。巡守，二月至東岳明堂，祭日。五月至南岳明堂，祭地。八月至西岳明堂，祭月。十一月至北岳明堂祭天，皆率諸侯以行禮〔三〕。然止祭其一，而此經則一時徧祭者也，蓋在國已有正祭，故會同諸祭可偏行之。巡狩在外，國内正祭不行，宗廟、社稷不可于外祭，當使太子或大宗伯攝之〔四〕。故必行正祭〔五〕。天地、日月宜如國内分祭于四時，不可一時徧祭也。

〔一〕王士駿校勘記：「王本『覲』作『集』。」案：陸刻本、孫刻本皆與作「覲」。
〔二〕「固」，陸刻本誤作「因」。
〔三〕王士駿校勘記：「王本此下有『明堂中有壇，祭各於其壇，非祭于堂中也』十六字注，校元本增多。」案：陸刻本、孫刻本皆無此十六字注。
〔四〕王士駿校勘記：「此十九字王本全録而復塗去者。」案：陸刻本、孫刻本皆有此十九字。
〔五〕王士駿校勘記：「王本無此五字。」案：陸刻本、孫刻本皆有此五字。

巡狩，望祭山川當隨時各于其方，春祭東方，夏南，秋西，冬北〔一〕。豈得皆祭於西門外乎？詳明堂考〔二〕。此言拜日，明非祭日，若巡狩在外，豈可不祭日乎？萬氏之説殊誤。而以禮日爲祭天、禮月爲祭地，則〔三〕不可易，勝於鄭氏遠矣〔四〕。

一曰，春夏先行朝禮于朝，然後于國外會同。大宰：「大朝覲，會同。」疏云：「諸侯會同，皆依四時常朝，春夏受贄于朝，受享幣于廟。秋冬一受之于廟。在國行朝禮訖，乃皆爲壇于國外，以命事焉。」案：春夏受贄于朝，受享于廟。此鄭之謬。鶚于朝覲考已詳辨之矣。會同亦有朝禮，弟不在會同之前而在其後，不在于朝而在明堂。朝事儀言：「天子帥諸侯而朝日，退而朝諸侯。」是朝在會同之後也〔五〕。鄭謂此「朝」字是會同朝見諸侯，非也〔六〕。明堂位言：「周公朝諸侯于明堂。」周公非自朝諸侯也，當改作成王。公、

〔一〕王士駿校勘記：「王本無此十字。」案：陸刻本、孫刻本皆有此十字。
〔二〕王士駿校勘記：「王本無此四字。」案：陸刻本、孫刻本皆有此四字。
〔三〕案：陸刻本作「確」，孫刻本作「則」，皆通。
〔四〕王士駿校勘記：「此二十二字王本所無。」
〔五〕王士駿校勘記：「王本此下有『諸侯入覲，先覲後朝義與此同。詳朝覲考。』十六字注，校元本增多。」
〔六〕王士駿校勘記：「王本此下有『會同在壇，豈得謂之朝乎』十字注，校元本增多。」

侯、伯、子、男及夷蠻戎狄畢至，周書王會即在此時。此大朝即會同，會同人衆，治朝之地不足以容之，故于明堂也。明堂爲布政教之宫，所謂「殷同以施天下之政」當在于此，時會發禁當于壇誓，與盟一類也〔一〕。非在壇也，故既升壇會同，又必朝于明堂。時會發禁亦必施政，則亦必朝于明堂。其位，宜諸公中階前北面，侯、伯西階前東面，子、男阼階前西面，夷蠻門東西面，戎狄門西東面。朝位以北面爲尊，東面次之，夷蠻戎狄無尊卑，故從其方而爲位焉。今明堂位所言多與禮不合，未可信也。

夫會同天子之大典也，而先儒所言其誤如此，不可以不正也。其禮之次弟，先入廟行覲禮，侯諸侯畢至，乃爲壇會同，既畢，然後帥以拜日，反祀方明，次祭天地、山川，又次朝于明堂以施政焉，又次行燕禮，又次行食禮，又次行饗禮，諸侯乃歸，此皆考於經而有據者也。

卷十三終

〔一〕王士駿校勘記：「此十三字注王本在『非在壇也』句下。」

求古録禮説卷十四

臨海誠齋金　鶚

井田考

王者之政莫大乎井田，而先儒考之不致其精詳。其説之誤，十有三。

一曰，公田百畝，以二十畝爲廬舍。穀梁宣十五年傳云：「古者，公田爲居，井、竈、蔥、韮盡取焉[一]。」班固因之作食貨志云：「井方一里，是九夫，八家共之，各受私田百畝、公田十畝，是爲八百八十畝，餘二十畝爲廬舍。」趙岐從其説，注孟子「五畝之宅」

[一] 王士駿校勘記：「元本『韭』譌作『韮』，今正。」案：陸刻本誤與元本同。孫刻本作「韮」。

謂「廬井、邑居各二畝半以爲宅。」又注「方里而井」[二]一節云：「公田八十畝，其餘二十畝以爲廬井、宅、園圃，家二畝半也。」何休注公羊、宋均注樂緯咸與班志同。按：孟子言：「井九百畝，其中爲公田，八家皆私百畝。」是百畝皆屬公，何得以二十畝爲民之廬舍也？八家同養公田，何得各取十畝治之也？九一爲助法，以九百畝而得一百畝也。若公田僅八十畝，是輕於九一矣，亦與孟子不合。詩甫田疏極辨班志之誤，然惟有上二説，卻未駁及九一。詩甫田鄭箋云：「九夫爲井，井税一夫。」是鄭謂公田百畝，非八十畝也。五畝之宅皆在邑中，猶今之村落。然詩所謂「中田有廬」者，乃於田畔爲之，以避雨與暑，大不容一畝，必無二畝半之廣在公田之中也。詳邑考。

一曰，公邑不制井田，與采地異。鄭康成注匠人云：「采地制井田，異於鄉遂及公邑。」是鄭謂公邑不制井田也。不知鄉遂之民皆五家相比，故不得爲八家同井之制，公邑在野，其民非五家相比，何不可制井田乎？凡言邑者，皆四井爲邑也。若不制井田，何以名公邑乎？周官小司徒云：「攷夫屋。」夫夫屋者，井田之制也。司馬法云：「夫三爲屋。」鄉遂

[二] 案：「方里而井」，陸刻本、孫刻本皆作「方百里而井」，誤。

有夫屋，蓋其餘地皆有公邑，公邑制井田，故攷其夫屋也。若無井田何有夫屋乎？鄭注云：「出地貢者，三三相任。」不知田不井者，皆五五相任，未有三三相任者也。鄭不知公邑亦爲井田，故妄作此解耳。

一曰：畿内用貢法，無公田。夫助法善于貢，王畿爲首善之區，豈有令邦國行助法，而畿内乃用貢法乎？鄭注匠人云：「周制，畿内用夏之貢法，稅夫無公田。邦國用殷之助法，制公田。」誤更甚矣。竊謂天子、諸侯稅賦之法，不當有異。王畿鄉遂用貢，都鄙用助，邦國亦宜然。必無畿内用貢，邦國用助之理也。鄭又謂：「周之畿内稅有輕重，諸侯謂之徹者，通其〔一〕率以什一爲正。」果爾，周之畿内賦法不謂之徹也，豈孟子所謂「周人百畝而徹」者，專爲侯國言之乎？周之畿内徹田爲糧，自公劉時已然矣。豈至成周時反不名徹乎？鄭據載師「近郊十一，遠郊二十而三，甸、稍、縣、都皆無過十二」之文，故謂畿内賦有輕重，不知此三句是莽歆增篡，非周官本文也。什一之法通乎天下，斷無過

〔一〕案：陸刻本作「具」，誤。

於什一之理。江慎修據國語「先王制土藉田以力，而砥其遠邇[二]以爲田賦[三]」有遠近、取平之法，近、遠郊、甸、稍、縣、都賦法不同，是周官砥遠邇之法也。力役先取諸近，近者多，而遠者少。益遠民之賦以補近民之力，政乃均平。不知鄉遂用貢，都鄙用助，貢爲什一，助爲九一，九一稍重於什一，又車乘、馬牛、芻茭皆征于都鄙，而鄉遂無之，蓋力役與師旅皆出于鄉遂，詳千乘之國出車考。而都鄙不征，有大役、大軍乃征于都鄙，然亦罕矣。先王砥遠邇之法蓋如此。安有什一之法僅行于近郊，而自遠郊以外皆重於什一，且至什二乎？夫什一者，堯舜之道也。孟子云：「欲重之于堯舜之道者，大桀小桀也。」曾謂周公有此賦法乎？且都鄙用助，有公田。若甸、稍、縣、都有什二之法，是都鄙亦用貢矣，亦與諸經不合。然則「近郊什一」三句爲莽歆所篡無疑也。鄭氏據此因謂周畿内用貢法，税有輕重，江氏亦因此而疑周無公田，其亦誤矣。

一曰，丘、甸、縣、都皆以三分之一有奇治溝洫。小司徒云：「九夫爲井，四井爲

[二] 該句王士駿校勘記：「元本『而』譌作『其』，今正。」

[三] 陸刻本引作「先王制王籍田以力其砥」，不可通，誤。

邑，四邑爲丘，四丘爲甸，四甸爲縣，四縣爲都，以任地事，而令貢賦及税斂之事。」鄭注：「甸方八里，旁加一里則方十里，爲一成，積百井。六十四井出田税，三十六井治洫。四甸爲縣，方二十里。四縣爲都，方四十里。四都方八十里，旁加十里乃得方百里，爲一同，積萬井。四千九百九十六井出田税，二千三百四井治洫，三千六百井治澮。」

按：鄭氏據考工記「方十里爲成，方百里爲同」，司馬法「井十爲通，通十爲成，成十爲終，終十爲同」，欲合三者爲一，故作此解也。不知三者必不可合。邑、丘、甸、縣、都皆以四計，通、成、終、同皆以十計，本自不同。考工記但言成與同，而無通與終，則又異矣。蓋井、邑、丘、甸、縣、都居民之法，詳邑考。而粟米、布縷之賦税以是計焉，通、成、終、同出車之法，而馬牛、芻茭之征賦以是計焉。井閒有溝，成閒有洫，同閒有澮，經畫五溝之法，所以正經界除水害者，鄭注小司徒云「溝洫爲除水害」是備潦，非備旱也。朱子注論語溝洫以爲備旱潦，非也。詳溝洫考。于是乎在焉。通與終無關于溝洫，故略而不言也。三法之異如此，安可合於一乎？一成百井之地以三十六井治洫，約去三分之一不出税，積至一同萬井，以五千九百四井治洫與澮，皆不出税。是百里之國，出税者不及一半，何以足用乎？溝洫一成不易，治之者不過濬之耳。百井之地，何用二百八十八家治溝洫乎？鄭説殊繆。戴東原考工記圖從之，誤矣。

一曰：出賦之法以百分之六十四爲實，三十六爲虚。漢志云：「一同百里，提封萬井，除山川沈斥、城池邑居、園囿術路三千六百井，定出賦六千四百井。」以其言推之，則一成十里，亦以一甸六十四井爲實，三十六井之地爲虚，此亦欲合小司徒、司馬法爲一〔一〕，故爲此説也。又本于王制「三分去一」之説，而小變之。王制云：「方百里者，爲田九十億畝，山陵、林麓〔二〕、川澤、溝〔三〕瀆、城郭、宮室、涂巷三分去一，其餘六十億畝。」漢志乃約去三分之一有奇，小變於王制之説。不知王制之書出於漢儒，未盡可據。王者頒禄，必均天下山川不同，若并〔四〕山川而封，爲百里、七十里等國，禄不均矣。儻境内山川甚多，何可以爲國乎？蓋所謂百里之國，以井計之積有萬井，則爲百里之國，山陵、林麓、川澤等皆不在内，又何三分去一之有？然則漢志

〔一〕王士駿校勘記：「元本譌『法』作『者』，今正。」案：陸刻本亦譌作「者」。
〔二〕王士駿校勘記：「元本『陵』、『林』二字上下互易，今乙。」案：陸刻本亦誤。
〔三〕陸刻本、續經解本皆作「丘」，誤。
〔四〕王士駿校勘記：「元本『並』譌作『井』，今正。」案：陸刻本亦誤作「井」。

之誤亦明矣。江慎修知鄭氏之誤，而不知漢志之誤，亦未之思耳。

一曰：周以公田分之，九夫而取其所獲之什一。萬充宗云：周之徹，井九百畝，分之九夫，歲取其所獲之十一。徹之爲義，取于上下相遵[一]，且通乎夏殷之法。一井九夫是通乎夏；取其十一，而不若夏之以中歲爲常，是通乎殷。此説似是而非，彼所據者，小司徒「九夫爲井」也，不知九夫以地言，非以人言。司馬法云：「步百爲畝，畝百爲夫。夫三爲屋，屋三爲井。」是夫以地言也。考工記云：「市朝一夫。」其證也。甫田詩：「雨我公田，遂及我私。」周有公田，其爲八家同井之制甚明。孟子引此詩以爲雖周亦助，是周用殷之助法也。夏亦兼貢助，其貢亦隨年之豐凶而取其什一，故禹貢九州之賦有錯出，龍子所謂「貢法之不善，乃後世之流弊，非禹時有如此也」。左氏宣十五年傳云：「初税畝，非禮也。穀出不過藉。」杜預注：「周法民耕百畝公田，十畝借民力而治之。税不過此。」公田百畝，八家同治之，此注謂民耕公田[二]，亦沿漢志之誤。公羊傳云：「何譏乎始履畝而税？古者什一而

[一]「遵」，陸刻本譌作「通」。
[二] 王士駿校勘記：「駿案：『公田』下宜補『十畝』二字。」

藉。」何休注：「什一以借民力，以什與民，自取其一爲公田。」孟子云：「助者，藉也。」此亦周用助之證也。文王治岐耕者九一，武王、周公當謹守其良法，何以改用貢法乎？必不然矣。

一曰，周之徹法，通力合作，計畝均收。朱子注論語云：「周制，一夫受田百畝，而與共井之人，通力合作，計畝均收，大率民得其九，公取其一，故謂之徹。」語類云：「徹是八家皆通力合作九百畝田，收則計畝均分，公取其一。如助則八家各耕百畝，同出力耕公田，此助、徹之別也。」然孟子論耕者之所獲，「上農夫食九人，其次食八人，其次食七人，其次食六人，下農夫食五人」，以力有勤惰，故獲有多少如此。若通力合作，計畝均收，安有等差乎？且使勤者徒勤，惰者幸安于惰，何以勸乎？萬充宗曾辨之。不必然矣。周之徹法本與助法同，特以鄉遂兼用貢法，而名爲徹耳。非以合作均收而名徹也。

一曰，周之徹法，郊內、郊外通其率以爲什一[一]。詩甫田疏云：「周制有貢有助，助者九夫而税一夫之田，貢者什一而貢一夫之穀，通之二十夫而税二夫，是爲什中税一也。」

[一] 王士駿校勘記：「元本『其』譌作『具』，今正。」

按：孟子云：「請野九一而助，國中什一，使自賦。」九一是九中稅一，則什一當是什中稅一，非什一而稅一也。孟子言貢、助、徹其實皆什一者，以九一與什一所差甚少，亦可謂之什一也。若必貢、助通率而爲什一，則殷人不兼貢法，何以爲什一乎？

一曰，授田之制，大司徒、小司徒、孟子不同。大司徒云：「不易之地，家百畝。一易之地，家二百畝。再易之地，家三百畝。」注云：「不易之地，歲種之，地美，故家百畝。一易之地，休一歲乃復種，地薄，故二百畝。再易之地，休二歲乃復種，故家三百畝。」小司徒：「上地家七人，中地家六人，下地家五人。」鄭注：「一家男女七人以上，授以上地。男女五人以下，則授以下地。」孟子定以爲一夫百畝。馬貴與以爲三説不同，不知其無不同也。授田之法，先視其口之多寡，口多者授以上地，即不易之地也，家百畝。口不多不寡，授以中地，即一易之地也，家二百畝。口寡者授以下地，即再易之地也，家三百畝。是大司徒、小司徒二説本自合也。孟子言「一夫百畝」，則周官「不易之地」舉其上者言之耳，非謂皆定以百畝也。左傳言：「井、衍、沃、牧、隰、皋。」鄭康成謂：「隰皋之地，九夫爲牧，二牧而當一井。」與周官合，蓋田有肥磽，授之地多寡，王政所以爲公也。孟子之意皆不異於周官也。馬氏以爲不同，誤矣。

一曰，餘夫年十六，授田二十五畝；三十有室，受田百畝。孟子云：「餘夫二十五畝。」趙岐注云：「一家一人受田，其餘老少尚有餘力者受二十五畝。」老少安能治田？此說甚謬不足辨。朱子集注引程子云：「一家上父母下妻子，以五口八口爲率，如有弟是餘夫也，年十五[一]別受田二十五畝，俟其壯而有室，然後更受[二]百畝之田。」毛西河謂有弟餘夫有子餘夫，兼子弟言，不知子弟皆不爲餘夫也。小司徒所謂「家[三]七人」、「家六人」正合子弟合計之，蓋子弟助父兄以耕，同食于百畝之内，詩所謂「侯亞侯旅」是也。年十六尚未弱冠，何能耕治二十五畝？且一人何須二十五畝乎？三十有室，無父母之養子弟之畜，安得與八口之家同授百畝？賈公彦周官疏謂「餘夫三十有室，受田百畝」，程子從之，誤矣。竊謂子弟必三十有室，乃爲餘夫受田二十五畝，俟其丁衆成家，方授其百畝之田。小司徒云：「凡起徒役，毋過家一人，以其餘爲羨，唯田與追胥竭作。」此羨卒即餘夫也。餘夫可爲卒，以田獵追胥必非幼弱所能。羨卒在家七人之中，其不受百畝之田可

[一] 王士駿續校勘記：「元本『十六』譌作『十五』，今依孟子集注改正。」案：陸刻本、孫刻本皆誤與元本同，今依王校改正。

[二] 王士駿續校勘記：「案：孟子集注『更授』作『更受』。」案：陸刻本、孫刻本亦作『更授』。今據王校改。

[三] 王士駿校勘記：「元本『家』譌作『者』，今正。」案：陸刻本作『皆』，亦誤。

知矣。

一曰，餘夫受田同於正夫。周官遂人云：「上地，夫一廛，田百畝，萊五十畝，餘夫亦如之。中地，夫一廛，田百畝，萊百畝，餘夫亦如之。下地，夫一廛，田百畝，萊二百畝，餘夫亦如之。」鄭注云：「餘夫亦如受一廛，所以饒遠。」賈疏云：「遂人餘夫多三十壯有室者，其合受地與正夫同；孟子所云餘夫年二十九以下未有妻，受口田，故二十五畝，不與正夫同。」鄭漁仲云：「餘夫二十五畝是商制，周則受百畝。」按：聖王之治，天下遠近一體，無饒遠之理。六遂上地有萊者，以其地在野，多閒曠之地，中有萊田，故以萊田給之，此恐地荒不治，非饒遠也。鄭注以爲「饒遠」，誤矣。至于餘夫，又何有饒遠之義[一]？鄭説殊不可通。遂人之餘夫即孟子之餘夫，賈疏別而言之，非也。孟子所言井田止是周制，漁仲以爲商制，其謬更甚。總之，餘夫止有一妻，與正夫一家七八口迥異。百畝可食七八人，餘夫止夫婦二人，故授以二十五畝，先王制度自不苟也。受田必無與正夫同者，趙岐注孟子云：「田萊多少，有上、中、下，周禮曰『餘夫』亦如之，亦如上、中、下之等也。」此

[一] 王士駿校勘記：「元本『有』譌作『以』，今正。」案：陸刻本誤與元本同，孫刻本不誤。

説得之。蓋餘夫上地田二十五畝，萊一十二畝半；中地萊亦二十五畝，下地萊五十畝，田皆二十五畝也。

一曰，餘夫在遂地之中，出耕公邑。鄭氏注載師云：「餘夫在遂地之中，以力出耕公邑。」賈疏云：「六鄉以九等受地。」鄭注云：「廛，里也，場圃也，宅田也，士田也，賈田也，官田也，牛田也，賞田也，牧田也，九者亦通受一夫。」皆以一夫爲計其地，則盡至于餘夫無地可受，則六鄉餘夫等出耕在遂地之中、百里之外，其六遂之餘夫竝亦在遂地之中受田矣。按：九等之田非必各有一夫，賈疏曾辨之。安得謂餘夫無地可受乎？且農夫之耕必與其家相近，若去家甚遠，朝夕往來，田且荒蕪矣。若使别居，離其父兄，亦非情理。是六鄉餘夫必不出耕于遂地也，遂地自有田可授，餘夫必不出耕公邑也，公邑亦制井田，皆每夫受田百畝，何待鄉遂之餘夫來耕乎？餘夫與正夫同居鄉遂，公邑、都鄙隨處有之，豈必在遂地之中哉！近人或謂餘夫之田即以公田給之，然公田爲八家所同治，安得以授餘夫？況一井八家或有七八餘夫，而公田止百畝，何以給之乎？即三四餘夫公田盡以給之，正夫可以不治公田乎？其説亦甚謬矣！

竊謂古者地廣人稀，田不盡井，隨處皆有閒田、餘地，授萊田取之於此，圭田及餘夫之田亦取之於此，且生齒日增，已井之田不足以給，亦取於此以授之，每夫百畝不必盡爲井田之制也。此無公田當用貢法，餘夫之田亦宜用貢，然則周之兼用貢法，不特鄉遂爲然。觀周官司稼「巡野觀稼，以年之上下出斂法」，可知鄉遂之外亦有用貢者矣。如盡行助法，則惟以公田之稼歸公，何必論年之上下乎？餘夫之田與萊田錯于井田之閒，是知井田之制不必畫方如棋局也。其在平原廣野可作數井、數十井或百井，則爲一通一成之制，畫方如棋局。然若在山川險阻之地，或止有九百畝，但爲一井成正方形，或不足九百畝其田不能成方，則但以方田之法計之，以九百畝爲一井，公田不必正居中，是皆不爲一通一成之制，畫方如棋局，溝洫亦隨地爲之，不必十夫有溝、百夫有洫、千夫有澮也。此遂人文，詳溝洫考。孟子告畢戰潤澤必「在君與子」者，此類之謂也。

一曰，三代授田不同。孟子曰：「夏后氏五十而貢，殷人七十而助，周人百畝而徹。」

皇氏謂：「夏時民多，殷漸少，周時至稀古授田有多寡[一]。」熊氏謂：「夏政寬簡，一夫百畝，止税其五十畝。殷政稍急，增税七十。周政極煩，畝盡税之。」陳氏謂：「夏氏洪水方平，可耕之田尚少，故授田止五十[二]。殷時漸廣，周大備，故日增。」徐氏謂：「夏民儉約，故授以五十而用足，後世彌文而用廣，故田不得不增多[三]。」金氏謂：「區皆有百畝，三代所同，但夏一井十六家受之，商一井十二夫受之，周乃每夫一區。」袁氏謂：「三代民皆百畝，但夏以五十爲萊田，商以三十爲萊田，周人萊田在別井。」按：井田有溝涂經界，其制一定而不可易，若田有增多，必改易其溝涂，三代聖人豈若是之紛[四]擾乎？則謂授田有多寡者，非也。天地之閒生齒日繁，豈有夏時民多殷時民少至周而更少之理？殷用助法無税，何謂税七十畝而三十畝不税乎？八家同井，孟子有明文，此殷之助法也。周徹法亦然。若殷一井十二夫受之，計八百四十畝，是餘六十畝矣。若十三夫則

[一] 王士駿續校勘記：「案：『古』疑當作『故』。」

[二] 王士駿校勘記：「元本『止』譌作『之』，今正。」案：陸刻本誤與元本同，孫刻本皆不誤。

[三] 王士駿校勘記：「元本『增』譌作『皆』，今正。」案：陸刻本誤與元本同，孫刻本皆不誤。

[四] 王士駿校勘記：「元本『紛』譌作『粉』，今改正。」案：陸刻本亦譌作「粉」，孫刻本皆不誤。

又不足矣。周亦有助，若每夫一區，是無公田也。萊田必在井田之外，未有與田相襍者〔一〕，安有一井之中半爲萊田者乎？

諸說皆不可通，萬充宗謂三代尺度不同，夏之五十畝至殷爲七十畝至周爲百畝，此說得之。蔡邕獨斷謂：「夏尺十寸，殷九寸，周八寸。」是三代尺度不同之證。白虎通謂：「夏以十寸爲尺，商以十二寸爲尺，周以八寸爲尺。」非也。然則五十、七十、百畝非真有多寡也。夫井田爲王政之首務而說者多誤，有志經濟者不可不考正之矣。

燔柴瘞埋考

古者祭天燔柴，祭地瘞埋。覲禮：「祭天，燔柴；祭地，瘞。」祭法：「燔柴于泰壇，祭天也。瘞埋于泰折，祭地也。」案：覲禮所言與祭法同是正祭天地之禮，鄭注覲禮以祭天爲祭日，以祭地爲祭月，非也。周官：「以實柴祀日月星辰。」是祭月不瘞，且燔柴亦非實柴也。鄭康成謂：「燔瘞皆有玉帛、牲體。」後儒悉從之。

〔一〕王士駿校勘記：「元本『未』譌作『夫』，今正。」

鶚案：祭天地之禮，燔瘞惟有幣帛，無玉亦無牲也。古人祭用玉帛禮神，猶朝覲執玉帛以爲摯，帛則受而玉必還，是知禮神之玉不燔瘞矣。且玉亦豈可燔之物哉？燔燎取其升煙，玉不受火，燔之無謂，徒損一寶，古之人何其愚也？蒼璧、黄琮與四圭有邸、兩圭有邸皆貴重之寶，何可數燔而數瘞之也。國語云：「禘郊有全烝。」全體之牲亦非可燔，燔之而臭穢上聞于天，不敬大矣。禮運云：「列祭祀，瘞繒。」繒爲幣帛，祀地而但瘞幣帛，則無玉與牲可知，鄭注云：「埋牲曰瘞，幣帛曰繒。」經無牲字而曰瘞牲，妄矣。而祭天之不燔牲玉，更可知矣。雲漢詩：「上下奠瘞，靡神不宗。」其上文云：「靡神不舉，靡愛斯牲，圭璧既卒。」別奠瘞于牲玉，是奠瘞爲幣帛也，牲未有言奠者，玉雖可言奠，然瘞爲帛，則奠亦宜爲帛也。瘞帛既見于禮運，又見于聘禮，可知此瘞爲瘞帛也。祭天，帛宜燔而云奠者，帛必奠[一]之而後燔于柴上也。毛傳云：「上祭天，下祭地，奠其禮，瘞其物。」未嘗有言牲玉。孔疏以牲玉釋之，非也。非牲玉矣。

大宗伯于昊天上帝言禋祀，日月星辰言實柴，司中、司命、飌[二]師、雨師言槱燎，社

[一] 王士駿校勘記：「元本『奠』譌作『尊』，今正。」案：陸刻本誤與元本同，孫刻本不誤。

[二] 王士駿校勘記：「元本『飌』譌作『風』，今正。」案：陸刻本誤與元本同，孫刻本不誤。

稷、五祀、五嶽言血祭，山林、川澤言貍與埋同。沈，四方百物言疈辜，皆類敘而別言之，其禮必各異。禋之言煙，鄭注云：「禋之言煙，周人尚臭，煙氣之臭聞者。」又爲精意以享，本國語。故知其但以幣帛加柴上而燔之，不貴多品，又取其氣之潔清也。加牲燔之，則氣稍濁。實柴，謂以牲體加于柴上，祭日月非全烝，當取其體之貴者燔之。體之貴者，首與正脊是也。爾雅釋天云：「祭星曰布，謂以牲體分析而布于柴上，以象星辰之布列。」埤雅引釋名云：「祭星曰布，布取其象之布也。」今本無此文。此皆非全體燒之，自無臭穢，而要不若禋祀之氣清也。日月星辰亦燔幣，然所以異于禋祀者，在牲不在幣也。槱燎則有柴有牲[二]無幣，而用柴獨多。此祀天神之等殺也。鄭注：「三祀皆積柴、實牲體，或有玉帛，燔燎而升煙」。賈疏：「禋祀有玉帛、牲牷，」其說非也。

血祭自社稷始，不言祭地者，祭地與社稷同用血祭也。鄭注云：「不言祭地，此皆地祇，祭地可知也。」此解未明。賈疏云：「大地方澤當用瘞埋，與昊天禋祀對。」不知瘞埋可與燔柴對，不可與禋祀對，其說似是而非。郊特牲云：「社，所以神地之道。」故方丘亦通稱社。中庸云：「郊社之禮。」鼓人：「以靈鼓[三]鼓社

[二] 王士駿校勘記：「『有牲』，元本譌作『不牲』，今正。」案：陸刻本誤與元本同，孫刻本不誤。

[三] 案：「靈鼓」，陸刻本、孫刻本皆作「路鼓」，今據周禮經文改正。

祭。」大司樂：「奏大蔟，歌應鐘，舞咸池，以祭地示。」此社兼地，地亦兼社，地與社稷同樂。典瑞云：「兩圭有邸以祀地，旅四望。」四望即五嶽，次于社稷，而與地同圭，則社稷亦與地同圭可知。五祀猶天〔二〕之五帝，與天同用四圭有邸，又同服大裘而冕，故五祀與地亦同用血祭。而地與社稷同血祭從可知矣。血祭蓋以血滴于地，如鬱鬯之灌地也，氣爲陽，血爲陰，故以煙氣上升而祀天，以牲血下降而祭地，陰陽各從其類也。然血爲氣之凝，血氣下達淵泉亦見周人尚臭之意也。血祭與禋祀正對，禋祀不燔牲，則血祭亦不瘞牲，下言「以埋沈祭山林、川澤」，是埋牲以祭山林，地與社稷、五祀、五嶽皆不埋牲可知矣。覲禮、祭法、爾雅皆以「祭地瘞埋」與「祭天燔柴」對言，此所埋者幣也，非牲也。禋祀升煙，血祭下達，皆所以薦神。大宗伯〔三〕以「禋祀」、「血祭」對言者，此也燔幣于坎，皆所以告神。覲禮諸書以「燔柴」、「瘞埋」對言者，此也祭地用全烝，其牲不埋，社稷、五祀、五嶽牲用大牢，雖非全烝，亦不瘞埋，祭山林、川澤用少牢，皆折牲體。爾雅云：「祭山曰庪縣，祭川曰

〔二〕王士駿校勘記：「駿案：校案：『子』字疑衍。」案：陸刻本、孫刻本誤與元本同。今據王校删。

〔三〕王士駿校勘記：「駿案：大司樂無禋祀、血祭等文，當爲大宗伯之譌。」案：陸刻本、孫刻本亦作「大司乐」，誤與元本同。今依王校改。

浮沈。」可縣可浮，其非全體可知。覲禮云：「祭山、丘陵，升。」庪縣即升也。本賈疏。而大宗伯言埋似乎不同，不知祭山林者，先縣之而後埋之，山屬地而其高配天，故縣與埋竝舉，覲禮、大宗伯各舉其一言之耳。鄭志[一]答張逸謂「爾雅之文襍不可盡據」以難周禮，非也。孫炎云：「埋于山足曰庪，埋于上山曰縣。」亦非。川屬乎地而又就下，故直沈之。而爾雅言：「浮沈，牲體折節爲物不重，初浮而終沈也。」邵二雲謂：「祭川竝用牲、玉，故或浮或沈。」引左傳「沈玉以濟」、「執玉而沈」，及史記河渠書「湛美玉」爲證。又謂祭山亦埋玉，引史記正義宋末會稽脩禹廟于土中，得五等圭璧百餘枚以爲證。然祭地既不埋玉，則祭山川亦必不埋玉、沈玉。周官小子：「凡沈、辜、侯、禳，飾其牲。」鄭司農注云：「沈謂祭川。」是沈以牲不以玉也。左傳之沈玉皆欲報怨而邀惠于神，非祭禮也。史記所言是漢時祭川之禮，非周制也。祭山川固皆有玉，然但奠之而不埋沈，周官言「璋邸射以祀山川」，未嘗言埋玉。山海經言「縣以吉玉」，亦未嘗言埋。會稽之玉或漢以後祭山者埋之，非周禮也。孔文詳謂此即禹會諸侯于會稽，執以禮山神而埋之，非也。禹時諸侯所執之玉皆是命圭，當爲世守，豈可埋

[一] 王士駿校勘記：「元本『志』譌作『未』，今正。」案：陸刻本、孫刻本皆不誤。

于山乎？埋沈與實柴正對，實柴[一]用牲，故埋沈亦用牲；實柴之牲折節，故埋沈之牲亦折節；實柴、埋沈皆以形，不若禋祀、血祭之以氣也。

疈辜爲磔牲非折節其牲，或用狗，非必少牢，則又降矣。疈辜與槱燎對，槱燎不燔幣，故疈辜亦不埋沈，此祀地示之等殺也。天神、地示必有等殺，則禋祀、血祭必不與實柴、埋沈同用牲以燔瘞明矣。至于玉之不可燔瘞，尤其顯然者也。牲玉燔瘞不見于經，惟韓詩外傳有云：「天子奉玉，升柴加于牲[二]上，而燔之。」此漢人之説，自不足據。羅泌極辨燔瘞用玉之非，可謂卓識。乃謂燔瘞兼有牲幣，則仍沿注疏之誤，而不覺其非也。

又案：郭璞注爾雅謂既祭然後燒之、瘞之。崔氏注禮記謂初祭即燔，陳氏禮書兩解不定。竊謂燔瘞以帛所以告神，宜在祭之始。郭璞之説非也，後代祭天地者皆于祭畢燔瘞，失其義矣。

〔一〕案：陸刻本、孫刻本皆作「實牲」，王士駿亦未出校記，從上下文來看此處應以「實柴」爲是。

〔二〕王士駿校勘記：「元本『牲』亦譌作『柴』，今正。」案：陸刻本誤與元本同，孫刻本不誤。

狐青裘服考

玉藻云：「君子狐青裘豹褎，玄綃衣以裼之。」鄭注云：「君子，大夫、士也。綃，綺屬也。染之以玄，於青裘相宜。狐青裘，蓋玄衣之裘。」孔疏：「皇氏云：『玄衣，玄端也。』又云：『畿内諸侯朝服用緇衣，畿外用玄衣。此狐青又是畿外諸侯朝服之裘。』熊氏云：『六冕皆有裘，此云玄，謂六冕及爵弁也。則天子、諸侯皆然，而云「大夫士」者，君用純青，大夫士褋以豹褎。』劉氏云：『凡六冕之裘，皆黑羔裘也。』劉氏以此玄衣爲玄端，與皇氏同。熊氏之説踰於二家。」江慎修云：「冕服之裘，既當用玄綃衣、裼狐青，夫子嘗服冕助君祭，何以止有緇衣羔裘，而無玄綃狐青？意當時魯君之祭，皆是緇衣羔裘，故夫子亦無狐青，而記者廣言他國冕服有此裘與？」戴東原云：「『天子、諸侯玄端以居，狐青裘。故玉藻曰：『君子狐青裘豹褎，玄綃衣以裼之。』綃者，綺屬，則天子、諸侯玄端以繒可知也。」案：玄端以布爲之，上服既用布，則其内裼衣不得用絲。玉藻云：「以帛裹布非禮也。」是用布、用帛表裏皆必合一矣。狐青裼以綃衣，其非玄端甚明，皇氏誤矣。戴氏謂：「天子、諸侯玄端以繒服，以燕居。」不知天子惟朝、祭服用絲，諸侯惟祭服用絲，燕居褻服，安得以繒爲〔二〕之乎？天子、諸侯燕居固宜玄端狐青裘，但裼以緇布衣，不裼以玄綃衣也。且此經上文三言「君」，此獨言「君子」，可知非天子、諸侯，其爲大夫、士無疑矣。凡禮經言「君子」者，多指大夫、士，不獨此章也。況羔裘豹褎爲大夫之服。詩羔羊疏云：「凡裘，君則用全，臣則褎，飾爲異，故詩云『羔裘豹褎』，鄭云：『卿、大夫之服也。』」則此狐青裘豹褎，必爲士、大夫之服可知。戴氏以爲天子、諸侯之服，不亦謬乎？唐風言：「羔裘豹袪。」檜風言：「羔裘逍遙。」是畿外諸侯亦未有不以緇衣羔裘爲朝服者，皇氏謂畿外諸侯朝服玄衣狐〔三〕青，其誤甚矣。本孔疏。

祀天用羔裘，是裘以羔爲最貴。劉氏謂六冕之裘皆黑羔裘，此説最確。古之祭服，未有不用黑羔裘者。蓋羔，德之獸，古者卿執羔，貴其德也。士相見注云：「羔，取其羣而不黨。」

〔二〕王士駿校勘記：「駿案：『繒』下誤奪『爲』字。」案：陸刻本、孫刻本皆奪「爲」字。今據王校補。

〔三〕王士駿校勘記：「楊云：『衣』下、『青』上誤奪『狐』字。」案：陸刻本、孫刻本皆奪「狐」字。今據王校補。

公羊傳何休注云：「羔，取其執之不鳴，殺之不號，乳必跪而受之。此羔之德也。羔既有跪乳之孝，黑者又合於陰幽之象，故祭服必用黑羔裘。」少牢饋食禮：「主人朝服，大夫朝服緇衣羔裘。」祭亦服之，則天子、諸侯祭服皆必用羔裘甚明。熊氏謂六冕及爵弁皆用青裘，非也。青之裘不貴，乃祀昊天與五帝、享先王、祭社稷煌煌大祀而服此裘，有是禮乎？江氏謂魯君祭以羔裘，他國祭以青裘，臆説無據。與皇氏畿内、畿外之説同其謬妄矣。

竊思大夫、士服玄冕與爵弁助祭者，固不狐青裘而玄冕，爵弁别無狐青裘、玄綃衣。意者士爵弁親迎、大夫玄冕親迎，服狐青裘、玄綃衣以裼之與？玄冕、爵弁，大夫、士服之尊者，故玉藻首列之，然其用甚少，故論語不記之也。諸侯立朝，王服爵弁，蓋亦狐青裘、玄綃衣，以諸侯入覲服冕用羔裘，始受命不敢服冕而服爵弁，故亦不敢用羔裘，而用狐青也。諸侯在天子朝，皮弁服用狐白裘。見玉藻疏及詩羔羊疏。始立朝王，爵弁服用狐青裘，又以類相從也。天子燕羣臣及養老，亦宜服狐青裘、玄綃衣。王制云：「周人玄衣而養老。」鄭注云：「玄衣素裳，天子之燕服，爲諸侯朝服。」非也。朝服緇衣與玄衣别，玄爲黑青色，緇純黑色。且天子朝服，皮弁絲衣，本戴東原説。則燕與養老不宜用麻衣。上文云「殷人縞衣而養老」，縞衣是絲衣，玄衣亦絲衣可知。是則天子燕與養老亦服狐青裘、玄綃衣也。其冠則冠弁，即諸侯朝服之委貌也。天子、諸侯用純狐，大夫、士則豹褎，其裼以玄綃衣一也。天子田獵，冠弁服，用緇衣，其裘亦宜狐青，不用羔裘。蓋羔裘最貴，天子惟冕服用之，朝服用狐白，燕服用狐青，田獵輕于朝、燕，豈宜最貴之羔裘哉？其裼衣用緇布，不用玄綃，亦降于朝、燕也。田與燕居同服狐青、緇布衣，但燕居以玄端服，田以冠弁服，自有等差。

黄衣狐裘考

玉藻云：「狐裘，黄衣以裼之。」鄭注云：「黄衣，大蜡臘先祖之服也。孔子曰：『黄衣狐裘。』」孔疏云：「蜡後爲息民之祭，此息民謂之臘，故月令孟冬云：『臘先祖五祀。』是黄衣爲臘先祖之服也。」論語云：「黄衣狐裘。」邢疏云：「此大蜡息民之祭服也。」按：論語「緇衣羔裘」、「素衣麑裘」、「黄衣狐裘」三者竝列，其服宜相當。乃緇衣羔裘大夫、士以爲朝服，而助祭于君大夫玄冕、士爵弁，皆緇衣羔裘。及自祭家廟大夫、士朝服以祭，亦皆緇衣羔裘。皆服之。邢疏專指朝服，説未備。素衣麑裘以爲視朔之服，而聘問鄰國及大蜡之祭與大學始教祭菜皆服之。邢疏及江慎修鄉黨圖考皆止言朔與聘，亦未備。又諸侯之士在天子之朝亦服之。天子之士亦素衣麑裘，此專言諸侯之士者，以鄉黨所言皆侯國禮也。其用皆最廣，又多係大禮。而黄衣狐裘止有息民之祭一用，而其禮又甚輕，何得與緇衣、素衣等服竝列乎？

古人之服冕爲上，弁次之，冠又次之，冠皆用玄，未有用黄冠者，惟息民之祭冠與衣皆用黄。郊特牲云：「黄衣、黄冠而祭，息田夫也。」又云：「野夫黄冠。黄冠，草服也。」鄭注云：「祭以息民，象其時物之色，季秋而草木黄落。」夫冠以法天，故色必取乎玄，黄冠乃象地而不象天，與法象相悖，必爲古人之所賤也。此特以象草木黄落，别有取義，故不爲朝、祭、聘、享諸典禮之正服，其禮行於草野之中，與祭者皆田野草服之人，賤可知矣。或謂臘祭先祖、五祀，其祭非輕，其服不賤，不知月令「臘先祖、五祀」與周異。周之蜡，索饗先嗇、司嗇等八神，而于蜡之餘又作息民之祭，其祭不謂之臘，其神非先祖、五祀，蓋四方百物之神也。蜡之祭，天子、諸侯主之，而息民則使有司行事。蜡以皮弁服，而息民則黃衣黃冠，蜡、臘禮，詳見蜡臘辨。不可見其禮之輕乎？以輕賤之服而與諸大禮之重服類敘，必不然矣。

竊謂黃衣狐裘，韋弁服也，玄端服亦用之。周官司服云：「凡兵事，韋弁服。」鄭注云：「以韎韋爲弁，又以爲衣裳。」韎爲赤黃色。玉藻云：「一命緼韍。」鄭注：「緼，赤黃之閒色。所謂韎也。」士冠禮：「韎韐。」鄭注：「緼，韍也。兵事象火，故其服上下皆赤。」夏官司馬掌兵，以兵象火也。用兵所以闢土、守土，故又兼乎黃。乾象大赤，乾爲純陽，故大赤。則弁用赤色亦可以法天，非如黃冠之全象地也。上服赤黃色，其內之裘宜用狐黃，裼之宜黃衣，詩羔羊疏云：「兵事，韎韋，衣則用黃衣狐裘，象衣色故也。襄四年傳云：『臧之狐裘，敗我于狐駘』。」是也。然則韋弁以黃衣狐裘，有確證矣。聘禮：「君使卿韋弁，歸饔餼。」鄭注：「韋弁，兵服也。而服之者，皮韋同類取相近耳，其服蓋韋布以爲衣而素裳。」賈疏：「此爲賓館于大夫、士之廟，既爲入廟之服，不可純如兵服，故韎布爲衣而素裳，以無正文，故云『蓋』以疑之也。」是聘禮亦用黃衣狐裘也。

凡裘與衣但取其相近之色，不必盡同，玄衣用狐青裘，以玄色而兼青[一]與青相近故也。則韎衣用狐黄裘，韎色赤而兼黄與黄相近，亦自宜矣。小雅云：「彼都人士，狐裘黄黄，其容不改，出言有章，行歸于周，萬民所望。」此狐黄當爲玄端服之裘。本戴東原。天子、諸侯以玄端燕居，當爲狐青裘。大夫、士冠、昏等禮服玄端，當爲狐黄裘，大夫、士齊服、玄端皆宜用黑羔裘。蓋狐以白爲上，狐青次之，狐黄又次之，諸禮服以玄端爲卑，諸裘以狐黄爲下，正自相稱，冕弁朝服之裳，皆一定。冕服、爵弁服纁裳，皮弁服、朝服素裳，韋弁服韎裳。惟玄端之裳不一，故裘亦不一。玄端，禮服之下者，裘可不必與上服相合，而裼必與裘同色。玄端服之狐黄裘，亦裼以黄衣也。詩言：「行歸于周。」必非黄冠而祭之時，禮記緇衣引此詩，鄭注云：「黄衣則狐裘，大蜡之服也。」失之矣。其詩箋則云：「冬衣狐裘黄黄然，取温裕而已，是以爲燕居之裘矣。」此説亦非。孔疏以此狐裘爲庶人之服，謂：「狐之黄者多，故庶人得服之。」不知經文明指爲士，小序言：「古者長民，衣服不貳。」當是爵爲士者，

[一] 王士駿校勘記：「楊云：『玄色』下疑奪『黑』字。」案：陸刻本、孫刻本皆無「青」字，由下文「韎色赤而兼黄，與黄相近」例之，楊説似可信。

非庶人也。孔爲此説者，以次章「臺笠緇撮」是庶人之服故也。然鄭箋云：「都人之士以臺皮爲笠、緇布爲冠，古明王之時儉且節也。」其非庶人之服明矣。末章言：「充耳琇實。」此豈庶人之所得有邪？孔疏：「此庶人無玉，用石而已」。案：説文云：「琇，美石次玉也。」衛風言衛武公「充耳琇瑩」。是諸侯之瑱已用美石矣。豈庶人始用石乎？狐黄裘非庶人之裘，庶人只服犬、羊之裘，不得服狐裘。則必爲玄端服之裘矣。

大夫、士以深衣燕居，亦當用狐黄裘。説本戴東原。深衣之裘不裼，非論語、玉藻所謂「黄衣狐裘」也。檜風云：「羔裘逍遥，狐裘以朝。」鄭氏以此爲黄衣狐裘，箋云：「諸侯朝服，緇衣羔裘。大蜡而息民，則有黄衣狐裘。今以朝服燕、祭服朝，是其好潔衣服也。」不知此詩之意謂以朝服燕、燕服朝，諸侯燕居當以狐青裘。大蜡之餘黄衣、黄冠而祭，非必諸侯親之也。孔疏謂：知非狐青者，「天官司裘云：『季秋獻功裘，以待頒賜。』注云：『功裘，人功微麤，謂狐青、麛裘之屬。』然則狐青乃是人功麤惡之裘，檜君好潔，必不服之」。不知功裘對良裘而言，良裘爲王之裘，其裘甚美若天成者，故謂之良。功裘爲卿、大夫之裘，其裘用人功多故謂之功，功裘統諸裘言之，羔裘亦在其中，鄭注非是。

然以狐青與麑裘竝舉，麑裘爲皮弁服之裘，其裘自貴，豈得謂狐青麤惡邪？考狐青爲爵弁服之裘，裼以玄綃衣，詳狐青裘考。檜君好潔所以服之，若狐黃裘乃裘之賤者，檜君必不服之也。然則狐裘以朝，非黃衣狐裘明矣。朝服必緇衣，若用狐黃裘，則與緇衣不稱矣。

爵弁韋弁異同解

爵弁見于尚書、儀禮、禮記，韋弁見于周官、儀禮，先儒皆以爲二物，其制大異。士冠禮云：「爵弁服纁裳，純衣，緇帶，韎韐。」鄭注云：「此與君祭之服。爵弁者，冕之次，其色赤而微黑，此說大謬，詳爵弁色考。如爵頭然，其布三十升。此說亦非。凡布之細者，不過十五升而已，詳四書正義麻冕章[一]。」賈疏：「爵弁制與冕大同，唯無旒，又爲爵色，又前後平爲異，故不得冕名，以其尊卑次于冕，故云『爵弁冕之次』也。」周官司服云：「凡兵事，韋弁服。」鄭注云：「韋弁以韎韋爲弁。」又以爲衣裳，春秋傳曰：「晉郤至衣韎韋之跗注。」是也。

[一] 王士駿續校勘記：「說已見上。」

今時五伯緹衣，古兵服之遺色。聘禮云：「君使卿韋弁，歸饔餼五牢。」鄭注云：「變皮弁服韋弁，敬也。韋弁，韎韋之弁，兵服也，而服之者，皮韋同類取相近耳，其服蓋韎布以爲衣而素裳。」賈疏：「此爲賓館于大夫、士之廟，既爲入廟之服，不可純如兵服，故韎布爲衣而素裳。」此數説皆謂韋弁與皮弁相似，而與爵弁大異也。後儒多從之。惟陳用之禮書謂：「周禮有韋弁，無爵弁。書與冠禮、禮記有爵弁，無韋弁。」弁師、司服韋弁先于皮弁，書爵弁先于綦弁，士冠「次加皮弁，三加爵弁」，而以爵弁爲尊。聘禮「上卿贊禮服皮弁」及「歸饔餼服韋弁」，而以韋爲敬。則皮弁之上非韋弁即爵弁耳。疑其爲一物也。爵弁雖士之祭服，而天子、諸侯、大夫皆服之。古文「弁」象形，則其制當上鋭[一]若合手然，非如冕也。韋其質也，爵其色也。江慎修謂：「陳説有依據，詩言：『方叔將兵，服其命服，朱芾斯皇。』又云：『韎韐有奭，以作六師。』皆爵弁之韠也。鄢陵之戰，『郤至衣韎韋之跗注』，即朱芾、韎韐之謂也。豈非爵弁即戎弁之證乎。」戴東原亦云：「然此數説皆謂爵弁韋弁同爲一物也。」

[一] 王士駿校勘記：「元本『當』譌作『尚』，今正。」案：陸刻本誤與元本同，孫刻本不誤。

按：注疏説爵弁形制甚爲紕繆，陳氏駁之誠是。但以爵弁、韋弁爲一物，則不然也。儀禮一書士冠、士昏禮皆言「爵弁」，聘禮言「韋弁」，可知其爲二物，若韋弁即爵弁，聘禮何必别之曰韋弁乎？禮經凡言冕弁與冠未有一物二名、前後歧出[一]者，何獨於此歧出乎？襍記云：「大夫冕而祭于公，士弁而祭于公，故其服以絲爲衣。」士冠禮：「爵弁服，純衣。」鄭注：「純衣，絲衣也，餘衣皆用布，唯冕與爵弁服用絲耳。」按：王朝皮弁服，天子、諸侯亦絲衣。侯國皮弁服，不得絲衣矣。衣色用玄，玄色爲貴，故祭服必用玄衣，朝服則緇衣，鄭氏謂爵弁服緇衣，非也。詳見爵弁色考。纁裳、韎韐與冕服同，鄭氏以爲冕之次，是也。襍記又云：「成廟則釁之。其禮，祝、宗人、宰夫、雍人皆爵弁純衣。」祝、宗人、宰夫皆士也，入君廟而服爵弁，猶助祭之服爵弁也。周頌云：「絲衣其紑，載弁俅俅。」此弁謂爵弁也，本注疏[二]。士助王視濯、省牲亦服爵弁，與正祭同也。是爵弁爲士之祭服，與冕等重，冕既以布爲之，則爵弁亦必以布，豈可以韋爲之乎？韋爲熟皮，與皮弁一類。聘禮疏云：「有毛則曰皮，去毛熟治則曰韋。本是一物，有毛、無毛爲異。」不知皮與革對，

[一] 案：「歧出」，陸刻本此處及下「歧」字皆作「岐」，孫刻本前作「岐出」，後作「歧出」。

[二] 王士駿校勘記：「元本『注疏』二字上下互易，今乙。」案：陸刻本亦作「疏、注」，誤與元本同。孫刻本不誤。

則皮是有毛者，若散文則無毛者亦曰皮。古人服裘必裼，惡其褻也，豈有朝服之弁以有毛之皮爲之乎？必不然矣。皮弁惟用以朝聘，不得入廟助祭，則韋弁不得爲祭服明矣。皮弁用以祭者，惟大射與大學祭菜，此二祭一在郊一在學，不在廟也。安得謂爵弁即韋弁乎？戎事服韋弁者，以戰必穿甲，甲以犀兕之皮爲之，故弁用韋，衣、裳亦皆韋所爲也。

左傳「韎韋之跗注」，鄭氏襍問志以跗爲幅、以注爲屬，謂制韋如布帛之幅，而連屬爲衣及裳。賈、服等説跗謂足跗、注屬也，袴而屬于跗，此説非也。古音跗幅、注屬皆同，鄭説自通。或以跗爲足跗，亦謂韎韋之服，自首而下屬于跗，上下一色所謂均服也。韎爲赤黄色，兵貴猛烈有似于火，故衣裳之色皆用赤，又用兵所以辟土，故赤而兼黄。古人制度蓋有精意存焉。祭義及孟子皆言夫人蠶繅以爲祭服，是祭服必用絲助祭者，無不皆然。若衣裳皆韋，何可以助祭乎？且鬼神陰幽，故齊祭之冠衣必用玄色。若韎之赤黄，與陰幽之義不合，何可以爲祭服。又安[一]謂韋弁即爵弁乎？

又爵弁爲士之上服，助祭服之，昏禮親迎服之。大夫以上親迎以玄冕，故士親迎以爵弁。冠禮三加

[一] 王士駿續校勘記：「案：『安』下『謂』上疑奪『得』。」案：陸刻本、孫刻本皆無「得」字。

服之。天子惟哭諸侯服素爵弁。檀弓：「天子之哭諸侯也，爵弁絰紂衣。」鄭注云：「服士之祭服以哭之，明爲變也。天子至尊，不見尸柩不弔服，麻不加于采。此言『絰』衍字也。」周官司服云：「及弔事，弁絰服。」鄭注云：「弁絰者，如爵弁而素，加環絰。」按：弔用素爵弁，則哭諸侯亦宜素爵弁。鄭注不言「素」，失之。諸侯惟始立朝王，服[一]爵弁。小雅：「韎韐有奭，以作六師。」鄭箋云：「此諸侯世子也，除三年之喪，服士服而來。韎韐，祭服之韠，合韋爲之，其服爵弁服。」孔疏：「王制云：諸侯之世子『未賜爵，視天子之元士，以君其國。』此又言韎韐，故知世子未賜爵，命服士服。」然皆非正服、常服，大夫則不服之。襍記云：「大夫弁而祭于己。」鄭注云：「爵弁而祭于己，惟孤耳。」按：少牢饋食禮：「主人朝服。」凡朝服，大夫委貌即冠弁也。大夫弁而祭于己，謂冠弁非爵弁也。若韋弁，則自天子以至于士無不服之，其非一物明矣。

陳氏據書顧命「二人雀弁，執惠」孔傳[二]「雀韋弁」，以爲爵弁即韋弁之證。不知孔傳是僞書，多不足據。傳意以兵事韋弁服，此二人執兵，故宜以韋爲之，異于常服。然下言冕而執兵者四人，豈亦以韋爲冕乎？孔疏已辨之。江氏據詩「朱芾斯皇」及「韎韐有奭」，

[一] 王士駿校勘記：「元本『服』譌作『朝』，楊正。」案：陸刻本誤與元本同，孫刻本作「服」。
[二] 王士駿校勘記：「元本『傳』譌作『疏』，今正。」案：陸刻本亦譌作「疏」，孫刻本作「傳」。

以爲爵〔一〕即戎之證。不知韋弁服是赤黄之色，其芾用黄朱，散文則黄朱亦稱朱也。韎與緼同，玉藻云：「一命緼韍，再命、三命赤韍。」鄭注云：「侯伯之士一命。」又云子男之大夫一命，是「緼韍」與「韎韐」相當，士之爵弁韎韐，大夫之冕服緼韍也。此詩言「朱芾」，即玉藻「赤韍」，其非「韎韐」甚明。又玉藻云：「一命、再命，幽衡。幽、黝同，衡與珩同。三命蔥衡。」此詩言「有瑲蔥珩」，是三命大夫之服，則所謂「朱芾斯皇」非一命之韎韐又明矣。江氏以朱芾爲爵弁、韎韐，不亦謬乎？

「韎韐有奭，以作六師」，鄭箋謂：「諸侯世子服士服而來未有受爵命之時〔二〕，時有征伐之事，天子以其賢任爲軍將。」此説是也。安得據此而謂爵弁即戎乎？考古吉、凶、軍、賓、嘉五禮，吉禮與賓、嘉相近，故服可通用，冕服以祭祀，而會同朝覲亦用之。爵弁以助祭，而親迎亦用之。冠弁以祭，而擯相亦用之。皮弁以祭〔三〕蜡，而聘禮亦用之。此皆吉禮與賓、嘉通也。與軍、凶不相近，故服不

〔一〕王士駿校勘記：「楊云：『爵』下奪『弁』字。」案：陸刻本、孫刻本皆無「弁」字。下文有「爵弁即戎」之語，應以楊校「爵」後有「弁」爲優。

〔二〕王士駿校勘記：「楊云：案鄭箋作『未遇爵命之時』，文與此異。」

〔三〕王士駿校勘記：「元本『以祭』二字上下互易，今乙。」案：陸刻本誤與元本同，孫刻本不誤。

通用。蓋吉、賓、嘉，禮之常者也。軍、凶禮之變者也。禮當其變，則服必異于常，軍若可與吉通，凶亦可通于吉乎？惟賓禮與軍禮尚有相通，韋弁以即戎，而聘禮亦用之，然以韎布爲衣而素裳，其實仍有不同。況軍、賓相通惟存聘禮，而聘禮又惟歸饔餼一事。古人衣服之有别如此，若吉與軍絶未見有相通者，然則爵弁韋弁自是二物，不可混同矣。

三公服毳冕辨

周官內司服賈疏云：「三公執璧，與子男執璧同，則三公亦毳冕。」孔沖遠王制疏亦云然。按：三公，王臣之最貴者也。典命云：「三公八命，侯伯七命，子男五命。」大宗伯云：「五命賜則，七命賜國，八命作牧。」是三公尊加子男三等，與外諸侯之州牧同。且射人云：「三公北面。」諸侯在朝則皆北面，鄭注以爲從三公位，蓋在三公之後也。朝位以北面爲最尊，詳朝位考。明堂位言：「三公中階北面，侯伯位于東西階，子男則位于門東西。」由此觀之，三公之尊雖諸侯不得與之抗也，豈子男所可同哉？王制云：「三公一命卷。」

鄭注云：「卷，俗讀也，其通則曰衮。三公八命矣，復加一命則服龍衮，與王者之後同。」夫加一命即得服衮冕，則其本服鷩冕可知也。三公八命服鷩冕，卿六命服毳冕，降于外諸侯一等，蓋王朝之臣近尊而屈，與諸侯不純臣者異也。其證又有三。

禮器言：「韠〔二〕冕之制，上大夫七，下大夫五，士三。」此王朝之大夫、士也。侯國士不服冕，故知爲王朝大夫、士。鄭注謂夏殷制，非也。詳冕服考。五冕以玄冕爲下，三旒則玄冕也。士玄冕，則下大夫絺冕，上大夫毳冕，上大夫，卿也。三公宜服鷩冕矣。一證也。玉藻云：「王后褘衣，夫人揄狄。」鄭注云：「三夫人，亦侯伯之夫人也。王者之後，夫人亦褘衣。」三夫人尊與三公同。本鄭氏。則三公之夫人亦揄狄，同于侯伯夫人。而三公宜與侯伯同服鷩冕可知。鄭氏玉藻注謂「三夫人服揄狄」是也。而注司服又謂「三夫人服闕狄」，兩解不定，所以啟賈、孔之誤也。然司服注云：「三夫人其闕狄以下乎？」「乎」者疑詞，玉藻注用「也」字，是決詞。鄭當謂「三公服鷩冕也」。二證也。詩王風云：「大車檻檻，毳衣如菼。」傳云：「大車，大夫之車也。」此大夫當是上大夫，上大夫服毳冕可知。三公宜服鷩冕，三證也。有此三證，合之王制一命衮之説，三公非服毳冕明矣。

〔二〕王士駿校勘記：「元本『韠』作『襗』，今正。」案：陸刻本誤與元本同，孫刻本不誤。

三公所以不執圭而執璧者，圭是封國之瑞，必成國而後執圭，子男五命猶未成國。大宗伯云：「五命賜則。」鄭注云：「則，未成國之名。」故止執璧。三公雖尊，而在王朝爲臣，未嘗賜國，故亦不得執圭。射人云：「孤執皮帛，卿執羔，大夫執雁。」夫卿六命亦已尊矣，而僅得執羔。孤之命數，典命無文，以公之孤四命、卿三命推之，王朝三孤當與三公同。三孤，三公之亞，實尊于卿，故朝位孤東面，位次于三公北面。若卿則與大夫同西面矣。王制以三孤與六官爲九卿，非也。孤亦八命知孤非七命者，外諸侯君道屬陽，故命數皆奇，王朝公、卿、孤[一]、大夫臣道，故命數皆偶，無七命也。而僅執皮帛，然則三公安得執圭乎？加皮帛一等則爲璧，王朝惟三公獨執璧，所以尊之也。

又案：三公有二等，八命者三公之常秩也。若有功德加一命，令爲東西二伯，與二王之後同。大宗伯所謂「九命作伯」也。成王之初，周公爲大傅，召公爲大保，三公之職也。公羊傳云：「自陝而東者，周公主之；自陝而西者，召公主之。」是又爲東西二伯也。樂記言：「大武，樂舞五成，而分周公左、召公右。」是二公分陝作伯，始于武王時矣。九命得服衮、執圭。金縢言武王克商二年，周公禱於三王而秉圭。豳風言成王時周公

[一] 王士駿續校勘記：「案：『卿孤』疑當作『孤卿』。」案：陸刻本、孫刻本皆作「卿孤」。

居東，時人有衮衣之歌。然則三公九命者，且得服衮、執圭，安得以毳冕概之乎？九命數屬陽，作伯又爲諸侯之長，與在外爲大〔一〕伯者同，故雖未封國，亦得執圭。又外諸侯入爲三公者，雖服鷩冕，亦得執圭，以其本成國之君也。然則三公執璧，誠不可泥看矣。二伯多以三公爲之，是三公服衮者多，服鷩冕者猶少也，豈有服毳冕者乎？然則三公九命作伯服衮，賈、孔明知之，特謂八命者服毳冕與子男同，此則大誤不可以不辨也。

陳祥道禮書駁鄭氏「三公妻服闕狄」之説，而謂「三公服鷩冕」，得之矣。又云：「射人：『三公執璧，則服毳冕。』蓋王饗射，降而服鷩冕。則公于王射，降而服毳冕矣。」又云：「執圭乃公常禮，璧特射時所執。」此説非也。古禮，君臣同服者最多。天子朝服，君臣皆皮弁；諸侯之朝，君臣皆朝服，餘可類推。鄭注司服云：「自公之衮冕至卿大夫之玄冕，皆朝聘天子及助祭之服。」助祭有不同，孔沖遠王制疏云：「諸侯若助王祭天地及先王大祀之等，皆服己上服。若從王祭祀，小祀雖有應著上服，皆隨王所著之服。」此謂王小祀服玄冕，諸侯亦服玄冕，若王服毳冕，諸侯亦服毳冕，餘可類推。然則王朝公、卿、大夫亦猶是矣。

〔一〕王士駿校勘記：「元本『九』譌作『大』，今正。」案：陸刻本、孫刻本譌作「九」。今據王校改正。

助祭可與王同服，則饗射亦豈不可與王同服乎？三公本服鷩冕，從王饗射亦可服鷩冕，不必降服毳冕也〔一〕。凡服上得兼下〔二〕，不得僭上〔三〕。饗射，惟三公從王服鷩冕，卿以下不得服也。摯與服不同，服可降而摯不可降，諸侯助祭皆從王服，則饗射亦宜從王服鷩冕。子男仍服毳冕。上公當降衮而服鷩矣，而所執仍是桓圭，不降執信圭。蓋瑞圭受之天子，有一無二。司服云：「公之服自衮冕而下，如王之服。」是公之冕服有五，不止一衮衣，與圭不同。未聞可用兩圭者也。王祭祀之服有異，而所執皆尺有二寸之鎮圭，饗射亦宜然。君不降臣亦不降，安得謂三公本執圭，至饗射而降執璧乎？周公秉圭乃是三公加命作伯者，陳氏據此而謂三公本皆執圭，抑亦誤矣。

史記太初元年歲名辨

史記太初元年年名焉逢攝提格，月名畢聚。漢志則云：「太歲在子。」孟康注漢志

〔一〕王士駿校勘記：「元本『降服』二字上下互易，今正。」案：陸刻本誤與元本同，孫刻本不誤。
〔二〕陸刻本脱「下」字，孫刻本不誤。
〔三〕王士駿校勘記：「楊云：『不』上當補『下』字。」案：陸刻本、孫刻本亦奪「下」字。今據楊校補。

謂：「太初之元，當是甲寅。」愚竊以爲不然。

年名甲寅，月當爲丙寅，何云月名畢聚乎？索隱謂班固用三統，與太初曆不同。是又不然。漢書先敘太初，次敘三統，截然不紊，何得謂班固用三統乎？或又謂太歲超辰之故，不知歲星有超辰，太歲無超辰，歲星年行一次有餘分，故百四十四年而超一辰。太歲則行十二年而地支周，六十年而干支俱周。別無超越，所謂「龍度天門」者，非太歲也。若太歲亦與之俱超，將是一歲而太歲有二名，斷無是理也。

或又以太歲後二位爲太陰，謂此以太陰紀歲，不知太歲即太陰。淮南子天文訓：「太陰在寅，歲名曰攝提格。」史記天官書用其文，作「歲陰」。漢書天文志作「太歲」。廣雅云：「太陰，太歲也。」知太陰、太歲之非二，則知古人不別以太陰紀歲矣。如以太陰後二位當之，何以不名戊寅，而明甲寅乎。

太初元年本是丁丑，史記以爲焉逢攝提格者，此殷曆之元，太初曆所用故也。蔡邕據緯書謂：「甲寅元乃殷術。」僧一行以太初元年起丁丑，特以七曜行度合於甲寅之元，故命爲焉逢攝提格，而實非甲寅，其說是也。其云：「太歲在子，以太初始建寅，而冬至在寅月之前，故特云太歲在子。」明此乃丙子之冬至，非丁丑之冬至也。漢志云：「以上元泰初四千六百一十七歲，至於元封七年，復得閼逢攝提格之歲，中冬十一月朔旦冬至，日月在建星，太歲在子，已得太初本星度。」其云「上元泰初」，云復得「閼逢攝提格」，可知爲曆術之元矣。

古經典標題説

經典標題，古本皆小題在上，大題在下。如儀禮首云「士冠禮弟一」，次云「儀禮鄭氏注」，是小題在上，大題在下也。賈公彦疏云：「儀禮者，一部之大名。士冠者，當篇之小號。退大名在下者，取配注之意故也。」其説是也。但古本禮經本無「儀」字，鄭注禮器云：「事禮，謂今禮也。」可見鄭本不偁儀禮。漢書藝文志：「禮古經五十六卷」、「經十七篇」。景十三王傳曰：禮、禮記。顔師古注：「禮者，禮經也。」然則古本無「儀」字甚明。賈疏與釋文、石經皆偁儀禮，非也。標題必去「儀」字，方合鄭氏本書。

又如尚書標題，首云「堯典弟一」，次云「虞書孔氏傳」，亦小題在上，大題在下也。但馬融、鄭康成、别録題皆曰虞夏書。鄭序以爲「虞夏書二十篇、商書四十篇、周書四十篇。」贊云：「三科之條，是虞夏同科也。」楊子雲云：「虞夏之書渾渾爾，商書灝灝爾，周書噩噩爾。」據此則馬、鄭題虞夏〔一〕書者，當是古本。左傳莊八年、僖二十四年、成二十七年、襄二十六年引夏書皆在今虞書内。可見古本題「虞夏書」也，孔疏從僞孔，非也。

又如毛詩鄭氏箋，箋傳固即所以注詩，而實主於箋傳，故序下鄭注本無「箋」字，今本有之，亦非也。

告朔餼羊對

論語「告朔之餼羊」，自漢以來無異説。近劉廣文論語駢枝獨謂告朔是天子頒朔，餼

〔一〕王士駿校勘記：「駿案：『虞』下奪『夏』字。」案：陸刻本、孫刻本皆奪「夏」字，今據補。

羊所以待王使者也。鶡竊以爲不然，考之左傳，春秋時天子無頒朔之事，諸侯皆自爲曆，故晉用夏正，宋用殷正，與周正異。又左氏言「魯曆失閏」，又言「司曆過」，可見天子不頒曆也。安得有頒朔之使乎？周官太史：「正歲年以序事，頒之于官府及都鄙，頒告朔于邦國。」鄭注云：「天子頒朔于諸侯，諸侯藏之祖廟，至朔朝于廟，告而受行之。」案：歲年即朔也，本可云：頒之于官府、都鄙、邦國，而言「頒告朔于邦國」，疊用二「頒」字，蓋以官府、都鄙無告朔禮，而諸侯有告朔，故又用「頒」字别爲一句。頒告朔者，謂頒其所當告之朔也。若云告朔即頒朔，以告爲自上告下之告，則頒之即所以告之，何必言頒又言告？且邦國言告，而官府、都鄙不言告，又何義邪？邦國與官府、都鄙無異〔二〕，何必又言「頒告朔」邪？若以「告」與「告喪」之「告」同，必别有言語文詞，此乃行人之職，非太史所掌也，何得于太史言之乎？

「告朔」三見于經：一見于周官，一見于春秋，一見于論語。春秋文六年經：「閏月不告月。」左傳云：「閏月不告朔，非禮也。」公羊傳云：「不告月者何？不告朔也。」是

〔二〕王士駿校勘記：「元本『與』譌作『其』，今改正。」案：陸刻本、孫刻本皆不誤。

告朔爲諸侯告廟。論語文與春秋傳同，不當別生異義也。且諸侯待鄰國聘使「飧一牢、饔餼五牢」，上介「飧一牢、饔餼三牢」。一牢，牛、羊、豕皆具，待之之隆如此。論語言餼羊明是特羊，何待王使之甚薄，降于列國十數倍乎？必無此理明矣。況春秋天子不頒朔，朱子亦云然〔二〕，既久無頒朔之王使，何至孔子時猶有餼羊之供乎？朱子〔三〕又謂有司猶取于民而供之公家，是實無其事而假其名以厲民，子貢欲去之，最爲得宜。夫子何爲止之乎？先儒以爲告廟之羊，此則宜用特羊，凡告祭與常祭不同，虞書、王制皆言天子巡守，反告于祖禰用特，謂特牛也，故天子告朔亦用特牛，本鄭氏。諸侯降用特羊，宜也。

春秋時，天子雖不頒朔，諸侯亦行告朔之禮。蓋當時侯國固自爲曆，而每月之令猶有遵天子制者，故仍以朔藏于祖廟。月朔以特羊告廟，請而行之，因以此日視朔，列國未必皆然，魯爲周公後能守周禮，故尚行之也。自文公始怠于禮，以閏月一不告朔，以疾四不視朔，然此外皆行之可知。鄭氏竟謂文公不視朔，誤也。子貢欲去羊之事想當哀公之時，

〔二〕王士駿校勘記：「元本『朱子』譌作『夫子』。」案：陸刻本亦譌作「夫子」，孫刻本、續經解本不誤。

〔三〕王士駿謂：「『夫子』亦『朱子』之譌。」案：陸刻本亦譌作「夫子」，孫刻本不誤。

此時餼羊猶供，則告朔之廢必不始于文公可知也。孔子當定公九年至十三年與聞國政時告朔必行，迨孔子去魯以後，漸至于廢。哀公十一年以後，孔子反魯始與子貢議此事歟？孔子吉月必朝服而朝，是告朔禮已廢，亦反魯後事也。

劉〔三〕廣文特以「餼」字爲待賓之禮，故創此解。不知經文有正稱，亦有通稱，如牲本祭祀所用，而周官「王膳用六牲」，公食大夫禮言「三牲之胏」，是常食與待賓亦可言牲。聘禮有饔，而周官内、外饔掌祭祀之割亨，是祭祀亦可言饔。國語言「馬餼不過稂莠」，是馬食料亦可言餼，安見餼必爲待賓之禮乎？告朔非正祭，可不言牲，且言牲無以見其爲羊，故必言羊以見其費少而係于禮者也，言餼以見其爲生羊，故可得而去也。餼羊猶言生羊耳，何可泥此而謂待王使之羊乎？謹陳鄙見惟夫子裁之。

〔三〕王士駿校勘記：「元本『劉』譌作『鄭』，楊正。」案：陸刻本亦譌作「鄭」，孫刻本不誤。

首陽山考

首陽之説不一，馬季長、賈景伯、杜預謂在河東蒲阪，高誘、阮藉、阮瑀皆謂在河南偃師，水經注兩説竝存，許叔重謂在遼西，曹大家注幽通賦、顔師古注漢書皆謂隴西，方輿勝覽主此説。史記索隱謂在岐山之西，王伯厚斷以首陽在蒲阪，後人因于此祀之。閻百詩四書釋地兩存蒲阪、偃師之説，而不斷其是非，學者惑焉。鶚竊謂諸説皆非也。

曾子制言[一]云：「夷齊居河濟之閒。」莊子讓王云：「夷齊北至于首陽之山，遂餓而死。」夫曰「北至于首陽」，則自河而北行。若遼西當云「東至」，隴西當云「西至」，偃師當云「南至」，不得言「北」矣。遼西、隴西、岐西又非在河濟之閒，與曾子不合，且夷齊之歌抗懷黄、農、虞、夏，則其所居當在堯、舜、禹之區，偃師等處皆非其地也。遼西則孤竹之地，二子既遜國而去，何又歸于其鄉？岐西在武王所都鎬京之西，隴西更在

[一] 王士駿校勘記：「陳詩采芩疏引此「制言」下有『中篇』二字。」案：陸刻本、孫刻本皆無「中篇」二字。

其西，二子既與武王不合，去周國而東，何又反過周國而西。或以二子歌云：「登彼西山。」惟隴西可言西山，則又不然。東西南北隨在皆有，天下山名西山者多矣，不必在大地之西也。二子蓋自南而北又稍向西登首陽山，故謂[一]其山爲西山耳。

然則諸説之謬，固甚明也。惟蒲阪爲舜之都，又在河濟之閒，其説似矣。然曾子既言「居河濟之閒」，莊子又言「北至于首陽」，則首陽當在蒲阪之北。雷首南枕大河，不得言北也。況論語言「首陽之下」，是「首陽」二字名山，非言首山之陽也。蒲阪雷首山，一名首山，不名首陽。首陽讀如東首之首，言山之向陽也，是首陽之首上聲，二字不同，亦可知其非一山。則謂首陽在蒲阪者，亦非也。按：詩唐風云：「采苓采苓，首陽之顛。」序云：「刺晉獻公也。」唐國即晉國，晉始封在晉陽，即夏禹都；詳禹都考。至穆侯遷於翼，在今平陽；獻公居絳，亦屬平陽。詩所詠首陽，即夷齊所隱之首陽也。平陽爲堯都，又黄帝所葬，二子所願居，其地近河濟，又在蒲阪之北，與曾子、莊子所言皆合，但非在河濟之閒，意二子先居於河濟閒，後乃隱於首陽。史記云：「武王東伐紂，齊夷叩馬而諫。」蓋在孟津之地，孟津正當

[一] 王士駿校勘記：「元本『謂』譌作『爲』，今正。」案：陸刻本亦譌作「爲」，孫刻本不誤。

河濟閒。是夷齊去周，尚未隱首陽，而居於河濟之閒也。又云：「武王已平殷亂，天下宗周，夷齊恥之，隱於首陽山，采薇而食，遂餓死。」是武王克商之後，乃隱于首陽山也，故曾子言「居河濟閒」，而不言隱首陽。莊子言「北至于首陽」，明自河濟閒而北去也。首陽之在平陽，可無疑矣。

釋葵

説文云：「葵，菜也。」詩豳風七月「亨葵及菽」，周禮醢人「饋食之豆」，士喪禮「毼豆之實」，既夕「東方之饌四豆」，士虞禮記「豆實」，士冠禮「再醮兩豆」，特牲、少牢饋食禮皆有「葵菹」，此葵之爲菹者也。

士虞禮記：「鉶芼有滑，夏用葵，冬用荁。」鄭注：「夏秋用生葵，冬春用乾荁。」公食大夫禮：「鉶芼：牛藿、羊苦、豕薇，皆有滑。」注云：「滑，堇荁之類。」賈疏：「經云『皆有滑』，不言所用之物，故取士虞記解之。云『之屬』者，其中兼有葵也。」此葵之爲羹者也。

凡豆實，兩豆必用葵菹，以蠃醢配之。四豆則加韭菹，以醓醢配之。士昏禮：「菹醢四豆。」菹，謂葵菹與韭菹也。六豆，用昌本、菁菹、韭菹。八豆，則加葵菹。公食大夫禮：「上大夫八豆。」聘禮：「堂上八豆。」其中皆有葵菹，經雖不言，可考而知。凡鉶羹必有滑，夏皆用葵，非特士虞禮、公食大夫禮也。然則自天子以至士庶人，冠、昏、喪、祭、賓客之禮無不用葵，葵之爲用廣矣，故古人種之於園，多至數畝，以其爲常食之菜也。

葵類最多，爾雅釋草云：「莃，菟葵。」郭注云：「頗似葵而小葉，狀如藜，有毛，汋啖之滑。」又云：「芹，楚葵。」郭注云：「今水中芹菜。」説文云：「茆，鳧葵也。」詩曰：「言采其茆。」「蘬，鳧葵也。」本草注：「江南人名豬蓴。」周禮：「朝事之豆，有茆菹。」又爾雅：「蘦，苦堇。」郭注云：「今堇葵也。葉似柳，子如米，汋食之滑。」又：「荍蚍衃。」郭注云：「今荊葵也，似葵，紫色。」陸璣詩疏云：「芘芣，一名荊葵，似蕪菁，花紫緑色，可食，微苦。」又：「莃，戎葵。」郭注：「今蜀葵，似葵，華如木槿華。」此葵之大者。戎、蜀皆大也。此六者皆有葵名，亦以其可食而味滑也。然皆似葵，爲葵之類，非即葵也。今秋葵一名側金盞，六月放花，大如椀，鵞黄色，紫心六瓣，朝開暮落，隨即結子。諸葵惟蜀葵根苗嫩時可食，秋葵嫩時食之尤佳。格物論云：「葵有鴨腳之名。」鮑昭葵賦云：「豚耳鴨掌。」今觀秋葵，其葉如鴨掌，則秋葵即葵菜之葵明矣。白樂天詩「貧廚何所有，炊稻烹秋葵」即此秋葵歟？今葵類之可食者惟菸葵，古所謂藤菜，今謂之紫果菜。以三月種，嫩苗可食，五月蔓延，其葉可作蔬，其子剖之赤如血，然此非衛足之菜，無鴨掌之形，則亦與菟葵、楚葵等同爲葵類而已。

段先生説文注質疑

神祇之「祇」从氏，祗敬之「祗」从氐，字異而義亦迥殊，敬則能安，安則自適，又爲語詞。詩「俾我祇也」當訓安，「祇攪我心」當訓適。凡訓安、適及語詞者，皆當作祇从氏，若作地祇之祇，則義不合矣。説文：「禔，安也。易曰：『禔既平。』」諸家皆作祇，是禔與祇通可知。祇字从示非从衣，从衣於義無取。五經文字从衣，非也。段先生皆不加辨正，似失之。又有一説，古地祇字本作示，周官猶存古文。示人之「示」本作「視」，士昏禮尚有此字，後以「視」爲瞻視之視，以示爲示人之示，因以祇敬之祇爲地示，而於「祇」字加點从氏作「祇」，以爲祇敬之「祇」，其實本一字也。[一]

大夫士皆有主，鄭氏謂大夫士無主，許氏謂大夫以石爲主，皆非也。宗廟藏主於石室，所以備火災，故「祏」字从石。左傳言：「典司宗祏。」又：「衛孔悝反祏於西圃。」此可見大夫有主，亦可知凡主皆有石室，故説文訓「祏」爲宗廟主。段先生謂：「石室，乃禘、郊、祖、宗及毁廟主所藏。」又謂：「祏从石者，取如石不可轉意，石室別是一事。春秋之末，大夫僭侈作主。」似皆未安。

説文「祠」字下云：「仲春之月，祠不用犧牲，用圭璧更皮幣。」「祠」當作「祈」。左傳：「祈以幣更。」其證也。祭祀未有不用牲者，宜正之。祠、祀聲相近，古或通用，段先生疑祠字誤，似非。據左傳「祈以幣更」，則鄭訓易，高訓代，皆是也。用圭璧更皮

[一] 陸刻本、孫刻本每節之後空一格，與他篇不同。本書以原文空格處分段。

幣〔二〕，猶言用圭璧皮幣更，古人文法與今不同，此以更字置中閒，闔合上下，未可以今人文法議之也。江氏説可删。

禮言：「不王不禘。」爾雅訓「禘」爲「大祭」，可知禘非時祭之名，段先生謂禘有時禘，以禘爲時祭，又以王制「礿禘」爲夏商禮，似非。

「禘，即周禮之『肆獻祼追享』。」「祫，即周禮之『饋食朝享』。」此舊説之誤。天子有禘而無祫，諸侯有祫而無禘，其〔三〕謂天子有禘祫二祭者，非也。似不宜從。

「禓，道上祭。」按：周官注：「衍祭，羨之道中，如今祭殤。」則「禓」字當是「殤」之或字。郊特牲、「鄉人禓」，注云：「禓，或爲儺。」此別是一字。蓋儺索室敺疫，非道上祭也。考鄭注「禓」字云「敺强鬼也」，今無「敺」字，誤。疑説文本有「禓」字，訓爲「敺强鬼也」，傳寫脱去之。「禓」字本从易，今誤作「禓」。段先生謂：「禓字宜从易聲。」自是特識。但以道上祭之禓爲索室敺疫之禓，似非。

〔二〕王士駿校勘記：「案：各本説文『更』皆作『及』。」
〔三〕「其」，陸刻本誤作「凡」。

「壻」字見儀禮，止是夫壻。爾雅訓「女子子之夫」。他書亦未見爲男子美稱。説文云：「壻，夫也。詩曰：『女也不爽，士貳其行。』士者，夫也。」士對女而言，明是訓壻爲女夫。段先生注謂：「夫者，丈夫也。然則壻爲男子之美稱。」似非。壻从士胥聲，鉉本不誤。

「璣，珠不圜者。」段先生注云：「沂鄂謂之幾，門橛謂之機，故珠不圜从幾。」此等語似穿鑿。

十四卷終

求古録禮説卷十五

臨海誠齋金　鶚

漢唐以來書籍制度考

三代之書，皆用方策。漢唐以來，制度代異。漢初，因周制，仍用簡册，而帛與竹同用。戴氏宏云：「公羊傳至漢景帝時，公羊壽乃共[一]弟子胡毋子都著於竹帛。」此竹、帛竝用之證。漢書藝文志：「歐陽、大小夏侯三家經文，酒誥脱簡一、召誥脱簡二。」可知其書於竹也。然古書有篇無卷，而藝文志所載如尚書古文經四十六卷、經二十九卷，可知

〔一〕王士駿校勘記：「元本『共』譌作『其』，今正。」案：陸刻本亦譌作「其」，孫刻本不誤。

其書有用帛者矣。「篇」字从竹，故竹書曰篇；帛可卷舒，故帛書曰卷。通言之，則竹書亦曰卷，帛書亦曰篇也。古詩云：「中有尺素書。」風俗通云：「劉向校書，皆先書竹，改易刪定，可繕寫者以上素。」書籍考云：「靈帝西遷，縑帛散爲帷囊。」皆可見漢書之用帛也。

至蔡倫造紙而書籍始用紙，然帛與紙猶竝用也，厥後不用帛而用紙矣。漢唐之時，未有印板，其書皆以紙素傳寫，抱朴子所寫反覆有字，金樓子謂：「細書經、史、莊、老、離騷等六百三十四卷，在巾箱中。」桓譚新論謂：「梁子初、楊子林所寫萬卷，至于白首。」南齊沈驎士年過八十，手寫細書滿數十篋。梁袁峻自寫書課，日五十紙。後周裴漢借異書躬自録本，蓋書之難得也。其書籍制度不作册而爲卷軸。胡應麟云：「卷必重裝，一紙表裏常兼數番。每讀一卷，或每檢一事，紬閲展舒，甚爲煩數。收集整比，彌費辛勤。」羅璧云：「古人書不解綫縫，只疊紙成卷，後以幅紙概黏之，猶今佛老經然。其後稍作册子。」今考唐書經籍志云：「藏書分爲四庫。經庫書，緑牙軸，朱帶，白牙籤。史庫書，青牙軸，縹帶，緑牙籤。子庫書，雕紫檀軸，紫帶，碧牙籤。集庫書，緑牙軸，朱帶，紅牙籤。」其制度大略如此。

至唐末，益州始有板本，多術數、字學小書。後唐長興三年，始依石經文字刻九經，印板流布天下，命馬縞、田敏等詳勘。宋史藝文志謂始於周顯德，非也。宋端拱元年，司業孔維等奉敕校勘孔穎達五經正義，詔國子監鏤板行之。淳化中，復以史記、前後漢書付有司摹印，自是書籍刊鏤者益多。慶曆中，有布衣畢昇又爲活板，其法用漆泥刻字，薄如錢，每字爲一印，火燒令堅，印數十百千本，極爲神速。鏤板之地，蜀最善，吴次之，越次之，閩又次之。刻板之木，初以梓，後以梨，或以棗，此唐以後書籍之制度也。

間嘗考之，古之書籍皆寫本，最爲不便。漢熹平始有石經，唐開成、宋嘉祐亦皆有之。後晋天福又有銅板，九經皆可紙墨摹印，無用筆寫。然其制頗難，傳亦未廣。至板本盛行，摹印極便，聖經賢傳乃得家傳而人誦，固亦有功名教矣。然寫本不易傳，録者精於讎對，故往有善本[二]。自板本出，譌謬日甚。後學者無他本可以勘驗，其弊亦不少也。

[二] 王士駿校勘記：「案：『往』下奪重『往』字。」案：陸刻本、孫刻本皆無「往」字，應補。

緯候不起於哀平辨

緯候之書，説者皆謂起於哀平之世，非也。緯候所言多近理，可以翼經，本古聖遺書，而後人以怪誕之説篹入其中，遂令人不可信耳。其醇者，蓋始於孔氏，故鄭康成以爲孔子所作。其駁者，蓋亦起於周末戰國之時。何以知之？秦始皇時，已有「亡秦者胡」之讖，則讖緯由來久矣。

孟喜，漢初人也，而卦氣圖之用本於易緯。司馬遷，武帝時人，而史記所載簡狄吞燕卵生契之事本於尚書中候契握。大毛公，亦漢初人也，詩傳所謂：「尊而君之則稱皇天，元氣廣大則稱昊天，仁覆閔下則稱旻天。」本於尚書帝命驗。伏生，秦時人也，所作尚書大傳言：「主春者鳥，昏中，可以種穀。主夏者火，昏中，可以種黍。」本於尚書考靈耀。所言「夏以十三月爲正，殷以十二月爲正，周以十一月爲正」，本於樂緯稽耀嘉。翼奉，宣帝時人也，元帝初上封事言詩有五際，本於詩緯汜歷樞。又易通卦驗云：「失之豪氂，差以千里。」禮記經解及太史公自序皆引之，言「差若豪釐，繆以千里」。中候摘雒戒云：「周公踐阼。」禮記明堂位引用其文。春秋漢含孳云：「三公，九卿，二十七大夫，八十一元士。」禮記王制引用其文。由是觀之，秦漢之閒，以至昭宣之世，已有其書，豈始於哀平哉。

秦漢既引其文，故知其起於戰國也。河圖括地象言：「崑崙者，地之中。東南地方五千里，名曰神州。」與鄒衍大九州之説合，則括地象之書或即鄒衍之徒爲之，此起於戰國之證也。至若「失之豪釐，差以千里」，其言最精。又孝經句命決言：「孔子曰吾志在春秋，行在孝經。」孝經援神契言：「日者天之明，月者地之理。」皆有精義。又若禮元命包言：「天子五廟，二昭二穆，以始祖而五。」與喪服小記「王者立四廟」合。春秋含文嘉言：「天子射熊，諸侯射麋，大夫射虎豹，士射鹿豕。」與鄉射禮記合。禮稽命徵言：「天子旂，九仞十二旒。諸侯，七仞九旒。」此類又足補禮經之缺。故知其始於孔氏也。

隋書經籍志云：「説者謂孔既敘六經，知後世不能稽同其意，故別立緯及讖，以遺來世，其書出於前漢。」書洪範孔疏：「緯侯之書，不知誰作。通人討覈，謂僞起哀平。雖復前漢之末始有此書，以前學者必相傳此説。」然則謂緯侯起哀平，孔沖遠亦不以爲然矣。吾得斷之曰：「緯侯創始於孔氏，增纂於戰國，盛行於哀平。」

釋咎

咎，古通舅。士昏禮：「贊見婦于舅姑。」注云：「古文舅皆爲咎。」春秋傳「舅犯」，他書亦多作「咎犯」。咎與舅義不相涉，而得假借者，以聲同也。咎，又通皋。皋陶，一作咎繇。皋、咎聲亦相近，古韻蕭肴豪尤通也。故鼛鼓，鼛字从鼓咎聲。

釋庸

庸，古通傭。方言：「庸，代也。」廣雅亦云：「庸，代也。」庸通於傭，故有代義。庸又通墉，易同人：「乘其墉。」釋文云：「鄭作『庸』。」鄭氏云：「小城曰附墉。附墉，即附庸也。」庸又通鏞，書益稷：「笙鏞以閒。」鄭氏「鏞」作「庸」，注云：「西方之樂謂之庸。庸，功也。西方物孰有成功。」庸又通頌，大射儀：「西階之西，頌磬東面。」注云：「言成功曰頌，西爲陰中，萬物之所成。」「是以西方鐘磬謂之頌。」「古文『頌』爲『庸』。」頌，古容字，與庸同聲，故通用。庸又通訟，書堯典：「嚚訟可乎。」釋文：「馬本作『庸』。」訟借作頌，故亦借作庸也。庸又通用，説文：「庸，用也。」庸从庚从用，文省即爲用。庸、用義同，又聲之轉也。庸又通閻，左傳「閻職」，史記齊世家作「庸職」。又通作惔，書洛誥：「毋若火始惔惔。」漢書梅福傳作「庸庸」。庸與閻、惔聲相近，古韻冬鹽本通。左氏春秋：「盟于垂隴。」公羊、穀梁作「垂斂」。禮記、左傳「窆」、「封」二字通用。説文熊从炎省聲，皆其證也。

釋祇

祇，古通振。禮記内則：「祇見孺子。」注云：「祇，敬也。」或作「振」。書皋陶謨「日嚴祗敬六德」，史記夏本紀作「振敬六德」。柴誓「祗復之」，魯世家作「敬復之」。徐廣曰：「敬，一作振。」振與震通。無逸云：「治民祗懼。」魯世家作「震懼」。盤庚云：「爾謂朕曷震動萬民以遷。」蔡邕石經作「祗動萬民」。又易恒上六：「振恒凶。」説文引易作「榰恒。」榰與祗聲同。曲禮：「畛於鬼神。」注云：「畛，致也。」畛或爲祗，畛與振聲相近。張揖埤蒼引作「眡」，云：「告也。」眡與祗聲亦相近，皆祗、振相通之旁證也。古韻支真通，春秋：「齊師遷紀、郱、鄑、郚。」鄑字音兹，而从晋。寅、夤二字本在真韻，而亦入支韻。詩：「祗自塵兮。」塵與疷字爲韻，夏禹襄陵操：「不入父子。」子字與民字爲韻，左貴嬪楊后誄：「垂萬春焉。」春字與時字爲韻。參同契：「黑者，水基。」基字與一字爲韻。又「是非歷臓法，内觀有所思」。思字與晨字爲韻，皆支真相通之證也。又真元二韻通，人人所知也。艮字从目从匕，當取匕聲。易説卦傳：「艮，止也。」艮、止音相近也。不然何以乾健、坤順、坎陷、離麗皆諧聲，而艮止獨否乎。又支微二韻通，人盡知之。中庸：「壹戎衣。」鄭讀「衣」爲「殷」。白虎通云：「衣者，隱也，所以隱形也。」又沂字从斤，旂字亦从斤。圻即垠字，又通作畿字，禮記：「車不離幾。」幾，釿也。班固答賓戲：「張良受書於邳沂。」沂，垠也。詩小雅：「夜向晨。」晨與旂字爲韻。左傳：「龍尾伏辰。」辰亦與旂字爲韻。然則支元通，即如支真通也。微真通，即如支真通也。惟支真通，故祇、振二字以聲相近而通用也。祇又通多，春秋傳：「多見疏也。」服虔本「多」作「祇」。論語：「多見其不知量也。」多與祇同。古字从氏从多每相通，爾雅：「怟怟，愛也。」漢書敘傳：「妖妖公主。」孟康注引作「妖妖，愛也」。

封禪辨〔一〕

封禪，非古也。其事不見於經典，惟管子有云：「桓公欲封禪，管仲曰：『古者封泰山禪梁父者七十二家。而夷吾所記者十有二焉。晉無懷氏封泰山禪云云，虙羲封泰山禪云云，神農封泰山禪云云，炎帝封泰山禪云云，黄帝封泰山禪亭亭，顓頊封泰山禪云云，帝

〔一〕案：王士駿續校勘記引篇名作「封禪考」。續經解本無此篇。

嚳封泰山禪云云，舜封泰山禪云云，禹封泰山禪會稽，湯封泰山禪云云，周成王封泰山禪社首，皆受命然後得封禪。」此封禪之説所由起也。

後儒以管仲周人，其言當可信，不知管子一書多後人所附益，而封禪之説尤爲誕妄。梁許懋嘗駁之云：「夷吾曰惟受命之君然後得封禪，周成王非受命君，云何而得封禪？神農與炎帝是一主分爲二人，妄亦甚矣。」史記索隱：「鄧展云：神農後，子孫亦稱炎帝而登封者。此曲説也。」果是神農子孫亦當舉其名號，且非受命之君，何得而封禪乎？此足正其謬，然所言猶未盡也。封禪之禮必一時所行，會稽與泰山相去三千餘里，須閲數月，禪與封不同時何邪？是亦謬妄之甚者也。且既云「七十二家皆禪梁父」，而十二君所禪或于云云，或于亭亭，或于會稽，或于社首，皆不于梁父。晉灼：「云云，云山，在蒙陰縣故城東北。」括地志云：「在兖州博城縣西南三十里。」應劭云：「亭亭，在鉅平北十餘里。」晉灼云：「社首在鉅平南十二里。」是皆不同處，此何説邪？白虎通云：「三皇禪于繹繹之山，五帝禪于亭亭之山，三王禪于梁甫之山。」甫與父同。與管子迥異，抑又何邪？帝皇伏羲爲最古，此時禮始制而猶甚略，而前此六十代，太古洪荒之世，豈得已有此煌煌大典邪？此其妄誕之甚，必非管仲之言也。蓋戰國之時陋儒所僞造，孟子言：「處士横議。」故凡古書之荒謬不可信者，大抵戰國人依託也。故秦始皇聞而始行之。管子未有刻石頌德之説，而始皇乃刻石自頌，此蓋出始皇之意也。然猶未有玉牒、玉檢、金泥、金繩之封，漢武帝封禪始有玉牒，光武始有玉檢、玉璽、金繩、金泥。此蓋惑於方士，汨於緯書，其視秦皇又有甚焉。自是以後，人主皆以封禪爲盛事，儒者亦罕知其謬。鄭康成一代大儒，其注禮器「因名山升中于天」，且引孝經緯鉤命決之言以爲封禪，而其他無論矣。惟司馬彪、袁準、許懋、王仲淹、胡致堂、蘇子由、馬貴與輩能辨其非，然近時講漢學者猶據舜典「至于岱宗，柴」柴字當依説文作祡。及禮器「因名山升中」之説，謂古帝王受命而興，必有封禪、祀天祭地、刻石、紀號，是不可以無辨也。

竊謂古帝王有禪而無封，其事迥與後世異。先儒説封禪者，類皆以封爲報天，禪爲報地。白虎通云：「升封者，增高也。下禪梁甫之山，基廣厚也。天以高爲尊，地以厚爲德，故增泰山之高以報天。「報」，一作「倣」。附梁甫之基以報地。」張純云：「封于岱宗，報天神。禪梁甫，祀地祇。」服虔云：「封者，增天之高，歸功于天。禪者，廣土地。」應劭云：「封爲增高，禪爲祀地。」禮器鄭注引孝經説云：此即鉤命決之文。「封于泰山，考績燔燎。禪乎梁甫，刻石紀號。」孔疏云：「『封乎泰山』者，謂封土爲壇，在于泰山之上。『考績燔燎』者，謂考諸侯功績，燔柴燎牲以告天。『禪乎梁甫』者，禪，讀爲墠，謂除地爲墠，在于梁甫，以告地也。」唐開元中封禪，先祀昊天上帝於山上，次日享皇地祇於社首，此皆以封爲祀天而增其高，禪爲祭地而益其厚也。漢武帝、光武、唐高宗封禪，皆祭天於泰山下，與開元禮異，宋真宗封禪祭天與開元同。而祭地則不異也。不知禪非祭地，史記封禪書云：「始皇自泰山陽至顛，立石頌德明其得封。從陰道下禪于梁父，其禮頗采太祝之祠[一]雍上帝所用。」是秦皇封禪，惟祭天不祭地也。張晏云：「天高不可及，於泰山上立封，又禪而祭之，冀近神靈也。」説文云：「禪，祭天也。」漢書武帝紀云：「望見泰一封天文𥛠。」𥛠，古禪字，是禪爲祭天也。此以禪爲祭天，獨得其解。張氏亦謂「禪祭天」，與許氏合。而言祭于泰山之上冀近神靈，非

[一] 王士駿續校勘記：「案：明南監本史記『祠雍』之『祠』作『祀』。」

也。封禪書云：「天好陰，祠必於高山下畤。」[一]此説亦非。周官大司樂云：「冬日至，於地上之圜丘奏之，則天神皆降，可得而禮矣。」説文謂：「土高曰丘。」爾雅言丘非人爲，是丘爲山之小而卑者。魯有尼丘山，是山亦稱丘。虞翻易注云：「半山稱丘。丘下稱陵。」廣雅云：「小陵曰丘。」是小而卑也。圜則象天，禮器謂：「因天事天，爲高必因丘陵。」蓋指此也。此在國祭天則然，若巡狩四嶽則不必圜丘，惟于高嶽之旁小山上祭之，亦如圜丘之祭也。天本高，故祭于土高之丘，然欲天神之下降，故不祭于高山之上。且祭山必升其巔，若祭天亦于其上，則與祭山無别，故必祭于高山旁之小山也。然則管子所謂「禪梁父」者，蓋古帝王巡狩至泰山，祭天之禮也。祭天所以告至，四嶽皆當有之。舜典云：「東巡守，至于岱宗，柴。」傳云：「燔柴祭天，告至。」經又云：「南巡守至于南岳，如岱禮。」孔疏云：「柴望以下一如岱宗之禮。」西岳、北岳皆然，則四岳莫不祭天，

[一] 王士駿續校勘記：「今封禪書作『天好陰，祠之必于高山之下小山之上，命曰時』，與金所引異。案：封禪書上文云：『一曰天主，祠天齊。天齊，淵水居臨淄南郊山下者。』索隱引小顔云：『下下，謂最下也。』楊慎曰：『南郊山下，當作南郊下下。』此『天好陰』云云，即指天齊之祭。顔云『最下』，楊云『下下』，可知不在小山之上。且此文徐廣注曰：『一云「之下上時，命曰時。」』是一本亦無『小山之上』云云』。漢因秦制，武帝封禪亦云封泰山下，東方广丈二尺、高九尺，封禪書不言于小山上，其封蓋即時也，今所引作『高山下時』之本已不可見，其説似可據。」

非獨泰山也。

禪之爲言墠，謂除地爲墠。郊特牲所謂「埽地而祭」，禮器所謂「至敬不壇也」。古者，夏正祭天于南郊，爲泰壇。冬至祭天于圜丘。巡守祭天于四嶽下小山，則不爲壇，但除地爲墠，故曰禪。說者乃謂祭天于泰山之上，又封土爲壇，此誤而又誤者也。且又以禪爲祭地，殊不知古帝王巡守，竝無祭地之文，即秦皇封禪亦無祭地之事。封禪書言〔二〕「秦皇禪梁父禮，如雍祠上帝」是禪爲祭天，當時諸儒議古封禪埽地而祭，席用葅稭，亦皆祭天禮也。史記始皇本紀云：「始皇上泰山，立石封祠祀，下禪梁父。」此祠祀當是祭泰山，非祭天也。覲禮云：「祭山、丘陵，升。」爾雅云：「祭山曰庪縣。」覲禮疏云：升即庪縣也。郭注云：「或庪，或縣，置之於山，庪縣皆在山上所謂升也。」孫炎謂埋於山足曰庪，失之。詩般云：「於皇時周，陟其高山。」毛傳云〔三〕：「高山，四嶽也。」鄭箋云：「巡守所至，則登其高山而祭之。」是知始皇上泰山祠祀者，祭泰山也。秦最近古，故猶得古禮之遺。弟登

〔二〕王士駿校勘記：「元本『言』譌作『亦』，楊正。」案：陸刻本誤與元本同，孫刻本不誤。

〔三〕王士駿校勘記：「『云』元本譌作『于』，今正。」案：陸刻本、孫刻本皆不誤。

封泰山、刻石頌德，非先王之禮耳。至漢武帝禪，肅然如祠后土。光武禪，祭地于梁陰，乃以禪爲祭地。此尤誤之甚者也。

夫古聖王兢兢業業，視民如傷，不自滿假，必無刻石頌德之事，又豈敢告成功于天。禮器云「因名山升中于天中」者，心也，謂以代天巡守之心上告于天也。因名山，謂因至四嶽而祭天也。據此亦可知禪不徒於泰山。說者以升中爲告成功，或以爲刻石紀功，誤矣。鄭注謂：「告以諸侯之成功。」似乎近理，然天子初至四嶽，即燔柴祭天，此時尚未考諸侯之功績，何得即以成功告乎？孝經緯謂：「考績燔燎。」燔燎與考績絶不相涉，連而及之何邪？若謂考績既畢然後燔燎，顯與舜典悖矣。又云「禪乎梁父，刻石紀號，焕炳巍巍，教化顯著。」是紀號即紀功，故白虎通云：「刻石紀號者，著己之功跡也。」或謂「紀號」，但紀易姓有國之號，非自紀功。以爲上古帝王所宜然，不知既已刻石，則已有文字書之簡册，自可傳于後世，何必至泰山而刻石紀號，然後没世不忘乎？

至于玉檢、金繩之封尤爲無謂，不待辨而明矣。若夫增高益厚之說，亦理之必無者。夫天至高、地至厚，豈區區之土可增益之，而以此爲報天地，果何義邪？或以祭天地爲報其德，説固近理，然巡守實不祭地而祭天。祇以告至，非郊祭大報本之義，安得以名山燔燎爲報天報地乎？由是言之，古有禪而無封，禪祭天而不祭地，與後世封禪之説大相縣殊。然禪之名亦非古所有，古但謂之祡而已，學者不可不察也。

蜡臘辨

蜡、臘之祭，説者不一。月令：孟冬之月，「天子乃祈來年于天宗，大割祠于公社及門閭。臘先祖、五祀」。鄭注：「此周禮所謂蜡祭也。天宗，謂日月星辰也。」「或曰祈年、或言大割、或言臘互文。」是謂周有蜡有臘，臘亦蜡祭也。孔疏：「此等之祭，總謂之蜡，若細別之，天宗、公社、門閭謂之蜡，其祭則皮弁、素服、葛帶〔二〕、榛杖。其臘先祖五祀，謂之息民之祭，其服則黄衣黄冠。」鄭注郊特

〔二〕王士駿校勘記：「元本『帶』譌作『服』，楊正。」案：陸刻本誤與元本同，孫刻本不誤。

牲云：「息民與蜡異也。」

玉藻云：「狐裘，黄衣以裼之。」鄭注：「黄衣，大蜡時臘先祖之服也。孔子曰：『黄衣狐裘。』」孔疏：「此息民謂之臘，故月令孟冬云：『臘先祖、五祀』」郊特牲云：「黄衣黄冠而祭，息田夫也。」鄭注：「祭謂既蜡臘先祖、五祀也。於是勞農以休息之。」孔疏：「息民爲臘，與蜡異。」不知臘與蜡祭相去幾日。唯隋[一]禮及今禮皆蜡之後日，是以息民之祭爲臘，在蜡之後也。蔡邕獨斷云：「夏曰嘉平，殷曰清祀，周曰大蜡，漢曰臘。」風俗通説與此同。廣雅云：「夏曰清祀，殷曰嘉平，周曰[二]大蜡，亦曰臘。」此説與蔡少異。是蜡臘一祭而二名，蜡即臘也。

陳氏祥道謂：「王蜡祭服玄冕，皮弁素服、黄衣黄冠皆執事者之服。」方氏慤謂：「皮弁素服，是主祭者之服。黄衣黄冠，是助祭者之服。」郝京山謂：「皮弁素服，天子、諸侯蜡祭之服。黄衣黄冠，民閒蜡祭之服。」是皆以黄衣而祭爲蜡祭中之事，不謂之臘也。

〔一〕案：「隋」，陸刻本、孫刻本皆作「隨」。

〔二〕王士駿校勘記：「元本『曰』譌作『亦』，今正。楊云：『蜡，廣雅本作䄍；亦，各本皆作秦。駿案：各本作秦，非也。史記始皇本紀索隱引廣雅曰：『夏曰清祀，殷曰嘉平；周曰大蜡亦曰臘，秦更曰嘉平，是小司馬所見廣雅本原作『亦』，其作『秦』者後人改也。』」

案：周官、禮記皆言蜡而不言臘，是周祭有蜡無臘。月令：「孟冬，臘先祖、五祀。」乃秦國之禮，非周禮也。月令爲秦呂不韋所撰，多襍入秦制，季秋，爲來歲受朔日。秦用亥正也。又太尉爲秦官名。又九門亦當爲秦之城門，餘不合周禮者尚多。秦無蜡祭，而于孟冬祈天宗，祠公社、門閭，臘先祖、五祀，凡三祭，合享百神，遂勞農休息，以倣周之大蜡。秦初奉周正朔，故此三祭在亥月。以歲終合享百神也。後改用亥正，則此等祭于戌月行之。而不以蜡名之。史記秦本紀：「惠文君十二年，初臘。」可知周本無臘，臘始于秦惠文君時。其後呂不韋撰月令，遂以爲天子之制，後儒不察，而以爲周禮，誤矣。

周禮，孟春祈穀于上帝，仲春祭社稷亦所以祈年。周官籥章：「凡國祈年于田祖。」田祖即配食于社稷者也。皆于本年之春行之，未有預祈于年前者也[一]。歲終之祭，當報而不當祈，且祈年不當但祈日月星辰而不及上帝。日月從祀于圜丘、南郊，又特祀于二分，六宗當祀於孟春。詳四類考。未聞祀於孟冬者也。社已祀于春秋，先祖已祭于四時，此時適已烝祭，五祀已分祭于四時乃復祭之，不病其數乎。萬充宗曾辨之。況先祖、五祀於勞農休息絶不相關。又先祖祭于

[一] 王士駿校勘記：「案：『年前』似當作『前年』。」案：陸刻本、孫刻本皆作「年前」，不誤。

廟，五祀祭于宮，而勞農休息則在于郊，其地[一]隔遠，皆不合於禮。

禮運云：「昔者仲尼與於蜡賓，事畢，出游於觀之上。」鄭注云：「謂蜡亦祭宗廟時，孔子仕魯在助祭之中。」不知蜡祭畢，必行燕禮。考工記梓人：「張獸侯，則王以息燕。」息燕者，因蜡祭息老物而燕也。凡燕皆用獸侯，此言息燕，舉一以概其餘也。鄭注：「息者，休農息老物也。燕，謂勞使臣，若與羣臣飲酒而射。」非是。燕禮以大夫爲賓，孔子爲大夫，故爲蜡賓燕于寢，故事畢而出游於觀。若祭宗廟而助祭，孔子安得爲賓乎？不得據此而謂蜡亦祭宗廟也。然則祈年于天宗以下三祭，非周禮明矣。鄭注皆指爲周之蜡祭，殊不思郊特牲明著八蜡之神，詳八蜡考。若蜡祭亦祭天宗、公社等神，經文何以不著乎。且經云：「蜡者，索也。歲十二月，合聚萬物而索享之也。」以八神有功于民，而非常祀之所及，故必索而祭之，若日月星辰、社稷宗廟何待索邪。其繆甚矣。萬充宗、蔡氏德晉、秦氏蕙田皆辨之。

黄衣黄冠而祭，郊特牲統載于蜡祭章中，是其祭亦名爲蜡，不得指爲臘。凡以息民之祭爲臘者，皆誤也。周本無臘祭，左氏僖公五年傳有「虞不臘」之言。蓋左氏是戰國時

[一]「地」，陸刻本譌作「他」。

人，見秦行臘祭于亥月，因爲此説。朱子云：「左傳是姓左人作，秦始有臘，而左氏謂「虞不臘矣」，是秦時文字分明。」非虞公時已有臘祭也。萬充宗謂周有蜡無臘，臘〔一〕爲秦禮，足正舊説之誤。但云：周以亥月爲臘月，故宮之奇有「虞不臘」之言，謂不及臘月，非謂不及臘祭也。考爾雅：「十月爲陽。」無亥月名臘之説，鄭注月令云：「臘，謂以田獵所得禽祭也。」是秦之臘祭非因臘月而名之也。周獵以夏正仲冬，亥月不獵何名爲臘乎？萬氏謂周以亥月爲臘月，亦誤矣。

蔡邕合蜡臘爲一，其説實勝於諸儒。但謂周曰蜡，漢曰臘，不言所祭之異，亦尚未合。又曰：「夏曰嘉平，殷曰清祀。」其名不見於經，其義亦無可取，殊不足信。郊特牲云：「伊耆氏始爲蜡。」可知蜡之名，唐虞三代所不變也。安有嘉平、清祀之名哉。史記：「秦始皇三十一年，更名臘曰嘉平。」是嘉平之名始于秦。清祀亦猶是也。蔡邕又謂：「青帝以未臘、卯祖，赤帝以戌臘、午祖，白帝以丑臘、酉祖，黑帝以辰臘、子祖，黃帝以辰臘、未祖。」此出于緯書。其繆更不足辨矣。魏高堂隆議臘用日云：「王者各以其行之盛而祖，以其終而臘。」

〔一〕王士駿校勘記：「案：臘下當重『臘』字，元本誤奪。」案：陸刻本、孫刻本誤與元本同。今據王校補。

博士秦静議：「古禮出行有祖，歲終有蜡。無正月必祖之禮。」此說是也。

皮弁素服、黄衣黄冠，其服各異，當是二祭。陳氏謂天子玄冕，執事者或皮弁素服，或黄衣黄冠。不知天子玄冕，則助祭執事者似當冕服或爵弁〔一〕，不得服皮弁也。黄衣黄冠非禮服之常，其服最賤，何可執事於玄冕之側乎？方氏謂：「主祭者皮弁素服，助祭者黄衣黄冠。」不知主祭者皮弁，助祭者亦當皮弁，安得服黄衣黄冠乎。郝京山謂民閒蜡祭，服〔二〕黄衣黄冠。不知小民不得祭蜡，鄉遂、都鄙雖各有此祭，亦必官吏行之，其官或爲大夫，或爲士，皆可服皮弁也，何必黄衣黄冠乎？經云：「素服以送終也。葛帶、榛杖，喪殺也。」蜡以息老物，見周官籥章。故爲素服送終，以葛爲帶，以榛爲杖，與常禮服不同，則豈必服玄冕乎。言「皮弁素服而祭」，自是主祭者之服，安得謂助祭者之服乎？言「黄衣黄冠而祭，息田夫也」，明別是一祭，非正蜡之禮也。注疏以此爲蜡後之祭，此說近是，但不宜以月令「臘先祖、五祀」當之耳。

〔一〕王士駿校勘記：「元本『似』譌作『以』，楊正。」案：依王校，元本作「則助祭者以當冕服或爵弁」，陸刻本與元本不同，然「似」亦譌作「以」。孫刻本不誤。

〔二〕王士駿校勘記：「元本『服』譌重『祭』，楊正。」案：陸刻本誤與元本同，孫刻本不誤。

息民之祭雖在蜡後，卻當與蜡同日，何以知之？周官籥章：「國祭蜡，則吹〔一〕豳頌，擊土鼓，以息老物。」老物兼田夫、萬物而言，本注疏。是息民之祭亦蜡祭也。蓋別而言之，息民自爲一祭；通而言之，息民在蜡祭中。可知當與蜡同日，不然安得統名爲蜡乎？襍記云：「百日之蜡，一日之澤。」鄭注引黨正：「國索鬼神而祭祀，則以禮屬民而飲酒于序，以正齒位。謂一日使之飲酒燕樂，是君之恩澤也。」息田夫必燕飲，而謂之「一日之澤」，其與蜡同日可知矣。孔疏以爲在蜡之後日，非也。息民之祭，其禮與蜡別者，先儒多未詳考。

蜡之祭，天子、諸侯親之，息民之祭則使有司行事。郊特牲云：「野夫，黄冠。黄冠，草服也。」服草服而與野夫相接，非至尊所宜矣。蜡祭先嗇等八神，而息民之祭亦必有其神，蓋四方百物爲八蜡，臣燕于寢焉〔二〕。野人飲酒皆在鄉學中，而天子、諸侯亦與羣臣燕于寢焉。豳風云：「十月滌場，朋酒斯饗，曰殺羔羊，躋彼公堂，稱彼兕觥，

〔一〕王士駿校勘記：「駿案：『吹』當作『龡』，下同。」案：陸刻本、孫刻本皆作「吹」。
〔二〕王士駿校勘記：「駿案：『百物』下當有闕文，『臣燕於寢焉』五字以下有『亦與羣臣燕於寢焉』句儳入。」案：陸刻本、孫刻本皆與元本不同。

萬壽無疆。」此即蜡祭畢，勞農休息而飲酒于序也。玉藻云：「唯饗野人皆酒，所謂『朋酒』也。」毛傳云：「兩尊曰朋。」野人不得升君之堂，毛傳以公堂爲學校，是也。鄭箋謂國君饗羣臣，非也。祭蜡吹豳頌，其以此與？

麻冕黼裳蟻裳彤裳解

書顧命云：「王麻冕黼裳，卿士、邦君麻冕蟻裳，大保、大師、大宗皆麻冕彤裳。」僞孔傳云：「王及羣臣皆吉服。蟻裳，色玄。」孔疏：「績麻三十升爲冕，故稱麻冕。『王麻冕』者，蓋衮冕也，衮之衣五章、裳四章，裳非獨有黼。以裳之章色黼黻有文，故特言之。鄭玄于此注云〔一〕：『黼裳者，冕服有文者也。』」按：康王居喪，不可純吉，受先王之命，不可純凶，故特制吉凶參半之服，羣臣亦然，麻冕與論語異。論語對「今也

〔一〕王士駿續校勘記：「元本譌『云』作『玄』，今正。」案：陸刻本作「玄」，誤與元本同，孫刻本作「云」。

純」而言，故特言「麻」以明其不用絲，古之冕未有不麻者，何必言麻，故禮皆止言冕[二]，或曰衮冕，或曰裨冕，或曰玄冕，未有言麻冕者，此獨曰「麻」，可知其爲變服矣。蓋即用麻之本色，不染爲玄，如喪禮所謂麻衣者也。天子裳有宗彝、藻、火、粉米、黼、黻六章，鄭謂周天子服九章，非也。何獨言黼。詩言「黻衣繡裳」、「衮衣繡裳」，未有言黼裳者，此特言黼，又可知其爲變服矣。考工記云：「黑與白謂之黼。」此裳黑白相間，故謂之黼。玉藻云：「唯君有黼裘，以誓省。」鄭注謂以狐黑白相間爲黼裘，黼裳之制亦然，非刺繡斧文之黼也。

蟻裳既玄裳，玄裳爲上士玄端服之裳，見士冠禮注。不繡黼黻，其衣亦無文可知。彤裳即纁裳，纁爲赤色，彤亦赤也。禮器云：「天子龍衮，諸侯黼，大夫黻，士玄衣纁裳。」是纁裳之衣裳無文。玄裳衣裳無文，彤裳衣裳亦無文。王爲喪主，其服視羣臣爲尤重。豈有臣服無文而王反服文繡乎？其皆爲吉凶參半之服甚明。注疏及蔡傳惟以蟻裳爲吉凶參半之服，餘皆爲純吉之服，失之矣。

[二] 王士駿續校勘記：「元本『冕』譌作『麻』，楊正。」案：陸刻本作「麻」，誤與元本同，孫刻本不誤。

軍制車乘士卒考

古者軍制車乘士卒，先儒多謂兵車一乘，甲士三人，步卒七十二人。車上三人：一甲士主射，帥二十四人；一甲士主御，帥二十四人；一甲士爲右，帥二十四人。用之於戰。江慎修周禮疑義舉要亦主此說。案：此説考之於經，皆不合。詩采芑云：「其車三千，師干之試。」鄭箋云：「戎車三千乘，其士卒皆有佐師、捍敵之用。司馬法：『兵車一乘，甲士三人，步卒七十二人，宣王承亂，羨卒盡起。』」夫天子六軍七萬五千人耳，今用一十八軍二十二萬五千人。古者用兵未有如此之多，況以方叔「克壯其猶」，征伐蠢爾之蠻荊，是時蠻荊弱小，非如春秋楚國之彊。安用士卒之衆若此乎？王者起徒役，無過家一人，而謂「羨卒盡起」，宣王之賢必不忍爲也。此其不合者一也。

魯頌閟宮云：「公車千乘，公徒三萬。」夫一乘七十五人，是千乘當有七萬五千人，何言三萬，此詩盛誇魯之彊，豈反少言之乎？鄭箋云：「大國三軍，合三萬七千五百人，言三萬者，舉成數也。」不知以三軍言，每乘七十五人，止須五百乘，與「公車千乘」不合。經于「公車千乘」之下言「朱英緑縢，二矛重弓」，是謂征伐時車乘，非制國乘數也。且凡舉大數皆舉所近者，若是三萬七千五百人，當言四萬，不應退減其數而言三萬也。本孔疏。其不合者二也。

孟子言：「武王伐殷，革車三百兩，虎賁三千人。」虎賁，甲士也。虎賁是有勇者，故知爲甲士。若每兩甲士三人，一車兩輪故曰兩，兩即乘也。兩以車言，乘以駕四馬言。則三百兩當止九百人，若統士卒言之當有二萬二千五百人，何止三千，其不合者三也。

周官大司馬云：「萬有二千五百人爲軍，二千有五百人爲師，五百人爲旅，百人爲卒，二十五人爲兩，五人爲伍。」此戰陳不易之法，春秋時猶然。甲士當與甲士爲伍，不當與步卒爲伍，今以一甲士與四步卒爲伍，非法也。四兩爲卒，二兩則爲卒之半，配偶均齊，今以三兩爲一乘，則不得以四兩爲卒。推而上之，旅與師、軍之法皆亂矣。其不合者四也。

然則一乘七十五人必不可用之戰明矣。七十五人之制出於司馬法，然司馬法本有二説，鄭氏詩箋及論語注引司馬法：「兵車一乘，甲士三人，步卒七十二人。」而注小司徒又引司馬法：「革車一乘，士十人，徒二十人。」鄭不詳其所以異。賈疏及春秋孔疏皆以七十五人爲畿外邦國法，三十人爲畿内采地法。不知王者軍制自畿内達之天下，安得有異？且士卒出于鄉遂，非出於采地也。江慎修謂：「七十五人者，丘甸之本法。三十人者，調發之通制。」此説得之。然其解周官亦謂「戰車七十五人」，則亦誤也。

夫車乘士卒經典有明文，讀者不察耳。周官言：「五伍爲兩，兩者車一乘也。」是明言二十五人爲一乘矣。蓋兵車一乘，甲士十人、步卒十五人，甲士二伍、步卒三伍，士卒不相襍也。凡用兵，選其强壯有勇者爲甲士，又選其尤者使居車上，左人持弓矢主射，右人持矛主擊刺，中人主御，是謂甲首。左傳言：「獲其甲首三百。」甲首者，甲士之首也。三百人則一百乘[一]也。餘甲士七人，蓋在車之左右，步卒十五人蓋在車之後也。調發之制，一乘三十人，而戰止用二十五人，蓋以步卒五人將重車也。杜牧注孫子云：「炊家子十人，固守衣裝五人，廄養五人，樵汲五人。」此將重車二十五人也。每一乘兵車所出之卒，除五人將重車，是兵車五乘，重車一乘也，五乘凡一百五十人，馬二十匹，其糗糧芻茭宜

[一] 王士駿續校勘記：「駿案：『三百乘』當作『一百乘』，蓋一乘甲首三人也。」案：陸刻本、孫刻本皆作「三百」，今據王校改正。

以一大車載之矣。重車駕牛。重車皆在兵車之後，將重車者，大抵皆老弱之人，皆步卒而非甲士，故不用以戰，行則將重車，止則爲炊、爨、樵、汲等事也。

江氏謂：「四兩爲卒，以一兩之人將重車。」抑又誤矣。伍、兩、卒、旅皆戰士也，散文士、卒通。孟子「危士臣」，是也。將重車者，非戰士也。以一兩之人將重車，則無以成卒，又何以成旅、師與軍乎？夫惟以二十五人爲一乘，則按之諸書皆合。方叔南征，車三千乘，每乘二十五人，三千乘得七萬五千人，是王六軍之制也。春秋襄十一年：「作三軍。」明以前無三軍。閟宫詩言：「公徒三萬。」僖公時止二軍也。鄭氏兩解不定，其答臨碩以爲魯頌是二軍，此説是也。孔疏亦以爲然。二軍二萬五千人，言三萬，舉大數也。抑或兼將重車者言之，每乘二十五人，則千乘適二萬五千人，是爲二軍。春秋軍制、官制皆不必如古。魯大國，本當三軍，而其初止二軍。晋亦當三軍，而其初止一軍、二軍，後乃有六軍。他國可知。併將重車者計之，適三萬也。孟子言：「武王虎賁三千人。」書序作「三百」，誤。是甲士三千，每乘車甲士十人，故革車三百兩也。韓非子言：「武王素甲三千與紂戰。」亦一證也。

又左氏閔二年傳云：「帥車三百乘，甲士三千人。」管子云：「一乘四馬，白徒三十人，奉車兩。」皆無不合周官伍、兩、卒、旅之制，更無論矣。至齊語云：「五十人爲小戎。」小戎，兵車。詩：「小戎俴收。」是也。此乃管仲變易周制，然五十人是二十五人之倍，則即變法之中亦可以知古法也。或疑一乘二十五人，則大國三軍當有一千五百乘，乃制國不過千乘。見坊記。是車乘不足軍之用也。不知大國千乘是計井出車之常法，蓋十井出車一乘，詳千乘之國出車考。大國百里提封萬井，可出車千乘，故曰「千乘之國」。天子畿内千里提封百萬井，可出車十萬乘，經傳從省文，故曰「萬乘之國」。萬乘、千乘非必以爲軍旅之用也。

古者，鄉遂出兵而不出車，都鄙出車而不出兵。詳千〔二〕乘之國出車考。天子六軍出于六鄉，大國三軍出于三鄉，次國二軍出于二鄉，小國一軍出于一鄉，家出一人爲兵也。車則八十家出一乘，其數自不能相合，如天子車有十萬乘，而兵止六軍，計用三千乘，其不用者甚多也。如每乘七十五人，則六軍止千乘，不用者更多矣。大國千乘，如一乘七十五人，則三軍止用五百乘。次國四百九十乘，二軍止用三百三十三〔三〕乘有奇，餘二十五人。小國二

〔二〕王士駿續校勘記：「元本『千』譌作『于』，今正。」案：陸刻本誤與元本同，孫刻本不誤。
〔三〕王士駿續校勘記：「元本『三十三』誤作『三十二』，今正。」案：陸刻本誤與元本同，孫刻本不誤。

百五十乘[二]，一軍止用一百六十六乘有奇，餘五十人[三]，是皆不合者也。夫一乘七十五人，軍數、車數既不合，又何疑於二十五人一乘。車有不足乎？左傳成元年疏云：「鄉遂所用車馬甲兵之屬，皆國家所供。」是千乘之車馬不盡出於民閒也。則或有不足，亦官自作之焉耳。且古者用兵甚希，即用之亦不必皆三軍，如大國用二軍，則車乘固無不足矣。左成元年疏謂：「對敵布陣，必用大司馬伍、兩、卒、旅之法，非一乘車七十五人。」此足以正諸説之謬。而謂七十五人乃徵課邦國之兵，所徵之兵既至，然後以鄉遂法用之，則亦謬矣。古天子用兵不多，豈必徵兵于諸侯？即或徵兵，其調發亦當與鄉遂同，兵車一乘當用甲士十人，而今止三人何以成陳？且無將重車之人，亦不可以行軍，總由别畿内、邦國爲二制，故有此强解耳。

孔撝約經學卮言云：「軍蓋五百乘，乘蓋二十五人。」發前人所未發，極爲精確。然其所言亦多謬。謂「一乘二十五人，唯六鄉[三]制軍如是。郊遂以外，井地制賦車乘與此不

[一] 王士駿續校勘記：「元本譌作『二千五百乘』，今正。」案：陸刻本誤與元本同，孫刻本不誤。
[二] 王士駿續校勘記：「駿案：此句誤，當作『餘五十人』。」案：陸刻本、孫刻本皆作「六十二人十之五」，誤與元本同。今據王校改。
[三] 王士駿續校勘記：「元本『鄉』譌作『卿』，今正。」案：陸刻本、孫刻本誤與元本同。今據王校改。

同。乘之人數，亦非有定。司馬法以七十五人爲乘。小司徒注以三十人爲乘，齊以五十人爲乘，楚之乘廣，廣有一卒，卒偏之兩，則以百二十五人爲乘。」案：六遂與六鄉同，六鄉爲正卒，六遂爲副卒，其制軍初無異也。都鄙惟有一乘七十五人之制，無三十人爲乘之制也。一乘三十人，車出於丘甸，士卒出於六鄉，其將重車之人則調於六遂，不得混而言之也。齊之五十人爲乘，非先王之制。豈得謂郊遂以外乘之人數無定歟？楚廣偏兩以車言，車二十五乘爲小偏，百二十五乘爲大偏。鄭魚麗之陳，先偏後伍，偏伍亦以車言也。本江慎修。

孔氏又云：「戎路之萃，廣車之萃，闕車之萃，苹車之萃，輕車之萃，各以士之衆寡分別名之。今謂二十五人共乘，近所謂輕車者歟。」不知此五者皆兵車，其名蓋以用而殊。鄭注云：「戎路，王在軍所乘也。廣車，横陳之車也。闕車，補闕之車也。苹猶屏也，對敵自蔽隱之車也。輕車，馳敵致師之車也。」夫然，車之所用有異，而一乘二十五人必不有異，否則車乘卒伍皆亂矣，豈足以制勝哉。

又云：「通率鄉皆家三人，其用之戰也，三番更迭役之。」此亦不然。古者罕用兵，大抵徵之于鄉而已。如或用兵不足，抑或連年用兵，則當徵之于遂。又不足當徵之都鄙，本左成元年疏及小司徒疏。所用皆正卒也。羨卒唯田與追胥竭作則出，師固不用之矣。所以然者，羨卒多子弟，力未强壯，又未諳練，未可以戰也。田與追胥自可用。且羨卒或有或無，或多或少，豈必能家出一人，又何以備伍、兩、卒、旅、師、軍之數哉，則謂三番更迭役之，必不然矣。

十五卷終

求古録禮説卷十六

臨海誠齋金　鶚

鄉黨正義

孔子於鄉黨節

王注云：「恂恂，温恭之貌。」朱注以爲「信實之貌」。案：爾雅釋詁云：「恂，信也。」説文云：「恂，信心也。」故朱注以爲信實之貌。然恂之爲信皆單言之，未見有連言恂恂者，且信實之貌與「似不能言」義不相承。鄉黨宜信實，豈宗廟、朝廷不宜信實乎？

於理亦未安。王注以爲温恭貌，得之矣。但恂恂何以訓爲温恭？竊謂恂恂，當作「悛悛」[二]。劉修碑引作「遜遜」，祝睦碑[三]作「逡逡」。「遜遜」、「逡逡」皆與恂恂聲近而通也。前漢書李廣傳云：「恂恂如鄙人。」史記作「悛悛」，與「逡逡」通，是卑遜之意，故云「如鄙人」。孔子居鄉黨之閒謙卑遜順，故曰「悛悛如也」。王注以爲温恭，此恭字如「子産行己也恭」之「恭」，亦謙遜之意，朱注失之。語類又云：「恂恂，訓詁宜爲信實，然亦有温恭意。」蓋以信實與「似不能言」不相承，故云「亦有温恭意」，卻不思信實與温恭義不相涉也。

上大夫下大夫

存疑云：下大夫與己平等者，上大夫尊於己者，是謂孔子爲下大夫也。史記云：孔子由司空爲大司寇，攝行相事。江慎修駁史記謂魯國無大司寇。諸侯下大夫五人，司空之下有小司寇。攝行相事是相禮之事，説本毛西河。亦以孔子爲下大夫也。全謝山云春秋諸侯之國竝不止

[二] 王士駿校勘記：「駿案：史記孔子世家引此句，索隱曰：『恂恂，有本作「逡逡」，音七旬反。』据此則唐以前論語本已有作『逡逡』者，無俟旁通劉修、祝睦諸碑也。」

[三] 王士駿校勘記：「駿案：祝睦碑當作祝睦後碑。」

三卿，宋、晋皆六卿，鄭之細亦備六卿，魯初有臧氏、東門氏與三桓共爲卿，凡五卿。後臧氏、東門氏失卿，則有叔氏爲卿，凡四卿，不止三卿也。至於夾谷之相，正孔子爲卿之證。春秋所重莫如相，非卿不出，當時齊方欲使魯以甲車三百乘從其征行，若魯以微者爲相，其有不招責言者乎？且使孔子不得當國，而乃墮三都、張公室？是小臣而妄豫大事，必非聖人所出也。案：全説最確，侯國以司徒爲相，然臧宣叔爲司寇。公羊傳云：「宣叔者，相也。」是魯行相事非特司徒一人，宣叔與季文子同掌國政，故亦得稱相。然則夫子以司寇行相事，亦猶是矣。史記謂之「攝」者，蓋以司徒爲正，司寇非正也。史記於「攝行相事」之下，即云「與聞國政三月，而魯國大治」，則相爲相國，而非相禮明矣。夫子初爲司空，小司空也，既而爲司寇，則大司寇也。史記「大」字不錯，毛氏、江氏執周制駁之，泥矣。由此言之，孔子爲司寇實上大夫，此云「與上大夫」言，未知爲小司空時，爲大司寇時。若在爲小司空時，上大夫尊於己一等者也。若在爲大司寇時，則上大夫爲平等矣。然雖平等而三卿較司寇爲稍尊。侯國本止有司徒、司馬、司空三卿，命於天子，則其分稍尊明矣。夫子與之言得不「誾誾如」乎？

君召使擯節

鄉黨一篇，非皆孔子事也。觀「君子不以紺緅飾」句，可見若皆孔子之事，何得稱「君子」乎？邢疏以君子爲孔子，朱注因之。不知篇首既標孔子，何必於此又稱之，即欲重稱，何必改爲君子，此其説不可通也。晁氏謂：「孔子仕魯時，絶無朝聘往來之事，疑使擯、執圭兩條但孔子嘗言其禮當如此爾。」此説足正舊説之繆。鶚於此節又得一解，「揖所與立左右手」是承擯之事，「趨進送賓」是上擯之事。孔子既爲承擯，何得復爲上擯？可知非孔子事也。江慎修據聘禮賈疏謂孔子以下大夫攝上擯，故得「趨進送賓」，而左右手時仍是以大夫爲承擯也。不知孔子既攝上擯，何不於大門外傳辭之時即令攝之，而必先使爲承擯乎？入大門後即須入廟，豈能於此時遽易其擯乎？

揖所與立左右手

周官司儀君朝用交擯，臣聘用旅擯。此言「揖所與立左右」手，是交擯非旅擯。又周官：「諸侯朝曰賓，大夫聘曰客。」此言賓不言客，當如兩君相朝之禮。鄭注：「君召使擯，云有賓客使迎之，統君朝臣聘而言。」其説未確。朱注亦未分明，江慎修因孔子仕魯時無諸侯來朝、卿來聘之事，乃謂此他國大夫來行小聘，故不書於春秋，不知小聘禮輕必不用交擯，煌煌大典而以小聘目之，其繆甚矣。總是必以此爲孔子事，故不免曲爲之説耳。

中門

人臣出入君門，皆由闑東。曲禮所謂「大夫、士出入君門，由闑右也」。孔疏：「門以向堂爲正，右在東，臣出入君門，恒從闑東也。」聘禮：「公事自闑西，私事自闑東。」玉藻所謂：「賓入不中門也。」舉入以該出，不言「出」者省文。饒雙峰謂：「臣入由闑東，出由闑西。」其説最繆。陳氏云：「闑右者，自外而言門之東扉也，出入皆由此。」説得明確。閻百詩駁之謂「左右無定，出而向南，則闑右在門之西扉」，非也。何義門讀書記誤與閻氏同。

此節言聘賓之禮。入公門，謂庫門也。立不中門，此門亦是庫門，以未入之時言也。行不履閾，以方入之時言也。雉門，君與賓同入，廟在雉門内。賓無獨立之理。廟門内，君立于中庭，賓無中門而立之理。惟庫門之外，君未迎賓時，賓立門外，以俟或有中門而立之理，故君子必謹之也。過位之位在雉門，立不中門，序於過位之前，則中門非廟門明矣。

過位

鄭注云：「過位謂入門右北面，君揖之位。」此不指聘禮言，與聘禮注不合。蓋鄭兩解不定也。包注云：「過君之空位，是以朝位言。」故皇、邢二疏皆謂門屏之閒。亦不指聘禮言，總與本旨乖刺。劉端臨以聘禮言，得之矣，而謂：「過主君之位，廟門之內中庭之位也。」鶚竊以爲不然，中庭者，東西之中也，賓與君入廟分而左右。君由右唐以就東階，賓由左唐以就西階，詩：「中唐有甓。」爾雅釋宮云：「廟中路謂之唐。」唐與階相直不在中庭，則中庭之位賓何由過之乎？「位」字仍當指朝位，蓋外朝之位也，外朝位在雉門外。舊説謂在庫門外者，非也。廟在雉門内，舊説謂在庫門内，亦非。故入廟必過之，此時賓隨君而行，故或有應對之言，若在廟庭賓與君分左右行，不得有言矣。古注有以位爲臣之朝位者，見曲禮「下卿位」孔疏，此説非也。果是卿位，當明著「卿」字，且卿位何須色勃足躩，固不待辨而明矣。

復其位

過位不言，其明爲君之位也。復位曰「其」，明爲聘賓之位也。孔注云：「來時所過位。」此可以解「復」字，而不可以解「其位」矣。劉端臨謂廟門外接西塾之位，本之聘禮，此説最確。

執圭節

孔子仕魯時，未嘗聘於鄰國。晁氏謂此非孔子事，是也。江慎修謂孔子爲大夫使於他國，行小聘禮，不書於春秋，故記「執圭」一條。然「小聘曰問」必無享禮私覿，此節有之，明是大聘，非小聘也。

享禮

鄭注云：「既聘而享，用圭璧。」朱注因之。案：享用圭者，惟二王後享天子，諸侯相享皆用璧琮。璧以享君，琮以享夫人。鄭注偶誤，江慎修辨之。

孔撝約經學卮言云：「禮與享爲二事。禮者，謂主人以醴禮賓時也。聘禮既聘乃享，既享乃禮，既禮乃私覿。」案：享者，賓所以享主人；禮者，主人所以禮賓，二字不得連稱。然此節皆言聘使之容儀，不得以禮字獨爲主人之事。若亦屬聘使，當言受禮矣。享爲公事，受禮爲私事，享有容色宜特言，不得以受禮與享併言有容色也。聘禮記云：「及享，發氣焉盈容。」即此所謂有容色也。而受禮之容色則無文可知。享禮止是享也，聘禮云：「若有言，則以束帛如享禮。」其明證矣。

君子不以紺緅飾，紅紫不以爲褻服

此二句皆深衣之制，自來未經人拈出。案：曲禮云：「父母存，冠衣不純素。孤子當室，冠衣不純采。」深衣篇云：「具父母大父母，衣純以繢。具父母，衣純以青。孤子，衣純以素。」繢與青所謂采也。未有純以紺緅者也，朝、祭之服皆無飾，惟深衣有之。深衣連衣裳皆有緣，緣廣寸半，不但領袖也。孔注以飾爲領袖緣。朱注沿其誤。深衣爲大夫、士燕居之服，故謂之褻服，觀下「褻裘」可見。王注云：「褻服私居服，非公會之服。」此説是也。江慎修以爲在内親膚之衣，又名澤，又曰袓服，誤矣。君子不以紅紫爲褻服，是時人有以紅紫爲之者。紅紫色艷，必服於外，若袓服何貴於紅紫乎？則褻服即深衣可知也。深衣之類有絅[二]，有褶，有袍。玉藻云：「纊爲繭，緼爲袍，禪爲絅，帛爲褶。」鄭注云：「繭、袍，衣之有著之異名也。絅，有衣裳而無裏。褶，有表裏而無著。」皆連衣裳，故宜於私居也。深衣以白布爲之，詩所謂

[二] 案：陸刻本、孫刻本皆作「⿰衤冋」，此字字書未收，細審作者自注，疑「絅」字之譌。

「麻衣如雪」是也。末世尚紅紫，然不敢以爲朝祭之服。春秋人君有服紫衣者，人臣不敢服，故衛渾良夫以服紫衣之罪見殺也。惟深衣或用之，君子惡其不正，故雖褻服亦不用也。時人尚紅紫亦尚紺緅，紺緅皆赤黑閒色，孔注以紺爲齊服，是誤以紺爲玄；以緅爲飾練服，是誤以緅爲縓。江慎修辨之，是也。紫之類也。紺緅赤少黑多，緅又黑於紺。紫，赤多黑少，其色最艷，故能奪朱而與紅竝列也。時人或以紅紫爲深衣，因以紺緅爲飾，即以白布爲深衣，亦或以紺緅爲飾，皆非先王之法服，君子所不爲也。

朝祭服之中衣制與深衣同，亦深衣類也。中衣或用布或用素，上服布中衣亦布，上服素中衣亦素。皆以采緣。諸侯丹朱爲緣。大夫不得丹朱，或慕丹朱之色，因取朱而兼黑之紺緅飾之，然亦不正矣。是則紺緅飾兼深衣與中衣，紅紫爲褻服，則專指深衣也。

君子不服紅紫，王注但謂其不正。朱注兼言近於婦人、女子之服。不知婦人、女子服紅紫後世有之，古無是也。然則不服紅紫，但當主閒色不正説矣。閒色有二，一爲五行相生閒色，一爲五行相克閒色。相克閒色古人絶不用，相生閒色惟用青黑、黄赤二色。既取其相生，又貴其象天地也。天色青黑，古人象之爲玄，玄是黑而兼青。舊説謂黑中有赤，是水火相克閒色，褻衣且[一]不用，況可爲祭服乎？爲綦，爲黝。黝亦作幽。地色黄赤，古人象之爲纁，爲緼，爲縓，皆以爲正服。今人但知閒色不用，未知古人制作之精意也。

必表而出之

孔注云：「暑則單服，絺綌，葛也，必表而出之，加上衣。」曲禮云：「袗絺綌[二]不入公門。」鄭注云：「袗，單也。」孔子曰：當暑袗絺綌必表而出之，爲其形褻。」案：漢儒説皆以表衣爲在絺綌外，出爲出門，但「出之」二字文義未安。皇疏本「必表而出」，無「之」字。孔、鄭本亦當如是，今本有「之」字，蓋衍文也。朱注以爲先著裏衣，表絺綌而出之於外，當云必有裏衣，乃言必表而出，其義不明矣。且袗絺綌而著裏衣，常人亦多有之，豈必君子乎？朱注又引詩「蒙彼縐絺」爲證，不知「蒙彼縐絺」是言展衣蒙於縐絺[三]之外，非言縐絺有裏衣也。玉藻云：「振絺綌，不入公門，表裘，不入公門。」注云：「振讀爲袗。」二句連文，皆惡其褻裘，外當加上衣，與絺綌外當加上衣正同，又可與此經相證

[一] 王士駿校勘記：「元本『且』譌作『凡』，今正。」
[二] 王士駿續校勘記：「元本『綌』譌重『絺』，今改正。」案：陸刻本誤與元本同，孫刻本不誤。
[三] 王士駿校勘記：「元本『絺』譌作『綌』，今正。」陸刻本亦譌作「綌」。

明，朱注殊失經意，江慎修乃從朱説，誤矣。

絺綌内有〔二〕裏衣，即衵服也。衵服冬夏皆有之，字从日，謂日日服之也。邢疏云：「朝服亦先以明衣親身，次加中衣，冬則加裘，夏則不用裘而用葛，葛上加朝服。」此以親身之衣爲明衣，然明衣爲齊服，祭亦宜用，朝服不必著明衣也。

孔注及鄭氏禮記注皆云必表而出，謂其形褻。蓋言絺綌爲居家褻服，且其形稀疏，故必加表衣也，絺綌内有裏衣，何至見肉。邢疏云：「上無衣表則肉露見，爲不敬。」失之。

表衣有二：聘禮疏云：「絺綌之上有中衣，中衣之上復有上服、皮弁、祭服之等。」是表衣凡兩重，然此乃朝祭之服，若便服出門不加上服，則絺綌外止有深衣〔三〕，猶朝祭服之中衣也。在家絺綌上可不加表衣，則絺綌亦爲深衣之制，上二句皆言深衣，故以類記之。

緇衣羔裘，素衣麑裘，黄衣狐裘

邢疏謂：「緇衣羔裘，朝服。素衣麑裘，朔服，亦聘服。黄衣狐裘，大蜡息民祭

〔二〕王士駿校勘記：「元本『有』譌作『自』，楊正。」陸刻本亦譌作「自」。

〔三〕王士駿校勘記：「元本『綌』譌重『絺』，『止』譌作『正』，楊正。」案：陸刻本誤與元本同。

服。」江慎修謂：「緇衣羔裘，亦大夫、士之祭服。」然其説猶未備也。大夫、士助祭於君，亦服緇衣羔裘，裘以羔爲貴。玉藻疏：「劉氏云：六冕之裘，皆黑羔裘。」此説是也。大夫助祭服玄冕，士助祭服爵弁，皆緇衣羔裘也，然則緇衣羔裘，玄冕爵弁冠弁冠弁即委貌也。朝服，大夫以上冠弁，士玄冠。舊説謂大夫亦玄冠，非也。玄冠等服皆用之，其用廣矣。素衣麑裘天子之士，諸侯之士在天子之朝亦服之。玉藻疏云：「天子卿大夫及諸侯卿大夫在天子之朝狐白裘，素衣爲裼。天子之士及諸侯之士在天子之朝不衣狐白，用麑裘，素裼也。」又大學始教，皮弁祭菜。大蜡之服，皮弁素服。大夫、士皆素衣麑裘，其用亦廣矣。黄衣狐裘，韋弁及玄端服亦用之。周官司服云：「凡兵事韋弁服。」鄭注云：「以韎韋爲弁。」又以爲衣裳，韎是赤黄色，宜服黄狐裘，詩羔羊疏云：「兵事韎韋衣，則用黄衣狐裘。」左傳：「臧紇敗於邾，國人有臧之狐裘之歌。」此兵事服狐裘之證。黄狐裼以黄衣，而上服則韎，猶黑羊裘裼以緇衣，而上服或玄與緇，稍有別，韎與黄亦稍有別也。韎，黄而兼赤玄，黑而兼青。天子、諸侯玄端以居，服狐青裘。士相見及冠昏禮服玄端則用狐黄，狐以白爲貴，青次之，黄又次之。彼都人士：「狐裘黄黃，其容不改。出言有章，行歸於周，萬民所望。」此玄端之裘也。說本戴東原。玄端之裳不一，士玄端可用黃裳、雜裳，故裘亦不一，狐黃自可用也。士不衣狐白，狐青、狐黃皆可用。夫緇衣羔裘、素衣麑裘之用不一，而黃衣狐裘何獨用於息民之祭乎？且息民之祭黃衣黃冠，不在冕弁玄冠等服之列，其服甚輕，得下通於野夫。郊特牲云：「野夫黃冠。黃冠，草服也。」何可與緇衣、素衣等服類敘乎？然則黃衣狐裘當以韋弁玄端服爲正，而黃冠服則兼及之，說者乃專指黃冠之服，而遺韋〔二〕弁玄端，誤矣。

玉藻云：「麑裘青豻褎，絞衣以裼之。」鄭氏儀禮注謂：「麑裘之裼或絞或素，無一定。」熊氏云：「臣用絞，君用素。」皇氏云：「素衣爲正，記者亂言絞耳。」陳氏禮書云：「絞衣，素衣也。」鄭氏以絞衣爲蒼黃之色，其說無據。案：麑裘爲皮弁服，裼必以素衣。如鄭說，何他裘之裼有定，而麑裘獨無定邪？熊氏謂君臣異裼，則鄉黨所言正是臣禮，何裼以素衣邪？陳氏謂絞衣即素衣，此說得之。但素何以謂之絞？絞與縞聲相近，疑絞當爲縞之譌。縞衣，素衣也。

〔二〕王士駿校勘記：「元本『韋』譌作『皮』，今正。」案：陸刻本誤與元本同。

郊特牲云：「黄衣黄冠而祭，息田夫也。」鄭注云：「謂既蜡臘先祖、五祀也，于是勞農以休息之。」論語曰：「黄衣狐裘。」是鄭以息民之祭爲臘，所祭先祖、五祀之神也。故此章皇疏云：「黄衣狐裘，此服謂蜡祭宗廟、五祀也。」息民祭在蜡後，此混稱蜡，非。歲終大蜡報功，象物色黄落，故著黄衣黄冠，孔子助蜡祭，亦隨君着之。邢疏云：「大蜡後又臘祭先祖、五祀，因令民得大飲，謂之息民。」案：臘先祖、五祀自是秦禮，非周禮息民之祭也。息民之祭在野，農夫得與其事，祭者與農夫皆黄衣黄冠。祭畢令民飲酒，所以息田夫也。此祭甚輕，當使有司行之，君不親也。若祭先祖、五祀則在宫廟，與田夫何與？君與羣臣當冕服，士亦爵弁，何得黄衣黄冠乎？然則息民非臘明矣。

必有寢衣，長一身有半

孔注云：「今之被也。」程子謂：「此錯簡，當在『必有明衣』之下。」朱注從之，以爲齊時所用。案：齊戒或遇寒時，寢豈可無被。葛生詩傳云：「齊則角枕錦衾。」毛公此語必有所本，齊設錦衾，不必別有寢衣矣。況衣長一身有半，如何可着？以事理揆之，更可知其不然也。周官玉府：「掌王燕衣服。」鄭注云：「燕衣服者，巾絮、寢衣、袍襗之屬。」夫燕衣服即褻衣也。寢衣爲燕衣服，則非齊所用可知。巾絮非衣，則寢衣亦非衣可知。是鄭意當與孔同，孔説確不可易。被謂之衣者，被字从衣，衣大名也。被亦人所同有，而稱必有者，毛西河云：「被固人同長一身有半，則子所獨也。」果爾，當云寢衣必長一身有半，今以「必有」冠於「寢衣」之上，與「必表而出之」、「必朝服而朝」、「必有明衣」等句文法相同，是君子異于人者即在寢衣，不徒在於長也。竊疑此二句當在「必表而出之」之下，皆當暑之事也。常人當暑，寢多不用被，亦非謹疾之道。惟君子必有寢衣，其長一身有半。

又云：「衾，大被也。」則寢衣當爲小被。小星詩云：「抱衾與裯。」毛傳云：「裯，襌被也。」裯爲襌被，則衾爲複被可知。蓋襌而小者曰被，曰寢衣，其複而大者曰衾。內則止言衾，蓋散文通也。惟爲當暑所用，故不言衾而言寢衣也。若非言當暑之事，則被者人人所有也，而曰「君子必有之」，不可通矣。

鄉黨一篇敘事皆有次第，各從其類而不紊。今於褻裘長狐貉之厚中閒忽插入寢衣，殊爲不倫，若移此二句於「當暑」三句之下，則絺綌、寢衣皆爲當暑所用，既以類相從，而褻裘、狐貉皆爲私居之服，厚與長義又相承，各得其序而不亂矣。程、朱以爲錯簡，未嘗不是，惜所移置者未當也。

吉月必朝服而朝

孔注云：「吉月，月朔也。」「朝服，皮弁服。」邢疏云：「魯自文公不行視朔之禮。孔子恐其禮廢，故于月朔必衣此視朔之服而朝于君所，謂我愛其禮也。」范氏云：「既告老，猶月朝于君也，何也？國有大事，猶將預焉。」朱子用其説，注云：「孔子在魯，致仕時如此。」案：二説皆非也。

考之禮經，未有以皮弁服爲朝服者。侯國君臣皮弁視朔，不以皮弁朝也。若皮弁服以朝，是僭王朝之制，失禮甚矣。欲存告朔之禮，而自蹈僭禮之罪，豈君子之所爲乎？若謂致仕後月朔朝君，當明著致仕之文，但言吉月，何知爲致仕之吉月乎？且致仕朝君當記於君命召之下，方爲以類相從，今乃與衣服之制連敘，不以類矣。況謂致仕後月朔必朝君，是意重在朝，朝未有不朝服者。何必言朝服而朝乎？故曰二説皆非也。玉藻云：

「孔子曰：『朝服而朝，卒朔然後服之。』」蓋告朔皮弁服，朝則朝服，先服皮弁告朔，後服朝服而朝，禮也。當時告朔禮廢，羣臣遇月朔或即服皮弁而朝，是僭天子之朝服矣。玉藻云：「朝服之以縞也，自季康子始也。」可以爲證。君子於此，必朝服而朝，不敢服皮弁也。此爲朝服記之，故與衣服之制類敘焉。

居必遷坐

孔注云：「易常處，不言所居之地。」范甯云：「遷居齊室，亦不言齊室在何處。」

案：玉藻云：「將適公所，宿齋戒，居外寢，沐浴。」則祭祀齋戒亦居外寢可知。大夫有二寢，一正寢，一小寢。正寢在外，故曰外寢。國語云：「王即齊宮。」謂路寢也。皇疏云：「祭前，先散齊于路寢門外七日，又致齊于路寢中三日。」不知路寢門外，無可居之地也。此誤解祭義而云然。祭義云：「致齊於内，散齊於外。」外謂堂，内謂室。爾雅云：「牖户之閒謂之扆，其内謂之家。」漢書云：「家有一堂二内。」皆謂内爲室也。檀弓云：「夫晝居於内，問其疾可也。夜居於外，弔之可也。」是故君子非有大故不宿於外，非致齊也、非疾也，不晝夜居於内。鄭注云：「大故，謂喪憂。内，正寢之中。」夫疾必居於室，致齊與疾同。晝夜居内，是内爲室明矣。喪憂居於中門外，故夜居外則弔之。此外與祭義不同。是散齊不居門外，外之爲堂明矣。散齊猶得接賓，故夜寢雖在室，而晝則或居于堂，故曰散齊于外。致齊不接賓客，晝則恒居室中，故曰散齊于内也[一]。總之，散齊致齊皆在正寢，所謂「居必遷坐」也。疾居小寢，危篤乃在正寢，齊戒則恒在正寢，然則晝[二]夜居内，内字兼正寢、小寢言之，與祭義專指正寢者不同，鄭注簡略，未及細别耳。

食饐而餲

孔注云：「饐餲，臭味變也。」「饐餲」二字不分，朱注云：「饐，飯傷熱濕也。餲，味變也。饐餲二字有别。」案：爾雅云：「食饐，謂之餲。」是饐、餲義同，孔注所本也。釋文引倉頡篇云：「饐，食臭敗也。」葛洪字苑云：「饐，餿臭也。」與爾雅合。字林訓饐爲「飯傷熱溼」，説文訓饐爲「飯傷溼」，皆非也。食饐而餲，至色惡臭惡，皆言物之臭敗，失飪句乃言失生熟之節。若以饐爲飯傷熱溼，是亦失飪之類矣。經文不當如是參錯

[一] 王士駿校勘記：「元本『散』譌作『致』，今正。」案：陸刻本誤與元本同。
[二] 王士駿校勘記：「元本『晝』譌作『寢』，今正。」案：陸刻本誤與元本同。

也，當從孔注。但「饐餲」二字中著一「而」字，其義須稍有別。皇疏云：「饐，謂飲食經久而腐臭也。餲，謂經久而味惡也。」是饐爲臭變，餲爲味變，義稍有別，故云「食饐而餲」。然其義相類，故爾雅云：「食饐謂之餲也。」

沽酒

詩：「無酒酤我。」毛傳謂：「一宿酒曰酤。」鄭箋訓酤爲榷酤之酤。朱注云：「沽，買也。」與鄭箋合。聽雨紀談云：「三代無沽酒者，至漢方有榷酤。」則沽酒似以一宿酒爲是。案：榷酤始于漢，而沽酒則三代已有之，蓋沽之在民也。周官司虣：「禁市飲。」飲而于市，則有沽酒可知。漢書食貨志云：「孔子當周衰亂，酒沽在民，薄惡不誠，是以疑而弗食。」朱注本此。

邢疏云：「沽，賣也。」與朱注異。案：美玉章言「求善價而沽諸」，沽自是賣。此「沽」字不當異解。沽爲賣，則市亦爲賣矣。易説卦傳云：「爲近利市三倍。」市當爲賣，與此同。

鄉人儺，朝服而立於阼階

孔注云：「儺，驅逐疫鬼，恐驚先祖，故朝服而立於廟之阼階。」朱注云：「儺雖古禮而近於戲，亦必朝服而臨之者，無所不用其誠敬也。或曰：恐其驚先祖、五祀之神，欲其依己而安也。」案：朱注後説即孔注之意，而列之於後，是不以孔注爲正，不知孔説是也。郊特牲云：「鄉人裼，孔子朝服立于阼，存室神也。」裼當做禓，逐强鬼，本説文，但説文無「逐」字，當有脱字。即儺也。經典明明可據，何必又生異説？但孔注亦未確。儺，索室驅疫，于寢不于廟，以寢是生人所居，恐有疫鬼，故毆之也。廟是鬼神所依，何必于此毆疫。經言室神，明是五祀之神。若先祖不得謂「室神」矣。孔注「先祖」二字當易爲「五祀」，「廟」字當易爲「寢」，朱注後説「先祖」二字宜删。

侍食於君，君祭先飯

此君以客禮待夫子，故代宰夫嘗食。玉藻云：「若賜之食而君客之，則命之祭然後祭，先飯，辨嘗羞。」即此所謂「君祭先飯」也。又云：「若有嘗羞者，則俟君之食，然後食。」此君不客之，故有宰夫嘗食，臣不得先飯矣。君客之則臣當祭，此但言君祭，而不言臣祭，記者略之耳。邢疏謂：「此言君祭先飯，則是非客之禮，故不祭而先飯。」誤矣。朱注「不祭」二字亦沿邢疏之誤。

敵客得先祭，降等之客則後祭。臣侍君食，君祭，臣不敢輒從而祭，于是先飯，若爲君嘗食然，君命之祭然後祭也。君既客之，未有不命之祭者，以既言先飯，則命祭乃祭不言可知，故略之。江慎修謂或君不命之祭，非也。

聖人事君盡禮，未有加于常禮者。王巳山謂：「君未嘗命夫子祭，而夫子猶自先飯，蓋以臣之侍君本當致敬，不必待以客禮而始然，其視常禮益加謹。」非也。且君既不客夫子，自有宰夫嘗羞，而夫子猶先飯，轉似以客禮自居，不得謂敬君矣。何謂益謹乎？何義門謂：「臣之侍君尤當遠嫌，不必待以客禮而始不敢當。」其説亦謬。

不内顧

包注云：「不内顧者，前視不過衡軛，旁視不過輢轂。」案：曲禮云：「立視五嶲。」鄭注云：「立，平視也。嶲，猶規也，謂輪轉之度。」孔疏謂：「輪高六尺六寸一，規爲一丈九尺八寸。」此以徑一周三算，然徑一則周三有奇，孔疏所言非密率也。五規爲九丈九尺，據此豈得謂前視不過衡軛乎？邢疏以爲：「禮言中人之制，此記聖人之行，故前視不過衡軛。」此曲説也，且内顧爲迴視，不得以前視言，朱注止引「顧不過轂」，得之。

子路共之，三嗅而作

何注云：「子路以其時物[一]，故供具之，非本意，不苟食，故三嗅而作。作，起也。」皇、邢二疏皆云：「嗅，謂鼻歆其氣也。」顧歡云：「若即饗之，則事與情反，若棄而弗御，則似由也有失，故三嗅而起。」見皇疏。與何注合。晁氏云：「石經作『戛』，謂雉鳴也。」劉聘君云：「嗅當做狊，張兩翅也。」見爾雅。[二]案：「三嗅而作」正與「色斯舉矣」相應。晁說爲是。共當訓爲向，本董氏說。若謂孔子不食，何必三嗅其氣乎？顧氏謂似子路有失，曲爲之說耳。

顧野王玉篇有嗅字，音五教反，與叫字音相近。是不必改作戛，戛不得訓鳴。劉氏作狊亦通。

卷十六終

[一] 案：「物」，陸刻本、孫刻本皆譌作「食」，不可通，今依論語注疏原文改。
[二] 此三字，依全書體例改爲小字自注。

陳奂跋

金先生名鶚，字誠齋，浙江台州臨海人也。嘉慶戊寅以優貢入都，余偶宿内城張博士，夜半書聲出壁户，初以爲與試士也，細聆之，朗朗誦小戴記，竊怪之。平旦，正衣冠往拜之，拒而不納，排闥入，意不悦，亦以我爲與試子也。彊請其所業，乃擲藁于几上，曰：「此非舉子業也。」余加敬而受讀之，讀至大夫三門欲與語，爲改容曰：「子亦喻於此道者乎？」挽之坐，恨相見晚。不兩月而卒，藁本留臧汪瑟〔二〕菴相國。先生固相國考優門生也。生館死殯，既而斂資助紼輿櫬，以歸臨海，皆相國力也。相國殁，余致書王伯申尚書，報云：其藁阮小芸攜至粤東經解局矣。及檢經解目録竝無有。小芸已卒，伯申又薨，于是遂不可得跡矣。及余在涇川校刻胡墨莊觀察後箋。箋中往

〔二〕「瑟」，陸刻本誤作「琴」。

往引用其説，墨莊摘鈔二卷及鄉黨一篇，悉從録其副，復於經解叢書鈔寫其詁經之文得幾篇，合鄉黨爲一卷。共三卷。此是吉光片羽，而全藁猝不可得。弟煇知黄巖縣事，黄巖與臨海鄰封，求之亦不得。

余寓居杭州汪氏水北樓，屢訪諸浙闈與試者，始獲見令嗣，名城字子完，縣學生。子完謹守先人藁，珍重倍至，編成求古録禮説十二卷，仍先人手定本也。末二卷無清本，與汪相國析問疑難往復辯論，皆子完所輯存，而與涇川所鈔本有不同，又無鄉黨一篇，子完持全藁送至杭州。未幾，子完不禄。僅有遺孤半齡耳。子完館會稽陳廣文家，余謂廣文曰：「寡若孤子繫同邑之戚，其加意而撫綏之，遺書則在奂，奂必誓謀以雕之以報之，不敢忘金先生也。」余後有大梁之役，閩人王懷佩捷南將書去，録其副，懷佩歸閩，而子完輯存之卷逸一卷，惜哉！

嗚呼！先生深明乎禮，咀嚼白文，鎔鑄故訓，真爲一代大作手，生既坎壈以老，而遺墨流離幾無所薄，奂雖有諸之責，終不得報金以引恨。遲至道光庚戌之春，沔陽陸公總制兩江，敷政優閒，愛慕其遺書，因得入辭聳恖，遂授梓人，屬任校讎，訂十六卷。公固好古爲心，發潛振滯，獎美闡揚，俾金先生畢〔一〕生之學不遂泯滅一旦，幽光發越，道氣流行，可以徵會合之有期矣。

抑又聞懷佩之子某守台州，詳請入祀鄉賢祠，其孤孫肄業講院亦彬彬有聲，陳頌南侍御由閩上京，過余廬，訪知此事，逸卷猶存，異日者且捋而補刊〔二〕焉，不禁爲之狂喜而忘寐者也。

長洲陳奐書後

〔一〕「畢生」二字，陸刻本有、孫刻本奪，據陸刻本補。

〔二〕「刊」，孫刻本作「鐫」亦通，今以陸本爲正。

潘祖蔭序

臨海金誠齋明經，博聞彊識，邃精三禮之學。受知于山陽汪文端，同時若儀徵阮文達、高郵王文簡，及棲霞郝户部懿行、涇胡觀察承珙、績溪胡户部培翬、吾鄉陳徵君奂交相推服無異詞。所著求古録禮説，徵君爲校刊于江甯節署，非足本也。會稽趙撝叔至台州求其遺書，獲佚文七篇，撝叔入都，攜以示余，其中如論祊繹之非一、正日祭月祀之非制、釋八音次序之異、駁柷始敔終之誤，以經解經，確有依據。惜夫閒編脱簡，徒搜索于灰燼之餘，而所得僅止此也。撝叔述明經子早卒，孫死于兵，遺書散亡，惟一二故老略能舉其姓氏，殘賸至斯，懼終湮没，將謀雕板，以冀有傳，經生厄運聞之心惻，微撝叔言猶當勉而爲之。烏乎！乾嘉之閒經學大師半在東南，其著述等身不求聞達者，自遭寇難，已與幽燐劫火忽焉同盡，撝叔方簒國朝漢學師承續記，網羅舊聞不遺餘力，盍一一最録得之，爲千載下感不遇諸君慰彼耗䫆也哉。

同治丁卯十一月吴縣潘祖蔭

求古録禮説補遺[一]

臨海誠齋[二]金鶚

郊乘大路解[三]

郊祭乘大路，禮記郊特牲以爲乘素車。鄭注云：「素車，殷路也。魯公之郊，用殷禮也。」是鄭以此爲魯禮，與周禮不同。方氏慤、周氏諝、楊氏復以此爲殷禮。二説皆據周禮「玉路以祀」，玉路非素車，故以素車爲魯禮、殷禮也。陸氏佃謂祭天有兩車，玉路即

[一] 潘氏原題爲「求古録禮説補遺七篇」。

[二] 王士駿校勘記：「潘刻本無『誠齋』二字，今依全書例補入。」

[三] 王士駿校勘記：「王本此篇在卷十三第一。」

道之車也，素車即事之車也。陳氏祥道禮書謂：「自國至大次乘玉路。自大次以升壇，則乘素車。」五禮通考以陸氏、陳氏説爲是。

鶚案：三説皆非也。郊特牲明言：「王被衮以象天。」是爲周禮可知。魯侯國，安得偁[一]王邪？皇氏云：「魯用王禮，故偁王。」不知魯雖僭用王禮，君子必不以王偁之。明堂位語多夸大，其偁魯行郊禮，亦曰魯君不偁王也。然則郊特牲偁王必非魯禮矣。三禮皆周人所作，所言皆周禮也，以周人言周禮，故概不偁周。閒有偁周者，必與夏、殷竝言也。若言夏殷禮，必明標夏殷字以別于周。郊特牲無殷字，安得指爲殷禮邪？鄭注禮記每見與周禮不合者，輒指爲夏殷禮，皆非也。郊有兩車，經典竝無此文。一日之閒，同此一事，而更易其車，又于義無取。聖人制禮何爲如此紛擾乎？陳氏謂：「猶之聽祭報以皮弁，及祭則服大裘冕。」不知聽祭報與祭是二事，而自國至次、自次至壇，不得分爲二事，曷可援以爲例乎？故曰：三説皆非也。

周官巾車云：「一曰玉路，錫，樊纓十有再就，建大常十有二斿，以祀。」經文弟

[一] 案：「偁」字，潘刻本皆作「稱」，孫刻本爲保持全書體例統一皆改爲「偁」。

言祀，未嘗言祀天。竊謂周天子祭祀皆乘玉路，惟祭天别取貴質之義而乘素車，素車則木路也。鄭注禮器云：「大路，殷祭天之車也。」孔疏：「殷猶質，以木爲車，無别彫飾，乘以祭天，謂之大路也。」周官從其多者而言，故云「玉路以祀」，此省文也。周官一書從省文而不别白言之者甚多，如「禋祀祀昊天」而不言「五帝」，「靈[一]鼓鼓社祭」而不言「地」，「血祭祭社稷」而不言「地」，司服不言祭地與日月之服，皆是也。先儒泥其文，以爲「玉路以祀」，凡祀皆然，遂謂周祭天乘玉路，誤矣。禮器[二]云：「大路素而越席，此以素爲貴也。」郊特牲云：「乘素車，貴其質也。」又云：「素車之乘，尊其樸也。」左氏桓二年傳云：「大路越席，服虔注云：「大路，木路。」是也。杜注：「大路，玉路，祀天車。」失之。昭其儉也。」是則周雖尚文，而祭天則乘木路。經文甚明。柰何專泥巾車之文，而槩指諸書爲殷禮乎？

又案：殷周所偁大路不同，殷以木路爲大路，朝、祀與賓俱乘之。殷尚質，無金、玉、象等路，惟革路、木路而已。革路以即戎，餘禮皆乘木路也。大路止有一無二也。周大路有二，有以玉路爲

[一] 案：周禮地官鼓人作「靈鼓」，金氏全書皆誤作「路鼓」，諸本皆沿金氏而誤，王氏亦未出校記。

[二] 王士駿校勘記：「王本、潘本均誤作『祭器』，楊正。」案：孫刻本不誤。

大路者，書顧命云：「大路在賓階西〔二〕面。」傳云：「大路，玉。」鄭注亦以爲玉路。以玉路爲五路之首，故偁大也。有以木路爲大路者，明堂位云：「大路，殷路也。」又云：「魯君孟春乘大路，祀帝于郊。」禮器云：「大路，繁纓一就。」皆指木路，此仍殷時之名，又以祀天而大之也。是周大路有二。杜預左傳注以大路爲玉路，則混二大路而一之矣。

又案：郊乘木路與田乘木路異。巾車云：「木路，前樊鵠纓，建大麾〔三〕，以田。」鄭注云：「不言就數，與革路同。」是木路樊纓五就也。田之木路五就，而郊之木路則一就。此以少爲貴，猶特牲之義也。田載大麾，而郊則載大常，十有二斿、龍章而設日月，象天明而則天數，猶被衮十二章之義也。本郊特牲文，但彼不言「大常」。案：周官司常云：「日月爲常。」郊之旗有日月，可知爲大常也。日月象天明，十二斿則天數。又案：周官大司馬：「王田，載大常。」不建大麾者，蓋彼是三年治兵大田

〔二〕王士駿校勘記：「潘本階下衍『西』字，楊依王本校正。」案：潘本「面」上有一字空格，孫刻本衍「西」字，今據王校補。

〔三〕案：潘本作「麾」。孫刻本作「麾」，説文則作「摩」。説文手部：「摩，旌旗，所以指麾也。从手靡聲。」周禮原文作「麾」，今據改。下文「麾」字皆同。

獮，與四時常田不同也。詳田獮建旗考〔一〕。閒嘗考之古禮，有竝行不悖者，郊祭乘木路，器用陶匏，席用藁秸，此固以素爲貴也。而旗載大常，服用龍衮，則又以文爲貴。牲止一牛，樊纓一就，此以少爲貴也。而旗十二斿，服十二章，酒備五齊，禮行七獻，則又以多爲貴，所謂竝行不悖者，殷周皆然也。先儒惟泥于郊必貴質，因謂大裘冕無旒、服無章，泥于周必尚文，因謂郊乘玉路，胥失之矣。

又案：論語云：「乘殷之輅。」殷輅周人非絶不乘，然田乘木路，田車非乘車也。明堂位云：「乘路，周路也。」以玉、金、象路爲乘路，可知田車、乘車不同。論語指乘車言。乘車所乘，惟祭天一事，則乘之亦甚罕矣。故夫子欲乘殷之輅。楊氏復云：「使周郊亦乘素車，則孔子不曰『乘殷之輅』矣。」因以乘素車爲殷禮，是亦泥論語之文而失之也。孟子言：「説詩者，不以文害辭，不以辭害志。」鶚謂不特説詩爲然，凡説經皆宜爾，學者勿泥于辭，斯經義無不通矣。

〔一〕王士駿校勘記：「駿案：本書無此篇，附闕亦不載，今補入佚目。」

祊繹辨[一]

祊之祭一而已矣，惟在正祭之日。繹祭無之，祊與繹不同。鄭氏乃混祊于繹，注禮器「爲祊乎外」云：「祊祭，明日之繹祭也。謂之祊者，于廟門之旁因名焉。其祭之禮，既設祭于廟[二]，而事尸于堂，孝子求神非一處也。」注郊特牲「祊之于東方」云：「祊之禮，宜于廟門外之西室，繹又于其堂，神位于西也。」此二者同時，而大名曰繹，其祭禮簡，而事尸禮大。注「索祭祝于祊」云：「索，求神也。廟門曰祊，謂之祊者，以于繹祭名也。」孔疏云：「凡祊有二種，一是正祭之時，既設祭于廟，又求神于廟門之内。一是明日繹祭之時，設饌于廟門外西室，亦謂之祊。此索祭于祊，當是正祭日之祊，應偁廟而謂之祊者。以明日繹祭偁祊，雖今日之正祭，假以明日繹祭祊名，同偁之曰祊也。」

[一] 王士駿校勘記：「王本此篇在卷十三第二。」

[二] 王士駿校勘記：「王本、潘本『廟』均譌作『室』，楊依注疏改正。」案：王校「廟」譌作「祭」，今正。另，孫刻本「廟」亦譌作「室」。

案：經典言祊皆在正祭之時，詩楚茨云「祝祭于祊」，次于「或剝或亨，或肆或將」之下，其在正祭時甚明。郊特牲云：「直祭祝于主，索祭祝于祊，不知神之所在，于彼乎？于此乎？或諸遠人乎？」祭于祊，尚曰求諸遠者，與此亦可見在正祭時。禮器云：「設祭于堂，爲祊乎外，故曰于彼乎？于此乎？」此文與郊特牲相似，皆言求神非一處，亦可知在正祭時也，皆與繹祭無涉。春秋宣八年經：「壬午猶繹。」三傳皆不言祊。周頌序云：「絲衣，繹賓尸也。」亦不言祊。爾雅云：「繹，又祭也。周曰繹，商曰肜，夏曰復胙。」詩鄭箋、公羊何休注引爾雅俱無此句，徐彦疏云：「諸家爾雅悉無此言，惟郭本有之。」案：郭注云：「未見義所出。」蓋經傳悉無「復胙」之説也。疑此句後人所增，非古本也。亦不言祊，是祊與繹判然各異矣。

郊特牲：「孔子曰：『繹之于庫門内，祊之于東方，朝市之于西方，失之矣。』」此言三事皆失，繹與祊各爲一事也。若以祊、繹爲一事，統謂之繹，豈朝市亦得爲繹乎？鄭、孔于楚茨「祝祭于祊」及郊特牲「索祭祝于祊」指爲正祭之祊，而以「祊之于東方」及禮器「爲祊乎外」則指爲繹祭之祊，且以繹祭之祊爲正，而謂正祭之祊假繹祭而名[二]，其

[二] 王士駿校勘記：「潘本『謂』譌作『爲』，楊依王本改正。」案：孫刻本作「謂」不誤。

亦傎矣。祊祭當在廟門外之西室，繹則于廟門内之西堂。禮器「爲祊乎外」對「設祭于堂」言，可知祊在門外，門内與堂不可分内外也。祭統言「出于祊」，出者，出門也。郊特牲言「祊求諸遠」，亦可知爲門外也，蓋必于門外求之，斯遠之至矣。郊特牲以繹于庫門内爲失，言庫門，不言廟門，是失在于庫門，不在于門内，可知繹祭當在廟門内也。

繹爲又祭，當與正祭相似而殺其禮，與祊祭迥異。繹祭有牲，絲衣詩可證。鄭注周官「求牛」云：「求，終也。終事之牛所以繹。」此解「求牛」雖未必是，而謂繹有牛，得之。而祊偁祝祭，禮器別之于設祭。郊特牲以「索祭祝于祊」與「直祭祝于主」連文，其禮當相類。「直祭祝于主」，是陰厭之禮，即特牲、少牢「祝酌奠」也。此時尸未入，故曰「祝于主」。鄭注謂：「在薦孰之時。」非也。馬氏晞孟、陸氏佃曾辨之。此在未迎牲之前，但以酒酌奠[一]，無牲俎。祊祭亦宜然也。繹祭主人必親，書高宗肜日是祖庚祭高宗廟，可知主人必親也。而祊言「祝祭」，蓋弟使大祝爲之，楚茨鄭箋云：「孝子不知神之所在，故使祝博求之。平生門内之旁，待賓客之處。」朱傳同。其言門内固非，而謂使祝求之，是也。主人不親也。祊所

〔一〕王士駿校勘記：「潘本奪『酌』字，楊依王本補入。」案：孫刻本不誤。

以求神于遠，而繹則尋繹正祭，無求神于遠之義也。然則祊宜在門外，繹宜在門内矣。繹與正祭相似，本當在廟堂中，然禮不可全同與正祭，同則享祀繁黷。

又賓尸在堂，少牢禮賓尸在堂，則天子、諸侯亦必在堂可知。門堂頗狹，天子賓尸何能容之。且降于大夫，尤無此理。鄭注禮器謂：「事尸于廟門旁之堂。」絲衣箋以堂爲門堂，皆非也。經言「自堂徂基」，其爲廟堂甚明，毛傳釋「基」字，不釋「堂」字，蓋不以堂爲門堂也。若繹祭亦于堂中，則人神混亂，賓尸以人道接之，故曰賓。故繹于廟門内也。祭于門堂，所以別于正祭，而在門内，則猶與正祭相仿。若在門外，則絶不[二]類矣，故知繹宜在廟門内也。祊祭但令祝酌奠，與正祭迥殊，而謂之「索祭」，故知宜在廟門外也。爾雅釋宫云：「廟門謂之祊。」鄭注郊特牲云：「廟門曰祊。」本雅訓也。禮器疏引爾雅作「廟門謂之祊，今本作閍，謂之門」。誤也。閍是俗字，本當作祊，祊字从示，説文作「鬃」，是祊爲祭名，其祭于廟門，故廟門謂之祊，廟門因祊而名，非祊因廟門而名也。禮器「爲祊乎外」，郊特牲「祊之于東方」，此祊爲祭名也。詩：「祝祭于祊。」郊特牲：「索祭祝于祊。」此祊爲廟門也。義雖殊，而字皆作「祊」，爾雅所以釋詩，古本必作「祊」不作「閍」也。楚茨毛傳云：「祊，廟門

〔二〕王士駿校勘記：「潘本『不』下衍『相』字，今依王本删去。」案：孫刻本不誤，滂喜齋叢書本「相」字已挖去。

也〔一〕。」皆不言内。説文云：「鬃，門内祭先祖，所以徬徨〔二〕。」失之矣。天子、諸侯迎賓皆于大門外〔三〕，與賓同入廟門，竝無廟門内待賓客之禮，安見祊必在廟門内乎？鄭、孔謂繹在門外，祊在門内，抑又傎矣。

祊與繹別，繹又與賓尸別。蓋繹所以事神，賓尸所以事尸，與正祭日尸以象神者殊也。大夫、士無繹祭，故賓尸在當日，天子、諸侯有繹祭，故賓尸在明日。絲衣序所謂：「繹，賓尸者。既繹，而又賓尸也。」繹非求神，賓尸更不可言求神，鄭謂：「繹，既設祭于廟〔四〕，而事尸于堂，孝子求神非一處。」是混祊于繹。又混繹于賓尸，其義殊不可通矣。祊不特不在繹祭之日，亦不在正祭之末，蓋祊所以求神，求神當于祭之始，不當于祭之終

〔一〕王士駿校勘記：「楊云：楚茨傳：『祊，門内也。』説文云：『門内祭』蓋本於此。駿案：今毛、阮本注疏皆作『門内』，金云廟門，不言内，未知所見何本。」

〔二〕王士駿校勘記：「王本、潘本均誤奪『以』字，又『傍徨』字作『徬徨』，今皆據説文補正。」續校勘記：「潘本、王本無『以』字，前据桂氏本説文補。案：段本説文無此字，蓋金氏所據。深悔前補失考，附見于此，以志吾過。」案：孫刻本有「以」字。

〔三〕王士駿校勘記：「駿案：本書天子迎賓考云：『朝覲必無迎賓之法，其後行饗食於廟乃有迎賓之法。』又云：『郊特牲言天子不下堂而見諸侯，下堂且不可，況可出大門而迎之乎？』據此則大門外迎賓之説，金氏所不取，此篇云云或『大門外』爲『廟門外』之譌也。」

〔四〕王士駿校勘記：「王本、潘本『廟』均譌作『室』，楊依注、疏改。」案：王校「廟」字亦譌作「祭」。孫刻本「廟」亦譌作「室」。今據王校改。

也。郊特牲言：「直祭祝于主，索祭祝于祊。」二祭同爲求神，當相近。禮器言「設祭于堂」是朝踐時事，繼之曰「爲祊乎外」，則祊亦在朝踐之時矣。詩「執爨踖踖」以下方言饋食之事，而上章言「祝祭于祊」，亦可見祊當朝踐也。朱子經傳通解、馬氏文獻通考俱以祊祭列于既徹之後，陸氏佃、方氏慤亦皆謂祊在尸出祭畢時，誤矣。夫祭既畢，何爲求神于祊乎？此皆悖乎經者也。

八音次序說[一]

八音次序有二。周官大師云：「播之以八音：金、石、土、革、絲、木、匏、竹。」周語伶州鳩所言八音曰：「金、石、絲、竹、匏、土、革、木。」二說次序不同，各有精義存焉。

周官次序原于八卦，以天所生者言也。周語次序秩其輕重，以人所用者言也。左氏隱

[一] 王士駿校勘記：「王本此篇在卷十三第三。」

五年[一]傳「八音」疏云：「服虔以爲乾音石，坎音革，艮音匏，震音竹，巽音木，離音絲，坤音土，兑音金。此八音配八卦也。八卦，兑正西，乾西北，坤西南，三卦皆位于西，金、石、土配兑、乾、坤，故以類序之。坤爲地，地土也。焦、京以坤爲土。石與金同氣，亦金類也。説卦傳：「乾爲玉、爲金。」石即玉也。金、石皆生于土，先金、石而後土者，西方爲陰，陰逆推其所始也。先金後石者，兑位正西，以正者爲首也。蠶爲火精，成于夏，與馬同氣，周官畜馬之灋「禁原蠶」，蓋以此也。午屬馬，故離音絲。周官掌皮：「冬斂革。」革成于冬。詩言：「鼉鼓逢逢。」夏小正：二月，「剥鱓以爲鼓也」。鱓與鼉同。鼉爲水物，故坎音革。坎、離居南北之正，在兑、乾、坤之東。八音以革、絲次金、石、土者，右旋之義也。蓋聲本于虚而屬陽，故其數奇而爲五。音麗于器而屬陰，故其數偶而爲八，惟其屬陰，故其序右旋也。右旋者自西而東，亦自北而南，故先金、石、土，而后革、絲，先金、石而後土，先革而後絲也。巽東南，艮東北，震正東，三卦皆位于東，木、匏、竹配巽、艮、震，故亦以類次之。説卦「巽爲木」，故其音木；震爲竹，故其音竹；艮爲果蓏，故其音匏。匏、竹皆

[一] 案：潘刻本、孫刻本皆無「年」字，依全書體例，應補「年」字。

木之類，先木而後匏、竹者，東方爲陽，陽順序其所生也。先匏後竹者，震位正東，以正始亦以正終也。且始西而終東[一]者，又有説焉。

樂者，陽也。樂記云：「樂由陽來，陽必根乎陰，故自西而東也。」考古之奏樂必先西，大射儀：「樂縣應鼙，在阼階西，朔鼙在西階西。」鄭注云：「朔，始也。奏樂先擊西鼙，樂爲賓所由來也。」先擊朔鼙，應鼙應之，是奏樂先西也。鄭謂樂爲賓所由來，則失其義。案：朔鼙即鞞。本陳氏禮書、律吕正義，詳周縣鼓兼楹鼓考。周官大師：「下管播樂器，令奏鼓鞞。」小師：「凡小祭祀，小樂事，鼓鞞。」是祭祀亦先擊西鼙，非特賓客也。奏樂先西者，豈爲賓在西乎，故知取陽根乎陰之義也。

李安谿云：「成于天地者爲貴，故先以金、石、土。成于動物者次之，故繼以革、絲。成于植物者又次之，故繼以木、匏、竹。」此亦得爲一義，然其説淺矣。周語之説以金、石、絲爲一類，假人力以生聲者也；竹、匏、土爲一類，假人氣以生聲者也；革、木爲一類，所以爲樂之節奏者也。本律吕正義。且以輕重序之，首金石，次絲竹，次匏土，次

[一] 孫刻本譌作「束」，滂喜齋叢書本不誤。

革、木，其序秩然不紊。孟子云：「集大成也者，金聲而玉振之也。」左傳言：「魏絳于是有金石之樂。」后夔贊樂首言「戛擊鳴球」，又云「擊石拊石」。商頌言：「依我磬聲。」周官鍾師：「掌金奏，以鍾鼓奏九夏。」鄭注云：「金奏，擊金以爲奏樂之節，先擊鍾，次擊鼓。九夏，樂之大歌。」可知金石爲樂之綱，八音以金石爲重也。

次則絲竹，亦爲樂之要領。書于「鳴球」之下，即云「搏拊琴瑟」。小雅言：「鼓瑟鼓琴。」商頌言：「嘒嘒管聲。」禮記言：「下管象武[一]，夏籥序興。」絲竹之重可知。蓋堂上之樂貴人聲，絲音主之；堂下之樂貴人氣，竹音主之。本律呂正義。此絲竹所以爲樂之要領也。古聖人制律呂以竹爲管，而琴瑟之絲綸巨細、徽柱遠近亦可以爲律呂之準。

至于金石之厚薄，亦皆以十二律爲之度數，是則金、石、絲、竹四聲最叶于十二律，故編縣鍾磬皆必十有二枚，十二枚以應十二律，加四枚以應四清聲。又有十二辰零鍾，簫有十六管，琴有十三徽，瑟有十三柱，加一以象閏。俱備十二律之數焉。樂記云：「金、石、絲、竹，樂之器也。」音有八而獨舉四者，可見四者之重也。四者竝重而先金石者，金石音大，絲竹音

[一] 王士駿校勘記：「王本、潘本『武』皆譌作『舞』，今依經文改正。」案：孫刻本作「武」，不誤。

小，金石以動之，絲竹以行之，二句本周語。故金石先于絲竹也。

匏土雖同假人氣，而瓠兼乎竹，笙竽之制，以管植于匏中，是匏兼竹音也。與竹相近，故周語云：「匏竹利制。」匏與竹竝偁。小雅言「鼓瑟吹笙」，又言「笙磬同音」。燕禮、鄉飲酒禮閒用笙，壎則罕言之。是匏重于土，故先匏後土也。革、木〔二〕雖同爲節樂，周語：「革木以節之。」又云：「革木一聲。」惟其一聲，無清濁，故但以節樂耳。而革之用大，虞書、商頌皆先言鼗鼓後言柷敔，周官三大樂皆以鼓鼗與管、琴、瑟竝舉。學記云：「鼓無當于五聲，五聲弗得不和。」言鼓而不言柷敔，是革重于木，故先革後木也。

要之，八音之中金、石、絲、竹之外，革音亦重。荀子言「鼓如天」，又云「鼓爲樂之君」。故經典皆言鍾鼓，鼓與鍾竝尊，爲衆音之綱領。蓋宣樂者鍾爲大，節樂者鼓爲大也。且鼓亦所〔三〕以先樂，奏夏先擊鍾，餘樂皆先擊鼓。登歌、下管皆先擊小鼓，次擊大鼓，見周官注。舞亦先擊鼓。樂記所謂「始奏以文也」，本鄭注。革爲坎音，亦爲震音，本白虎通及説文。十二辰始

〔二〕王士駿校勘記：「潘本『木』譌作『土』，今依王本改正。」案：滂喜齋叢書本、孫刻本皆不誤。
〔三〕王士駿校勘記：「潘本奪『所』字，今依王本補入。」案：滂喜齋叢書本、孫刻本皆不誤。

于子，四時始于春，鼓所以先樂也。鼓以先樂，又以和樂，節之即所以和之，爾雅云：「和樂謂之節。」故得與鍾竝尊也。其與木音竝列于末者，以止一聲，又爲衆樂之節，與金、石、絲、竹、匏、土六者不同，故序于末耳。是則金、石、絲、竹、革五者竝重，音與聲皆五矣。

然音必備夫八者，五聲應五行、四時，八音應八方、八風，樂所以宣天地之氣，故與天地相符也。革與金竝重，故周官八音始于金，中于革、絲，終于竹。此以震、兑、坎、離四正卦爲綱紀也。周語先列金、石、絲、竹，此以乾、兑、離、震四卦爲綱紀，兑、離、震亦皆正卦，乾雖在西北隅，而實爲八卦之首，故其音宜尊也。周官重金、革、絲、竹，周語重金、石、絲、竹，合之爲金、石、革、絲、竹五音，配乎五行。金爲金，革爲水，絲爲火，竹爲木，石爲土也。石者，土之核也。語其重則配五行，言其全則應八方，而金、石、革、絲、竹之次，卦位自西而東，見陽根乎陰之妙。又周語八音次序所配之卦〔一〕，皆一陰一陽相間，乾、震、坎、艮陽卦，坤、巽、離、兑陰卦。金、石、絲、竹四音皆先陰後陽，匏、土、革、木四音皆先陽后陰，可見陰陽交錯之妙，而以先陰後陽者序于前，亦見陽根陰之義，皆聖

〔一〕王士駿校勘記：「潘本『八音』作『八者』，雖于義可通，嫌非其舊，故改從王本。」案：孫刻本作「八音」，不誤。

人制作之精意也。八音配八卦，左傳疏又引樂緯云：「坎樂用管，艮用塤，震用鼓，巽用笙，離用絃，坤用磬，兑用鍾，乾用柷敔。」孔氏謂「未知孰是」。案：坎管、坤磬、乾柷敔皆無義可推，此説非也。

柷敔考[一]

柷敔之制，舊説誤者有五。

一曰，柷如伏虎。釋名云：「柷，狀如伏虎，如物始見柷柷然也。」案：鄭司農注小師云：「柷如桼[二]筩，中有椎。敔，木虎也。」鄭康成注書益稷云：「柷[三]，狀如桼筩，投椎于其中而撞之。敔，狀如伏虎，背上刻之。」爾雅郭璞注亦云然，惟劉熙與諸説異，蓋互易其名，傳聞之誤也。

一曰，柷與椌爲二物。荀子云：「鞉、柷、拊、椌、楬似萬物。」是柷與椌別爲二也。

[一] 王士駿校勘記：「王本此篇在卷十三弟五。」

[二] 王士駿校勘記：「王本、潘本『桼』皆譌作『漆』，今正。」案：滂喜齋叢書本皆作「漆」，孫刻本作「桼」。

[三] 孫刻本誤「柷」爲「敔」，滂喜齋叢書本不誤，今據改。

樂記云：「聖人作爲鞉鼓、椌楬。」鄭注云：「椌楬，謂柷敔也。」周頌有瞽篇云：「鞉磬柷圉。」毛傳云：「柷，木椌也。圉，楬也。」是椌即柷，非二物。椌从木从空，與狀如桼筩之説合，其爲一物明矣。

一曰，柷敔爲乾音。白虎通云：「柷敔，乾音也。柷敔者，終始之聲，萬物之所生也。」不知柷敔以木爲之，木安得屬乾？乾爲萬物資始，非終也。柷敔皆所以止樂，有終之義。其非乾音明矣〔一〕。服虔注左傳「八音」〔二〕以石爲乾音，巽爲木音，此説得之。陽生于子，終于巳，巳屬巽卦，樂爲陽聲，柷敔節樂之終也。説卦：「巽爲木。」柷敔，木音也。巽又爲風，風從虎，敔爲伏虎形，亦宜屬巽也。

一曰，柷以作樂于始，敔以止樂于終。書益稷云：「合止柷敔。」鄭注云：「合樂用柷敔，以止樂。」僞孔傳云：「柷敔，所以作、止樂。」孔疏云：「樂之初，擊柷以作之。樂之將末，戛敔以止之。」案：白虎通云：「柷，始也。敔，終也。」釋名云：「柷訓爲

〔一〕王士駿校勘記：「潘本『乾』下奪『音』字，今依王本補入。」案：滂喜齋叢書本應是以潘本爲底本挖改而成，本十行本，行二十一字，因此處奪「音」字、下文奪「八音」字，故滂喜齋叢書本該行補入「音」、「八音」三字而成二十四字。

〔二〕王士駿校勘記：「潘本奪『八音』二字，今依王本補入。」案：滂喜齋叢書本挖補「八音」二字。

始，以作樂；敔，衙也；衙，止也；所以止樂也。」顏師古漢書注云：「柷與俶同，俶，始也。樂將作，先鼓之。」皆與鄭合。後儒悉從之。鶚竊以爲不然，周語云：「革、木以節之。」爾雅云：「和樂謂之節。」鄭注王制云：「柷、敔皆所以節樂。」爾雅：「和樂謂之節。」蓋即承柷敔與鼗而言，非别有樂器名節也。邢疏以節爲拊，失之矣。是節樂即所以和樂。學記云：「鼓無當于五聲，五聲弗得不和。」柷敔與鼓同也。夫柷敔以節樂、和樂，當如後世之拍版〔二〕然。或二句一節，或一句一節，或一句二節，詳樂節考〔三〕。若始終止一用，何以節樂、和樂乎？且節有止義，必節于終，未有節于始者。爾雅云：「所以鼓柷，謂之止。」是柷亦所以止樂也。說文云：「柷，樂木空也。所以止音爲節。」風俗通引禮樂記云：「柷方三尺五寸，高尺五寸。郭注云：「柷方二尺四寸，深一尺八寸。」與風俗通不同，後世多從郭說。中有椎，止音爲節。」據此柷敔皆所以節止樂，不可謂「柷以作樂于始」也。書言：「合止柷敔。」謂合其句而止之，合有和之義焉，止有節之義焉。合、止皆兼柷敔，非柷合而敔止也。鄭以爲「合樂于始」，僞孔傳

〔二〕案：滂喜齋叢書本作「板」。
〔三〕王士駿校勘記：「本書無此篇，附缺亦不載，今補入佚目。」

因以「作」字易「合」字，然「作」與「合」文義迴〔一〕殊，豈可訓合爲作乎？又止者暫止，非終止也，先儒皆以爲終止，既與「節」字之義不合，而虞書此句亦不當敘于「笙鏞以閒」之先矣。升歌、下管、合樂，皆必以柷敔節之，故敘于下管之後。鼗鼓亦節樂，故與柷敔連文，瞽矇言：「播鼗柷敔。」樂記言：「鼗鼓椌楬。」王制言：「柷將鼗將。」爾雅鼗次于柷敔，皆此意也。然鼓所以節樂，亦所以先樂，柷敔但主于節樂，而不以先樂，故「合」、「止」〔二〕二字專屬柷敔也。唐六典：「舉麾鼓柷，而後樂作。偃麾戛敔，而後樂止。」大常沿襲相傳，皆爲先儒所誤也。通雅及江慎修羣經補義曾辨之。考之經典，絶未有作樂先鼓柷之説。周語云：「金石以動之，絲竹以行之。」是金石先于絲竹。動之者，謂先作而發動之也。大樂以金奏爲先，鍾師：「掌金奏，以鍾鼓奏九夏。」鄭注云：「先擊鍾，次擊鼓。」虞書言升歌首「戛擊鳴球」，鳴球，特磬也。則金奏之鍾亦特磬也。大師登歌先擊拊，拊亦鼓屬也。是升歌先擊特磬，次擊拊。虞書首言「戛擊鳴球」，次言「搏拊」，其明徵也。大師：「下管先鼓朄。」朄者，小鼓也。然則鍾、磬、鼓皆以先樂，經有明文，奈何以柷先樂乎？樂記云：

〔一〕王士駿校勘記：「潘本『迴』譌作『迥』，今正。」

〔二〕王士駿校勘記：「潘本『合止』譌作『合此』，今依王本改正。」案：滂喜齋叢書本、孫刻本皆作「止」。

「始奏以文，復亂以武。」鄭注云：「文，謂鼓也。武，謂金也。夫亂爲樂之終，而擊金以止之。」孔疏言：「舞欲退之時，擊金鐃而退。」案：上文言「絃[二]匏笙簧」，又言「始奏以文」，下言「治亂以相，訊疾以雅」，皆言樂不言舞。疏專指舞言，非也。金鐃止鼓，是田獵、軍旅所用，樂器未見有鐃也。則止樂亦以特鐘，以此始亦[三]以此終也。八音惟金最洪，爲衆音之綱，故始終用之。若謂樂終戛敔，其音甚輕，何足以收衆音乎？

一曰，堂上有柷敔。益稷僞孔傳以「戛擊」爲柷敔，謂「上下各有之」。案：經典未有以戛擊爲樂器者。戛、擊雙聲字，戛亦擊也，謂戛擊以鳴玉磬也，本鄭注，蔡傳同。明堂位「戛」作「揩」。以玉磬揩擊，皆爲樂器。此漢儒之繆説也。僞孔傳襲用其説，殊不思柷敔既在堂下，堂上安得又有柷敔乎？夫柷敔爲樂之德音，見樂記。而説者多誤，不可以不正也。

[二] 王士駿校勘記：「潘本奪『絃』字，楊依王本補入。」案：滂喜齋叢書本挖補「弦」字，孫刻本作「絃」字。

[三] 王士駿校勘記：「潘本奪『亦』字，楊依王本補入。」案：滂喜齋叢書本挖補「亦」字，孫刻本有「亦」字。

敦考[一]

明堂位云：「有虞氏之兩敦，夏后氏之四璉，殷之六瑚，周之八簋。」是敦爲有虞氏之器也。然儀禮爲周制，而多言敦。特牲饋食初云「兩敦在西堂」，末云「佐食分簋鉶」。鄭注云：「敦，有虞氏[二]之器也。變敦言簋，容同姓之士，得從周制耳。」陳氏祥道、楊氏復皆從鄭説。鶚竊以爲非也。禮經分别同姓、異姓，惟在朝之内外、階之東西、盟之先後、揖之高下、昏婣[三]之通不通、祭畢之燕不燕而已。若宫室、衣服、飲食、器物等制，皆無同異姓之别。惟周官巾車言金路以封同姓，象路以封異姓。然象路亦周時之車，非先代器也。諸侯得用先代器者，祗有二王之後，修其祖宗之禮物，以作賓王家，其餘諸侯皆不得用，而大夫、士可知矣。今謂大夫、士同姓者，用當代之器；鄭注專言士，文不具也。故賈疏

[一] 王士駿校勘記：「王本此篇在卷十三弟六。」
[二] 案：「氏」，潘本、孫刻本皆譌作「士」。
[三] 婣，説文「姻」之籀文。潘本作「姻」。

兼言大夫。異姓者用先代之器，殊與經不合。

間嘗考之，周公監于虞夏殷而損益之以爲周禮，其自成一代之制者固多，而沿襲先代之制者亦不少。如木路，殷車也，周用以祭天。大麾，夏旗也，周用以田獵。楹鼓爲殷制，周亦兼用建鼓。建鼓即楹鼓，詳周縣鼓兼楹鼓考。明水爲夏物，周亦兼用玄酒。明堂位云：「夏后氏尚明水，殷尚醴，周尚酒。」鄭注此皆其時之用耳。言「尚」，非是夏用明水，周用酒也。然禮運云：「玄酒在堂。」士冠禮亦有「玄酒」。玄酒，水也。先儒謂周人設酒一尊，必以玄酒配之，示不忘古，是周亦用明水矣。瓦豆、瓦簋，虞器也，周用以郊，而大夫、士祭亦用瓦豆。見少牢饋食禮。大夫用瓦豆，士亦瓦豆可知。諸如此類，皆沿用先代器物，自天子以至于士皆有之，無論同姓、異姓也。

敦爲虞器，在虞時上下通用。明堂位以「兩敦」與「八簋」竝言，八簋是天子之禮，則「兩敦」亦當爲天子之制，蓋有虞氏簡質，故止兩敦也，鄭謂敦有虞氏〔二〕之器，非是。周用簠簋，簠盛稻粱，簋盛黍稷，八簋中有稻粱，則兼有簠，經典多專言簋者，簠簋同類，以簋該簠也，亦兼用敦。然簠簋爲天子、諸侯之器，而敦則大夫、士用之。玉藻云：「諸侯朔月四簋。」疏云：「天子當六簋。」是常食用簠簋也。四簋者，稻粱

〔二〕案：「氏」，潘本、孫刻本皆譌作「士」。

二簋、黍稷二簋也。稻粱本盛以簠，通偁爲簋耳。皇氏謂：「『四簋』，當作『四簠』。」孔氏謂：「稻粱亦以簋盛之。」皆非。

周官掌客：上公簠十，侯伯八，子男六，簋則同用十二，是享賓用簠簋也。禮運言：「陳其簠簋。」祭統言：「八簋之實。」曾子問言：「天子嘗、禘、郊、社、五祀之祭，簠簋既陳。」是祭祀用簠簋也，皆未有言用敦者。可知敦非天子、諸侯之器也。内則言：「父母之敦牟，非餕莫敢用。」是大夫、士常食用敦也。士昏禮：「黍稷四敦，皆蓋。」士兩敦，大夫四敦。此四敦者，昏禮攝盛也。是昏禮用敦也。少牢饋食禮：「主婦執一金敦黍。」又云：「上佐食取黍稷于四敦。」士祭兩敦，大夫四敦。由此推之，諸侯祭當六簋，天子當八簋，見祭統注疏。是祭祀用敦也。士喪禮朔月奠有黍稷，用瓦敦。常用之敦以木爲之。士虞禮：「贊設兩敦于俎南。」是喪禮用敦也。皆未有言用簋者，可知簋非大夫、士之器也。聘禮：「堂上八簋、兩簠，東西夾各六簋、兩簠。」公食大夫禮：「上大夫八簋，下大夫六簋。」此賓雖大夫，而主人爲諸侯，故以諸侯之禮，用簋不用敦，且其數最多也。秦風言：「于我乎，每食四簋。」此諸侯食其臣之禮，雖殺于聘賓，亦從諸侯制而用簋也。或謂賢臣家食四簋，非也。管仲「鏤簋朱紘」，禮譏其僭，蓋大夫用簋已非法，而鏤之則尤甚也。然則大夫、士惟用敦而不用簠。

特牲禮自「兩敦在西堂」以下凡六言敦：云「盛兩敦陳于西堂」，又「主婦設兩敦黍稷于俎南」，又「佐食啟會卻于敦南」，又「祝命爾敦」，又「主婦設兩籩于敦南」，又「佐食徹尸薦俎，敦設于西北隅」，皆言敦不言簠，惟一言「佐食分簠鉶」，此蓋以敦亦簠之類，通偁爲簠。猶鄉飲酒禮觶亦偁爵也。名雖爲簠，其實爲敦。鄭氏不達此指，乃謂同姓之士可用簠，誤矣。果如鄭説，是少牢、特牲皆異姓大夫、士之禮，不知此經何以徒言異姓而不及同姓。且經與記竝無異姓、同姓之説，又何以見其爲異姓之制明示天下後世乎？

又周官九嬪：「凡祭祀，贊玉齍。」鄭注：「玉齍，玉敦。」賈疏云：「大夫、士用敦。今周天子用玉敦者，明堂位賜魯得兼用四代之器用敦，明天子亦兼用可知。」此説亦誤。地官舍人云：「凡祭祀，共簠簋，實之，陳之。」則知此玉齍者，玉簠簋也。經典竝無天子用敦之文，玉府云：「若合諸侯，則共珠槃、玉敦。」珠槃盛牛耳，玉敦以盛血，此會盟所用，非祭器也。天子之祭既以簠盛稻粱，簋盛黍稷，雖有敦將焉用之。天子、諸侯有簠簋而無敦，大夫、士有敦而無簠簋〔一〕，此一定之制也。魯兼用四代之禮，乃明堂位夸大之文，竝非事實，不可據也。

夫周天子、諸侯所以用簠簋不用敦，而以敦爲大夫、士用者，蓋周禮尚文，簠外方内圜，簋外圜内方，法象天地，又彫鏤而飾以玉，俱本鄭氏。致其華美；而敦爲虞物，其制樸而簡，故用簠簋而不用敦。大夫、士降殺于天子、諸侯，故用敦也。又天子、諸侯祭，備黍稷稻粱，故用簠簋兩物。大夫、士有黍稷而無稻粱，故止用敦一物也。大夫敦飾以金，而士則否，可知齋盛之器以文爲貴。天子、諸侯之豆，皆以木爲之，天子又飾以玉。明堂位云：「殷玉豆，周獻豆。」蓋周既疏刻，而又飾玉，非但獻之也。諸侯但獻之，而不飾玉。凡以玉飾物，惟天子有之，諸侯豆不飾玉，則簠簋亦無玉飾可知。以大夫金敦推之，諸侯簋〔二〕當以金飾。大夫、士則瓦豆，用有虞樸素之物。有虞氏尚陶，可知豆用瓦。以此比例，更可知大夫、士用敦，而不用簠簋矣。爾雅：「瓦豆謂之登〔三〕。」天子、諸侯之祭，以瓦豆盛大羹。蓋大羹不和，以法上古，故用古瓦豆盛之，此别是一義。

〔一〕王士駿校勘記：「王本『簠』亦作『簋』，潘本『簠』、『簋』互易，今乙正。」案：滂喜齋叢書本、孫刻本皆不誤。
〔二〕王士駿校勘記：「駿案：『簋』上疑奪『簠』字。」案：滂喜齋叢書本、孫刻本皆無「簠」字。
〔三〕王士駿校勘記：「潘本『登』譌作『登』，今依王本正。」

射耦考〔二〕

古者射以觀德，必有耦者，所以明揖讓也。周官射人云：「王以六耦射三侯，諸侯以四耦射二侯，孤、卿、大夫以三耦射一侯，士以三耦射豻侯。」賈公彦謂：「畿内諸侯二侯四耦，畿外諸侯三侯三耦。」各有一申一屈。見大射儀疏。孔沖遠謂：「賓射，對鄰國之君，尊故四耦。大射，與己之臣子，卑故降之。」見詩賓筵疏。案：射人言士豻侯，明是大射。孔氏從後鄭説，以爲賓射，非也。詳正鵠考。大射、賓射耦數皆同，左傳言魯君享范獻子，「公臣不足三耦」。可知諸侯賓射亦無四耦也。司裘云：「王大射則共虎侯、熊侯、豹侯。諸侯則共熊侯、豹侯。」司裘是王朝之官，所共諸侯則畿内之諸侯也。熊侯、豹侯是二侯也。大射儀有諸公卿百官之偭，明是畿外諸侯之禮。儀禮一經皆然。而有大侯、參侯、干侯是三侯也。諸侯雖用三侯，與天子不同，亦以别等威也。然則四耦二侯必爲畿内諸侯之制矣。蓋射人亦王朝之

〔二〕王士駿校勘記：「王本此篇在卷十三弟七。」

官，故但言畿内諸侯之制，與司裘同也。賈説視孔爲長。

賈又謂：「燕射，則天子、諸侯例同三耦一侯。」此則不然。射人但言「以射法治射儀」，不言何射，雖主大射説，亦統賓射、燕射而言，然則三射耦數皆無異也。周官大司馬云：「若大射，則合諸侯之六耦。」鄭注云：「王射，以諸侯爲六耦。」賈疏云：「王大射之時，有諸侯來朝在京師者，大司馬令之爲六耦。」諸侯大射，以大夫爲三耦，大射儀：「司射選三耦，告于君曰：大夫與大夫。」是也。大夫不足，以士充之，大射儀所謂「士御于大夫也」。鄭注云：「大夫與大夫爲耦，不足則士侍于大夫，與爲耦也。」據此推之，天子大射，若諸侯不足，當以大夫充之也。

大射疏云：「國有三卿五大夫，三耦六人而已。而云『使士爲耦』者，卿大夫或有故，或出使，容其不足，使士備耦也。」賈此説其誤有四。經云：「若有士與大夫爲耦，則以大夫之耦爲上。」此在比衆耦時，注云：「衆耦，士也。衆耦射在三耦之後。」類皆士與士爲耦也，比衆耦在比大夫耦之後，上文云「司射于大夫之西比耦」，大夫與大夫，是大夫皆與大夫爲耦也。此大夫相爲耦在三耦之外。大國大夫五人，又有鄉大夫三人，凡八人，除一人爲賓，（大射必先行燕禮，以大夫爲賓。）猶有七人。次國亦有六人，三耦只六人耳。而云「或有不足者」，蓋三耦爲正耦，（本詩賓筵疏。）必選德行優者爲之，（本鄭注。）故或不足六人也。其餘大夫不爲三耦者，乃于比衆耦時比之，大夫皆與大夫爲耦，或有不足則與士爲耦也。賈于比衆耦之時而以三耦釋之，是混三耦于衆耦，其誤一也。鄉大夫亦當與射，（考之經文，大夫爲三耦之外，又有大夫之耦，則必不止五人，故知鄉大夫亦與也。）而云「國止五大夫」，其誤二也。三耦之外，猶有大夫相爲耦，則所謂三耦不足者，豈大夫或有故或出使乎？其誤三也。經文于比三耦時，言大夫、士而不言卿，是卿明不爲三耦，後大夫比耦之時，大夫皆降立于三耦之南，諸公卿皆不降。及射時，大夫繼公、卿而射，是卿不與大夫爲耦，又安得三耦中有卿乎？大國有孤一人、（鄭注云：「諸公，孤也。」）卿三人，孤與卿爲耦，又卿與卿爲耦。若無孤之國，只有三卿，則一卿與大夫爲耦，經所謂「以耦告于上」也。然耦亦大夫非士，士與卿尊卑相縣，豈有相爲耦者乎？賈謂三耦有卿，又以卿與士爲耦，其誤四也。賈亦未之思耳。

鄭注云：「大夫若與士耦，士爲上射；賓與公耦，公爲下射。」此據鄉射禮而云然也。不知鄉射賓興賢能，義主尚賢，故主人雖尊于賓，必爲下射，以尊賓也。大夫雖尊于士，然但來觀禮，名謂之遵，其入在獻衆賓之後。士雖卑于大夫，而謂之衆賓，堂上三賓及堂下之士通謂之衆賓。則宜尊之，故士爲上射也。大射非所以興賢，當正名分，安得以士爲上射乎？君最尊，故以宰夫爲獻主，不與賓酬酢，射雖與賓耦，而與鄉射禮迥殊。鄉射有士爲主人，賓主敵也。即大夫爲主，士爲賓，亦不縣殊。非若君與大夫有君臣之分也。鄉射：「主人于堂東執弓，搢三挾一个。賓于堂西，亦如之。主人與賓揖讓而升。」大射：「公將射，賓降，適堂西，執弓，搢三挾一个，升自西階，先待于物北，公就物，大射正授弓，小臣師授矢，賓不敢與君竝取弓矢，而同升也。」鄉射賓與主人竝射，揖讓而降。大射公既射，大射正受弓而俟，公還，而後〔一〕賓降，賓不敢與君竝射而同降也。且鄉射主人爲下射，不言先發，以三耦上射先發，推之知主人後發也。大射君乃先發，君爲上射明矣。鄉射言大夫爲下射，主人爲下射，而大射無此文。蓋大射君爲上射、賓爲下射，大夫爲上射、士爲下射。此禮之常，故不著也。鄉射士爲上射、大夫爲下射，賓以士爲上射，主

〔一〕案：潘刻本、孫刻本皆作「后」，誤。

人以大夫爲下射，此禮之變故特著之也。大射禮有與鄉射異者，有與鄉射同者，皆詳著其文。是知大射君與大夫實不爲下射，非以與鄉射同而略之也。夫大射君臣習禮，而大夫爲賓，又非異國之臣，若以君爲下射，冠履倒置矣。君與賓爲耦，自謙而尊賓之義也。君必爲上射，先賓而發，尊君而卑臣之義也，蓋有竝行而不悖者。君不爲下射，而大夫不爲下射亦可知矣。

又大射：「司射比三耦。」鄭注云：「不言『面』者，大夫在門右北面，士西方東面。」案：鄭所言面位見上文，乃入門時之面位也，至燕時其位已殊，及將射比三耦，又宜與燕時殊，豈猶與入門時同乎？夫比必相近，且宜同面，若大夫在門右北面，士在西方東面，相去頗遠，又不同面，而士有與大夫爲耦者，何以比之乎？經文下句云：「三耦竢于次北，西面北上。」此即比耦時面位。竢者，竢比也，何謂不言面乎？既比，即入于次，此言竢〔二〕于次北，故知方比時面位也。觀後比衆耦時，大夫立于三耦之南，西面北上，衆耦立于大夫之南，西面北上，可知三耦竢于次北，西

〔二〕王士駿校勘記：「王本、潘本『竢』皆譌作『入』，楊正。」案：滂喜齋叢書本、孫刻本皆作「竢」。

面北上爲比耦時面位也。

又「上耦出次，西面揖進，上射在左。」鄭注云：「上射在左，便射位也。」然射位在堂上南面，上射卻在右，則安得以在左爲便射位乎？鄉射三耦位于堂西，東面揖進，上射亦在左，東面、西面不同，而同左上射者，皆便其北面時在西也。蓋地道尚右，故賓位在西方，一耦北面而進，上射在左則居西。至升堂南面而射，上射雖在右，而仍位于西也。鄉射東面而進，上射若在右，則旋轉北面必在東。大射西面而進，上射若在右，則旋轉北面亦必在東，故皆必在左，而後北向必在西也。

大射、鄉射義無不同。賈疏謂：「大射義與鄉射異。」失之矣。天子大射，公卿相與爲耦，王與賓爲耦，王爲上射，諸侯在六耦外者亦自相耦，或與公卿爲耦，皆可推而知也。賓射以諸侯爲賓，則不以諸侯爲六耦，當以羣臣爲之，燕射亦然。鄉射「三耦」，記云：「使弟子。」鄭注：「弟子，賓黨之少者。」鄭氏謂選弟子德行道藝之高者以爲三耦。蓋鄉射之禮，學校所以造士，以弟子爲三耦，所以教之，故與大射、賓射、燕射異也。

日祭月祀辨[一]

日祭月祀之説，經所無也。惟國語及祭法有之。周語云：「甸服者祭，侯服者祀，賓服者享，要服者貢，日祭、月祀、時享、歲貢。」楚語云：「先王日祭、月享、時類、歲祀，諸侯舍日，卿、大夫舍月，士、庶人舍時。」韋玄成、韋昭皆謂天子日祭于祖考，月祭于高曾，時享于二祧，歲貢于壇墠。禮記祭法云：「王立七廟，曰考廟，曰王考廟，曰皇考廟，曰顯考廟，曰祖考廟，皆月祭之；二祧享嘗乃止。諸侯立五廟：曰考廟，曰王考廟，曰皇考廟，皆月祭之；顯考廟、祖考廟享嘗乃止。」案：祭義云：「祭不欲數，數則煩，煩則不敬。」故先王之制祀典，一年四祭而已，月祭則數，日祭則煩黷尤甚，必無此禮也。國語此言皆爲不經。

周官言侯服歲一見，甸服二歲一見，安能與于日祭、月祀、四時之祭，何以謂之類？

[一] 王士駿校勘記：「王本此篇在卷十四弟四。」

周官有四類兆于四郊，鄭氏注以爲日月星辰之屬，非廟祭也。鄭又云：「凡天地之大烖，類社稷、宗廟，爲位。類于宗廟者無常時。」非時祭也。既有四時常祀，所謂歲祀者又何祭邪？貢者，諸侯貢物于[一]天子也，祭祀先王何得謂之貢乎？韋注謂歲貢于壇墠。壇墠[二]見于金縢，此有禱而爲之，非祭也。祭祖宗未有于壇墠者，祭法之言殊謬[三]。然亦謂有禱祭之非常祭也。韋氏謂歲祭，尤繆。王制云：「庶人春薦韭，夏薦麥，秋薦黍，冬薦稻。韭以卵，麥以魚，黍以豚，稻以雁。」是庶人薦以四時。庶人薦而不祭，祭必殺牲，薦不殺牲。士祭以特豕，則庶人不得以特豚謂黍以豚，非也。詳薦考。不得謂庶人舍時也。庶人但薦而不祭，若限以每歲一舉，毋乃大疏乎？孟子言：士「三月無君則弔」，以不祭也。又豈得謂士舍時乎？祭法一篇出于漢儒傅會，壇墠七祀之説先儒駁其繆者多矣。而月祭之説，罕有正其繆者。夫七廟、五廟雖有遠近，而同列昭穆，皆祖宗也，近者月祭而遠者不月祭，是于祖宗有所隆殺也，有是理乎？且大祖[四]廟之最尊，百世不遷者也，諸侯月祭乃不及之，其悖理更甚矣。是則

[一] 案：「于」，孫刻本譌作「千」，滂喜齋叢書本作「於」。王本似作「于」。

[二] 王士駿校勘記：「潘本奪重『壇墠』字，今依王本補入。」案：孫刻本不誤，滂喜齋叢書本挖補「壇墠」二字。

[三] 王士駿校勘記：「王本缺『祭』字，潘本作空格。楊云：『有禱祭之係祭法篇文。王本缺處尚遺『夕』形，宜補入。』今從之。」案：孫刻本作「祭」，滂喜齋叢書本亦補「祭」字。

[四] 案：「祖」，孫刻本譌作「祖」，滂喜齋叢書本作「祖」，不誤。

日祭月祀之説殊不可信。

然其説亦非無因也。既夕禮云：「燕養饋羞，湯沐之饌，如他日。」鄭注云：「燕養，平時所用供養也。饋，朝夕食也。湯沐，所以去污垢。孝子不忍一日廢其事親之禮，于下室日設之，如生存也。」此日祭之説所自起與？然親在寢猶以人道事之，故朝夕饋食而不嫌其數，若祖考在廟則以神道事之，不得有日祭矣。朱子云：「國語有日祭之文，是主復寢。」鄭氏謂：「祔後，主復寢。」非也。詳祔考。猶日上食，此朱子以國語日祭爲即下室之饋食也。然饋不得謂之祭，下室之饋不得與宗廟祭祀連文，且此爲喪禮，自天子達于庶人莫不皆然，安得云諸侯舍日乎？可知國語日祭祭于宗廟者也。

月祭之説因于朝廟，春秋文公六年經云：「閏月不告月，猶朝于廟。」公羊傳云：猶者，可止之辭。蓋以告朔禮大、朝廟禮小，文公廢其大而行其小，故譏之也。是朝廟爲禮之小者，謂之朝廟則不得爲祭祀矣。乃鄭氏注論語云：「人君每月告朔有祭，謂之朝享。」注周官司尊彝「四時之閒祀、追享、朝享」，謂朝享月朔朝廟。不知朝廟禮之小者，而「朝享祼用虎彝、蜼彝，朝踐用兩大尊，再獻用兩山尊」，其禮甚大，非朝廟可知。且朝享每月行之，又不得謂四時之閒祀也。先鄭以朝享爲祫，其説亦非。詳朝享考。蓋諸侯會同，天子率之以祀先王，此之謂朝享，詳朝享考。豈朝廟之謂乎？朝廟所供，當與薦新相似。薦而不祭也，其禮與時祭迥殊，視告朔亦殺，豈得謂之月祀乎？月朔朝廟仿于喪禮朔奠，然朔奠士用三俎，則大夫五俎、諸侯七俎、天子九俎，其禮隆，而朝廟則殺者，蓋在寢有朝夕之奠，故朔奠宜加隆，在廟無每日之薦，故朔薦不必從隆也。士朔奠用三俎，此即時祭。禮，始死猶以生禮事之，事生不嫌于數，故不時祭而月祭。大夫以上有朔望奠，不止朔奠也。大祥以後則四時祭而不月祭，事之以神道矣。未虞以前有朝夕奠，既虞以後則不朝夕奠，而朔奠，漸近于神道矣。由是推之，在廟時祭當在寢之朔奠，則在廟朔薦當在寢之朝夕奠可知也。朝夕奠有籩豆無鼎俎，則廟之朔薦亦宜然，故知與薦新相似也。諸侯以上宜有俎，亦不過特羔、特豚而已，自天子至于士庶人皆四時祭，則大夫亦宜有朔薦，豈得謂大夫舍月乎？

長樂陳氏以月祭爲薦新，不知薦與祭不同，且薦新無常時，或一月兩薦，或一月不薦，不可謂之月祭也。又薦新之禮大夫、士亦皆有之，而楚語謂「大夫舍月」，則其所謂月祭者，非指薦新可知矣。祭法以月祭與享嘗對言，亦非以薦新言也。惟其實指祭祀之禮，故病其日月舉行之煩黷，不得不爲之辨正也。

齊必變食説[一]

古人將祭必齊。齊者，致精明以交鬼神也。祭統云：「齊者，精明之至也，然後可以交于神明也。」故君子之齊，沐浴以潔其身，嚴肅以澄其心，祭統云：「心不苟慮，必依于道，手足不苟動，必依于禮。」不御内，不聽樂，曲禮云：「齊者，不樂不弔。」居必遷于外寢，玉藻云：「將適公所，宿齊戒，居外寢，沐浴。」大夫、士恒居内寢，齊戒則居外寢。外寢，正寢也。然則天子、諸侯之齊宫，亦即路寢也。曲禮謂：「致齊，晝夜居于内。」此内以路寢之室言之也。服必明衣玄端，周官司服：「其齊服有玄端。」皆所以致其精明。而味之濁者，足以亂我清明之氣，亦必戒之，故論語云：「齊必變食也。」莊子人間世云：「齊者，不飲酒，不茹葷。」葷謂葱韭薤蒜之屬。酒與葷其氣味最昏濁，齊者所必嚴禁，故特言之。

[一] 王士駿校勘記：「盧本此篇在卷四弟七。」案：王士駿在校勘記後記中言「卷二增多齋必變食篇」，或係誤記。

而變食，猶不止此。周官膳夫云：「王齊，則不舉。」舉者，殺牲盛饌也。三牲之肉，三牲，牛羊豕也。氣味亦濁，故竝戒之，醫經謂：「膏粱厚味，足生大疔。」枚乘七發謂：「甘脆肥膿，命曰腐腸之藥。」可知其濁矣。自王莽竄易周官經文，謂「王齊日一舉」。邢昺論語疏因謂「食不厭精」至「不多食」皆蒙「齊」文。朱子集注雖引莊子，而家禮亦謂：「食肉不得茹葷，飲酒不得至亂」。近朱竹垞據周官及邢疏極辨不飲酒食肉之非，學者惑之。鶚案：王制云：「八十，齊、喪之事勿及也。」齊與喪竝舉，其不得飲酒食肉可知。八十血氣大衰，非酒肉不飽，故不齊。月令云：仲夏之月，「君子齊戒，止聲色，毋或進，薄滋味，毋致和」。夫曰「薄滋味」，則不飲酒食肉矣。二至之齊猶且如此，況祭祀之齊乎？此其證也。且論語經文明言「變食」，變者必易其常，若仍飲酒食肉，特加厚于平時，安得謂之變乎？「食不厭精」以下皆言平時之食，邢疏謂蒙上「齊」文，其說大繆。果爾是聖人平日飲酒竟及亂矣。魚餒肉敗，食必傷人，聖人亦不謹疾矣。有是理乎？周官內饔：「辨腥臊羶香之不可食。」所謂臭惡不食也。王制云：五穀未成，「果實未熟，不粥于市」。所謂不時不食也，豈指齊時言之乎？此其說不可通矣。

朱竹垞謂：「王日食一大牢，遇朔當兩大牢，齊則加至三大牢。」此沿舊説，不知王日一舉者，舉少牢也，詳王日一舉解。惟朔日則大牢。若日一大牢，亦已侈矣。乃加至三大牢，其侈不已甚乎？朔爲一月之首，其牲體宜加于常日，齊則爲祭而設，別是一義，何必加于朔月乎？先儒謂齊不食餕餘故三大牢，然凡物皆可新治爲饌，何必大牢乎？天子宗廟四時之祭，每祭皆齊十日。冬至圜丘祭天，夏至方澤祭地，寅月祭南郊，申月祭北郊，詳禘祭考。仲夏大雩帝，季秋大饗帝于明堂，孟冬祀五帝，亦各齊十日。仲春、仲秋祭社稷，春秋分朝日夕月與四類、五神、四望、山川之祭，各宜齊三日。又四時迎氣、耕藉及羣小祀皆宜齊。其中有可相并而省，一年齊期約有百二十日，是用三百六十大牢，并日食、朔食約有六百大牢，抑思牛爲大物，見説文。非大祭不得用，諸侯無故不敢殺，而天子每年殺牛而食，乃至六百之多，毋乃暴殄天物乎？周公制禮當不出此[一]也。天子惟朔月大牢，每年食牛不過十二也。其爲王莽竄易無疑。

至于齊而飲酒，周官亦無此説，于經無據。惟周語云：「王即齊宮，淳濯饗醴。」

[一] 潘刻本、孫刻本皆作「出此」，滂喜齋叢書本作「此此」。推尋文義，似當以「如此」爲妥。

韋注謂：「王飲醴酒。」或引以爲齊當飲酒之證。不知醴爲六飲之一，一宿而成，非酒也，況周語所言是耕藉之齊，與祭祀之齊不同，未可援以爲證也。然則齊不飲酒食肉明矣，而後世之齊者必茹蔬菜，則又失之。竊謂動物之中其氣味之潔清者莫如魚，齊者亦自可食，而魚之氣腥者仍在所禁，務使藏腑清虚、志氣精明，此聖人謹齊之道也。

趙跋

長洲陳徵君校刻求古録，列佚文篇目于後，且云有別本臧閩王氏。先是之謙避亂居閩一年，詢王氏臧本，云燬久矣。同治丙寅客台州，訪金君後嗣，知君子城歿後存者惟一孫，辛酉之變，孫又死，駿案：辛酉之變，先生孫不死，亂後江浣秋茂才猶見之。遂無後。求遺書，無知者。黄巖王子莊棻，篤學士也，曾搜輯鄉先輩遺稾，問及君書，言尚有殘本，遂假以歸。紙爲水漬，揭之猶見點畫，悉心校録，復得佚文七篇，中日祭月祀辨又陳徵君目録所未及。取校已刻諸篇，亦互有同異，刻本旁注閒溷入正文。子莊言君書稾凡七八易，未知孰爲定本。因依次寫存之，別録七篇爲補遺。丁卯冬集京師，言于潘伯寅侍郎，侍郎忻然爲謀雕版并題卷耑，是書能存不可爲非幸也。君坎坷終身，且傾厥祀，遺著傳者什一千百。昔賴徵君輯之於前，今得侍郎護之于後，雖生則嗇遇，而歿非無聞，九原有知，庶幾不憾。

十一月初九日會稽趙之謙校畢記之

求古録禮説補遺續

鄉射用獸侯説

鄉射禮記云：「凡侯，天子熊侯，白質；諸侯麋侯，赤質；大夫布侯，畫以虎豹；士布侯，畫以鹿豕。」鄭注云：「此所謂獸侯也，燕射則張之。鄉射及賓射當張采侯二正，而記此者，天子、諸侯之燕射各以其鄉射之禮而張此侯。則經獸侯是也。〔一〕由是云焉。」案：考工記梓人云：「張皮侯而棲鵠，則春以功。張五采之侯，則遠國屬。張獸侯，則王以息燕。」鄭注云：「皮侯，以皮所飾之侯。司裘職云：『王大射，則共虎侯、熊侯、

〔一〕案：鄭注無「則經獸侯是也」數語。或是注文誤入正文。

豹侯，設其鵠。』謂此侯也。五采之侯，謂五采畫正之侯也。遠國屬者，若諸侯朝會，王張此侯與之射，所謂賓射也。獸侯，畫獸之侯也。息者，休農息老物也。燕，謂勞使臣，若與羣臣飲酒而射。」敖氏云：「鄉飲酒禮『乃息司正』，息疑飲燕之異名。」案：此説視鄭爲長，然以息爲燕之異名，亦非也。「息」「燕」二字連讀，謂無事而燕也，燕不止無事而燕。記特以一端言之，上文「春獻功，四時祭」亦舉其一耳。鄭讀春爲蠢，訓爲作與出，非也。夫皮侯，大射之侯也；采侯，賓射之侯也；獸侯，燕射之侯也，記固明言之。至鄉射用采侯，記未嘗言之也。鄉射記明紀獸侯，是知鄉射與燕射同用獸侯也。若鄉射用采侯，記何以不言采侯而乃言「獸侯」乎。即云燕射用鄉射之禮故當記獸侯，而采侯爲鄉射之侯，尤不可不記也。

鄉射禮爲州長習射之禮。州長，士也，本鄭注。士用鹿中，經云：「釋獲者執鹿中。」故記云：「鹿中，髤，前足跪，鑿背，容八算。」鄭注云：「髤，赤黑漆也。前足跪者，象教擾之獸受負也。」所以釋此經也。後又云：「君國中射，則皮樹中。」「於郊，則閭中。」「於竟，則虎中。」此廣記大射、燕射、賓射之中。鄭注：「國中，燕射也。於郊，大射也。於竟，謂與鄰國君射也。」賈疏：「此賓射也。」非正釋此經，故別敘於後，文不與鹿中相連，且各言所射之處，明非鄉射也。又云：

「大夫，兕中。」不言所射之處，明亦鄉射也。大夫言兕中，可知鹿中爲士禮也。此經言士鄉射禮，故大夫兕中亦別記於後也。夫一中之微，而記文明析若此，何以侯之重而記反不明言乎。故知記所言獸侯正鄉射之侯也。

鄉射爲大夫、士之禮，而記并言天子、諸侯之侯，可知燕射禮亦用獸侯也。燕射禮，天子、諸侯有之。大夫、士無燕射。於中別言君國中射，而於侯不別言燕射，蓋燕射之中與鄉射異，故必別言之。燕射之侯與鄉射同，故不別言之也。燕禮經云：「若射，如鄉射之禮」。其禮同，故其侯同，同獸侯，亦同五十步也。射之等之，大射爲上，賓射次之，燕射又次之，鄉射爲下。大射爲天子、諸侯將祭擇士之射。祭祀，國所首重，故爲上。賓射，在天子爲諸侯來朝而射，在諸侯爲兩君相朝而射。燕射，爲天子、諸侯燕羣臣而射，故燕射次于賓射。考工記所言三射，射之差等也。鄉射爲大夫、士之禮，故爲下。鄉射次于燕射，不甚相遠，故其侯同。賓射次于大射，在燕射之上，鄉射與賓射相去頗遠，安得同侯乎？鄭注之误以經文考之甚明，而学者多莫之知，甚矣解經之难也。

天子營國之制考

古天子營國制度，先儒未詳考也。考工記云：「匠人營國，方九里，九里正是周制，賈疏以爲夏殷制，非也。詳天子城方九里考。旁三門。國中九經九緯，經涂九軌，左祖右社，面朝後市，市朝一夫，環涂七軌。」鄭注云：「營，謂丈尺其大小。天子十二門，通十二子。疏云：「甲乙丙丁之屬十日爲母，子丑寅卯等十二辰爲子。國中，城内也。經緯，謂涂也。經緯之涂皆容方九軌。軌，謂轍廣八尺。九軌七十二尺。則此涂十二步也。王宫當中經之涂。市、朝方各百步。環涂，謂環城之道。」賈疏云：「南北之道爲經，東西之道爲緯。王城面有三門，門有三涂，男子由右，女子由左，車從中央。環涂，謂遶城道如環然，故謂之環也。」後儒爲圖説者，皆謂國中分爲九區，中一區爲王宫，前一區爲朝，後一區爲市，左、右各三區皆民居。近戴東原考工記圖分爲十六區，中方三里爲六寢、六宫、三朝、宗廟、社稷，環涂在城内，市不入圖。案：涂必直門，然後通達可行，賈疏所謂門有三涂也。若畫爲九區，則必旁二門而後可。考工記「市朝一夫」，謂一朝一市之地，三朝三市則各共一里也。司市云：「大市，日昃而市，百族爲主。朝市，朝時而市，商賈爲主。夕市，夕時而市，販夫販婦爲主。」是市有三也。一夫百步，三夫三百步，是一里也。今謂朝市各方三里，明與考工記乖違。

百官所居當在城中，蓋古者每日必朝，朝辨色始入，其登車在夜未旦，城門必天明乃啟，若在城外不及朝矣。羣士亦必入朝，是公、卿、大夫、士皆必居城内也。周官載師云：「以廛里任國中之地。」先鄭注云：「廛，市中空地未有肆。里，城中空地未有宅。」此説非是，故後鄭不從。鄭注云：「廛，民居之區域也。里，居也。」此以廛里皆指民居，非也。下文云：「國宅無征。」鄭注謂：「國宅，凡官所有宮室吏所治者也。」賈疏云：「『官所有宮室，吏所治』者，匠人云：『外有九室，九卿治之。』是也。」不知内外九室皆屬王宮，豈得謂之國宅？又何必言「無征」乎？乃爲得解。先鄭指民宅，非。此百官所居在城中之證也。士相見禮云：「宅者在邦，則曰市井之臣。」此大夫士之子從父居者，又一證也。孟子：「在國曰市井之臣，在野曰草莽之臣，皆謂庶人。」可證士相見禮所言指士未仕者，鄭指〔二〕致仕者言，非也。凡致仕，有采邑當居采邑，否則亦居鄉遂。書大傳可證。竊謂「廛里」二字當分爲二，廛是民所居，里是百官所居

〔二〕案：潘刻本「鄭」字下有空格，「指」字作「指」。

也。孟子云：「願受一廛而爲氓。」又云：「廛無夫里之布，則天下之民皆悅而願爲之氓。」是廛爲民居之證。又云：「臣去三年不反，然後收其田里。」是里爲百官所居之證。民居亦可曰里，然與「廛」字對言，則「里」當指爲官府之里，不然豈城中無官府之宅乎？解者多失之。

然則謂左右三區皆民居，而無百官之宅，其誤甚矣。戴圖畫十六區，中四區最大，連涂各方三里，本正方形，而以王宮方三里，置於其中，則各減四方之一，成曲環形。近城四面各二區，成長方形，長亦三里，廣止一里半。四隅成小方形，各方一里半，比于「旁三門，門三涂」之制自合。但不著市、肆及官府、民居之所，既失之疏略，而謂王宮方三里又與周官不合。

典命云：「上公九命，其宮室以九爲節，侯伯宮室以七爲節，子男宮室以五爲節。」鄭注云：「公宮方九百步，侯伯宮方七百步，子男宮方五百步。」由是推之，天子之宮宜方千二百步矣。若方三里，是方九百步與上公等，必無此理也。今以方千二百步置于其中，則中四區各減大半，每面止一里，王宮之後一區恰好置三市，每市縱廣一百步，横長一千二百步，經涂界于其中，南至王宮外牆爲界，北至緯涂爲界，縱廣一里，横長四里，四面宜各有牆垣，旁一門，司市云：「凡市入，則胥執鞭度守門。」是市有門也。其三市相界，皆宜然也。

王宮之南自皋門至緯涂，亦縱廣一里，横長四里，此地宜少空曠，無廛里，亦名爲朝。奔喪禮，避哭市朝，晋語：「絳之富商韋藩木楗以過于朝。」是也。若皋門之内即爲王宮，安得過之耶？所以知此地宜空者，大行人言：上公來朝，「朝位賓主之閒〔二〕九十步」。覲禮言：「諸侯前朝，皆受舍于朝。」此朝位與朝皆在大門之外。若大朝覲，則從行之人更衆，倘此地不空，何以容之。然門前雖空曠，而兩旁有諸侯館舍，則亦不寥落矣。又天子畜馬十二閑，凡三千四百五十六匹，其左右六廄亦宜在此。左傳言：「馬日中而出，日中而入。」則廄在國内可知。曲禮「廄庫」連文，則廄與庫宜相近，然不當在王宮内也。府庫、倉廩在宮内。又圜土亦當置于斯，故隙地長至四里也。

王宮兩旁宜爲羣士之宅，蓋宿衛王宮者皆士也，居此便于宿衛，即不宿衛者，環列而居，亦有護衛之義焉。東、西、南三面近城門共六區，皆當爲公、卿、大夫、士之宅，士最多，王宮兩旁地狹，不足以容之，故知外之八區亦有士也。其北近城二區，皆工商所居。城中無農，聘禮云：「士館

〔二〕案：潘刻本作「門」，周禮經文作「閒」，依周禮經文改。

于工商。」可知無農民也。蓋工商居宜近市也。

四隅之地非貴者所宜居，庶人在官者當居此也。士所居亦有近市者，所謂「在國曰市井之臣」，指士言也。晏平仲之居近市，景公故欲更其宅歟？公、卿、大夫之宅皆近城門者，詩緇衣孔疏云：「舜典：『闢四門。』注云：『卿士之職，使爲己出政教于天下。言四門者，亦因卿士之私朝在國門。魯有東門襄仲，宋有桐門右師，是後之取法于前也。』彼言私朝者在國門，謂卿大夫夕治家事，私家之朝耳。」又左襄十七年傳云：「宋皇國父爲太宰，爲平公築臺。築者謳曰：『澤門之晳，實興我役。』」杜注云：「澤門，宋東城南門。皇國父白晳而居近澤門。」然則鄭謂卿士私朝在國門者，亦謂其居近國門耳，非謂朝于國門也。

最近城者爲公、孤，其内爲卿，又其内爲大夫，又其内爲士。載師云：「以家邑之田任稍地，以小都之田任縣地，以大都之田任畺地。」鄭注：「家邑，大夫采地。小都，卿之采地。大都，公之采地。畺，五百里，王畿界也。」三百里爲稍，四百里爲縣，小都在縣地。公采邑在王畿之界，故國中之居亦界于城，采邑尊者遠而卑者近，宅里亦宜倣此矣。且公卿之臣衆，其私朝盛，若近于王宫，則有偪上之嫌，大夫亦有私朝，故猶不可逼近王宫。士無私朝，故可迫近王宫而居也。環涂不在城外者，以城外有隍，隍，池也。不可爲涂也。孔撝約據緜傳「王之郭門曰臯門」，謂臯門即王城南門，不知臯郭聲相近，毛特以郭門名臯門，非謂即以郭門爲臯門也。若郭門即臯門，則三朝之地豈止一里乎，其誤甚矣。

諸侯營國亦與天子同，特廣狹各異耳。

周南召南名義解

周南、召南名義説者不一，鄭康成、孔沖遠謂得聖人之化者謂之周南，得賢人之化者謂之召南。朱子謂得之國中者雜以南國之詩謂之周南，其得之南國者謂之召南。二義稍殊，其解「南」字皆謂文王之化自北而南也。程大昌謂：「南，樂名。非南國諸侯之謂。南、豳、雅、頌爲四詩，别無國風之目。」後儒推衍其説，以爲樂名。南者，取南風暢達長養萬物之義。又或云南國名見逸周書，南氏有力臣勢均力敵，用分爲二國。陳少南、李迂仲謂周、召分陝在文王時。皆與古説異。

案：小序云：南者，化自北而南也。詩中有江漢、汝墳之語，其謂南國無疑。文王國在西爲西伯，不曰西而曰南者，見其德化之廣被也。文王三分天下有其二，蓋西南六州皆歸文王，惟東北三州尚屬紂。至武王伐紂時，有庸、蜀、羌、髳、微、盧、彭、濮八國相從，此皆西南國，可知南方之被化深矣。南蠻之地教化最難，古三苗國與洞庭相近，是在南太，堯舜大聖尚且梗化。鬼方亦在南，高宗伐之，三年乃克，南方之難化如此。而文王德化及焉，詩所以繫之以南也。左傳季札觀樂，見[一]舞象箾、南籥，説者謂象箾武舞，南籥文舞，皆文王之樂。樂與詩相表裏，文王以南名詩，亦以南名樂舞。樂所以昭德象功，文王樂舞名南者，明功德遠及於南也。然「南」、「籥」二字連文，不得專以南爲樂名。周官太師「教六詩」有曰風雅頌，不得謂詩無國風，而以南與雅、頌並列也。周南、召南與邶、鄘、衛等次序，彼等既皆爲國名，則二南亦爲南方之國明矣。鼓鐘詩言：「以雅以南。」文王世子言：「胥鼓南。」即二南之南。蓋二南爲房中之樂，鄉飲酒、鄉射、燕禮皆用之，以國風惟二南與七月篇

[一] 案：左傳經文作「見舞象箾、南籥」，孫刻本、陸刻本皆作「羌」，不辭。今據左傳經文改。

爲正風得入樂，餘皆變風不入樂也。康成以南爲南蠻之樂，固非。大昌以南爲文王樂名，亦非也。至以南爲南氏二國，不見文王之化廣，且繫以周、召，其義不可通矣。鄭譜謂文王遷豐後，以岐西地分賜周公、召公爲采邑。司馬貞、朱子皆從之。後儒乃謂文王受命稱王，命二公作東西大伯，分陝而治。夫文王恪守臣節，孔子稱爲至德，安有自稱爲王、命二公作伯分陝之理。二公分陝在武王克商之後，樂記所言甚明。二〔二〕南之繫周、召不必在武王克商之後，何也？周、召乃采邑之名，非二伯之名也。甘棠言召伯者，伯者尊稱之詞，非大伯之伯也。行露序云：「召伯聽訟也，衰亂之俗微，貞信之教興。」是當文王與紂之時。甘棠在行露前，篇次相連，可知亦文王時詩。文王時召公未嘗爲伯，伯爲尊稱之詞明矣。鄭氏以甘棠爲武王時詩，恐未必然。二南所以繫周、召者，以文王有王者之化，其詩宜爲雅，不當列于風，然文王實爲諸侯，詩又本爲風體，不得入於雅，故繫之周、召也。其所分屬者，以周公爲治於内，故得之國中者繫之周公。召公宣化於外，故得之南國者繫之召公也。召南有詠召伯之詩，而周南不言周公者，子當讓善於父也。周、召皆聖人，皆爲文王行化，非有優劣，

〔二〕案：滂喜齋叢書本「二」上有「第」字，不詞，今删。

鄭氏以聖賢之化分別言之，非也。朱子之説得其義矣。

齊必變食説

古人將祭必齊。齊者，致精明以交鬼神也。故君子之齊，沐浴以潔其身，嚴肅以澄其心，不御内，不聽樂，居必遷于外寢，服必明衣玄端，皆所以致其精明。而味之濁者，足以亂我清明之氣，亦必戒之，故論語云：「齊必變食也。」莊子人閒世云：「齊者，不飲酒，不茹葷。」酒與葷其氣味最昏濁，齊者所必嚴禁，故特言之。

而變食猶不止此。周官膳夫云：「王齊，則不舉。」舉者，殺牲盛饌也。三牲之肉氣味亦濁，故并戒之。自王莽竄易周官經文，謂「王齊，日三舉」。邢昺論語疏因謂「食不厭精」至「不多食」皆蒙「齊」文。朱子集注雖引莊子，而家禮亦謂「食肉不得茹葷，飲酒不得至亂。」近朱竹垞據周官及邢疏極辨不飲酒食肉之非，學者惑之。案：王制云：「八十，齊、喪之事勿及也。」齊與喪并舉，其不得飲酒食肉可知。月令云：仲夏之月，

「君子齊戒，止聲色，毋或進，薄滋味，毋致和」。夫曰「薄滋味」，則不飲酒食肉矣。二至之齊猶且如此，況祭祀之齊乎？此其證也。且論語經文明言「變食」，變者必易其常，若仍飲酒食肉，特加厚于平時，安得謂之變乎？「食不厭精」以下皆言平時之食，邢疏謂蒙上「齊」文，其説大謬。果爾，是聖人平日飲酒竟及亂矣。魚餒肉敗，食必傷人，聖人亦不謹疾矣。有是理乎？周官内饔：「辨腥臊羶香之不可食。」所謂臭惡不食也。王制云：五穀未成，「果食未熟，不粥于市」。所謂「不時不食」也，豈指齊時言之乎，此其説不可通矣。

朱竹垞謂：「王日食一太牢，遇朔當兩太牢，齊則加至三太牢。」此沿舊説，不知王日一舉者，舉少牢也，惟朔日則大牢。若日一大牢，亦已侈矣。乃加至三大牢，其侈不已甚乎？朔爲一月之首，其牲體宜加于常日，齊則爲祭而設，别是一義，何必加於朔月乎？先儒謂齊不食餕餘故三大牢，然凡物皆可新治爲饌，何必大牢乎？天子宗廟四時之祭，每祭皆齊十日。冬至圜丘祭天，夏至方澤祭地，寅月祭南郊，申月祭北郊，仲夏大雩帝，季秋大饗五帝于明堂，亦各齊十日。仲春、仲秋祭社稷，春秋分朝日夕月與四望、山川之祭，各宜齊三日。又四時迎氣及羣小祀皆宜齊。一年齊期約有百二十日，是用三百六十大牢，并日食、朔食約有六百大牢。抑思牛爲大物，非大祭不能用。諸侯無故不敢殺，而天子每年殺牛而食，乃至六百之多，毋乃暴殄天物乎？周公制禮當不此〔二〕此也。其爲王莽竄〔三〕易無疑。

至于齊而飲酒，周官亦無此説，于經無據。惟周語云：「王即齊宮，淳濯饗醴。」韋謂王飲醴酒，或引以爲齊當飲酒之證。不知醴爲六飲之一，非酒也。況周語所言是耕藉之齊，與祭祀之齊不同，未可援以爲證也。然則齊不飲酒食肉明矣，而後世之齊必茹疏菜，則又失之。竊謂動物之中，其意味之潔清者莫如魚，齊者亦自可食，而魚之氣腥者仍在所禁，務使藏腑清虛、志氣清明，則聖人謹齊之道也。

同里管君申季於滂喜齋所刊求古録禮説補遺外，續搜得佚文四篇，因致之伯寅侍

〔二〕案：「此此」不詞。似應改爲「如此」。
〔三〕案：「竄」，滂喜齋叢書本譌作「鼠」。

郎爲并刊之。其齊必變食説不見於陳徵君目録，檢鄉黨正義即求古録之卷十六。於此句亦無説，蓋著書誼取互見，故詳此略彼也。吾鄉孫大令熹近於浙中有覆刻求古録之舉，未知采獲有逸出於此者否。

長洲王頌蔚

王士駿校記

求古録禮説，臨海金誠齋先生所著也。先生事實見郭傳，此傳舊刻所無，臨海黄子珍瑞由石齋文鈔録寄。所著書二：一曰四書正義，先生亡，稿與俱佚；一即禮説，陳實甫徵君校定，而沔陽陸氏刻于江甯節署者也。雕本十六卷，前十卷先生自訂定，後五卷陳徵君編定，最後鄉黨一卷則四書正義之存稿，附之以傳，非本書也。梓行未久，版燬于火，潘伯寅侍郎得遺文七篇刻之，風行海内，讀者恨未見全書。孫懽伯師思有以饜學者之意，假吾鄉王子莊棻臧本附以補遺而重梓焉。王書楊定甫晨校，此本無陸、廖二序及陳跋，今所刻者王旌甫蜺由陳均堂比部臧本録補。譌謬訂正過半，駿承命复勘，購求遺稿，得何氏鈔本於盧蘋洲鴻年，互校一過，卷二增多齋必變食篇，附入補遺。異文所在多有，然非足本，十一卷以下文不備。子莊别臧殘本，更假得之，二卷爲一册，其卷爲十三、十四。编次與陸刻殊，郊乘大路諸篇即潘氏補遺所本，餘七篇中多點竄，有始義與陸刻同而改从它説者，有初用它義而改與陸刻同者，審其字出一手，疑即金氏原稿，未可定也。聞先生此書稿凡數易，由今所見，何氏鈔本未定之稿也，王本則經改正矣，十一卷以下彙存之稿也，十卷則精選擇矣。先生之學與年俱進，後人即其不同之處，參攷失得，亦可以見先進日新之功。爰据舊刻，參以二本，異文悉録出之，閒亦斷以己意。舊刻譌謬、二本可据者，依以更正，當篇無本可校，十一卷以下王本有者僅七篇。或有之而誤同者，以意訂正，疑則仍之，各條標出，并爲校勘記三卷，附舊刻補遺以存。深知譾陋不能有所發明，獨念先生于駿爲鄉先輩，重以吾師表章之力、諸君子前後搜緝之勤，受命卒業後生小子事也，不敢以虛庸辭，校斁敬述所見，望海内諸君子鑒其愚而教正焉。

光緒丙子閏五月黄巖後學王士駿記

朱詵序

嘗謂校書難，而于近人之著述則尤有難焉者。字不經見，逞臆率改，文義易忽，襲繆仍譌，自非反復詳求，率坐斯病。其于近人之書，或以先入爲主，不復博采它本，訂其同異，不則漫無決擇，惟務兼收，拾其所删，違失本意，此其所以爲尤難也。吾友王君籥雲，所校求古録一書，精審不苟。是書諸本互異，大致原書爲長，而鈔本勝處亦時有之。竊意輯存諸卷不必皆爲已定之藁，或有出于鈔本之前者，君悉録異文，旁證他書，考其得失，其用意可謂勤矣！嘅自兵燹以後，版籍燬失，近時大府蒐刻諸書，延請知名之士，分任校讎。善本往往而出，葢亦斯文之運一大轉機。而是書世尟傳本，日就湮没，今既重爲刻行，又復掇拾殘編，于一字一句保護不失如此，經生厄運由是而昌。斯則皓首窮經、沈淪枯槁之儒所爲聞之而增氣也。

光緒丙子閏五月溆水朱詵序

校勘記總目

卷上　共百九十六條

百五十八條，士駿据盧本校，凡異文增多至四五字以上者，不分正文、小注，皆中格寫，有正文、小注連及者，分大小文以別之，且于卷首數頁着注字于小文上，以防混亂。各條之下，異文曰作如盧本作云云，增多曰有如盧本此下有云云，附已見者空一格，作駿案云。

十條，士駿据陳徵君奂毛詩疏校。案：近人著述引用此書者，所見如胡氏承珙後箋、郝氏懿行爾雅義疏、劉氏寶楠論語正義，皆据本書敘述，唯陳疏所引只約舉大意，與本書每有異同。今其書盛行，恐後有据之以改本書者，略舉數條俾覽者知之。

八條，王子莊棻、王旌甫蜺、楊定甫晨、周叔篔郇雨校。楊、周俩姓，兩王則俩名。

二十條，士駿校。凡舊刻譌謬、文義顯然及有它書可据者，徑行改正字。有衍奪，則于記中標出，于正文不加補削，有疑義者亦如之。

卷中　其共百八十三條

百六十一條，士駿据王本校，記中纹例與据盧本校者同。二條，士駿据陳氏詩疏校。七條，楊定甫校。十三條，士駿校。

卷下　共百九十二條

三十六條，仍据盧本校。十九條，仍据王本校。二十三條，楊定甫校。百十四條，士駿校。